진보와 빈곤

헨 리 조 지

진보와 빈곤

산업불황의 원인과, 부의 증가에 따라 빈곤도
증가하는 원인에 대한 탐구 및 그 해결책

김 윤 상 譯

비봉출판사

Progress and Poverty

*An inquiry
into the cause
of industrial depressions
and of increase of want
with increase of wealth
··· The remedy*

Henry George

ROBERT SCHALKENBACH FOUNDATION
1981

부와 특권의 불평등한 분배에서 발생하는
죄악과 비참함을 보면서
더 나은 사회를 이룩하는 것이 가능하다고 믿고
이를 위해 노력하려는 독자에게 바친다.

샌프란시스코, 1879년 3월

그대가 경험하는 사물의 본질과 본성과 참 모습을 분명하게 이해하려면 사물을 스스로 정의하고 기술해 보라. 아울러 사물에 적절한 명칭을 붙이고 그와 연계되어 있거나 앞으로 연계될 다른 사물에도 명칭을 붙여 보라. 인생에서 경험하는 여러 대상을 체계적이고 진실하게 검토하는 것보다 인간 정신의 고양에 더 도움이 되는 방법은 없기 때문이다. 그러므로 사물을 접할 때에는 동시에 우리의 우주가 어떤 것인지, 그 속에서 만물이 어떤 작용을 하는지, 그리고 인간과는 어떤 관계가 있는지를 탐구하라. 인간은 우주 최고의 구성원이며 다른 모든 존재는 인간 사회와 연결되어 있음을 이해하라. 각 사물이 무엇이며 무엇으로 구성되어 있는지 그리고 그런 본성이 얼마나 오래 유지될 것인지를 생각하라.

— 마르쿠스 아우렐리우스(Marcus Aurelius Antoninus)

번역 수정에 붙여

역자는 1997년에 출간된 『진보와 빈곤』 완역본을 전면 재검토하는 작업을 해볼까 하는 생각을 하고 있었다. 번역이 미비하거나 어색한 부분을 더러 발견했을 뿐만 아니라 20년 가까운 시간 동안 독자층도 젊어져서 문체에도 얼마간 변화를 주는 것이 필요하다고 생각했다. 또 어쩌다 보니 역자가 우리 학계에서 헨리 조지 전공자로 통하게 되어, 그의 대표작 번역을 더 완벽하게 해야겠다는 일종의 사명감 같은 것을 느끼기도 했다.

그런 시점에 비봉출판사에서 연락이 왔다. 책을 완전히 새로 편집한다는 것이다. 처음에는 쉽게 생각하고 수정 작업을 시작했다. 그런데 출판사에서 기존의 파일을 사용하지 않고 완전히 다시 입력하는 바람에, 새로운 책을 대하듯이 한 문장, 한 글자도 빼지 않고 검토하게 되었다. 번역 수정을 통해 선각자 헨리 조지의 뜻이 독자께 조금이라도 더 잘 전달되기를 바라서다.

번역자는 39년간 근무했던 경북대에서 2015년 2월 정년퇴임했지만 석좌교수가 되어 정년 후에도 연구실을 그대로 활용할 수 있었다. 집중이 필요한 수정 작업에 적합한 환경을 마련해 준 학교와 동료 교수님들께 감사드린다. 또 관심을 가지고 귀중한 조언을 해준 몇 분들께도 감사드린다.

이 책을 번역한 이유와 경위에 관심이 있는 독자들을 위해 첫 완역본의 서문을 그대로 실어 두었다.

2016년 6월
역자

역자의 글

　이 책은 미국의 사회사상가 헨리 조지(Henry George, 1839~1897)가 1879년에 처음 펴낸 『진보와 빈곤(*Progress and Poverty*)』의 완역이다. 이 책의 내용을 간추리자면 "사회가 눈부시게 진보함에도 불구하고 극심한 빈곤이 사라지지 않는 이유 그리고 주기적으로 경제불황이 닥치는 이유는 토지사유제로 인해 지대가 지주에게 불로소득으로 귀속되기 때문이며, 이 문제를 해결하려면 정부가 지대를 징수하여 최우선적인 세원으로 삼아야 한다"는 것이다.

　이 책은 첫 출판 당시에 세계적으로 커다란 반향을 일으켰고 이후 많은 이상주의자들의 열렬한 지지를 받아 왔다. 페비언 사회주의에도 깊은 영향을 주었으며, 톨스토이는 『부활』의 상당한 분량을 할애하여 헨리 조지가 이 책에서 제안한 제도를 가장 이상적인 토지제도로 묘사하기도 하였다. 또 미국, 대만, 호주, 덴마크, 영국 등 여러 나라의 토지제도에도 흔적을 남기고 있으며, 지금도 각국에서 헨리 조지의 사상을 실천하려는 움직임이 활발히 진행되고 있다.

　그러나 토지의 독자적인 특성을 인정하지 않고 노동과 자본만을 중시한다는 점에서 공통성을 가진 주류와 좌파 양 진영이 20세기 경제학계의 주도권을 장악함으로써 헨리 조지의 사상은 학계에서 철저히 무시되어 왔다. 오늘날 대부분의 경제학 교과서에서는 헨리 조지라는 이름조차 보이지 않는다. 그럼에도 불구하고 이 책을 새삼 완역하는 것은, 이 책이 고전으로서의 학술적 가치가 있을 뿐만 아니라 아래와 같은 점에서 현대의 절실한 문제를 해결하는 데에도 여전히 큰 도움이 된다고 보기 때문이다.

첫째로, 인공물(자본)의 사유와 자연물(토지)의 공유를 핵심으로 하는 이 책의 사상은 자본주의라는 정(正)과 사회주의라는 반(反)을 지양하는 합(合)이며 그런 의미에서 미래 세계와 통일한국의 기본 이념이 될 수 있다.

둘째로, 토지를 포함한 자연을 배타적으로 사용하는 (또는 오염시키는) 사람은 공동체에 대하여 그에 상응하는 책임과 의무를 부담해야 한다는 이 책의 주장은 날로 심각해지고 있는 환경오염 문제를 해결하는 사상적 기초가 된다.

셋째로, 토지 투기가 주기적으로 재발하면서 사회정의와 경제의 효율성에 점점 더 큰 피해를 주고 있는데, 토지 투기를 근본적으로 예방하는 방안은 이 책에서 제시하는 방안뿐이다.

역자는 1989년에 이 책의 축약본을 번역한 바 있다. 축약번역본의 출간 당시는 전국이 투기 열풍에 휩싸여 땅값과 전세금이 갑자기 너무 오르는 바람에 집을 구하지 못해 자살하는 사람까지 생기던 때여서 딱딱한 내용의 책 치고는 상당한 반응을 얻은 바 있다. 당시의 문제의식을 짐작할 수 있도록 축약본의 역자 서문 일부를 옮겨 본다.

"이즈음 우리 사회에서는 기존의 체제, 특히 해방 이후 40여 년간의 체제가 과연 '기필코 수호할 만한 가치가 있는 체제인가?' 라는 의문이 심각하게 제기되고 있어 일종의 위기감마저 느껴지기도 한다. 기존 체제에 대한 의문은 역사적 청산이 필요한 시기에 이를 제대로 청산하지 못했고 민주주의를 표방하면서도 오랫동안 독재를 해왔으며 경제적 분배가 불공정하게 이루어져 왔기 때문에 생긴 의문이다.

그 중 분배의 불공정성 문제는 특별한 전문지식이나 소명의식을 가진 엘리트만이 관심을 갖는 문제가 아니라 시정의 일반 사람들도 누구나 느끼고 있는 보편화된 문제이다. 더구나 토지가격이 상승하여 가진 자의 불로소득이 엄청나게 증가하고 서민층의 '내 집 마련'이라는 소박한 꿈마저 산산조각 나는 지경에 이르자 이에 대한 국민의 불만이 고조되어 아마도 현재 사회 갈등의 가장 심각한 원인이 되고 있는 것으로 보인다.

이러한 시기에 역자는 헨리 조지의 사상이 시공을 초월하여 설득력을 가진다는 사실을 다시금 느끼게 된다. 헨리 조지는 19세기 후반에 사회를 풍미하던 통설, 즉 인구의 증가가 빈곤의 원인이라는 견해를 반박하고, 사회가 고도로 진보하는 가운데 극심한 가난이 존재하는 원인은 토지의 사유에 있다고 갈파하였다. 그리고 이를 해소하기 위한 대책으로서 지대를 조세로 징수하자는 제안을 하였다. 헨리 조지의 사상은 이후 많은 이상주의자에게 공감을 불러 일으켰고 각국의 토지제도에 상당한 영향을 주었다.

역자도 토지문제에 오랫동안 관심을 가지면서 여러 학설을 검토하였지만 헨리 조지가 제안한 제도는 토지에 관한 정의성과 효율성을 동시에 달성할 수 있는 최선의 방법이라는 확신을 가지게 되었다. 또 자유시장을 통해 개인의 경제적 노력과 기여에 상응하는 정당한 대가가 돌아가도록 하는 제도를 자본주의라고 한다면 헨리 조지의 제도는 진정한 자본주의를 실현하기 위한 필수조건이라는 생각도 하게 되었다."

역자는 축약본 번역 후에도 완역을 마음의 숙제로 안고 있었다. 1992년에는 1년간 헨리 조지의 생가가 있는 미국 필라델피아에 가서 연구생활을 하면서 헨리 조지 사상을 실천 내지 전파하는 미국 내의 여러 단체와 지역을 방문하기도 했으며, 귀국 후에도 완역의 기회를 벼르고 있었다.

그러던 중 마침 대구 지역에서 헨리 조지 사상에 관심을 가진 학자들이 「진보와 빈곤」 독서회를 1995년 초부터 1년 이상 계속하게 되었는데 역자는 이를 계기로 삼아 독서회의 진도에 맞추어 완역을 진행하였다. 이 모임에 참가한 구본창 박사, 김종달 교수, 엄창옥 교수, 이대환 박사, 이재율 교수, 이정우 교수, 전강수 교수, 조상국 교수, 한도형 교수, 한동근 교수께서 역자의 초고를 읽고 여러 가지 도움말을 주신 데 대해 감사드린다. 원문 가운데 이해되지 않는 부분에 대해서는 미국 버지니아 폴리텍 대학교의 N. Tideman 교수께 문의하였다. 성의 있게 답해 주신 교수님께 감사드린다. 또한 이 책의 진가를 알아보고 흔쾌히 출판을 맡아 준 비봉출판사의 박기봉 사장께, 그리고 치밀하게 교정을 보아 준 이승무 씨께도 감사를 드린다.

이 책은 12개의 단위로 - 도입부, 1권에서 10권, 결론으로 - 구성되어 있는데 각 단위별로 인명과 저서명이 처음 등장하는 곳에 영문을 부기하였고, 인명에는 생몰연도를 추가하였다. 또 부록에는 헨리 조지의 연보, 간략한 인명 해설, 난해한 구절이나 용어에 대한 해설을 붙였다.

축약본 번역에서는 의미 전달을 위해 의역도 많이 하였으나 이 완역본에서는 텍스트로서의 가치를 고려하여 가급적 원문을 살리려고 하였다. 그러나 번역이란 정말 어렵고 아직 미흡한 점이 너무 많다. 독자의 이해와 질정을 부탁드린다.

번역에 사용한 대본은 다음과 같다.

Henry George, *Progress and Poverty*, New York: Robert Schalkenbach Foundation, 1981.

1996년 12월

역자

저자 서문

(1880년 제4판)

　　이 책에서 제시하는 견해의 핵심 내용은 1871년 샌프란시스코에서 발행한 팸플릿 "우리의 토지와 토지정책(Our Land and Land Policy)"에서 간략하게 설명한 바 있다. 당시에는 내 견해를 가능한 한 빠른 시일 내에 상세하게 발표하려고 하였으나 오랫동안 기회가 생기지 않았다. 그간 내 견해가 진리임을 더욱 굳게 확신하게 되었고, 그 관계를 더욱 완전하고 분명하게 파악하게 되었다. 또 이런 견해를 인정하는 데 장애가 되는 잘못된 관념과 그릇된 사고 습관이 많아서 전체를 새롭게 다룰 필요가 있음도 알게 되었다.

　　이 책에서 시도한 것은 이 작업이며, 지면이 허락하는 한 충실하게 하려고 하였다. 나의 견해를 제시하기에 앞서 정지 작업을 깨끗하게 해야 했고, 이런 주제에 대한 사전 준비가 없는 사람이나 경제학 논리에 익숙한 사람을 다 같이 대상으로 해서 설명을 하여야 했다. 주제의 범위가 너무 넓어서 여러 의문에 대해 충분한 설명을 할 수 없었다. 내가 가장 역점을 둔 것은 일반 원리의 정립이며 나머지는 독자가 필요에 따라 응용하도록 맡겼다.

　　이 책에는 경제학 문헌에 다소간 지식이 있는 사람이 더 잘 이해할 수 있는 부분도 있다. 그러나 이 책의 주장을 이해하거나 결론에 대해 판단을 내리는 데 사전 지식이 필요한 것은 아니다. 내가 설명하는 사실은 도서관에 가서 찾아야 나오는 종류가 아니다. 모든 독자가 스스로 검증할 수 있고 일상적으로 겪고 일상적으로 아는 사실이며, 이런 사실로부터의 추론이 옳은지 그른지도 독자가 판단할 수 있다.

먼저, 탐구의 배경을 이루는 사실을 간략히 살펴보는 데서 시작하여, 생산력이 증가함에도 불구하고 임금은 겨우 생존을 이어나갈 최저 수준으로 낮아지는 이유에 대해 현재 정치경제학이라는 이름으로 제시되는 설명을 검토한다. 그 결과 현 임금학설은 잘못된 개념에 근거를 두고 있다는 점과, 노동의 대가인 임금은 노동에 의해 생산되고, 다른 조건이 동일하다면 노동자의 수의 증가에 따라 임금도 같이 증가한다는 점을 입증한다. 다음에는, 가장 중요한 경제이론의 기초이자 중심적인 학설인 동시에 모든 분야의 사상에 영향을 미치는 맬서스 학설을 — 인구가 생존물자보다 더 빨리 증가하는 경향이 있다고 하는 학설을 — 다룬다. 맬서스 학설은 사실에 있어서나 비유적으로나 진정한 증거가 없음을 보인 후, 결정적인 검증 방법을 통해 확실하게 부정한다.

여기까지의 탐구 결과는, 매우 중요하기는 하지만, 무언가를 부정하는 데 그친다. 현재의 이론이 물질적 진보에 빈곤이 연결되는 현상을 만족스럽게 설명하지 못한다는 점과 부의 분배를 지배하는 법칙에서 해결책을 찾아야 한다는 정도를 보여줄 뿐, 문제 그 자체에 빛을 비추지는 않았다. 그러므로 이제 이 작업을 할 차례가 된다. 세 가지 분배 법칙은 상호 연관성이 있어야 하는데 현 정치경제학에서는 그런 연관성이 없음을 예비적인 검토를 통해서 확인한 후, 본격적인 검토를 통해서 현재의 용어 사용에 사고의 혼란이 반영되어 있고 그로 인해 이런 괴리가 간과되고 있음을 보인다.

그 다음에는 분배의 법칙을 다루며, 먼저 지대법칙을 대상으로 삼는다. 현 정치경제학도 지대법칙은 옳게 정립하고 있음을 쉽게 확인한다. 그러나 지대법칙의 완전한 의미가 제대로 이해되지 않고 있다는 점과 그 파생법칙으로서 — 생산물 중에서 토지소유자에게 돌아가는 몫이 정해지면 그 나머지가 노동과 자본에 돌아가기 때문에 — 임금과 이자의 법칙이 나온다는 점을 밝힌다. 여기에 그치지 않고 이자법칙과 임금법칙을 독자적으로 도출한다. 여기에서 잠시 중단하여, 이자의 진정한 원인과 이자의 정당성을 밝히고 많은 오해를 낳는 한 원천을 — 독점에 의한 이윤과 진정한 자본 소득과의 혼동을 — 지적한다. 다음에는 본 줄기로 돌아가서 이자는 반드시 임금과 더불어 상승·하락하며 궁극적으로 지대와 같은 원인에 의해 — 즉 경작의 한계 또는 지대가 발생하기 시작하는 생산점에 의해 — 결정됨을 밝힌다. 이와 유사한 그러나 독자적인 고찰을 통해 임금법칙을 연구하여 역시 조화로운 결과를 도출한다. 그리하여 상호 조화를 이루는 분배의 세 법칙을 정립하고, 어디에서나 물질적 진보와 더불어 지대가 상승하기 때문에 임금과 이자가 상승하지 못한다는 점을 밝힌다.

그 다음으로 지대는 왜 상승하는가라는 의문이 생기는데, 이를 위해서는 물질적 진보가 부의 분배에 미치는 효과를 분석할 필요성이 생긴다. 물질적 진보의 요소를 인구 증가와 기술 개선으로 구분하고, 먼저 인구 증가는 경작의 한계를 낮출 뿐 아니라 인구 증가와 병행하여 나타나는 경제성과 힘이 토지와 결부되어 총생산물 중에서 지대로 돌아가는 부분을 크게 하고 임금과 이자로 돌아가는 부분을 작게 한다는 점을 보인다. 다음으로 인구 증가를 배제하더라도 생산 방법과 생산력이 개선되면 같은 결과가 생기며 토지가 사유재산인 경우에는 인구가 정지해 있더라도 맬서스 학설에서 인구 압박에 원인이 있다고 하는 모든 효과가 발생한다는 점을 보인다. 그런 후에, 물질적 진보로 인한 토지가치의 지속적 증가의 효과는 투기적 상승으로 나타나고, 토지사유제에서는 토지 가치의 투기적 상승이 — 이 원인은 파생적 원인임에도 불구하고 — 가장 강력한 원인이 되어 지대를 증가시키고 임금을 하락시킴을 논증한다. 이 원인이 있으면 필연적으로 주기적 산업불황이 발생한다는 점이 연역적으로 도출되며, 귀납적으로 보더라도 이 결론이 증명된다. 이러한 분석을 통하여 토지사유제에서 물질적 진보는, 인구 증가가 어느 정도이건 간에, 필연적으로 노동자의 임금이 생존을 겨우 유지할 수 있을 정도로 하락하는 결과를 낳는다는 사실을 알게 된다.

빈곤이 진보와 병행하게 되는 원인이 이렇게 밝혀졌으므로 그 해결책도 분명하다. 그러나 이 해결책은 너무 근본적이기 때문에 다른 해결책은 없는가를 한 번 살펴보는 것이 좋겠다. 완전히 다른 출발점에서부터 시작하여, 노동 대중의 생활을 개선하기 위해 현재 주창되고 있거나 지지를 받고 있는 조치 내지 움직임을 검토한다. 그 결과, 토지 공유화 이외의 어떤 방법도 영구적으로 빈곤을 제거하지 못하며 임금이 기아점(starvation point)으로 내려가는 경향을 막지 못한다는 앞서의 결론이 입증된다.

이제 정의에 관한 질문이 자연스럽게 제기되면서 윤리 측면에 대한 탐구로 들어간다. 재산권의 성격과 근거에 대한 검토에서, 노동 생산물에 대한 재산권과 토지에 대한 재산권 사이에는 근본적이고 타협할 수 없는 차이가 존재한다는 사실, 자연적인 근거와 정당성이 앞의 재산권에는 있으나 뒤의 재산권에는 없다는 사실, 토지에 대한 배타적 재산권을 인정하면 필연적으로 노동의 생산물에 대한 재산권을 부정하고 만다는 사실을 설명한다. 또 토지사유제는 언제나, 사회가 발전함에 따라 노동 계층의 노예화를 초래했고 또 반드시 초래하고 만다는 사실도 설명한다. 또 사회가 토지 재산권을 환수하더라도 토지 소유자는 보상을 요구할 정당한 근거가 없다는 사실도 설명한다. 또 토지사유제는 인간의 자연스러운 인식에 전혀 부합하지 않으며 미국에서도 이런 잘못된 파괴적 원리를 채택함으로써 생기는 부작용이 감지되고 있다는 사실도 설명한다.

이어서 구체적인 실천 분야를 탐구한다. 토지사유제는 토지의 개량과 사용을 위해 필요하지 않고 오히려 장애가 되며 생산력의 엄청난 낭비를 야기함을 보인다. 또 충격을 주지도 않고 소유를 박탈하지도 않는 가운데 토지에 대한 공동의 권리를 회복할 수 있으며, 토지가치에 대한 조세를 제외한 모든 조세를 철폐하는 단순하고도 쉬운 방법으로 이를 달성할 수 있음도 보인다. 그리고 조세의 원칙에 비추어 토지가치에 대한 조세가 모든 면에서 가장 훌륭한 조세임도 입증한다.

이러한 개혁은, 생산을 엄청나게 증가시키고 분배의 정의를 보장하고 모든 계층에 이익이 되고 더 높고 고상한 문명으로 나아갈 수 있게 하는 효과를 가져다줌을 밝힌다.

이제 탐구는 더 넓은 분야로 확대되어 또 다른 출발점에서 시작한다. 그 이유는 탐구를 통해 갖게 된 희망은 사회의 진보가 종(種)이 서서히 개선됨으로써만 가능하다고 하는 통념과 서로 충돌되기 때문이며, 또 우리가 도달한 결론에서 도출되는 법칙은 ── 그것이 진정한 법칙이라면 ── 반드시 보편적인 역사와 일치해야 하기 때문이다. 그러므로 인간 진보의 법칙을 도출하여 최종적인 검증으로 삼을 필요가 있다. 그러나 이 주제를 다루는 첫 단계부터, 우리가 잘 알고 있는 여러 중요한 사실과 현재의 통설이 전혀 맞지 않음을 알게 된다. 탐구 결과, 문명의 차이는 개인의 차이에서가 아니라 사회조직의 차이에서 생긴다는 점, 진보는 언제나 어울림에 의해 촉발되었다가 언제나 불평등이 커짐으로써 퇴보로 바뀐다는 점, 지금도 현대 문명 속에 과거의 모든 문명을 파괴했던 원인이 드러나기 시작한다는 점, 정치적 민주주의만으로는 무정부 상태와 전제정치로 빠지게 된다는 점이 나타난다. 그러나 사회생활의 법칙은 동시에 정의의 법칙이자 위대한 도덕법칙임을 밝히고, 앞에서의 결론을 증명한 후 어떻게 하면 퇴보를 막고 장엄한 전진을 시작할 수 있는가를 보여준다. 이로써 탐구는 끝이 난다. 마지막 장은 자명한 내용으로서 언급하지 않겠다.

이 탐구가 갖는 커다란 의의가 앞으로 명백히 드러날 것이다. 이 내용을 주의 깊게 그리고 논리적으로 추구한다면 그 결론은 정치경제학의 성격을 완전히 바꾸어 진정한 과학으로서의 일관성과 확실성을 부여하며, 지금까지 유리되었던 대중의 열망과 완벽한 공감을 이룩하게 된다.

이 책에서 대상으로 삼은 큰 문제를 옳게 해명하였다고 하면, 이 책에서 편 나의 견해는 스미스-리카도 학파가 인식한 진리를 프루동-라쌀레 학파가 인식한 진리와 통합시켜 주며, 진정한 의미의 자유방임이 사회주의의 숭고한 꿈을 실현할 수 있는 길을 열어 주며, 사회법칙이 도덕법칙과 일치함을 보여 주며, 여러 사람의 마음속에 가지고 있는, 위대하고 고차원적인 인식을 흐리게 하는 여러 관념이 틀린 것임을 증명해 준다.

1877년 8월부터 1879년 3월 사이에 집필하였고 같은 해 9월에 인쇄가 완료되었다. 그 후 이 책에서 전개한 견해가 옳음을 보여주는 새로운 사례가 여럿 있었으며 내가 해명하려고 한 문제가 절박하다는 점이 여러 사건을 — 특히 영국의 아일랜드 토지 소요에서 시작된 커다란 운동을 — 통해 더욱 분명하게 나타나고 있다. 그러나 내 견해를 바꾸거나 수정해야 할 만한 비판은 지금까지 나오지 않았으며, 사실이 책에 이미 답변이 나와 있는 반대 이외의 반대는 나오지 않았다. 그 밖에 일부 오자를 교정하고 서문을 추가한 것 이외에는 이 판도 이전의 판과 동일하다.

헨리 조지
1880년 11월 뉴욕에서

PROGRESS
and
POVERTY

〈목 차〉

살 길은 반드시 있다.
인간이 겨울바람에 무력했으나
태양과 같은 빨간 불꽃을
부싯돌을 쳐 얻을 수 있었다.
이리처럼 살점을 뜯어 먹으면서 연명했으나
곡식을 심어 식량을 얻을 수 있었다.
뜻 없는 소리밖에 내지 못했으나
말을 하고 글자까지 만들어 쓰게 되었다.
우리가 가진 좋은 것 중에
탐구와 투쟁 그리고 사랑이 담긴 희생에서
나오지 않는 것이 어디 있을까?

　　　　　　　- 에드윈 아놀드(Edwin Arnold)

이 세상의 넓은 들판에서
한 조각의 진리도
거저 생기는 것은 없으리.
언덕과 초원에 손수 씨를 뿌려야 하고
손수 누런 곡식을 거둬들여야 하리.

　　　　　　　　　　- 휘티어(Whitier)

도입부

문제의 제기

그대는 짓고 또 짓지만 들어가지는 못하리
사막이 삼켜버린 죄 지은 족속처럼.
그대는 약속의 땅에 이르지 못하고 죽으리
그 싱그러운 빛이 지친 눈앞에 비치기 전에.

－ 시거니 부인(Mrs. Sigourney)

도입부 ― 문제의 제기

금세기[19세기 ― 역자]의 특징은 부의 생산력이 비약적으로 증가했다는 점이다. 증기와 전기의 이용, 개선된 생산공정과 노동 절약적 기계의 도입, 고도의 분업과 거대한 생산 규모, 교환의 눈부신 발전 등으로 인해 노동의 효율성이 대폭 높아졌다.

이 굉장한 시대가 시작될 무렵에는, 노동 절약적인 발명으로 인해 고된 일이 줄고 노동자의 상태가 개선될 것이며, 부를 생산하는 힘의 엄청난 증대로 인해 빈곤이 일소될 것으로 당연히 기대할 수 있었고 또 실제로도 그렇게 기대하였다. 지난 세기에 살았던 인물이 ― 프랭클린(Benjamin Franklin, 1706~1790)이나 프리스틀리(Joseph Priestley, 1733~1804) 같은 인물이 ― 증기선이 범선을 대체하고, 기차가 마차를 대체하고, 수확기가 낫을 대체하고, 탈곡기가 도리깨를 대체하리라고 예견할 수 있었을까? 또 지구상의 사람과 가축을 모두 합한 것보다 더 큰 힘을 내면서 시키는 대로 인간의 욕구를 충족시켜 주는 엔진의 고동소리를 들을 수 있었을까? 또 사람이 손을 거의 대지 않는데도 숲 속의 나무가 문짝, 문틀, 창문 가리개, 상자, 술통 등의 목제품으로 변하는 장면을 상상할 수 있었을까? 또 과거의 구두공이 구두창을 붙이는 것보다 더 적은 노동으로 장화나 구두가 상자떼기로 생산되는 공장은? 또 여공 한 사람이 지켜보는 가운데, 과거에 수백 명의 건장한 직조공이 수직기로 짜던 것보다 더 빠르게 목화가 천으로 변해 나오는 공장은? 또 대형 샤프트와 거대한 닻을 만드는 증기 해머나 작은 손목시계를 만드는 정교한 기구는? 바위를 뚫는 다이아몬드 드릴이나 고래 기름을 대체하는 석유는? 또 교환과 통신 시설이 개선되어 노동이 대폭 절약된다는 사실, 예를 들어 호주에서 도축한 양고기를 영국에서 싱싱하게 먹을 수 있다든지, 오후에 런던의 은행원이 발송한 주문이 같은 날 오전에 샌프란시스코에서 처리될 수 있다는 사실을 이해할 수 있었을까? 그들이 만일 이러한 수많은 발전을 예견했다면 인류의 사회 상황이 어떻게 되리라고 추리를 했을까?

사실 이 정도는 추리라고 할 것도 없다. 그들은 발전의 결과로 나타날 사회 상황을 마치 눈으로 보는 것처럼 예상했을 것이고, 사막의 목마른 대상(隊商)이 바로 눈앞에 살랑거리는 수풀과 반짝이는 샘물을 언덕 위에서 바라볼 때처럼 심장의 고동이 뛰고 신경이 전율했을 것이다. 새로운 힘에 의해 사회가 근본에서부터 개선됨으로써 극빈층도 전혀 부족함을 느낄 수 없고 최하층도 생활물자의 결핍에서 해방될 것이라고 상상의 눈으로 내다보았을 것이다. 지식의 마술램프에서 나온 노예가 과거의 저주받은 노동을 대신하고 무쇠와 강철로 된 근육이 극빈 노동자의 생활을 휴일처럼 만들어 주어, 높은 자질과 고상한 본성이 자랄 수 있을 것으로 내다보았을 것이다.

그들은 또 물질의 풍요에 따른 당연한 귀결로 도덕 수준이 높아지고 인류가 꿈꾸어 온 황금시대가 이룩될 것으로 내다보았을 것이다. 어린이가 굶주림으로 못 크는 일이 없고, 노인이 물자 부족으로 시달리는 일이 없으며, 젊은이는 열심히 일하는 한편 찬란한 별빛 아래서 술잔을 기울인다! 악은 사라지고 불화는 조화로 변한다! 모든 것이 풍족한 곳에 어찌 탐욕이 있을 것인가? 빈곤이 사라진 세상에, 빈곤 또는 빈곤에 대한 두려움의 산물인 죄악이나 범죄나 무지나 잔인함이 어찌 존재할 수 있을까? 모든 사람이 자유인인데 누가 굽실거리며 살 것인가? 모든 사람이 평등한 곳에 어찌 압제자가 있을 것인가?

정도의 차이는 있었지만, 이러한 세상은 놀라운 시대를 예고하는 갖가지 발전에서 생긴 희망이요 꿈이었다. 이러한 희망과 꿈은 많은 사람들의 마음속 깊숙이 자리 잡으면서 시대의 사조를 바꾸고 새로운 신념을 형성하고 기본적인 개념을 변화시킬 수 있었다. 실현 가능성이 높은 비전이 생생하게 빛날 뿐만 아니라 비전의 방향까지 바뀌었다. 종래에는 지는 해의 어스름 뒤로 비전을 보았으나 이제는 새벽의 찬란한 빛이 앞 쪽의 하늘을 밝힌다.

지금까지 실망이 거듭된 것은 사실이다. 꼬리를 무는 발견과 발명도 휴식이 절실하게 필요한 계층의 고된 일을 덜어 주지 않았고 빈민에게 생활의 여유를 주지도 않았다. 그러나 사람들은 이 실패에는 이런 저런 다른 원인이 있었다고들 생각했기 때문에 새로운 믿음은 아직까지 줄어들지 않고 있다. 극복해야 할 어려움이 많은 줄 알면서도 시간이 지나면 그 어려움이 반드시 극복될 것으로 믿어 왔다.

그러나 이제는 분명한 사실을 직시하지 않을 수 없다. 문명세계의 모든 곳에서 들려오는 소식은 불황, 비자발적 실업, 자본의 낭비, 기업인의 자금 부족, 노동자 계층의 빈곤과 불안이다. 많은 사람들이 흔히 "힘든 시대(hard times)"라는 말로 표현하듯이 죽을 것 같은 둔중한 통증, 미칠 것 같은 예리한 고뇌가 오늘날의 세계를 괴롭힌다. 이러한 현상은 정치제도나, 정부 재정이나, 인구밀도나, 사회조직에 관계없이 공통되어 있기 때문에 일부 지역에 국한된 원인으로는 설명할 길이 없다. 대규모 군대를 유지하는 나라에 고통이 있는가 하면 군대의 규모가 미미한 나라에도 고통이 있다. 보호무역을 실시하는 나라에 고통이 있는가 하면 무역이 거의 자유로운 나라에도 고통이 있다. 독재정부가 지배하는 나라에 고통이 있는가 하면 정치 권력이 전적으로 국민의 손에 있는 나라에도 고통이 있다. 지폐를 사용하는 나라에 고통이 있는가 하면 금과 은을 화폐로 삼는 나라에도 고통이 있다. 따라서 우리는 이 모든 현상의 밑바닥에 있는 어떤 공통의 원인을 찾아내어야만 한다.

우리가 산업불황이라고 묶어서 이야기하는 각종 현상은, 물질적 진보에 항상 수반하며 물질적 진보가 진전될수록 더욱 뚜렷이 나타나는 어떤 현상이 강화된 상태를 의미한다. 이런 점을 생각하면 불황에 어떤 공통의 원인이 있다는 것, 그리고 그 원인은 물질적 진보 그 자체이거나 또는 그에 밀접하게 연관된 무엇이라고 쉽게 추론할 수 있다. 물질적 진보가 뚜렷이 성취된 곳, 즉 인구가 조밀하고 부가 풍족하며 생산과 교환의 장치가 발달된 곳에는, 빈곤이 가장 심각하고 생존경쟁이 치열하고 비자발적 실업이 팽배하고 있다.

노동자가 높은 임금을 얻기 위해 이민해 가고 자본이 높은 이자를 얻기 위해 흘러들어 가는 곳은 물질적 진보가 아직 초기 단계에 있는 신생 지역이다. 그러나 물질적 진보가 후기 단계에 이른 기성 지역에서는 굉장한 풍요 속에서 빈곤이 널리 존재한다. 앵글로—색슨의 활력으로 진보가 갓 시작한 곳, 생산과 교환의 방식이 아직 거칠고 비능률적인 곳, 부의 증가가 대단하지 못하여 안락과 사치 속에 사는 계층이 없는 곳, 가장 좋은 집이라 해도 오두막 수준이고 옷감이나 종이의 질이 보잘 것 없고 부자도 매일 열심히 일해야 사는 곳에 한번 가보라. 거기에는 큰 부자도 없지만 동시에 거지도 없다. 사치도 없지만 동시에 절대 빈곤도 없다. 놀면서 편안하게 살거나 매우 잘 사는 사람도 없지만 동시에 누구든지 생계는 꾸릴 수 있고 또 일할 능력과 의사만 있다면 궁핍에 대한 두려움으로 고통받지 않는다.

그러나 이런 사회가 모든 문명사회가 지향하는 상태를 이룩하고 물질적 진보라는 기준에서의 진전을 이루면 — 즉, 주거 밀도가 높아지고 다른 지역과의 관계가 긴밀해지고 노동 절약적인 기계가 많이 이용되어 생산과 교환의 경제성이 높아지고 그에 따라 총량 및 일인당의 부가 증대되면 — 빈곤 문제는 더 어두워진다. 일부 계층의 생활은 무한정으로 개선되고 편리해지지만 나머지 사람들은 생계를 꾸려나가기도 힘들게 된다. 기차가 생기면 부랑자도 생기고 물질적 진보가 이루어져서 고급스러운 주택, 상품으로 가득 찬 창고, 거대한 교회가 생기면, 빈민구호소와 감옥도 틀림없이 생기게 마련이다. 가스등이 켜지고 제복 입은 경관이 순찰을 도는 거리에는 거지들이 행인을 기다리며, 대학과 도서관과 박물관의 그늘에는 머콜리(Thomas B. Macaulay, 1800~1859)가 예견했듯이 훈 족(Hun)보다 무섭고 반달 족(Vandal)보다 세찬 야만인의 무리가 있다.

이러한 사실을 — 어느 사회든 물질적 진보가 지향하는 상태로 발전하면 빈곤과 그 관련 현상도 같이 나타난다는 굉장한 사실을 — 통해 우리는, 진보가 일정한 단계에 이른 곳마다 발생하는 사회 문제는 어느 지역의 특수한 사정에 기인하는 것이 아니라 어떤 식으로든 진보 그 자체에 의해 발생됨을 알 수 있다.

인정하고 싶지 않은 사실이지만, 금세기에 들어 생산력이 엄청나게 증가했고 또 지금도 가속적으로 증가하고 있으나 극심한 빈곤을 퇴치하거나 고통받는 노동자의 짐을 덜어주는 경향은 보이지 않는다. 오히려 빈부격차를 더 심하게 하고 생존경쟁을 더 치열하게 만들고 있다. 꼬리를 이은 발명의 덕으로 인류는 한 세기 전에는 꿈도 꾸지 못한 힘을 갖게 되었지만, 고도의 노동절약적 기계 장치를 갖춘 공장에서 어린이들이 일에 시달리고 있다. 새로운 힘이 만개한 사회에서 대중이 자선에 의지해서 살아가거나 그 한계선상에 있다. 거대한 부의 축적 속에서 사람들이 굶주리고 있으며 갓난아이들은 나오지도 않는 엄마의 젖을 빨고 있다. 어느 곳에서든 재산을 탐내고 부를 숭상하는 것을 볼 때 궁핍에 대한 두려움의 힘을 알 수 있다. 약속의 땅은 신기루처럼 우리 앞에서 날아가 버린다. 지식나무의 열매도 손을 대면 부스러지는 소돔의 사과(apples of Sodom)처럼 우리가 얻는 순간 변질된다.

부가 엄청나게 증대된 것도 사실이고 평균적으로 보아 더 안락해지고 여가가 많아지고 교양이 향상된 것도 사실이지만 이러한 개선이 일반화되지 못했다. 사회의 최하층은 개선의 혜택을 누리지 못하고 있다.1) 최하층의 상태가 어느 곳에서나 어느 면에서나 전혀 개선된 점이 없다는 뜻이 아니라, 생산력 증가에 기인한 개선은 어느 곳 어느 면에도 없다는 뜻이다. 소위 물질적 진보라고 하는 추세는, 건강하고 행복한 인생의 필수 요소를 기준으로 볼 때, 최하층의 상태를 개선해 주지 못한다. 아니 실은 최하층의 상태를 오히려 압박한다. 새로운 힘은 기본적으로 사회를 향상시키는 효과가 있지만 오랫동안의 희망과 믿음과는 달리 사회구조의 밑바닥에서부터 작용하지 않고 상층과 하층의 중간의 어느 지점에 작용한다. 마치 커다란 쐐기가 사회의 밑바닥이 아니라 그 한 가운데를 관통하는 것과 같다. 그리하여 분리점의 상층에 있는 사람들은 향상되지만 그 하층에 있는 사람들은 부서지고 만다.

겨우 연명이나 하는 계층이 오래 존재했던 사회에서는 이러한 압박 효과가 분명하게 드러나지 않는다. 유럽의 여러 지역에서처럼 최하층이 겨우겨우 살아온 곳에서는 이들이 더 낮아질 수 없다. 더 낮은 단계에서는 생존이 불가능하므로 더 이상의 압박 효과가 나타날 수 없다. 그러나 신개척지가 기성 사회와 같은 상태로 진보해가는 과정에서

---

1) 현재의 극빈층이 과거 한 세기 전에는 최부유층도 얻지 못했던 것을 누린다는 점은 사실이지만, 생활의 필수물자를 획득하는 능력이 증가하지 않는 한 이를 상태의 개선이라 할 수 없다. 대도시의 거지는 벽지의 농민이 못 가지는 것을 누릴 수 있지만, 그렇다고 해서 거지의 처지가 독립농민보다 낫다고 할 수 없다.

는, 물질적 진보가 빈곤을 구제하지 못하는 정도가 아니라 오히려 빈곤을 만들어 낸다는 사실을 알 수 있다. 미국을 보더라도, 마을이 커져 도시가 되는 곳 그리고 연이은 발전으로 생산과 교환의 방법이 개선되고 있는 곳은 어디에서나 빈곤과 궁핍 그리고 그로부터 생겨나는 죄악과 범죄가 증가한다. 미국에서 노동자 계층의 빈곤과 궁핍이 가장 뚜렷하게 나타나는 곳은 역사가 오래고 부유한 지역이다. 샌프란시스코에서 극심한 빈곤이 뉴욕보다 덜하다면 그 이유는 뉴욕보다 발전이 덜 되었기 때문이 아닐까? 샌프란시스코가 뉴욕의 현재 수준에 도달하면 거리에 옷도 신발도 제대로 못 갖춘 어린이들이 생길 것이라는 점에 누가 의문을 가질 수 있을까?

이처럼 진보에 빈곤이 수반하는 현상은 우리 시대의 큰 수수께끼이다. 이 핵심적인 사실로부터 세계를 괴롭히는 산업문제, 사회문제, 정치문제가 발생하며 또 정치, 종교, 교육이 이를 해결하려고 무진 애를 써도 성과를 얻지 못하고 있다. 이것은 진보하는 독립 국가의 미래에 먹구름을 드리우는 근원이 된다. 이것은 스핑크스가 인류 문명에 던지는 수수께끼이며 이를 풀지 못하면 문명은 멸망하고 말 것이다. 현대의 진보가 이룩하는 모든 부가 소수에게 집중되고 사치를 조장하여 가진 자와 못 가진 자와의 차이를 더욱 뚜렷하게 한다면 이것은 진정한 진보라 할 수 없고 또 이러한 진보는 오래 가지도 못한다. 그에 대한 대응이 반드시 나와야 한다. 탑이 기초에서부터 기울면 한 층 한 층 높이 지을 때마다 최후의 비극을 재촉할 뿐이다. 빈곤에 내몰릴 수밖에 없는 사람을 교육시켜 보았자 반항아만 기를 뿐이고, 사회적 불평등이 극심한 기초 위에 이론상 인간이 평등한 정치제도를 만들어 보았자 피라미드를 거꾸로 짓는 것과 같을 뿐이다.

이 문제는 너무나 중요하여 모든 분야에서 주목을 받고 있지만, 모든 사실을 충분히 설명해 주면서 동시에 분명하고 간단한 대책까지 제시해 주는 답은 아직도 나오지 않고 있다. 이는 현재의 불황을 설명하려는 수많은 시도가 있었다는 사실로도 알 수 있다. 상식선의 생각에서부터 과학적 이론에 이르기까지 각양각색의 설명이 있으며 같은 일반 이론을 주장하는 사람들 간에도 구체적인 현실 문제에 대해서는 견해가 갈라져서 무정부 상태에 있다. 경제에 관한 어떤 권위자는 현재의 불황은 과잉소비에 원인이 있다고 한다. 또 어떤 권위자는 과잉생산에 원인이 있다고 한다. 또 다른 유명 학자들이 드는 원인에는 소모적 전쟁, 철도 부설 확대, 노동자의 고임금 유지 압력, 은본위제 폐지, 지폐 발행, 노동 절약적 기계의 발명, 단축된 무역로의 개척 등도 있다.

교수들의 견해가 이처럼 일치하지 않는 가운데, 자본과 노동 간에는 갈등이 불가피하다는 견해, 기계가 악이라는 견해, 경쟁을 제한하고 이자를 없애야 한다는 견해, 화폐를 발행하면 부를 증대시킬 수 있다는 견해, 자본 공급과 일자리 마련을 정부의 의무로 해야 한다는 견해 등이, 고통을 예민하게 느끼고 부조리를 예리하게 의식하는 상당수의 사람들에게 급속히 퍼지고 있다. 이러한 견해는 정치 권력의 궁극적인 원천인 국민 대중을 자칫 사이비 지도자 내지 선동가의 지배하에 둘 위험성을 안고 있다. 그러나 이러한 견해에 효과적으로 대처하려면 정치경제학 이론에 부합하면서 일반 대중의 공감을 얻을 수 있는 해답을 내놓아야 한다.

이 일은 분명히 정치경제학의 영역에 속한다. 정치경제학은 도그마의 집합체가 아니기 때문이다. 정치경제학은 사실의 집합체에 대한 설명이다. 정치경제학은 여러 현상 속에서 상호관계를 추적하고 원인과 결과를 밝히는 학문이며 이 점에서, 연구 대상은 달라도, 자연과학과 같다. 정치경제학은 확고한 기반에서 출발한다. 정치경제학은 최고의 인정을 받는 진실에서부터 논리를 연역한다. 이 진실은 우리 모두가 인정하는 공리이다. 우리는 일상생활에서 사고하거나 행동하면서 늘 이 공리에 기초를 두고 있다. 이 공리는, 물체는 최저 저항선을 따라 움직이려 한다고 하는 물리학의 법칙을 형이상학적으로 표현한 것에 불과하다. 즉, 사람은 최소의 노력으로 욕구를 충족하려 한다는 것이다. 정치경제학은 이와 같이 확실한 근거에서 출발하며 분명한 방법을 통해 논리를 전개한다. 이러한 의미에서 정치경제학은 기하학과 같은 엄밀성을 가진 과학이라고 할 수 있다. 기하학은 공간에 관해 비슷한 성격의 공리에서 출발하여 비슷한 방법으로 결론을 얻으며 옳게 도출된 결론은 그 자체로 명백하다. 다른 과학과는 달리 정치경제학에서는 인공적으로 조성된 조건 하에서 이론을 검증하지는 못하지만 갖가지 상황이 존재하는 사회를 비교해 보거나 효과가 알려져 있는 요인을 상상을 통해 분리, 통합, 추가, 제거해 봄으로써 거의 비슷한 정도의 검증을 행할 수 있다.

　나는 이 책에서, 지금까지 개관한 큰 문제를 정치경제학적 방법으로 풀어 보자고 제안한다. 빈곤을 진보에 결부시키고 부가 증가하면 결핍도 따라서 증가시키는 법칙을 찾자는 것이다. 이러한 역설적인 현상을 설명하다 보면 공업과 상업이 반복해서 불황에 빠지는 이유도 찾을 수 있을 것이다. 불황이라는 현상은, 이와 같은 전체적인 시각에서 분리하여서는 도저히 설명할 수 없다. 올바로 시작하여 조심스럽게 추구해 나가면 모든 비판을 이길 수 있는 결론을 도출할 수 있다. 이렇게 찾아낼 진리는 반드시 다른 진리와 일관성을 가지게 된다. 세상에 우연한 현상이란 없기 때문이다. 모든 결과에는 원인이 있고 모든 단계에는 그 앞 단계가 있기 마련이다.

　이즈음 가르치고 있는 정치경제학은 부의 증가 속에 빈곤이 계속되는 현실을 인간의 심층적 인식에 부합하도록 설명해 주지 못한다.

정치경제학에서 의문의 여지가 없는 진리라고 가르치는 것도 상호 일관성이 없이 따로 놀고 있다. 진리는, 마음에 들지 않는 내용의 진리라고 하더라도, 일반인의 사고를 발전시켜 주기 마련인데 현재의 정치경제학은 그렇지 못하다. 예민하고 뛰어난 학자들이 백 년 동안 정치경제학을 연구하였으나 오늘날 정치가로부터도 배척당하고 대중으로부터도 외면당하고 있다. 오늘날 교육 정도가 높고 사려 깊은 사람들은, 정치경제학은 어느 하나 확정된 진리를 담지 못하는 저급한 과학이라고 격하하고 있다. 그 원인은 정치경제학 자체의 무능력에 기인하는 것이 아니라 그 전제를 설정하는 어떤 단계에 결함이 있거나 그 해석에서 어떤 요인을 제대로 보지 못하는 데 있는 것으로 생각된다. 그런데 권위를 존중하다 보면 이러한 잘못이 제대로 밝혀지지 않는 수가 있으므로 이 책에서는 기존의 어느 학설도 당연한 것으로 인정하지 말고 기존의 통설이라고 해도 제일원리(first principles)에 따라 검증하자. 만일 이 검증에 통과되지 못하면 현상을 새롭게 검토하여 참된 법칙을 찾아내도록 하자.

또 어떠한 논점도 피해 가지 말고 어떠한 결론이 나더라도 위축되지 말고 오로지 진실만을 추구하기로 하자. 우리는 진정한 법칙을 찾아야 할 책임이 있다. 오늘날 우리 문명의 한 가운데에서 여인들은 생기를 잃고 어린이들은 신음하고 있기 때문이다. 그러나 그 법칙이 어떤 내용으로 나타날 것인가는 우리가 상관할 바가 못 된다. 우리가 도달하는 결론이 우리의 편견과 충돌하더라도 움츠리지 말자. 그 결론이 오랫동안 현명하고 자연스럽다고 받아들여 온 제도를 부정하더라도 되돌아서지 말자.

PROGRESS
and
POVERTY

제1권
임금과 자본

철학을 추구하는 자는 마음이 자유로워야 한다.

— 프톨레마이오스(Ptolemy)

제 1 장
현재의 임금학설 — 그 불충분성

우리가 연구하기로 한 문제를 가장 간략한 형태로 만들고, 이 문제에 대해 현재 정치경제학계 최고의 권위자들이 인정하는 설명을 단계적으로 검토해 보자.

부의 증가에도 불구하고 빈곤이 계속되는 원인은, 어느 곳에서나 임금이 최저 수준으로 떨어지는 경향의 원인과 동일하다. 그러므로 우리가 탐구하는 문제를 다음과 같이 간략한 형태로 만들어 보자.

생산력의 증가에도 불구하고 왜 임금은 생존을 겨우 유지할 수 있는 최저 수준으로 떨어지는 경향이 있는가?

이 의문에 대해 현 정치경제학에서는, 임금은 노동자의 수와 자본의 양 사이의 비율에 의해 정해지는데 노동자 수는 자본이 증가하는 만큼 또는 그 이상으로 증가하기 때문에 임금은 노동자의 생존과 재생산을 가능하게 하는 최저 금액으로 낙착되는 경향이 있다고 설명한다. 임금은 자본을 노동자 수로 나눈 금액이므로 분자가 아무리 증가해도 분모도 따라서 증가하면 그 결과가 커지지 않을 수 있다는 것이다.

이러한 학설은 현 사상계에서 통설로 수용되고 있다. 정치경제학계의 저명 학자들이 이를 지지하고 있으며, 비판이 있다고 해도 형식적인 데 그치고 있다.[1] 버클(Henry T. Buckle, 1821~1862)은 이 학설을 보편 역사를 일반화하는 기초로 삼기도 했다. 이 학설은 영국과 미국의 거의 모든 큰 대학에서 교육되고 있으며, 일반 국민이 실제적인 문제에 대해 올바르게 생각하도록 인도하는 것을 사명으로 하는 교과서에도 실려 있다. 이 학설은 최근 수년간 학계를 거의 정복하다시피 한 새로운 철학과도 조화되는 것으로 보이며 일반인의 사고에도 급속도로 파고들고 있다.

이 학설은 사상계의 상층부에 침투해 있으며, 하층부라고 할 수 있는 계층에는, 내용은 다소 어설프지만, 더 확실하게 뿌리를 내리고 있다. 보호무역론의 오류도 그 예가 된다. 일관성과 논리성이 전혀 없는데도 불구하고 확고하게 자리 잡고 있는 이유는, 각 사회에서 임금으로 분배될 수 있는 총액은 일정한데 외국인 노동자들이 들어와 경쟁을 하면 그만큼 임금이 더 낮아질 수밖에 없다는 생각에 근거를 두고 있다. 이러한 생각은 부의 총액 중에서 임금의 몫을 증가시키기 위해 이자를 철폐하고 경쟁을 제한하자는 주장의 바탕에도 깔려 있다. 또 이 학설은, 신문 칼럼이나 의회 토론에서 보듯이, 나름대로의 이론을 갖추지 못한 사람들이 여러 경우에 원용한다.

---

1) 손턴(William T. Thornton, 1813~1880)의 반대를 보더라도 이를 알 수 있다. 손턴은 임금기금의 존재, 즉 자본 중에 노동을 구입하기 위한 부분이 별도로 존재한다는 견해에는 반대하지만, 더 본질적인 부분, 즉 임금이 자본으로부터 나온다는 견해와 자본의 증감에 따라 임금으로 지불할 수 있는 기금도 증감한다는 견해는 지지한다. 내가 아는 한 임금기금설에 대한 가장 맹렬한 비판은 워커(Francis A. Walker, 1840~1897)의 이론(『임금 문제(The Wages Question, New York, 1876)』이다. 그러나 워커도 임금의 대부분이 자본에서 나온다는 점을 인정하며 — 임금기금설의 핵심도 바로 여기에 있다 — 한편으로는 맬서스 이론도 전적으로 수용한다. 그렇다면 워커의 이론에서 도출되는 실질적인 결론은 현 학설이 도출하는 결론과 다를 바 없다.

이 이론이 널리 수용되어 뿌리를 깊이 내리기는 했지만, 내가 보기로는 명백한 사실에 부합하지 않는다. 만일 임금이 일자리를 구하는 노동의 양과 고용에 지출될 자본의 양 간의 비율에 의해 정해진다면 한 생산요소가 상대적으로 희소하거나 풍부할 경우에 다른 생산요소는 반대로 상대적으로 풍부하거나 희소해야 한다. 그리하여 임금이 높은 곳에서는 자본이 상대적으로 풍부해야 하고 임금이 낮은 곳에서는 자본이 상대적으로 희소해야 한다. 임금 지불에 사용되는 자본은 대부분 투자처를 찾는 자본으로 구성되므로, 이자율은 임금용 자본의 상대적 풍부성 또는 희소성의 척도가 된다. 따라서 만일 임금이 일자리를 구하는 노동의 양과 고용에 지출될 자본의 양 간의 비율에 의해 정해진다면 노동의 상대적 희소성을 반영하는 고임금은 자본의 상대적 풍부성을 반영하는 저이자와 동행해야 하고, 반대로 저임금은 고이자와 동행해야 한다.

그러나 사실은 이와 반대이다. 이자에서 보험적인 요소를 뺀 순수한 이자, 즉 자본 사용의 대가만을 생각하면 임금이 높은 곳에는 이자도 높고 임금이 낮은 곳에는 이자도 낮다는 것이 보편적인 사실 아닌가? 미국의 임금과 이자는 모두 영국보다 높았고, 미국에서도 태평양 쪽이 대서양 쪽보다 높았다. 노동이 높은 임금을 받기 위해 이동해 가는 곳으로 자본도 높은 이자를 받기 위해 이동해 간다는 점은 널리 알려져 있지 않은가? 임금이 일반적으로 상승·하락한 곳에서 이자도 동시에 비슷한 정도로 상승·하락한 것이 사실이 아닌가? 예를 들어 캘리포니아의 임금이 세계 어느 곳보다 높았던 때가 있었는데, 그 당시에는 이자도 역시 높았다. 그 후 캘리포니아의 임금과 이자는 같이 하락하였다. 보통 일당이 5불이었을 때 일반 은행 이자율은 연 24%였는데, 일당이 2불로 하락한 지금은 이자율도 연 10% 내지 12%로 하락하였다.

이처럼 자본이 상대적으로 희소한 신생 지역의 임금은 자본이 상대적으로 풍부한 기성 지역에 비해 높다는 사실은 아주 폭넓게 그리고 일반적으로 나타나는 사실이어서 무시하기 어렵다. 현재의 정치경제학자들도 이에 대해 가볍게나마 언급하고 있다. 이러한 언급 방식을 보더라도, 이 사실은 보편화된 임금이론과 완전히 불일치한다는 내 말이 입증된다. 밀(John S. Mill, 1806~1873), 포셋(Fawcett), 프라이스(Richard Price, 1723~1791)와 같은 학자들도 이 현상을 설명하는 부분에서는, 같은 책의 다른 부분에서 공식적으로 내세우고 있는 임금이론을 포기하고 있다. 이들이 임금은 자본과 노동자 간의 비율에 의해 정해진다고 하면서도 신생 지역의 고임금과 고이자에 대해서는 부의 상대적 생산성이 높기 때문이라고 설명한다. 나는 이것이 틀린다는 점을, 그리고 오히려 그 반대로 부의 생산성은 인구가 희소한 신생 지역보다 인구가 조밀한 기성 지역에서 더 높다는 점을 다음에 입증할 것이다. 그러나 현재로는 이론에 일관성이 없다는 점만을 지적하고 넘어 가려고 한다. 신생 지역의 고임금이 생산성이 상대적으로 높은 데 기인한다는 말은 임금 결정 요인이 자본이 아니라 생산성임을 명백히 나타내 주기 때문이다.

내가 언급하는 학자들은 자신의 이론에 일관성이 결여되어 있음을 옳게 인식하지 못하고 있는 것 같지만, 그래도 현 정치경제학자 중 매우 논리적인 한 사람은 이 점을 알고 있었다. 한 예로 케언즈(John E. Cairnes, 1823~1875) 교수는 사실과 이론을 다음과 같이 교묘히 결합시키려고 시도하였다.[2] 신생 지역에서는 산업이 주로 식품 내지 천연 원료의 생산에 치중되므로, 생산에 사용되는 자본의 큰 부분을 기계류

---

2) 『정치경제학의 새로운 주요 원리(*Some Leading Principles of Political Economy Newly Expounded*)』, 제1장 제2절

와 원료에 투입해야 하는 기성 지역에 비해 임금으로 지불되는 비율이 높다. 따라서 신생 지역에서는 자본이 희소하고 이자가 높지만 임금으로 지불되는 총액도 크고 임금도 높다. 예를 들어, 기성 지역에서 공업에 10만 불을 투입한다면 8만 불은 건물, 기계, 원료에 투입되고 나머지 2만 불만이 임금으로 지불된다. 반면 신생 지역에서 농업에 3만 불을 투입한다고 할 때 농기구 등에는 5천 불 이상 투입되지 않으므로 임금으로 2만5천 불이 돌아간다. 이렇게 해서 임금기금의 상대적 크기는 자본이 상대적으로 희소한 지역에서 더 크며 고임금과 고이자는 서로 동행한다는 것이다.

그러나 이러한 설명은 노동과 자본의 관계에 대한 완전한 오해에서 ― 임금이 나오는 기금이 있다고 생각하는 근본적인 오류에서 ― 비롯된 것임을 입증할 수 있을 것으로 생각한다. 그러나 현재로서는 같은 국가, 같은 산업 내에서의 임금과 이자의 변화도 이것으로는 설명되지 않는다는 점만 지적해 둔다. 소위 '좋은 시기'와 '힘든 시기'가 순환하는 과정에서, 노동수요가 활기를 띄고 임금이 높은 시기에는 자본수요도 활기를 띄고 이자도 높다. 반면에 노동자가 일자리를 구하기 어려워 임금이 하락하는 시기에는 자본이 남아돌면서 이자율이 낮은 투자처라도 찾게 된다.[3] 현재 진행되고 있는 불황의 특징도, 일자리가 부족하고 노동 계층이 고통을 겪는다는 점에 못지않게, 대도시의 자본이 유휴화되고 안전한 증권의 경우에 이자율이 명목적인 수준에 머문다는 데 있다. 이리하여 현 이론에 의한 설명과는 달리 고이자와 고임금, 저이자와 저임금이 동행하는 현상, 즉 노동이 희소하면 자본도 희소하고 노동이 풍부하면 자본도 풍부한 현상이 나타난다.

---

3) 경제공황기에는 할인율이 매우 높아지지만 이것은 이자율이 높다기보다는 위험에 대한 보험율이 높다고 보아야 한다.

잘 알려진 이런 현상은 모두 서로 부합하며, 임금과 자본 간에는 역행 관계가 아니라 동행 관계가 있음을 잘 보여준다. 이러한 현상은 노동과 자본 (또는 일부 자본) 간의 비율에 의해 임금이 결정된다고 하는 이론과 명백히 모순된다.

그렇다면 이런 이론이 어떻게 해서 생길 수 있었는지 의문이 생긴다. 어떻게 해서 아담 스미스(Adam Smith, 1723~1790) 이래 현재까지 여러 경제학자들이 계속해서 이 이론을 지지했을까?

이러한 임금이론을 지지하는 여러 연구의 논리를 검토해 보면 사실로부터의 귀납이 아니라 미리 전제한 어떤 이론 — 임금이 자본에서 나온다는 이론 — 으로부터의 연역임을 바로 알 수 있다. 자본이 임금의 원천이라 전제하면 임금의 총액은 노동을 고용하는 데 사용될 자본 총액에 의해 제한될 수밖에 없고, 그 결과 개별 노동자가 받을 수 있는 금액은 노동자 수와 노동에 지불할 자본액과의 비율에 의해 정해질 수밖에 없다.[4] 논리는 옳지만 앞에서 보았듯이 결론은 사실과 다르다. 따라서 분명히 그 전제에 잘못이 있을 것이다. 아래에서 검토해 보자.

임금이 자본에서 나온다는 정리(定理)는 현 정치경제학에서 가장 기본이 되고 가장 잘 확립된 것으로서 정치경제학의 발전을 위해 정력을 쏟은 모든 위대한 사상가들이 공리(公理)처럼 받아들이고 있는 것으로 나는 알고 있다. 그러나 이는 본질적인 오류이며 그 후의 수많은 오류를 낳은 원조인 동시에 현실적으로 가장 중요한 결론을 망쳐 놓았

---

4) 예를 들어 매컬로크는 다음과 같이 설명한다(『국부론에 대한 주석』, 제4권) "한 국가에서 고용주가 노동을 구매하기 위해 지불할 의사를 가진 자본과 부의 양은 때에 따라 달라질 수 있지만 절대액이 얼마가 되건 그것이 임금의 유일한 원천임이 분명하다. 노동자가 단 한 푼이라도 임금을 받을 수 있는 다른 기금이 존재하지 않기 때문이다. 그러므로 평균임금률, 즉 전국의 자본 총액 중 노동의 고용에 지출되는 금액을 개별노동자 수로 나눈 금액은 전적으로 그 총액과 분배받을 노동자의 숫자에 달려 있다." 이와 유사한 구절은 표준적인 경제학 저작에서 많이 발견된다.

다는 점을 입증할 수 있다고 나는 생각한다. 이제 입증 작업을 시작해 보자. 이러한 입증은 명백하고 확실해야 한다. 왜냐하면 이 학설은 수많은 이론의 바탕이 되어 있고 저명한 학자들이 지지했으며 다른 형태로 재현될 가능성도 많아서, 한 문단 정도로 완전히 쓸어낼 수는 없기 때문이다.

내가 증명하려는 명제는 다음과 같다.

임금은 자본에서 나오는 것이 아니며 실제로는 임금이 지불되는 노동의 생산물로부터 나온다.[5]

임금이 자본으로부터 나온다는 학설도 자본이 생산에 의해 상환된다고 하기 때문에 얼핏 보기에는, 외형상 차이는 있을지라도 실질적 차이는 없는 것으로 보일 수도 있다. 즉, 단지 용어만 바뀌었을 뿐으로서, 이 문제를 거론하는 것은 정치경제학에 관한 수많은 부질없는 논란에 하나를 더하는 것으로 생각될 수 있다. 마치 피크위크(Pickwick)라는 사람이 발견한 어떤 암석의 문자를 해독한다고 여러 단체가 논란을 벌인 것처럼. 그러나 자본과 노동의 관계에 대한 현 이론이 바로 위의 두 명제 간의 차이점에 근거를 두고 있다는 점, 이 차이점에서 연역된 각종 학설이 그 자체로 공리처럼 인정되어 가장 중요한 논점에 관해 유능한 인물들을 구속하고 지배하였다는 점을 생각하면, 그것은 외형상의 차이 이상임이 분명하다.

임금이 노동의 생산물에서가 아니라 직접 자본으로부터 나온다고 하는 전제는 다음과 같은 여러 학설의 근거가 된다. 임금이 자본과 노

---

5) 여기에서는 논의를 단순하게 하기 위해 물자의 생산에 투입된 노동에만 한정한다. 물자 생산 아닌 서비스의 대가로 받는 임금과 관련하여 독자의 마음속에 생길 수 있는 의문에 대해서는 일단 보류해 두기로 한다.

동 간의 비율에 의해 결정된다고 하는 학설. 산업은 자본의 제약을 받으며 따라서 자본의 축적이 노동의 고용에 선행되어야 하고 자본 축적이 없이는 노동의 고용이 있을 수 없다는 학설. 모든 자본 증가는 산업에 추가 고용을 제공하거나 제공할 수 있다는 학설. 유동자본을 고정자본으로 전환하면 고용의 유지에 필요한 기금이 줄어든다는 학설. 고임금보다 저임금 상황에서 고용이 더 많이 이루어질 수 있다는 학설. 공업보다 농업에 투입된 자본이 더 많은 고용을 달성할 수 있다는 학설. 이윤의 크기는 임금의 크기에 반비례하므로 이윤은 노동자의 생존비용에 따라 달라진다는 학설. 그 외에 상품에 대한 수요는 노동에 대한 수요가 아니라거나, 어떤 상품의 경우에는 임금이 내리면 생산비가 상승하고 임금이 오르면 생산비가 하락하는 수가 있다고 하는 모순된 주장도 있다.

간단히 말해서 현 정치경제학에서 가르치는 중요 부분은, 최종 생산물이 나오기 전의 기존의 자본에 의해 노동이 유지되고 보수를 받는다는 가정에 입각해 있다. 그런데 이 학설이 오류라는 사실, 오히려 그 반대로 노동의 유지와 노동에 대한 보상은 잠시라도 자본을 줄이는 법이 없고 임금은 노동 생산물로부터 직접 나온다는 사실이 입증된다면 위의 여러 견해는 근거가 없어져서 무너지고 말 것이다. 또 임금에 배분되는 총액이 고정된 것이며 따라서 노동자 수가 증가할수록 개별 노동자의 임금이 줄어든다는 믿음에 근거를 두고 있는 갖가지 통속적인 견해도 무너지고 만다.

현 이론과 내가 전개하는 내용 간의 차이는 국제무역에서 중상주의 이론과 아담 스미스 이론 간의 차이와 비슷하다. 상업은 상품과 화폐의 교환이라고 하는 견해와 상품과 상품의 교환이라고 하는 견해 사이에는 실질적 차이가 없어 보인다. 중상주의 이론의 신봉자들은 화폐는 상품과 교환되는 이외의 용도가 없다고 가정하기 때문이다. 그러나 두 이론이 현실에 적용되면 철저한 보호무역이냐 자유무역이냐의 커다란 차이를 보인다.

　내가 지금부터 전개하려고 하는 논리가 무엇보다 중요함을 독자가 이해하였다면 앞으로의 설명이 단순하거나 장황하더라도 양해해줄 것으로 믿는다. 이러한 중요한 학설을 — 권위 있는 학자들이 지지하는 학설을 — 비판하려면 명료하고도 철저해야 하기 때문이다.

　이런 사정만 아니라면 임금이 자본에서 나온다는 가정은 한 문장으로 간단히 기각해 버리고 싶다. 현재 이 학설을 근거로 해서 방대하게 구성되어 있는 정치경제학은 사실은, 외양과 실제를 구분하지 않고 그저 당연한 것으로 인정해 버린 어떤 기초 위에 축조된 것이다. 즉, 임금이 흔히 화폐로 지불되고 생산 과정에서 생산물이 완성 내지 활용되기 전에 임금이 지불되는 경우가 많기 때문에 임금이 기존의 자본에서 나온다고 생각하며, 자본이 축적되어 있지 않으면 노동의 고용은 없고 노동은 축적된 자본의 한도 내에서만 고용된다고 생각하는 것이다.

　그러나 아무 단서도 없이 자본이 산업을 제약한다고 하면서 이 기초 위에서 각종 중요한 논리와 정교한 이론을 전개하는 문헌에도 자본은 응축된 또는 축적된 노동이라고 되어 있다. 예를 들면, 자본은 "부 중에서 미래의 생산을 지원하기 위해 저축된 부분"이라고 한다. 자본을 이렇게 정의하면 그 자체 내에 모순이 생긴다. 노동의 결과가 저축되지 않으면 노동의 고용이 이루어질 수 없다는 말은 앞뒤가 안 맞는다는 것이다.

　그러나 이와 같은 귀류법(歸謬法, reductio ad absurdum)으로는 충분하지 않다. 정치경제학자들은, 최초의 노동자가 일하는 데 필요했던 자본을 하나님이 하사했다는 뜻이 아니라 생산 과정이 복잡해진 현대 사회에는 현재의 이론이 적용된다는 뜻이라고 반박할 것이기 때문이다.

모든 경제학 추론에서 확실히 해야 하는 근본적인 진리는 고도의 선진사회도 초기 사회의 발전된 형태에 지나지 않는다는 점이다. 단순한 사회에서 명백히 나타나는 어떤 원리는, 분업이나 정교한 도구와 수단을 사용하여 형성된 복잡한 사회에서도 — 다소 덜 분명하게 보일 수는 있어도 — 원리 자체가 타당하지 않거나 반대의 내용을 갖는 것은 아니다. 증기의 힘으로 작동하는 방아라고 해도 그 기계가 정교하고 움직임이 복잡하기는 하지만 곡물을 찧는다는 점에서는, 옛날 강바닥에서 주워 쓰던 돌절구나 마찬가지이다. 그 도구를 쓰는 사람이 증기기관에 불을 지피고 엔진을 움직여 돌을 골라내고 자루에 상표를 인쇄하고 장부에 기장을 한다고 해도 선사시대에 돌절구를 쓰던 사람과 결국 같은 목적을 — 즉, 곡물을 손질하여 음식을 마련하려는 목적을 — 수행하는 데 지나지 않는다.

　　따라서 현대의 복잡한 생산과정을 단순화시켜 보면 고도의 분업과 정교한 생산·교환 기구에 참여하는 사람의 일도 결국 나무에 올라가서 과일을 따거나 썰물에 맞춰 바닷가에서 조개를 잡던 원시시대 사람의 일과 마찬가지이다. 즉, 자신의 힘을 사용하여 자연으로부터 욕구를 만족시키려는 노력이라는 것이다. 이런 점을 분명히 이해하고 또 사회의 모든 생산은 각 개인의 욕구를 만족시키기 위해 모두가 협동하는 것이라는 점을 생각하면, 각자가 자기 노력에 대해 받는 보상은 원시인이 그랬던 것과 같이 노력의 결과로 자연으로부터 얻는 것임을 알 수 있다.

　　예를 들어 보자. 상상할 수 있는 가장 단순한 사회에서는 각자 스스로 미끼를 마련하고 스스로 물고기를 잡는다. 시간이 지나면 분업의 이익을 알게 되어 한 사람은 미끼를 마련하고 다른 사람은 물고기를 잡게 되지만 미끼를 마련하는 사람도 실제로 물고기를 잡는 사람과 같은 정도로 생산에 기여한다. 어선의 장점을 알게 되면, 모두 물고기를 잡으러 나가기보다 일부는 남아서 어선을 제조하거나 수리하게 되는데 이때 어선을 제조·수리하는 사람들도 어부나 마찬가지로 고기잡이에 기여하는 셈이고, 어부들이 귀항한 후 어선 제조·수리자가 먹는 물고기는 자신의 노동의 산물임이 분명하다. 이와 같이 분업이 잘 이루어지면 욕구 충족을 위해 모든 사람이 직접 자연을 상대로 일을 하기보다는 일부는 물고기를 잡고 일부는 사냥을 하고 일부는 딸기를 따고 일부는 과일을 채취하고 일부는 연장을 만들고 일부는 집을 짓고 일부는 옷을 만든다면 각자의 직접 생산물을 다른 사람의 직접 생산물과 교환하는 범위 내에서는 자기가 사용하는 물자를 생산하는 데 자기 노동을 투입하는 것과 같다. 각자는 자신의 특정한 힘을 사용하여 자신의 특정한 욕구를 만족시키는 것과 같은 효과를 갖는다. 즉, 각자의 보수는 자신이 실제로 생산한 것이라는 말이다. 어느 사람이 나물을 캐어 사슴고기와 교환한다면 실제로 사슴고기를 직접 생산한 것과 다름없다. 사슴 사냥꾼에게 나물을 캐게 하고 자신이 사슴을 추적한 것과 같다. "내가 이것을 만들었다"고 하는 말은 "내가 이것을 벌었다" 또는 "내가 돈을 벌어 이것을 샀다"는 의미이며 경제적으로 보면 단순한 비유가 아니라 문자 그대로 옳은 말이다. 버는 것은 만드는 것이다.

단순한 사회에서 분명하게 나타나는 이러한 원리에 따라 소위 문명사회라고 하는 복잡한 사회를 관찰해 보면, 노동과 상품이 교환되는 모든 경우에 생산이 소비에 선행한다는 점이 명백하게 드러난다. 임금이란 노동이 벌어들인 것 또는 노동이 생산한 것이지 자본의 일부를 미리 받는 것이 아니다. 임금을 화폐로 받는 경우에도, 화폐가 노동이 있기 전에 주조되거나 인쇄되었더라도, 부의 증가에 기여한 자기 노동의 대가로 부 중에서 일정량을 인출할 수 있는 일종의 인출권을 받는 것과 같다. 노동자는 그 인출권을 가지고 자신의 욕구에 맞는 형태의 부를 조달할 뿐이다. 인출권인 화폐 또는 그 화폐로 얻는 특정 형태의 부도 자신의 노동력 유지를 위해 자본의 일부를 미리 받는 것이 아니며, 그 반대로 자신의 노동이 이미 증가시킨 부 또는 부의 일부를 받을 뿐이다.

이러한 원리에 입각해서 보면 템즈(Thames) 강변에 위치한 선박회사의 어두운 사무실에 박혀 거대한 선박 엔진의 설계도를 그리는 사람은, 캘리포니아에서 농사를 짓는 사람이나 아르헨티나의 라플라타 평원(La Plata pampa)에서 가축을 기르는 사람과 마찬가지로 빵과 고기를 생산하는 셈이라는 사실을 알게 된다. 또 이 사람은 오스트레일리아에서 양털을 깎거나 스코틀랜드의 패즐리(Paisley)에서 직조하는 사람처럼 자신의 옷감을 생산하며, 프랑스의 갸론느(Garonne) 강변에서 포도를 수확하듯이 저녁 식사에 곁들일 포도주를 생산하는 셈이라는 사실을 알게 된다. 또 네바다의 컴스탁(Comstock) 광산 지하 5천 피트에서 은광석을 캐는 광부도 다양한 교환 과정 덕분에 실제로 곡물을 수확하는 것과 같은 결과를 얻는다. 북극 빙원에서 고래를 잡는 것, 버지니아에서 담배 잎을 따는 것, 온두라스(Honduras)에서 커피 열매를 거두는 것, 하와이에서 사탕수수를 수확하는 것, 조지아에서 목화를 따거나 영국의 맨체스터나 미국의 로웰(Lowell)에서 목화를 가공하는 것, 오스트레일리아의 하츠마운틴(Hartz Mountains)에서 어린이용 나무 장난감을 만드는 것, 녹색과 황금색이 어우러진 로스앤젤레스의 밭에서 오렌지를 수확하고 교대 시간이 되면 몸이 아픈 아내에게 오렌지를 가져다주는 것, 이 모든 것이 다 마찬가지이다. 공장에서 토요일 밤에 받는 주급은 전 세계에 대해 이 노동자가 일을 하였다고 확인해 주는 증거이며 노동자가 노동을 통해 얻고자 하는 물자를 손에 넣기까지 필요한 긴 과정의 첫 단계 교환이 아니고 무엇인가?

이렇게 보면 모든 것이 분명해진다. 그러나 요새와 매복처에 도사리고 있는 각종 오류에 대응하려면 연구 방법을 연역적 형태에서 귀납적 형태로 전환해야 한다. 이제 사실에서 시작하여 그 관계를 밝히는 방법으로도, 제일원리에서 시작하여 이 원리가 복잡한 사실 속에 어떻게 나타나는지를 밝히는 방법을 통해서 분명하게 드러난 결론과 동일한 결론에 도달할 수 있는지를 보자.

제2장
용어의 정의

탐구를 더 진행시키기에 앞서 이 책에서 사용하는 용어의 의미를
확실하게 해 두자. 용어를 확실하게 해두지 않으면 논리 전개에서 모
호성과 불명확성이 필연적으로 발생하기 때문이다. 경제에 관한 추론
에서는 '부', '자본', '지대', '임금' 등과 같은 용어에 일상 대화에서보
다 더 확실한 의미를 부여할 필요가 있다. 그러나 유감스럽게도 정치
경제학에서마저 이들 용어의 공통적인 정의가 제대로 되어 있지 않기
때문에, 사람에 따라 다른 의미로 쓰기도 하고 같은 사람이때에 따라
다른 의미로 사용하기도 한다. 저명한 학자들은 분명하고 정확한 정의
의 중요성에 대해 지극히 강조하고 있지만 그들도, 자신이 주의해야
한다고 경고한 원인에 의해, 중대한 오류에 빠지는 경우가 적지 않다.
예리한 사상가도 용어를 일관성 없이 사용하면서 중대한 결론을 내리
는 모습을 보면 사상에서 언어의 중요성이 크다는 것을 알 수 있다.

나는 이런 위험을 피하려고 한다. 이 책에서는 중요한 용어를 쓰
게 되면 그 의미를 분명하게 정의하고 반드시 정의된 대로 사용할 것
이다. 독자들도 용어의 정의를 분명하게 이해하고 기억해 주면 좋겠다.
그렇게 하지 않으면 오해할 염려가 있기 때문이다. 또 이 책에서는 용
어를 자의적으로 정의하거나 새로 만드는 것이 편리하더라도 그렇게

하지 않겠다. 용어는 가능한 한 일상 용례에 맞도록 사용하겠으며, 단지 생각을 명료하게 표현하기 위해 용어의 의미를 확정짓기만 하겠다.

우리가 해야 할 일은, 사실 관계로서 임금이 자본으로부터 나오는가를 밝히는 일이다. 그 예비 작업으로, '임금'과 '자본'이라는 용어의 의미를 확실하게 해보자. '임금'은 경제학자들에 의해 상당히 확실하게 정의되어 있으나 '자본'은 정치경제학에서 모호한 점이 있어 몇 가지 검토가 필요하다.

일상 대화에서 '임금'이라는 용어는 고용된 사람이 서비스를 제공하고 받는 대가를 의미한다. 우리는 흔히 '임금을 위해 일하는 사람'과 '자신을 위해 일하는 사람'을 구별하기도 한다. 때로는 임금의 의미를 더 좁게 사용하여 육체노동에 대한 대가만을 의미하기도 한다. 또 전문직, 관리직, 사무직이 받는 대가를 임금이라고 하지 않고 수수료, 수임료, 봉급 등으로 부르기도 한다. 즉, 일상 대화에서 '임금'이라는 용어는 보통 육체노동에 고용된 사람들이 받는 대가를 의미한다. 그러나 정치경제학에서의 '임금'은 더 넓은 의미로서 인간의 노동에 대한 모든 대가를 의미한다. 정치경제학에서 생산의 3요소는 토지, 노동, 자본이고, 생산물 중에서 두 번째 요소에 돌아가는 부분을 임금이라고 하기 때문이다.

이와 같이 '노동'이란 용어는 부를 생산하는 모든 인적 노력을 말하고, 임금은 생산물 중에서 노동에 돌아가는 부분으로서 인적 노력에 대한 모든 대가를 포함한다. 그러므로 정치경제학에서 임금이라는 용어는 노동의 종류나 고용주의 존재 여부와 관계없이 사용된다. 즉, 임금은 노동의 대가이며 자본 사용의 대가나 토지 사용의 대가와 구별된다. 자신이 소비하기 위해 토지를 경작하는 사람은 그 생산물 중에서 자신의 임금을 얻는데, 자기 자본을 사용하거나 자기 토지를 사용하더라도 사실상 이자소득과 지대소득이 발생하는 것과 같다. 사냥꾼의 임금은 사냥한 짐승이고 어부의 임금은 잡은 물고기가 된다. 사금 채취자가 찾아낸 금은 고용된 탄광부가 고용주로부터 받는 것과 같은 성질의 임금이다.[6] 아담 스미스가 지적했듯이, 소매상인이 버는 높은 이윤에는 자본에 대한 대가라기보다 노동에 대한 대가라고 할 수 있는 부분, 즉 임금이 상당히 많이 포함되어 있다. 간단히 말하자면, 부의 생산에 있어 인적 노력의 결과 내지 대가로 받는 것은 모두 임금이라는 것이다.

'임금'에 관해서는 우선 이 정도면 되지만, 이를 마음속에 분명히 새겨두는 것이 중요하다. 경제학 관계 저작에서 임금은 대체로 이러한 의미로 정의되지만 때로는 이 정의가 무시되는 수도 있기 때문이다.

그러나 자본이라는 개념에 대해서는 모호성을 배제하고 과학적으로 확정짓기 어려운 점이 있다. 일상 대화에서는 가치를 가진 것 또는 소득을 발생시키는 것을 통칭하여 자본이라고 부르고 있지만, 경제학자들은 자본이라는 용어를 다양하게 사용하기 때문에 이 용어의 의미가 확정되어 있다고 보기 어렵다. 몇몇 저명한 학자의 정의를 비교해보자.

아담 스미스(Adam Smith, 1723~1790)는 "어느 사람의 축적물(stock) 중에서 자신에게 수입을 가져다 줄 것으로 기대하는 부분이 그의 자본"이라고 정의하고, 한 국가 또는 사회의 자본은 다음과 같은 것으로 구성된다고 하였다(『국부론(*Wealth of Nations*)』, 제2권 제1장). (1) 노동을 수월하게 해 주거나 절약시켜 주는 영업상의 기계와 도구. (2) 주택을 제외한 건물로서 영업의 수단으로 볼 수 있는 것. 예컨대 점포, 농장의 건물 등. (3) 경작이나 재배를 위한 토지 개량 부분. (4) 국민이 후천적으로 취득한 유용한 능력. (5) 화폐. (6) 생산자나 상인의

---

6) 캘리포니아에서는 이런 의미가 일상적으로 사용된다. 이곳에서는 광부들이 자신의 소득을 '임금'이라고 부르며, 채취한 금의 양에 따라 임금이 많다 또는 적다고 표현한다.

물자로서 판매하여 이윤을 얻으려고 하는 것. (7) 생산자나 상인의 수중에 있는 원료, 반제품 기타 생산물. (8) 생산자나 상인의 수중에 있는 완제품. 그는 앞의 네 가지는 고정자본, 뒤의 네 가지는 유동자본이라고 불렀는데 이러한 구분은 우리의 논의에서는 별로 중요하지 않다.

리카도(David Ricardo, 1772~1823)는 다음과 같이 정의한다.

"자본은 한 나라의 부 중에서 생산에 제공되는 부분으로 노동에 필요한 음식, 옷가지, 도구, 원료, 기계 등을 말한다."
— 『정치경제학 원리(*Principles of Political Economy*)』, 제5장.

이 정의는 아담 스미스의 정의와 상당히 다르다. 아담 스미스는 후천적 능력, 생산자나 상인의 수중에 있는 단순한 기호물 또는 사치품도 자본에 포함시키는데 반해 리카도는 이를 제외한다. 아담 스미스는 소비자의 수중에 있는 음식, 옷가지를 제외하는데 반해 리카도는 이를 포함시킨다.

매컬로크(John R. McCulloch, 1789~1864)는 자본을 다음과 같이 정의한다.

"한 국가의 자본은 국내 산업의 생산물 중 인간의 생존을 지원하거나 생산을 용이하게 하는 데 직접 제공될 수 있는 부분이다."
— 『국부론에 대한 주석(*Notes on Wealth of Nations*)』, 제2권 제1장.

이 정의는 리카도와 같은 계열이지만 범위가 더 넓다. 이 정의에서는 생산에 도움이 되지 않는 것은 모두 제외되는 반면, 생산에 도움이 될 가능성만 있으면 실제 사용 여부나 사용 가능성에 관계없이 모두 포함된다. 매컬로크의 표현에 의하면, 오락용 마차를 끄는 말도 쟁기를 끄는 말과 마찬가지로 자본인데, 현재 오락용 마차를 끄는 말도 필요한 경우에는 쟁기를 끌 수 있기 때문이다.

존 스튜어트 밀(John Stuart Mill, 1806~1873)도 리카도나 매컬로크와 같은 계열이지만, 자본을 판단하는 기준으로 실제 사용 여부 또는 사용 가능성이 아니라 사용할 의도를 들면서 다음과 같이 정의한다.

"작업에 필요한 건물, 보호시설, 도구, 원료 등 생산적 노동에 제공하기로 되어 있는 물자와 생산기간 동안 노동자가 먹고 생활하도록 되어 있는 물자가 자본이다."
── 『정치경제학 원리(*Principles of Political Economy*)』, 제1권 제4장.

위에서 인용한 정의를 비교해 보면 대가들의 견해 차이를 충분히 알 수 있다. 그 밖의 군소 학자들 간에는 차이가 더 큰데, 몇 가지 예만 들기로 한다.

미국에서 정치경제학을 가르친다고 하는 교육기관이라면 오랫동안 교과서로 선호해 온 『정치경제학 요론(*Elements of Political Economy*)』의 저자인 웨이랜드(Francis Wayland, 1796~1865) 교수는 다음과 같은 명료한 정의를 하고 있다.

"자본이라는 말에는 두 가지 의미가 있다. 생산물과 관련하여 보면 노동이 가미되는 물자를 의미한다. 노동과 관련하여 보면 노동이 가치를 부여할 또는 부여한 원료, 가치 부여에 사용되는 도구, 인간이 작업을 하는 동안에 생계를 유지하는 데 들어가는 물자를 의미한다."
── 『정치경제학 요론』, 제1권 제1장.

미국 보호무역주의의 사도인 캐리(Henry C. Carey, 1793~1879)는 자본을 "인간이 자연을 지배하는 수단으로서, 인간 자신의 신체적·지적 능력도 포함된다"고 정의한다.

매사추세츠의 자유무역론자인 페리(Arthur L. Perry, 1830~1905) 교수는 자본과 노동의 구분이 어려워진다는 이유로 이 정의에 반대한 것은 적절했으나 그 자신은 자본과 토지의 구분을 어렵게 하는 정의를 내리고 있다. 즉, 자본은 "인간 이외의 가치를 가진 존재로서 사용에 의해 금전적 증가 내지 이윤이 발생하는 것"이라고 한다.

영국의 저명한 경제학자인 손턴(William T. Thornton, 1813~1880)은 노동과 자본 간의 관계를 연구하면서 토지를 자본 속에 포함시키고 있다(『노동론』, *On Labor*). 그러나 이것은 산수를 가르치면서 더하기와 빼기를 같은 부호로 취급하는 것과 같다.

역시 저명한 경제학자인 미국의 워커(Francis A. Walker, 1840~1897) 교수도 같은 태도를 취하고 있다(『임금 문제』, *The Wages Question*).

영국의 니콜슨(N. A. Nicholson)도 "자본은 물론 저축을 통해 축적되어야 한다"고 하고 이어 "곡물을 재배하는 토지, 밭을 가는 쟁기, 농사를 짓는 노동 — 이들 요소를 사용해서 물질적 이윤이 생긴다면 모두가 자본이 된다"고 하는 우매의 극치를 보여준다(『교환의 과학』, *The Science of Exchanges*, 1873, p.26.). 그러나 토지와 노동이 어떻게 저축을 통해 축적될 수 있는지 어디에서도 설명해주지 않는다.

미국의 표준적인 학자인 워커(Amasa Walker, 1799~1875)는 자본은 노동의 순저축에서 생긴다고 하고는 곧 이어 토지는 자본이라고 한다(『부의 과학』, *Science of Wealth,* p.66.).

이렇게 모순되는 예를 들려면 몇 페이지라도 들 수 있지만 독자만 피곤해질 뿐이므로 더 이상 인용할 필요가 없다. 위에서 든 예로도 자본이 얼마나 다르게 이해되고 있는지를 충분히 보였다고 생각한다. 이

주제에 관해 정치경제학 교수들이 "혼동이 혼란을 불러일으키는" 예를 더 알고 싶다면 이들의 저서가 나란히 꽂혀 있는 어느 도서관이나 가 보면 된다.

어느 개념을 무슨 단어로 표현하든 이를 일관되게 사용한다면 문제가 되지 않는다. 그러나 자본이라고 하는 모호하고 불확실한 용어는 논리 전개의 전제에서만 정의대로 사용될 뿐 결론에 가서는 일반적인 의미로 사용되고 만다. 예를 들어 임금이 자본에서 나온다고 할 때의 자본은 흔히 자본이 희소 또는 풍부하다, 자본이 증가 또는 감소한다, 자본이 파괴 또는 추가된다고 할 때의 자본과 동일한 의미로 이해된다. 즉 토지, 노동이라는 다른 생산요소와도 구별되고 단순히 욕구 충족을 위해 소비되는 다른 물자와도 구별되는 자본으로서 일반적이고 분명한 의미로 사용된다. 실제로 대부분의 학자들은 자본이 무엇인지 잘 알고 있으면서도 이 용어를 정의하게 되면 문제가 생긴다. 내가 보기로는, 각자 자본을 다르게 정의하는 경제학자들도, 자신의 정의 그리고 이 정의를 기초로 하는 추론을 제외하면 언제나 상식적으로 이해되는 자본 개념을 사용하고 있다.

상식적인 자본 개념은 더 많은 부를 얻기 위한 부이다. 아담 스미스 박사도 이렇게 표현하였다. "어느 개인의 자본은 소유하는 물자 중 소득을 낳을 것으로 기대하는 부분이다." 한 사회의 자본은 이와 같은 개인 자본의 합으로서, 총 축적 중에서 더 많은 부를 낳을 것으로 기대되는 부분이다. 이것은 또한 자본이라는 단어의 파생적 의미이다. 언어학자에 의하면, 자본(capital, 머리)이라는 어휘는 개인의 부가 가축으로 평가되고 소득은 증식시키기 위해 기를 수 있는 가축의 마릿수에 의해 정해지던 시대로부터 내려왔다고 한다.

자본을 정확한 용어로 사용하는 데 관련된 어려움, 경제학자의 저술에서보다는 정치적 또는 사회적 토론에서 더욱 분명히 나타나고 있는 어려움은 다음과 같은 두 가지 사실에 기인한다. 첫째로, 소유자인 개인에게는 분명히 자본이 되지만 사회적으로는 자본이라고 할 수 없는 물자가 있다는 사실이다. 둘째로, 같은 물자라 하더라도 물자의 용도에 따라 자본이 되기도 하고 안 되기도 한다는 사실이다.

이 점에 대해 조금 주의를 기울이면 일반적으로 사용되는 용어로서의 자본이 의미하는 바를 명확하게 이해하는 데 별 어려움이 없을 것이다. 어떤 물자가 자본이냐 아니냐를 판단할 수 있고 용어의 사용에 모호함이나 실수도 없게 된다.

토지, 노동, 자본은 생산의 3요소이다. 자본이라는 용어가 토지 및 노동과 대비되어 쓰인다는 사실을 생각하면 이 두 요소의 어느 쪽에도 포함되지 않는 것이 자본이라는 점을 쉽게 알 수 있다.

토지라는 용어는 단지 물이나 공기와 구별되는 지구의 표면만이 아니라 인간 이외의 물질적 우주 전체를 의미한다. 사람이 자연과 접촉하고 자연을 사용하는 것은 토지를 통해서 가능하며 사람의 신체도 토지에서 나온 것이기 때문이다. 즉, 토지라는 용어는 모든 자연의 물질, 힘, 기회를 포괄한다. 따라서 자연에 의해 무상으로 주어진 것은 자본으로 분류될 수 없다. 비옥한 평야, 풍부한 광맥, 동력을 일으키는 폭포 같은 것이 그 소유자에게 이익을 줄 수 있다는 점에서는 자본과 같지만, 이를 자본에 포함시킨다면 토지와 자본 사이의 구분은 거기서 끝이며 두 용어는 무의미해진다.

노동이라는 용어는 모든 인적 노력을 포함한다. 선천적이건 후천적이건 인력은 자본이 될 수 없다. 흔히 어떤 사람의 지식, 기술, 근면 등을 그의 자본이라고 부르기도 하지만 이것은 단지 비유적인 표현일 뿐 정확성을 기해야 하는 경우에는 이런 용법을 피해야 한다. 개인의 자질이 우수하면 자본과 마찬가지로 그에게 더 많은 소득이 생기게 되고 또 사회적으로도 지식, 기술, 근면 등은 자본과 마찬가지로 사회의 생산을 증가시키는 효과를 갖지만 이러한 효과는 노동력의 증가라고 보아야지 자본이라고 볼 수는 없다. 대포알의 속도가 커지면 무게가 늘어난 것처럼 충격이 커지지만 무게와 속도는 별개의 것이다.

그러므로 토지나 노동에 해당되는 것은 자본의 범주에서 제외해야 한다. 그렇게 하면 토지나 노동이 아닌 것, 이 두 가지 본원적 생산요소의 결합에 의해 생산된 것만이 남게 된다. 이 범주에 들지 않으면 자본이 될 수 없다. 즉 부(富)가 아닌 것은 자본이 될 수 없다.

그런데 자본이라는 용어가 낳는 모호성은 부라는 포괄적인 용어의 모호성에 기인하는 경우가 많다.

흔히 '부'라는 용어는 교환가치를 갖는 모든 물자를 지칭한다. 그러나 정치경제학에서의 부는 그 범위가 훨씬 좁다. 일상적으로 부라고 하는 물자 중에 집합적 또는 총량적 견지에서는 부에 해당되지 않는 것이 상당히 있기 때문이다. 이런 물자는 교환가치를 가지며 또 개인 간의 관계에서 부를 취득할 수 있는 힘을 나타낸다는 점에서 보통 부라고 불리기도 한다. 그러나 이런 물자는 그 증감이 부의 총량에 영향을 주지 않기 때문에 진정한 부라고 할 수 없다. 그 예로는 증권, 저당권, 약속어음, 은행권 등 부의 이전에 관한 약속을 들 수 있다. 또 노예의 경우, 노예 가격은 노예가 벌어들이는 것을 주인이 차지할 수 있는 힘을 반영할 뿐이라는 점에서 역시 이런 예에 속한다. 토지 내지 자연의 경우도, 그 값은 특정인에게 배타적 사용권을 인정하는 결과로 생기는 것이며 사용자에 의해 생산된 부의 일부를 소유자가 취득할 수 있는 힘을 나타낼 뿐이므로 역시 이런 예에 속한다. 증권, 저당권, 약속어음, 은행권 등은 금액을 받을 사람과 함께 지불할 사람도 있기 때문에 이 금액이 증가한다고 해서 사회적 부가 증가하는 것은 아니다. 마찬가지로 국민의 일부가 노예가 된다고 하더라도 주인이 얻는 부는 노예가 잃는 부와 같으므로 국민 전체의 부는 증가하지 않는다. 토지의 가치가 증가하더라도 지주의 소득은 토지 임차인 또는 토지 매입자의 부담에 의해 생기는 것이므로 사회적 부가 증가하는 것이 아니다. 이런 상대적인 부는 일상생활에서나 법률 등에서 진정한 부와 혼동되어 쓰이고 있지만, 이런 부는 물자를 파괴하거나 소비할 필요도 없이 종이 한 장에 잉크 몇 방울이면 완전히 소멸될 수 있는 성질의 부이다. 국가가 법을 통해 부채를 탕감하고 노예를 해방시키고 토지를 모든 국민의 공동재산으로 바꾼다고 해도 얻는 사람과 잃는 사람이 같이 존재하기 때문에 국가의 부는 조금치도 줄어들지 않는다. 엘리자베스(Elizabeth Tudor, 1533~1603) 여왕처럼 대신에게 독점권을 부여하여 부자로 만들어 주거나 고두노프(Boris F. Godoonof, 1552~1605) 황제처럼 농노의 신분을 매매 가능한 재산으로 바꾸더라도 부는 소멸되지도 창출되지도 않을 것이다.

즉, 정치경제학적으로는 교환가치를 갖는 물자가 모두 부에 해당되는 것은 아니며, 그 생산이 사회적 부를 증가시키고 그 소멸이 사회적 부를 감소시키는 것만이 부이다. 이런 것이 무엇인지 그리고 그 성질은 어떤 것인지를 생각해 보면 부를 정의하는 데 전혀 어려움이 없을 것이다.

영국의 부가 빅토리아(Victoria, 1819~1901) 여왕이 즉위한 이후에 증가하였다든지, 캘리포니아가 멕시코 영토였을 때보다 부유하게 되었다고 할 때처럼 사회의 부가 증가하였다고 할 경우, 그것은 토지가 더 많아졌다거나 토지의 자연력이 더 커졌다거나 인구가 많아졌다거나 사회구성원 상호간의 부채가 증가하였다는 것을 의미하지 않는다. 사회의 부가 증가한다고 하면 유형적인 물자, 즉 상대적인 가치가 아니라 실질적 가치를 가지는 물자가 증가하였음을 의미한다. 예를 들면 건물, 가축, 도구, 기계, 농업이나 광업의 생산물, 공업제품, 선박, 마차, 가구 등이 이런 것이다. 이런 물자가 증가하면 부가 증가하고, 감소하면 부도 감소하며 이런 물자를 인구에 비해 가장 많이 가지고 있는 나라가 가장 부유한 나라이다. 이러한 물자에 공통된 점은 이들이 인간의 사용 또는 만족을 위해 인간의 노동에 의해 변형된 자연물 또는 생산물로서 그 가치는 그런 물자를 생산하는 데 평균적으로 필요한 노동량에 의해 결정된다는 점이다.

이와 같이 정치경제학에서 사용되는 부라는 용어는 인간이 욕구를 만족시키기 위해 채취, 이동, 결합, 분리 기타의 노력으로 변형시킨 자연의 생산물을 의미한다. 다른 식으로 표현하자면, 부는 인간의 욕구에 봉사하기 위해 인간 노동의 힘을 응축하는 방식으로 — 태양열이 석탄 속에 응축되듯이 — 물질에 각인된 노동력을 말한다. 노동이 인간의 욕구를 직접 만족시키는 경우도 있기 때문에 부를 위해서만 노동을 하는 것은 아니다. 그러나 부는 소위 생산적 노동, 즉 원료에 가치를 부여하는 노동의 목적이자 결과이다. 인간의 노동 없이 자연이 인간에게 부여한 것은 부가 될 수 없고, 욕구를 만족시키는 힘을 가지는 유형적인 생산물이 나오지 않으면 노동을 하더라도 부가 되지 않는다.

자본이란 특정한 용도를 가진 부를 의미하기 때문에 부의 정의에 들지 않는 것은 자본이 될 수 없다. 이 점을 분명히 이해하여 마음에 새겨 두면 논리 전개에서 빠지기 쉬운 모든 오류, 일반인의 사고를 흐리게 하고 때로는 예리한 사상가까지도 모순에 빠지게 할 수 있는 오류를 피할 수 있다.

모든 자본은 부이지만 모든 부가 자본인 것은 아니다. 자본은 부의 일부분이며, 부 중에서 생산을 지원하는 데 배정되는 부만을 의미한다. 부 중에서 자본인 것과 자본이 아닌 것 간의 경계를 잘못 그으면 또 다른 오해가 발생한다.

내가 지금 지적한 오류, 부와 자본을 혼동하고 본질상 독자성을 갖는 것과 상대적으로만 존재하는 것을 혼동하는 오류는 너무 저급한 오류이다. 그러나 이런 오류는 널리 퍼져 있고 뿌리도 깊어서 교육 수준이 낮은 사람만이 아니라 영국이나 미국과 같은 선진국의 여론을 형성하고 지도하며 의회에서 법을 만들고 법원에서 재판을 하는 계층의 대다수를 오도하고 있다. 더구나 시시한 저술가들이 이런 오류를 정치경제학이라는 이름이 붙은 책으로 많이 출판하여 사고를 혼란시키고 있으며, 이런 책이 무식한 자들 사이에 교과서로 통하고 스스로 생각하지 않는 자들 사이에 권위로 통한다. 그렇더라도 어디까지나 이는 저급한 오류로서, 정치경제학의 최고 학자들은 이런 오류에 빠지지 않는다. 예외적으로, 아담 스미스와 같은 대학자도 수입을 기대할 수 있는 부가 자본이라고 정의하고도 이에 맞지 않게 인간적 특성을 자본에 포함시키는 실수를 범함으로써 최고의 지성도 완벽하지 못한 면이 있음을 보여 주기도 했다. 그러나 아담 스미스의 위대한 계승자들은 오류를 되풀이하지 않았으며, 앞서 본 바와 같이 리카도, 매컬로크, 밀 등의 정의에는 이런 오류가 들어 있지 않다. 또 이들 계승자나 아담 스미스의 정의에는 차용증서나 토지가치 등과 같이 상대적으로만 자본이 될 수 있는 것을 진정한 자본으로 혼동하는 저급한 오류는 들어 있지 않다. 그러나 실제로 부가 무엇인가에 대한 정의는, 무엇이 자본이고 무엇이 자본이 아닌가에 대해서처럼, 계승자들 간에도 다르고 스미스의 정의와도 다르다. 예를 들어 스미스의 정의에 의하면 보석상의 상품은 자본이 되지만 노동자의 수중에 있는 음식과 옷은 제외된다. 리카도와 매컬로크의 정의에 의하면, 보석상의 상품은 제외되며 밀의 경우에도 ― 그 정의에 나타난 용어를 상식적으로 이해하면 ― 역시 제외된다. 그러나 밀은 어떤 물자가 자본인지 아닌지를 판단하는 기준은 그 성질도 용도도 아니며 소유자가 그 물자로 또는 그 매각 대금으로 생산 노동에 도구, 원료, 생계비를 조달하려는 의도를 가지느냐에 달려 있다고 설명한다. 그러나 이들의 정의는, 아담 스미스가 제외하는 노동자의 식품과 옷가지 등을 자본에 포함시킨다는 점에서 공통된다.

현 정치경제학에서 최상의 수준이라고 볼 수 있는 세 사람의 정의를 고찰하여 보자.

매컬로크는 자본을 "산업의 생산물 중 인간의 생존을 지원하거나 생산을 용이하게 하는 데 직접 제공될 수 있는 부분"이라고 정의하는데, 여기에 대해서는 의문이 있다. 흥성하는 도시 번화가의 상점에는 각종 귀중한 상품들이 많은데, 이런 상품은 인간의 생존을 지원하거나 생산을 용이하게 하는 데 직접 제공될 수 없지만 상점 주인에게는 분명한 자본인 동시에 사회 전체 자본의 일부이기도 하다. 또 인간의 생존을 지원하거나 생산을 용이하게 하는 데 직접 제공될 수 있는 생산 물자가 허식과 사치용으로 소모되는 예도 많은데, 이런 물자는 응당 자본의 일부가 될 수 없다.

리카도의 정의에 따르면, 실제로 제공되는 것만 대상으로 하므로 생산에 제공될 수 있더라도 실제로 제공되지 않는 물자는 자본에 포함되지 않는다. 그러나 이 정의도 매컬로크의 경우와 같은 의문에 봉착한다. 생산자를 지원하고 생산을 보조할 수 있는 것, 현재 그렇게 하고 있는 것, 그렇게 하도록 되어 있는 부만을 자본이라고 한다면 보석상, 장난감 가게, 담배 가게, 과자 가게, 화상 등이 보유하는 상품, 그리고 사치품에 속하는 모든 물자가 자본에서 제외된다.

자본가의 의도에 의해 자본 여부를 판단하는 밀의 정의에 따르면 이런 어려움은 사라지겠지만 ― 나는 이 점도 불분명하다고 본다 ― 이 구분은 너무 모호하여 전능자가 아니면 어느 특정 국가 특정 시점에서 어느 것이 자본이고 어느 것이 아닌지를 판단할 수 없다.

그러나 이들 정의가 공통적으로 갖는 큰 결점은, 노동자와 자본가를 구분할 경우에 자본이라고 볼 수 없는 것을 자본에 포함시켰다는 점이다. 이들 정의의 문제는, 자본가가 일용 노동자의 작업 대가로 지불하려고 하는 자본가 수중의 축적물뿐만 아니라 일용 노동자가 일을 하건 안 하건 소비할 노동자 수중의 음식과 옷가지를 자본 속에 포함시켰다는 점이다.

그러나 이렇게 정의한 자본은, 이 학자들이 노동과 자본은 별개로서 생산에 참여하고 생산물의 분배에서도 별도의 몫을 차지한다고 할 때의 의미, 그리고 임금이 자본에서 나온다거나 임금이 노동과 자본 간의 비율에 의해 정해진다고 할 때의 의미, 기타 이들이 일반적으로 쓰는 의미와 다르다. 이런 모든 경우에 자본이라는 용어는 일상적인 의미, 즉 부 중에서 소유자가 직접적인 자체 만족을 위해서가 아니라 더 많은 부를 획득할 목적으로 사용하려고 하는 부분이라는 의미로 사용되고 있다. 요약하면, 자본이라는 용어는 정치경제학자들이나 — 이들의 자본 정의 및 제일 원리 정립 부분은 예외이다 — 일반 사람들이나 다 같이 아담 스미스가 표현한대로 "어느 사람의 축적물 중에서 자신에게 수입을 가져다 줄 것으로 기대하는 부분이 그의 자본"이라는 의미로 사용하고 있다. 이 의미로서만, 자본이라는 용어가 확정적인 개념을 표현할 수 있다. 이 의미로서만 명확하게 부와도 구별되고 노동과도 구별될 수 있다. 노동자에게 음식, 옷가지, 주택 등을 공급해 주는 모든 것을 자본이라고 한다면 자본가가 아닌 노동자는 꼬챙이도 없고 땅굴도 없는 채 발가벗은 사람이어야 한다. 그런데 예외적인 상황의 결과가 아니면 이런 상태에 처한 인간은 없었다.

여러 정의 사이에 차이가 생기고 내용도 불명확한 이유는 자본이 생산을 돕는 방식에 대한 어떤 선입관에서부터 자본이 무엇인가를 연역했기 때문이라고 생각한다. 자본이 무엇인가를 정한 다음 자본의 작용을 관찰하지 않고, 자본의 기능을 먼저 전제하고 이런 기능을 담당하는, 또는 담당할 수 있는 모든 요소를 포함시켜 자본을 정의했다는 것이다. 이제 이를 자연스러운 순서로 바꿔, 기능을 먼저 정하기에 앞서 그것이 무엇인지를 보아야 한다. 우리가 하려는 작업이자 우리가 해야 할 작업은 사람들이 잘 알고 있는 하나의 일상적인 개념에 대해 경계를 분명히 하고 의미를 한정짓는 작업이다.

정치경제학을 전혀 공부한 적이 없는 사람이라고 해도 일반적인 이해력만 있다면 특정 시기의 특정 사회에 존재하는 부의 실물을 현장에서 볼 경우 그것이 자본인지 아닌지를 판별하는 데 어려움이 없을 것이다. 기업용 또는 투기용으로 가지고 있는 돈은 자본이라고 할 것이고, 가계용 또는 개인 지출용으로 떼어둔 돈은 자본이 아니라고 할 것이다. 농부가 수확한 곡물 중 판매용, 종자용, 임금 지불의 한 방법으로 일손에게 먹일 부분은 자본이고 자기 가족용으로 유보해 둔 부분은 자본이 아니라고 할 것이다. 마차업자가 소유한 말과 마차는 자본으로 분류할 것이고, 소유자 자신이 즐기려고 가진 것은 자본으로 분류하지 않을 것이다. 그래서 여인의 머리에 얹힌 가발, 애연가가 입에 문 담배, 어린이가 가지고 노는 장난감은 아무도 자본이라고 하지 않을 것이고, 가발 가게, 담배 가게, 장난감 가게의 상품은 주저 없이 자본이라고 할 것이다. 의류 생산자가 판매용으로 만든 옷은 자본이고, 자기가 입으려고 만든 옷은 자본이 아니라고 할 것이다. 호텔이나 음식점 주인이 가지고 있는 음식은 자본이지만, 주부가 만든 음식이나 노동자의 도시락은 자본이 아니라고 할 것이다. 제련업자, 주물업자, 철물상인이 가지고 있는 쇠는 자본이지만, 오락용 요트에 쓰이는 안전장치용 철물은 자본이 아니라고 할 것이다. 대장장이의 풀무나 방직공장의 직기는 자본이지만, 자기 옷을 짜는 여인의 직기는 자본이 아니라고 할 것이다.

건물도 임대용, 상업용, 생산용으로 쓰이면 자본이고, 자기 가족 거주용은 자본이 아니라고 할 것이다. 간단히 말해서, 아담 스미스 박사가 정의하였듯이 "어느 사람의 축적물 중에서 자신에게 수입을 가져다 줄 것으로 기대하는 부분이 자본"이라고 한 내용을 이제 이해하였다. 이 장의 앞부분에서 요약한 바와 같이, 아담 스미스가 열거한 자본의 여러 항목 중 개인의 자질과 같은 실수를 빼고 화폐의 범위를 약간 한정한다면 이보다 더 나은 목록을 제시하기 어려울 것이다.

이와 같이 부 중에서 자본인 것과 자본이 아닌 것을 구별해 놓고 보면, 양자의 판별 기준은 여러 사람이 시도했다가 실패했듯이 물자 자체의 성질이나 능력이나 최종 사용처가 아님을 알 수 있다. 내가 생각하기로 그 기준은 물자가 소비자의 수중에 있느냐 아니냐에 있다.[7] 교환을 목적으로 하는 부의 품목은 그 자체로서 부, 사용 중인 부, 생산 과정에 투입된 부인지 여부를 막론하고 자본이다. 반면 소비자의 수중에 있는 부의 품목은 자본이 아니다. 이리하여 자본을 교환 과정에 있는 부(wealth in course of exchange)라고 정의한다면, 그리고 이때의 교환이 단지 거래뿐만 아니라 자연의 재생산력 내지 변형력을 통해 부를 증가시키는 것과 같은 변환까지도 포함한다면, 일반적으로 자본이라고 하는 내용을 모두 포괄할 수 있으며 자본이 아닌 것을 모두 배제할 수 있다고 생각한다. 어느 도구를 자본의 한 품목으로 보느냐 아니면 단순히 부의 한 품목으로 보느냐 하는 것은 그 사용이 교환을 목적으로 하느냐 아니냐에 달려 있다. 철도, 전신용 전선, 역마차, 극장, 호텔 등의 건설에 사용되는 부는 교환의 과정에 있는 것으로 이해할 수 있다.

---

7) 욕구를 충족하는 데 사용될 화폐는 소비자의 수중에 있는 부라고 할 수 있다. 화폐 자체를 소비하는 것은 아니지만 소비 대상이 되는 부를 화폐가 대표하기 때문이다. 따라서 위 문단에서 제시한 상식적 분류는 이 구분에 합치되며 본질적으로 정확하다. 여기에서 말하는 화폐는 물론 주화를 말한다. 지폐는 주화의 모든 기능을 수행하지만 부가 아니며 따라서 자본이 될 수 없다.

이런 교환은 한꺼번에 실현되는 것이 아니라 조금씩 또 불특정 다수와 이루어진다. 그렇더라도 교환은 존재하며 소위 "소비자"는 철도, 전신용 전선, 역마차, 극장, 호텔을 소유하는 사람이 아니라 그런 시설을 때때로 사용하는 사람이다.

이와 같은 정의는, 자본은 생산을 목적으로 하는 부라고 하는 관념과 어긋나지 않는다. 생산의 의미를 물건의 제작에만 국한시킨다면 너무 좁은 의미가 된다. 생산에는 단순히 물건을 제작하는 행위뿐만 아니라 물건을 소비자에게 배분하는 행위도 포함된다. 도매상인이나 소매상인도 공장주나 농민과 마찬가지로 생산자이며, 상인의 상품, 즉 자본도 공장주나 농민의 제품처럼 생산에 제공된다. 그러나 자본의 기능에 대해 지금 중점을 둘 필요는 없고 나중에 검토하는 것이 좋겠다. 또 내가 제시한 것과 같은 자본의 정의는 그리 중요한 것도 아니다. 나는 교과서를 집필하는 것이 아니라 단지 커다란 사회 문제에 관한 법칙을 찾아내려고 할 뿐이며, 자본이라고 보통 말하는 것의 의미를 독자가 분명하게 이해하였으면 내 목적은 달성되었다.

용어 정의를 마감하고 본론으로 되돌아가기 전에 잊기 쉬운 한 가지를 강조해 두고 싶다. 그것은 부, 자본, 임금 등과 같은 정치경제학의 용어는 추상성을 가진 용어이며, 이들 용어가 나타내는 대상 전체가 인정되거나 부정되지 않으면 이들 용어가 일반적으로 인정 또는 부정될 수 없다는 점이다. 이 점을 분명히 인식하지 않으면 사고에 혼란이 생기고 오류가 진리로 통하게 된다. 부는 추상성을 가진 용어이며, 특히 부의 개념은 교환 가능성을 포함한다는 점을 분명히 알아야 한다. 따라서 어떤 부를 일정량 소유하고 있으면 이와 대등하게 교환할 수 있는 다른 부를 잠재적으로 소유하는 것이 된다. 따라서 자본도 소유하는 것이 된다.

제 3 장
임금은 자본에서 나오는 것이 아니라
노동에 의해 생산된다

　본론에서 벗어났던 제2장의 내용은 앞으로 이 책의 탐구를 진행하다 보면 그 중요성이 점점 더 분명해지겠지만, 지금 당장 다룰 부분과도 관련이 있다.

　임금이 자본으로부터 나온다고 할 때 임금이라는 용어는 경제학적 의미를 상실하고 일상적인 좁은 의미를 가진다는 것을 한 눈에 알 수 있다. 노동자가 자가 노동을 하고 자기 노동의 생산물을 노동의 대가로 직접 취득하는 모든 경우에 임금이 자본으로부터 나오는 것이 아니라 노동 생산의 결과에서 직접 나온다는 것이 명백하기 때문이다. 예를 들어, 내가 새알이나 야생 딸기를 채취하는 일에 노동을 투입하는 경우에는 알이나 딸기가 나의 임금이 된다. 이런 경우에는 누구도 임금이 자본으로부터 나온다고 하지 않을 것이다. 이 경우에 자본이란 존재하지 않는다. 사람이 산 적이 없는 섬에서 완전히 벌거벗은 채 사는 사람도 새알이나 딸기를 채취할 수 있다.

　내가 가죽으로 구두를 만든다고 해 보자. 구두는 나의 임금, 즉 내 노력의 대가이다. 이 구두도 물론, 내 자본이건 남의 자본이건, 자본에서 나온 것이 아니다. 구두는 내 노동에 의해 생겨났고 내 노동의 대가이다. 구두를 나의 임금으로 얻는 과정에서 자본은 일시적으로도 전혀 줄어들지 않는다. 자본이라는 개념을 사용한다면, 처음에 나의 자본은 가죽과 실 등이다. 나의 노동이 진행됨에 따라서 가치가 계속 부가되며, 구두를 완성할 때에는 나는 자본 이외에 원료와 구두 간의 가치 차이만큼을 더 가지게 된다. 이러한 부가가치, 즉 임금을 획득하는 과정에서 어떻게 자본이 유출될 수 있는가?

경제사상에 방향을 부여하여 오늘날과 같은 임금과 자본 간의 관계에 대한 정교한 이론이 나올 수 있도록 한 아담 스미스도 방금 예로 든 단순한 경우에 임금이 노동의 생산물이라는 점을 인정하였다. 아담 스미스는 노동임금을 논하는 장의 머리에서 다음과 같이 서술하였다 (『국부론』, 제1권 제8장).

"노동 생산물은 노동에 대한 자연적인 보수, 즉 임금이 된다. 토지의 사유와 자본의 축적이 있기 이전의 원시상태에서는 노동 생산물이 모두 노동자에게 귀속된다. 생산물을 나누어 가질 지주나 고용주가 없기 때문이다"

이 위대한 스코틀랜드인이 이 문장을 논리 전개의 출발점으로 잡아 일관되게 노동 생산물을 노동의 자연임금으로 보고 지주와 고용주는 단지 노동 생산물을 나누어 갖는 계층으로 보았다면, 그의 결론은 매우 달랐을 것이고 오늘날 정치경제학에 이처럼 많은 모순과 부조리가 존재하지 않을 것이다. 그러나 아담 스미스는 단순한 생산양식에서 분명히 나타나는 이 원리를 복잡한 생산양식을 이해하는 단서로 사용하지 않고, 원리를 일시 인정하였다가 곧 내버리고는, "유럽에서는 고용주 밑에서 일하는 사람 20명당 독립적으로 일하는 사람 1명이 있다"고 하면서, 고용주가 자신의 자본 중에서 노동자의 임금을 지불한다는 관점에서 논리를 새롭게 전개한다.

아담 스미스는 자가 노동자의 비율이 20분의 1밖에 안 된다고 했을 때는 기계기술자만 염두에 두었던 것이 분명하다. 모든 노동자를 다 포함하면 고용주의 간섭 없이 직접 소득을 올리는 사람의 비율은 100년 전의 유럽에서도 이보다 훨씬 높은 비율이었을 것이다. 어느 사회든 반드시 상당수의 독립 노동자가 존재하는 데다가, 유럽에서 규모가 큰 지역의 농업은 로마시대부터 분익소작인(metayer) 제도를 취해 왔는데, 이 제도에서는 노동자가 자본가에게서 대가를 받는 것이 아니라 자본가가 노동자로부터 대가를 받는다. 최소한 미국을 보더라도, 임금의 일반 법칙은 유럽과 마찬가지로 적용될 것인데, 미국의 공업이 많이 발달하기는 했어도 국민 대다수가 아직 독립 농민이고 고용주를 통해 임금을 받는 노동자의 비율은 상대적으로 낮음이 틀림없다.

그러나 자가노동자와 피고용 노동자의 비율을 따질 필요도 없고, 노동자가 직접 임금을 얻는 경우에 그 임금이 노동의 생산물이라는 예를 많이 들 필요도 없다. 노동자가 자기 노동의 결과로 직접 획득하건 고용주로부터 받건 간에, 임금이라는 용어가 노동이 벌어들인 모든 것을 포괄한다는 사실만 이해하면, 임금이 자본에서 나온다고 하는 가정이 — 표준적인 정치경제학이 아무 의심 없이 그 방대한 체계의 기초로 삼으면서 보편적 진리라고 여기는 이 가정이 — 최소한 상당 부분이 옳지 않다는 점이 분명해진다. 기껏 주장할 수 있다면, 어떤 종류의 임금은 — 노동자가 고용주로부터 받는 임금은 — 자본에서 나오기도 한다는 정도일 것이다. 이처럼 중대한 전제가 제한적으로만 타당하다면 그 전제에서 나온 모든 연역은 부정된다. 그러나 이 정도로 그칠 것이 아니라, 이 제한적인 전제마저도 사실과 부합하는지를 검토해 보자. 아담 스미스가 내버린 단서를 사용하여 한 걸음씩 논리를 진행시켜서, 생산양식이 단순한 경우에 분명하게 드러나는 사실 관계가 생산양식이 복잡할 경우에는 과연 타당하지 않은지를 검토해 보자.

노동 생산물이 모두 노동자에게 귀속되는 원시상태보다 조금 복잡한 경우로서, 타인에게 고용되어 노동하거나 타인의 자본을 사용하여 노동하고 그 직접 생산물과 동일한 종류의 물자를 임금으로 받는 경우를 생각해 보자. 이때에도 자가 노동의 경우와 마찬가지로 임금은 노동 생산물에서 나올 뿐 자본에서 나오는 것이 아니라는 게 분명하다. 새알이나 딸기를 채취하기 위해, 또는 구두를 만들기 위해 다른 사람을 고용하고 그 사람이 생산한 새알, 딸기, 구두를 임금으로 지불한다면 임금의 원천이 노동이라는 데에 아무런 의문이 있을 수 없다. 이런 형태의 새어대어 가축소작제(saer-and-daer stock tenancy)는 헨리 메인(Henry J. S. Maine, 1822~1888) 경의 『상고 제도사』(*Early History of Institutions*)에 명료하게 묘사되어 있는데, 예를 들어 자본가가 어떤 사람에게 가축을 맡기고 그를 자기 수하에 두어 가축을 기르도록 함으로써 고용하는 결과가 되는 관계도 그 하나이다. 야곱이 라반을 위해 일하는 관계가 바로 이것이며, 오늘날 문명국에서도 이런 고용 관계는 드물지 않다. 미국 남부 지방이나 캘리포니아에서 상당히 널리 나타나는 방식인 농지의 공동경작이나 유럽의 분익소작인 제도 등도 여기에 속한다. 또 작업 감독자, 외판원 등도 이윤의 일정 비율을 받는데 이것이 생산물의 일부를 대가로 하는 고용관계가 아니고 무엇인가?

이보다 조금 복잡한 경우로는, 임금의 계산은 노동의 직접 생산물로 하지만 실제 지불은 같은 가치를 갖는 다른 것으로 하는 경우를 들수 있다. 예를 들어 미국의 고래잡이 관습에서는 임금을 일정 금액으로 정하지 않고 어획량의 일정 비율로 정하고 있는데 선장이 12 내지

16분의 1, 사환이 300분의 1 등이다. 어로를 마치고 뉴베드포드(New Bedford)나 샌프란시스코에 입항하는 포경선에는 승무원의 임금, 선주의 이윤, 어로 작업에 소비된 물자를 보충할 대가가 실려 있다. 여기에서도 임금은 — 포경선의 선원이 받는 고래기름이나 고래뼈는 — 자본에서 나온 것이 아니라 노동 생산물의 일부라는 사실이 명백히 나타나지 않는가? 이러한 사실은 선원이 기름이나 뼈와 같은 현물 대신에 편의상 그 시장가치에 해당되는 돈을 받는다고 해도 달라지지 않는다. 이 돈은 기름이나 뼈와 같은 현물임금과 동등한 것이기 때문이다. 이러한 지불 방식에 자본의 선불은 없다. 임금 지불의 원천이 되는 가치가 항구해 도착하기 전에는 임금 지불 의무가 발생하지 않는다. 선주가 자신의 자본에서 임금을 지불하는 그 순간 자신도 기름과 뼈로 인해 자본이 늘어난다.

지금까지는 이견이 있을 수 없다. 이제 한 단계 더 나아가면 보통의 노동 고용 및 임금지불 방식이 된다.

샌프란시스코 만에서 나가면 바닷새들의 산란처인 패럴론 섬(Farallone Islands)이 있는데, 산란철에 인부를 고용하여 새알을 수집하는 회사가 있다. 고래잡이처럼 이 회사에서도 수집하는 새알의 양에 비례하여 임금을 주기로 하고 인부를 고용할 수 있으며, 특히 사업 전망이 불확실하면 그렇게 할 가능성이 높다. 그러나 바닷새가 마릿수도 많고 성질도 순하여 인력을 투입하면 그만큼 새알도 많이 수집할 수 있다고 할 경우에는 회사에서는 인부에게 고정급을 주는 쪽이 더 편리하다고 생각할 것이다. 인부들은 섬에 머물면서 새알을 수집하고 며칠 간격으로 작은 배에 새알을 실어 샌프란시스코 항에 운반하여 판매한다. 산란철이 지나면 인부는 돌아와서 약정한 임금을 주화로 받는다. 이 경우에 약정한 임금을 주화로 받는 대신 그에 상응하는 만큼을 수집한 새알로 받는다고 해도 마찬가지가 아닐까? 주화는 새알을 팔면 얻을 수 있으므로 새알을 나타낸다고 볼 수도 있지 않을까? 또 이들이 노동의 대가로 받는 임금은 고용주를 통하지 않고 스스로 새알을 수집한 사람이 갖는 것과 다름없이 노동의 생산물이 아닐까?

화폐임금과 현물임금이 동일함을 보여 주는 다른 방향의 예를 하나 들어 보자. 산타바바라(Santa Barbara) 해협을 이루는 여러 섬에는 물개가 자주 나타나는데, 이 물개를 잡아 기름과 가죽을 팔아 부유하게 사는 어떤 사람이 샌부에나벤추라(San Buenaventura)에 있다. 사냥을 갈 때면 중국인 2, 3인을 조수로 데리고 가는데, 처음에는 이들에게 주화로 임금을 주었다. 그런데 중국인은 물개의 특정 부위를 말려서 가루로 만들면 약재가 된다고 하여 대단히 귀하게 여기며, 수놈의 수염 역시 어떤 길이를 넘는 긴 수염은, 중국인이 아닌 오랑캐는 잘 이해할 수 없는 이유로, 대단히 귀하게 여긴다. 사냥꾼은 중국인이 돈 대신에 이런 부위를 얻고 싶어 한다는 사실을 곧 알게 되어 지금은 대체로 이것을 임금으로 준다.

이상에서 본 모든 경우에 나타나는 것은 — 화폐임금과 현물임금의 동일성은 — 생산적인 노동에 대해 임금이 지불되는 모든 경우에 타당하다고 할 수 있지 않을까? 노동이 만들어 내는 기금이 바로 임금 지불의 원천이 되는 기금이 아닌가?

아마 이런 말도 할 수 있을 것이다. "그러나 차이가 있다. 자기 일을 하는 경우, 또 고용되어 일하더라도 현물로 임금을 받는 경우에는 임금이 자신의 노동에 의해 생긴다. 이런 경우에는 일이 잘못되면 임금을 전혀 못 받을 수가 있다. 그러나 고용되어 일을 할 때에는 어떤 경우에도 임금을 받는다. 즉, 노동의 결과를 기준으로 임금을 받는 것이 아니라 노동을 했다는 사실만으로 임금을 받는다."

그러나 이것은 진정한 차이가 될 수 없다. 평균적으로 볼 때 고정급을 받고 제공한 노동은 임금액보다 더 많이 생산한다. 그렇지 않다면 고용주가 이윤을 남길 수 없다. 임금이 고정되어 있으면 고용주가 모든 위험을 부담하지만, 반면에 고정급은 언제나 임시급보다 약간 낮기 때문에 고용주는 고정급을 보장하는 데 대한 보상을 받는다. 고정급의 경우, 노동자가 계약을 이행하면 고용주에게 법적인 청구권을 갖는 것이 보통이지만, 고용주가 노동의 혜택을 얻지 못할 정도의 재난이 발생하면 임금 지급을 못하게 되는 수도 더러 있다. 또 조건부 급여가 아니고 고정급으로 계약하였더라도 재난의 경우에 고용주의 의무가 법적으로 면제되는 중요한 산업이 하나 있다. 해상법(海商法)의 법언(法諺)에 "운임은 임금의 어머니"라는 것이 있는데, 선원이 자기 일을 충실히 하였더라도 재난으로 인해 운임 수입이 없을 때에는 선원이 임금을 청구할 수 없다는 뜻이다.

이 법언에는 내가 주장하는 진리가 들어 있다. 언제나 생산은 임금의 어머니이다. 생산이 없으면 임금은 생기지도 않고 생길 수도 없다. 임금의 원천은 자본이 아니라 노동 생산물이다.

사실을 분석해 보면 어디에서나 이 말이 옳다는 것이 나타난다. 노동이 항상 임금에 선행하기 때문이다. 이것은 자가 노동으로 직접 임금을 취하든 고용주에게서 임금을 받든 보편적인 진리이다. 그 어느 경우에도 일이 있어야 대가가 있다. 임금이 일당이건 주급이건 월급이건 연봉이건 간에, 또 완제품이 아닌 부품을 생산한다고 하더라도, 노동자가 고용주의 이익을 위해 먼저 노동을 제공했기 때문에 고용주가 임금을 지급하는 것이다. 간혹 개인적 서비스에 대한 보수가 서비스에 앞서 선불되는 수도 있지만 이것은 자선이거나 보증금 내지 사람을 사는 돈이라고 할 수 있다. 변호사에게 미리 지불하는 "착수금(retainer)"이라는 명칭이 돈의 성격을 나타내며, 또 선원에게 미리 주는 임금을 뱃사람들 간의 은어로 "피 값(blood money)"이라고 하는데, 이 명칭도 마찬가지이다. 그런데 이 돈은 사실상 사람을 사는 돈이며, 영미법에서는 선원을 돼지와 같은 동산(動産)에 준하여 취급한다.

언제나 노동이 임금에 선행한다는 명백한 사실을 강조하는 이유는 보다 복잡한 임금 현상을 이해하는 데 꼭 필요하여 반드시 마음에 새겨 두어야 하기 때문이다. 이상에서 설명한 것은 너무나 명백한데도, '임금은 자본으로부터 나온다'는 명제가 — 갖가지 중요한 결론이 이 명제에서 연역되었다 — 그럴듯해 보이는 가장 큰 이유는, 사람들의 관심을 진실로부터 돌려놓는 어떤 생각 때문이다. 그것은 노동은 자본에 의해 생계가 유지되지 않으면 생산력을 발휘할 수 없다는 생각이다.[8] 신중하지 않은 독자는, 노동자가 일을 하기 위해서는 음식, 옷 등이 필요하며 생산노동자가 사용하는 음식, 옷 등은 자본에 속한다고 하므로 노동의 투입에 자본의 소비가 필요하다는 결론에 동의하게 된다. 그렇다면, 산업은 자본에 의해 제약된다는 점이 명백하게 연역된다. 즉 노동에 대한 수요는 자본의 공급에 의존하며 따라서 임금은 일자리를 원하는 노동자의 수와 노동자를 고용하는 데 배정할 수 있는 자본의 양 간의 비율에 의해 정해진다는 것이다.

그러나 이런 논리의 오류가 — 매우 예리한 학자도 자기가 친 거미줄에 스스로 걸려들게 되는 오류가 — 어디에 있는지는 앞 장의 설명을 통해 누구나 알 수 있을 것으로 생각한다. 그 오류는 자본이라는 용어를 두 가지 의미로 사용하는 데 있다. 생산적 노동에 자본이 필요

---

[8] "산업은 자본에 의해 제약된다.… 일할 원료와 먹을 음식이 없으면 산업이 존재할 수 없다. 한 나라의 국민은 현재 노동의 생산물에 의해서가 아니라 과거 노동의 생산물에서 생활물자를 공급받는다는 자명한 사실이 흔히 망각된다. 국민은 생산된 것을 소비할 뿐 앞으로 생산할 것을 소비하지 않는다. 생산된 것 중에서 일부가 배정되어 생산노동을 지원하는데, 이렇게 배정된 것—이것이 그 나라의 자본이다—으로 식품과 원료와 생산도구를 충당할 수 있는 정도 이상의 노동은 존재하지도 않을 것이고 존재할 수도 없다." — 존 스튜어트 밀, 『정치경제학 원리』, 제1권, 제5장, 제1절.

하다고 하는 첫 명제에서의 "자본"이라는 용어는 의식주에 필요한 모든 물자를 의미한다. 그런데 여기에서 연역된 결과에서의 자본이라는 용어는 보통 사용되는 정당한 의미, 즉 욕구의 즉시적 만족이 아니라 더 많은 부의 생산에 사용되는 부, 노동자가 아닌 고용주의 수중에 있는 부라는 의미를 가진다. 이 결론은 옳지 않다. 마치 노동자가 아침 식사를 하고 옷을 입어야 일을 할 수 있다는 명제를 인정한다고 해서 고용주가 그 아침 식사와 옷을 먼저 주어야만 일을 할 수 있다고 생각하는 것이 옳지 않음과 같다. 실제로는 노동자가 스스로의 아침 식사와 옷을 마련하는 것이 일반적이다. 또 예외적으로 작업이 시작되기 전에 자본을 — 노동과 대비되어 사용되는 의미의 자본을 — 선불하는 수도 있지만, 꼭 그래야 하는 것은 아니다. 오늘날 문명세계에서 일자리를 구하는 수많은 실업자 중에 임금을 미리 받지 않으면 일하지 않겠다고 하는 사람은 별로 없을 것이다. 대부분의 실업자는 월말에 임금을 받는 조건에도 틀림없이 일을 하려고 할 것이다. 또 주급이 보편화된 사회의 경우, 임금을 주말에 준다면 일하지 않겠다고 할 노동자도 거의 없을 것이다. 더구나 하루의 일과 후에, 극단적으로는 다음 식사 때에, 임금을 준다고 해서 일을 하지 않으려고 할 노동자는 한 사람도 없을 것이다. 임금이 지불되는 때가 정확히 언제냐 하는 것은 그리 중요한 문제가 아니다. 여기서 강조하는 점은 지불 시점이 일을 한 후라는 것이다.

그러므로 임금의 지불은 항상 노동의 사전 제공이 있었음을 의미한다. 그렇다면 노동의 사전 제공이란 무엇을 의미하는가? 분명히 부의 생산을 의미하며, 생산된 부가 교환용 또는 생산용이라면 그 부분은 자본이 된다. 그러므로 임금의 지불은 임금을 대가로 하는 노동에 의해 생산이 먼저 이루어지는 것을 전제로 한다. 일반적으로 고용주는 일정한 몫을 이윤으로 취하기 때문에 고용주의 입장에서 보면 임금이란 노동으로부터 받은 자본의 일부를 노동자에게 되돌려 주는 것이다. 또 노동자의 입장에서 보면 임금은 자신이 이미 생산한 부의 일부를 되돌려 받는 것에 불과하다. 이와 같이 임금으로 지불되는 가치는 노동에 의해 창출된 가치와 교환되는 것인데, 어떻게 임금이 자본에서 나온다고 할 수 있겠는가? 노동과 임금의 교환에 있어 고용주는 반드시 자기 자본에서 임금을 지불하기 전에 노동이 창출한 자본을 먼저 얻게 되는데 어떻게 고용주의 자본이 일시적으로라도 줄어들 수 있겠는가?9)

이제 같은 문제에 대해 사실 검증을 해 보자. 예를 들어 어느 제조업자가 원료를 가공하여 완제품을 만드는 일에 ─ 목화로 옷을, 쇠로 철물을, 가죽으로 구두를 제조하는 일에 ─ 종사하는데, 노동자에게 정기적으로, 예컨대 일주일에 한 번씩, 임금을 준다고 하자. 그리고 이 사람은 일주일의 작업을 시작하기 전인 월요일 아침에 자기 자본의 정확한 재고를 ─ 건물, 기계, 원료, 수중의 현금, 이미 생산한 완제품 재고 등을 ─ 파악해 둔다고 하자. 설명을 단순하게 하기 위해 이 사람은 주 중에는 물건을 거래하지 않으며 토요일에 작업을 끝낸 후 노동자에게 임금을 지불하고 자본의 재고를 챙겨본다고 하자. 주말에는 임금을

---

9) 자본을 생산하는 노동에만 국한시켜 검토하는 것은 논의의 단순화에 목적이 있다. 노동은 언제나 부와 서비스를 생산한다. 부는 자본이 될 수도 있고 안 될 수도 있으며, 서비스는 일이 잘못되면 아무런 결과를 내지 못하는 수도 있다. 구두닦이를 고용하여 구두를 닦는 경우처럼 노동의 목적이 단순히 고용주의 만족을 위한 것이라고 해도 임금은 자본에서 나오는 것이 아니고 고용주의 부에서 나온다. 부가 재생산 목적에 투입된 것이 아니라 개인적 만족을 위한 소비에 투입되기 때문이다. 설혹 이때의 임금이 자본에서 나오는 것으로 본다고 하더라도 그 자본은 진정한 자본의 범주에서 벗어나 소유자의 만족을 위한 부의 범주로 옮겨간 것이다. 이는 마치 담배 가게 주인이 판매용 담배 중에서 자기가 피울 목적으로 몇 대를 자기 주머니에 넣는 것과 같다고 하겠다.

지불했기 때문에 현금이 줄어들었을 것이고, 원료 등도 줄어들었을 것이며, 건물이나 기계도 작업에 의해 감가되었을 것이다. 그러나 사업을 그런대로 잘 했다면 완제품의 가치는 이러한 감소액을 훨씬 초과할 것이고 전체적으로 자본이 증가되었을 것이다. 이것으로 보아도 그가 노동에 지불한 임금은 자기 자본이나 타인 자본에서 나온 것이 아님이 밝혀진다. 즉, 임금은 자본에서 나오는 것이 아니라 노동에 의해 창출된 가치에서 나온다는 것이다. 자본의 선불이 없다는 점에서는 사람을 고용하여 조개를 캐고 그 조개로 임금을 주는 경우와 다름없다. 이런 임금은 "토지의 사유와 자본의 축적이 있기 이전의"[63쪽의 『국부론』 인용 참조 — 역자] 원시인이 돌을 가지고 바위에 붙은 굴을 따던 시절의 임금과 마찬가지로 노동의 생산물이다.

고용주를 위해서 일하는 노동자가 일을 하기 전에는 임금을 받지 않는 것은 은행에 예금을 하기 전에는 돈을 찾을 수 없는 것과 같다. 미리 예금한 돈을 인출할 때 은행의 자본이 줄지 않는 것처럼, 노동자가 임금을 받는다고 해도 고용주의 자본이든 사회의 총자본이든 일시적으로도 줄지 않는다. 예금자의 수표가 은행 자본에서 인출되지 않듯이, 임금도 자본에서 나오는 것이 아니다. 은행에 예금한 바로 그 동전, 그 지폐를 인출할 때 돌려받는 것이 아니듯이 노동자의 임금도 생산한 것과 동일한 형태의 부를 돌려받지는 않고 등가(等價)의 다른 형태로 받는다. 예금 인출자가 예금한 돈을 돌려받는다고 말해도 틀림없듯이, 노동자도 노동이라는 형태로 넘겨준 부를 임금이라는 형태로 되돌려받는다고 말해도 틀림없다.

이와 같은 보편적 진리가 때때로 모호하게 되는 원인은 경제학에서 수많은 모호함이 발생하는 원인과 대체로 일치한다. 즉, 부와 화폐를 혼동한다는 점이다. 아담 스미스가 달걀을 거꾸로 세운 이래 많은 사람들이 중상주의 체제의 오류를 충분히 입증했으면서도 자본과 노동의 관계를 다루는 데 있어서는 같은 종류의 착각에 빠진 것은 특이한 일이다. 화폐는 교환의 일반적인 매개물이자 부를 하나의 형태에서 다른 형태로 바꾸는 공통의 수단인 까닭에, 일반적으로 보아 교환의 난점이 있다면 주로 물자를 화폐로 바꾸는 단계에서 나타날 것이다. 그리하여 때로는 특정한 형태의 부를 화폐화하기보다 화폐로 다른 부를 구하는 것이 더 쉽다. 부의 소유자 중에는 특정한 교환을 원하는 사람보다는 일반적인 교환을 원하는 사람이 더 많기 때문이다. 그래서 임금을 화폐로 지불한 생산업 고용주는 그 화폐의 실질적 대가인 가치 증가분을 신속하게 다시 화폐로 바꾸는 데 애로를 느낄 경우가 있는데, 이럴 때 자기의 자본을 임금 지불을 위해 소진했다거나 임금을 선불했다고 말하기도 한다. 그러나 노동이 창출한 새로운 가치가 임금 지불액보다 적은 예외적인 경우가 아니면, 전에는 화폐로 가지고 있던 자본이 이제는 상품이 되어 형태가 바뀌었을 뿐 양이 줄어든 것은 아니다.

자본을 화폐로 평가하는 관습으로 인한 사고의 혼란이 가장 적은 생산 분야가 하나 있다. 생산물이 일반적인 물질이자 화폐의 표준이 되는 경우가 그것이다. 이 분야는 생산이 가장 단순한 형태에서 가장 복잡한 형태로 변천하는 모습을 차례로 우리에게 보여준다.

초기 캘리포니아에서는 — 후일 호주에서도 그랬다 — 사금 채취자들이, 오랜 기간 동안 자연적으로 축적되었다가 강바닥이나 지표에 노출된 채 반짝이는 "임금"(실제로 임금이라고 불렀다)을 주워서 씻으면, 주화가 귀하던 시절이어서 금가루도 무게에 의해 현금으로 통용되던 때였으므로, 그것이 바로 돈이었고, 또 저녁이면 사금 채취자는 하루의 임금인 돈을 주머니 속의 사슴가죽 쌈지에 지닐 수 있었다. 이런 임금이 자본에서 나온 것이냐 아니냐에 대해서는 이견이 있을 수 없다. 이는 명백히 노동의 생산물이다. 또 특별히 사금이 많은 노천광을 소유한 사람이 인부를 고용하여 일을 시키고 이들이 계곡에서나 모래톱에서 채취한 금과 동일한 가치의 화폐를 지불한 경우에도 역시 이견이 있을 수 없다. 주화는, 금가루의 무게를 다는 번거로움과 손실을 덜 수 있어 매우 편리하다. 그러므로 주화가 많이 통용되게 되면 노천광 소유자는 금가루를 상품으로 취급하여, 노동자들이 채취한 금가루를 팔아서 생긴 주화로 인부들에게 임금을 준다. 주화를 충분히 갖고 있으면, 노천광 소유자는 금가루를 인근 가게에 팔아 중간 이문을 떼이기보다는, 금가루를 모아 두었다가 샌프란시스코에 직접 가거나 특급으로 송달시킨다. 그곳에 가면 조폐창에서 수수료 없이 주화로 만들 수 있다. 금가루를 축적하는 동안에는 주화의 재고가 줄어든다. 마치 제조업자가 상품을 축적하는 동안 화폐가 줄어드는 것과 같다. 그러나 금가루를 모으고 주화를 지불하는 과정에서 노천광 소유자가 자본을 축낸다고 생각할 정도로 둔한 사람은 없을 것이다.

그러나 노동만으로 채취할 수 있는 금은 금방 바닥나고 금광업은 급속하게 정교한 산업으로 변한다. 광구에서 어떤 소득이 나오려면, 수갱(竪坑)을 깊이 파고, 거대한 댐을 건설하고, 단단한 바위를 가로질러 터널을 뚫고, 산등성이를 넘고 계곡을 지나 수 마일씩 물을 끌어와야 한다. 이런 공사는 자본이 없으면 불가능하다. 아무 대가도 기대하지 못하는 가운데 종사자들에게 매주 또는 매월 임금을 주면서 수년 간 이런 공사를 해야 할 경우도 있다. 다른 경우라면 몰라도 이런 경우에는 분명히 임금이 자본에서 나오며, 실질적으로 자본의 선불이며, 임금을 지불함으로써 자본이 감소되었다고 말하는 사람이 있을 것이다. 자본이 없다면 이런 사업이 실행될 수 없기 때문에 적어도 이 경우에는 산업이 자본에 의해 제약을 받는다는 사실은 틀림없다고 할 것이다. 자, 그러면 보자.

임금이 자본에서 나온다는 사실을 입증할 때 늘 이런 유형의 예를 든다. 노동의 목적물이 획득 내지 완성되기 전에 임금이 지불되는 경우에 — 농업에서처럼 수확을 하기 몇 달 전에 땅을 갈고 씨를 뿌려야 하는 경우, 또는 건물, 선박, 철도, 운하 등을 건설하는 경우에 — 임금 지불에 지출된 자본의 소유자는 당장 대가를 가져온다고 기대할 수 없고 상당 기간, 때로는 수 년 동안 임금을 미리 지출해야 한다. 그러므로 제일원리를 명심하지 않으면 임금이 자본에서 선불된다는 결론으로 비약하기 쉽다.

그러나 내가 앞에서 설명한 내용을 분명하게 이해하는 독자라면 이런 경우에 당황하지 않을 것이다. 조금만 신경 써서 분석해보면, 생산물이 완성되기 전이나 심지어 생산이 시작되기도 전에 임금을 지불하는 경우에도, 생산물이 완성된 후에 임금을 지불하는 경우에 명백히 드러나는 원칙에 대한 예외가 될 수 없다는 사실을 알 수 있다.

은을 금으로 교환하기 위해 중개상에게 간다고 해보자. 내가 은을 내놓으면 중개상이 은의 무게를 달고 집어넣은 후 자신의 수수료를 빼고 동등한 가치의 금을 내어 놓는다. 이때 중개상이 자본을 선불한 것인가? 분명코 아니다. 전에는 금의 형태로 가지고 있던 것을 이제는 은과 이윤의 형태로 가지고 있을 뿐이다. 금을 내어주기 전에 은을 취했으므로 중개상의 입장에서는 잠시라도 자본을 선불한 것이 아니다.

중개상의 행위는 우리가 검토하고 있는 자본가의 행위, 즉 자본으로 임금을 지불하는 행위와 유사하다. 노동의 제공이 임금 지불에 선행하고, 생산에 노동을 제공하면 가치를 창조하므로, 고용주는 가치를 지불하기 전에 가치를 받는다. 즉, 고용주는 단지 한 가지 형태의 자본을 다른 형태의 자본으로 바꾸는 것에 불과하다. 가치는 생산물이 완성되어야만 창조되는 것이 아니다. 가치 창조는 생산 과정의 모든 단계에서 노동 투입의 직접적인 결과로서 발생하며, 따라서 생산 과정이 아무리 길더라도 노동은 자본으로부터 임금을 받기 전에 자본을 증가시킨다.

대장간에 고용되어 괭이를 만들고 있는 대장장이를 생각해 보자. 이 사람은 분명히 자본을 만들고 있다. 즉, 고용주가 자기 자본에서 임금을 인출하기 전에 고용주의 자본에 괭이를 보태주고 있다. 건조 중인 기선 그레이트 이스턴(Great Eastern) 호의 용골판(龍骨板)에서 작업하는 기계공과 보일러공을 생각해 보자. 이들도 분명히 가치를 창출하여 자본을 만들고 있지 않은가? 이 거대한 기선도 괭이와 마찬가지로 부의 하나이며 생산의 수단이다. 기선은 완성하는 데 수년이 걸리고 괭이는 몇 분이면 되지만, 괭이나 기선이나 매일 매일의 작업은 분명히 부를 생산하고 자본을 증가시킨다. 기선의 경우에도 괭이처럼, 완제품의 가치를 창출하는 행위는 마지막 작업만도 아니고 첫 작업만도 아니다. 가치 창출은 계속적인 과정이며 노동의 투입에서 직접 발생하는 현상이다.

노동의 분업으로 인해 여러 생산자들이 전체 생산과정을 여러 부분으로 나누어 담당하는 것이 관행이 된 경우를 — 즉, 생산의 준비 단계에 투입된 노동이 창출한 가치를 평가하는 것이 관습화된 경우를 — 보면 이런 사실을 분명히 알 수 있다. 또 잠시만 생각해 보면 대부분의 생산물의 경우도 이와 같음을 알 수 있다. 선박, 건물, 잭나이프, 책, 바느질 골무, 빵을 생각해 보자. 이들은 완제품이지만 하나의 생산자가 한 번의 작업으로 만든 것이 아니다. 그렇기 때문에 가치 창출 과정의 각 시점 내지 단계마다 그 자체로 완제품이라고 할 때의 가치를 판별할 수 있다. 최종 생산 과정에서 각 부품을 구분하지 않을 때에도 각 원료의 가치는 구분한다. 또 최종 가치를 창출하기까지 단계를 확실하게 나눌 수 있다면 원료의 가치도 각 단계마다 구분할 수 있다. 각 단계마다 창출된 가치, 즉 자본 추가액을 평가하는 관행도 있다. 요리사가 오븐에서 꺼낸 빵에는 가치가 있다. 그러나 빵 가치의 일부는 반죽하는 밀가루의 가치로 이루어진다. 밀가루 가치는 다시 밀의 가치, 제분에 의해 생긴 가치 등으로 이루어진다. 선철(銑鐵)의 형태로 있는 쇠는 완제품과 거리가 아주 멀다. 선철이, 광산에서 광석을 캘 때 의도한 제품이 되려면 여러 생산단계를 더 거쳐야만 한다. 그렇다고 해서 선철은 자본이 아닌가? 목화는 수확할 때도, 씨를 빼고 압축할 때도 완제품이 아니다. 로웰(Lowell)이나 맨체스터(Manchester)에 운반해도, 실을 만들어도, 옷감을 만들어도 완제품이 아니다. 오직 소비자의 수중에 들어가야만 완제품이 된다. 그러나 각 진행 단계마다 분명히 가치 창출, 즉 자본 추가가 존재한다. 그러므로 작물을 재배하려고 밭을 갈기만 해도, 비록 그 가치를 구분하여 평가하는 관습이 없다고 해도, 가치 창출, 즉 자본 추가가 존재하지 않는가? 흉년으로 농사가 실패할 위험이 있으면 가치 창출이 없다고 보는가? 분명히 그렇지는 않을 것이다. 일이 잘못될 가능성은 완제품을 생산하기까지의 모든 단계에 도사리고 있기 때문이다. 평균적으로 보아 수확은 분명히 나오게 되어 있는바, 밭을 갈고 씨를 뿌리는 만큼 목화가 열리며, 면사를 뽑는 만큼 옷감도 나온다.

간단히 말해서, 임금 지불의 조건은 언제나 노동의 제공이며, 생산 과정이 아무리 길더라도 임금 지불은 자본의 선불이 아니고 잠시라도 자본을 줄이지 않는다. 선박을 건조하는 데 1년 또는 수년이 소요될 수도 있지만 완성된 선박이 가지게 될 가치의 창출은 용골을 제작할 때부터, 아니 조선소 부지를 정리할 때부터 매일 매시 계속된다. 선박이 완성되기 전에 지불한 임금이라고 해도 사업주의 자본이나 사회의 자본을 축낸 것이 아니다. 지불된 임금의 가치만큼 부분적으로 완성된 선박이 있기 때문이다. 이러한 임금 지불은 자본의 선불이 아니다. 작업 인부가 한 주일 또는 한 달 노동을 하여 사업주에게 보태준 자본이 주말 내지 월말에 임금으로 받는 금액보다 많기 때문이다. 이 점은, 미완성 선박을 건조 도중에 매각하라는 제의를 받을 때 사업주가 이윤을 기대할 수 있다는 사실로도 알 수 있다.

마찬가지로, 수트로(Sutro) 터널이나 생고타르(St. Gothard) 터널이나 수에즈 운하를 공사할 때에도 자본의 선불은 없었다. 터널이나 운하가 굴착되는 데 따라 굴착에 소요된 돈은 자본이 되었다. 구체적으로 표현한다면, 공사에 사용된 폭약, 굴착기 등과 인부가 소비한 음식, 옷 등이 되었다. 이런 형태의 자본이 점차로 터널이나 운하 형태의 자본으로 바뀌어도 회사의 축적 자본의 가치는 줄어들지 않는다는 점을 보아도 이런 사실이 입증된다. 오히려 공사가 진행되면서 자본이 평균적으로 증가한다. 이것은 그보다 진행이 빠른 방식의 생산에 투입된 자본이 증가하는 것과 다르지 않다.

이것은 농업에서도 분명하다. 농업에서는 가치의 창출이 수확할 때 한꺼번에 이루어지는 것이 아니라 수확에 이르는 전 과정에 걸쳐 단계적으로 이루어지며, 그 과정에서 임금을 지불하더라도 농민의 자본은 줄지 않는다. 이 사실은 생산 과정에서 농지를 매각하거나 임대할 경우에 확실하게 나타난다. 갈아 놓은 밭은 갈기 전보다 값이 더 나가고, 파종한 밭은 갈기만 한 밭보다 값이 더 나가기 때문이다. 또 이 사실은 밭에서 자라고 있는 작물을 매각할 경우나 농민이 직접 수확하지 않고 수확용 농기계 소유자에게 매각할 경우에도 확실하게 나타난다. 이 사실은 아직 과일을 수확할 단계에 이르지 않은 과수원이나 포도밭이 나무의 나이에 따라 가격이 다르다는 점에서도 확실하게 나타난다. 말, 소, 양처럼 커가면서 가치가 불어나는 경우에도 마찬가지이다. 일반적으로 거래가 잘 안 이루어지는 생산 중간단계에서는 이 사실이 다소 불확실해 보일지 모르지만 이때에도 노동이 투입됨에 따라 가치도 분명히 증가한다. 따라서 임금 지불에 앞서 노동의 제공이 있을 경우에는 자본이 노동에 의해 발생하여 노동자로부터 고용주에게로 이전될 뿐 고용주로부터 노동자에게로 이전되지는 않는다. 그러므로 임금이 지불되기 전에 노동이 이루어지는 경우에는 사실 노동이 자본을 선불하는 셈이며, 자본이 고용주로부터 피고용자에게로 선불되는 것이 아니라 피고용자로부터 고용주에게로 선불된다.

"그렇지만 우리가 검토하고 있는 사례에서도 자본은 필요하지 않은가?"라고 반문할 수도 있다. 물론 그렇다. 여기에 대해서는 이견이 없다. 그러나 자본은 노동에 선불하기 위해 필요한 것이 아니라 전혀 다른 목적으로 필요하다. 그 목적이 무엇인지는 쉽사리 알 수 있다.

임금이 현물로 — 즉 노동이 생산한 것과 같은 종류의 부로 — 지불될 경우에 대해서 보자. 예를 들어 인부를 써서 벌목을 하고 임금을 벌목한 목재의 일부로 지불하기로 했다고 하자. 이것은 산림지의 소유자나 임차인이 더러 쓰는 방식으로서, 이때는 임금 지불에 자본이 필요하지 않다. 목재를 대량으로 거래하는 것이 소량으로 여러 차례 거래하는 것보다 유리하므로, 상호 편의를 위해 임금을 목재로가 아니라 돈으로 지불하기로 합의할 수 있는데, 이 경우에도 임금 지불 기일 전에 목재를 돈으로 교환할 수 있다면 자본이 필요 없다. 자본이 필요한 경우는 목재를 다량 축적하기 전에는 이런 교환을 할 수 없거나 원하는 대로의 유리한 교환을 할 수 없는 경우이다. 그러나 이런 경우에도 목재를 담보로 해서 돈을 빌리는 방식으로 부분적 내지 잠정적 교환을 할 수 있다면 자본이 필요 없다. 목재 매각이나 목재 담보 차용을 할 수 없거나 이를 원하지 않아 목재를 계속 축적하려고 할 때에는 자본이 필요하다. 그러나 명백히 이런 자본이 필요한 것은 임금 지불을 위해서가 아니라 목재의 재고를 축적하기 위해서이다. 터널을 뚫을 때에도 마찬가지이다. 인부의 임금을 터널로 지불한다면 — 회사의 주식 형태로 지불하면 편리할 것이다 — 임금 지불에 자본이 필요 없다. 사업자가 터널의 형태로 자본을 축적하려 할 때에만 자본이 필요하다. 앞서의 금은 중개상의 예로 돌아가면, 은을 매입하는 중개상은 자본 없이는 사업을 할 수 없다. 그러나 그 자본이 필요한 것은, 은을 받고 금을 내줄 때 자본을 선불하기 때문이 아니다. 단지 사업의 성격상 고객이 왔을 때 원하는 교환을 해주기 위해서는 일정량의 자본을 보유할 필요가 있을 뿐이다.

이런 현상은 모든 생산 분야에 나타난다. 임금과 교환되는 노동의 생산물이 생산 즉시 판매된다면 자본을 따로 준비할 필요가 없다. 생산물이 축적되는 경우, 또는 개인으로 보아서는 같은 결과가 되지만, 생산물이 일반 유통과정에 들어가더라도 즉시 현금화되지 않는 경우에나 — 즉, 신용으로 판매하는 경우에나 — 자본이 필요하다. 그러나 이때 필요한 자본은 임금 지불을 위한 자본이 아니며 노동에 선불되는 자본도 아니다. 그러한 자본은 언제나 노동 생산물이라는 형태로 존재하기 때문이다. 생산자는 노동을 고용하기 위해서 자본이 필요한 것이 아니다. 생산자가 자본이 필요하다면, 자신이 노동을 고용하는 자일 뿐만 아니라 노동 생산물로 장사를 하고 투기를 하고 축적을 하는 자이기 때문이다. 이 점은 고용주 일반에 적용된다.

요약하면 다음과 같다. 자신을 위해 일하는 사람은 생산하는 가운데 자신이 생산하는 물품으로 임금을 얻기도 하고, 그 생산물을 팔아서 그 가치만큼 다른 형태로 임금을 얻기도 한다. 남을 위해 일하고 정해진 임금을 돈으로 받는 사람은 어떤 교환 계약 하에 일하는 사람이다. 이런 사람은 노동을 제공하는 과정에서 임금을 창출하지만, 정해진 시점에 정해진 금액의 임금을 노동의 생산물이 아닌 다른 형태로 받게 된다. 이때 노동자는 노동을 미리 제공하며, 교환은 임금을 받는 시점에 완료된다. 노동자는 임금을 생산하는 동안에 고용주에게 자본을 선불할 뿐, 고용주가 작업 완료 전에 임금을 지불하지 않는 한, 고용주가 자본을 선불하는 경우는 없다. 임금과 교환으로 생산물을 받은 고용주가 이를 즉시 재교환하든, 일정 기간 보유하든, 거래의 성격은 달라지지 않는다. 이는, 생산물의 최종 수령자가 — 수백 단계의 교환을 거쳐서 최종적으로 지구의 다른 쪽에 사는 사람에게 돌아갈 수도 있을 것이다 — 생산물을 어떻게 처분하든 거래의 성격이 달라지지 않는 것과 같다.

제 4 장
노동자의 생계비도 자본에서 나오지 않는다.

그러나 독자의 마음속에는 아직도 장애물이 남아 있을 수 있고 또 새로 생겨날 수도 있다.

밭을 가는 사람은 밭고랑을 음식으로 먹을 수 없고, 제작 중인 증기엔진은 기술자가 입는 옷감을 짜는 직기에 동력을 공급할 수 없다. 과연 나는, 존 스튜어트 밀이 지적한 대로, "한 나라의 국민은 현재 노동의 생산물에 의해서가 아니라 과거 노동의 생산물에서 생활물자를 공급받는다는 자명한 사실을 망각한" 것일까? 또는 포셋(Millicent G Fawcett, 1847~1929) 여사가 쓴 유명한 기초 교과서의 지적대로, "파종한 곡물이 빵으로 변하기까지 수개월이 소요되며 따라서 노동자는 자신이 생산하려고 하는 물자로 살아갈 수 없고 자신 또는 타인이 이미 생산한 부, 즉 자본에 의해서 유지될 수 있다는 사실을 망각한" 것일까?10)

앞의 구절들 속에 들어 있는 가정은 — 노동이 자본으로부터 생존물자를 공급받는다는 사실은 너무나 자명하여 누구나 인정하지 않을 수 없다는 가정은 — 현 정치경제학 전반에 깔려 있다. 그리고 노동

---

10) 포셋, 『초보자를 위한 정치경제학(*Political Economy for Beginners*)』, 제3장, 25면.

생계비가 자본으로부터 나온다는 견해를 너무나 확신하기 때문에 "인구는 고용 기금에 의해 제약되며 따라서 언제나 자본의 증감과 함께 증감한다"[11]는 명제도 마치 공리처럼 간주되며, 이것은 다시 중요한 논리 전개의 기초가 되어 있다.

그러나 잘 분석해 보면 이 명제는 자명하지 않고 모순된다는 것이 드러난다. 이 명제는 노동 생산물이 저축되지 않으면 노동이 행해질 수 없다는 — 그리하여 생산물이 생산자에 선행한다는 — 의미가 된다.

잘 검토해 보면, 이 명제가 그럴듯하게 여겨지는 것은 사고의 혼란에 기인한다는 점을 알 수 있다.

앞에서 이미 지적하였듯이, 이 오류는 자본을 잘못 정의한 탓에 감춰진 채, 생산적 노동을 하기 위해서 의식주가 필요하므로 산업은 자본에 의해 제약된다고 하는 명제의 기초를 이루고 있다. 사람이 일하러 가기 전에 아침 식사를 해야 한다고 해서 자본가가 아침 식사를 주지 않으면 노동자가 일하러 가지 못한다고 할 수는 없다. 어느 나라에서든 실제로 기근이 들지 않는 한 아침 식사는, 생산을 지원하기 위해 따로 떼어놓은 부에서가 아니라 생계를 위해 따로 떼어놓은 부에서 나온다. 또 앞에서도 설명하였듯이, 음식이나 옷 등 모든 종류의 부는, 이를 소비하지 않고 다른 상품 내지 생산적 서비스와 교환하려는 사람이 보유하고 있을 때에만 자본이며, 소비할 사람의 수중으로 넘어가면 자본에서 제외된다. 왜냐하면, 다른 부를 획득하려는 목적으로 보유하는 부에서부터 욕구 충족의 목적으로 — 부의 생산을 돕느냐 아니냐 여부와 관계없이 — 보유하는 부로 바뀌기 때문이다. 이와 같은 구분

---

11) 이 말은 리카도의 『정치경제학 원리』 제2장에서 인용했으나 이러한 견해는 표준적인 저술에 공통되어 있다.

이 사라진다면 자본인 부와 자본이 아닌 부를 구분하는 선을 긋는 것은 존 스튜어트 밀처럼 "소유자의 의도(mind of possessor)"에 맡긴다고 해도 불가능하다. 인간은 생산적 노동을 할 것이냐 아니냐에 따라 음식을 먹거나 먹지 않고, 또는 옷을 입거나 입지 않는 것이 아니기 때문이다. 인간은 배가 고프니까 먹고 불편하니까 옷을 입는다. 그날그날 기회가 있으면 일하고 아니면 못하는 노동자의 아침 식탁의 음식을 예로 들어보자. 생산적 노동을 지원하느냐 않느냐에 따라 자본인지 아닌지를 구분한다면 이 음식은 자본인가 아닌가? 이는 노동자 자신도, 그리고 리카도-밀 학파의 어느 철학자도 구별할 수가 없을 것이다. 음식이 위장에 들어갈 때에도 구분할 수가 없다. 일거리를 얼른 얻지 못하여 이리저리 찾게 된다면 음식이 소화될 때까지도 구분할 수 없다. 그렇더라도 이 사람이 아침 식사를 한다는 점은 언제나 같다.

그러나 논리적으로는 이 정도로 충분하더라도 여기에서 멈추는 것은 안전하지 않다. 부와 자본의 구분 문제가 발생할 수 있기 때문이다. 또 멈출 필요도 없다. 내가 보기로는 현재의 노동이 과거의 노동 생산물에 의해 유지되어야 한다는 명제는, 오후의 노동은 점심 식사의 도움이 있어야만 된다든지, 토끼 고기를 먹으려면 토끼를 사냥하고 요리해야만 한다든지 하는 의미에서만 타당하다. 그런데 이 명제를 바탕으로 한 다음 단계의 추론에서 이 명제가 사용될 때에는 분명히 이런 의미가 아니다. 생존에 필요한 부를 즉시 산출하지 않는 일을 할 경우에는 일하는 동안 노동자를 부양할 수 있는 생존 물자가 먼저 있어야 한다는 의미인 것이다. 이것이 타당한지를 아래에서 검토해 보자.

로빈슨 크루소가 각고의 노력 끝에 만든 카누는 자신의 노동에 즉시 대가를 주지 못하는 생산이었다. 그러나 나무를 찍고 카누를 파내고 마침내 바다 위에 띄우기까지 자신을 유지시켜 줄 충분한 식품을 일을 시작하기 전에 준비했어야 했을까? 전혀 그렇지 않다. 단지 카누를 만들어 바다에 띄우는 일에 시간의 일부를 할애하고 또 식품을 구하는 데 시간의 일부를 할애하면 족했다. 어떤 신세계에 백 명의 사람이 아무런 물자 준비도 없이 상륙하여 농사를 짓기 시작했다고 하자. 이때 땅을 갈기 시작하기 전에 한 해 동안 소요되는 물자를 비축해 둘 필요가 있는가? 그렇지 않다. 두 가지 조건만 충족되면 된다. 물고기, 짐승, 야생 열매 등이 풍부하여 백 명 중 일부만으로도 모두에게 필요한 식품을 매일 충분히 조달할 수 있다는 조건과, 현재의 식품 소비자와 미래의 보상을 기대하는 식품 조달자 사이에 이렇게 나누고 교환하는 것이 서로 이익이라는 인식 내지 욕구가 연계된다는 조건이다.

이런 원리는 어느 경우에나 적용된다. 생존물자로 쓰일 수 없거나 즉시 활용될 수 없는 물품을 생산하는 경우에도, 그 생산이 진행되는 동안 노동자의 생활에 소요되는 부가 미리 생산되어 있어야 할 필요는 없다. 물자 교환이 가능한 지역 내의 어디에선가 노동자의 생존물자를 같은 시점에 생산하고 노동에 의해 추후 생산될 것과 교환하겠다는 의사만 있으면 충분하다.

실제로 정상적인 상황이라면 소비는 같은 시점의 생산물로 충당하는 것이 사실이 아닐까?

사치스럽게 사는 한량이 있다고 하자. 이 사람은 머리로나 손으로나 아무런 생산적인 일을 하지 않으며, 아버지의 유산을 물려받아 안전한 국공채에 투자해 두고 살아간다고 하자. 그렇다면 그의 생존물자는 실질적으로 볼 때 과거에 축적된 부에서 나오는 것일까, 아니면 현재의 타인 노동에서부터 나오는 것일까? 그의 식탁에는 새로 낳은 계란, 며칠 전에 만든 버터, 아침에 짠 우유, 어제만 해도 바다에서 헤엄치던 물고기, 푸줏간에서 조금 전에 배달되어 요리한 고기, 밭에서 금방 뽑은 채소, 과수원에서 갓 따온 과일 등이 놓여 있다. 간단히 말해서, 생산에 종사하는 노동자의 손을 최근에 떠나오지 않은 것은 거의 없으며, 포도주 등과 같은 예를 제외한다면, 생산 기간이 장기인 것도 거의 없다. 이때 노동자의 범위에는 최초의 생산에 참여한 사람 외에 운반과 교환에 종사한 사람도 포함된다. 이 한량이 아버지에게서 받은 것은 실제로는 전혀 부라고 할 수 없고 단지 다른 사람이 생산한 부를 자기 것으로 할 수 있는 힘일 뿐이다. 그리고 이 한량의 생존물자는 같은 시점의 생산에서 나온다.

런던의 50평방 마일 면적에는 지구 위 같은 면적의 어느 곳보다 많은 부가 존재한다. 그러나 런던에서 생산 노동이 완전히 중지된다면 불과 몇 시간도 안 돼서 사람들은 병든 양처럼 죽어가기 시작할 것이고, 몇 주 또는 길어야 몇 달 후에는 아무도 살아남지 못할 것이다. 생산 노동의 완전한 정지는 역사상 비참했던 어느 도시보다 더 무서운 재앙이 될 것이다. 그것은 로마의 티투스(Flavius Titus, 40~81) 황제가 예루살렘을 고립시키기 위해 그 주위에 쌓아 올렸던 성벽과는 비교도 안 된다. 그런 성벽은 한 도시의 물자 조달을 막는 것에 불과하지만 생산 노동의 완전한 정지는 모든 가정에 이러한 벽을 둘러치는 것과 같은 결과를 가져온다. 어느 사회에서든 노동이 완전히 정지될 경우를 상상해 보면, 사람은 '손으로부터 입으로 넣는 행위'에 의해 살아간다(lives from hand to mouth)는 말이 사실임을 알 수 있으며, 사회에서 일용할 빵은 그 지역의 매일매일의 노동에 의해 공급된다는 점을 알 수 있다.

피라미드를 세운 노동자의 생존물자는 미리 저장해 두었던 물자에서 나온 것이 아니라 나일 강 계곡에서 되풀이해서 수확하는 곡식에서 나왔다. 현대 정부가 수 년 걸리는 거대한 토목사업을 수행할 때에도 이미 생산한 부로 경비에 충당하는 것이 아니라 앞으로 생산할 부로 충당하며, 공사가 진행되는 과정에서 조세를 징수하여 조달한다. 이처럼 생존물자가 직접 생기지 않는 생산에 종사하는 노동자의 생존물자는 다른 사람이 같은 시점에 생산하는 생존물자에서 나온다.

거대한 증기엔진을 생산하는 노동자에게 빵, 고기, 옷, 집 등을 확보해 주는 교환과정을 추적해 보면, 엔진을 생산하는 노동자와 빵과 고기 등의 생산자 사이에 수 천 단계의 교환이 있더라도 결국 이를 가장 간단하게 축소하면 양 쪽의 노동자 간에 노동을 교환하는 것과 같음을 알 수 있다. 엔진 생산에 노동을 투입하도록 하는 원인은 엔진 노동자가 원하는 것을 줄 수 있는 힘을 가진 사람이 그 대신 엔진을 원한다는 데 있다. 즉, 빵이나 고기 등을 생산하는 사람 또는 이 사람들에게 필요한 물자를 생산하는 다른 사람이 엔진을 수요한다는 것이다. 기술자가 엔진 생산에 전념할 수 있는 이유는 바로 이러한 수요가 있기 때문이다. 뒤집어서 이야기하면, 빵이나 고기 등에 대한 엔진 기술자의 수요가 있기 때문에 다른 사람이 식품 생산에 전념할 수 있다는 것이다. 이리하여 노동이 실제로는 엔진을 생산한다고 하더라도 사실상 그 임금으로 구매할 수 있는 다른 물자를 생산하는 것이나 마찬가지가 된다.

이 원리를 다음과 같이 공식화할 수 있다.

소비에 대한 수요가 생산에 투입될 노동의 방향을 결정한다

이 원리는 매우 단순하고 명확하여 더 이상의 설명이 필요없으며, 이 원리를 통해 보면 우리가 다루는 주제의 모든 복잡성이 해소된다. 그리하여 초기 사회의 단순한 형태의 생산과 교환을 고찰하여 노동의 진정한 목적과 대가에 대해 갖게 된 견해가 복잡한 현대적 생산에서도 타당하다는 결론에 이르게 된다. 과거나 현재나 노동자는 자신의 욕구를 만족시키기 위해 노력한다. 또 세분화된 분업체제 속에서 각자가

얻고자 하는 물자의 극히 일부분의 생산을 담당하거나 때로는 그와 전혀 무관한 생산을 담당하더라도, 다른 사람에게 필요한 물자를 생산함으로써 결국 자신이 원하는 물자 생산에 다른 사람의 노동이 투입되도록 한다. 즉, 효과 면에서 원하는 물자를 스스로 생산하는 것과 같다. 잭나이프를 만드는 노동자가 밀을 먹는다고 해도 밀은 사실상 노동자 자신의 생산물이라고 할 수 있다. 노동자가 밀을 생산하고 밀 경작자가 잭나이프를 만든 것과 다르지 않다는 것이다.

이렇게 해서, 노동자가 자기 노동의 대가로서 취하고 소비하는 것 중에는 노동자에게 선불된 자본이 존재하지 않는다는 것이 완전한 진리임을 알게 된다. 내가 잭나이프를 만들고 그 임금으로 밀을 구입한다면 잭나이프와 밀을 맞바꾼 것과 같다. 즉, 기존의 부의 재고에 잭나이프를 보태고 거기에서 밀을 취하는 것과 같다. 소비에 대한 수요가 생산에 투입될 노동의 방향을 결정하므로 밀 생산이 한계에 도달하지 않는 한 밀의 재고를 줄였다고 할 수 없다. 교환 가능성이 있는 부의 재고에 잭나이프를 넣고 대신 밀을 꺼냄으로써 교환의 다른 쪽 끝에 있는 노동이 밀의 생산에 투입되도록 결정한 것이며, 이렇게 해서 밀을 가장 손쉬운 방법으로 얻을 수 있다. 마찬가지로 밀 경작자도 밀을 넣고 대신 잭나이프를 꺼냄으로써 잭나이프 생산에 노동이 투입되도록 결정한다.

같은 이치로 밭을 가는 노동자는, 씨를 뿌리려면 밭을 갈아야 하고, 씨를 뿌린 후에도 수확을 하려면 몇 달이 지나야 하지만, 밭을 갈면서도 실제로 식품이나 임금을 생산하고 있는 것이다. 밭갈이는 농사의 일부에 불과하지만 수확이나 마찬가지로 생산에서 빠질 수 없는 한 부분이기 때문이다. 밭갈이는 곡물 생산의 한 단계로서 미래의 수확에 기여한다는 점에서, 밭을 가는 노동자가 얻는 생존물자와 임금은 기존의 부와 무관한 것이 된다. 이것은 단지 이론상으로만 타당한 것이 아니라 실질적으로 또 문자 그대로 타당하다. 밭을 갈아야 할 시기에 갈지 않는다고 가정해 보자. 그러면 수확기까지 기다릴 것도 없이 물자 부족 현상이 분명히 나타나지 않겠는가? 밭갈이를 하지 않는다면 은행, 기계제작소, 공장에서 그 영향이 느껴지지 않겠는가? 방직기도 쟁기처럼 놀게 되지 않겠는가? 이것은 흉년이 든 직후에 나타나는 효과를 보면 알 수 있다. 그렇다면 밭을 가는 사람은 실제로 자신의 생존물자와 임금을 생산하고 있는 셈이 아닐까? 또 매일 매주 밭을 갈면서 자신의 노동과 교환할 물자를 실제로 만들어내는 셈이 아닐까?

사실 노동이 일자리를 필요로 하는 곳에서 토지의 수확물에 대한 수요가 있다면, 그 토지의 소유자가 자본이 없다고 해서 노동을 고용하지 못하는 일은 없다. 미국 일부 지방에서 흔히 쓰는 방법처럼, 토지를 임대하고 토지소유자가 수확의 일부를 받기로 하는 경우, 생존물자를 갖지 못한 노동자라고 해도 일을 열심히만 한다면 부근의 가게에서 외상을 얻을 수 있다. 또 토지소유자가 임금을 지불하는 방식을 택하는 경우라면 토지소유자 스스로 외상을 얻을 수 있다. 이렇게 해서 경작에 투입된 작업은 투입되는 즉시 활용되거나 교환된다. 만일 노동자가 일하는 대신에 구걸할 수밖에 없는 경우보다 소비량이 더 많다고 하더라도 — 문명국가의 정상적인 사정 하에서라면 노동자는 어떤 방법으로든 반드시 부양된다 — 그 초과분은 비축되어 있던 자본에서, 앞으로 다시 채워질 것이라는 전망에 의해, 인출되는 것이며, 또 실제로 작업이 진행되면 곧바로 채워진다.

예를 들어 순수 농업지역인 남부 캘리포니아에서는 1877년에 농사를 완전히 망쳤고 수백만 마리 양이 뼈다귀로 변했다. 광활한 샌와킨(San Joaquin) 계곡에는 다음 수확기까지 일꾼은커녕 가족이 먹을 식품도 없는 농가가 많았다. 그러나 적기에 비가 내리자 이들 농가에서는 일손을 고용하여 밭을 갈고 씨를 뿌렸다. 곳곳에서 곡식을 비축해 두었던 일부 농가가 있었기 때문이다. 비가 내리자 이들 농가에서는 다음 수확기에 곡물 가격이 떨어질까 염려하여 비축된 곡물을 매각하려고 애를 썼고, 이렇게 해서 곡물이 교환 및 선불 장치를 통해 경작자에게 넘어갔다. 즉, 비축되었던 곡물이 방출된 것이지만 사실상 다음 수확을 위한 작업에 의해 생산된 것과 같은 효과를 낳았다.

생산과 소비를 연결시키는 여러 단계의 교환은 굽은 파이프에 물을 채우는 것에 비유할 수 있다. 일정량의 물을 한 쪽 끝에 부어 넣으면 같은 양의 물이 다른 쪽 끝으로 빠져 나온다. 양 쪽이 동일한 물은 아니지만 대등한 관계에 있다. 이처럼 생산하는 사람은 꺼내는 동시에 넣는다. 즉, 생산자가 생존물자와 임금으로 받는 것은 바로 자기 노동의 생산물이라는 것이다.

제 5 장
자본의 진정한 기능

이런 의문이 생길 수 있다. 자본이 임금을 지불하기 위해서나 생산 기간 중 노동을 지원하기 위해서 필요하지 않다면 자본의 기능은 무엇인가?

그 답은 앞의 검토를 통해 명백하게 제시되어 있다. 이미 본 바와 같이, 자본은 더 많은 부를 획득하기 위해 사용되는 부로서 욕구의 직접적 만족을 위해 사용되는 부와 구별된다. 혹은 교환과정에 있는 부라고 정의할 수도 있다고 본다.

그러므로 자본은 부를 생산하기 위하여 노동의 힘을 다음과 같은 방법으로 증대시킨다. (1) 노동의 능률을 높인다. 예를 들면 손 대신에 삽을 사용하여 조개를 더 쉽게 잡는 경우, 노를 젓는 대신 기관에 석탄을 때어 배를 움직이는 경우. (2) 노동이 자연의 재생산력을 이용할 수 있도록 해 준다. 예를 들면 씨를 심어 더 많은 옥수수를 수확하거나 가축을 길러 수를 늘리는 경우. (3) 분업을 가능하게 해준다. 분업을 하면 한편으로는 개인의 특별한 능력의 활용, 기술의 습득, 낭비의 감소를 통해 인적 생산요소의 능률이 높아지고, 다른 편으로는 다양한 토양, 기후, 입지의 이점을 살려서 자연조건에 가장 적합한 부를 생산함으로써 자연적 생산요소를 최대로 이용할 수 있게 된다.

자본은, 통설과 달리, 노동에 의해 부로 전환되는 원료를 공급하지 않는다. 부의 원료는 자연에 의해 공급된다. 그러나 일부 가공된 원료와 교환 과정에 있는 원료는 자본이다.

자본은, 통설과 달리, 임금을 공급하거나 선불하지 않는다. 임금은 노동의 생산물 중에서 노동자가 획득하는 부분이다.

자본은, 통설과 달리, 작업 기간 동안 노동자의 생계를 유지시켜 주지 않는다. 노동자는 자신의 노동에 의해 생계가 유지되며, 자신의 생계유지에 필요한 물자와 교환될 상품을 생산하는 사람은 사실상 자신의 생계용 물자를 생산하는 셈이다.

그러므로 자본은, 통설과 달리, 산업을 제약하지 않으며 산업에 대한 유일한 제약은 천연 원료에 대한 접근의 제약이다. 그러나 자본도 도구 사용과 노동 분업을 제약함으로써 산업의 형태와 생산성을 제약할 수는 있다.

자본이 산업의 형태를 제약할 수 있다는 것은 분명한 사실이다. 공장이 없으면 공장제 생산이 없고, 재봉틀이 없으면 기계 봉제가 없고, 쟁기가 없으면 쟁기 밭갈이가 있을 수 없고, 교환에 투자된 자본이 없으면 각종 교환 관련 산업이 있을 수 없다. 생산 도구가 없으면 산업의 생산성이 대폭 제약된다는 사실도 분명하다. 농부가 자본이 없어 쟁기 대신 삽을 쓰고, 수확기 대신 낫을 쓰고, 탈곡기 대신 도리깨를 쓴다면, 또 기계공이 쇠를 절단하는 데 끌을 쓰고, 방직공이 수직기를 쓴다면, 자본의 도움을 받아 현대적 최신 도구를 사용하는 경우에 비해 산업 생산성이 10분의 1도 되기 어려울 것이다. 자본이 없다면 노동의 분업도 지극히 초보적인 단계에 머물고 말 것이고, 분업을 가능하도록 해주는 교환의 경우에도 생산물의 일부를 계속적으로 재고용 또는 유통용으로 공급하지 못한다면 교환의 범위는 가까운 동네에서 벗어날 수 없을 것이다. 사냥, 고기잡이, 열매 채집, 무기 제조조차 전문화되지 못할 것이다. 각자 생산한 것 중 한 부분을 즉시 소비하지 않고 예비로 비축하지 않더라도 한 가지 일에만 전념할 수 있어야 하고, 한 가지 물자를 생산하는 데 전념하는 사람이 다른 물자가 필요할 때 쉽게 구할 수 있어야 하며, 어느 하루 운 좋게 많이 생산하면 다음 날의 부족분에 충당할 수 있어야 하는데, 전문화가 안 되면 이런 것이 불가능하다. 정밀한 분업은 고도문명의 특색이자 필연적인 현상인데, 이것이 가능하려면 모든 종류의 부가 항상 재고로 존재하거나 수송 중에 있어야 한다. 문명사회의 주민이 자신의 노동을 인근의 또는 원격지의 노동과 교환할 수 있으려면 상품이 창고에, 상점에, 수송 중인 선박에, 화물열차에 존재해야 한다. 마치 대도시의 시민이 수돗물 한 컵을 마시려면 저수지의 방대한 물과 장거리 수도관이 있어야 하는 것과 같다.

그러나 자본이 산업의 형태 내지 산업의 생산성을 제약할 수 있다(may limit)는 말은 자본이 산업을 제약한다는 말과는 아주 다르다. 현 정치경제학에서 "자본은 산업을 제약한다(capital limits industry)"고 하는 격언은 자본이 노동의 형태(the form of labor)나 노동의 생산성(the productiveness of labor)을 제약한다는 뜻이 아니고 노동의 투입(the extertion of labor)을 제약한다는 의미이다. 이 명제가 타당하려면 자본이 노동에 원료와 유지비용을 공급한다는 가정이 있어야 한다. 그러나 이 가정에 근거가 없다는 점은 이미 검토하였다. 자본은 노동에 의해 생산되며 따라서 자본이 존재하려면 노동이 먼저 존재해야 한다는 점을 생각하면, 이 가정이 명백히 앞뒤가 맞지 않음이 분명히 드러난다. 자본은 산업의 형태와 산업의 생산성을 제약할 수 있다. 그러나 이 말은 자본 없이는 산업도 있을 수 없다는 말이 아니다. 마치 동력직기 없이는 천을 짜지 못한다거나 재봉틀 없이는 봉제를 못한다거나 쟁기 없이는 농사를 못 짓는다고 할 수는 없는 것과 같다. 또한 로빈슨 크루소처럼 혼자 사는 곳에서는 교환이 없으니 노동도 없다고 할 수는 없는 것과 같다.

그리고 자본이 산업의 형태와 생산성을 '제약할 수 있다(may limit)'는 말은 '제약한다(limit)'는 말과 다르다. 사회의 산업의 형태와 생산성이 자본에 의해 제약된다고 진정 말할 수 있는 경우는 현실에서보다는 이론에서 나타난다고 생각한다. 멕시코나 튀니지 같은 나라에서는 자본을 더 많이, 더 일반적으로 사용하면 산업의 형태를 대폭 변화시키고 그 생산성을 굉장히 향상시킬 것이 분명하다. 그리고 이런 나라에서는 자원 개발을 위해 자본이 필요하다는 의견도 자주 거론된다. 그러나 이 배경에는 그 무엇이 — 자본의 부족을 포함한 어떤 부족 현상이 — 있지 않은가? 정부의 학정과 낭비, 재산권의 불안정, 국민의 무지와 편견이 자본의 축적과 활용을 막고 있지 않은가? 이런 나라에 자본이 있은들 옳게 사용되지 않을 텐데, 그렇다면 진정한 제약은 자본의 부족이 아니라 바로 이런 사정이 아닌가? 물론 자본의 부족이 노동생산성 증대에 대한 유일한 장애가 되는 경우도 상상할 수 있다. 그러나 이것은 특별한 사고가 났을 때 또는 특수한 과도기가 아니면 거의 실현되지 않을 여러 가지 조건이 겹칠 때에나 생길 수 있다. 전쟁, 대화재, 자연재해 등으로 자본이 소멸되거나 또는 문명인이 미개척지에 갓 도착했을 때 정도가 그러한 경우라고 하겠다. 그러나 전쟁으로 폐허가 된 도시에서 자본이 빠른 시일 내에 복구되는 예나, 새로운 개척지 마을에서 자본의 생산이 급속히 이루어지는 예를 우리는 많이 보아왔다.

나는 자본 부족이 노동생산성을 진정으로 제약하는 경우를 이와 같은 희귀한 과도기적 조건 이외에는 생각할 수 없다. 비록 사회에는 자본이 부족한 탓으로 노동을 기대만큼 능률적으로 할 수 없는 사람도 존재할 수 있겠지만, 사회 전체에 자본이 충분하다면 진정한 제약은 자본의 결핍에 있는 것이 아니라 적절한 분배의 결여에 있다. 나쁜 정부가 노동자에게서 자본을 강탈한다면, 정의롭지 못한 법에 의해 생산자에게서 부를 빼앗고 생산을 지원하는 데 부를 활용하지 못하고 산업에 기생하는 계층에 부를 넘겨준다면, 노동의 효율성에 대한 진정한 제약은 자본 부족에 있는 것이 아니라 악정(惡政)에 있다고 하겠다. 그밖에 무지, 관습 등 자본 활용을 저해하는 조건도 이와 같다. 테라델푸에고(Terra del Fuego) 지방의 토착민에게 회전톱을 주고, 베두인 족(Bedouin)에게 기관차를 주고, 플랫헤드 족(Flathead)의 여인들에게 재봉틀을 준들 노동의 능률이 향상될 리가 없다. 자기네들이 자본으로 사용하는 데 익숙해 있는 범위를 벗어난 부를 주어 봤자 소모되거나 낭비되고 말 것이다. 아파치 족(Apache)이나 수 족(Sioux)이 농사를 짓지 않는 것이 종자나 농기구가 없어서가 아니다. 종자와 농기구를 마련해 주더라도 유목생활을 억제하고 농사법을 가르치지 않는 한 생산적으로 사용하지 않을 것이다. 지금 상태의 그들에게 런던의 모든 자본을 준다고 해도 자본으로서의 성격이 사라지고 말 것이다. 그들은 사냥에 도움이 될 수 있는 극히 일부분만 생산적으로 사용할 가능성이 있고, 그나마 그들에게 쏟아진 식품이 모두 소비되기 전에는 사용하지 않을 것이다. 그러나 그들도 필요한 자본이라면 획득하려고 하며 어떤 형태의 자본은 큰 곤란을 무릅쓰고라도 획득하려고 한다. 이들 야생 부족은 미국과 영국의 공장에서 생산된 최상의 무기로 사냥과 전투를 하며, 계속해서 최신형 무기를 갖추어 나간다. 그들이 문명국가에서 소요되는 다른 자본에 관심을 가지려면 그들 자신이 문명화되어야만 한다.

조지 4세(George Ⅳ, 1762~1830) 재위 시에 영국 선교사가 뉴질랜드에서 홍기(Hongi)라는 추장을 데리고 귀국한 일이 있었다. 추장은 외모에 기품도 있었고 문신도 아름다워서 많은 관심을 끌었으며, 자기 부족으로 돌아갈 때에는 왕실과 일부 종교단체로부터 각종 연장, 농기구, 종자 등을 선물로 받았다. 추장은 감사해 하면서 이 자본을 식품 생산에 사용하였지만, 그 사용 방법은 그를 환대했던 영국인이 전혀 꿈도 꾸지 못한 것이었다. 추장은 귀국 길에 시드니에서 선물을 무기와 탄약으로 교환하였고, 고향에 돌아가자 전쟁을 일으켜 다른 부족을 정벌하였는데, 첫 전투에서 잡은 포로 중 300명을 요리해 먹었다. 이 자리에서 홍기는 정찬을 시작하기에 앞서 부상을 당하여 거의 죽게 된 상대편 추장의 눈을 파서 삼키고 더운 피를 마셨다.[12] 그러나 과거에 계속되던 전쟁이 그치고 마오리 족(Maori) 후손들이 대체로 유럽식 관습을 받아들인 지금에는 상당한 자본을 보유하고 사용하는 사람이 많이 있다.

이 예에서 보듯이, 새로 생긴 마을에는 생산과 교환의 형태가 단순한 경우가 많은데, 이것이 자본의 부족에만 기인한다고 보면 잘못이다. 자본이 많이 필요하지 않은 생산과 교환의 형태는, 그 자체로는 세련되지 못하고 비능률적이기는 하지만, 그 마을의 사정을 감안한다면 실제로는 가장 효과적인 형태가 될 것이다. 양모나 목화를 옷으로 가공하는 최신 시설을 갖춘 거대한 공장은 많은 양의 생산이 필요한 경우에만 효과적이다. 작은 마을에 필요한 옷은 훨씬 적은 노동으로 물레와 수직기 정도로도 충분히 만들 수 있다. 최신 인쇄기로는 작업자 한 사람 당 신문 수천 장을 찍어낼 수 있으나, 스탠호프(Stanhope)나 프랭클린(Franklin) 등 구식 인쇄기로는 어른과 아이 각 한 사람이 조를 이루어 100장 정도 찍어낼 수 있다. 그러나 발행부수가 적은 시골의

---

12) 리차드 테일러(Rev. Richard Taylor), 『뉴질랜드와 그 원주민(*New Zealand and its Inhabitants*)』, 런던, 1855, 제11장.

신문에는 구식 인쇄기가 훨씬 더 능률적인 기계이다. 불과 두세 사람의 승객을 수송하는 데는 증기선보다는 노 젓는 배가 제격이다. 밀가루 몇 부대 정도는 철도보다 마차로 운반하는 것이 비용이 적게 든다. 한적한 마을의 교차로 가게에 많은 상품 재고를 두는 것은 자본의 낭비일 뿐이다. 그리고 일반적으로, 인구가 많지 않은 신생 지역에서 생산과 교환의 수단이 정교하지 못한 것은 자본이 부족해서라기보다 자본을 이윤이 나도록 쓸 수 없기 때문이다.

물동이에 아무리 물을 많이 부어 넣더라도 한 물동이 이상의 물을 담을 수 없듯이, 자본으로 사용될 부도 주민의 지성, 관습, 안전, 인구밀도 등에 가장 어울리는 생산과 교환의 장치에 필요한 정도 이상은 사용되지 않을 것이다. 그리고 일반적으로 보아 이 정도는 사회가 늘 가지고 있을 것으로 생각한다. 비유하자면 건강한 상태의 인간 유기체가 필수 지방을 비축하듯이 사회 유기체도 필요한 자본을 비축한다는 것이다.

그러나 자본의 양이 산업 생산성을 제약하여 임금 상한선을 정하거나 말거나 간에, 문명국가에서 대중의 빈곤이 심해지는 것이 자본의 희소성 때문이 아니라는 점은 분명하다. 임금이 산업 생산성에 의해 정해지는 상한에 도달한 곳은 어디에도 없을 뿐 아니라, 임금은 자본이 가장 풍부한 곳에서 상대적으로 가장 낮기 때문이다. 모든 진보하는 나라에서는 생산의 도구와 기계류가 사용 가능한 정도 이상으로 존재하며, 사업의 수익 전망이 좋으면 필요한 정도 이상으로 자본이 생긴다. 물동이가 가득 차는 데 그치지 않고 넘쳐흐른다는 것이다. 이런 현상은 너무 분명하여, 무지한 사람이나 경제학계의 명성이 높은 사람이나 다 같이 산업불황의 원인을 풍족한 기계류와 축적된 자본의 탓이라고 생각하며 자본을 파괴하는 전쟁이 경제 호황과 고임금의 원인이된다고 할 정도이다. 이런 생각은 이상하기 짝이 없고 이런 문제에 대한 사고는 혼란스럽기 그지없지만, 자본이 노동을 고용하고 임금을 지불한다는 견해를 가진 많은 사람들은 이를 지지하고 있다.

우리 탐구의 목적은 자체 모순을 가진 답이 많이 제시되었던 어떤 문제를 해결하려는 데 있다. 자본은 진실로 무엇이며, 그 역할은 진실로 무엇인가를 명백하게 밝히는 과정에서 이제 우리는 최초이자 중요한 단계를 거친 셈이다. 그러나 이는 최초 단계일 뿐이다. 요약을 한 다음에 더 진행해 보자.

임금이 노동자 수와 노동을 고용하는 데 쓰이는 자본의 양 간의 비율에 의존한다는 현재의 이론은, 임금과 이자가 반대 방향으로 등락하지 않고 동행한다는 일반적인 사실과 일치하지 않는다는 점을 보았다.

이러한 불일치가 드러남에 따라 이론의 근거를 검토해 보았더니, 현재의 통념과는 달리, 임금은 자본에서 나오지 않고 임금과 대가 관계인 노동에 의해 생산된 것에서 직접 나온다는 것을 알게 되었다. 자본이 임금을 선불하거나 노동자의 생계를 담당하는 것이 아니며, 자본의 기능은 도구나 종자 등을 통해, 그리고 교환에 필요한 부를 통해, 생산 과정에서 노동을 지원하는 것이라는 점도 알게 되었다.

이렇게 해서 우리는 불가피하게 구체적인 결론에 도달하였다. 이 결론은 이를 확인하는 데 드는 고통을 충분히 정당화할 수 있을 정도로 중대한 결론이다.

임금이 자본에서가 아니라 노동생산성에서 나온다면, 자본과 노동의 관계에 대한 현재의 이론은 틀렸으며, 빈곤을 줄이기 위해서 내놓는 각종 처방들, 예를 들면 자본 증대, 노동자 수 제한, 노동자 작업 능률 향상 등은, 정치경제학 교수들이 내놓은 것이든 노동자가 내놓은 것이든, 폐기되어야만 한다.

개별 노동자가 진실로 노동을 통해 자신의 임금이 나오는 기금을 창출한다면 노동자가 증가한다고 해서 임금이 줄어들 이유가 없다. 오히려, 노동자 수가 많아질수록 노동의 능률이 분명히 증가하므로, 다른 조건이 동일하다면, 임금은 노동자 수와 더불어 오히려 증가해야 한다.

그런데 이 "다른 조건이 동일하다면"이라는 전제가 꼭 필요하기 때문에, 우리의 논의를 진행하기 전에 한 가지 문제에 대해 더 고찰할 필요가 있다. 그 문제란 '인구 증가에 의해 자연의 이용이 늘어나면 자연의 생산력은 줄어드는 경향이 있는가?'하는 것이다.

PROGRESS
and
POVERTY

제 2 권
인구와 생존물자

자연이 이런 악몽을 주다니
신과 자연 사이에 갈등이 있단 말인가?
자연은 자신의 외모에만 신경을 쓸 뿐
생명 하나하나는 돌보지 않는다.

– 테니슨(Tennyson)

제1장
맬서스 이론, 그 발생과 지지

앞에서 검토한 이론의 뒤에는 이제 검토할 또 하나의 이론이 존재한다. 임금의 원천과 법칙에 관한 현재의 이론은 널리 인정되는 다른 이론에 의해 강력한 지지를 받고 있다. 맬서스(Thomas R. Malthus, 1766~1834)가 자기 이름을 붙인 이 이론은, 인구는 자연히 생존물자보다 더 빨리 증가하는 경향이 있다는 것이다. 이 두 이론은 서로 맞물려서 우리가 해결하려고 하는 큰 문제에 대해 현 정치경제학이 제시하는 답의 틀을 형성하고 있다.

앞의 검토를 통해, 임금은 자본과 노동자의 비율에 의해 결정된다고 하는 학설이 전혀 근거가 없고 그런 학설이 어떻게 그토록 널리 퍼지고 그토록 오랫동안 유지될 수 있는지 놀랄 정도라는 점이 입증되었다고 나는 생각한다. 대다수 노동자가 고용과 임금을 자본가라는 별도의 계층에 의존하는 것처럼 보이는 사회에서 이런 이론이 생겼다는 것은 이상한 일이 아니다. 또 이러한 상황에서 이 이론이 실질과 외양을 굳이 구별하려고 하지 않는 대중 가운데 유지되어 왔다는 것도 이상한 일이 아니다. 그러나 약간만 검토해도 그 근거 없음이 드러나는 이런 이론이, 금세기에 정치경제학을 명료화하고 발전시키는 데 정력을 바친 많은 예리한 사상가들에 의해 계속적으로 인정되어 왔다는 사실은 놀랄 일이다.

이 사실은 달리 해명할 길이 없으며 오로지 맬서스 이론이 널리 인정되고 있다는 점으로 설명할 수 있을 뿐이다. 정치경제학자들의 마음에는 현재의 임금이론이 맬서스 이론의 지지를 받는 자명한 진리로 보였기 때문에, 이 이론은 본격적으로 검증된 일이 없다. 두 이론은 같이 혼합되어 서로 상대방을 보강하고 변호해 주며, 또 지대이론을 전개하는 과정에서 두드러지는 원리에 — 즉, 자본과 노동은 어떤 점을 넘어서 투입되면 수확이 체감한다는 원리에 — 의해서도 지지를 받는다. 두 이론은, 고도로 조직화된 선진사회에서 나타나는 현상을 모든 사실에 부합하도록 설명해 주는 것으로 보이며, 따라서 아무도 더 이상 자세히 검토하려고 하지 않는다.

두 이론 중 어느 이론이 역사적으로 선행된 것인지는 말하기 어렵다. 인구이론은 임금이론이 확립되기 전까지는 확고한 과학적 원리라는 지위를 얻지 못했다. 그러나 두 이론은 자연스럽게 튀어나와 같이 성장하였으며, 정치경제학의 체계를 세우려는 시도가 있기 오래 전부터, 다소 엉성한 모습이기는 했지만, 유지되고 있었다. 아담 스미스(Adam Smith, 1723~1790)의 몇몇 구절을 보면 그도 맬서스 이론을 소박한 형태로 마음속에 간직하고 있었음이 분명하며, 임금 문제를 논할 때 방향을 잘못 잡은 것도 이때문이 아닌가 생각한다. 그러나 두 이론이 긴밀하게 결합되어 있고 상호 완벽하게 보완해 주므로, 버클(Henry T. Buckle, 1821~1862)은 『18세기 스코틀랜드 지성에 대한 고찰(*Examination of the Scotch Intellect during the Eighteenth Century*)』에서 정치경제학의 발전사를 검토하면서, 생존물자에 대한 인구의 압박에 관한 이론을 발전시킴으로써 임금이론을 "결정적으로 증명했다"고 맬서스에게 영광을 돌리고 있다. 버클은 『영국 문명사(*History of Civilization in England*)』 제3권 제5장에서 다음과 같이 서술한다.

"18세기가 채 끝나기 전에, 노동의 대가는 두 요소에 의존한다는 점이 결정적으로 증명되었다. 두 요소란 모든 노동에게 지불할 국가 기금의 크기와, 그 기금이 분배될 노동자의 수이다. 우리 지식이 이처럼 엄청나게 진전한 것은 주로 — 전적으로는 아니더라도 — 맬서스의 공이다. 맬서스는 인구에 대한 연구를 통해 사상사에 큰 획을 그었을 뿐만 아니라 이미 상당한 구체적 결실을 낳고 있으며, 앞으로도 상당한 결실을 낳을 것으로 보인다. 맬서스의 책은 1798년에 출판되었으므로 1790년에 사망한 아담 스미스는 이 책에서 자신의 견해가 수정 없이 확장되는 모습을 보는 커다란 즐거움을 느끼지 못하고 말았다. 진실로, 스미스가 없었다면 맬서스도 없었을 것이다. 즉, 스미스가 기초를 닦지 않았다면 맬서스가 상부 구조를 올리지 못했을 것이다."

이 학설은 발표된 이래 정치경제학계뿐만 아니라 더 높은 수준의 사상계에까지 강한 영향을 미쳐 왔다. 맬서스가 정립한 명제는 북아메리카 식민지에서 나타난 바와 같이 인구의 자연적 경향은 적어도 매 25년마다 두 배가 되는 기하적 비율로 증가하는 반면, 토지에서 얻을 수 있는 생존물자는 "인간의 노동에 가장 유리한 상황이라고 해도 산술적 비율, 즉 매 25년마다 현재 생산량과 동일한 양 이상으로 증가하기 어렵다"는 것이다. 맬서스는 "이 두 증가율이 결합하면 필연적으로 매우 충격적인 효과를 낳는다"고 순진하게 생각하면서, 두 비율이 결합하는 경우를 다음과 같이 서술하였다(『인구론』 제1장).

"영국의 인구를 1,100만 명이라고 하고 현재의 생산이 이 인구를 그런대로 먹여 살릴 수 있는 수준이라고 하자. 첫 25년 동안 인구는 2,200만 명이 되고 식품도 2배가 되므로 생존물자는 인구 증가를 감당해 낼 수 있다. 그러나 그 다음 25년 동안 인구는 4,400만 명이 되지만 생존수단은 겨우 3,300만 명을 유지할 수 있는 정도에 불과하게 된다. 또 그 다음 25년이 지나면 인구는 8,800만 명이 되고 생존수단은 인구의 반을 지탱할 수 있는 정도에 그치게 된다. 그리하여 1세기가 지나면 인구는 1억7,600만 명이 되지만 생존수단은 5,500만 명분밖에 생산되지 않고 나머지 1억2,100만 명에게 돌아갈 생존수단은 존재하지 않는다. 이러한 사정이 영국에만 나타난다면 몰라도 전 세계에 공통적으로 나타난다면 이민은 해결책이 될 수 없다. 현재 세계의 인구가 1억 명이라고 할 때 그 인구는 1, 2, 4, 8, 16, 32, 64, 128, 256,… 과 같이 증가하고 생존수단은 1, 2, 3, 4, 5, 6, 7, 8, 9, … 와 같이 증가한다. 이렇게 해서 2세기가 지나면 인구 대 생존수단의 비는 256 대 9가 되고, 3세기가 지나면 4,096 대 13이 되며, 2천 년이 지난 후의 결과는 계산하기도 어려울 정도가 된다."

그러나 생존물자의 한도를 넘는 규모의 인구가 존재할 수 없기 때문에 이런 결과가 실제로 나타날 수는 없다. 따라서 맬서스의 결론은 인구의 무한증가 경향은 인간의 출산력에 대한 도덕적 절제 또는 사망률을 높이는 여러 요인에 의해 억제될 수밖에 없다는 것이고, 결국 세상은 악하고 비참하게 된다는 것이다. 그는 출산 증가를 막는 요인을 예방적 억제 요인, 사망률을 높이는 요인을 적극적 억제 요인이라고 지칭했다. 이것이 유명한 맬서스 학설로서 맬서스 자신이 『인구론』에서 정립한 것이다.

기하적 증가율과 산술적 증가율이라는 가정에 들어 있는 오류는 굳이 강조할 가치도 없다. 이는 토끼와 거북이 경주를 할 때 토끼는 영원히 거북을 따라 잡을 수 없다고 하는 잘 알려진 수수께끼의 수준에도 못 미치는 비율 장난이기 때문이다. 이 가정은 맬서스의 학설에 꼭 필요한 가정도 아니며, 그의 학설을 인정하는 사람에 의해서도 명시적으로 비판받고 있다. 예를 들어 존 스튜어트 밀(John Stuart Mill, 1806~1873)은 "정밀성이 적용될 수 없는 대상에 정밀성을 부여하려는 불운한 시도이며, 추론 능력이 있는 사람이라면 이런 시도가 그의 주장에 필요한 것이 아님을 알 것이다"고 하였다.[1] 맬서스 학설의 핵심은 단지 인구 증가가 식품생산 증가보다 빠르다는 것이며, 이 차이를 맬서스처럼 인구는 기하적 비율로 늘어나고 생존물자는 산술적 비율로 증가한다고 하든지, 밀처럼 인구 증가율은 일정하고 생존물자 증가율은 하락한다고 하든지는 단지 표현하기 나름이다. 두 사람이 일치하는 중심 생각은, 맬서스의 표현을 빌리자면, "인구가 생존수단을 초과하여 증가하려는 자연적 경향과 지속적 추세가 있다"는 점이다.

현재 지지를 받고 있는 맬서스의 학설을 내용상 강력하고 또 반박이 가장 적게 제기될 형태로 표현하자면 다음과 같다.

인구는 지속적으로 증가하는 경향이 있어 이를 억제하지 않으면 궁극적으로 생존물자의 한계를 압박할 수밖에 없으며, 생존물자라는 장벽도 고정된 것이 아니라 가변적이기는 하지만, 생존을 유지하기는 점점 더 어렵게 된다. 이리하여 출산력이 힘을 발휘할 수 있는 시간이 있고 또 절제도 이루어지지 않을 경우에는 필연적으로 물자 부족 현상이 나타나서 인구가 생존물자의 한계 내에 머물게 된다.

창조적 은혜와 지혜에 의한 조화로운 적응이라는 관점에서 볼 때

---

1) 『정치경제학 원리(*Principles of Political Economy*)』, 제2권 제9장 제6절. 밀의 언급에도 불구하고 맬서스 자신은 기하적 비율과 산술적 비율에 큰 의미를 부여하였음이 분명하다. 또 맬서스의 명성이 이 비율의 덕을 많이 입고 있다고도 할 수 있다. 이 비율은 공식처럼 생각되어 큰 영향력을 갖게 되었는데, 그 이유는 공식이 명료한 추론보다 사람들에게 더 큰 무게를 가지기 때문이다.

이런 이론은, 원인을 알려고도 하지 않고 아무 이론도 없이 빈곤과 그 결과의 책임을 헤아릴 수 없는 신의 섭리에 돌리는 것보다는 낫다. 그러나 이 이론은 죄악과 고통이 순수하고 감미로운 애정과 연계된 자연적 본능의 필연적 결과라고 보고 있어 인간의 마음 깊이 자리하는 관념과 충돌되며, 공식 발표 이래 논리보다는 감정이 더 지배하는 가운데 격렬한 논쟁이 벌어졌다. 그러나 이 학설은 시련을 극복하고 고드윈(William Godwin, 1756~1836)의 반박, 코빗(William Cobbett, 1762~1835)의 비난, 기타 논박, 조소, 조롱, 유감 등 이 학설에 퍼부을 수 있는 모든 비판에도 불구하고 사상계에 공인된 진리로 우뚝 서 있으며, 이 이론을 믿고 싶지 않은 사람들도 인정하지 않을 수 없게 되었다.

이러한 승리의 원인, 그 힘의 원천은 분명하다. 인구가 계속 증가하면 결국 지구의 식량 조달 능력을 초과하고 심지어 서 있을 공간도 없어질 것이라는 부인할 수 없는 수학적인 이치에 근거를 두고 있어 그럴듯해 보인다. 맬서스의 이론은 어떤 자연의 장벽을 통해 종 사이에 견제가 이루어지는 동식물의 세계에서 비유를 찾을 수 있다는 점에서도 역시 그럴듯해 보인다. 이러한 비유는 여러 생물 형태 간의 차이를 작게 보는 현대사상의 추세에 의해 더 큰 무게를 얻고 있다. 뿐만 아니라 인구가 조밀한 지역에 빈곤과 죄악과 궁핍이 많고, 인구 증가 속의 물질적 진보는 가난을 덜어 주지 못하며, 신생 지역에는 인구가 급속히 증가하지만 인구가 조밀한 지역에서는 빈곤 계층의 사망률이 높아 인구 증가가 둔화된다는 사실들이 맬서스의 이론을 뒷받침해 주는 것으로 보인다.

맬서스의 이론은 이와 같은 현실을 설명해 주는 하나의 일반원리를 제공하며, 그 설명은 임금이 자본으로부터 나온다는 학설 및 이 학설에서 파생되는 다른 원리와 조화를 이루고 있다. 현재의 임금이론은 노동자 수가 증가하면 자본을 지금보다 더 잘게 나눠야 하므로 임금이 하락한다는 것이며, 맬서스의 이론은 인구가 증가하면 생존물자를 더 잘게 나누어야 하므로 빈곤이 나타난다는 것이다. 여기에서 자본과 생존물자, 노동자 수와 인구를 각각 같은 것으로 보면 — 현 정치경제학에서는 같게 보고 있으며 용어를 섞어 쓰기도 한다 — 두 명제는 내용에서나 형식에서나 동일한 것이 된다.[2] 앞에서 인용한 버클의 말처럼, 맬서스가 발전시킨 인구이론은 스미스가 발전시킨 임금이론을 결정적으로 증명한 것으로 보인다.

리카도(David Ricardo, 1772~1823)는 『인구론』이 나온 몇 년 후에 지대의 성격과 원인에 관한 스미스의 오류를 시정하면서, 인구 증가로 인해 필요한 물자가 많아지면 생산성이 낮은 토지로 경작지가 확대되거나 종전의 사용 토지에서 열등한 생산점으로 투입이 증가하고 그에 따라 지대가 상승한다는 사실을 밝힘으로써, 맬서스 이론에 추가적인 지지를 보냈다. 이와 같이 세 이론이 결합함으로써 맬서스 이론은 다른 두 이론에 의해 더욱 탄탄한 이론으로 자리잡게 되었다. 앞서 나온 임금의 원리나 그 뒤에 나온 지대의 원리는 맬서스의 이름이 붙은 일반원리의 특수한 경우에 해당되는 것으로 보이며, 인구 증가와 더불어 나타나는 임금 하락과 지대 상승은 생존물자에 대한 인구의 압박이 표현되는 방식인 것으로 보인다.

맬서스 이론은 이처럼 정치경제학의 기본 틀로 자리 잡았고 — 현재 인정되는 정치경제학의 내용은 사소한 부분에서 해명이나 설명이 추가되기는 했지만 리카도 시대 이후 본질적인 변화나 개선은 없었다 — 앞서 언급한 인간의 관념과는 충돌되지만 적어도 기성 지역의 노동자 계층에 널리 퍼져 있는 지배적인 생각과는 충돌되지 않는다. 아니

---

2) 맬서스 학설이 자본의 정의에 미친 영향은 맬서스 이전의 스미스의 정의와 그 이후의 리카도, 매컬로크, 밀의 정의를 비교해 보면 알 수 있다.

오히려 상호 보강 관계에 있는 임금이론처럼 노동자의 생각과 잘 조화되고 있다. 기술자나 기계공의 입장에서는 분명히 저임금과 실업은 인구 압박으로 인한 경쟁 탓으로 보이며, 누추한 빈민가에 사람이 너무 많다는 사실보다 더 분명한 사실이 무엇이 있겠는가?

그러나 이 이론이 성공한 큰 이유는 그것이 기존 이익을 위협하거나 강자의 이익을 적대시하지 않으며, 오히려 재산의 힘을 휘두르면서 사상을 지배하는 계층을 위로하고 안심시켜 준다는 데 있다. 일부의 사람이 세상의 좋은 것을 독점할 수 있는 특권이 사라져가는 시대에 맬서스의 이론은 이 특권을 구조해 주러 나온 것같이 보인다. 궁핍과 비참의 원인이 정치제도에 있다고 하면 그러한 제도를 취하는 어느 정부도 존속할 수 없을 터인데, 맬서스의 이론은 궁핍과 비참을 자연적인 원인에 돌리고 있다. 맬서스의 『인구론』은 인간의 평등에 관한 원리를 주창하는 윌리엄 고드윈의 『정치적 정의에 관한 연구(Inquiry concerning Political Justice)』에 대한 응답으로 나온 작품으로서, 현존하는 불평등의 책임이 인간의 제도에 있는 것이 아니라 하나님의 법칙에 있다고 함으로써 불평등을 정당화하려는 의도를 가진 책이다. 사실 맬서스의 이론은 새로운 내용이 아니다. 그보다 거의 40년 전에 이미 월리스(Robert Wallace, 1697~1771)가 정의는 부의 평등한 분배를 요구한다는 주장에 대한 답으로 과도한 인구 증가의 위험성을 지적한 바 있기 때문이다. 그러나 맬서스 시대는 프랑스 대혁명의 발발로 인해 기존의 사회체제에 대해 의문이 제기되는 데 대해 권력층이 깊은 두려움을 느끼던 상황이어서 같은 내용인데도 이들에게는 특히 고맙게 생각되었다.

그 당시나 지금이나 맬서스의 학설은 빈곤이 불가피하다고 함으로써 개혁에 대한 요구를 얼버무리고 양심의 추궁으로부터 이기심을 보호하는 효과를 갖는다. 맬서스 학설은, 나사로(Lazarus)가 문전에서 배고파 기진맥진할 때 잔치를 하고 있는 부자(Dives)가 문을 닫아 걸수 있고, 빈자가 적선을 청할 때 부자가 편안한 마음으로 호주머니의 단추를 잠글 수 있고, 부유한 기독교인이 주일에 화려하게 장식된 예배당 좌석에서 전능하신 하나님의 축복을 간구하면서 바로 이웃에서 고통을 당하는 비천한 빈민에 대해서는 책임을 느끼지 않을 수 있는 철학을 제공한다.

이 이론에 의하면 빈곤, 궁핍, 굶주림이 개인적 탐욕이나 사회제도의 모순에 기인하는 것이 아니라 일반법칙의 — 마치 중력의 법칙과도 같이 이의를 제기할 수 없는 법칙의 — 필연적인 결과이기 때문이다. 이런 견해에 의하면, 궁핍 속에서 부를 축적한 사람은 울타리를 세워, 모든 것을 삼킬 수 있는 모래바람으로부터 작은 오아시스를 지킨 것에 불과하다. 자기 힘으로 부를 획득했을 뿐 아무도 해치지 않았다. 부자가 그리스도의 명령에 문자 그대로 복종하여 자신의 부를 가난한 사람들에게 나누어 준다고 해도 세상은 좋아지지 않는다. 인구는 증가할 것이고, 그에 따라 생존물자 또는 자본의 한계를 압박할 것이며, 그로 인해 생길 평등은 모두가 비참하게 되는 평등일 뿐이다. 그리하여 힘 있는 계층의 이익을 저해하는 어떠한 개혁도 별 의미가 없는 것이된다. 사람이 지구에 빽빽하게 들어차는 것을 막기 위해 잉여인구를 제거하는 방법은 도덕적으로 허용될 수 없기 때문에, 결국 개인이나 사회가 빈곤을 없애기 위해 할 수 있는 일은 교육의 효과에 의지하거나 절제의 필요성을 설교하는 것밖에는 없다.

빈곤층의 사고 습관과도 일치하고 부유층의 탐욕과 권력층의 이기심도 정당화하는 이론은 빠른 속도로 퍼져 깊게 뿌리를 내린다. 맬서스 이론이 바로 이런 경우에 해당된다.

최근에 인류의 기원과 종의 발생에 관한 생각이 급속히 변하면서 맬서스 이론은 새로운 지지를 얻게 되었다. 맬서스 이론의 발표가 사상사에 큰 획을 그었다고 하는 버클의 말이 옳다는 증거가 많아 보인다. 그러나 철학이라는 높은 영역에 미친 영향을 — 버클의 저작도 그 영향의 한 예인데 — 추적하는 것은 그 자체로는 흥미 있는 일이지만 우리 책의 범위를 넘어선다. 그러나 모든 방향으로 급속히 전파되고 있는 새로운 발전 철학이 맬서스 이론의 영향으로 생긴 것이든 자체로 독창적인 것이든 간에, 맬서스 이론이 현재 떨치고 있는 세력의 원천을 찾으려면 반드시 고려해야 한다. 정치경제학에서 임금이론과 지대이론이 결합하여 맬서스 이론을 중심적인 진리의 지위에 올려놓았듯이, 각양각색의 생물이 발달하는 문제에까지 유사한 관념이 확장됨에 따라 맬서스 이론은 더 높고 더 확고한 위치로 격상되었다. 이 새로운 철학을 죽을 때까지 줄기차게 반대했던 애거시(Louis J. Agassiz, 1807~1873)는, 다윈주의는 "전적으로 맬서스적"이라고 하였고,[3] 다윈(Charles R. Darwin, 1809~1882) 자신도 생존경쟁 원리는 "모든 동식물의 왕국에까지 강력하게 적용된 맬서스 학설"이라고 표현하였다.[4]

자연의 선택 내지 적자생존에 의한 발전 이론이 맬서스주의의 연장이라는 견해는 옳다고 생각되지 않는다. 맬서스의 학설은 원래 진보의 개념을 갖고 있지 않았고 꼭 가져야 되는 것도 아니기 때문이다. 그러나 진보의 개념은 맬서스 학설에 곧 첨가되었다. 맥컬로크(John R. McCulloch, 1789~1864)는 사회 개선과 예술 발달이 "증가의 원리(principle of increase)"에 기인한다고 하였고, 그로 인해 생기는 빈곤은

---

3) "매사추세츠 주 농업위원회에서 행한 연설문"; 1872. 「미국 농업부 보고서(Report U.S. Department of Agriculture)」, 1873.
4) 『종의 기원(Origin of Species)』, 제3장.

산업의 발전, 과학의 확대, 상류 및 중간 계층의 부의 축적에 강력한 자극으로 작용하며, 이런 자극이 없다면 사회는 생기를 잃고 퇴보한다고 하였다.[5] 이 말은 곧 인간 사회가 "생존경쟁"과 "적자생존" ― 자연과학의 권위자에 의하면, 지구에 충만해 있는 생명이 무한히 다양하고 놀라울 정도로 잘 적응된 모습을 가질 수 있도록 대자연이 취한 수단이라고 한다 ― 의 효과로 발전함을 인정하는 것이 아니고 무엇이겠는가? 또 이 말은 헤아릴 수 없는 오랜 세월 동안 생물을 저급 형태에서 고급 형태로 발전시키고 인간을 원숭이와 차이 나게 하고, 19세기와 석기시대를 연결해 주는, 잔인하고 무자비해 보이는 어떤 힘을 인정하는 것이 아니고 무엇이겠는가?

이처럼 높이 평가받고 외견상 입증도 되었고 다른 이론과도 잘 연결되고 그 지지도 받는 맬서스 이론은 ― 생존물자에 대한 인구의 압박이 빈곤의 원인이라는 이론, 다른 말로 표현하면, 노동자 수가 증가하는 경향 때문에 임금은 항상 노동자의 재생산에 필요한 최소한으로 줄어드는 경향이 있다고 하는 이론은 ― 현재 의문 없는 진리로 일반적으로 인정되고 있으며, 각종 사회현상이 이런 관점에서 설명되고 있다. 마치 장기간에 걸쳐 지구가 움직이지 않는다는 가설에 입각하여 천체현상을 설명하고 모세의 기록을 문자 그대로 받아들여 지질학적 사실을 설명해온 것과 같다. 만일 권위만을 고려한다면, 이 학설을 공식적으로 부인하기 위해서는 최근에 지구가 태양의 주위를 공전한다는 견해에 반대하기 위한 십자군 운동을 시작한 어느 흑인 목사와 같은 무모성이 필요하다. 맬서스의 학설은 지식인들에게서 이런 저런 형태로 거의 일치된 지지를 받아왔으며, 대부분의 수준 높은 문헌에도 이 원리가 여러 모습으로 나타나고 있음을 볼 수 있다. 경제학자나 정치인, 역사가나 박물학자, 사회과학계나 노동조합, 종교인이나 유물론

---

5) 『국부론에 대한 주석(*Notes on Wealth of Nations*)』, 제4권.

자, 엄격한 보수주의자나 최 급진주의자를 막론하고 이 원리를 지지한다. 맬서스의 이름조차 모르는 사람도, 그리고 그의 이론이 어떤 것인지 전혀 모르는 사람도, 이 원리를 지지하고 습관적으로 이 원리에 근거를 두고 논리를 전개한다.

그럼에도 불구하고, 공정한 검토 결과 현 임금이론의 근거가 소멸되었듯이, 그 쌍둥이라고 할 수 있는 이 이론의 근거도 소멸될 것으로 나는 굳게 믿는다. 우리는 이미 임금이 자본에서 나온 것이 아니라는 점을 입증하는 과정에서 거인 안타이오스(Antaeus: 바다의 신 Poseidon과 땅의 신 Gaea 사이에 태어난 거인)와 같은 이론을 공중으로 들어 올린 바 있다.

제 2 장
사실로부터의 추론

맬서스 이론이 널리 수용되고 이를 지지하는 학자들의 권위도 높기 때문에, 이 이론이 사회문제에 관한 논의에서 그토록 지배적인 영향력을 갖게 된 데 작용한 근거와 원인을 검토하는 것이 좋을 것으로 보인다.

그러나 이론 그 자체를 직접적으로 분석해 보면 현 임금이론과 마찬가지로 전혀 옳지 않다는 점이 검증될 것으로 생각한다.

첫째로, 이 이론을 지지하기 위해 제시된 제반 사실이 이론을 입증하지 못하며, 비유도 이론을 뒷받침하지 않는다.

둘째로, 이론을 완전히 부정하는 여러 사실들이 존재한다.

나는 핵심으로 바로 들어가서, 인구가 생존물자보다 더 빨리 증가하는 경향이 있다는 가정은 경험적으로나 비유적으로나 이유가 없음을 지적하려고 한다. 이 가정을 입증하기 위해 인용된 사실은 단지, 신생 지역에서처럼 인구의 희소성으로 인해 또는 오래된 지역의 빈곤 계층처럼 부의 불평등 분배로 인해 인간생활이 생존을 위한 필수품을 구하는 데 매달리는 곳에서는, 출산이 제약 없이 계속될 경우, 언젠가는 인구가 생존물자를 초과하게 될 것이라는 사실 뿐이다. 그러나 여기에서부터, 인구밀도가 높고 부의 분배가 평등하여 단순한 생존을 위해 정력을 다 바치는 수준 이상인 사회에서도 같은 정도의 출산력이 나타난다고 추론한다면 잘못된 것이다. 또 출산 경향 때문에 어느 수준 이상의 사회가 존재할 수 없다고 가정해서도 안 된다. 이것은 바로 논점 자체를 가정하는 것으로서 순환논법이 되기 때문이다. 설혹 인구 증가가 궁극적으로 빈곤을 초래할 수밖에 없다는 점을 인정하더라도, 빈곤을 설명할 수 있는 다른 원인이 — 예를 들면 현재의 정부, 법률, 관습 등의 문제가 — 존재하지 않는다는 사실을 입증하지 않는 한, 현재의 빈곤이 이 원인에 의해 초래된 것이라고 단정할 수는 없다.

『인구론』 자체 속에도 이런 내용이 많이 있다. 사람들은 이 유명한 책을 직접 읽기보다는 이 책에 대한 말을 더 많이 하지만, 문헌적 호기심으로는 지금도 정독할 가치가 있는 책이다. 이 책 자체의 장점과 이 책이 미친 영향의 대비는 저술사상 가장 주목되는 사건이 아닌가 생각한다. (실은 스튜어트(Dugald Stewart, 1753~1828)나 타운센드(Joshep Townsend, 1739~1816) 등도 '인구의 원리'를 발견했다는 점에서는 맬서스와 같은 공적이 있지만, 이 원리는 『인구론』의 발간에 의해 비로소 유명하게 되었다.) 『정치적 정의에 관한 연구(Inquiry concerning Political Justice)』를 써서 『인구론』을 촉발한 윌리엄 고드윈이 노년에 이르기까지 『인구론』에 대응할 필요가 없었다는 점을 쉽게 이해할 수 있다. 『인구론』은 인구는 기하적 비율로 증가하는 경향이 있고 생존물자는 기껏해야 산술적 비율로 증가하는 경향이 있다는 가정에서 출발하는데, 이 가정은 강아지 꼬리가 두 배로 길어지는 시간에 몸무게가 2파운드 불어나는 사실을 보고는, 꼬리는 기하적 비율로, 몸무게는 산술적 비율로 불어난다고 하는 것과 같다. 스위프트(Jonathan Swift, 1667~1745)라면 이렇게 풍자했을 것이다. 개가 살지 않았던 어느 섬의 대학자들이 두 비율로부터 연역하기를, 개가 자라서

50파운드가 되면 꼬리는 1마일이 넘어 흔들기가 무척 어려워지는 "놀라운 결과"가 생길 것이고, 꼬리를 계속 잘라주는 과격한 방안 아닌 온건한 방안으로는 꼬리를 동여매는 수밖에 없다고 했다.

『인구론』에는 이런 모순 외에도 수입관세를 부과해야 한다거나, 옥수수 수출에 장려금을 지급해야 한다는 등 이미 말도 안 되는 오류로 밝혀진 주장도 들어 있다. 그리고 책의 각 부분에는 이 점잖은 신사가 논리적 사고에 있어 우스울 정도로 무능하다는 사실도 나타나 있다. 예를 들면, 임금이 하루 18펜스 내지 2실링에서 5실링으로 상승한다면 식육 가격도 불가피하게 파운드당 8내지 9펜스에서 2내지 3실링으로 상승하고 따라서 노동계층의 상태는 개선되지 않는다고 되어 있다. 이것은 언젠가 한 인쇄업자가 진지하게 하던 이야기와 ── 자기가 20세 때 어느 작가의 나이가 40세였는데, 지금 자기가 40세가 되었으니 그 작가는 80세가 되었을 것이라는 이야기와 ── 같다. 이런 사고의 혼란이 어쩌다가 한 번씩 보이는 정도가 아니라 책 전체의 특징이 되어 있다.6)

『인구론』의 주된 내용은 실제로 보면 맬서스 자신이 이 책에서 전개하는 이론을 스스로 논박하는 내용이라고 할 수 있다. 맬서스가 인구에 대한 적극적 억제를 검토하는 부분을 보면 인구 과잉에서 생긴다고 하는 결과가 실제로는 다른 원인에서 나오는 것이기 때문이다. 맬서스는 죄악과 궁핍으로 인해 결혼이 제한되고 수명이 단축됨으로써

6) 맬서스의 다른 저술은 그가 유명하게 된 후에 집필한 것도 두각을 나타내지 못했으며 『인구론』을 위대한 발견이라고 보는 사람들도 무시하고 있다. 예를 들어 대영백과사전은 맬서스 이론을 완전히 인정하면서도 맬서스의 『정치경제학』(*Political Economy*)에 대해 다음과 같이 평한다. "구성도 좋지 않고 실제적으로나 학문적으로나 잘 된 저술이 아니다. 리카도의 학설을 검증하고 가치의 성격과 원인을 논구하는 데 많은 부분을 할애하고 있지만 논의의 수준은 불만족스럽다. 실제로 맬서스는 리카도 이론 또는 서로 다른 물건의 교환가치 결정에 관한 원리에 대해 분명하고 정확한 인식을 전혀 못하였다."

인구 증가가 억제된다고 하면서 여러 경우를 들어 설명하고 있다. 그러나 어느 경우도 죄악과 궁핍의 원인이 먹는 입의 수가 먹이는 손의 능력 이상으로 증가하는 데 있다는 점을 보여 주지 못한다. 맬서스가 제시한 모든 경우에 죄악과 궁핍의 원인은 반사회적인 무지와 탐욕, 나쁜 정부, 정의롭지 못한 법률, 파괴적인 전쟁에 있는 것으로 나타난다.

맬서스 이후의 어느 누구도 그의 이론을 입증하지 못했다. 동서고금을 모두 살펴보아도 상당한 규모의 지역에서 인구 증가의 압박이 빈곤과 결핍의 원인이 된 예를 찾을 수 없다.[7] 인구 증가의 힘과 관련된다고 하는 위험성은 아직 한 번도 나타난 적이 없다. 앞으로는 어떨지 모르지만 지금까지는 이런 악이 인류를 괴롭힌 적이 없다. 인구가 생존물자의 한계를 넘어서는 경향이 있다니! 그렇다면 수천 년 내지 수백만 년 동안 인류가 지구에서 살아 왔는데 어떻게 해서 현재 인구가 얼마 안 되는가? 또 과거 인간생활의 중심지였던 곳이 현재는 버려진 땅이 된 것은 — 한때 경작지였던 땅이 지금은 무성한 밀림이 되어 있거나 한때 수많은 인간이 분주하게 오가던 곳에서 야생동물이 새끼를 핥아주고 있는 것은 — 어떻게 된 일인가?

수백만의 인구 증가를 헤아리느라고 깜박 잊기 쉽지만, 세계 역사상 인구의 증가 못지않게 인구의 쇠퇴도 흔히 있었던 일이다. 현재 지구상의 총인구가 과거 어느 때보다 많다는 것은 그저 추측일 뿐 정확하게 알 수는 없다. 18세기 초 몽테스키외(Charles Montesquieu, 1689~1755)는, 그리스도 시대 이래 지구의 인구는 크게 감소하였다고

---

7) '상당한 규모의 지역'에서 — 핏케언 섬(Pitcairn's Island) 같이 외부 세계와 단절되어 있는 작은 섬은 제외한다 — 인구밀도가 높아짐에 따라 생산방식이 개선되기 위해서는 교환이 필요한데 이런 섬에서는 교환이 불가능하므로 맬서스의 이론이 적용되는 듯이 보인다. 그러나 조금만 생각해 보면 맬서스 이론이 이런 예외적인 경우에 대한 것이 아님을 알 수 있다.

하였으나 — 당시에는 그런 생각이 지배적이었던 것으로 보인다 — 그 후의 일반적 견해는 그 반대이다. 그러나 최근의 연구 조사에는 이런 의견을 뒷받침하는 경향이 있다. 고대 역사가나 여행자가 추계했던 인구의 신빙성을 과거에 비해 더 인정하고 있으며, 인구밀도가 더 높았고 문명이 더 발달하였으며 인류의 출현 시점이 더 오래되었다고 볼 수 있는 가능성도 찾아내고 있다. 무역의 발전, 기술의 발달, 도시의 규모 등을 기초로 해서 과거의 인구를 추정하면 인구밀도를 과소평가하기 쉽다. 초기 문명의 특성이었던 농업의 노동집약성을 고려하면 — 특히 관개 위주의 지역에서 — 높은 인구밀도가 유지될 수 있었다. 지금도 중국이나 유럽의 조밀한 농업지역을 보면 단조로운 생활을 하는 거대한 인구가 존재하며 현대적 진보의 특징이라고 할 상업이나 기술 등이 아주 저급한 수준에 있고 현대 인구의 특징인 도시 집중 경향도 없음을 알 수 있다.[8]

어쨌거나 과거보다 인구가 더 많아졌다고 우리가 확신할 수 있는 대륙은 유럽이다. 그렇다고 해서 유럽의 모든 지역이 다 그런 것은 아니다. 그리스, 지중해의 여러 섬, 유럽 내의 터키는 분명히 과거에 인구가 더 많았고, 이탈리아도 그랬을 것이고, 스페인도 그랬을 가능성이 있다. 북서부 유럽과 중부 및 동부 유럽의 일부 지역도 그랬을 것이다.

미주대륙도, 우리가 알고 있는 기간에는 인구가 증가하였지만, 흔

8) 밴크로프트(Hubert Howe Bancroft, 1832~1918)의 『토착 인종(*Native Races*)』의 지도에서 보듯이 베라크루즈(Vera Cruz)라는 나라는 각종 유물로 보아 멕시코의 일부가 아니다. 그런데 코르도바(Cordova)의 핑크(Hugo Fink)가 베라크루즈 발굴에 관해 스미소니언 재단(Smithsonian Institute)에 보낸 보고서(1870)에 다음과 같은 내용이 있다. 나라 전체에 걸쳐 검은 돌칼이나 도기 조각이 수없이 발견되었고, 우기에 흙이 떠내려가는 것을 막기 위해 전 지역에 걸쳐 돌을 줄지어 쌓은 것을 보면 가장 열등한 토지까지 사용되고 있었음을 알 수 있고, 따라서 고대의 인구밀도는 현재 유럽의 인구 밀집 지역 못지않게 높았을 것이라는 결론을 내리지 않을 수 없다.

히 생각하는 것만큼 대단한 증가는 아니다. 대륙 발견 당시의 페루의 인구만 해도 현재 남미대륙 전체의 인구보다 많았다고 추정하는 사람도 있다. 여러 가지 증거로 볼 때, 발견 전의 미주대륙에서는 인구가 감소하고 있었다. "역사가 오랜 이 신세계"에서 어떤 위대한 국가가 나타났고 어떤 왕국이 흥망했는지 상상만 할 수 있을 뿐이다. 그러나 대규모 유적은 잉카 이전에도 찬란한 문명이 있었음을 보여 준다. 유카탄(Yucatan)과 중앙아메리카의 열대림 속에는 이미 스페인 정복 이전에 사라진 거대한 도시의 자취가 있다. 코르테스(Hernando Cortez, 1485~1547)가 발견한 당시의 멕시코는 미개국이었지만 그 전에는 고도의 발전된 사회가 있었다. 현재 대부분 미국에 편입되어 있는 지역 곳곳의 흙무덤은 과거에 상당히 밀집된 인구가 있었음을 입증해 준다. 또 슈피리어 호(Lake Superior) 일대의 구리 광산에는, 백인이 접한 인디언은 보유하지 않았던 고도의 기술의 자취가 있다.

아프리카를 보면 의문의 여지가 없다. 현재 북아프리카에는 고대에 비해 극히 적은 인구가 살고 있다. 나일 강 계곡에는 한때 지금보다 훨씬 많은 인구가 살고 있었고, 사하라의 남쪽에도 과거보다 인구가 증가했다고 볼 수 없다. 이처럼 넓은 지역에 걸친 인구 감소는 분명히 노예 거래에 의해 생긴 것이다.

지금도 전 세계 인구의 반 이상을 차지하는, 그러나 인구밀도로 보면 유럽의 반을 약간 넘는 정도인, 아시아의 경우를 보자. 인도와 중국은 한때 지금보다 인구가 많았다고 생각할 수 있다. 이 거대한 인구의 온상으로부터 나온 인구가 두 나라를 가득 채우고 넘쳐서 거대한 물결이 되어 유럽으로 밀려들었다는 것을 볼 때 인구가 훨씬 많았던 적이 있었을 것이다. 그러나 소아시아, 시리아, 바빌로니아, 페르시아 등 알렉산더 대왕에 의해 정복되었다는 공통점을 가진 지역의 변화는 더욱 뚜렷하다. 과거에 거대한 도시와 풍성한 인구가 있었던 이 지역에 지금은 누추한 마을과 불모의 황야가 있을 뿐이다.

지금까지 제기된 온갖 이론 가운데 지구의 인간 생명은 일정하다는 이론이 없는 것은 이상하다. 이것은 적어도 인구가 생존물자를 초과하는 지속적인 경향이 있다고 하는 이론보다는 역사적 사실에 더 부합한다. 인구는 어떤 지역에서는 줄고 어떤 지역에서는 늘었다. 인구의 중심지역도 바뀌었다. 새로운 민족이 흥성하고 과거의 민족이 쇠퇴하였다. 인구가 희소하던 지역이 밀집지역으로 변하고 밀집지역의 인구가 감소하였다. 그러나 완전히 상상에 의한 추측을 하지 않는 한 인구가 지속적으로 증가했다는 증거가 없으며 총인구가 일시적이나마 증가했다는 증거조차도 분명하지 않다. 우리가 알 수 있는 범위 내에서는 사람들이 완전한 무인 지역을 새로 개척하여 살았다고 할 수 없고 언제나 이미 다른 민족이 점하고 있던 곳에 들어가서 싸움을 했다. 쇠망해 가는 제국 뒤에는 과거에 존재했던 제국의 자취가 있다. 이 세상의 처음에는 인구가 매우 적었을 것이라고 우리는 자신 있게 추측한다. 지질학적으로 인간의 생명이 존재할 수 없었던 시기가 있었다는 것을 알고 또 카드모스[Cadmus: 그리스 신화에 나오는 인물로 용을 물리치고 테베를 창건한 용사 — 역자]가 뿌린 용의 이빨에서 나오듯 사람이 갑자기 대량 발생했을 것으로는 믿을 수가 없기 때문이다. 그러나 역사와 전통과 고대의 유물이 희미하게 비추어 주는 빛을 따라 멀리 보면 과거에도 큰 규모의 인구가 있었음을 알 수 있다. 이런 기나긴 시간 동안 인구의 원리는 세계를 사람으로 채울 정도로 강하게 나타나지 못했고, 우리가 물적 증거를 통해 알 수 있는 기간에도 총인구를 증가시키지 못했다. 인간의 생명을 지원할 수 있는 능력과 비교하면 지구 전체의 인구는 아직도 희소하다.

이 주제를 생각하면서 맬서스의 견해를 현대사회 이상으로 확대하려는 사람이라면 반드시 관심을 갖게 될 광범위하고 일반적인 사실이 또 하나 있다. 맬서스주의는 인구가 생존물자를 초과하는 자연적인 경향이 있다는 것을 보편적인 법칙이라고 주장한다. 만일 이것이 보편적인 법칙이라면, 인구가 어느 정도의 밀도에 이르는 곳이면 어디에서나 이 법칙이 다른 자연법칙처럼 분명하게 드러나야만 한다. 그러나 고대의 어느 교리와 경전에서도, 또 유태, 이집트, 힌두, 중국 그 밖에 인구가 밀집하여 살았던 어느 곳의 교리와 경전에서도 맬서스 식의 금욕적 절제를 명하지 않는다. 오랜 세기의 지혜나 세계의 종교는 언제나 현재의 정치경제학이 금하는 것, 그리고 애니 베전트(Annie Besant, 1847~1933)가 영국에 전파하려고 하는 것에 반대되는 내용의 시민적 또는 종교적 의무를 가르쳐 왔다.

그리고 공동체가 모든 구성원에게 일자리와 생존물자를 보장해 준 사회도 있었다는 사실을 잊어서는 안 된다. 존 스튜어트 밀은 국가가 결혼과 출산에 대한 규제를 하지 않고 이런 보장을 하면 전반적으로 비참하고 타락한 나라가 될 것이라고 하였다(제2권 제12장 제2절). 그는 "이러한 결과는 저명한 학자들이 여러 번 그리고 분명히 지적하였기 때문에 교육받은 사람으로서 아직도 이 점을 모른다면 양해하여 줄 수 없다"고 하였다. 그러나 스파르타, 페루, 파라과이 등 원시적 농업조직을 가졌던 모든 사회의 산업공동체에서는 밀이 말하는 자연적 경향이 낳을 처참한 결과가 전혀 발생하지 않았던 것으로 보인다.

앞서 인용한 광범위하고 일반적인 사실 이외에도 인구 증가라는 강력한 경향과 완전히 어긋나는 상식적인 사실도 있다. 출산 성향이 맬서스가 생각하듯이 그토록 강력하다면 결핍이라고는 겪어보지 않은 가계에서도 대가 끊어지는 것은 어째서인가? 영국 귀족층은 작위와 재산의 세습에 의해 후손의 증가뿐만 아니라 족보의 보존, 자손의 증명

등에 온갖 특혜가 부여됨에도 불구하고 사라지는 가문이 그토록 많고 상원(上院)의 구성이 세기마다 완전히 새로워지는 것은 어째서인가?

생존물자와 명예가 보장되어 있는데도 그런대로 오랜 세월 동안 가문을 겨우 이어온 가계의 희귀한 예는 사회 변화가 적은 중국에 있다. 공자의 후손은 아직도 존재하면서 특권과 배려를 받고 있으며 사실상 유일한 세습적 귀족이 되어 있다. 인구가 매 25년마다 배가 된다는 가정에 의한다면, 공자가 사망한 후 2,150년이 지나면 자손은 859,559,193,106,709,670,198,710,528명이 된다. 그러나 실제 공자의 후손은 공자 사후 2,150년이 지난 강희(康熙) 시대(1662~1722)에 남자가 11,000명이었고 따라서 전체는 22,000명으로 보면 된다. 둘 사이에는 굉장한 차이가 난다. 또 이 가문이 성현을 조상으로 둔 덕분에 존경을 받기 때문에 적극적 억제를 할 수가 없고 더구나 공자의 가르침에는 금욕적 억제도 들어 있지 않다는 점을 생각하면 더욱 놀라운 결과이다.

그러나 이 정도로 증가한 것도 대단하다. 2,150년간 한 쌍에서 22,000명이 된 것은 맬서스의 증가율에는 훨씬 못 미치지만 인구 과잉의 가능성을 보여 준다.

그러나 생각해 보라. 후손이 증가한다고 인구가 증가하는 것은 아니다. 결혼이 가문 내에서 이루어질 때에만 이것이 가능하다. 갑이라는 사람과 아내가 아들과 딸이 있다고 하고 이들이 다른 사람의 딸과 아들과 각기 결혼하여 두 자녀를 두었다고 하자. 갑 부부는 손자가 넷이지만 세대별 인구가 증가한 것은 아니다. 각 어린이에게도 조부모가 넷이 있다. 이러한 과정이 계속되면 후손이 수백, 수천, 수백만으로 불어나더라도 각 후손 세대의 인구는 그 전 세대보다 많지 않다. 세대라는 그물은 격자 모양의 창살 또는 옷감의 대각선 올과 같다. 눈으로 꼭대기 한 점에서 시작하여 줄을 따라 내려가 보면 바닥에서는 넓게 벌어진다. 반대로 바닥의 한 점에서 시작하여 줄을 따라 올라가 보면 역시 넓게 벌어진다. 한 사람이 자녀를 몇 명 두느냐는 일정하지 않다. 그러나 그 사람의 부모는 틀림없이 두 사람이며, 그 부모의 부모 역시 틀림없이 두 사람이다. 수 세대를 거쳐 이러한 기하적 증가를 따라가면 맬서스가 태양계를 사람으로 가득 채울 수 있다고 한 그 "놀라운 결과"에 도달하고 만다.

이제 다음 단계로 가서 좀 더 확실한 탐구를 해보자. 흔히 인구 과잉의 결과라고 하는 사례는 사실과 다름이 확실하다. 인도, 중국, 아일랜드가 분명히 이런 경우에 해당된다. 이들 국가에서 수많은 사람이 굶주림으로 죽었고 다수의 계층이 극도의 비참 속에 빠지거나 다른 지역으로 이민을 가지 않을 수 없었다. 그러나 이것이 과연 인구 과잉에 기인한 것인가?

총인구와 총면적을 비교하면 인도와 중국은 세계에서 인구밀도가 높은 나라가 결코 아니다. 벰(Ernst Behm, 1830~1884)과 바그너(Moritz Wagner, 1813~1887)의 추산에 의하면, 인도의 인구밀도는 평방마일당 132명, 중국은 119명인 반면에 작센(Saxony) 442명, 벨기에 441명, 영국 442명, 네덜란드 291명, 이탈리아 234명, 일본 233명이다.[9] 이처럼 두 나라에는 비(非)사용 내지 저(低)사용의 넓은 토지가 있으며, 인구 밀집 지역에서도 훨씬 더 많은 인구를 훨씬 더 안락하게 수용할 수 있다는 데 의문이 없다. 두 나라의 노동은 극히 비능률적인 방식으로 매우 초보적인 부문의 생산에 투입되고 있으며, 엄청난 천연자원이 완전

---

9) 이 수치는 1873년 스미소니언 보고서에 의한 것으로 소수점 이하는 생략하였다. 벰과 바그너는 중국의 총인구를 4억4,650만 명으로 보았다(1억5천만 명을 넘지 않는다는 사람도 있다). 내인도(Hither India)의 인구는 206,225,580명으로 밀도는 평방마일 당 132.29명이며, 실론은 2,405,287명으로 밀도는 97.36명, 외인도 (Further India)는 21,018,062명으로 밀도는 27.94명이다. 세계 인구는 13억7,700만 명으로 추정하여 평균적으로 평방마일 당 26.64명이다.

히 유휴화되고 있기 때문이다. 이런 결과는, 두 나라의 국민이 선천적으로 열등해서 생긴 것은 아니다. 비교언어학이 밝혀 주듯이, 힌두족은 우리와 같은 혈통이며 중국은 우리 조상이 미개인이었을 때 고도의 문명을 이룩하였고 가장 중요한 현대적 발명품의 싹을 이미 갖고 있었다. 이런 결과를 낳은 원인은 두 나라의 사회조직이 생산력에 족쇄를 채우고 근면의 대가를 강탈하는 형태를 취했다는 데 있다.

아득한 옛날부터 인도의 노동 계층은 수탈과 압박 아래 절망적인 상태로 살아 왔다. 오랜 세월 동안 토지 경작자는 권력자가 생산물을 수탈하더라도 식량과 종자만 남겨주면 그나마 행복하게 여길 정도였다. 어느 곳에서도 자본이 안전하게 축적될 여지가 없었고, 생산에 도움을 줄 만큼 자본이 사용될 수도 없었다. 국민으로부터 짜낼 수 있는 부는 도처에 출몰하던 강도떼의 두목이나 다를 바 없는 군주 또는 군주의 심복이 모두 가져가서, 무용(無用)하게 또는 무용보다 더 해로운 사치로 낭비하였다. 당시 종교는 정교하고 무시무시한 미신으로 타락해 버려, 마치 물리력으로 인간의 신체를 휘어잡듯이, 인간의 마음을 휘어잡고 있었다. 이러한 상황에서는 지배자의 치장과 사치를 위한 기술 이외에는 발달할 수 없었다. 왕이 타는 코끼리는 탁월한 장인이 세공한 금장식으로 번쩍였고, 왕권을 상징하는 일산(日傘)은 보석으로 찬란히 빛났다. 그러나 농부가 쓰는 쟁기는 나무를 대충 깎아 만들었을 뿐이다. 왕의 후궁들은 직조된 바람결이라는 이름이 붙을 정도로 부드러운 모슬린 천으로 몸을 감았으나 기술자의 도구는 너무나 보잘 것 없었으며, 상업은 그저 도둑질에 의해서나 이루어질 정도였다.

인도의 결핍과 굶주림은 이러한 압제와 불안정으로 인해 생겼음이 분명하지 않은가? 헨리 버클은 인구가 생존물자를 압박하여 결핍을 초래하고 결핍이 압제를 초래했다고 했는데 이는 틀리지 않는가?[10]

10) 『영국 문명사』, 제1권 제2장, 여기에서 버클은 인도 국민이 오랜 과거부터 겪어

동인도회사의 목사였던 윌리엄 테넌트(William Tennant)는 『인구론』이 간행되기 2년 전인 1796년에 다음과 같이 기술하였다.

"힌두교 지역의 토지가 대단히 비옥하다는 점을 생각할 때 기근이 자주 생긴다는 것은 의외의 일이다. 이러한 기근은 토양이나 기후의 불리함에 기인하는 것이 분명히 아니다. 기근이라는 악의 원인은 정치적인 것으로서 조금만 유의해서 보면 원인이 정부의 탐욕과 수탈임을 알 수 있다. 근면과 저축에 대한 커다란 유인이 박탈당했기 때문에 사람들은 겨우 먹고 살 만큼만 농사를 짓고 따라서 흉년이 들면 곧 기근이 발생하게 된다.

무굴(Mogul) 정부는 인도의 왕족과 귀족의 안전조차 완전하게 보장해 준 일이 없으며, 백성들은 더 말할 것도 없다. 계속해서 폭동, 봉기, 반란, 처벌이 있었는데, 이러한 사정으로 인해 상업이나 기술이 발달할 수 없었으며 농사도 체계적으로 지을 수 없었다. 무굴 정부가 와해되자 사태는 더욱 악화되었다. 무정부 상태는 폭정보다 더 못하기 때문이다. 회교도 정부는 너무나 지독해서 유럽인이 개입할 필요도 없이 자체의 부패로 인해 무너졌다. 그후 도처에서 군웅이 할거하여 폭정을 일삼았는데, 반란을 일으켜 지배권을 잡은 이들은 백성을 무한정 수탈하여 욕심을 채웠다. 정부에 바치는 물자는 1년에 두 차례씩 도적떼나 다름없는 군대가 걷어 갔으며, 도시나 산촌이나 할 것 없이 불쌍한 백성들을 사냥하듯이 다룬 후에 마을을 파괴하였고, 그들의 변덕을 만족시키거

온 압제와 생활고의 증거를 풍부하게 보여준다. 그런데 버클은 맬서스 학설을 받아들여 문명 발달 이론의 주춧돌로 삼은 탓에 눈이 흐려져서, 압제와 생활고의 원인이, 인도의 경우, 식품 생산이 쉽다는 사실에 있다고 하였다.

나 탐욕을 채울 수 있는 것은 무엇이든 빼앗아 갔다. 백성 중에 자기 마을의 생명과 재산을 지키려고 하는 사람이 있으면 무서운 보복을 당했다. 이들의 저항이 멈출 때까지 소총과 야포로 포위 공격을 하고 생존자는 노예로 팔고 마을은 불태워 버렸다. 더러는 두려움을 무릅쓰고 마을에 돌아와 무엇인가 주워 갈 것이라도 남았는지 보는 사람도 있었지만 보이는 것이라곤 연기 나는 폐허뿐이었으며, 그 후로는 마을의 무서운 적막을 깨뜨리는 자는 아무도 없었다. 괴로움을 겪지 않은 자는 회교도 지배층뿐이었다. 이러한 상황은 힌두교 지역에서도 역시 마찬가지였다."11)

이처럼 무자비한 수탈이 있으면 에덴동산에서 인구가 평방마일당 1명이라고 해도 궁핍과 기근이 불가피할 것이다. 그런데 이후 영국이 인도를 지배한 초기에도 더욱 강해진 군사력의 뒷받침을 받아 전과 비슷한 상황이 계속되었다. 머콜리(Thomas B. Macaulay, 1800~1859)는 클라이브(Robert Clive, 1725~1774)에 관한 글에서 당시의 상황을 다음과 같이 묘사하였다.

"캘커타에서는 거대한 부가 급속히 축적되는 가운데 3백만의 인구가 극도로 비참한 생활을 하였다. 이들은 오랫동안 전제정치 하에서 살았지만 지금처럼 비참한 때는 없었다. 이들이 보기로는 동인도회사의 새끼손가락이 시라주 다울라(Surajah Dowlah)의 허리보다 굵었다.… 회사는 인간에 의한 전제정부가 아니라 차라리 악귀의 정부와 같았다.… 이들은 비참한 생활을 인내했다. 그러나 때로는, 마라타 족(Mahratta)이 침입했을 때 조상들이 그랬듯이, 백인을 피해 도망치기도 했다. 영국인 여행자가 가마를 타고 마을을

---

11) 테넌트, 『인도의 재창조(*India Recreation*)』, 런던, 1804, 제1권, 제39절.

지나면 미리 이 소식을 전해들은 주민들이 전부 도망쳐서 마을이 텅텅 비기도 했다.”

머콜리가 다룬 이 공포 상황에 대해 버크(Edmund Burke, 1729~1797)도 유려하고 힘찬 문장으로 조명한 바 있다. “전 국토가 비열하기 짝이 없는 인간들의 무절제한 탐욕에 휘둘리고, 빈곤에 찌든 백성들은 잔인한 고문에 의해 몇 푼 안 되는 재산마저 빼앗겨, 한때 인구가 많았던 지역도 사막으로 변해버리고 말았다.”

그러나 영국 지배 초기의 무법성은 그 후 상당 기간 자제되었고, 영국은 강력한 통치력으로 인도 국민들에게 로마 제국보다 나은 평화를 마련해 주었다. 영국법의 원칙이 정교한 법제도와 법률가들에 의해 인도에 확대 적용되었으며, 미천한 사람들에게까지 영국 자유민의 권리가 보장되었다. 전 국토에 철도가 놓이고 대규모 관개사업이 실시되었다. 그러나 기근은 더 자주 발생했고 그 강도와 범위는 커지기만 했다.

그렇다면 이것은 맬서스의 이론을 잘 증명해 주는 예가 될 수 있지 않을까? 생존물자가 아무리 증가하더라도 인구가 계속적으로 압박을 가하는 예가 아닐까? 바로 맬서스가 주장한 대로, 과잉인구를 덜어내는 한 방법이 사라지면 새로운 방법이 생기게 마련이고 또 인구 증가가 금욕에 의해 억제되지 않는다면 전쟁과 기근에 의해 억제됨을 보여 주는 것이 아닐까? 지금까지는 이러한 견해가 통설로 인정되어 왔다. 그러나 기근은 생존물자에 관한 자연의 한계를 인구가 압박하기 때문에 생기는 것이 아니다. 최근 영국의 한 시사잡지의 인도 관련 기사에도 나왔듯이, 수백만 인구를 괴롭혔고 지금도 괴롭히고 있는 기근은 생존물자에 대한 자연의 한계를 인구가 압박하기 때문에 생긴 것이 아니다. 이는, 하이더 알리(Hyder Ali 또는 Haidar Ali)의 기병대가 침략하여 파괴를 일삼은 인도의 카나틱(Carnatic) 지방의 기근이 인구 압박 때문이 아닌 것과 같다.

　인도의 수백만 국민은 여러 정복자의 지배 아래 머리를 조아렸지만 그 중 영국의 지배가 가장 악성이었다. 영국의 지배는 지속적으로 인도인을 깔아뭉개는 무거운 짐으로 작용하여 수백만 인구를 문자 그대로 분쇄하여 죽게 했으며, 영국의 여러 문필가들도 지적하였듯이, 결국 가장 엄청나고 광범위한 파국을 초래하고 말았다. 다른 정복자들은 현지에서 살았고, 지배가 악하고 폭압적이기는 했지만 인도 국민과 상호 이해가 가능했다. 그러나 지금의 인도는 외국의 부재지주가 소유하는 거대한 부동산과 같다. 가장 비용이 많이 드는 군대와 행정기구가 수립되어 있고, 그 간부는 인도를 임시 유배지로 생각하는 사람들이다. 호경기 때에도 하루 일당이 1.5 내지 4펜스면 족한 인도에서 연간 최소한 2천 파운드로 추산되는 막대한 금액이 조달되어 송금, 연금, 영국정부의 본국세 등의 형태로 영국으로 빠져 나간다. 이것은 대가가 돌아오지 않는 공납과 같다. 대가라고 내세우는 것을 보더라도, 철도에 쏟아 부은 막대한 금액은 경제적으로 비생산적이었으며, 거대한 관개사업도 대체로 값비싼 실패 사례이다. 영국은 인도의 상당한 지역에서 토지 독점 계층을 창설하기 위해 세습적인 세금징수관에게 토지의 절대소유권을 넘겨주었는데, 이들은 농민에게 무자비한 고율의 지대를 부과하였다. 또 지대를 정부가 징수하는 지역에서도 과표를 높게 평가하여 사정없이 징수하였기 때문에, 풍년에도 겨우 살아가는 농민들을 고리대금업자의 손아귀에 몰아넣었고, 고리대금업자들은 세금징수관보다 더욱 가혹하였다. 소금은 어느 나라에서나 필수품이고 특히 채식 위주인 나라에서는 더욱 필수적인데, 1,200%나 되는 세금이 부과되어 공업용으로는 사용할 수도 없었고 사람이나 가축이나 건강을 유지하기도 어려웠다. 영국인 관리 밑에 많이 고용되어 일하던 인도인도 압박과 착취를 일삼았다. 농민들은 세금을 내기 위해 터무니없는 조건으로 돈을 빌려야 했고, 영문도 모르는 채무를 부담해야 했는데, 영국법은 엄격한 규칙과 인도인에게 신비스럽게 보이는 절차를 통해 대금업자에게 강력한 약탈의 도구를 주는 셈이었다. 플로렌스 나이팅게일(Florence Nightingale, 1820~1910)은 흐느끼듯이 이렇게 쓰고 있다. "우리는 인도인을 배려하지 않는다. 동방에서, 아니 세계에서, 가장 슬픈 모습은 인도의 농민이다." 나이팅게일은 또 지독한 기근의 원인은 조세가 경작자에게서 경작의 수단마저 빼앗았고 "우리의 법에 의해" 농민을 사실상 노예 상태로 몰아넣었다는 데 있으며, 그로 인해 "소위 기근이라는 것이 존재하지 않고 세계에서 가장 비옥한 여러 지방에서 사람들이 만성적으로 반(半) 기아상태에서 허덕인다"고 하였다.[12] 하인드먼(Henry M. Hyndman, 1842~1921)은 "인도를 유린하는 기근은 주로 재정적인 기근이다. 사람들이 식량을 구하지 못하는 것은 구매할 돈을 저축할 수 없기 때문이다. 그런데도 우리는 이 사람들에게 세금을 더 매길 수밖에 없다고 한다"고 하였다.[13] 그리고 기근에 허덕이는 지역에서도 세금으로 식품이 유출되고 있다는 사실, 이렇게 지속적이고 소모적인 유출이 인도 전체에서 일어나고 있다는 사실, 방대한 정부 지출까지 겹쳐서 해를 거듭할수록 사람들이 더욱 가난하게 된다는 사실

---

12) 나이팅게일은("인도의 민중(The People of India)", 『19세기(*Nineteenth Century*)』, 1878년 8월호) 민사법원이 대금업자와 인도인 하급관리의 부당행위와 압박을 용이하게 해준 결과 인도 남부지방의 농민이 품팔이로 전락해버린 사례를 몇 개 들고, 그런 경우가 수도 없이 많다고 하였다. 웨더번(David Wederburn)은 『19세기』 7월호의 "보호받는 인도의 군주(Protected Princes of India)'라는 글에서 "우리의 민사법원은 부자가 가난한 사람의 얼굴을 짓이길 수 있도록 하는 기관으로 생각되고 있으며 많은 사람들이 법원의 관할지역을 벗어나 원주민 지역으로 도피하려고 한다'고 하였다. 또 같은 글에서 인도에서 인구가 가장 흥성하는 지역의 예로서 조세가 비교적 가벼운 원주민 지역을 들고 있다.

13) 『19세기』, 1878년 10월호와 1879년 3월호 참조.

을 보여 주었다. 인도에서 외부로 나가는 품목은 주로 농산품이다. 하인드먼에 의하면, 이 중 최소한 3분의 1이 대가가 없다고 한다. 예를 들면 인도에 사는 영국인의 봉급 또는 인도 정부의 영국 사무소 경비 등이다.[14) 대가가 있는 그 나머지도 국영상점 또는 인도 내의 영국 지주들이 쓰는 편리품 내지 사치품의 대가이다.

하인드먼은 그 밖에도 다음과 같은 점을 지적한다. 영국의 지배 하에서 정부 지출이 엄청나게 증가해 왔다. 섭취해야 할 분량의 반도 제대로 못 먹는 찢어지게 가난한 사람들에게 매기는 조세가 너무 가혹해서 얼마 안 되는 농사 수단마저 강탈해 간다. 쟁기를 끄는 황소의 수가 줄어들고 있으며 대단치 않은 농사 도구마저 대금업자에게 넘어가고 있다. "사업에 밝다는 우리 영국인은 수익률이 5%도 안 되는 방대한 공공사업 비용을 대기 위해 농민들이 대금업자에게서 12%, 24%, 60% 등의 이율로 돈을 빌리도록 하고 있다." 또 하인드먼은 이렇게 기술한다. "우리의 지배하에서 인도 전체가 굉장히 빈곤하게 되었으며 이런 과정은 지금도 엄청난 속도로 진행되고 있다." 이 말은, 내가 인용한 사람들 외에 인도 관리들 자신이 제시하는 사실을 보더라도 의심의 여지가 없다. 정부는 이러한 기근 대책으로 세금을 인상했는데 그 때문에 기근의 진짜 원인이 더욱 강화되고 확대되었다. 최근 남부 인도의 기근에서 6백만 명이 문자 그대로 굶어 죽은 것으로 추산되며, 살아남은 사람도 실제로 기아선상에 있다. 그런데도 세금은 줄지 않았으며, 소금세는, 지금도 너무 높아서 극빈층에서는 소금을 구하지 못하고 있는 판에, 40%나 증액되었다. 1770년에 벵갈 지방에서 지독한 기

---

14) 포셋(Henry Fawcett, 1833~1884) 교수는 인도에 차관을 제공하자는 안에 관한 최근의 글에서, 총독 자문위원의 여비로 1,200파운드, 캘커타와 봄베이 교구 주교의 여비로 2,450파운드나 책정되어 있는 사실에 주의를 환기시켰다.

근이 발생한 후에 그랬듯이, 생존자에 대해서는 과표를 인상하고 조세 징수를 강화하였기 때문이다.

오늘날 인도에서 — 과거에도 마찬가지지만 — 궁핍과 기근의 원인을 토지의 생존물자 생산력에 대한 인구의 압박에서 찾으려고 한다면 너무나 피상적이다. 농민의 수중에 약간이라도 자본이 남는다면 — 즉, 기근이 들지 않는 해에도 대중을 세포이(sepoys: (영국 육군의) 인도 병사)보다도 못하고 영국 감옥의 죄수보다 못한 상태로 몰아넣는 수탈이 중단된다면 — 산업이 진흥되고 생산성이 높아져서 훨씬 더 많은 인구도 충분히 부양할 수 있을 것이다. 인도에는 경작되지 않는 넓은 지역이 있고, 개발되지 않은 광물자원도 풍부하므로 아직도 그리고 앞으로 상당한 기간 동안에도, 토지의 생존물자 공급 능력이 한계에 이르지 않을 것이고 토지 이용 증가에 따른 생산력 감소가 시작되는 시점에 이르지 않을 것이다. 따라서 인도에서의 빈곤의 진정한 원인은 과거나 현재나 인간의 탐욕이지 자연의 인색함이 아니다.

인도에서의 진실은 중국에서도 진실이다. 중국에는 인구밀도가 높은 지역이 여러 곳 있기는 하지만, 하층민의 극심한 빈곤은 인도에서 나타났던 것과 비슷한 원인에 의해 생긴 것이지 인구 과잉에 의한 것이 아니라는 점은 여러 사실로 입증된다. 중국에서는 사회가 불안정하고 생산조건이 매우 불리하며 교환이 심하게 제약되어 있다. 정부는 대대로 착취를 일삼고, 어떤 종류건 자본을 지키려면 관리들에게 잘 보여야만 한다. 육지 수송은 거의 인력에 의존할 수밖에 없고, 정크는 바다를 항해하기에 부적합하게 건조될 수밖에 없다. 해적에게 당하기 예사이고, 강도가 떼를 지어 몰려다닌다. 이런 나라에서는 인구가 아무리 적다고 해도 가난이 번지고 농사는 실패할 것이다. 중국은 여행자들이 한결같이 증언하듯이 경작되지 않는 땅이 많고 개발되지 않은 광물자원도 방대한 양이 존재하기 때문에 훨씬 더 많은 인구를 부양할 수 있다. 예를 들어 중국의 석탄은 양과 질에서 세계 어느 곳보다 우수하다고 한다. 많은 인구를 부양하는 데 이런 석탄이 어떻게 기여할 것인지는 쉽게 상상할 수 있다. 석탄은 분명히 식품이 아니다. 그러나 석탄 생산은 식품 생산과 다름없다. 모든 탄광 지역에서처럼 석탄이 식품과 교환될 수 있고 석탄을 소비하여 얻는 힘으로 식품을 생산할 수도 있으며 절약된 노동력이 식품 생산에 종사할 수도 있다.

그러므로 인도건 중국이건, 빈곤과 굶주림이 생존물자에 대한 인구의 압박 탓이라고 할 수 없다. 수백만 인구가 기아선상에서 허덕이고 때로는 그보다 더 심한 상태가 되는 이유는 조밀한 인구 때문이 아니라 사회조직이 자연스럽게 발전하지 못하고 노동이 충분한 대가를 받지 못하도록 하는 것에 그 원인이 있다. 힌두 노동자가 쌀 한 줌만 얻어도 재수가 좋다고 생각하는 것이나 중국인이 쥐와 강아지를 잡아먹는 것은 인구 압박 때문이 아니고, 디거인디언[Digger Indians: 가난했던 인디언의 한 부족 — 역자]이 메뚜기를 먹고 살며 호주 원주민이 썩은 나무에서 벌레를 잡아먹고 사는 것도 인구 압박 때문이 아니다.

여기에서 독자의 이해를 구해 두고 싶다. 나의 말은 단순히, 인도나 중국의 문명이 더 발달하면 더 많은 인구를 유지할 수 있다는 뜻이 아니다. 맬서스 학설도 생산 기술이 발달하면 더 많은 인구가 생존물자를 구할 수 있다는 점을 부인하지 않는다. 그러나 맬서스 이론의 핵심은, 생산 능력이 얼마가 되건 인구의 자연적 경향은 생산 능력을 따라 잡고 생산 능력을 초과하려는 인구 압박에 의해, 맬서스의 표현을 빌리자면, 죄악과 비참이 발생하여 더 이상의 인구 증가를 막게 된다는 데 있다. 그래서 생산력이 증가하면 인구도 상응하여 증가하고 머지않아 전과 같은 결과가 되고 만다.

반면에 내가 말하려는 것은 다음과 같다. 맬서스 이론을 지지해 주는 사례는 어디에도 없다. 어느 지역의 빈곤도, 당시의 지식에 따라 생존물자를 마련하는 능력에 대한 인구의 압박 때문에 생긴다고 볼 수 없다. 죄악과 비참의 원인이 인구 과잉에 있다고 하는 곳도 언제나 전쟁, 폭정, 압제로 인해 지식의 활용이 막히고 생산에 필요한 안전성이 부정되었다는 데 진정한 원인이 있다. 인구의 자연증가가 빈곤을 야기하지 않는 이유는 앞으로 다루게 되므로 여기에서는 지금까지 그런 전례가 없었다는 사실만을 검토한다. 이 사실은 인도와 중국에서 분명하다. 표면상 인구 과잉에서 나온 것처럼 보이는 결과도 그 원인을 추적한다면 이 사실이 역시 분명히 드러날 것이다.

아일랜드는 유럽 국가 중에서 인구 과잉의 예로 가장 많이 등장한다. 아일랜드 농민들의 극심한 가난, 전반적인 저임금, 기근, 외국으로의 이민 등은 맬서스의 이론을 문명세계에 생생하게 보여주는 예로서 계속 거론되고 있다. 이론에 의해 형성된 편견이 사람으로 하여금 진정한 사실 관계를 보지 못하게 하는 예로서 이보다 더 좋은 것이 있을지 모르겠다. 자연의 생산력이 당시의 생산기술 수준에서 국민을 안락하게 부양하지 못할 정도로 아일랜드의 인구가 많았던 적은 없었으며, 이것은 누구나 쉽게 알 수 있는 진실이다. 인구가 가장 많았던 시기 (1840년에서 1845년 사이)에 아일랜드에는 8백만 명을 약간 상회하는 인구가 있었다. 그 대다수는 형편없는 오두막집에서 걸레조각이나 다름없는 옷을 입고 감자를 주식으로 삼으며 겨우겨우 생존을 유지해 나가고 있었다. 그러다가 감자돌림병이 번지자 수천 명이 죽은 적도 있었다. 그러나 이들이 비참한 생활로 몰리고 한 가지 뿌리 식물의 흉년만으로 굶주림에 시달리게 된 원인이 토지가 이들 인구를 부양할 만한 생산력이 없다는 데에 있는가? 그렇지 않다. 그 원인은, 인도에서 수확이 풍부한 경우에도 사람들을 굶주림으로 몰아넣었던 것처럼, 백성의 생산물을 무자비하게 거두어 가는 수탈에 있다. 아일랜드에서는 강도 같은 세금징수관이 전국을 약탈하고 백성을 고문하는 일은 없었지만 소수의 무자비한 지주들이 농민을 비슷한 정도로 수탈하였다. 지주들은 국토를 나누어 절대적 소유의 대상으로 하였으며, 같은 국토에 사는 다른 사람의 권리는 조금도 고려하지 않았다.

감자돌림병이 창궐하기 이전에는 8백만 아일랜드 국민이 어떤 생산조건 하에서 생활했던가를 보자. 윌리엄 테넌트가 인도를 묘사했던 구절이 여기에서도 어울린다. "근면과 저축에 대한 커다란 유인이 박탈당했다." 대부분의 농지가 소작이었고, 터무니없는 소작료를 내고도 농지개량을 할 여력이 있었다고 하더라도 농지를 개량하면 소작료가 따라서 올라버릴 것을 우려해서 개량할 엄두를 내지 않았다. 이렇게 해서 노동은 가장 비능률적, 낭비적으로 이루어졌다. 또 노동 생산물을 약간이라도 보호해 준다면 계속해서 생산에 투입될 수 있는 노동이 아무 쓸모도 없이 방치되었다. 그러나 이런 상황에서도 아일랜드에서는 8백만 인구에 충분한 생산이 이루어지고 있었음이 사실이다. 아일랜드는 인구가 가장 많았을 때에도 식량 수출국이었기 때문이다. 기근이 생겼을 때에도, 굶는 사람이 즐비한 도로를 따라서, 그리고 시체가 쌓여 있는 구덩이를 지나서, 수출용 식량과 고기와 버터와 치즈를 실은 수레가 줄지어 이동하고 있었다. 그런데 식품이 수출되어도 그 대가는 제대로 돌아오지 않았다. 아일랜드 사람들의 입장에서 식량이 수출되는 것은 태워 버리거나 바다에 던져 넣거나 아예 생산을 안 한 것과 다름없었다. 수출은 교환이 아니라 부재지주에게 바치는 일방적 희생이었다. 이는 생산에 아무런 기여도 하지 않은 자가 실제 생산자로부터 쥐어짜낸 것이었다.

이런 식품을 생산자가 보유할 수 있었다면, 경작자가 자신의 노동으로 생산한 부를 소유하고 사용할 수 있었다면, 그리고 생산물이 보호되어 산업생산이 촉진되고 절약적인 생산방법이 도입되었다면, 아일랜드에 살았던 어떤 규모의 인구도 풍족하고 안락하게 살기에 충분했을 것이다. 또 감자돌림병이 왔더라도 아무런 식량부족 현상이 없이 지나갈 수 있었을 것이다. 아일랜드 사람들이 감자를 주식으로 삼게 된 것은, 영국 경제학자들이 냉혹하게 표현했듯이, "아일랜드 사람들의 무분별" 때문이 아니었다. 아일랜드 사람이라고 해서 다른 식품이 있는데도 감자를 주식으로 삼을 까닭이 없다. 미국에 이민한 아일랜드 사람들은 어려운 시기에 대비해서 재산을 저축하는 분별력을 분명히 보여 주었다. 그들이 감자를 주식으로 한 이유는 감자 이외의 것은 엄청난 소작료로 모두 박탈당했기 때문이다. 진실로, 아일랜드의 빈곤과 궁핍의 원인이 인구 과잉에 있었던 적은 한 번도 없다.

맥컬로크는 1838년에 『국부론에 대한 주석』 IV에서 이렇게 설명한다.

"수많은 아일랜드 국민이 겪는 극심한 빈곤과 비참한 상황의 원인은 지나치게 높은 인구밀도에 있다. 아일랜드에는 현재의 생산수단으로 완전고용을 달성하거나 어느 정도의 안락한 생활을 유지할 수 있는 정도보다 두 배 이상의 인구가 살고 있다고 해도 지나친 말이 아니다."

1841년 아일랜드의 인구는 8,175,124명으로 나와 있으므로 1838년에는 약 8백만 명이었다고 볼 수 있겠다. 맥컬로크의 인구과잉론에 나타난 부정적 표현을 긍정적 표현으로 바꾸면 이렇다. 아일랜드는 4백만 명보다 약간 작은 규모의 인구라면 완전고용을 달성하거나 어느 정도의 안락한 생활을 유지시킬 수 있는 능력이 있다. 그런데 18세기

초 스위프트가 『평범한 제안(Modest Proposal)』을 집필했을 때 아일랜드의 인구는 약 2백만이었다. 그 후 아일랜드에서 생산수단이나 생산기술이 눈에 띄게 발전한 것이 없기 때문에, 1838년 아일랜드 국민의 극심한 빈곤과 비참한 상황의 원인이 인구 과잉에 있다고 하더라도, 1727년의 아일랜드는 2백만 명을 완전고용하고도 남고 상당한 정도의 안락한 생활을 유지할 수 있는 상태였다는 점을 맥컬로크 자신도 인정할 것이다. 그러나 실제로는 그 반대였고, 1727년 아일랜드 국민은 극도의 빈곤과 불황에 시달렸다. 그래서 스위프트는 아일랜드의 상황을 날카롭게 풍자하면서, 과잉인구를 줄이기 위해 아기 구이 요리를 좋아하도록 입맛을 개발한 다음, 매년 아기 10만 명을 도살장에 보내 부유층을 위한 고급 요리를 만들자고 하였다.

나도 이 책을 쓰면서 그랬지만 아일랜드의 비참한 사정에 대한 문헌을 섭렵한 사람이라면 아일랜드의 결핍과 고통이 인구과잉 때문이라고 편하게 말해버리기 어렵다. 그런데 밀이나 버클과 같은 높은 수준의 인물도 그렇게 하고 말았다. 아일랜드 국민이 당한 지독한 압제에 대해 냉정하게 언급하는 것보다 더 피를 끓어오르게 하는 일은 없다. 아일랜드의 빈곤과 기근의 진정한 원인은 토지가 인구를 부양할 능력이 부족해서가 아니라 바로 압제가 자행되었기 때문이다. 세계의 역사가 모든 곳에서 입증하듯이 극심한 빈곤이 사람을 무기력하게 만든다는 사실을 모른다면, 이처럼 부당한 상황에서 지주를 어쩌다가 한 번씩 살해하는 정도에 그친 종족에 대해 경멸감을 느끼지 않을 수 없을 것이다.

인구과잉이 빈곤과 굶주림을 야기한 경우가 있는가 하는 문제는 검토해 볼 만한 문제이기는 하다. 그러나 아일랜드의 빈곤과 굶주림의 원인이 인구과잉이 아닌 것은 노예 거래의 원인이 아프리카의 인구 과잉이 아닌 것과 같고, 예루살렘의 붕괴가 출산력과 생존물자의 보조가 맞지 않았기 때문이 아닌 것과 같다. 설혹 아일랜드에 바나나와 빵나무가 무성하더라도, 친차스 섬(Chinchas)의 구아노(guano)와 같은 비료가 해안에 즐비하다고 하더라도, 또 열대처럼 태양열을 듬뿍 받아 토양이 기름지다고 하더라도, 사회제도가 변하지 않는다면 역시 빈곤과 굶주림이 계속될 것이다. 가혹한 소작료로 인해 풍년에도 소작인의 생산물 중에 겨우 생존을 유지할 정도 이상의 물자들은 모두 짜내어 가는 곳에서 빈곤과 기근이 어찌 사라질 수 있을 것인가? 소작 조건이 불안정하여 토지를 개량할 수 없으며 낭비적이고 가난에 찌든 생활밖에 할 수 없는 곳이라면? 소작인이 지주가 지대를 올려받을까 염려하여 자본을 축적할 수 있는 형편이 되더라도 그렇게 하지 않으려고 하는 곳이라면? 농민이 사실상 비참한 노예나 다름없어 다른 사람의 고갯짓 한 번에 보잘 것 없는 흙집마저 박탈당하고, 집도 없이 굶주리면서 떠돌이 생활로 쫓겨나고, 야생의 과일 하나도 따먹을 수 없고, 산토끼 한 마리도 잡아먹을 길이 없는 곳이라면? 인구가 아무리 적고 천연자원이 아무리 풍부하다고 해도 부의 생산자가 희망도 자존심도 의욕도 절약심도 가질 수 없는 곳에서는 빈곤과 굶주림은 피할 수 없지 않을까? 부재지주가 토지 생산물의 4분의 1도 남겨 두지 않고 긁어 가버리는 곳이라면? 또 부재지주 이외에도 현지 지주, 그들의 말과 사냥개, 대리인, 중개인, 마름을 먹여 살려야 하고 또 이런 부당한 제도에 대한 저항을 경찰과 군대가 짓눌러버리는 곳이라면? 이렇게 생겨난 비참한 상황의 원인을 자연법에 돌린다면 무신론(atheism)을 넘어 독신론(impiety)에 이르는 것이 아닐까?

이 세 나라의 경우에 해당되는 사실은 모든 나라에 적용된다. 인구 증가가 생존물자를 압박하여 죄악과 궁핍을 야기했다는 주장은, 우리의 지식이 미치는 한, 확실하게 부인할 수 있다. 또 인구가 증가하면 식품의 상대적 생산량을 감소시킨다는 주장도 확실하게 부인할 수 있다. 인구가 희소한 브라질의 기근의 원인이 인구과잉이 아니듯이, 인도, 중국, 아일랜드의 기근의 원인도 인구과잉이 아닌 것이다. 결핍에서 오는 죄악과 비참의 원인은 자연이 인색해서가 아니다. 마치 칭기즈칸의 칼 아래 스러진 6백만의 생명, 태머레인(Tamerlane)의 해골 무덤, 고대 브리튼 족(Britons)이나 서인도 원주민(West Indies)이 멸종한 원인이 자연의 인색함 때문이 아닌 것과 같다.

제3장
비유로부터의 추론

지금까지 맬서스 이론에서 예로 들고 있는 사실에 대해 검토하였는데, 이론을 뒷받침하는 여러 비유를 검토해 보더라도 역시 동의할수 없음이 드러날 것이다.

동식물계의 재생산력의 사례는 ― 연어 한 쌍이 수 년 동안 천적으로부터 잘 보호된다면 바다가 연어로 가득 찰 것이라거나, 토끼 한쌍이 이와 비슷하게 보호된다면 곧 대륙을 뒤덮을 것이라거나, 많은식물이 종자를 수백 개씩 퍼뜨린다든지, 어떤 곤충은 알을 수천 개씩낳는다거나, 모든 생물은 생존물자의 한계를 압박하는 경향을 갖고 있으며 천적에 의해 억제되지 않으면 반드시 그 압박이 현실로 나타난다거나 하는 사례는 ― 맬서스 이래 현재의 교과서에 이르기까지 계속해서 인용되고 있다. 이런 사례로 볼 때 인구도 생존물자를 압박하는 경향을 가지며, 다른 수단에 의해 억제되지 않는다면 인구 증가는 필연적으로 저임금과 물자 부족을 초래하고, 그 이후에도 인구가 계속 증가하면 사람들이 굶어 죽게 되어 인구가 생존물자의 한계 내에 머물게된다는 것이다.

과연 이러한 비유는 옳은가? 사람이 섭취하는 식품은 동식물계에서 나온다. 따라서 동식물의 재생산력이 사람보다 크다면 생존물자가 인구보다 빠르게 증가한다는 사실을 입증할 뿐이다. 생존물자를 제공하는 동식물이 여러 배로, 때로는 수천 배, 수만 배, 수억 배로 불어난다면, 고작 배수로 불어나는 인구가 최대한 증가하더라도 인구 증가는 생존물자 증가를 넘어설 수 없다고 해야 하지 않겠는가? 동식물계의 종(種)은 재생산력을 통해 증식의 한계 조건에 자연적·필연적으로 압박을 가하지만, 이런 조건은 어디에서도 고정되어 있지도 않고 최종적인 것도 아니라는 점을 생각해 보면, 이것은 분명해진다. 어느 종도 토양, 물, 공기, 햇빛의 궁극적 한계에 도달하지 않는다. 각 종의 실제적 한계는 다른 종이 경쟁자로서, 적으로서, 먹이로서 존재한다는 데 있을 뿐이다. 그리하여 인간은 자신의 생존물자가 되는 종의 생존을 제약하는 조건을 완화시킬 수 있고 — 어떤 경우에는 단순히 인간이 존재하는 것만으로도 완화가 가능하다 — 따라서 인간에게 필요물자를 공급하는 종의 재생산력은 인간과 접촉하기 전의 한계에 막히지 않고 인구 증가를 능가하는 속도로 불어나 인간에게 도움을 주게 된다. 인간이 매를 사냥하면 다른 새가 증가하고, 덫을 놓아 여우를 잡으면 산토끼가 늘어나고, 개척자가 가는 곳에 꿀벌도 따라 가고, 인간이 사는 곳에서 생기는 유기물이 강으로 들어가서 물고기가 먹고 산다.

인간의 궁극적 존재 이유를 생각하지 않더라도, 동식물의 높은 지속적 재생산력이 인간을 위한 것이라는 생각을 받아들이지 않는다 하더라도, 그리하여 하등생물이 생존물자를 압박하듯이 만물의 영장인 인간도 그런 압박에서 완전히 벗어나지는 못한다고 하더라도, 인간과 다른 형태의 생물 간의 구분은 여전히 존재하며 따라서 맬서스의 비유는 적절치 못하다. 인간에게 식품을 공급하는 자연은 인간보다 재생산력이 훨씬 클 뿐만 아니라 일체의 생물 중에서 인간은 자연의 재생산력에 영향을 줄 수 있는 유일한 생물이다. 짐승, 곤충, 새, 물고기는 단지 주어진 것만을 먹고 산다. 이런 생물이 증가하면 그 먹이의 양은 감소한다. 먹이의 한계에 이르면 새로운 먹이가 생겨야만 이 생물의 수가 더 증가할 수 있다. 그러나 사람은 다른 생물과 달라서 인구가 증가하면 식품도 증가한다. 사람 아닌 곰이 유럽에서 북아메리카 대륙으로 건너왔다고 해도 현재의 곰의 숫자는 콜럼버스가 대륙을 발견했을 때보다 더 많지 않을 것이다. 아니, 오히려 더 적을지도 모른다. 왜냐하면 곰이 건너왔다고 해서 곰의 먹이가 더 늘어나지도 않았을 것이고 또 곰의 생활 조건이 더 개선되지도 않았을 것이며 오히려 그 반대의 가능성이 더 크기 때문이다. 그러나 사람의 경우, 미국에 국한시켜 말하면, 과거 수십만에 불과했던 인구가 현재 4천5백만 명으로 늘어났으나 일인당 식품의 양은 과거보다 훨씬 늘어났다. 이로써 식품 증가가 인구 증가의 원인이 아니라 반대로 인구 증가가 식품 증가의 원인임을 알 수 있다. 즉 인구가 늘어났기 때문에 식품이 늘어났다는 것이다.

여기에 동물과 인간의 차이가 있다. 매나 사람이나 닭을 잡아먹기는 일반이다. 그러나 매가 많으면 닭이 줄어들지만 사람이 많으면 닭이 늘어난다. 바다표범이나 사람이나 연어를 잡아먹기는 일반이다. 바다표범이 연어 한 마리를 잡아먹으면 연어의 수는 한 마리 줄어들고 바다표범의 수가 일정 한도를 넘으면 연어의 수가 감소할 수밖에 없다. 그러나 사람은 연어 알을 적당한 환경에 두어 연어의 수를 증가시킴으로써 잡아먹는 것보다 더 많은 연어를 키워낼 수 있다. 이렇게 하면 인구가 아무리 증가하더라도 사람의 수는 연어 공급량을 넘어설 수 없게 된다.

요약하자면, 동식물의 세계에서는 어느 동식물의 존재 여부와 관계없이 그 동식물의 한계가 존재하지만, 인간에게 있어서는 생존물자의 한계는 토지, 공기, 물, 햇빛의 궁극적 한계 내에서라면 인간 자신에 달려있다는 것이다. 사실이 이러하므로 하급 생물의 경우를 인간에 비유한 것은 명백히 잘못되었다. 동식물은 생존물자의 한계에 의해 제약을 받지만 인간은 지구의 한계에 도달하기 전에는 생존물자의 한계에 의해 제약을 받지 않는다. 이 점은 전체적으로만 진실이 아니라 각 부분에 있어서도 진실이다. 어느 작은 만이나 항구의 수위를 낮추려면 그에 인접한 대양뿐만 아니라 세계의 모든 바다, 모든 대양의 수위를 낮추어야 하듯이, 어느 장소의 생존물자의 한계는 그곳의 물리적 한계가 아니라 전 지구의 물리적 한계이다. 현재의 생산기술로는 50평방마일 농지에서 겨우 수천 명 분의 생존물자가 나올 것이다. 그러나 런던의 50평방 마일에서는 약 3백5십만 명이 살고 있으며 인구가 증가함에 따라 생존물자도 증가한다. 생존물자의 한계만이 문제라면 런던의 인구는 1억, 5억, 10억 명도 될 수 있다. 런던의 생존물자는 전 지구에서 조달하며 런던의 인구 증가에 대한 생존물자의 한계는 런던 주민의 식품에 대한 지구의 한계와 같기 때문이다.

그러나 맬서스 이론에 큰 힘을 주는 또 하나의 견해가 있다. 토지 생산성이 체감(遞減)한다는 견해다. 현 이론에서는 생산성 체감의 법칙이 틀림없다고 하면서, 어떤 점 이상에서 노동과 자본의 추가 투입에 대한 토지의 생산이 점점 줄어든다는 것이 사실이 아니라면 인구가 증가한다고 해서 경작이 확장될 이유가 없고, 물자가 더 필요하더라도 새로운 토지를 경작할 필요가 없다고 한다. 이 점을 긍정하면 생존물자 획득의 어려움은 인구 증가와 더불어 커진다는 점을 긍정하는 것처럼 보인다.

그러나 이는 외견상으로만 그럴 뿐이라고 생각한다. 이 명제를 분석해 보면 묵시적인 전제가 있을 때에만 성립하는 상대적인 진리이며 절대적으로는 진리가 될 수 없음을 알 수 있다. 물질의 비파괴성 또는 힘의 계속성으로 인해 인간은 자연력을 소진시킬 수도 없고 감소시킬 수도 없기 때문이다. 생산과 소비는 상대적인 용어에 불과하다. 절대적으로 표현하면 인간은 생산도 소비도 할 수 없다. 모든 인류가 무한히 일한다고 해도 회전하는 지구를 원자 하나만큼도 무겁게나 가볍게 할 수 없으며, 끊임없이 순환하면서 모든 운동을 만들어내고 모든 생물을 지탱하는 힘의 총계를 단 한 치도 보태거나 줄일 수 없다. 바다에서 나온 물은 반드시 다시 바다로 되돌아가며, 자연이라는 창고에서 취한 식품도 취하는 순간부터 다시 그 창고로 되돌아간다. 한정된 면적의 토지에서 무언가를 취하면 그 토지의 생산성은 일시 줄어들 것이다. 되돌아가는 곳이 그 토지일 수도 있지만 다른 토지일 수도 있고 모든 토지일 수도 있기 때문이다. 그러나 그런 가능성은, 대상 면적이 넓어짐에 따라 줄어들다가 전 지구가 대상이 되면 사라지고 만다. 지구의 인구가 1조 명이 되더라도 인구가 10억 명일 때처럼 용이하게 유지될 수 있다는 점은, 적어도 우리가 아는 한 물질은 영구적이고 힘도 끝없이 작용한다는 명백한 진리에서 필연적으로 도출된다. 생명의 유지력을 생명이 소진시키는 일은 없다. 우리는 아무 것도 가지지 않은 채 우주에 태어났고 우리가 떠날 때도 아무 것도 가져가지 않는다. 인간은, 육체만을 본다면 물질이 일시적으로 취하는 한 형태이자 운동이 변화하는 한 방식이다. 물질은 남고 힘은 지속된다. 줄어든 것도 없고 약해진 것도 없다. 이런 관계로 인구에 대한 지구의 한계는 공간의 한계뿐이다.

이러한 공간의 한계는 — 발 디딜 틈도 없을 만큼 인구가 늘어날 위험성은 — 빙하기의 재도래나 태양의 완전한 소멸과도 같이 현재로서는 실제적인 관심의 대상이 될 수 없다. 이러한 상황이 발생할 가능성은 너무나 희박하며, 맬서스 이론은 바로 이런 상황에서나 타당할 것이다. 그러나 잘 음미해 보면 이러한 희박한 가능성마저 사라지고 만다. 이것마저 잘못된 비유에서 생긴 것이다. 동식물이 공간의 한계를 압박하는 경향이 있다고 해서 인간에도 같은 경향이 있다고 할 수는 없다.

인간이 단지 진화가 많이 이루어진 동물에 불과하고, 원숭이는 재주넘기를 습득한 인간의 먼 친척이고, 돌고래도 일찍이 바다로 진출한 인간의 먼 일가이며, 또 이런 식으로 거슬러 올라가서 사람이 식물과도 동류이고 식물, 물고기, 새, 짐승과 동등하게 자연법칙의 적용을 받는다면 어떨까? 그렇더라도 인간과 다른 동물과는 차이가 있다. 그 차이는 인간은 잘 먹을수록 욕구가 많아지고 어떤 경우에도 만족하지 않는 유일한 동물이라는 점이다. 인간 이외의 다른 생물의 욕구는 내용도 같고 양도 고정되어 있다. 오늘날의 소는 과거 인간이 처음 길들였을 때의 소와 같은 욕구를 갖고 있다. 오늘날 영국해협에서 쾌속 증기선 위를 맴도는 갈매기가 원하는 먹이와 보금자리는 시저의 함대가 영국 해안에 처음 상륙했을 때 그 위를 선회한 갈매기가 원하던 것과 차이가 없다. 인간을 제외한 모든 생물은 자연이 베푸는 물자가 아무리 풍부하더라도 그 중에서 한정된 욕구를 충족시키는 데 필요한 것만을 취할 뿐이다. 이들 생물이 여분의 물자나 추가적인 기회를 활용하는 방법은 번식을 많이 하는 길뿐이다.

그러나 인간은 그렇지 않다. 인간은 동물적 욕구가 충족되면 즉시 다른 욕구가 싹튼다. 인간도 짐승과 마찬가지로 먼저 음식을 원하고, 다음에는 집을 원하고, 그 다음에는 생식 본능이 일어난다. 그러나 인간과 짐승의 공통점은 여기에서 끝난다. 짐승은 더 이상 나아가지 않지만 사람은 무한한 진행 단계의 첫 발을 내디딘 데 불과하다. 짐승은 다음 단계에 결코 들어서지 않는다. 다음 단계는 짐승과 무관하고 짐승의 수준을 초월한다.

인간은 양에 대한 수요가 일단 충족되면 질을 추구한다. 인간이 짐승과 공통적으로 가지는 욕구는 확대되고 세련되고 고양된다. 음식에서 추구하는 것은 배고픔의 해소가 아니고 맛이다. 의복에서는 단순한 편안함이 아니라 멋을 추구한다. 토굴 같은 거처가 번듯한 가옥으로 변한다. 무분별하던 성적인 매력이 섬세한 감화력으로 변환되기 시작하며 딱딱하고 평범한 동물적 생활이 미묘한 아름다움으로 개화하기 시작한다. 인간은 부족한 것을 충족시키는 힘이 증가할수록 바라는 수준도 높아진다. 저급한 수준의 욕구로는, 루쿨루스(Lucius Licinius Lucullus, 기원 전 110?~57?)는 혼자서도 잔치처럼 성대한 식사를 즐겼고, 안토니우스(Marcos Anthonius, 기원 전 82~30)는 고기 한 점을 베어 먹기 위해 돼지 열두 마리를 꼬챙이에 꿰어 구웠고, 클레오파트라(Cleopatra, 기원 전 69~30)는 미를 가꾸기 위해서 온갖 자연을 샅샅이 뒤졌으며, 대리석 기둥과 공중 정원과 산 같은 피라미드를 만들었다. 고급한 수준의 욕구로 나아가면, 식물에게는 없으나 짐승에게서는 가끔 꿈틀거리는 욕구가 인간에게서 눈을 뜬다. 마음의 눈이 열리고 무언가를 알고 싶어한다. 불타는 사막이나 살을 에는 북극의 바람 속을 탐험하는 것은 음식 때문이 아니다. 밤을 새워 영원한 천체의 회전을 지켜보기도 한다. 동물이 느낄 수 없는 어떤 허기를 채우기 위해, 짐승이 알 수 없는 어떤 갈증을 풀기 위해, 인간은 각고의 노력을 한다.

동물이 만족하여 늘어지는 시기에 인간에게는 끊임없는 욕구가 생겨서 밖으로는 자연을 향하고 안으로는 자신을 향해서, 뒤로는 감도는 안개를 뚫고 과거를 향하고 앞으로는 드리운 어둠 속의 미래를 향해서 탐구한다. 사물의 밑바닥에서 법칙을 찾는다. 지구의 생성과 별의 구조를 알려고 하며, 생명의 기원을 캐려고 한다. 그리고는 자신의 고상한 천품을 계발함에 따라 고차적인 욕구가 ─ 정열 중의 정열, 희망 중의 희망이 ─ 발생한다. 인간은 이런 욕구의 도움으로 생활을 더 좋게, 더 밝게 만들 수 있으며 빈곤과 악 그리고 슬픔과 수치를 무찌를 수 있다. 인간은 동물을 정복하고 지배한다. 향연에 등을 돌리고 권좌도 마다한다. 다른 사람이 부를 축적하고 미각의 즐거움을 채우고 짧은 날 따뜻한 양지 쪽에서 출세를 하더라도 개의치 않는다. 자신이 본 적도 없고 보지도 못할 사람을 위해 일한다. 자신의 관에 흙이 덮인 후에야 나타날 수 있는 명예를 위해, 혹은 단지 희소한 정의를 위해 일한다. 춥기만 하고, 칭찬도 못 받으며, 날카로운 돌과 굵은 가시가 즐비한 곳에서 선봉이 되어 고생을 한다. 다른 사람의 비웃음과 칼날 같은 비난 속에서 미래를 건설한다. 좁은 길을 개척하여 언젠가 인간성이 진보할 때 넓은 길이 될 수 있도록 준비한다. 욕구는 더 높은 세계로 발전하고, 더 큰 세계로 손짓하며, 동녘에 떠오르는 별이 인간을 계속 인도한다. 보라! 심장은 하나님을 동경하여 고동치고 마침내 인간이 천체의 운행을 도울 수도 있다!

이러한 차이가 있는데도 맬서스와 같은 비유가 가능할까? 음식이 풍족해지고 생활의 조건이 풍요해진다고 해보자. 이때 동식물은 증식할 뿐이지만 인간은 발전한다. 동식물의 확대는 그 수를 늘릴 뿐이지만 인간은 필연적으로 더 높은 형태, 더 넓은 힘을 가진 존재로 확대된다. 인간은 동물이지만 동물 이상의 무엇이 있다. 인간은 대지에서 자라는 신비한 나무이다. 뿌리는 땅 속에 있으나 높은 가지는 하늘에서 꽃을 피울 수 있다.

인구가 생존물자의 한계를 압박하는 경향이 있다고 하는 이론을 뒷받침하는 논리 전개에는, 방향이 어느 쪽이건 간에, 근거 없는 가정이 들어 있다. 이를 논리학에서는 '매개념 부주연(媒槪念 不周延)의 오류(undistributed middle)'라고 한다. 사실도 그 근거가 되지 못하고 비유도 이를 설명해 주지 못한다. 이는 순전히 상상 속의 괴물이다. 마치 인류가 오랫동안 지구가 공처럼 둥글고 또 움직인다는 사실을 인식하지 못한 것과 같다. 지구에 부착되지 않은 물체는 반드시 추락한다든지, 움직이는 배의 돛대에서 낙하시킨 물체는 반드시 돛대 뒤편에 떨어진다든지, 살아 있는 물고기는 물이 가득한 배에 집어넣어도 물이 넘치지 않는다든지 하는 이론과 같다. 계산 능력을 가진 아담이 첫 아이가 생후 몇 달 동안 성장하는 비율로부터 그 후의 성장을 예상하는 것처럼, 아주 기괴하다고 할 수는 없지만, 근거가 부족하다. 아이가 출생 시에 10파운드이고 8개월이 지나 20파운드가 되는 사실을 통해 아담이 수학적 재능으로 — 아담이 수학적 재능을 가졌다고 보는 사람도 있다 — 계산하여 맬서스처럼 충격적인 결론을 도출할 수 있다. 즉, 아이가 열 살이 되면 몸무게가 황소와 같고, 열두 살이 되면 코끼리만 해지고, 서른 살에는 체중이 175,716,339,548톤이 된다.

그러나 아담이 아이가 엄청나게 성장하지 않을까 염려할 필요가 없듯이 우리도 생존물자에 대한 인구의 압박을 걱정할 필요가 없다. 우리의 추론이 사실에 의해 보증되고 비유에 의해 뒷받침되는 범위 내에서 볼 때, 인구 법칙에는 다른 자연 법칙에서도 나타나듯이 아름다운 조화가 포함되어 있다. 사회가 자연스럽게 발전한다면 생식 본능이 비참과 죄악을 낳는다고 하는 가정은 근거가 없다. 이는 중력의 힘으로 인해 달이 지구에, 지구가 태양에 곤두박질칠 것이라고 하는 가정과 같고, 기온이 화씨 32도로 내려갈 때 물이 결빙하는 것을 보고 서리가 내릴 때마다 호수가 바닥까지 얼어붙을 것이며 그리하여 온대지방에 보통 정도의 겨울이 와도 사람이 살 수 없게 될 것이라고 하는 가정과 같다. 맬서스가 제시한 적극적 억제와 금욕적 억제 이외에, 생활수준이 높아지고 지성이 발달함에 따라 제3의 억제 기능이 작용하기 시작한다는 점이 많은 사실에서 나타나고 있다. 사람들이 자연과 싸우느라고 지적인 생활을 하기 어려운 신 정착지의 경우, 또는 기성 지역의 극빈 계층이 풍요 속에서도 모든 것을 빼앗기고 동물적인 생활만을 영위하는 경우에는 출산율이 매우 높은 반면에, 부의 증가에 따라 독립, 여가, 안락, 풍족하고 다양한 생활을 누리는 계층의 경우에는 출산율이 낮다는 사실은 널리 알려져 있다. 이 사실은 오랜 속담 "부자는 행운을, 빈민은 자식을"에 들어 있는 내용이다. 아담 스미스도 이 점을 인식하여, 스코틀랜드의 하일랜드(Highland) 지방에는 자식을 스물 서넛 낳는 어머니가 그리 드물지 않다고 했고, 이런 예는 어디든지 많으므로 상세히 언급할 필요가 없다.

내가 생각하듯이 진정한 인구법칙이 이와 같다면 인구 증가 추세는 항상 균일한 것이 아니다. 인구가 많아야 더 편하게 살 수 있을 경우나 환경이 험난하고 사망률이 높아 종족 유지가 위협받을 때에는 증가 추세가 강하게 나타난다. 반면, 높은 수준의 개인적 발전이 가능하고 종족의 영속이 보장되는 경우에는 약하게 나타난다. 달리 표현하면, 인구법칙은 지성 발전의 법칙과 조화를 이루면서 그에 종속한다고 할 수 있으며, 사람이 물자 부족을 겪는 세계에 살게 될 위험성이 있다면 이는 자연의 질서 때문이 아니라 풍요 속에서도 사람들을 궁핍하게 만드는 잘못된 사회제도 때문이라고 할 수 있다. 이것이 옳다는 사실은, 기초를 다진 다음 진정한 사회 성장 법칙을 추적하면 결정적으로 밝혀질 것으로 생각한다. 그러나 지금 단계에서 이것을 기대한다면 논의의 자연스러운 순서를 흐트러뜨리는 것이다. 지금까지 택한 소극적 방식이 — 맬서스 이론은 그 자체의 논리에 의해서도 입증되지 않는다는 점을 보이는 방식이 — 성공했다면, 지금 단계에서는 이 정도로 충분하다. 다음 장에서는 적극적인 방식을 채택하여 맬서스 이론의 오류는 사실을 통해 증명된다는 것을 보일 것이다.

제 4 장
맬서스 이론의 부정

인구 증가가 임금을 하락시키고 빈곤을 야기한다는 학설은 너무나 뿌리가 깊고, 현 정치경제학과 밀접히 연관되어 있으며, 갖가지 대중적인 통념과도 조화를 이루고 있어 여러 모습으로 재현될 가능성이 많다. 그러므로 나는 우선 이 학설을 받치고 있는 여러 논점의 불충분성을 어느 정도 상세히 입증하였고, 이제는 사실을 통해 이론을 검증하려고 한다. 이런 이론이 널리 인정된다는 점은, 인간이 어떤 이론을 전제함으로써 맹목적이 될 경우에 얼마나 사실을 무시하게 되는지를 보여주는 것으로서 사상사에서 매우 놀라운 예에 속하기 때문이다.

이 이론에 대해 최고, 최종의 사실 검증을 하기는 쉽다. 인구 증가가 임금을 감소시키고 빈곤을 초래하는가라는 질문은 인구가 증가하면 추가 노동이 생산하는 부의 양이 줄어드는가라는 질문과 같다.

현재의 학설은 이를 지지한다. 현재 인정받고 있는 학설의 내용은 이렇다. 자연에 대한 요구가 커지면 자연의 관대함이 줄어들기 때문에 노동 투입이 두 배가 되어도 생산은 두 배로 되지 않는다. 그래서 인구 증가는 필연적으로 임금을 줄이고 빈곤을 심화시키며, 맬서스의 표현에 의하면, 죄악과 비참함이라는 결과를 낳는다. 존 스튜어트 밀은 다음과 같이 표현하였다.

"문명 수준이 일정할 때, 많은 인구는 적은 인구에 비해 물자를 잘 마련할 수 없다. 인구 과잉에 이와 같은 벌칙이 가해지는 것은 사회가 정의롭지 못해서가 아니라 자연이 인색하기 때문이다. 부가 정의롭지 않게 분배된다고 해서 이러한 문제가 더욱 심해지는 것은 아니며 단지 좀 더 일찍 감지될 수 있을 뿐이다. 인구 증가로 인해 입이 생기면 그에 따라 손도 생긴다고 하는 말이 있지만 이는 무의미한 말이다. 새로 생기는 입에 필요한 물자는 기존의 입과 같지만 새로운 손은 기존의 손만큼 생산하지 못한다. 만약에 모든 생산수단이 사회의 공동재산이고 그 생산물을 사람들이 똑같이 나누어 가지며, 산업의 활기나 생산력이 현재와 같은 정도라고 가정한다면, 전체 인구가 대단히 안락하게 살 수 있을 것이다. 그러나 인구가 두 배가 되면 — 현재와 같은 관습이 유지된다면 20년 약간 넘는 기간이면 두 배가 된다 — 사람들의 사정이 어떻게 될까? 이 기간 동안 생산력이 유례없이 향상되지 않는다면 증가된 인구에게 식품을 공급하기 위해서 지금보다 열등한 토지를 추가로 경작해야 하며, 기존의 토지에서는 더 많은 노동이 소요되면서도 수확은 상대적으로 적게 나온다. 반면에 식품 수요는 늘어나므로 사회 속의 각 개인은 전보다 더 가난해진다. 인구가 계속 같은 비율로 늘어난다면 얼마 안 되어 각 개인의 몫은 생존의 최저선에 이를 것이고 곧 이어 그 최저선에도 못 미치게 되어 드디어는 죽음에 이르게 된다."[15]

그러나 나는 이러한 주장 전부를 부정한다. 진실은 이 주장과 정반대라고 보며 다음과 같이 단언한다. 문명 수준이 일정할 때 많은 인구는 적은 인구보다 물자를 더 많이 마련할 수 있다. 빈곤과 비참함의 원인은 — 현재의 이론은 인구증가 때문이라고 한다 — 자연의 인색이

---

15) 『정치경제학 원리』, 제1권, 제13장, 제2절.

아니라 사회의 부정의에 있다. 인구 증가로 생겨나는 새로운 입은 과거의 입보다 더 많은 식품을 소비하지 않지만 새로운 손은, 자연스러운 질서 속에서는, 더 많은 물자를 생산해 낸다. 다른 조건이 동일할 경우 부의 공정한 분배가 이루어진다면 인구가 많을수록 개인에게 돌아가는 몫은 더 많아진다. 평등이 보장되는 상태에서 인구의 자연증가는 개인을 가난하게 하기는커녕 언제나 부유하게 만드는 경향이 있다.

이렇게 해서 나는 반대론의 입장에서 나의 의문을 사실 검증에 회부하려고 한다.

그러나 생각해 보면, 이 쟁점을 해소시켜 줄 수 있는 사실에 관한 문제는 인구 규모가 어느 정도일 때 생존물자의 조달이 가능한가에 관한 것이 아니고 — 위대한 명성을 가진 학자도 사고의 혼란을 보이는 수가 있다는 점을 되풀이해서 지적해 둔다 — 인구 규모가 어느 정도일 때 부의 생산력이 최대가 되는가에 관한 것이다. 부의 생산력은 생존물자의 생산력과 같은 것이고 부의 소비 또는 부의 생산력의 소비는 생존물자의 소비와 같기 때문이다.

예를 들어 주머니에 돈이 약간 있다고 하자. 이 돈으로 식품, 담배, 보석, 극장표를 살 수 있으며, 돈을 지출하는 데 따라서 노동이 식품, 담배, 보석, 연극을 생산하도록 결정하게 된다. 다이아몬드 한 세트는 밀가루 여러 통에 해당되는데, 이는 평균적으로 보아 다이아몬드 한 세트의 생산에는 밀가루 여러 통을 생산하는 노동력이 든다는 것이다. 다이아몬드를 아내의 치장용으로 쓴다면 이는 그만큼의 밀가루를 과시용으로 소비하여 생존물자의 생산력을 사용하는 것과 같다. 하인을 두면 농민이 될 수 있는 사람 하나를 쓰는 셈이 된다. 경마용 말을 키우고 유지하는 데는 작업용 말을 키우고 유지하는 데 드는 관심과 노동이 필요하다. 전반 조명을 하거나 예포를 쏘는 데 소모하는 부는 그만큼의 식품을 태워버리는 것과 같다. 군대 또는 전함을 유지하는 것은 수천 명을 먹여 살릴 수 있는 노동을 비생산적인 용도로 돌리는 것이다. 그러므로 어떤 규모의 인구가 생활필수품을 생산할 수 있는 힘은 실제로 생산되는 생활필수품에 의해서가 아니라 모든 형태로 지출되는 힘에 의해 측정되어야 한다.

이에 관해 추상적인 논리를 전개할 필요가 없다. 문제는 단순한 사실에 관한 것이다. 부의 상대적 생산력은 인구 증가에 따라 줄어드는가?

사실은 너무 분명하여 단지 주의를 환기시키는 것만으로 족하다고 본다. 현대에 인구가 증가한 여러 지역을 우리가 안다. 그런데 이런 지역은 부도 동시에 더 빠르게 증가한 지역이 아닌가? 현재까지도 인구가 증가하고 있는 지역이 많이 있다. 그 지역에서도 역시 부가 더 빨리 증가하지 않았는가? 영국의 인구가 연 2%로 성장할 때 국부는 더 높은 비율로 성장했다는 사실에 의문이 있는가? 미국의 인구가 매 25년마다 배증했으나[16] 국부는 더 짧은 기간에 배증했다는 사실에 틀림이 있는가? 비슷한 상황 하에서 — 즉, 비슷한 수준의 문명을 가진 비슷한 주민이 사는 지역 중에서 — 인구가 조밀한 곳이 가장 부유하다는 사실에 틀림이 있는가? 인구가 조밀한 미국의 동부지역이 인구가 희소한 서부지역보다 인구 비례로 보더라도 더 부유하지 않은가? 미국의 동부지역보다 인구밀도가 더 높은 영국이 인구 비례로 보아 더 부유하지 않은가? 부가 비생산적인 용도에, 예컨대, 비싼 건물, 고급 가구, 사치스러운 마차, 동상, 미술품, 오락장, 요트 등에 낭비되듯이 사용되는 곳이 어디인가? 인구가 희소한 곳이 아니라 조밀한 곳이 아닌가? 생산적 노동에 종사하지 않는 사람이, 예를 들면 소득이 많아서 우아하게 여가를 즐기는 사람이나 경찰, 하인, 법률가, 문필가 등이 가장

---

16) 1860년까지의 인구성장률은 10년간 35%였다.

많이 살면서도 잘 감당해 나가는 사회는 어디인가? 그곳은 인구가 희소한 곳이 아니라 인구가 조밀한 곳이 아닌가? 자본의 이동은 어디서 어디로 이루어지는가? 인구가 조밀한 지역에서 희소한 지역으로 이동하지 않는가? 이러한 예를 통해 볼 때, 부는 인구가 가장 조밀한 곳에서 최대가 된다는 사실, 그리고 단위 노동에 대한 부의 생산은 인구가 증가할수록 커진다는 사실은 확실하다. 이러한 사실은 우리가 눈을 돌리는 곳마다 명백히 나타난다. 문명 수준이나 생산 기술의 발달 단계나 정부가 동일하다면 인구가 많은 지역이 언제나 부유하다.

그러면 우리가 검토하고 있는 이론을 지지해 주는 것처럼 보이는 특별한 사례를 — 인구가 크게 증가하고 임금이 크게 하락하여 자연의 관대함이 줄어들었음이 애매한 추론으로서가 아니라 사실로서 명백하게 나타나는 사례를 — 하나 들어 보자. 캘리포니아가 그런 지역이다. 금이 처음 발견되어 이민이 쏟아져 들어올 때 캘리포니아는 자연이 매우 관대한 지역이었다. 강둑이나 모래톱에는 수천 년 쌓인 금이 널려 있어서 원시적인 방법으로도 채취할 수 있었고, 보통 임금의 일당이 금 1온스(16달러)에 달했다. 들에는 영양이 풍부한 풀이 무성하여 무수한 말과 가축을 길렀으며, 여행자가 자신이 타던 말을 새 말로 마음대로 바꿔 탈 수 있었고, 가죽만 주인에게 돌려준다면 소 한 마리를 잡아 먹을 수도 있었다. 제일 먼저 경작되었던 비옥한 토양에서는 땅을 갈고 씨를 뿌려 놓기만 하면 기성 지역에서라면 힘들여 거름주고 가꾸어야 얻을 수 있는 수확이 나왔다. 초기의 캘리포니아는 이렇듯 풍요로운 자연 속에서 임금과 이자가 세계 어느 곳보다 높았다.

이와 같이 초기에 풍요했던 자연은 인구 증가로 인해 수요가 커지면서 점차 생산성이 떨어졌다. 노천광의 성과가 빈약해져서 이제는 노천광이라고 할 만한 것도 없어졌고, 금광을 하려면 많은 자본과 기술과 정교한 기계가 필요하고 위험성도 높아졌다. "말 키우는 데도 돈이

들고" 가축은 네바다 주에서 길러 산을 넘어 수송한 다음 샌프란시스코에서 도축하고 있으며, 농민은 짚을 모아 퇴비를 만들기 시작했고, 농지도 관개시설이 없다면 4년 중 3년은 수확을 얻기 힘들 지경이 되었다. 그와 더불어 임금과 이자는 계속해서 하락했다. 과거의 하루 일당을 받고 일주일간 일하려는 사람이 많으며, 연간 대출 이자도 과거에는 한 달 이자로도 지나치다고 생각되지 않았을 수준이 되었다. 자연의 생산성 하락과 임금률 하락 간의 관계는 인과관계인가? 노동이 부를 적게 생산하기 때문에 임금이 하락한다는 것이 사실인가? 아니, 그 반대다! 1879년 캘리포니아에서 노동이 부를 생산하는 능력은 1849년에 비해 적지 않으며 오히려 더 크다고 나는 확신한다. 이 기간 동안 캘리포니아에서는 도로, 항만, 수로, 철도, 기선, 전보, 각종 기계류의 덕으로 노동 능률이 올랐으며, 다른 지역과 긴밀하게 연결되고 인구 규모가 커짐에 따라 갖가지 절약이 가능해졌다. 이런 사실을 감안한다면, 현재 캘리포니아에서 노동이 자연으로부터 받는 대가가 전체적으로 보아 과거 풍부한 노천광이나 비옥한 토지가 있던 때에 비해 더 많다는 사실에 의심을 품지 않을 것이다. 자연적 요소의 힘은 줄어들었지만 인적 요소의 힘이 증가하여 이를 보상하고도 남는다는 것이다. 노동자 수를 감안한 부의 소비량이 과거보다 현재가 훨씬 더 많다는 점을 보여주는 여러 사실들을 통해 이 결론의 정당성이 입증된다. 초기에는 인구가 거의 남자만으로 구성되었지만 지금은 여자와 어린이가 상당 비율을 차지하고 있는데도 다 부양되고 있으며, 그 밖의 비생산자도 인구보다 상당히 높은 비율로 증가하였다. 사치품도 임금 하락률보다 훨씬 더 빨리 증가하였다. 과거에는 고작 천이나 종이로 지은 집이 제일 좋았던 지역에 유럽의 궁전과 맞먹는 장엄한 저택이 들어서 있다. 샌프란시스코 도로에는 제복 입은 마부가 모는 마차가 다니며, 만에는 오락용 요트가 떠 있다. 호화롭게 살 수 있는 소득을 버는 계층이 계속 늘어났다. 현재의 보통 부자에 비하면 과거의 최대 부자도 빈민이나 다름없어 보일 것이다. 요약하자면, 부의 생산과 소비가 인구 증가보다 더 빠른 속도로 증가하였으며 어떤 계층의 몫이 적어졌다면 이는 분배가 더 불평등하게 되었기 때문이다.

위의 특정한 사례에서 명백히 나타나는 사실은 다른 사례로 확대해서 검토하더라도 명백하다. 부유한 지역은 자연이 풍족한 지역이 아니라 노동이 능률적으로 이루어지는 지역이다. 예를 들면 멕시코보다는 매사추세츠가, 브라질보다는 영국이 부유하다는 것이다. 다른 조건이 같다면, 생산물 중 사치품에 또는 비생산자 부양에 돌아갈 수 있는 비율이 가장 높은 지역, 자본이 넘치는 지역, 전쟁과 같은 재난이 있을 때 물자 소모를 가장 잘 견디어 낼 수 있는 지역은 인구가 가장 조밀하여 자연의 능력을 가장 심하게 압박하는 지역이다. 임금과 이자가 높은 신생 지역보다 영국과 같이 인구가 조밀한 나라에서 노동인구에 비해 부의 생산이 더 많다는 점은, 인구 중 훨씬 적은 비율이 생산적 노동에 종사하면서도 생존 물자 생산 이외의 목적을 위한 잉여가 훨씬 많다는 사실로부터 명백하다. 신생 지역에서는 생산에 사회의 모든 힘을 바치며, 여기에는 무언가 생산적인 일을 하지 않는 팔자 좋은 남자도 없고 집안일을 하지 않는 팔자 좋은 여자도 없다. 빈민이나 거지도 없고, 놀고 먹는 부자도 없으며, 부자의 비위를 맞추는 노동 계층도 없고, 순전히 문학이나 과학에만 종사하는 계층도 없고, 사회를 갉아먹고 사는 범죄 계층도 없고, 범죄 대응에 전념하는 계층도 그리 많지 않다. 그러나 사회의 모든 힘을 생산에 바쳐도 기성 지역 수준의 일인당 부의 소비는 생기지 않으며, 그 정도의 소비를 감당할 수도 없다. 왜냐하면, 이곳에서는 최하층의 형편은 더 낫고 누구나 생계는 다 꾸려가지만 특별한 부자도 없어 기성 지역의 기준으로 사치 내지 안락이라고 할 만한 수준의 사람은 거의 없기 때문이다. 다시 말하면, 기성 지역에서는 인구 중 부의 생산에 종사하는 노동의 비율이 낮아도 일인당 부의 소비는 더 많다는 뜻인 동시에 적은 수의 노동자가 많은 부를 생산한다는 뜻이다. 부가 소비되려면 생산이 먼저 되어야 하기 때문이다.

그러나 기성 지역의 부가 우위에 있는 것은 생산력의 우위 때문이 아니라 부의 축적 때문이며, 신생 지역에서는 시간이 없어 부를 축적하지 못했다고 할 수도 있다.

그렇다면 축적된 부라는 개념에 대해 잠시 검토해 보는 것이 좋겠다. 사실 부가 축적될 수 있는 양은 아주 조금밖에 안 되며, 사회도 대부분의 개인이나 마찬가지로 그날 벌어 그날 먹고 산다. 몇 가지 사소한 형태를 제외하면 부의 축적이 많이 이루어질 수가 없다. 우주의 물질은 노동에 의해 원하는 형태로 변했다가 끊임없이 원상태로 되돌아가는 경향이 있다. 어떤 형태의 부는 몇 시간, 어떤 것은 며칠, 어떤 것은 몇 달, 어떤 것은 몇 년 지속되기도 한다. 그러나 한 세대에서 다음 세대로 이어지는 형태의 부는 드물다. 매우 유용하고 수명이 긴 형태, 예를 들어 선박, 가옥, 철도, 기계류 등의 부를 보더라도, 노동을 통해 계속 보수하지 않으면 얼마 안 가서 못 쓰게 된다. 어느 사회에 노동이 중단되면, 마치 분수로 흘러가는 물을 잠그는 것처럼 부가 사라지고 말 것이다. 그러나 노동이 다시 시작되면 부는 금방 되살아난다. 이런 사례는 과거부터 전쟁이나 다른 재난이 부를 휩쓸어 가고 인구는 줄지 않았던 경우에 나타났다. 런던에는 1666년에 대화재가 있었지만 오늘날 부가 적지 않다. 시카고에도 1870년에 대화재가 발생했지만 부가 적지 않다. 화재가 휩쓸어 간 곳에 더욱 거대한 빌딩이 들어섰고 더 많은 상품이 쌓여 있다. 그 도시의 역사를 모르는 사람이 화려한 거리를 지난다면 몇 년 전에는 모든 것이 검은 잿더미였다고는 꿈에도 생각하지 못할 것이다. 같은 원리, 즉 부는 끊임없이 재창조된다는 원리는 모든 신흥도시에서도 분명하다. 인구와 노동능률이 동일하다고 하면 어제 생겨난 도시도 로마 때 생긴 도시와 다름없는 부를 가지게 된다. 멜번이나 샌프란시스코를 본 사람이라면, 영국의 인구를 뉴질랜드에 이주시키고 모든 축적된 부를 영국에 그대로 둔다고 해도 뉴질랜드는 금방 영국처럼 부유하게 될 것이라는 데 대해 의심하지 않는다. 반대로, 영국의 인구를 줄여서 현재 뉴질랜드처럼 희소하게 만들면 부가 축적되어 있다고 해도 곧 가난하게 될 것이라는 데 대해서도 의심하지 않는다. 축적된 부가 사회 유기체에 대해 하는 역할은 축적된 영양이 신체 유기체에 대해 하는 역할과 같다. 얼마간의 축적된 부는 필요하며 긴급 상황에 이것을 사용할 수 있다. 그러나 과거 세대가 만든 부는 현재 세대의 소비를 감당할 수 없다. 마치 작년에 먹은 음식이 현재의 힘을 공급하지 않는 것과 같다.

지금까지 검토한 사례에서 나는 구체적 의미보다는 일반적인 의미를 도출하였으나, 그것이 아니더라도 다음과 같은 사실은 명백하다. 축적된 부가 많기 때문에 부의 소비가 많다고 할 수 있는 경우는 축적된 부가 줄어드는 경우뿐이며, 축적된 부의 양이 변하지 않거나 증가하는 곳에서 부를 더 소비하려면 반드시 부의 생산이 더 많이 이루어져야 한다는 것이다. 이제 여러 사회를 비교해 보거나 한 사회의 여러 시점을 비교해 보면 진보라는 상태는 인구가 증가한다는 특징을 가지며, 동시에 총소비 및 일인당 소비가 증가하고 부의 축적이 증가한다는 특징을 가짐이 명백히 드러난다. 따라서 적어도 지금까지는 어느 곳에서나 인구 증가는 부의 평균적 생산량의 감소가 아니라 증가를 의미하였다.

그 이유는 명백하다. 인구 증가로 인해 비옥도가 낮은 농지를 사용하는 등 부를 생산하는 자연적 요소의 힘이 감소한다고 해도 인적 요소의 힘이 엄청나게 증가하여 그 감소분을 보상하고 남기 때문이다. 자연이 인색한 곳에서 20명이 일하면 자연이 풍요로운 곳에서 한 사람이 생산하는 부의 20배보다 더 많이 생산한다. 인구가 조밀할수록 노동의 분업이 더 세밀하게 이루어지고 생산과 분배의 경제성이 더 높아진다. 그에 따라 진리는 맬서스 학설과 정반대가 된다. 우리가 상식적으로 상상할 수 있는 범위 내에서 인구가 증가한다면, 문명 상태가 일정할 때, 많은 인구는 적은 인구보다 부의 상대적 생산량도 많고 필요 물자의 조달도 쉽다.

단지 사실만을 보라. 문명의 한복판에서 발생하는 빈곤이 생산력의 약화에 기인하는 것이 아니라는 것보다 더 분명한 사실이 있는가? 가난한 지역에서도 그 생산력이 충분히 발휘되기만 하면 최하층에게 생존물자만이 아니라 사치품까지도 충분히 공급할 수 있다. 오늘날 문명세계를 저주하는 산업 마비, 상업불황은 생산력이 부족해서 생기는 것이 분명 아니다. 어떤 문제든 그 원인은 분명히 부를 생산하는 능력이 부족한 데 있지 않다.

그럼에도 불구하고 생산력이 풍부하고 부의 생산이 최대가 되는 사회에서 빈곤이 발생한다는 사실, 이것이야말로 문명세계를 당황하게 하는 수수께끼이며 우리가 해명하려고 하는 문제이다. 빈곤의 원인이 생산력 감소에 있다고 하는 맬서스 이론은 이를 해명하지 못한다. 이 이론은 사실과 전혀 부합하지 않는다. 맬서스 이론은 근거도 없이 하나님의 법칙 탓으로 돌리려고 하지만, 지금까지 본 것만으로도 인간의 제도 탓임을 추론할 수 있다. 이 점은 앞으로 더욱 분명하게 드러날 것이다. 왜냐하면, 부가 증가하는 가운데 빈곤이 발생하는 진정한 원인을 이제부터 찾아낼 것이기 때문이다.

PROGRESS
and
POVERTY

제 3 권
분배의 법칙

어떤 작업을 위해 최초로 발명하는 기계는 언제나 대단히 복잡하지만, 그 후 기술자들이 첫 기계에 비해 바퀴 사용을 줄이거나 동작원리를 줄이는 등 같은 효과를 더 쉽게 낼 수 있음을 발견하게 된다. 이와 마찬가지로, 최초의 철학 체계는 언제나 대단히 복잡하고, 서로 무관해 보이는 두 현상을 연결시키려면 그때마다 별도의 연결고리 내지 연결원리가 필요한 것으로 보이지만, 시간이 지나면 온갖 형태로 나타나는 모든 분리된 현상을 묶어줄 수 있는 하나의 큰 연결원리가 발견되는 수가 많다.

― 아담 스미스(Adam Smith)
『철학적 탐구의 지도원리에 대해,
천문학사의 사례를 중심으로』

제 1 장
분배의 법칙과 법칙 간의 필연적 관계

　지금까지의 검토를 통해서 우리가 해명하려고 하는 문제에 대해 정치경제학의 이름으로 제공되고 있는 설명은 전혀 타당하지 못함을 결정적으로 입증하였다고 생각한다.

　물질적 진보와 더불어 임금이 상승하지 않고 오히려 하락하는 현상은 노동자 수가 계속 증가하기 때문에 임금 지불의 원천이 되는 자본총액 중에서 노동자 일인당의 몫이 줄어든다는 이론으로는 설명할 수 없다. 앞에서 보았듯이, 임금은 자본에서 나오는 것이 아니라 노동의 직접적인 생산물에서 나오기 때문이다. 생산 노동자는 일을 함으로써 자기 임금을 창조하며, 노동자가 불어나면 진정한 의미의 임금기금, 즉 부의 총량도 늘어난다. 추가 노동자가 부의 총량에 보태는 양은 일반적으로 말해서 그가 임금으로 취득하는 양보다 훨씬 더 크다.

　또한 인구 증가로 인해 자연에서 뽑아내는 양이 증가할수록 자연의 소출이 줄어든다는 이론으로 설명할 수도 없다. 왜냐하면, 진보하는 국가에서는 노동 능률이 증가하므로 일인당 생산은 계속 증가할 것이고, 다른 조건이 동일하다면, 인구밀도가 높은 나라가 가장 부유한 나라이기 때문이다.

　지금까지 우리는 문제를 복잡하게만 만들어 왔다. 어떤 식으로건 기존의 사실을 설명해 주던 이론을 뒤집어엎었으며, 그러는 가운데 기존의 사실에 대한 설명이 더 어려워 보이도록 만들고 말았다. 프톨레마이오스(Claudius Ptolemaeus, 100?~170?)의 이론이 위세를 떨치던 시기에 태양과 별이 지구 주위를 돌지 않는다는 사실만을 입증한 것과 같다. 밤과 낮이 생기고 천체가 움직이는 이치를 제대로 설명하지 못하는 상태라면, 우수한 신이론이 나와서 구이론을 대체하지 않는 한, 구이론이 되살아나게 마련이다. 지금까지의 추론에 의하면, 모든 생산적인 노동자는 자신의 임금을 생산하며, 노동자 수가 증가하면 일인당 임금도 증가한다. 반면에, 적정한 소득이 나오는 일자리를 가지지 못하는 수많은 노동자가 존재하고, 노동자 수의 증가가 임금 감소를 초래하는 것도 역시 분명한 현실이다. 간단히 말해, 지금까지 입증한 것은 현실적으로 임금이 최저인 곳의 임금이 실은 최대가 되어야 한다는 것뿐이다.

그러나 이 과정에서 다소의 진전도 있었다. 찾던 것을 찾으면 제일 좋겠지만 찾을 필요가 없는 곳을 알게 된 것도 성과이다. 적어도 우리는 탐구의 분야를 좁혔다. 생산력의 대폭적인 증가에도 불구하고 대부분의 생산자가 얻는 대가가 생활에 필요한 최소한도에 국한되는 원인이 자본의 제약 또는 노동에 대응하는 자연력의 제약에 있는 것이 아니라는 사실이 이제 분명해졌기 때문이다. 그러므로 그 원인은 부의 생산을 제약하는 법칙에서 찾아서는 안 되고 분배에 관한 법칙에서 찾아야 한다. 이제 분배법칙을 탐구의 대상으로 삼아보자.

부의 분배라는 주제 전체를 분배 항목별로 나누어 고찰할 필요가 있다. 인구가 증가하고 생산 기술이 향상하는데도 최하층의 빈곤이 깊어지는 원인을 발견하려면 생산물 중 어느 만큼이 노동자에게 임금으로 지불되는가를 결정하는 법칙을 찾아내어야 한다. 임금법칙을 새로 발견하거나 최소한 기존의 법칙이 옳은 것인지를 확인하기 위해서는 생산물 중 자본가에게 돌아가는 부분과 토지소유자에게 돌아가는 부분에 관한 법칙도 알아야 한다. 토지, 노동, 자본이 결합하여 부를 생산하므로 생산물도 세 요소에 분배될 수밖에 없기 때문이다. 한 사회의 생산물은 그 사회에서 생산되는 부의 합계이며, 기존의 재고가 줄지 않는다면, 모든 소비와 모든 소득은 여기에서 나온다. 앞에서 설명하였듯이, 생산은 단순히 물건을 만드는 것만을 의미하는 것이 아니며, 물건의 수송이나 교환에 의해 생긴 가치의 증가도 모두 포함한다. 순전히 농업 또는 공업에만 종사하는 사회와 마찬가지로 순전히 상업에만 종사하는 사회에서도 부의 생산이 이루어진다. 어느 경우에나 생산된 부의 일부는 자본으로, 일부는 노동으로, 일부는 토지의 가치가 있을 경우에, 토지소유자에게 돌아간다. 사실 자본은 계속해서 소모되고 또 계속해서 대체되므로 생산된 부의 일부는 자본을 대체하기 위해 사용된다. 그러나 흔히 사람들이 말하고 생각하듯이 자본이 지속성을 갖는다면 자본의 대체라는 문제는 사라지므로 별도로 고려할 필요가 없다. 따라서 생산물이라는 개념은 생산된 부 중에서 생산 과정에서 소모된 자본을 대체하는 부분을 제외한 초과 부분만을 의미하며, 이자는 자본이 대체 내지 유지된 후에 자본의 대가로 돌아가는 부분을 의미한다.

또 원시적인 단계를 지난 사회에서는 생산물의 일부를 조세로 징수하여 정부가 소비한다. 그러나 분배법칙을 검토하는 데 있어서 이것도 고려할 필요가 없다. 조세가 아예 없는 것으로 간주해도 좋고 조세만큼 총생산이 축소된 것으로 생각해도 좋다. 또한 독점에 의해 총생산의 일부가 잠식되는 경우도 마찬가지로 생각할 수 있는데, 자세한 것은 다음에(제4장에서) 다루겠지만 이것도 조세와 비슷한 힘을 갖는다. 조세가 이러한 법칙에 어떤 영향을 미치는가에 대해서는 분배법칙을 찾아낸 후에 살펴보기로 하자.

우리는 이들 분배법칙을 — 세 법칙 중 적어도 둘은 — 스스로 찾아내지 않을 수 없다. 앞에서 그 중 하나의 법칙을 검토하였지만 그와 관계없이 현 정치경제학의 어느 표준적인 저서를 보더라도 분배법칙을, 적어도 전체로서는, 옳게 설명하지 못하고 있음을 알 수 있다.

이 점은 사용된 용어만 보더라도 분명하다.

어느 정치경제학 저서를 보더라도 생산의 3요소는 토지, 노동, 자본이고 생산물은 일차적으로 이 세 요소에 상응하는 부분으로 분배된다고 한다. 따라서 이 세 부분을 중복되지 않게 표현할 수 있는 용어 세 개가 필요하다. 지대는 첫째 부분, 즉 토지소유자에게 돌아가는 부분을 명확하게 표현한다. 임금은 둘째 부분, 즉 노동의 대가가 되는 부분을 명확하게 표현한다. 그러나 자본의 대가가 되어야 하는 셋째 부분에 관해서는 수준급의 저작도 아주 모호하고 혼란스럽다.

일상적으로 사용되는 어휘 중에서 이자(interest)라는 어휘가 자본 사용의 대가라는 개념을 제일 비슷하게 표현한다. 일상용어로서의 이자는 자본 사용의 대가를 의미하며, 자본의 사용과 관리에 드는 노동의 대가는 제외되고 증권 이외의 위험부담의 대가도 제외된다. 일상용어로서의 이윤(profits)이라는 어휘는 수입과 거의 같은 의미를 갖는다. 이것은 소득을 — 즉, 총수입 중에서 지출을 초과하는 금액을 — 의미하며, 성질상 지대에 해당하는 것도 흔히 포함한다. 또 거의 언제나 성질상 임금에 해당하는 수입도 포함하며, 자본의 각종 사용 방식에 부수되는 위험부담에 대한 보상액도 포함한다. 따라서 이 어휘의 의미를 대폭 손보지 않는 한 생산물 중에서 노동이나 토지소유자에게 돌아가는 부분과 구별하여 자본에 돌아가는 부분만을 의미하는 정치경제학적 용어로 사용하기는 곤란하다.

이 점은 표준적인 정치경제학 저서에서도 인정하고 있다. 아담 스미스는 이윤 속에는 대체로 임금 부분과 위험 보상 부분이 포함되어 있음을 보여주는 좋은 예를 들고 있다. 약종상이나 소규모 소매상이 버는 높은 이윤은 자본의 대가인 이자가 아니라 실제로는 노동의 대가인 임금이라고 하였다. 또 밀수나 목재업 등 위험률이 높은 업종에서 때때로 높은 이윤이 생기지만 이것은 위험부담에 대한 보상으로서 장기적으로 보면 평균적인 이자율과 비슷하거나 그보다 못하다고 하였다. 그 이후에 나온 저술에서도 이윤이라는 용어가 일상적인 의미로, 그러나 아마도 지대는 포함하지 않는 의미로, 사용된 경우가 많다. 이러한 저술을 보면 이윤에는 기업 관리에 대한 임금, 위험부담에 대한 보상, 자본 사용의 대가인 이자라는 세 요소가 들어 있음을 알 수 있다.

이렇듯 이윤이라는 용어는 일상적인 의미에서나 정치경제학적인 의미에서나 부가 생산의 3요소에 분배되는 문제와 관련하여 사용하기에는 부적절한 용어이다. 부가 지대, 임금, 이윤으로 나누어진다고 하는 것은 마치 인류가 남자, 여자, 인간으로 나누어진다고 하는 것과 같다.

그러나 독자를 정말로 놀라게 하는 일은, 이런 구분이 모든 표준적인 저서에서 사용되고 있다는 점이다. 이런 저서를 보면 이윤을 기업 관리에 대한 임금, 위험부담에 대한 보상, 이자(자본 사용에 대한 순대가)로 구분하면서도 부가 토지의 지대, 노동의 임금, 자본의 이윤으로 분배된다고 하고 있다.

이런 용어의 혼동 때문에 수많은 사람이 골치를 썩이다가 절망 속에서 포기하고는, 위대한 사상가들은 이런 실수를 할 리가 없기 때문에 자신의 머리가 나쁘다고 생각하였을 것으로 추측한다. 그러나 버클 (Henry T. Buckle, 1821~1862)의 『영국 문명사(*History of Civilization in England*)』를 읽어보면 다소 위안이 될 것이다. 독서한 것을 명확하게 이해하는 뛰어난 능력을 가진 버클도 아담 스미스 이래 주요 경제학 저서를 정독한 후 이윤과 이자가 잘 구분되지 않아 매우 혼란스러워했다. 버클(제1권 제2장과 주석)은 부의 분배가 지대, 임금, 이자, 그리고 이윤으로 이루어진다고 되풀이하고 있다.

　이것은 놀라운 일이 아니다. 경제학자들은 이윤이 기업 관리에 대한 임금, 보험, 이자로 구성된다고 하면서도 일반적인 이윤율을 결정하는 원인으로는 이윤 중 이자에 해당하는 부분에 영향을 주는 요소만을 든다. 또 이자율에 대해서는 수요와 공급이라는 무의미한 도식을 제시하거나 위험부담에 대한 보상에 영향을 주는 원인에 대해서 설명할 뿐이다. 즉, 스스로 정의한 경제학적 의미로 사용하지 않고 (경제학적 의미의 이자에는 위험부담에 대한 보상이 제외되어야 함) 일상적인 의미로 사용한다는 것이다. 존 스튜어트 밀(John Stuart Mill, 1806~1873)의 『정치경제학 원리』에 있는 '이윤'에 관한 장(제2권 제15장)과 '이자'에 관한 장(제3권 제23장)을 비교해 보면 영국 경제학자 중 가장 논리적인 이 사람이 내가 지적하고 싶지 않을 정도로 엉뚱하게 혼동한 사례를 볼 수 있다.

　이런 인물들이 혼동을 한 데는 이유가 없지 않다. 어린이들이 '대장 따르기' 놀이를 할 때 대장이 울타리를 뛰어 넘으면 같이 뛰어 넘고 땅이 꺼져서 대장이 넘어지면 같이 따라서 넘어지는데, 아담 스미스를 차례차례 따라온 경제학자들 역시 이렇게 볼 수 있다.

　이런 혼동은 특정한 임금이론을 전제하고 있기 때문에 생긴다. 앞서 설명한 이유 때문에 이들은 어떤 노동 계층의 임금은 자본과 노동자 수의 비율에 의해 정해진다는 것을 자명한 진리라고 생각했다. 그러나 노력의 대가 중에는 이 이론이 분명히 적용되지 않는 것이 있으므로 임금이라는 용어의 용법이 축소되어 일상적인 좁은 의미의 임금만을 포함하게 되었다. 그러므로 이자라는 용어로 올바른 정의에 따라 생산물 분배에서 제3의 몫을 표현하려면, 소위 임금노동자의 노력만이 아니라 모든 인적 노력에 대한 대가를 이자에서 제외해야 한다. 그러나 부를 지대, 임금, 이자로 나누지 않고 지대, 임금, 이윤으로 나눔으로써 문제를 얼버무리고 기존의 임금법칙에 맞지 않는 모든 임금을 이윤의 — 기업 관리에 대한 임금으로서의 이윤의 — 범주에 넣어 모호하게 만들고 말았다.

부의 분배에 대한 경제학자들의 설명을 주의해서 읽으면, 임금의 정의는 옳게 하면서도 이 부분에서는 임금을, 논리학에서 말하는 부주연(不周延)된 개념(undistributed term)으로 사용한다는 것을 알 수 있다. 즉, 모든 임금을 의미하는 것이 아니라 임금 중의 일부, 즉 육체노동자가 고용주에게서 받는 임금만을 의미한다. 다른 임금은 자본의 대가에 섞어 이윤이라는 용어에 포함시키기 때문에, 자본의 대가와 인적 노력의 대가를 구분하기가 곤란해진다. 그 결과 현 정치경제학은 부의 분배에 관한 명확하고 일관된 설명을 못 해준다. 지대법칙은 확실하게 정립되어 있지만 다른 법칙과 연관성을 갖지 못한다. 다른 법칙은 혼란하고 일관성을 결여하고 있다.

이들 저서의 내용 배열만 보더라도 사고의 혼란성과 모호성을 쉽게 알 수 있다. 내가 아는 한 어떤 정치경제 관련 저서에도 세 분배법칙을 독자가 한눈에 이해하고 상호관계를 파악할 수 있도록 한곳에 모아 두지 않으며, 각종 정치적·도덕적 고찰과 주장 속에 섞어서 언급하고 있다. 그 이유는 간단하다. 현재 가르치고 있는 내용의 세 분배법칙을 한 자리에 모으면 상호 연관성이 결여되어 있음을 한눈에 알 수 있기 때문이다.

부의 분배법칙은 분명히 비율에 관한 법칙이고, 그 중 둘만 주어지면 나머지 하나를 추론할 수 있도록 상호 연관되어야 한다. 전체를 구성하는 세 부분 중 한 부분이 증가, 감소하면 나머지의 하나 또는 둘은 역방향으로 감소, 증가하기 때문이다. 갑, 을, 병 세 사람이 동업을 할 경우 한 사람에게 분배할 몫을 정하면 나머지 사람도 각각의 몫 또는 둘이 합한 몫이 정해진다. 갑의 몫을 40%로 정하면 나머지 60%가 을, 병 두 사람 사이에 분배된다. 을의 몫을 40%로, 병의 몫을 35%로 정하면 갑의 몫은 25%로 정해진다.

그러나 표준적인 저서에 나오는 부의 분배법칙 간에는 이런 관계가 성립하지 않는다. 그 요점을 뽑아서 한 데 묶으면 다음과 같은 내용이 된다.

임금은 노동의 임금과 생존물자에 충당할 자본의 양과 일자리를 구하는 노동자의 수 간의 비(比)에 의해 결정된다.

지대는 경작의 한계에 의해 결정된다. 어느 토지의 지대는 동일한 노동과 자본의 투입으로 사용 토지 중 최열등지에서 얻을 수 있는 정도를 초과하는 부분이다.

이자는 자본 차용자의 수요와 대여자의 공급이 일치하는 점에서 결정된다. 한편 이윤법칙이라는 것에 의하면, 이윤은 임금에 의해 결정된다. 임금이 상승하면 이윤이 하락하고 임금이 하락하면 이윤이 상승하고, 존 스튜어트 밀의 표현으로는, 이윤은 자본가가 부담하는 노동비용에 의해 결정된다.

부의 분배에 관한 현재의 설명을 이렇게 한 곳에 모아 보면, 진정한 법칙이 가져야 할 상호 연관성이 결여되어 있음을 한눈에 알 수 있다. 연결성도 없고 조화성도 없다. 그러므로 세 개의 법칙 중 적어도 두 개의 법칙은 잘못 이해되고 있거나 잘못 표현되어 있다. 앞에서 보았듯이, 현재와 같은 내용의 임금법칙은 — 따라서 이자법칙도 — 검증을 통과하지 못할 것이다. 그렇다면 노동의 생산물이 임금, 지대, 이자로 분배되는 진정한 법칙을 찾아보자. 우리가 발견하는 법칙이 진정한 것인지는 법칙 간 상호 연관성에 의해 입증될 것이다. 즉, 진정한 법칙이라면 상호 부합하고 연결되고 맞물리게 된다는 것이다.

이윤은 우리의 탐구와 분명히 무관하다. 우리는 총생산물이 토지, 노동, 자본의 대가로 나누어지는 원리를 찾으려고 한다. 그런데 이윤이라는 어휘는 이 세 부분 중 어느 하나에만 국한되지 않는다. 정치경제학에서 말하는 이윤은 위험부담에 대한 보상, 기업 관리에 대한 임금, 자본 사용에 대한 대가라는 세 부분으로 구성된다. 셋째 부분은, 자본 사용의 대가는 모두 포함하지만 그 밖의 것은 전혀 포함하지 않는 이자의 범주에 속한다. 기업 관리에 대한 임금은, 인간의 노력에 대한 대가는 모두 포함하지만 그 밖의 것은 포함하지 않는 임금의 범주에 속한다. 위험부담에 대한 보상은 어디에도 들어갈 곳이 없다. 사회의 모든 거래를 종합해 보면 위험부담이란 존재하지 않기 때문이다. 그러므로 정치경제학자들의 정의에 맞추어, 총생산물 중 자본의 대가로 돌아가는 부분을 나타내기 위해 이자라는 용어를 사용하기로 한다.

이를 요약하면 다음과 같다.

생산요소는 토지, 노동, 자본이다. 토지라는 용어는 자연이 제공하는 모든 기회와 힘을 의미한다. 노동이라는 용어는 모든 인적 노력을 의미한다. 자본이라는 용어는 더 많은 부를 생산하기 위해 사용하는 모든 부를 의미한다. 총생산물은 이 세 가지 요소에 대한 대가로 모두 분배된다. 자연적 기회의 사용에 대한 대가로 토지소유자에게 지불되는 부분을 지대라고 한다. 인적 노력에 대한 대가가 되는 부분을 임금이라고 한다. 자본 사용에 대한 대가가 되는 부분을 이자라고 한다. 이 세 용어는 상호 배타적이다. 어느 개인의 소득은 이 중 어느 하나 또는 둘 또는 세 가지 모두로 이루어진다. 그러나 분배에 관한 법칙을 찾기 위해서는 이들을 별도로 취급할 필요가 있다.

이제 우리가 시작하려고 하는 탐구에 앞서 지적해 둘 점이 있다.

정치경제학의 오류는 — 여기에 대해서는 지금까지 충분히 입증하였다고 생각한다 — 잘못된 입장을 취했기 때문에 생겼다는 점이다. 자본가가 일반적으로 토지를 임차하고 노동을 고용하며 따라서 자본가가 생산의 담당자 내지 추진자인 것처럼 보이는 사회에서 살면서 관찰하다 보면, 자본이 주된 생산요소이고 토지는 그 수단이며 노동은 자본의 이용자 내지 도구인 것처럼 생각하기 쉽다. 이 점은 정치경제학 저서의 모든 페이지마다 — 논리 전개의 형태와 방식에서, 사례의 성격에서, 심지어 용어의 선택에서까지 — 명백히 나타나고 있다. 어느 책에서든 자본이 출발점이자 주인공이다. 심지어는 스미스와 리카도 둘 다, 노동자가 생존할 수 있는 최저임금을 "자연임금(natural wages)"이라는 용어로 표현한다. 부정의가 자연스러운 것이 아니라면, 노동자가 생산하는 모든 것은 자연임금으로서 노동자의 몫이 되어야 한다. 자본이 노동을 고용한다고 보는 이런 버릇 때문에, 임금은 자본의 상대적 풍부성에 의존한다고 하는 이론이 나오고, 이자는 임금에 반비례한다는 이론도 나온다. 이런 버릇 때문에, 분명한 진리에서부터 멀어진다는 것이다. 간단히 말해서, 위대한 분배법칙을 찾다가 길을 잃은 정치경제학은 산의 정상으로 가지 않고 정글로 들어섰는데, 이는 아담 스미스가 『국부론』 제1권의 "노동 생산물은 노동에 대한 자연적인 보수 내지 임금이 된다"는 문장에서 취한 입장을 스스로 이탈하여 자본이 노동을 고용하고 임금을 지불한다는 입장을 취했을 때 시작된 것이다.

그러나 사물의 근원과 그 자연스러운 진행을 생각한다면 이 순서는 뒤바뀐 것이다. 자본은 최초가 아니라 최후의 생산요소이다. 자본은 노동을 고용하는 것이 아니라 노동에 의해 고용된다. 노동이 투입되기 위해서는 그 전에 반드시 토지가 존재해야 하고, 자본이 생산되려면 노동이 선행되어야 한다. 자본은 노동의 결과이고 노동의 생산을 돕기 위해 노동에 의해 사용된다. 노동은 적극적이고 원초적인 힘이며 따라서 노동자는 자본의 사용자가 된다. 노동은 토지가 있어야만 실행될 수 있고 노동에 의해 부로 전환될 물자는 토지로부터 나온다. 그러므로 토지는 노동의 선행조건이며, 노동의 장소이고, 노동에 필요한 원료이다. 세 요소의 자연스러운 순서는 토지, 노동, 자본의 순이 된다. 따라서 우리의 논의도 자본에서가 아니라 토지에서 시작해야 할 것이다.

또 하나 알아 두어야 할 것이 있다. 자본은 생산의 필수요소가 아니라는 점이다. 노동은 자본의 도움 없이도 토지에 작용하여 부를 생산할 수 있으며, 자본이 존재하기 전의 원초적인 시기에는 그런 방식으로 부를 생산하였다. 그러므로 지대법칙과 임금법칙은 상호 연관되어야 하고, 자본의 법칙과 관계없이도 완전한 전체를 구성하여야 한다. 그렇지 않다면 자본이 생산에 전혀 참여하지 않는 상황에서 — 쉽게 상상할 수 있는 상황이자 실제로도 존재하는 상황이다 — 이들 법칙이 들어맞지 않을 것이기 때문이다. 자본은 흔히 말하듯이 축적된 노동으로서, 노동의 한 형태이자 노동이라는 일반적인 용어의 하부 용어라고 하겠다. 따라서 자본법칙은 임금법칙에 종속되기도 하고 임금법칙과 대등한 관계를 가지기도 함으로써, 생산물이 지대로 분배되지 않고 모두 노동과 자본으로만 나뉘는 경우에도 적용된다. 앞에 들었던 예를 통해 설명하면 이렇다. 생산물이 토지, 노동, 자본의 대가로 나뉘는 것은, 갑과 을이 첫 동업자이고 나중에 병이 을의 조수가 되어 을과 몫을 나누는 것과 같다.

제 2 장
지대와 지대법칙

　　지대[또는 렌트(rent)-역자]라는 용어의 경제학적 의미는 일상적인 의미와 다르다. 경제학적 의미란 내가 사용하고 있는 의미로서 생산물 중 토지 기타 자연 능력의 소유자에게 그 소유권에 의해 귀속되는 부분을 말한다. 경제학적 의미는 일상적인 의미보다 더 좁은 경우도 있고 더 넓은 경우도 있다.

　　좁게 쓰이는 경우는 다음과 같다. 일상 대화에서는 토지 기타 자연 능력의 사용에 대해 지불하는 대가 이외에도 건물, 기계, 기타 고정 시설물의 사용에 대해 지불하는 대가도 일반적으로 렌트라고 부른다. 주택 렌트 또는 농장 렌트라고 할 때 순수 토지의 사용대가와 토지개량물의 사용대가가 구분되지 않는다. 그러나 경제학에서의 지대는 인간의 노력에 의한 생산물을 사용하는 대가를 포함하지 않으며, 따라서 주택, 농장 등의 사용대가로 지불되는 액수 중에서 토지 사용의 대가만을 지대라고 한다. 건물이나 기타 토지개량물의 사용대가는 이자이며 자본 사용의 대가가 된다.

　　넓게 쓰이는 경우는 다음과 같다. 일상 대화에서는 소유자와 사용자가 다른 사람인 경우에만 지대라는 용어를 사용한다. 그러나 경제학적 의미에서는 같은 사람이 소유자 겸 사용자라고 해도 지대가 발생한다. 소유자와 사용자가 동일인이라고 해도, 소유자가 자기 토지를 다른 사람에게 임대할 경우에 얻게 될 소득이 지대이며, 또 토지를 소유하지 않고 다른 사람에게서 임차했다고 할 때 자기가 얻을 소득은 자기의 노동과 자본에 대한 대가이다. 지대는 또 매매가격으로 표시되기도 한다. 토지를 매매할 때 소유권, 즉 영구적 사용권에 대해 지불되는 액수는 지대를 매매 시점의 가치로 환원한 또는 자본화한 금액이 된다. 토지를 낮은 가격으로 사서 높은 가격으로 팔 때 생기는 소득은 임금이나 이자에 의한 소득이 아니라 지대의 상승에 의한 소득이다. 즉, 지대는 생산된 부 중에서 자연 능력의 배타적 사용권으로 인해 그 소유자에게 돌아가는 몫을 말한다. 토지가 교환가치를 가지는 곳에는 언제나 경제학적 의미의 지대가 존재한다. 가치를 가지는 토지는 소유자가 사용하든 임차인이 사용하든 언제나 실현지대(rent actual)가 존재한다. 가치를 가지는 토지는 사용하지 않더라도 언제나 잠재지대(rent potential)가 존재한다. 토지가 가치를 갖게 되는 이유는 바로 이 지대 발생 능력에 있다. 토지소유권이 어떤 이익을 주기 전에는 토지는 가치를 갖지 않는다.[1]

이와 같이 지대 내지 토지가치는 토지의 생산성이나 효용으로 인해 발생하는 것이 아니다. 지대는 생산에 준 도움이나 이익을 나타내는 것이 아니라 단지 생산의 결과 중 일부분을 취득할 수 있는 힘을 나타낼 뿐이다. 토지의 능력이 어느 정도이건 간에 토지 사용권을 얻는 대가로 노동 또는 노동 결과를 지불하려는 사람이 없다면 지대도 생기지 않고 가치도 발생하지 않는다. 그리고 그 사용자가 지불하려고 하는 대가는 당해 토지 자체의 능력에 의존하는 것이 아니고 대가 없이 사용할 수 있는 다른 토지에 대한 상대적 능력에 의존한다. 내가

---

1) 내가 말하는 토지가치는 개량물을 제외한 토지의 가치이다. 토지와 개량물을 합한 가치를 표현할 때에는 합한 가치임을 명시할 것이다.

우수한 토지를 소유하고 있다고 해도 대가 없이 사용할 수 있는 다른 우수한 토지가 있는 한, 내 토지에서 지대가 생길 수 없고 가치도 발생하지 않는다. 그러나 다른 우수한 토지가 없어지고 대가 없이 사용할 수 있는 다른 토지가 비옥도나 위치나 기타의 관점에서 내 토지보다 못하다고 하면, 내 토지는 가치를 가지기 시작하고 지대가 발생하기 시작한다. 그리고 내 토지의 생산성이 떨어지더라도 무상으로 사용할 수 있는 토지의 생산성이 더 떨어진다면 내가 얻을 수 있는 지대, 즉 내 토지의 가치는 더 올라간다. 간단히 말하면, 지대는 독점가격이고 인적 노력에 의해 생산할 수도 증가시킬 수도 없는 자연 요소를 개인 소유권의 대상으로 삼는 데서 생기는 것이다.

만일 어느 사회에서 사용 가능한 토지를 한 사람이 독점하고 있다면 이 사람은 토지 사용의 대가나 조건을 자신이 원하는 대로 요구할 수 있을 것이다. 이 사람의 소유권을 인정한다면, 사회의 다른 주민은 이 사람의 요구를 수락하거나 죽거나 다른 곳으로 이민가는 수밖에 없다. 이러한 예는 많은 사회에 존재했었다. 현대에도 토지의 사적 소유가 인정되기는 하지만, 토지소유자가 많기 때문에 단순한 자의나 희망에 의해서만 사용가격이 정해지지는 않는다. 토지소유자는 누구나 최고의 대가를 바라지만 각자가 받을 수 있는 가격에는 한도가 있다. 이것이 토지의 시장가격 또는 시장지대이며 그 금액은 토지마다 시기마다 다르게 나타난다.

자유경쟁조건 — 정치경제학에서 원리를 발견하려고 할 때 늘상 가정하는 조건 — 하에서 토지소유자가 얻을 수 있는 가격을 결정하는 법칙 내지 관계를 지대법칙이라고 한다. 이 법칙을 확실하게 정립해 두면 임금이나 이자에 관한 법칙을 찾아내는 데 매우 유용하다. 부의 분배는 지대, 임금, 이자 간의 분할을 의미하므로 생산물 중에서 지대로 가는 부분이 확정되면 그 나머지가, 자본을 사용하지 않으면 임금이 되며, 자본을 사용하면 임금과 이자가 되기 때문이다.

다행스럽게도 지대법칙에 관해서는 새로 논의할 필요가 없다. 이에 관해서는 학계의 권위 있는 이론과 상식이 일치하며,2) 현 정치경제학에서 인정받는 원리가 기하학의 공리처럼 자명하다. 그래서 존 스튜어트 밀은 지대법칙을 정치경제학의 '당나귀의 다리[pons asinorum: 유클리드 기하학에서 '이등변 삼각형의 두 밑각은 같다'고 하는 정리 — 역자]'라고 하였다. 이 법칙은 흔히 '리카도의 지대법칙'이라고도 하는데, 리카도(David Ricardo, 1772~1823)가 이 법칙을 처음 주창한 것은 아니지만 처음 이 법칙에 사회의 관심을 불러 일으켰기 때문이다.3) 이 법칙은 다음과 같다.

토지의 지대는, 동일한 투입으로 사용되고 있는 토지들 중에서 생산성이 가장 낮은 토지에서 얻을 수 있는 정도를 초과하는 생산물에 의해 결정된다.

이 법칙은 농업 이외의 용도로 사용하는 토지와 광업이나 어업 등의 경우와 같은 다른 자연 요소에도 적용되며, 리카도 이래 모든 저명한 경제학자들이 상세히 설명하고 예증하였다. 그러나 문장 자체만 보더라도 자명한 명제로서의 힘이 담겨 있다. 경쟁의 효과로 인해, 노동

---

2) 학계에서 인정받는 지대법칙에 대한 반대 견해가 없다는 뜻은 아니다. 현재의 정치경제학이라는 이름의 저서가 체계도 없이 발간되고 있는 상태에서는 어떤 이론이든 반대 견해가 존재한다. 내가 말하는 것은 진정한 권위자로 볼 수 있는 경제학자들이 동의한다는 의미이다. 존 스튜어트 밀은 (『정치경제학 원리』 제2권 제16장) 이렇게 설명하였다. "지대법칙은, 제대로 이해하지 못하는 사람을 제외하고는, 동의하지 않은 사람이 거의 없다. 반대하는 사람들은 이 법칙을 막연히 또는 부정확하게 이해하고 있다는 사실이 너무 분명하다." 이러한 관찰은 그 후에도 많이 적중되었다.

3) 맥컬로크에 의하면 지대법칙은 에딘버러(Edinburgh)의 앤더슨(Dr. James Anderson)이 1777년에 팸플릿에서 처음 주창하였고, 19세기 초엽에 웨스트(Sir Edward West), 맬서스, 리카도가 동시에 내놓았다고 한다.

과 자본이 생산에 투입되기 위한 최저 대가가 바로 노동과 자본이 요구할 수 있는 최고액과 일치하게 되기 때문이다. 그 결과 생산성이 높은 토지의 소유자는 임금과 자본에 대한 통상적인 보상에 필요한 정도를 초과하는 모든 생산물을 지대로 징수할 수 있게 된다. 이때 통상적인 보상이란, 사용되고 있는 토지 중에서 생산성이 가장 낮은 토지 또는 생산점에서 — 여기에서는 지대가 발생하지 않는다 — 노동과 자본이 얻을 수 있는 정도의 보상을 말한다.

지대법칙을 다음과 같이 표현하면 이해가 더 쉬울지 모르겠다. 어느 자연적 생산요소의 소유권은, 노동과 자본을 자연적 생산요소에 투입할 때 나오는 부 중에서 자유롭게 종사할 수 있는 최저생산 업종에 동일한 노동과 자본을 투입할 때 얻을 수 있는 대가를 초과하는 부를 차지할 수 있는 힘을 소유자에게 준다.

어느 쪽으로 표현하건 결과는 마찬가지이다. 토지를 사용하지 않고 노동과 자본을 투입할 수 있는 업종은 없기 때문이며, 또한 경작 등 토지 사용은 언제나 그 수입이 최소가 되는 상태까지, 즉 어느 용도로 사용하더라도 그 사용 대가가 발생하지 않는 상태까지, 이루어지기 때문이다. 예를 들어 노동과 자본의 일부는 농업에 투입하고 나머지는 공업에 투입하는 사회를 생각해 보자. 최열등지의 경작에서 나오는 평균 생산이 20이라면 이 사회의 노동과 자본에 대한 평균적인 대가는 농업과 공업을 막론하고 20이 된다. 그런데 어떤 이유로 인해 공업에서의 대가가 15로 줄어들었다고 가정하자. 그러면 공업에 투입된 노동과 자본은 농업 쪽으로 이동할 것이다. 이러한 과정은, 경작의 한계가 열등한 토지로 또는 같은 토지의 열등한 생산점으로 확장되거나, 공업 생산이 감소되어 공업생산물의 상대적 가치가 상승하거나, 또는 이러한 두 현상이 같이 일어나서 결국 두 분야에서의 노동과 자본에 대한 대가가 일치할 때까지 계속된다. 따라서 공업 생산이 이루어질 수 있는 마지막 생산성이 얼마이든 간에 — 18이든 17이든 16이든 간에 — 거기까지 경작도 확장될 것이다. 이렇게 해서 '지대는 경작의 한계 또는 최저 생산점에서의 생산성을 초과하는 부분이다'라는 말은 결국 '지대는 동일한 양의 노동과 자본으로 수익성이 가장 낮은 업종에서 얻을 수 있는 생산을 초과하는 부분이다'라는 말과 같은 의미가 된다.

즉, 지대법칙이란 실제로 경쟁의 법칙에서 연역된 것에 불과하다. 또 임금과 이자는 공통의 수준으로 귀착되는 경향이 있으므로 지대법칙의 의미는 노동과 자본이, 사용되는 자연적 생산요소 중 가장 열등한 대상에 투입되었을 때의 생산물보다 더 많은 부를 생산하면 그 초과 부분은 모두 지대의 형태로 토지소유자에게 귀속된다고 하는 것이나 마찬가지이다. 이것은 궁극적으로, 물리학에서 중력의 법칙이 차지하는 중요성처럼 정치경제학에서의 기본 원리인 '인간은 최소의 노력으로 욕구를 충족시키려 한다'는 원리에서 나온다.

이것이 지대법칙이다. 리카도는 이 법칙을 농업과의 관계에서만 검토하는 것 같으며 공업에서는 지대가 발생하지 않는다고 여러 차례 표현하고 있다. 그러나 실제로 공업과 상업은 가장 높은 지대를 산출하는데, 이는 도시의 공업용 내지 상업용 토지의 지대가 더 높은 것으로 입증된다. 여러 표준적인 저서에서 리카도의 농업 편중성을 너무 답습하기 때문에 이 법칙의 중요성이 완전히 드러나지 않고 있지만, 리카도 시대 이래 법칙 그 자체는 명확하게 이해되고 완전한 인정을 받아 왔다. 그러나 이 법칙에서 파생되는 법칙은 그렇지 못했다. 파생 법칙도 간단한 것이지만 학계의 인정을 받는 임금법칙이 방해를 했기 때문이다. 이 임금법칙은, 앞에서 설명한 이유와 또 우리가 도출하려고 하는 논리적 결론에 도달했을 때 발생할 엄청난 무게 때문에, 각계의 지지를 받았고 강화되었다.[4] 그러나 간명한 기하학적 증명처럼 다음과 같은 파생법칙이 도출될 수 있지 않은가? 즉, 지대법칙은 생산물이 지대와 임금으로만 나누어진다면 바로 임금법칙이 되며, 지대, 임금, 이자로 나누어진다면 바로 임금과 이자를 합한 것의 법칙이 된다. 뒤집어 말하면, 노동과 자본을 투입하여 어떤 생산을 하건 이 두 요소가 임금과 이자로 받는 대가는 지대를 지불하지 않고 사용할 수 있는 토지에서 — 사용되는 토지 중 생산성이 최저인 토지 또는 최저생산점에서 — 얻을 수 있는 생산물에 국한되기 때문에, 지대법칙은 필연적으로 임금과 이자를 합한 것의 법칙이 될 수밖에 없다. 노동과 자본을 지대 없는 토지에 투입하여 얻을 수 있는 대가 이상의 생산은 모두 지대로 토지소유자에게 귀속된다면, 결국 노동과 자본이 요구할 수 있는 대가도 지대 없는 토지에서의 생산액에 불과하게 된다.

이를 수식으로 표시하면 다음과 같다.

$$생산량 = 지대 + 임금 + 이자$$
$$생산량 - 지대 = 임금 + 이자$$

이와 같이 임금과 이자는 노동과 자본의 생산물에 의존하는 것이 아니라 지대를 공제하고 난 후의 잔여에 의해, 즉 무지대 토지에서의 생산물 또는 사용 토지 중 가장 열등한 토지에서의 생산물에 의해 정해진다. 그러므로 생산력이 아무리 높아지더라도 지대가 같은 정도로 높아진다면 임금과 이자는 상승할 수 없다.

이러한 단순한 관계를 이해하고 나면 이전에는 설명이 안 되던 부분이 밝게 드러나고 무질서하게 보이던 여러 사실이 명백한 법칙 아래 정돈된다. 지대 상승이, 진보하는 지역에서 생산력이 증대됨에도 불구

---

4) 버클, 『영국문명사』 제2장은 지대, 이자, 임금 간의 필연적인 관계를 파악하였지만, 그 후 자세하게 연구하지 않은 것으로 보인다.

하고 임금과 이자가 상승하지 않는 이유를 설명하는 열쇠가 됨을 쉽게 알 수 있다. 어느 사회에서든 생산된 부는, 경작의 한계에 의해 정해지는 지대선(rent line)이라고 부를 수 있는 선에 의해 둘로 나누어진다. 지대선은 노동과 자본이 지대를 지불하지 않고 무상으로 사용할 수 있는 자연의 기회로부터 얻을 수 있는 대가를 말한다. 총생산 중 지대선 아래에 놓이는 부분은 임금과 이자가 되며 지대선 윗부분은 모두 토지 소유자에게 귀속된다. 이렇게 해서 신생 지역처럼 토지가치가 낮은 곳에서는 부의 생산량은 적더라도 임금과 이자는 높으며, 기성 지역처럼 토지가치가 높은 곳에서는 부의 생산량이 많더라도 임금과 이자는 낮다. 그리고 진보하는 지역에서처럼 생산력이 향상되는 곳에서는, 임금과 이자는 생산력 향상 자체에 의해서가 아니라 생산력 향상이 지대에 영향을 미치는 방식에 의해 영향을 받는다. 토지가치가 같이 상승하면 향상된 생산력은 지대로 흡수되어 버리고 임금과 이자는 전과 달라지지 않는다. 토지가치가 생산력보다 더 높은 비율로 상승하면 지대가 그 증가분 이상을 흡수해 버리며, 노동과 자본의 생산물이 훨씬 더 많아지더라도 임금과 이자는 하락한다. 토지가치의 상승이 생산력 향상을 따르지 못할 경우에 한하여 임금과 이자가 생산력 향상과 더불어 상승할 수 있다. 이 모든 점이 사실로 입증된다.

제 3 장
이자와 그 발생 원인

지대법칙을 확인하였으므로 그 필연적인 파생법칙도 얻은 셈이다. 지대와 임금으로만 분배가 이루어지면 임금법칙을 얻은 것이고, 세 요소로 분배가 이루어지면 임금과 이자를 합한 것의 법칙을 얻은 것이다. 생산물 중 지대로 가는 비율이 결정되면 그 나머지가, 생산에 토지와 노동만이 관계될 경우에는 임금으로 가는 비율이 되고, 자본이 추가되면 임금과 이자로 가는 비율이 된다.

그러나 이러한 연역법에 의존하지 말고, 이들 법칙을 별도로 또 독자적으로 찾아보자. 이렇게 해서 발견한 법칙들이 상호 연관성을 갖는다면 우리의 결론은 최상의 확실성을 갖게 될 것이다.

그리고 우리의 궁극적 목적이 임금법칙을 발견하는 데 있는 만큼, 먼저 이자를 주제로 선택하기로 하자.

이윤과 이자라는 용어 간의 의미상 차이에 대해서는 이미 설명한 바 있다. 여기에 추가해서, 부의 분배에서 추상적인 용어로서의 이자는 일상적인 용례와는 다음과 같이 다르다는 점을 지적하는 것이 좋겠다. 이자는 자본 사용에 대한 모든 대가를 포함하며, 차용자가 대여자에게 지불하는 것에 국한되지 않는다. 또 위험부담에 대한 보상은 ― 일상 용어로서의 이자의 상당 부분이 여기에 해당되지만 ― 제외된다. 위험부담에 대한 보상은 여러 분야의 자본 사용 대가를 균등하게 하는 작용을 할 뿐이다. 우리가 발견하려고 하는 것은 진정한 일반 이자율을 결정하는 원인이다. 이 비율에 각 경우의 위험부담에 대한 보상률이 보태지면 현실에서의 상업이자율이 될 것이다.

일상적으로 말하는 이자는 경우에 따라 서로 굉장한 차이가 나는데 가장 큰 원인은 분명히 위험부담의 차이이다. 그러나 진정한 의미의 이자율도 분명히 나라별로 또는 시기별로 상당한 차이가 있다. 한때 캘리포니아에서는 월 2% 정도는 별로 대단한 이자가 아니라고 생각되었으나 지금은 같은 담보로 연 7% 내지 8%면 족히 대출을 받을 수 있다. 이 변화의 원인은 사회가 전반적으로 안정되었다고 보는 심리에도 있지만, 대부분은 분명히 다른 일반적인 사정에 기인한다. 일반적으로 미국의 이자율은 영국보다 높았다. 미국에서도 신생 주의 이자율은 기성 주보다 높다. 사회가 진보함에 따라 이자율이 하락하는 추세가 뚜렷하며 이는 과거부터 인식되어 왔다. 이러한 여러 변화를 한데 묶어 그 원인을 보여줄 수 있는 법칙은 어떤 것인가?

현 정치경제학이 진정한 이자법칙을 찾아내지 못했다는 점은 이미 여기저기에서 지적하였으므로 더 이상 강조할 필요는 없을 것이다. 이 주제에 관한 현 정치경제학의 추론은 기존의 임금학설이 갖춘 정도의 확실성과 일관성이 없으며, 임금학설에 대해서처럼 자세하게 검토할 필요도 없다. 이자법칙에 관한 이론이 사실과 배치된다는 점은 너무나 명백하다. 이자가 노동과 자본의 생산성에 의해 정해지는 것이 아니라는 점은 노동과 자본이 가장 생산적인 곳에서 이자가 가장 낮다고 하는 일반적인 현상으로 입증된다. 이자가 임금의 (즉 노동비용의) 반대 방향으로 움직이지 않는다는 점도 — 즉, 임금이 오르면 이자가 내려가거나 임금이 내리면 이자가 올라가거나 하지 않는다는 점도 — 임금이 높은 시기와 장소에는 이자도 높고 임금이 낮은 시기와 장소에는 이자도 낮다는 일반적인 사실에 의해 입증된다.

처음부터 시작해 보자. 자본의 성격과 기능은 이미 충분히 검토하였다. 이제 다소 옆길로 새는 듯한 느낌도 들지만, 이자법칙을 검토하기에 앞서 이자의 원인을 밝혀보기로 한다. 이렇게 함으로써 주제에 대해 좀 더 확고하고 명료한 이해를 도울 수 있을 뿐만 아니라 추후에 실질적 중요성을 갖는 결론을 도출할 수 있게 된다.

이자의 근거와 정당성은 무엇인가? 왜 차용자는 대여자에게 빌린 것보다 더 많이 갚아야 하는가? 이런 질문에 대답하는 것은 학술적으로만이 아니라 실제적으로도 중요하다. 이자가 근면에 대한 약탈이라는 감정은 널리 확산되고 있으며 대서양 양안의 대중적인 문헌이나 운동에서도 많이 나타나고 있다. 현 정치경제학의 저명학자들은 노동과 자본 간의 갈등관계는 없고 자본이 얻는 대가를 제한하는 모든 조치는 자본뿐만 아니라 노동에도 해가 된다고 한다. 그러면서도 이들의 저서 속에는 임금과 이자는 서로 상반된 관계에 있어서 임금이 높거나 낮으면 이자는 거꾸로 낮거나 높다는 학설을 제시하고 있다.[5] 따라서 이 학설이 옳다면 노동자의 입장에서 이자 제한 조치에 반대할 수 있는 유일한 논리적 근거는, 제한해 보았자 실효가 없을 것이라고 하는 것뿐이다. 그러나 법으로 모든 것을 할 수 있다는 생각이 널리 퍼져 있는 현실에서 이런 논거는 매우 미약한 것이다. 또 이런 반대 논거에 입각한다면, 어느 하나의 조치만이 아니라 어떤 조치를 취해도 실효가 없다는 말이 된다.

이자는 왜 존재해야 하는가? 모든 표준적인 저서에서 이자는 절제의 대가라고 한다. 그러나 이것으로는 충분한 설명이 되지 못한다. 절

---

5) 이런 설명은 실은 이윤에 대한 것이지만 자본에 대한 대가를 의미하는 것이 분명하다.

제는 적극적이 아닌 소극적인 것이며, 무엇을 하는 것이 아니라 무엇을 하지 않는 것이다. 절제 그 자체로는 아무 것도 생산하지 않는다. 그렇다면 생산된 것 중 일부가 절제의 대가가 되어야 할 이유가 어디 있는가? 내가 1년간 돈을 묵혀 두어, 남에게 빌려준 것처럼 절제했다고 하자. 빌려주면 이자라는 형태의 추가액을 기대할 수 있지만 묵혀 두면 원금만 있을 뿐 증가분은 없다. 그러나 절제라는 면에서는 꼭 같다. 한편, 대여함으로써 차용자에게 서비스를 했다고 한다면 차용자도 안전하게 보관하는 서비스를 했다고 대답할 수 있다. 보관 서비스는 어떤 경우에는 매우 소중한 서비스이며 그 서비스에 대해 대가를 지불하기도 한다. 돈이 아닌 어떤 형태를 가진 자본에서는 이 점이 더 분명하게 나타나기도 한다. 자본 중에는 오래 존속하지 못하고 끊임없이 재생되어야 하는 유형이 있기도 하고, 즉시 사용하지 않으면 유지하기가 부담스러운 유형도 있다. 그러므로 자본 축적자가 대여를 통해 차용자를 돕는다고 해도 차용자는 돌려줌으로써 빚을 다 갚는 것이 아닌가? 자본을 안전하게 보관, 유지, 재창조하는 것으로써 사용에 대한 완전한 상쇄가 되지 않는가? 축적은 절제의 목적이자 목표이다. 절제만으로는 진전도 없고 성취도 없다. 우리가 1년간 자본을 사용하지 않고 가만히 있기만 해도 얼마나 많은 부가 소멸될 것인지! 2년 후에는 남아 있는 것이 얼마나 될 것인지! 그러므로 안전하게 돌려받는 것 이상을 절제의 대가로 요구한다면 노동에 대한 부당한 처사가 아닐까? 이자는 노동의 희생을 통해 발생할 수 있고 실제로 노동을 강탈하는 것으로서, 정의로운 사회에서는 이자를 철폐하여야 한다고 하는 여론의 밑바닥에는 이런 생각이 깔려 있다.

이런 견해를 논박하려는 시도는 별로 성공한 것 같지 않다. 흔히 거론되는 바스티아(Frédéric Bastiat, 1801~1850)의 대패의 예가 일반적인 생각을 반영하므로 그 예를 들어 보자. 갑이라는 목수가 있는데 열흘을 소비하면 대패 한 자루를 만들 수 있고, 연간 작업일이 300일이며 대패의 수명은 290일이라고 한다. 을이라는 목수가 1년 후에 못 쓰게 된 대패 대신에 같은 품질의 대패를 반환하는 조건으로 대패를 빌리자고 하였다. 갑은 이런 조건으로는 대패를 빌려줄 수 없다고 하면서, 대패 하나만 돌려받는다면 1년간 자신이 대패를 사용할 경우 얻을 수 있는 이익을 잃는 데 대한 보상이 없다고 하였다. 을은 이 말에 승복하여 대패 이외에 판자 한 장도 얹어서 돌려주기로 합의하였다. 이 합의는 서로 만족스러운 가운데 이행되었다. 1년 동안 대패가 못 쓰게 되었지만 갑은 1년 후에 같은 품질의 대패도 받고 추가해서 판자 한 장도 받았다. 갑이 새 대패를 되풀이해서 빌려 주다가 아들에게 물려주면 "아들도 계속 빌려줄 수 있고" 매번 판자 한 장씩을 받는다. 이자에 해당되는 판자 한 장은 대패를 사용하는 대가로 주는 것이므로 자연적이고 형평성 있는 대가라고 한다. 을은 "노동 생산성을 향상시키는 도구의 힘을 얻었고" 대패를 빌리지 않았을 경우보다 나빠진 것이 없다. 또 갑은 대패를 빌려주지 않고 자신이 갖고 쓸 경우보다 더 차지한 것이 없다.

　　그러나 정말로 그럴까? 갑은 대패를 만들 수 있고 을은 대패를 만들 수 없다면 판자를 기술 우위성에 대한 대가로 볼 수 있겠지만 그 점은 여기에서 확실하지 않다. 단지 갑이 자기 노동 결과의 소비를 절제하고 대패라는 형태로 축적했다는 — 이것이 자본 개념의 핵심이다 — 사실만이 분명할 뿐이다.

　　갑이 대패를 빌려주지 않고 자신이 사용한다면 290일 후에 대패가 못 쓰게 될 것이고, 그러면 연간 작업일 중 나머지 열흘간 일해서 새 대패를 만들어야 할 것이다. 을이 대패를 빌리지 않는다면 열흘간 스스로 대패를 만들어 나머지 290일간 사용할 수 있을 것이다. 대패를 사용하여 하루 노동하면 판자 한 장이 나온다고 할 때 1년 후에 보면 두 사람 다 대패에 관한 한 연초와 같은 상태가 된다. 즉, 갑은 대패가 있고 을은 없으며, 둘 다 판자 290장이라는 연간 노동의 결과를 가지게 된다. 을이 당초에 제시했던 조건대로 대패를 빌렸다면 새 대패를 반환함으로써 상대적 상황이 꼭 같게 나타난다. 을은 290일간 일하고 마지막 열흘간 새 대패를 만들어 갑에게 반환한다. 갑은 첫 열흘간 다른 대패를 만들어 290일간 일한 후 새 대패를 을에게서 반환받는다. 이와 같이 단지 대패를 반환하기만 하면 1년 후 두 사람은 대패를 빌리지 않았을 경우와 꼭 같은 상태가 된다. 갑이나 을이나 서로 잃은 것도 없고 얻은 것도 없다. 둘 다 대패를 빌리지 않았을 때와 같이 판자 290 장이라는 자기 노동의 대가를 가지며, 갑은 출발 시에 가지고 있던 유리함, 즉 새 대패를 가진다.

그러나 대패 반환 이외에 판자 한 장을 더 준다면 1년 후 갑은 대차관계가 없었을 때보다 유리한 상태가 되며 을은 불리한 상태가 된다. 갑에게는 판자 291장과 새 대패가 있고, 을에게는 판자 289장이 있고 대패는 없다. 을이 전과 같은 조건으로 판자와 대패를 같이 빌린다면, 그 1년 후에는 대패 하나와 두 장 약간 넘는 판자를 반환해야 한다. 반환할 판자와 대패를 매년 다시 빌린다면 을의 소득은 누진적으로 감소하고 갑의 소득은 누진적으로 증가하는데, 이런 과정이 계속된다면 결국에는 처음에 대패 하나를 빌려준 결과로서 갑은 을의 모든 노동 결과를 취하게 되지 않는가? 즉, 을이 사실상 갑의 노예가 된다는 것이다.

그래도 이자가 자연스럽고 형평성이 있는 것인가? 위의 예로서는 그렇다고 입증할 수 없다. 바스티아는 — 그 외 다른 많은 학자도 — 이자의 근거로서 "노동생산성을 향상시키는 도구의 힘"을 들지만, 이 힘은 정의와 사실 어느 쪽으로 보아도 근거가 되지 못한다. 우리가 한 것과 같은 분석을 애써 하려고 하지 않고 바스티아의 설명이 틀림없다고 생각하는 사람이 있는 이유는, 대패를 대여하면 대패 사용으로 증가하는 생산력도 이전한다고 연상하기 때문이다. 그러나 이는 사실과 다르다. 갑이 을에게 빌려준 핵심은 노동이 대패를 사용함으로써 얻게 되는 증가된 힘이 아니다. 증가된 힘을 빌려준 것이라고 하려면 대패의 제작과 사용이 영업상 비결이거나 특허권이어야 하며, 그럴 때 바스띠아의 예는 자본에 대한 예가 아니라 독점에 관한 예가 된다. 갑이 을에게 빌려준 것은 노동을 능률적인 방식으로 할 수 있는 특권이 아니라 열흘간 노동의 구체적인 결과물이다. 만일 "노동생산성을 증가시키는 도구의 힘"이 이자의 원인이라면 이자율은 발명과 더불어 상승할 것이다. 그런데 사실은 그렇지 않다. 재봉틀 50달러짜리를 빌린다고 해서 바늘 50달러어치를 빌릴 때보다 이자를 더 내는 것은 아니다. 증기기관을 빌린다고 해서 같은 가치의 벽돌을 빌릴 때보다 이자를 더 물지도 않는다. 자본은 부와 마찬가지로 교환 가능성이 있다. 자본은 하나의 물건에 국한되지 않으며 교환의 범위 내에서 같은 가치를 가지는 무슨 물건이든 될 수 있다. 도구가 개선된다고 해서 자본의 재생산력이 증가하는 것은 아니다. 도구의 개선은 노동의 생산력을 더해 준다.

모든 부가 대패와 같은 것이라면, 그리고 모든 생산이 목수일과 같은 것이라면 — 즉, 부가 우주 속의 생명 없는 물질로만 이루어지고, 생산이 생명 없는 물질을 다른 형태로 바꾸는 행위에 국한된다고 하면 — 이자는 근면에 대한 약탈에 해당되어 오래 존속할 수 없을 것으로 생각한다. 그렇다고 해서 축적 행위가 없어질 것이라고 보지는 않는다. 증가에 대한 기대가 부를 자본으로 전환하는 하나의 동기임에는 분명하지만 그것이 축적의 유일한 동기 내지 주된 동기라고는 할 수 없기 때문이다. 어린이는 크리스마스에 대비해서 용돈을 저축한다. 해적은 보물을 계속 땅에 파묻어 둔다. 동방의 왕은 금화를 축적한다. 스튜어트(Alexander T. Stewart, 1803~1876)나 밴더빌트(Cornelius Vanderbilt,

1794~1877)는 축적하는 데 사로잡혀, 축적이 증가를 가져오지 않는다고 해도 거대한 재물을 계속 늘려갈 것이다. 또 대여와 차용이 사라질 것이라고 보지도 않는다. 대차 행위는 크게 보아 상호 편리성을 증진시키기 때문이다. 을은 즉시 일이 시작되고 갑은 열흘 후에나 일이 시작된다고 하면 판자라는 대가가 없어도 대패를 빌려줌으로써 서로 이익을 얻는다.

그러나 모든 부의 성격이 대패, 판자, 돈과 같이 재생산력을 갖지 않는 것은 아니다. 또 모든 생산이 단순히 이런 생명 없는 물질을 다른 형태로 바꾸는 작업은 아니다. 내가 돈을 가만 내버려 둔다면 돈은 증가하지 않는다. 그러나 포도주를 가만 내버려둔다면, 1년이 지나면 포도주의 질이 향상되기 때문에 가치도 증가한다. 또 꿀벌이 살기 적당한 농촌에 벌을 놓아둔다면, 1년이 지난 후에는 벌떼가 늘어나고 벌이 만든 꿀도 얻을 수 있다. 또 목장이 있어서 양이나 돼지나 기타 가축을 방목한다면, 1년 후에는 평균적으로 보아 마릿수가 증가해 있을 것이다.

이런 경우 증가의 원인은 노동과는 다른 그 무엇인데 — 물론 그 무엇을 이용하기 위해서는 대체로 노동이 필요하지만 — 이를 자연의 능동적 힘이라고 할 수 있다. 성장의 원리, 재생산의 원리는 우리가 생명이라고 부르는 모든 형태의 신비스러운 존재 내지 상태의 특징이다. 바로 이것이 이자의 원인이고 투입한 노동에 비해 자본이 더 증가하는 원인이라고 나는 생각한다. 말하자면, 영속적으로 자연을 변화시키는 움직임 속에 어떤 생명의 흐름이 있고, 이 흐름을 잘 이용한다면 물질을 우리가 희망하는 형태, 즉 부로 바꾸어 주는 과정에서 인간의 노력과는 무관한 어떤 힘을 통해 도움을 얻게 된다.

돈, 대패, 판자, 엔진, 옷 등 내재적 증식력을 갖지 않은 물자도 많지만, 부의 범주에 들어가는 다른 물자 중에는 포도주처럼 어떤 수준까지는 저절로 질이 향상되는 것도 있다. 또 꿀벌이나 가축처럼 저절로 마릿수가 증가하는 것도 있다. 또 종자처럼, 노동 없이는 증가할 수 있는 조건이 갖추어지지 않으나, 그 조건만 갖춘다면 증가분을 낳는, 즉 투입한 노동에 비해 대가를 더 많이 주는 것도 있다.

또한 소유하는 부의 종류에 따라서는 특별한 이익이 발생할 수도 있지만, 부의 호환성으로 인해 모든 종류의 부는 평준화된다. 더 유리한 형태의 부로 바꿀 수 있다면 불리한 형태의 부를 지닐 사람이 없을 것이기 때문이다. 예를 들어 밀을 빻아 밀가루로 만들어 두었다가, 밀이나 다른 등가물을 밀가루로 바꾸려는 사람의 편의를 봐주는 사람이 있다고 하자. 그러나 여러 사정을 고려해 보아 스스로 밀을 심어 얻을 수 있는 정도만큼 소득이 안 나온다면 이런 교환을 하지 않을 것이다. 또 양을 치는 사람이 양떼를 빌려 준 후 그 이듬해에 고기 근수로 쳐서 똑같은 무게의 양떼를 돌려받으려고 하지는 않을 것이다. 양떼를 그냥 가지고 있으면 이듬해에 같은 무게의 고깃근 이외에 새끼와 양털도 얻을 수 있기 때문이다. 관개용 도수로를 파는 사람도 자기 자본에 대한 대가가 도수로의 도움을 받아 자연의 재생산력을 활용하는 사람들이 얻는 대가만큼 되지 않는다면 도수로를 만들려고 하지 않을 것이다. 그래서 자연의 재생산력 내지 생명력이 일부 자본에 대해 부여하는 증식력은 어떤 유통경로에서든 평준화된다. 돈, 대패, 벽돌, 옷을 빌려 주거나 교환과정에서 사용하는 사람도, 증식력이 있는 자본을 빌려주거나 재생산 용도로 사용하는 사람과 다름없이 증가분을 취득할 힘을 갖게 된다.

자연과 인간의 힘의 다양성을 교환을 통해 활용하면 자연의 생명력에 의해 생산되는 것과 비슷한 증가분이 나온다. 예를 들어 갑이라는 지역에서 일정한 노동을 투입하면 식물성 식품 200 또는 동물성 식품 100을 생산할 수 있고, 을이라는 지역에서는 같은 노동으로 식물성 식품 100 또는 동물성 식품 200을 생산할 수 있다고 하자. 을 지역에서는 식물성 대 동물성 식품의 상대가치는 2대 1, 갑 지역의 상대가치는 1대 2가 될 것이다. 두 가지 식품이 동일한 양만큼 필요하다면 같은 노동을 투입할 때 각 지역마다 총 150이 생산된다. 그러나 갑 지역에서는 식물성 식품 생산에만 노동을 투입하고 을 지역에서는 동물성 식품 생산에만 노동을 투입하여 필요한 양만큼 서로 교환한다면 각 지역의 주민은 주어진 노동으로 총 200을 얻을 수 있고 단지 교환에 소요되는 손실과 비용이 여기에서 빠질 뿐이다. 이렇게 해서 각 지역마다 생산물을 자체에서 소비하지 않고 교환하면 증가분을 얻을 수 있다. 비유하자면, 휘팅턴 고양이(Whittington's cat)가 쥐는 들끓는데 고양이는 별로 없는 먼 나라에 갔다가 물건과 금을 많이 벌어 귀향했다는 이야기와 같다.

교환에는 물론 노동이 필요하다. 자연의 재생산력을 활용하는 데 노동이 필요한 것과 같다. 교환의 생산물도 농업 생산물과 같이 분명히 노동의 생산물이다. 그러나 어느 경우에나 노동과 협력하는 별도의 힘이 작용한다. 그 때문에, 투입된 노동의 양만으로 결과를 측정할 수는 없으며, 사용된 자본이나 시간의 양도 그 힘의 빼놓을 수 없는 요소가 된다. 자본은 모든 방식의 생산에서 노동을 돕지만 다음의 두 생산방식 중 어느 쪽이냐에 따라 양자 간의 관계가 달라진다. 하나는 단지 물질의 형태나 장소를 바꾸는 생산방식이다. 예를 들면 대패로 판자를 밀거나 석탄을 캐내는 것과 같다. 다른 하나는 자연의 재생산력 또는 자연과 인간의 힘을 적절히 배분하는 데서 생기는 증가력을 이용하는 생산방식이다. 예를 들면 곡물을 재배하거나 얼음과 설탕을 교환하는 것과 같다. 첫 번째 방식에서는 노동만이 생산의 원인이 되며 노동이 중단되면 생산도 중단된다. 해가 저물어 목수가 대패를 놓으면, 목수가 대패를 써서 만들어 내던 가치의 증가는 다음날 아침 일을 다시 시작할 때까지 중단된다. 공장에서 작업을 마치거나 광산에서 출입구를 닫으면 생산은 다시 일과가 시작될 때까지 중단된다. 그 사이의 시간은 생산에 관한 한 지워진 것이나 다름없다. 투입 노동량에만 의존하는 생산에서는 날이 바뀌고 계절이 지나가도 시간은 요소가 되지 못한다. 그러나 앞서도 거론했던 다른 형태의 생산, 예를 들어 벌목하는 사람이 베어낼 나무를 강물에 던져서 수 마일 하류에 있는 목재소까지 띄워 보내는 경우에는 시간이 하나의 요소가 된다. 또 땅에 뿌린 종자는 농부가 잠을 자고 있어도 싹이 트고 성장하며, 휘팅턴 고양이는 끊임없이 움직이는 바람과 바다 물결 덕에 쥐가 들끓는 미지의 나라로 가서 지배할 수 있었다.

바스티아의 예를 다시 생각해 보자. 을이 1년 후에 새 대패 한 자루 이상을 갑에게 반환해야 한다면, 이는 바스티아가 말한 것처럼 도구가 노동에 부여한 증가된 힘에서 나오는 것이 아니다. 위에서 입증하였듯이 이 힘은 이자와 무관하기 때문이다. 그 원인은 시간이라는 요소, 즉 대패의 대여와 반환 사이의 1년이라는 시간차에 있다. 그러나 이런 예에만 국한하여 본다면 시간이라는 요소의 작용을 알 수 없다. 연말의 대패 가치가 연초의 대패 가치보다 높지 않기 때문이다. 그러나 대패 아닌 송아지라면, 갑이 송아지를 빌려주지 않은 경우와 같은 상태를 만들어 주려면 을은 1년 후에 송아지가 아니라 어미 소를 반환해야 한다. 또 열흘간의 노동으로 옥수수 종자를 심었다고 할 때, 갑이 옥수수를 빌려준 만큼만 1년 후에 반환받는다면 충분한 보상을 받았다고 할 수 없다. 1년간 옥수수는 싹이 트고 성장하여 여러 배로 늘어났을 것이기 때문이다. 또 대패가 교환에 투입되었다면 1년간 여러 차례 유통되어 단계마다 갑에게 증가분을 주었을 것이다. 그리하여 갑이 노동을 투입할 수 있는 대상은 많으므로 — 즉, 대패 만드는 데 드는 노동의 일부를 다른 대상으로 이전할 수 있으므로 — 갑은 1년 후에 대패 한 자루 이상을 반환받지 않는다면 을이 1년간 사용할 대패를 만들어 주지 않을 것이다. 또 을도 다른 대상에 노동을 투입하여 얻을 수 있는 평균적 이익으로 인해 자기 노동에서도 시간 요소의 이익을 얻을 수 있기 때문에 대패 한 자루 이상을 반환할 수 있게 된다. 이를 일반적 평준화 내지 이익의 풀(pooling) 현상이라고 할 수 있으며 여러 가지 형태의 생산이 동시적으로 필요한 사회에서 이런 현상이 존재한다. 그로 인해 자체로서는 증가할 수 없는 부를 소유할 경우에도 시간 요소로부터 이익을 얻을 수 있도록 사용되는 부와 비슷한 정도의 이익이 생긴다. 또한 시간의 경과로 얻는 이익은 자연이 생명을 길러내는 힘과 자연 및 인간이 대상을 변화시키는 힘에서 나온다.

물질의 품질과 능력이 어디에서나 균일하고 인간의 생산력도 균일하다면 이자는 존재하지 않을 것이다. 우수한 도구는 일시적으로 외견상 이자를 지불하는 것과 비슷한 조건으로 대여될 수 있겠지만 이런 거래는 불규칙적, 일시적이다. 즉, 원칙이 아니라 예외이다. 이런 대가를 얻는 힘이, 지금과는 달리, 자본의 소유에 내재하지 않을 것이고 시간의 이익은 특정한 상황에서만 나타날 것이기 때문이다. 예를 들어, 내가 1천 달러를 소유할 경우에 돈을 빌려주면 이자를 받을 수 있지만, 그 이유는 달리 돈을 구할 수 없는 어떤 사람이 있어 내 돈을 쓰고 그 대가를 지불하려고 하기 때문이 아니다. 내 돈 1천 달러는 그 돈을 사용하는 사람에게 — 사용자가 백만장자라고 해도 — 증가분을 줄 수 있는 힘을 나타내고 있기 때문이다. 물건의 가격은 매입자가 지불하려고 하는 금액에 의존한다기보다는 매각자가 매각하지 않을 때 얻을 수 있는 금액에 의존한다는 것이다. 예를 들어, 기업을 그만두려고 하는 제조업자에게 10만 달러짜리 기계가 있다고 하자. 제조업자가 기계를 10만 달러에 팔지만 이 돈에 대한 이자 수입을 얻을 수 없다고 할 경우에, 위험부담의 문제만 없다면, 가격을 즉시 받건 분할해서 받건 별 문제가 되지 않는다. 정상적인 거래에서처럼 매입자가 매입에 필요한 자본을 가지고 있다면 돈을 즉시 지불하건 추후에 지불하건 별 문제가 되지 않는다. 매입자가 필요 자본을 안 가지고 있다면 대금 지불을 늦추는 것이 유리하겠지만, 그렇다고 해서 매각자가 프리미엄을 요구하고 매입자가 이에 동의하는 일은 예외적인 경우에나 있을 것이고, 그 예외적인 경우에도 프리미엄을 진정한 이자로 볼 수 없다. 진정한 이자는 자본 사용에 대한 지불액이 아니라 자본의 증가에서 생기는 대가이기 때문이다. 자본이 증가분을 낳지 않는데도 소유자가 프리미엄을 얻는 것은 드물고 예외적이다. 을은 갑의 대패에 대한 지불을 늦추는 특권 대신 판자 한 장을 주는 것이 이익이 되는지 여부를 곧 판별하게 된 것이다.

요약하자면, 생산에는 다음과 같은 세 가지 방식이 있다.

적응시키기(Adapting): 자연의 산물의 형태나 장소를 인간의 욕구 충족에 적합하도록 바꾼다.

키우기(Growing): 식물이나 동물을 기르는 경우처럼 자연의 생명력을 활용한다.

교환하기(Exchanging): 자연의 힘은 위치에 따라 다르고 인간의 힘은 상황, 직업, 성격에 따라 다르므로, 부의 총량을 증가시키기 위해 그 중 더 큰 힘을 활용한다.

자본은 이 세 생산방식 모두에서 노동을 도울 수 있다. 좀 더 세부적으로 표현하자면, 첫 번째 방식에서 자본은 노동을 도울 수는 있으나 필수적인 것은 아니고, 다른 두 방식에서는 자본이 노동을 반드시 도와야 하며 따라서 필수적이다.

자본을 적절한 형태로 적응시킴으로써 물질을 부로 전환하는 노동력의 효과를 높일 수 있는 예를 들면, 나무와 쇠를 대패로 적응시키고 철, 석탄, 물, 기름을 증기기관으로 적응시키고 돌, 진흙, 목재, 철을 건물로 적응시키는 것 등이 있다. 이러한 자본 사용의 특징은 자본을 직접 사용함으로써 이익이 나온다는 점이다. 그러나 자본을 위의 두 번째 방식으로 사용하면, 예를 들어 종자를 땅에 뿌린다든지 동물을 농장에서 기른다든지 포도주를 저장하여 시간이 흐르면서 품질이 좋아지도록 한다든지 할 때에는, 그 이익은 자본을 사용하는 데에서 나오는 것이 아니라 자본이 증가하는 데에서 나온다. 또 위의 세 번째 방식으로 자본을 투입하면, 즉 물자를 사용하는 것이 아니라 물자를 교환할 때에는, 그 이익은 그 대가로 받는 물자의 양이나 가치의 증가로 나타난다.

기본적으로, 사용에서 나오는 이익은 노동에 돌아가며, 증가에서 나오는 이익은 자본에 돌아간다. 그러나 노동의 분업과 부의 호환성으로 인해 이익의 평준화 현상이 생기며, 각 생산방식의 상호연관성으로 인해 한 방식에서 생기는 이익은 다른 방식에서 생기는 이익과 평준화된다. 어느 방식에서 더 큰 대가가 생긴다면 그 방식 이외의 다른 방식에 노동과 자본이 투입될 리가 없기 때문이다. 즉, 첫 번째 생산방식의 경우 투입 노동이 모든 생산결과를 차지하는 것이 아니라 자본이 다른 생산방식에 투입될 경우에 받을 수 있는 증가분을 제외한 나머지를 차지할 수 있다. 또 두 번째와 세 번째 생산방식의 경우 투입 자본이 모든 증가분을 차지하는 것이 아니라 노동이 첫 번째 방식에 투입될 경우에 얻을 수 있는 대가를 제외한 나머지를 차지할 수 있다.

이렇게 해서 이자는 자연의 재생산력과 그에 준하는 효과를 가진 교환의 능력에 의해 자본이 갖게 되는 증가력에서 나온다. 이자는 자의적인 것이 아니라 자연스러운 것이다. 이자는 특정 사회조직에서만 생길 수 있는 것이 아니라 사회의 근저에 깔려 있는 보편법칙의 결과이다. 따라서 이자는 정당하다.

이자를 철폐하자고 주장하는 사람들이 범하는 오류는, 앞에서 지적하였듯이, 임금이 자본에서 나온다고 하는 학설에서의 오류와 유사하다. 철폐론자들의 이자 관념은 자본의 사용자가 소유자에게 지불하는 것만을 생각한다. 그러나 이것은 이자의 전부가 아니라 일부만을 포괄한다. 누구든 자본을 사용하고 그로 인한 증가분을 취하는 사람은 이자를 받는 셈이다. 나무를 심고 가꾸어 크게 자라면 과일이라는 형태로 그동안 축적한 자본에 — 즉, 투입한 노동에 — 대한 이자를 받는다. 소를 길러서 아침저녁으로 얻는 우유는 단지 우유 짜는 노동의 대가가 아니라 소를 기르는 데 투입된 노동을 통해 소에 축적된 자본에 대한 이자이기도 하다. 그리하여 자본을 기계류처럼 생산을 돕는 데 직접 사용하거나 교환에서처럼 간접적으로 사용하더라도, — 자본을 남에게 빌려주고 이자를 받을 때처럼 명백하게 드러나지는 않지만 — 자본의 재생산적 특성에 의해 특별하고 분명한 유리함을 얻게 된다.

제 4 장
의사자본과 흔히 이자로 오인되는 이윤

이자가 근면에 대한 약탈이라고 믿는 사람도 있지만, 이는 진정한 이자와 의사이자(擬似利子), 실질적으로는 이자에 해당되는 이윤과 자본의 사용이 아닌 다른 원천에서 생기는 이윤을 구분하지 못하는 데서 생긴다고 본다. 요즘의 말과 글에서는, 자신의 노동과 관계없이 대가를 주는 무엇을 소유하고 있는 사람을 자본가라고 하고, 그런 수입을 자본 소득이라고 하며, 노동과 자본 간의 갈등 소식도 도처에서 들린다. 실제로 노동과 자본 간에 갈등이 있는지에 대해서는 아직 확실한 대답을 유보하려고 한다. 그러나 그에 대한 판단을 흐리게 하는 몇 가지 오해를 없애 두는 것이 좋겠다.

이미 지적한 바와 같이, 일상용어로 자본이라고 하는 가치의 큰 부분을 차지하는 토지가치는 자본이 아니다. 흔히 자본의 대가에 포함되는 지대, 발전하는 사회에서 총생산 중의 비율이 계속 커지는 지대는 자본의 대가가 아니므로 이자와는 엄연히 구분되어야 한다. 이제 이 점에 대해 더 이상 강조할 필요는 없겠다. 또 일상용어로 자본이라고 하는 범주의 큰 부분을 차지하는 주식, 채권 등도 역시 자본이 아니라는 점도 이미 지적하였다. 그러나 형태상 이러한 부채 증서가 자본과 매우 닮은 점도 있고 어떤 경우에는 자본의 기능을 실제로 수행하거나 외견상 수행하는 것처럼 보이며, 이자라는 이름으로 불리는 동시에 이자와 매우 흡사하기도 한 대가를 발생시킨다. 그러므로 이자 개념을 다른 모호한 개념과 명확하게 구분하기에 앞서, 이에 대해 다시 상세히 언급해 둘 필요가 있다.

부가 아닌 것은 자본이 될 수 없다는 사실을 항상 기억해 두자. 모든 자본은 구체적인 유형물이고, 자연이 저절로 제공하는 것은 제외되며, 대리물을 통해서가 아니라 그 자체 내에 인간의 욕구를 직접 간접으로 충족시키는 힘을 가진 물건이다.

따라서 정부 공채는 자본이 아니며 자본을 대표하지도 않는다. 정부가 공채로 조성한 자본이 비생산적으로 소모되어 버렸다고 해보자. 예를 들어 대포의 화염으로 사라졌고, 전함으로 소비되었고, 행진, 제식훈련, 살상, 파괴를 하는 군인을 유지하기 위해 지출되었다고 해보자. 공채는 이미 파괴된 자본을 대표할 수 없다. 이런 공채는 자본을 전혀 대표하지 않는다. 공채는, 정부가 어느 시기에 가서 국민이 당시에 축적한 것 중에서 조세로 징수하여 공채 금액만큼 변제하며 또한 변제기까지 공채 금액에 해당하는 자본을 공채 매입자가 소유한다고 할 경우 그 기간에 얻을 수 있는 증가분에 대해서도 마찬가지 방법으로 재원을 조달하여 수시로 보상한다는 엄숙한 선언일 뿐이다. 현대 국가에서 국민의 생산물 중에서 엄청난 액수를 떼어 정부 부채에 대한 이자로 지불하고 있는데, 이것은 자본이 생산한 것도 아니고 자본의 증가분도 아니다. 이것은 엄격한 의미에서 이자가 아니고 노동과 자본의 생산물에 부과하는 조세라고 할 수 있으며, 그로 인해 임금도 줄고 진정한 의미의 이자도 줄어든다.

그러나 강바닥을 준설하거나 등대를 짓거나 공설시장을 세우기 위해 공채를 발행했다고 해보자. 아니면, 내용은 마찬가지이지만 예를 좀 바꾸어 민간 철도회사가 회사채를 발행했다고 해보자. 이런 채권은 현존하는 자본 또는 생산 목적에 제공된 자본을 대표하는 동시에 주식회사의 주식과 같이 자본 소유의 증거로 간주할 수 있다. 그러나 채권이 실제로 자본을 대표하고 발행된 채권액이 실제로 사용된 자본을 초과하지 않을 경우에만 그렇게 간주할 수 있다. 거의 모든 철도회사 등 법인에서 실제로 1달러 가치의 자본을 사용하면서 2, 3, 4, 5달러 심지어는 10달러까지 증서를 발행하였고, 이런 허구적인 금액에 대해 이자 내지 배당을 거의 정기적으로 지급하였다. 회사는 실제로 투입된 자본에 대한 이자를 초과하는 금액을 이렇게 조성하여 나눠 먹었으며 부패 경영진은 막대한 돈을 횡령하고 회계에서 누락시켰다. 이런 돈은 분명히, 자본이 제공하는 서비스가 만들어낸 사회 총생산에서 지불되는 것이 아니며 따라서 이자가 아니다. 경제학자들처럼 이윤을 이자, 위험부담에 대한 보험, 기업 관리에 대한 임금이라는 세 가지로 나누어 본다면, 이 돈은 기업 관리에 대한 임금에 속한다.

그러나 기업 관리에 대한 임금에는 기술, 재치, 기업 정신, 조직력, 창의력, 성격 등의 개인적 자질이 낳는 소득이 포함되는 반면, 여기에서 말하는 이윤에는 그 외의 요소 — 위의 요소와 같이 취급하기는 어색하지만 — 즉 독점의 요소도 작용한다.

제임스 1세(James I, 1566~1625)가 금과 은으로 실을 만드는 독점권을 버킹엄(George V. Buckingham, 1592~1628)에게 부여하고 다른 사람에게는 엄격한 벌칙을 정해 금지했는데, 이때 버킹엄이 누리는 소득은 세공업에 투자한 자본의 이자나 세공 기술에서가 아니라 왕으로부터 받은 독점권에서 생기는 것이며 사실상 금·은 세공품을 사용하는 사람에게서 일종의 세금을 징수하여 자기 수입으로 삼을 수 있는 힘에서 생기는 것이다. 이윤의 상당 부분이 이와 유사하게 발생하는데, 이것이 자본의 대가로 오인되는 수가 많다. 발명을 촉진하기 위해 몇 년 동안 보장해 주는 발명특허에서 생기는 이익도 이와 같으며, 국내산업을 육성한다는 허울 아래 부과하는 보호관세로 인해 형성되는 독점의 대가도 이와 같다.

그러나 이보다 훨씬 악성이며 훨씬 일반적인 독점이 있다. 거대한 자본이 집중되면 자본의 일반적 특성이자 이자의 원천이 되는 증가력과는 본질적으로 다른 새로운 힘이 생긴다. 자본의 힘을 건설적이라고 한다면 집중이 계속됨에 따라 이를 바탕으로 하여 생기는 힘은 파괴적이다. 이것은 제임스 1세가 버킹엄에게 부여한 힘과 같은 부류이다. 이 힘은 산업에 대해서만이 아니라 개인의 인간적 권리마저 사정없이 무시한다. 노상강도가 행인에게 접근하듯이 어떤 철도회사가 작은 마을에 가서 위협하는 경우를 생각해 보자. "우리가 제시하는 조건을 수락하지 않으면 2, 3마일 비켜서 철도를 놓겠소." 이것은 권총을 겨누면서 "꼼짝 말고 다 내놔." 하는 것과 다름없다. 이러한 위협은, 철도가 부설될 경우에 마을이 얻을 수 있는 이익을 주지 않는 정도가 아니라 철도가 없었을 경우보다 훨씬 더 못한 상태로 마을을 몰아넣을 수 있다. 또 배로 통행하는 지역에서 새로운 경쟁회사가 등장하여 뱃삯 인하 경쟁을 벌이다가 사업을 포기하게 된다고 해보자. 그러면 결국 그간의 모든 비용이 주민의 부담으로 돌아갈 수밖에 없다. 이것은 벵골의 지배자였던 시라주 다울라(Surajah Dowlah)가 로힐라 족(Rohilla)이 부담한 거금 40락(lac)으로 헤이스팅즈(Warren Hastings, 1732~1818) 영국 총독으로부터 군대를 빌려 오히려 로힐라 족과 그 지역을 초토화한 것과 같다. 강도가 담합하여 약탈을 자행한 후 약탈품을 함께 나누어 가지는 것처럼, 주요 철도회사가 담합하여 요금을 올리고 수익을 분배하는 것과 같다. 태평양 도로회사(Pacific Roads)는 태평양 우편 기선회사(Pacific Mail Steamship Company)와 연합체를 결성하여 육지와 바다에 사실상의 톨게이트를 설치한 결과를 빚었다. 버킹엄의 부하들이 금실 특허권에 의해 개인의 가옥을 수색하고 문서를 압수하거나 사람을 체포하여 탐욕을 채운 것처럼, 거대한 전보회사도 자본을 연합하여 그 힘으로 미국 국민이 이 위대한 발명의 혜택을 누리지 못하게 하고 상호 연락을 방해하며 이에 반대하는 신문을 분쇄하고 있다.

이런 예는 간략히 지적만 하는 것으로 족하며 자세히 거론할 필요도 없다. 타락과 약탈과 파괴를 자행하는 거대한 자본 집중의 횡포와 탐욕은 누구나 알고 있기 때문이다. 내가 독자에게 강조하고 싶은 점은, 이렇게 해서 생기는 이윤을 생산요소로서의 자본에 대한 정당한 대가와 혼동해서는 안 된다는 것이다. 이런 이윤은 대체로 입법부의 세력 분포가 부적합하다든지, 법을 운영하는 사법부에서 케케묵은 구습에 맹목적으로 매달리거나 지엽적인 사항을 미신처럼 신봉하는 데 기인한다. 발전하는 사회에서 부의 집중에 따라 힘이 집중되는 원인을 알게 되면 그것이 바로 우리가 찾고자 하는, 그러나 아직 발견되지 않은, 해답이다.

조금만 분석해 보면, 흔히 이자라고 착각하는 이윤의 대부분이 실은 자본의 힘에 의해 생기는 것이 아니라 집중된 자본에 의해 또는 집중된 자본이 나쁜 사회제도와 결합함으로써 생긴다는 사실을 쉽게 알 수 있으며, 분명히 기업 관리에 대한 임금에 해당되는 것도 자본의 소득이라고 착각하는 경우가 대단히 많다는 사실도 알 수 있다.

또 위험부담에 의해 생기는 이윤도 이자와 혼동하는 경우가 많다. 위험을 무릅씀으로써 일부 사람은 부를 취득하기도 하지만 대다수 사람들은 손실을 입는다. 이런 투기는 여러 형태가 있으며 특히 주식 거래라고 알려진 일종의 도박도 여기에 속한다. 배짱, 판단력, 풍부한 자본, 저질 도박판의 사기도박꾼과 같은 기술 등이 개인에게 이익을 준다. 그러나 다른 도박판에서와 마찬가지로, 한 사람이 따면 다른 사람은 잃기 마련이다.

이제 자본의 축적력의 전형으로 흔히 거론되는 예인 웨스트민스터 공작(Duke of Westminster) 일가, 뷰트 후작(Marquise of Bute) 일가, 로스차일드(Rothschild) 일가, 애스터(Astor) 일가, 스튜어트(Stewart) 일가, 밴더빌트(Vanderbilt) 일가, 굴드(Gould) 일가, 스탠포드(Stanford) 일가, 플라드(Flood) 일가 등을 보더라도, 이들의 거대한 재산이 이자에 의해 형성된 것이 아니라, 정도의 차이는 있겠지만, 위에서 다룬 그런 요인에 의해 형성되었다는 사실을 쉽게 알 수 있다.

내가 이자와 이윤의 차이점을 확실하게 알아야 한다고 강조한 이유는 지금까지의 논의에서 잘 나타난다. 자신의 입장을 어느 쪽에 두느냐에 따라 흑백이 뒤바뀌기 때문이다. 한 편에서는 거대한 부의 축적과 극심한 빈곤이 병존하는 것은 자본이 노동을 침해하기 때문이라고 본다. 그러나 다른 편에서는 자본이 노동을 돕는다고 하면서, 빈부 계층 사이에 놓인 커다란 간격은 조금도 정의에 어긋나거나 부자연스러운 것이 아니며, 부는 근면, 지식, 절약의 대가이고 빈곤은 나태, 무지, 무절제에 대한 벌이라는 견해를 펴고 있다.

제 5 장
이자법칙

이제 이자법칙으로 들어가는데, 우선 앞에서도 보았던 다음 두 가지 사항을 마음에 새겨 두자.

첫째, 자본이 노동을 고용하는 것이 아니라 노동이 자본을 고용한다.

둘째, 자본의 양은 고정된 것이 아니며 언제나 아래 원인에 의해 증감할 수 있다. (1) 자본 생산에 투입되는 노동의 증감에 의해. (2) 부와 자본 간의 전환에 의해. 자본은 특정한 방식으로 적용되는 부이며 따라서 부가 더 넓고 포괄적인 용어이다.

자유의 조건 하에서 자본 사용 대가의 최고한도는 자본 사용으로 인해 생기는 생산 증가 총액이고, 최저한도는 소모된 자본의 단순 대체 — 즉, 대가는 0 — 임은 분명하다. 대가가 최고한도를 초과하면 자본 차용이 손실을 낳고, 최저한도에 미달하면 자본의 현상 유지가 안 되기 때문이다.

또 이런 측면도 있다. 일부 학자들의 설명과는 달리, 최고한도는 자본을 어떤 특별한 형태 내지 용도로 노동에 적용할 때 나오는 효율성 증가분에 의해서가 아니라 자본 일반이 가지는 평균적인 증가력에 의해 정해진다. 이익이 생기도록 일을 꾸미는 것은 노동의 힘이며, 자본은 이에 대해 아무런 권한도 지분도 없다. 예를 들어, 인디언이 활과 화살을 쓰면 버팔로를 매일 한 마리씩 잡을 수 있고, 작대기와 돌로는 일주일에 겨우 한 마리쯤 잡는다고 하자. 그렇다고 해서 그 부족 내에서 활과 화살을 만드는 사람이 그것의 사용 대가로 버팔로 일곱 마리당 여섯 마리를 요구할 수는 없다. 또 모직공장의 생산이 같은 노동력으로 물레와 수직기를 사용하는 생산보다 많다고 해서 공장에 투자한 자본가가 그 차이를 전부 차지할 수는 없다. 판자를 조개껍질이나 부싯돌을 사용해서 깎는 것보다 대패로 깎는 것이 더 편리하지만 을이 갑에게서 대패를 빌릴 때 그러한 노동 능률의 증가라는 이익을 획득한 것으로는 볼 수 없다. 지식의 발달로 인해 대패 사용이라는 편리함은 노동의 보편적인 속성이자 힘이 되었다. 을이 갑에게서 얻는 이익은, 대패에 상당하는 자본을 보유할 때 1년이라는 시간 요소로 인해 얻을 수 있는 이익에 불과하다.

만일 자연의 생명력이 시간 요소에 주는 이익이 이자의 원인이라고 한다면, 이자율의 최고한도는 이 생명력이 생산에 기여하는 강도와 정도에 의해 결정될 것이다. 그러나 자연의 재생산력은, 예를 들어 알을 수천 개씩 낳는 연어와 몇 년에 새끼 한 마리를 낳는 고래, 토끼와 코끼리, 엉겅퀴와 거대한 적송의 대비에서처럼 격차가 큰데, 자연이 밸런스를 유지하는 어떤 방식을 통해 자연의 재생산력과 파괴력 간에 균형이 존재하고 그로 인해 증가의 원리는 어떤 균등한 점으로 귀결되는 것으로 생각된다. 인간은 제한된 범위 내에서 자연의 밸런스를 깨뜨리는 힘을 가지며 자연의 조건을 변화시켜 자연 속에 있는 여러 강도의 재생산력을 뜻에 따라 이용할 수 있다. 그러나 이렇게 하다 보면, 인간 욕구의 다양성으로 인해 또 하나의 원리가 생겨나는데 이 원리로 인해 자연에서 여러 생물 간에 실현되는 것과 유사한 균형과 밸런스가 부의 증가에 관해서도 이룩된다. 그 균형은 가치를 통해 나타난다. 어떤 사람은 토끼를 기르고 어떤 사람은 말을 기른다고 해 보자. 토끼는 자연의 한계에 이르기 전까지는 말보다 빨리 번식하지만, 그렇다고 토끼 사육자의 자본이 말 사육자의 자본보다 더 빨리 증가하는 것은 아니다. 번식률의 차이로 인해 토끼의 가치는 말에 비해 낮아지고 말의 가치는 토끼에 비해 높아지기 때문이다.

자연의 생명력이 갖는 강도의 차이가 이런 식으로 균일하게 되기는 하지만, 부의 총생산에 있어 자연의 생명력이 차지하는 비중은 사회의 발전 단계에 따라 다를 수 있다. 그러나 이에 관해 두 가지 점을 지적해 두고 싶다.

첫째로는, 영국과 같은 나라에서 부의 총생산 중에서 공업이 차지하는 부분이 농업에 비해 크게 증가한 것은 사실이지만, 이것은 대체로 특정한 행정적 내지 지리적 범위 내에서만 그럴 뿐이며 산업계를 기준으로 보면 그렇지 않다는 점이다. 산업계는 행정구역에 제한되지도 않고 바다나 산에 의해 제한되지도 않으며 오직 교환의 범위에 의해서만 제한된다. 영국의 산업 경제에 있어 농축산업 대 공업의 비율은 미국의 아이오와, 일리노이, 텍사스, 캘리포니아와 평준화되며 캐나다와 인도, 퀸즈랜드와 발틱 지역과도 평준화된다. 즉, 영국의 세계 교환망 속의 모든 지역과 평준화된다는 것이다.

둘째로는, 문명이 발달하면서 농업에 비해 공업의 상대적 증가 경향이 나타나고 따라서 자연의 재생산력의 비중이 상대적으로 줄어들지만 그에 따라 교환 기능이 확대됨으로써 이로 인한 증가력이 대폭 커진다는 점이다. 이러한 경향은, 지금까지 경험으로 본다면 상당한, 내지 거의 완전한, 상호 밸런스를 맞추고 있으며 자본의 평균증가율, 즉 정상 이자율을 정하는 균형을 유지한다.

이러한 정상적인 이자 수준은 자본 대가의 필연적인 최고한도와 필연적인 최저한도 사이의 어느 점에 놓이는데, 모든 사정을 — 불안 심리, 축적에 대한 욕구 등을 — 고려하면 자본의 대가와 노동의 대가는 동일하게 된다. 다시 말하면, 노력 내지 희생에 대해 동일한 가치가 보상된다는 것이다. 관습상 임금은 절대액으로 표시되고 이자는 비율로 표시되기 때문에 이 수준을 공식화하기는 어렵다. 그러나 일정량의 부는 일정량의 노동이 일정 기간 동안 일정량의 자본을 사용하여 생산한 것이라고 한다면, 이 생산물이 노동과 자본의 대가로 나누어지는 비율을 비교해 볼 수는 있다. 이자율이 수렴하는 하나의 수준 내지 근사적 수준은 있기 마련이다. 이러한 균형이 실현되지 않는다면 노동이 자본 사용을 기피하거나 자본이 노동에 공급되지 않을 것이다. 노동과 자본은 인간의 노력이라는 동일한 요소의 상이한 형태에 불과하기 때문이다.

자본은 노동에 의해 생산되며, 사실상 노동이 물질에 혼입 또는 축적된 것으로서 필요가 생기면 혼입된 노동이 다시 방출된다. 이것은 마치 태양열이 석탄에 축적되었다가 화로에서 방출되는 것과 같다. 그러므로 생산에서 자본의 사용은 노동의 한 형태일 뿐이다. 자본은 소모됨으로써만 사용될 수 있기 때문에 자본의 사용은 노동의 투입과 같다고 할 수 있다. 또 자본의 현상 유지를 위해서는 노동에 의해 생산되는 자본의 양이 노동을 돕는 데 소비되는 자본의 양과 맞먹어야 한다. 그러므로 자유경쟁이 허용되는 상황에서 임금을 하나의 공통적인 수준으로 수렴시키고 이윤을 기본적으로 동일하게 만드는 원리가 — 인간은 최소의 노력으로 욕구를 충족하려고 한다는 원리가 — 작용하여 임금과 이자 간의 균형을 형성하고 유지한다.

이자와 임금 사이에 존재하는 이와 같은 자연적 관계가 — 둘 다 동일한 노력에 대해 동일한 대가를 형성하는 균형이 — 상호 대립적인 관계에 있는 것처럼 생각될 수도 있다. 가령 갑과 을 두 사람이 동업을 한다고 할 때 갑이 공동 소득의 일정 비율을 받는다고 하면 갑의 소득이 많고 적음에 따라 을의 소득은 그 반대로 적고 많게 된다는 것이다. 그러나 이 경우에 각자가 공동 소득에 기여한 만큼을 가지고 간다고 하면, 한 사람 몫이 많아진다고 해서 다른 사람의 몫이 줄어든다고 할 수는 없다.

이러한 관계가 정해지면 이자와 임금이 같이 상승·하락한다는 사실, 임금을 올리지 않고 이자만 올릴 수 없으며, 이자를 압박하지 않고 임금만 내릴 수 없다는 사실이 분명해진다. 임금이 내려가면 이자도 비례해서 내려가게 되는데, 그렇지 않다면 노동을 직접 투입하기보다는 노동을 자본으로 전환하는 것이 더 이익이 된다. 또 이자가 내려가면 임금도 비례해서 내려가게 되는데, 그렇지 않다면 자본의 증가가 억제될 것이다.

여기서는 물론 특정 임금이나 이자가 아니라 일반적인 임금률과 일반적인 이자율을 말하는 것이며, 이때 이자란 자본으로 얻을 수 있는 대가 중 위험부담에 대한 보상과 기업 관리에 대한 임금을 공제한 것을 의미한다. 특별한 경우나 특수한 직종에서는 임금과 이자의 균형화 경향이 방해받을 수도 있다. 그러나 일반적인 임금률과 일반적인 이자율 간에는 이 경향이 확실히 존재한다. 노동을 제공하는 측과 자본을 제공하는 측 사이를 가르는 선을 분명하게 그을 수 있는 특수한 생산 부문도 있겠지만, 일반적인 노동자 계층과 일반적인 자본가 계층이 명백하게 구분되는 사회에서도 두 계층은 그 경계에서 상당히 섞여 있기 마련이며 또 극단적인 경우에는 동일한 사람이 이 두 계층에 동시에 속하기도 한다. 그 때문에 임금률과 이자율 간의 균형을 회복하거나 균형에서 벗어나는 것을 막는 상호작용은, 양자의 분리가 완전한 것이라고 해도, 별다른 장애 없이 진행될 수 있다. 또한 앞에서도 언급하였듯이 자본은 부의 일부이며 부가 투입되는 목적에 의해 다른 부와 구분될 뿐이므로 부 전체가 자본과 노동의 관계에 대해 평준화 효과를 낸다. 이것은 플라이휠이 기계의 작동에 미치는 효과와 같아서 자본이 과다할 때에는 저장해 두고 자본이 과소할 때에는 내주는 작용을 한다. 또 보석상이 재고가 많을 때에는 아내에게 다이아몬드를 패용하도록 해주다가 재고가 줄면 다시 진열장에 되돌려 놓는 것과 같다. 이렇게 해서 이자가 임금과의 균형상태 이상으로 올라가면 노동이 자본을 생산하는 쪽으로 투입됨과 아울러 부를 자본으로 돌리는 경향도 발생한다. 마찬가지로, 임금이 이자와의 균형상태 이상으로 올라가면 노동이 자본 생산 분야에서 철수되고 부가 생산 목적에서 비생산적 목적으로 이동하는 경향도 발생한다.

요약하면, 다음과 같다.

임금과 이자 간에는 어떤 관계 내지 비율이 존재하며, 이 관계 내지 비율은 매우 서서히 변화하는 어떤 원인에 의해서도 영향을 받는다. 이 관계 내지 비율에 따라 노동이 자본으로 전환되어 당시의 지식 정도, 기술 상태, 인구밀도, 직업의 특성, 교환의 다양성과 범위 및 신속성에 비추어 생산에 필요한 만큼의 자본을 공급한다. 이러한 관계 내지 비율은 노동과 자본의 상호작용에 의해 유지되며 따라서 이자는 임금의 등락과 함께 등락하게 된다.

예를 들어 보자. 밀가루 가격은 밀 가격과 제분 비용에 의해 정해진다. 제분 비용은 오랜 시간이 지나도 거의 눈에 띄지 않을 정도로 서서히 변하지만 밀의 가격은 자주 큰 폭으로 변한다. 그러므로 밀가루 가격은 밀 가격에 의해 정해진다고 해도 크게 틀리지 않는다. 이것을 위와 같은 형태의 명제로 정립하면, '밀의 가치와 밀가루의 가치 간에는 어떤 관계 내지 비율이 존재하며, 이 관계 내지 비율은 제분 비용에 의해서도 영향을 받는다'와 같이 된다. 이러한 관계 내지 비율은 밀가루에 대한 수요와 밀의 공급 간의 상호작용에 의해 유지되며, 따라서 밀가루 가격은 밀 가격의 등락과 함께 등락하게 된다.

또는 밀의 가격이라고 하는 중간 요소를 생략하고, 밀가루 가격은 계절적 특성이나 전쟁 등에 의해 달라진다고도 표현할 수 있다. 이런 식으로 이자법칙도 중간 요소를 생략하고 지대법칙과 바로 연결하면, 일반적인 이자율은 자본이 자유롭게 투입될 수 있는 토지에서 — 지대 없이 자본에 개방된 토지 중 최상의 토지에서 — 자본에 돌아가는 대가에 의해 결정된다고 할 수 있다. 이렇게 해서 이자법칙도 지대법칙에서 나온 파생법칙의 형태로 표시할 수 있다.

이 결론을 다른 방법으로 증명해 보자. 임금이라는 요소를 제거하면, 지대의 증가에 따라 이자가 반드시 감소한다는 사실을 쉽게 알 수 있기 때문이다. 이렇게 하려면 전혀 별개의 원리에 의해 구성된 세상을 상상해야 한다. 칼라일(Thomas Carlyle, 1795~1881)이 바보의 천국이라고 부를 만한 어느 나라에서 부의 생산이 노동 없이 순전히 자본의 재생산력에 의해서만 이루어진다고 상상해 보자. 이 나라에서는 양에서 완제품 옷이 바로 생산되며 소에서 버터와 치즈가 직접 출하되며 황소가 적당한 무게로 성장하면 저절로 살코기도 되고 갈비도 된다. 가옥도 씨에서 생겨나고 땅에 떨어진 잭나이프에서 뿌리가 내려 시간이 지나면 각종의 칼이 열리는 나무가 된다. 이런 사회에 어느 자본가가 적당한 형태의 자본을 가지고 왔다고 상상해 보자. 지대를 지불할 필요가 없다고 하면 자본가는 생산된 부의 전부를 자본의 대가로 취할 것이다. 그러나 지대가 발생하면 이 지대는 자본의 생산물에서 나올 것이고 지대가 상승하면 자본가의 소득은 반드시 줄어든다. 또 노동 없이 자본만으로 생산하는 지역이 섬처럼 제한되어 있다고 해 보자.

자본이 점점 증가하여 이 섬에서 자본이 더 이상 사용될 여지가 없을 정도가 되면 자본의 대가는 대체비용을 약간 상회할 정도가 되고 토지 소유자가 생산의 거의 대부분을 차지하게 될 것이다. 왜냐하면 자본가가 이때 취할 수 있는 다른 방법이란 자본을 바다에 던져 버리는 것뿐이기 때문이다. 만일 이 섬이 외부 세계와 연결된다고 하면 이 섬의 자본의 대가는 외부 세계의 자본의 대가와 일치할 것이다. 즉, 이자는 다른 곳보다 높지도 낮지도 않게 된다. 이때 다른 곳에 대비한 이 섬의 유리함은 모두 지대로 흡수되므로 이 섬의 토지는 굉장한 가치를 가지게 될 것이다.

요약하면, 이자법칙은 다음과 같다.

임금과 이자 간의 관계는 자본이 재생산 형태로 사용될 때 그 자본이 가지는 평균적인 증가력에 의해 결정된다. 지대가 상승하면 이자는 임금과 더불어 하락한다. 즉, 이자는 경작의 한계에 의해 결정된다.

지금까지 이자법칙을 밝히고 예시도 하였는데, 이는 우리의 탐구에 반드시 필요하기 때문이 아니라 기존의 용어와 사고방식으로 인해 이자법칙이 모호하게 될까 염려하기 때문이다. 진실로, 부의 분배는 기본적으로 세 갈래가 아니고 두 갈래이다. 자본은 노동의 한 형태이므로 자본과 노동의 구분은, 노동을 숙련노동과 비숙련노동으로 구분하는 것과 같이, 하위 수준의 구분이다. 지금까지의 검토를 통해 우리는, 자본을 노동의 한 형태로 보아 부가 지대와 임금으로만 나누어진다고 할 때와 동일한 결론을 얻었다. 또한 자연 물자와 인간 노력이라는 두 가지 생산요소를 — 이 두 가지만 결합하면 모든 부를 생산한다 — 가진 사람에게 생산물을 지대와 임금으로 나누는 법칙을 추구하였다.

제6장
임금과 임금법칙

지금까지의 추론을 통해 임금법칙은 이미 나왔다. 그러나 논리 전개의 타당성을 확인하고 다소 불분명한 부분을 제거하기 위해 새로운 출발점에서 시작하여 임금법칙을 찾아보기로 한다.

이자는 특정 시간과 장소에서는 공통된 비율이 있지만 임금은 그러한 공통률이란 것이 없다. 노동에 대한 모든 대가를 의미하는 임금의 크기는 개인에 따라 다르고 또 사회조직이 고도화되면서 직업 간에도 상당한 차이가 있다. 그렇지만 모든 임금 간에는 일반적인 관계가 있고, 그리하여 어느 시간과 장소의 임금이 다른 시간과 장소의 임금보다 더 높다 또는 낮다고 사람들이 말할 경우에는 분명하고 확실한 이유가 있기 마련이다. 임금의 상승과 하락에는 어떤 공통된 법칙이 적용된다는 것이다. 이 법칙이란 무엇인가?

인간 행동의 기본 원리는 최소의 노력으로 욕구를 충족하려고 한다는 것이다. 이 원리가 정치경제학에서 갖는 의의는 물리학에서 중력의 법칙이 갖는 의의와 같다. 이 원리에 의하면 동일한 조건에서 투입된 동일한 노력에 대한 보수는 경쟁 과정을 통해 균등하게 된다. 모든 사람들이 자가노동을 할 경우에는 임금의 평준화가 가격의 균등화에 의해 대체로 이루어진다. 또 자가노동자와 임금노동자 간에도 평준화 경향이 발생한다. 이 원리와 자유의 조건 하에서, 타인을 고용하려면 임금을 얼마나 지불해야 할까? 분명히 그 임금은 노동자가 자가노동을 할 때의 소득과 같게 될 것이다. 고용주가 노동자에게 자가노동의 소득 이상을 지불할 리가 없고 — 때로는 노동자에게 직업 전환에 드는 비용을 별도로 지불할 수는 있겠지만 — 노동자도 그 이하를 받을 리가 없다. 어느 노동자가 이보다 더 많은 것을 요구한다면 경쟁을 통해 다른 사람이 고용되고 만다. 고용주가 이보다 더 낮은 임금을 제시한다면 노동자는 자가노동을 하는 것이 더 유리하므로 아무도 응하지 않을 것이다. 이와 같이 고용주가 아무리 적게 주려고 해도, 또 노동자가 아무리 많이 받으려고 해도 임금은 자가노동의 가치에 의해 정해진다. 일시적으로 임금이 이 수준을 초과하거나 미달한다고 해도 그 수준으로 복귀시키려는 경향이 즉시 발생한다.

그러나 노동의 결과인 소득은 노동 그 자체의 강도나 질에만 의존하는 것이 아니다. 이런 사실은 노동이 최초로 종사하게 되는, 또 고도로 발달된 사회에서도 생산의 기초를 형성하는 일차적이고 기본적인 직종을 보면 쉽게 알 수 있다. 부는 토지와 노동이라는 두 생산요소의 산물이다. 노동의 산출량은 노동이 투입되는 자연적 기회의 힘에 따라 차이가 난다. 그렇다면, 최소의 노력으로 욕구를 충족하려 한다는 원리에 의하면, 임금은 노동에 개방된 자연, 즉 무상으로 사용할 수 있는 자연 중 가장 생산성이 높은 자연에서 나오는 생산과 일치한다. 같은 원리에 의해, 현재 상태에서 노동에 개방된 자연 중 생산력의 최고점은 생산이 계속되는 곳 중 최저점과 일치한다. 최소의 노력으로 욕구를 충족하려 한다는 최고원리에 의해, 이보다 우등한 자연이 개방되어 있다면 누구든 열등한 자연에 노동을 투입하지 않을 것이기 때문이다. 이렇게 해서 고용주가 지불해야 하는 임금은 생산이 이루어지는 자연적 생산력의 최저점에 의해 정해지고, 임금은 이 최저점의 등락에 따라 등락한다.

예를 들어 보자. 단순한 사회에서 모든 사람이 원시시대처럼 자가 노동으로 사냥, 고기잡이, 농사에 종사하며, 농사는 이제 갓 시작하는 단계에 있고, 농토의 토질이 모두 같아서 동일한 노력에 대해 동일한 수확이 나온다고 가정하자. 이때 임금은 — 고용주도 피고용자도 없지만 임금은 존재한다 — 노동 생산물 전체이며, 세 직업의 호감도와 위험도 등을 다 감안하면, 평균임금은 직업 간에 평준화된다. 즉, 같은 노력은 같은 결과를 낳는다. 또 다른 사람을 고용하려면 노동의 평균 생산물 전체를 임금으로 지불해야만 한다.

이로부터 어느 정도의 시간이 흐르고 경작이 확대되면서 토질이 열등한 토지에도 농사를 짓게 되었다고 하자. 그러면 임금은 전과는 달리 노동의 평균생산물과 같지 않으며, 경작의 한계, 즉 최저생산점에서의 노동의 평균생산물과 같게 된다. 사람은 최소의 노력으로 욕구를 충족하려 하므로 농사의 최저생산점에서의 대가는 사냥이나 고기잡이에서의 평균적인 대가와 같지 않으면 안 된다.[6] 이제 노동은 같은 노력으로 같은 대가를 얻을 수 없으며, 토질이 우수한 토지에서 농사를 짓는 사람은 그보다 못한 토지에서 같은 노력으로 농사를 짓는 사람보다 더 많은 생산물을 얻게 된다. 그러나 우수한 토지에서 경작자가 얻는 초과생산은 실제로는 지대이기 때문에 임금은 어느 토지에서나 동일하다. 그리고 이 토지가 개인 소유라면 토지가치가 발생한다. 이렇게 변화한 상황에서 다른 사람을 고용할 때 지불하는 임금은 경작의 최저생산점에서 노동이 생산하는 만큼이면 된다. 이후 더 낮은 생산점으로 경작의 한계가 내려간다면 임금도 따라서 내려가며, 반대로 그 한계가 올라간다면 임금도 역시 올라간다. 자유낙하하는 물체는 지구 중심을 향하여 최단의 길을 택하듯이, 인간도 욕구를 충족시킬 수 있는 가장

6) 이러한 평준화는 가격에 의해 이루어진다.

쉬운 방식을 추구하기 때문이다.

이제는 너무나 명백하고 너무나 보편적인 원리에서 연역된 임금 법칙이 드러났다. 임금은 경작의 한계에 의존하고, 임금의 크기는 노동에 개방된 최고의 자연적 기회로부터 노동이 얻을 수 있는 생산물의 크기에 의해 정해지며, 이는 인간이 최소의 노력으로 욕구를 충족시키려 한다는 원리에서 나온다.

단순한 상태의 사회에서부터 고도로 문명이 발달된 사회의 복잡한 현상으로 눈을 돌려 검토해 보아도 역시 같은 법칙이 적용된다는 사실을 알 수 있다.

이러한 사회에서는 임금 간의 차이가 크다. 그러나 임금 간에는 다소간 확정적이고 명백한 관계가 여전히 존재한다. 물론 이러한 관계에 가변성이 없는 것은 아니다. 철학자는 어느 시기에는 최고의 기술자보다 몇 배의 수입을 강연을 통해 벌기도 하지만, 어떤 시기에는 하인의 보수만큼도 받지 못하기도 한다. 또 어떤 직업은 대도시에서는 상대적으로 높은 임금을 받지만 신개척지에서는 상대적으로 낮은 임금을 받는 수도 있다. 그러나 이러한 임금 간의 차등은 모든 경우에 — 관습이나 법 등에 의한 인위적인 영향을 받기도 하지만 — 어떤 사정에 기인한다. 아담 스미스는 그 중요한 사정에 대해 이렇게 설명한다. "어떤 직업에서는 금전적 이익이 적고 또 어떤 직업에서는 그 이익이 크게 되는 사정은 다음과 같다. 첫째로 직업 자체에 대한 호감도, 둘째로 업무 습득의 난이도와 비용, 셋째로 직업의 안정성, 넷째로 업무 수행자에게 필요한 신뢰성, 다섯째로 직업의 성공 가능성."7) 여기에서 직업 간에 임금 차등이 생기는 원인을 자세하게 검토할 필요는 없다. 이미 아담 스미스나 후학들이, 핵심적인 법칙은 제대로 이해하지

---

7) 이 다섯째 것은 이윤 중의 위험부담 요소와도 비유될 수 있는 것으로서, 성공적인 변호사, 의사, 도급업자, 연기자 등의 고임금을 설명해 줄 수 있다.

못했지만, 잘 설명해 두었기 때문이다.

여러 직업 간의 임금 차등을 야기하는 여러 가지 사정의 효과를 공급과 수요로 설명할 수도 있다. 서로 다른 직업의 임금은 노동의 수요와 공급의 차이에 의해 상대적으로 변한다고 하는 말은 전적으로 옳다. 여기에서 노동의 수요란 특정 서비스에 대한 사회 전체의 요구를 의미하며, 노동의 공급이란 현재의 조건 하에서 특정 서비스 수행에 투입될 수 있는 노동의 상대적인 양을 의미한다. 임금의 상대적인 차이를 설명할 수 있는 진리이기는 하지만, 일반적인 임금률이 공급과 수요에 의해 결정된다고 한다면 이는 무의미하다. 공급과 수요라는 용어는 상대적인 용어이기 때문이다. 노동의 공급이란 다른 노동 또는 다른 노동 생산물과 교환하려는 목적으로 어떤 노동을 제공하는 것을 말하며, 노동의 수요란 다른 노동 또는 다른 노동 생산물을 제공하면서 어떤 노동과 교환하는 것을 의미하기 때문이다. 이렇듯 공급은 곧 수요이고 수요는 곧 공급이며, 사회 전체를 두고 본다면 공급과 수요는 동행하는 관계에 있다. 이 사실은 현 정치경제학에서도 매매와 관련하여 확실하게 이해되고 있으며, 리카도, 밀 등의 학자도 공급과 수요의 변화가 개별 상품의 가치를 등락시킬 수는 있지만 보편적인 가치를 등락시킬 수는 없다고 하였는데, 이 논리가 노동에도 역시 적용될 수 있다. 노동과 관련하여 일반적으로 공급과 수요를 들먹이는 잘못은 노동의 수요가 자본에서 생긴다든지 노동이 아닌 다른 무엇에서 생긴다고 오해하는 버릇에 기인한다. 그러나 이런 오해에 대해서는 지금까지의 분석을 통해 오류를 입증한 바 있다. 임금은 노동 생산물을 초과할 수 없고 따라서 노동이 계속해서 창조해 내는 것을 제외하고는 어떤 경우에도 임금의 원천이 되는 기금이란 있을 수 없다는 사실은 문장 그 자체로 명백하다.

그러나 직업 간의 임금 차등을 야기하는 모든 사정이 공급과 수요를 통해 작용하는 것으로 볼 수도 있지만, 동일한 원인이 두 방향으로 작용하는 수도 있듯이, 이런 사정은 외견상의 임금을 인상하는 사정과 실질임금을 인상하는 — 즉 동일한 노력에 대한 평균임금을 증가시키는 — 사정으로 나누어 볼 수 있다. 어떤 직업의 고임금은 아담 스미스가 비유하듯이 복권 상금과 유사하다. 한 사람이 얻게 되는 큰 이득은 다른 많은 사람들의 손실로 이루어진다. 이런 사실은 스미스가 그 원리를 설명하면서 예로 들고 있는 직업에서만 타당한 것이 아니라 상업에서나 기업 관리에 대한 임금에서도 타당하다. 사업을 시작한 상업회사 중 궁극적으로 90% 이상이 실패한다는 사실만을 보아도 이를 알 수 있다. 날씨가 특별해야만 할 수 있는 직업으로서 불안정한 요소가 있는 것이 이런 부류에 속한다. 힘들고 천하고 불결한 직업에서 발생하는 임금 차등은 희생의 차이를 나타내며, 그런 직업에 높은 보상을 함으로써 동일한 노력에 대한 동일한 대가 수준을 유지할 수 있다. 이런 모든 차이는 어떤 사정 — 아담 스미스의 표현에 의하면 "어떤 직업에서는 금전적 이익이 적고 또 어떤 직업에서는 그 이익이 크게 되는 사정" — 에서 생긴다. 그러나 이러한 외견상의 차이 외에도 직업 간에는 임금의 실질적 차등도 존재한다. 이것은 직업에 필요한 노동의 질이 어느 정도 희소한가에 의해 생기는 것으로서, 예를 들면 뛰어난 선천적 내지 후천적 능력이나 기술이 있으면 평균적으로 임금이 더 높다. 선천적 내지 후천적 노동의 질은 육체노동에서 힘이 세고 행동이 민첩한 것에 비유할 수 있으며, 육체노동에서처럼 일을 더 잘하는 사람은 평균 정도로 일하는 사람에게 지불되는 임금을 기초로 하여 더 높은 임금을 받을 것이다. 따라서 우월한 능력과 기술이 필요한 직업의 임금도 보통의 능력과 기술에 지불되는 통상의 임금에 의존한다.

직업 간의 임금 차등을 빚는 사정은 다양하고 또 상호 관계를 맺으면서 변화하며, 시대별 또는 장소별로도 상대적인 차이는 있겠지만 어느 직업의 임금률이 다른 직업의 임금률과 연관되어 있다는 사실은 경험적으로나 이론적으로 명백하다. 이렇게 해서 수요는 거의 동질적이고 투입은 가장 자유로운 노동층, 즉 가장 낮고 가장 넓은 임금 계층에까지 연결된다.

왜냐하면, 직업의 난이도에 따른 장벽은 있겠지만, 어느 분야에 투입될 수 있는 노동의 양이 절대적으로 고정된 것이 아니기 때문이다. 기능공은 누구나 단순노동자가 될 수 있고 또 상당수의 단순노동자도 기능공이 될 수 있다. 모든 가게 주인은 점원이 될 수 있고 또 상당수의 점원은 어렵지 않게 가게 주인이 될 수 있다. 상당수의 농부는 적절한 유인이 있다면 사냥꾼, 광부, 어부, 선원이 될 수 있다. 그리고 상당수의 사냥꾼, 광부, 어부, 선원도 수요가 있다면 농사로 전업할 수 있다. 어느 직업에서든 직업 간을 연결하는 사람, 즉 직업을 넘나드는 사람이 있다. 또 계속해서 새로 노동 연령에 도달하는 젊은이들은 직업 중에서 인력(引力)이 강하고 저항이 적은 방향으로 이끌리게 된다. 뿐만 아니라 임금 간의 격차는 분명한 것이 아니라 경계를 분간하기 어려울 정도로 겹쳐져 있다. 보수가 낮은 기술자는 단순노무자보다는 대체로 임금이 높지만 그 중 일부 기술자는 전체적으로 보아 단순노무자보다 덜 버는 사람도 있다. 최고 수입의 변호사는 최고 수입의 서기보다 임금이 훨씬 높지만, 최고 수입의 서기는 최저 수입의 변호사보다 수입이 많다. 이렇듯 각 직업의 경계에는 직업 간의 이동이 가능한 사람들이 적절한 균형을 이루고 있기 때문에 약간의 변화만 생겨도 노동 투입의 방향이 달라질 수 있다. 따라서 어느 직업의 노동 수요가 증가 또는 감소한다고 해도, 일시적인 현상을 제외하면, 그 직업의 임금이 다른 직업의 임금에 비한 상대적 수준보다 — 이 수준은 과거에 직업 자체에 대한 호감도나 직업의 안정성 등의 사정에 의해 정해진 것인데 — 높아지거나 낮아질 수 없다. 또 법률적인 제한 조치, 업종 내의 규제, 신분제도 등에 의해 인위적인 장벽이 있는 경우에도, 우리의 경험에 비추어 보면, 이러한 장벽이 어느 정도 간섭을 하기는 하겠지만 임금의 균형을 깨지는 못한다. 이는 댐과 같아서 강물을 자연적 수위보다 높이기는 하지만 넘쳐흐르는 물을 막을 수는 없는 것이다.

임금 간의 관계는 각 직업의 상대적 수준을 결정하는 사정의 변화에 따라 달라질 수 있지만, 어떤 직업의 임금이든 궁극적으로는 가장 낮고 가장 넓은 직업층의 임금에 의존한다는 사실은 분명하다. 이 직업층의 임금률이 상승, 하락하는 데 따라 일반적인 임금률이 상승, 하락한다는 것이다.

다른 모든 직업의 임금률에 기초가 되는 이 일차적이고 기본적인 직업은 자연으로부터 부를 직접 획득하는 직업이다. 따라서 이 직업에서의 임금법칙은 임금의 일반법칙이 된다. 그리고 이 직업에서의 임금은 노동이 관습적으로 투입되는 자연 중 생산력이 최저인 자연에서 노동이 생산할 수 있는 양에 의해 정해진다. 따라서 임금은 일반적으로 경작의 한계, 좀 더 정확하게 표현하자면 지대를 지불하지 않고 노동을 자유롭게 투입할 수 있는 자연의 최고생산점에 의존한다.

이 법칙은 너무 분명해서 특별히 주목하지 않아도 알게 된다. 캘리포니아와 네바다에는 광물이 광범위하게 매장되어 있기 때문에, 임금이 낮으면 발전하는 데 큰 도움이 될 것이라고 흔히 말한다. 이런 말을 하는 사람은, 저임금과 저생산점과의 관계는 알면서도, 그 원인과 결과의 순서를 뒤집었다고 볼 수 있다. 임금이 낮아야 저품질의 광석을 캘 수 있게 되는 것이 아니라, 생산이 저생산점으로 확대되어야 임금이 낮아진다. 법을 제정해서 임금을 인위적으로 낮춘다 하더라도 고급 광산에 작업 여지가 있는 한 저급 광산에서는 작업이 이루어지지 않을 것이다. 그러나 예를 들어 우수한 자연의 기회를 소유하는 자가 현재의 사용을 기피하고 미래의 가치 증가를 기다리는 경우처럼 생산의 한계를 인위적으로 낮춘다면 임금은 반드시 하락한다.

설명은 이 정도로 충분하다고 본다. 지금까지 우리가 얻은 임금법칙은 이미 지대법칙에서 도출했던 파생법칙과 같으며 이자법칙과도 완전히 조화된다. 그 내용은 다음과 같다.

임금은 생산의 한계, 즉 지대를 지불할 필요 없이 개방된 자연의 최고생산점에서 노동이 얻을 수 있는 생산물에 의존한다.

이 임금법칙은 보편적인 사실과 ─ 전에는 연결성이 없고 모순된 것처럼 보였던 사실과 ─ 합치하며 또 이를 설명해 준다. 이 법칙이 보여주는 내용은 다음과 같다.

토지가 무상이고 노동이 자본의 보조를 받지 않는 경우에는 총생산물이 임금으로 노동에 귀속된다.

토지가 무상이고 노동이 자본의 보조를 받는 경우의 임금은, 총생산물에서 노동을 자본의 형태로 축적하도록 유도하는 데 필요한 부분을 제외한 것이다.

토지에 소유자가 있고 지대가 상승하는 경우의 임금은 지대를 지불할 필요 없이 개방된 최상의 자연의 기회에서 노동이 얻을 수 있는 것에 의해 정해진다.

자연의 기회가 모두 독점된 경우의 임금은 노동자 간의 경쟁에 의해 노동자의 재생산을 위해 필요한 최소한으로 내려갈 수 있다.

그러나 생산의 한계가 노동의 생계유지에 필요한 임금을 남길 수 없는 정도로까지 하락하지는 않을 것이 분명하므로, 임금의 필요적 최소한은 앞서 말한 임금법칙에 이미 포함된 것으로 볼 수 있다. 참고로,

아담 스미스와 리카도는 임금의 필요적 최소한을 "자연임금"이라고 불렀고, 밀(J. S. Mill)은 이 최소한이 다른 임금을 규제하는데 그 수준은 노동자가 재생산에 필요한 기준을 높게 잡느냐 낮게 잡느냐에 따라 정해진다고 생각했다.

리카도의 지대법칙의 파생법칙인 임금법칙도 지대법칙처럼 자체 내에 증명이 들어 있으며 단순한 제시만으로 자명하게 이해된다. 이 법칙은 경제학의 기초가 되는 중심적인 원리, 즉 인간은 최소의 노력으로 욕구를 충족하려고 한다고 하는 원리를 적용했을 뿐이기 때문이다. 평균적인 사람이라면 자가노동을 하여 벌 수 있는 것보다 더 적게 받고 고용주를 위해 일하려고 하지 않을 것이다. 또 이 사람은 고용되어 받을 수 있는 것보다 자가노동의 소득이 적다면 자가노동을 하지 않을 것이다. 따라서 노동을 자유롭게 투입할 수 있는 자연의 기회로부터 나오는 대가는 노동이 어디에서든 받을 수 있는 임금을 정한다. 다르게 말하면, 지대선은 필연적으로 임금선의 측정 수단이 된다는 것이다. 사실, 널리 수용되고 있는 지대법칙은 임금법칙을 사전에 — 많은 경우에 무의식적으로 — 수용하여야만 인정될 수 있는 법칙이다. 어느 토지의 지대가 사용되고 있는 토지 중에서 생산성이 가장 낮은 토지에서의 생산을 초과하는 부분이라는 점을 분명히 하려면, 토지소유자가 노동을 고용하기 위해 지불하는 임금은 그 노동이 한계토지에 투입될 때 나오는 생산과 같다는 사실이 전제되어야 한다.

중력의 법칙을 전혀 모르는 사람도 물체가 땅으로 낙하한다는 사실을 알고 있듯이, 정치경제학과 무관한 사람도 단순한 경우의 임금법칙은 알고 있다. 가령 어느 나라에 자연의 기회가 개방되어 있고 노동자가 자가노동을 통해 현재의 임금보다 더 높은 소득을 올릴 수 있다면 이 나라의 일반적인 임금률이 상승할 것이라는 정도를 이해하는 데 철학자가 될 필요가 없다. 초기 캘리포니아 노천금광에서 일하던 무식하고 우둔한 사람도 노천금광이 바닥나거나 독점되면 임금이 내려간 다는 것을 알고 있었다. 토지가 아직 독점되지 않은 신생국에서 생산 에 비해 임금이 상대적으로 높은 현상을 설명하기 위해 정교한 이론이 필요하지 않다. 원인은 드러나 있다. 어떤 사람이 스스로 농사 지을 땅 을 쉽게 구할 수 있다면 자신의 노동이 생산하는 양보다 적게 받고 남 밑에서 일하려 하지 않을 것이다. 토지가 독점되어 자연의 기회가 노 동으로부터 봉쇄되어 있을 때에 한해서, 노동자는 일자리를 얻으려고 서로 경쟁하며 농장주인은 이들을 고용하여 노동자가 생산하는 것과 임금과의 차이를 소득으로 취할 수 있다.

아담 스미스 자신도 토지가 개방되어 있는 곳에서 고임금이 생기 는 원인을 알고 있었다. 다만 그는 이 사실의 중요성과 연관성을 제대 로 이해하지 못했다. 그는 「새 식민지가 흥성하는 원인」이라는 부분에 서(『국부론』, 제4권 제7장) 다음과 같이 설명한다.

> "모든 식민지 개척자는 자신이 경작할 수 있는 정도보다 더 많은 토지를 취득한다. 그는 지대도 물지 않고 세금도 거의 내지 않으며 … 따라서 그는 사방에서 노동자를 모집하고 가장 후한 임 금을 지불한다. 그러나 토지가 풍부하고 값이 싸기 때문에 노동자 는 얼마 안 있어 고용주를 떠나 스스로 토지소유자가 된다. 그리 고는 다시 후한 임금을 주고 노동자를 고용하는데, 이 노동자 역 시 같은 이유로 해서 고용주를 떠나게 된다."

이 책의 같은 장에는 '노동 임금' 부분의 첫 문장[첫 문장은 "노동 생산물은 노동에 대한 자연적인 보수 내지 임금이 된다." — 역자]과는 달 리 아담 스미스가 진정한 부의 분배 법칙을 제대로 이해하지 못했음을 보여주는 표현이 많이 나온다. 그 이유는, 아담 스미스가 먼저 자본의 기능에 대한 잘못된 이론을 전제하고 인구론과 다름없는 관점을 취함으로써 — 인구론은 아담 스미스가 사망한 2년 후에 맬서스가 정립하였다 — 눈이 어두워져서, 복잡한 사회현상 가운데서 좀 더 단순한 형태의 사회에 대한 고찰을 통해 제일원리를 발견하려고 하지 않았다는 데 있다. 아담 스미스 이래 정치경제학 연구에 몸 바친 학자들의 저서를 읽을 때마다 그들이 임금법칙에 가서는 비틀거리고 제대로 인식하지 못하는 모습을 보게 된다. 그러나 사실 그들 중 일부는 임금법칙을 제대로 인식하고도 그로부터 도출될 현실적인 결론이 두려워서 이 법칙을 여러 곤란한 문제를 푸는 열쇠로 이용하지 않고 무시하거나 은폐해 버린 것이 아닌가 하는 인상을 지울 수 없다. 위대한 진리는 이를 거부하고 짓밟는 시대에 대해서는 평화의 언어가 아니라 칼이 된다!

이 장을 끝내기 전에 지적해 둘 것은, 여기에서 사용한 임금이라는 용어는 임금의 절대량이 아니라 비율로서의 임금을 의미한다는 점이다. 임금이 하락하고 지대가 상승한다고 할 때 노동자가 임금으로 받는 부의 총액이 줄어든다는 의미가 아니라, 총생산에서 차지하는 임금의 비율이 줄어든다는 의미이다. 비율이 줄어들더라도 그 절대량은 변동이 없거나 늘어날 경우도 있다. 경작의 한계가 가령 생산점 25에서 생산점 20으로 내려간다면 모든 토지의 지대는 이 차이만큼 상승할 것이고 총생산 중 노동자에게 임금으로 돌아가는 비율은 그만큼 줄어들게 된다. 그러나 기술 발달 또는 인구 증가에 의해 경제성이 커지면 노동의 생산성이 높아져서 생산점 20에서 과거에 생산점 25에서와 같은 생산이 이루어진다면 노동자는 종전과 같은 임금을 얻게 된다. 임금의 상대적 하락은 노동자의 필수품이나 편리품의 감소로 나타나는 것이 아니라 토지가치의 증대와 토지소유자 계층의 소득 및 사치성 지출의 증가로 나타난다.

제 7 장
법칙 간의 연관성과 일관성

　부의 분배를 지배하는 법칙에 관한 우리의 결론은 현재 가르치고 있는 정치경제학의 가장 중요한 내용을 상당 부분 다시 구성하고, 정치경제학 중 가장 정교한 이론 일부를 뒤집어엎으며, 가장 중요한 문제의 일부를 새롭게 조명한다. 그러나 그 과정에서 불필요한 근거는 전혀 사용하지 않았고 기본 원리도 기존에 인정되지 않은 것은 단 하나도 사용하지 않았다.

　이자법칙과 임금법칙은 현재 가르치는 내용과 일치하지 않지만, 어떤 정치경제학에서도 인정할 수 있는 위대한 법칙에서 연역된 필연적인 결과이다. 이 법칙은 물체에서 인력을 분리할 수 없듯이 인간의 마음에서 분리할 수 없으며, 이 법칙이 없다면 인간의 어떤 행동에 대해서, 사소한 것이건 중대한 것이건, 전혀 예견하거나 계산할 수 없다. 이 근본법칙은, 인간은 최소의 노력으로 욕구를 충족시키려 한다는 것으로서, 생산요소 중의 하나와 관련지으면 지대법칙이 되고, 다른 요소와 관련지으면 이자법칙이 되고, 또 하나의 요소와 관련지으면 임금법칙이 된다. 지대법칙은 리카도 이래 모든 저명 경제학자가 인정한 법칙이고, 기하학의 공리처럼 동의하지 않을 수 없는 것이며, 이 법칙을 인정하면 그 추론에 의해 위에서 설명한 이자법칙과 임금법칙을 인정하게 되는 것이 필연적인 순서이다. 사실 이를 순서라고 하는 것은 상대적인 표현일 뿐 지대법칙을 시인하면 다른 두 법칙도 시인하지 않을 수 없다. 지대법칙을 인정하는 이유를 생각해 보면 그 근거도 나온다. 경쟁의 효과에 의해 모든 곳의 노동과 자본에 대한 대가가 사용 토지 중 가장 열등한 토지에서보다 더 커질 수 없다는 사실을 인정한다는 것이 근거이다. 이 근거를 이해함으로써 사용 토지 중 가장 열등한 토지에 동일한 노동과 자본을 투입할 때 얻는 정도 이상의 생산물을 토지소유자가 지대로서 취득할 수 있다는 사실도 이해할 수 있다.

이제 우리가 이해하게 된 분배법칙의 상호 조화와 연관성은 현 정치경제학이 제시하는 법칙 간의 부조화와는 대조적이다. 이를 나란히 비교해 보자.

현 정치경제학의 법칙	진정한 법칙
· 지대는 경작의 한계에 의존하며 한계가 등락하면 반대 방향으로 등락한다.	· 지대는 경작의 한계에 의존하며 한계가 등락하면 반대 방향으로 등락한다.
· 임금은 노동자의 수와 그 고용에 쓰일 자본의 양 간의 비율에 의존한다.	· 임금은 경작의 한계에 의존하며 한계가 등락하면 같은 방향으로 등락한다.
· 이자는 자본의 수요와 공급 간의 균형에 의존한다. 또는 이윤에서처럼 임금에 의존하며 임금이 등락하면 반대 방향으로 등락한다.	· 이자는 (그 임금과의 비율은 자본이 가지는 순증가력에 의해 정해진다) 경작의 한계에 의존하며 한계가 등락하면 같은 방향으로 등락한다.

현 정치경제학에서의 분배법칙들은 공통의 중심도 없고 연계성도 없다. 이들은 전체 중에서 상호 연관성을 갖는 각 부분이 아니라 각기 다른 내용을 담고 있다. 우리가 제시한 법칙들은 하나의 원리에서 나와 서로 지원·보완해 주고 연관성을 가지는 각 부분으로서 완전한 전체를 구성한다.

제 8 장
문제의 정태적 측면은 해명되었다

이제 부의 분배에 관해 분명하고도 단순하며 일관성 있는 이론이 수립되었다. 이 이론은 제일원리와 현존 사실에 부합하며, 일단 이해되면 자명하게 드러난다.

이 이론을 적용하기 전에 현 이론의 불충분성에 대한 증명을 확실히 마무리하는 것이 좋을 것 같다. 대다수 사람들은 사고에서나 행동에서나 지도자를 추종하게 되는데, 임금이론은 최고 권위자들의 지지를 받을 뿐만 아니라 일반인의 의견과 편견에도 굳게 박혀 있어 그 오류가 확실히 입증되기 전에는 다른 이론은 고려의 대상조차 되지 못하기 때문이다. 이것은 마치, 지구가 우주의 중심이라는 이론 때문에, 지구가 자전하면서 태양의 주위를 공전한다는 이론이 전혀 고려 대상이 되지 못했던 것과 같다. 지구가 움직이지 않는다는 이론으로는 천체 현상을 도저히 설명할 수 없다는 사실이 분명하게 드러난 후에야 새로운 이론이 가능했다. 진실로 현재 가르치는 정치경제학과 코페르니쿠스의 이론이 인정되기 전에 가르치던 천문학 간에는 뚜렷한 유사성이 있다. 현 정치경제학이 문명세계의 주목을 받는 사회 현상을 설명할 때 사용하는 여러 방식은, 권위자의 도그마에도 부합하고 무식한 자들의 막연한 인상이나 편견에도 부합하는 방식으로 천체 현상을 설명하기 위해 학자들이 구성했던 정교한 대원소원(大圓小圓) 체계(system of cycles and epicycles)에 비유될 수 있다. 대원소원 이론으로는 모든 천체 현상을 설명할 수 없음을 보여주는 관찰 결과에 의해 이를 대체할 수 있는 간단한 이론을 고려할 수 있는 길이 열렸듯이, 현 이론이 사회현상을 설명하는 데 부적합하다는 사실을 인정해야만 천문학에서의 코페르니쿠스 이론처럼 단순성과 조화성을 갖춘 정치경제학 이론을 고려할 수 있는 길이 열릴 것이다.

그러나 비유의 유사성은 여기에서 끝난다. 고정·부동이라고 생각하던 지구가 놀라운 속도로 우주 속을 누빈다고 하는 주장에 대해 어느 나라 어느 상황의 사람이든 처음에는 어처구니없다고 생각할 것이다. 그러나 내가 해명하고 싶은 진실은 자연스럽게 이해되며 어느 누구든 어린 시절에는 늘 인정하던 내용이다. 그런데 사회가 복잡해지고 이기적인 이해관계에 물들고 또 학자들이 방향을 잘못 잡은 탓으로 진실이 불분명하게 되고 말았다. 이를 인정하려면 제일원리로 돌아가서 단순한 상식을 중시하여야 한다. 임금이 생산력 증가에 맞추어 증가하지 못하는 이유는 지대의 증가 때문이라는 것보다 더 분명한 명제는 없을 것이다.

생산은 세 가지 요소가 결합되어 이루어진다. 그것은 노동과 자본과 토지이다.

세 당사자가 생산물을 나눠 갖는다. 그들은 노동자와 자본가와 토지소유자이다.

생산이 증가되는데도 노동자와 자본가가 더 많이 갖지 못한다면 토지소유자가 전체 이득을 차지한다는 추론은 필연적이다.

사실과 이 추론은 일치한다. 물질적 진보가 이루어져도 임금과 이자가 증가하지 않는 곳은 많지만 물질적 진보에 예외 없이 동반하는 현상이자 특징은 지대의 증가, 즉 토지 가치의 상승이다.

지대의 증가는 임금과 이자가 오르지 않는 이유를 설명해 준다. 지주에게 이익이 돌아가는 원인은 노동자와 자본가에게 이익이 돌아가지 않는 원인과 같다. 임금과 이자가 오래된 나라에서보다 신생국에서 더 높은 것은 표준적인 경제학자가 말하는 것과는 달리 자연이 노동과 자본의 투입에 대해 더 많은 대가를 주기 때문이 아니라 토지가 싸기 때문이다. 자연이 주는 대가 중에서 지대가 차지하는 비율이 더 작으므로 노동과 자본에 더 큰 몫이 돌아가게 된다는 것이다. 임금과 이자로 갈 수 있는 부분은 총생산물이 아니라 지대를 취하고 난 후의 순생산물이다. 그러므로 어느 곳에서든 임금률과 이자율은 노동생산성에 의해서가 아니라 토지가치에 의해 정해진다. 토지가치가 상대적으로 낮은 곳에서는 임금과 이자가 상대적으로 높고, 토지가치가 상대적으로 높은 곳에서는 임금과 이자가 상대적으로 낮다.

모든 노동이 직접 토지에 투입되고 모든 임금이 그 생산물로 지불되는 단순한 생산 단계를 벗어나지 않은 시기에는, 토지소유자가 큰 몫을 차지하면 노동자는 작은 몫으로 살아갈 수밖에 없다는 사실이 잘 인식된다.

그러나 교환이 큰 비중을 차지하며 노동의 상당 부분이 토지와 분리된 물질에 투입되는 등 생산관계가 복잡한 문명국가에서도, (생각이 없는 사람에게는 달리 보일 수 있으나) 모든 생산은 역시 토지와 노동 두 생산요소의 결합이며, 지대(토지보유자의 몫)는 임금(노동자의 몫)과 이자(자본의 몫)의 희생 없이는 증가할 수 없다는 사실에는 변함이 없다. 산업 구성이 단순한 형태일 때 연간 수확한 농작물 중에서 농지 소유자가 지대를 차지하는 만큼 경작자의 임금과 이자가 줄어든다. 이와 마찬가지로 공업도시 내지 상업도시에서도 부의 생산과 교환에 참여하는 노동자와 자본에 각각 임금과 이자로 분배될 양은 토지 임대료만큼 줄어든다.

간단히 말해서, 토지 가치는 노동에 의해 창출된 부를 차지할 수 있도록 하는 토지 소유권의 힘에 달려 있으며, 토지 가치의 증가는 언제나 노동의 가치를 희생시킴으로써 이루어진다. 그러므로 생산력이 증가한다고 해서 임금이 증가하는 것은 아닌데, 그 이유는 생산력의 증가가 토지의 가치를 증가시키기 때문이다. 지대가 모든 이득을 흡수하므로 빈곤이 진보와 동반하게 된다.

사실을 새삼 지적할 필요도 없다. 독자들이 잘 알고 있기 때문이다. 토지 가치의 증가에 따라 부와 결핍이 대조적으로 발생하는 현상은 어디에서나 볼 수 있는 일반적인 사실이다. 토지 가치가 가장 높은 지역의 문명에 최대의 호사와 최악의 빈곤이 병존하는 현상도 보편적인 사실이다. 가장 비참하고 가장 무기력하고 절망적인 상태의 인간을 보려면 울타리도 없는 초원지대나 숲 속 신개척지의 통나무집이 아니라 한 뼘의 땅을 소유해도 큰 재산이 되는 대도시에 가면 된다.

PROGRESS
and
POVERTY

제 4 권
물질적 진보가
부의 분배에 미치는 효과

지금까지 발명한 온갖 기계가 인간의 수고를
덜어 주었는지 아직은 의문이다.

— 존 스튜어트 밀(John Stuart Mill)

형제여, 저 울음이 들리는가?
슬퍼할 나이도 안 된 아이들의 울음이.
머리를 엄마에게 기대어도
눈물이 그치지 않는다.
어린 양은 목장에서 노래하고
어린 새는 둥지에서 지저귀고
어린 사슴은 그늘에서 뛰놀고
어린 꽃은 서쪽으로 바람에 흩날리는데 –
형제여, 어리디 어린 우리 아이들이
슬피 울고 있다!
모두들 즐거이 노는 시간에 울고 있다.
이 자유의 나라에서.

— 브라우닝 부인(Mrs. Browning)

제1장
문제의 동태적 측면에 대한 검토

물질적 진보에 의해 증가된 생산은 지대로 돌아갈 뿐 노동에는 돌아가지 않음을 확인하였고, 이해관계의 대립은 상식과는 달리 노동과 자본 간이 아니라 실제로는 노동과 자본이 한 편에 있고 토지소유권이 반대편에 있다는 사실을 알게 되었다. 이 과정에서 우리는 현실적으로 매우 중요한 의미를 갖는 결론에 도달하였다. 그러나 처음에 제기했던 문제를 완전히 풀지 못했기 때문에 아직은 그 의미를 강조할 수 없다. 지대가 상승하기 때문에 임금이 오르지 못한다는 말은 증기선이 증기기관의 힘으로 움직인다고 하는 말처럼 당연한 것이다. 문제는 지대 상승의 원인이 무엇이냐 하는 것이다. 생산물 중에서 지대로 분배되는 비율이 생산력의 향상에 따라 계속 높아지도록 하는 힘 내지 필연성은 과연 무엇일까?

리카도(David Ricardo, 1772~1823)는 지대 상승의 원인으로 인구 증가만을 들었다. 그는 인구가 증가함에 따라 식품 증산이 필요한데 이를 위해 열등한 토지로, 또는 같은 토지에서 생산성이 열등한 점으로 경작이 확장된다고 하였다. 현재 다른 학자의 저술에서도 지대 상승의 원인으로 생산이 우등지에서 열등지로 확장되는 현상만을 집중적으로 다루기 때문에 캐리(Henry C. Carey, 1793~1879)는 — 그 후 페리(Arthur L. Perry, 1830~1905) 교수 등으로 이어지면서 ─ 농업이 우등지에서 열등지로 나아가는 것이 아니라는 점을 입증하는 것으로써 리카도 이론을 격파하였다고 상상했을 정도이다.[1]

인구 증가의 압력으로 인해 저생산점으로의 확장이 불가피하고 이로 인해 지대가 상승한다는 것은 의문의 여지가 없는 진실이다. 그러나 이것만으로 물질적 진보에 따른 지대 상승을 충분히 설명한다고 볼 수 없다. 지대 상승을 야기하는 다른 여러 원인이 분명히 존재하며, 이런 원인이 전체적으로든 부분적으로든 해명되지 못하는 것은 자본의 기능과 임금의 발생에 관한 견해가 잘못되어 있기 때문이다. 이 점을 분명하게 이해하기 위해서 물질적 진보가 부의 분배에 미치는 효과를 검토해 보자.

물질적 진보의 내용 또는 원인이 되는 변화는 다음과 같은 세 가지로 볼 수 있다. (1) 인구의 증가, (2) 생산과 교환의 기술 개선, (3) 부의 생산력을 증가시키는 효과를 가진 지식, 교육, 정부, 치안, 예절, 도덕 등의 개선.

흔히 말하는 물질적 진보는 이 세 가지 요소로 구성되거나 이러한 방향으로 이루어지며, 과거에 진보를 이룩했던 여러 국가에서도 정도

---

1) 이에 관해 약간 언급해 두는 것이 좋겠다. (1) 미국의 신생 주에서 농업이 발달하는 과정과 기성 주에서 농지로 사용되지 않는 토지를 볼 때 경작의 순서는 우등지에서 열등지로 이행하는 것이 일반적인 현상이다.
(2) 생산이 절대적으로 우등한 토지에서 절대적으로 열등한 토지로 이행하지 않을 수도 있지만, 현재의 상황에서 우등하다고 생각되는 토지에서 열등하다고 생각되는 토지로 이행하며, 또 인간의 천성을 생각하면 그렇게 되지 않을 수 없다. 이 경우에 토지의 절대적 우열 판단은 우리의 현재 지식에 국한된 판단일 뿐이며, 현재로서는 불모지라고 생각되는 토지에서 미래에 다른 측면의 우수성을 발견하게 될 수도 있다.
(3) 리카도의 지대법칙은 경작 확대의 방향과 무관하며, 어떤 토질의 토지에서 일정량의 수확이 나온다고 하면 그보다 우수한 토지에서의 수확은 더 많다고 전제한다.

의 차는 있었지만 이러한 변화가 실제로 발생하였다. 물질적인 힘이나 경제성이라는 면에서만 보면, 지식의 증대나 정부의 개선 등은 기술의 개선과 동일한 효과를 갖는다. 따라서 이들을 따로 떼어 고찰할 필요는 없겠다. 지적·도덕적 진보가 우리의 문제에 미치는 효과에 대해서는 차후에 검토할 것이다. 지금 우리의 주제는 물질적 진보인데, 이러한 요소는 부의 생산력을 증대시킬 경우에만 물질적 진보에 기여하므로 그 효과는 기술 개선의 효과를 검토할 때 같이 검토할 것이다.

그러므로 물질적 진보가 부의 분배에 미치는 효과를 이해하기 위해 인구 증가의 효과를 기술 개선의 효과와 분리하여 고찰하고, 그 후에 기술 개선의 효과를 인구 증가의 효과와 분리해서 고찰해 보자.

제 2 장
인구 증가가 부의 분배에 미치는 효과

현재의 설명에 의하면, 인구가 증가하면 생존물자에 대한 수요가 증가하고 이로 인해 현재보다 더 열등한 토지 또는 열등한 생산점으로 생산이 확장되기 때문에 지대가 상승한다고 한다. 일정한 인구 규모에서 경작의 한계가 30에 위치한다고 하면 생산력이 30을 초과하는 모든 토지에서 지대가 발생한다. 인구가 두 배로 불어나서 추가 공급이 필요하게 되면 경작이 확대되지 않을 수 없다. 이렇게 되면 과거에 지대가 발생하지 않던 토지에 지대가 발생한다. 경작의 확대가 20까지 이루어지면 20에서 30 사이의 모든 토지에서 지대, 즉 토지 가치가 생기며 30을 넘는 토지에서는 지대, 즉 토지 가치가 상승한다.

바로 이 점에서 맬서스(Thomas R. Malthus, 1766~1834) 학설이 지대이론의 지원을 받고 있다. 이것은 맬서스 학설이 거의 이론 없이 현 사상계를 휩쓰는 이유를 설명하면서 이미 지적한 바 있다. 맬서스 이론에 의하면, 생존물자에 대한 인구의 압력은 인구 증가와 더불어 심해지며, 입 하나에 손 둘이 세상에 태어나는데도, 존 스튜어트 밀(John Stuart Mill, 1806~1873)의 표현을 빌리자면, 새 손은 새 입을 먹여 살리기가 더 힘들어진다고 한다. 리카도의 지대법칙에 의하면 사용 토지의 생산성 차이에서 지대가 발생하며, 리카도 내지 그를 추종하는 경제학자들의 설명에 의하면, 경험상 인구 증가에 지대 상승이 동행하는 것은 비용을 더 들이지 않으면 식품을 더 획득할 수 없기 때문이며, 따라서 추가 인구는 더 낮은 생산점으로 밀려나고 그만큼 지대가 상승한다. 앞에서도 설명하였듯이, 두 이론은 이처럼 섞여서 조화를 이루고 있으며 지대법칙은 맬서스가 정립한 일반법칙의 한 특수한 경우가 되고, 인구 증가에 따른 지대 상승은 그 필연적 일반법칙이 작용하는 하나의 예가 된다. 이 점을 지적하는 이유는, 지대이론이 실제로는 맬서스 학설에 도움이 되지 않는데도 불구하고 그런 것처럼 오해한다는 사실을 알 수 있는 단계가 되었기 때문이다. 맬서스 이론의 오류는 이미 밝혔으며, 현재 사람들이 생존물자에 대한 인구 압력 탓으로 돌리고 있는 현상은 인구가 고정된 경우에도 나타난다는 점을 추가로 입증하면 더 이상 의심이 생기지 않을 것이다.

인구 증가가 부의 분배에 미치는 효과를 옳게 이해하기 위해서는 어떤 오해를 반드시 불식시켜야 한다. 그 오해란, 인구와 관련하여 지대를 검토할 때 명시적 내지 묵시적으로 전제하는 것으로서, 저생산점을 사용하게 되면 투입된 노동에 비해 총생산물이 적게 나온다는 내용이다. 농업 기술이 개선된다는 사실을 감안하면, 이것이 언제나 옳은 것은 아니라는 점이 분명하다. 밀의 표현을 빌리자면, 그러한 개선이란 "인구 증가를 제약하는 굴레를 약간 풀어주는 정도"라고 한다. 그러나 기술이 전혀 발달하지 않는 곳에서도 이 전제는 맞지 않으며, 저생산점을 사용하는 것은 인구 증가에 의해 수요가 증가한 결과임이 분명하다. 기술 발달이 없다고 하더라도 인구 증가 자체만으로 노동의 생산성은 증대하기 때문이다. 다른 조건이 동일할 때 100명의 노동은 한 사람의 노동의 백 배보다 훨씬 더 많이 생산하며, 1,000명의 노동은 100명의 노동의 열 배보다 훨씬 더 많이 생산한다. 즉, 인구 증가에 따라 일하는 손이 늘어나면 노동 생산력의 증가는 비율적으로 보아 더 커진다. 이와 같이 인구 증가에 따라 생산력이 낮은 자연을 사용하게 되더라도 부의 평균 생산이 줄어든다고 할 수도 없고 최저생산점에서의 생산이 줄어든다고 할 수도 없다. 인구가 두 배로 증가할 경우 같은 노동을 투입하더라도 종전에 20을 생산하던 토지에서 30을 생산할 수도 있다. 잊어서는 안 되는 사실은 — 그런데 흔히 잊게 되는 사실은 — 토지나 노동의 생산성은 단지 한 가지 품목에 의해서만 측정해서는 안 되고 인간에게 필요한 모든 종류의 품목에 의해 측정해야 한다는 것이다. 어느 개척자 가족이 마을에서부터 100마일 떨어진 토지에서 옥수수를 재배하더라도 마을 한가운데 토지에서 재배하는 것과 동일한 수확을 올릴 수 있다. 그러나 인구 밀집 지역에서는 이보다 못한 토지에서도 같은 노동으로 비슷한 정도의 생활을 할 수 있고 같은 질의 토지에서라면 고액의 지대를 지불하더라도 비슷한 정도의 생활을 할 수 있다. 그 이유는 인구가 많은 곳에서는 노동의 효과가 높아질 수 있기 때문이다. 이것은 옥수수 재배에 관한 효과가 아니라 일반적인 부의 생산에 — 즉, 노동의 진정한 목적이라고 할 수 있는 모든 상품과 서비스 획득에 — 관한 효과를 말한다.

그러나 최저생산점에서의 노동생산성이 감소한 곳에서도 — 즉, 부에 대한 수요의 증가로 인해 자연의 생산성이 낮은 곳으로 생산이 밀려 나가는 정도가 인구 증가에 의해 노동력이 추가되어 이를 상쇄하는 정도보다 더 큰 곳에서도 — 총노동에 비한 총생산이 줄어든다고 할 수 없다.

토질에 차이가 있는 지역을 생각해 보자. 사람들은 당연히 가장 좋은 토지에 정착할 것이고, 인구가 증가하면 차례로 그 다음 등급의 토지에서 생산이 이루어질 것이다. 그러나 인구가 증가하면 경제성이 높아져서 노동의 효율이 향상되므로, 새로 경작되는 토지의 토질이 종전보다 열등하더라도 같은 양의 노동에 의해 생산할 수 있는 부는 종전보다 많아진다. 인구 증가의 효과는 이 정도에 그치지 않고 이미 경작되고 있던 더 좋은 토지에서도 부의 생산력이 높아진다. 인구 증가로 인해 노동의 효율성이 높아지는 속도가 질이 나쁜 토지로 경작이 확장되는 속도보다 빠르면, 경작의 한계가 낮아지고 지대가 상승하더라도 노동에 대한 최저 대가는 오히려 더 커진다. 다시 말하면, 비율로서의 임금은 하락하더라도 양으로서의 임금은 많아질 수 있다는 것이다. 이때 부의 평균생산은 증가한다. 한편 노동 효율성의 상승이 추가 사용 토지의 생산성 하락과 단순히 맞먹는 정도라고 한다면 인구 증가의 효과는, 경작의 한계가 낮아지므로 지대는 상승하지만, 양으로서의 임금은 줄지 않으며 평균생산은 증가하는 것으로 나타난다. 또 인구가 계속 증가할 때 현 사용 토지 중 최열등지와 그 아래 등급의 토지 간의 질의 격차가 너무나 현격하여 인구 증가에 의한 노동력 향상이 이 격차를 메우지 못할 경우에는, 노동에 대한 최저 대가는 하락하고 지대가 상승하면서 임금은 비율과 양 모두 줄어든다. 그러나 토질의 하락이 우리의 상상을 초월할 정도로 또는 과거의 선례가 없을 정도로 극심하지 않다면 평균 생산은 증가한다. 인구 증가로 인해 더 질이 낮은 토지를 추가 사용하게 되지만 동시에 모든 노동의 효율성도 향상되어 기존에 사용되고 있는 우수한 토지에서의 생산 증가는 새로 사용되는 토지의 생산성 하락을 보충하고도 남을 것이기 때문이다. 노동의 총투입에 비한 부의 총생산은 많아지지만 부의 분배는 더 불공평해진다.

이렇게 하여 인구가 증가하면 낮은 수준의 자연으로 생산이 확장되면서 지대가 상승하고 비율로서의 임금이 하락하는데, 이때 양으로서의 임금은 줄어들 수도 있고 그렇지 않을 수도 있다. 그러나 인구 증가가 노동의 총투입에 대비한 부의 총생산을 줄이는 일은 거의 또는 전혀 없으며 오히려 총생산을 대폭 증가시키는 경우가 많다.

인구가 증가하면 경작의 한계가 낮아져서 지대가 상승하지만, 인구 증가에 따라 지대가 상승하는 경로가 이것밖에 없다고 생각하면 잘못이다. 인구가 증가하면 경작의 한계가 낮아지지 않아도 지대가 상승한다. 맥컬로크(John R. McCulloch, 1789~1864) 같은 학자는 동일한 질의 토지가 무한히 존재하면 지대가 상승하지 않을 것이라고 하였지만, 인구가 증가하면 자연적인 토질과 관계없이 지대가 상승한다. 인구 증가에 따라 협동과 교환의 힘이 커지는데 이는 토지 능력이 향상되는 것과 다름없기 때문이다. 아니, 향상되는 것과 다름없다고 애매하게 표현하지 않고 실제로 향상된다고 하여도 좋다고 생각한다.

내 말은, 인구 증가와 더불어 힘이 증가하면 생산 방법이나 도구가 개선된 것처럼 같은 노동에 의해 더 많은 결과가 나옴으로써 토지의 자연적 힘이 향상된 것과 같이 될 뿐만 아니라, 그로 인해 노동의 우월한 힘이 발현되고 그 힘이 특정 토지에 국지화된다 — 즉, 증가된 힘이 노동 일반에 결부되는 것이 아니라 특정 토지에 투입되는 노동에만 나타난다 — 는 것이다. 따라서 이 힘은 토질, 기후, 광물자원 기타 자연적 상황과 마찬가지로 토지에 내재한 것처럼 되고 또 토지소유권과 더불어 이전한다.

경작 방법이 개선되어 종전에 일모작 하던 토지에서 같은 비용으로 이모작을 하거나, 도구와 기계가 개선되어 특정 토지에서 노동의 결과가 두 배로 높아지면 토지의 비옥도가 두 배로 되는 것과 같은 효과를 낳는다. 그러나 방법이나 도구의 개선은 어느 토지에서나 활용될 수 있지만 비옥도의 개선은 개선된 특정의 토지에서만 활용된다. 인구 증가에 의한 노동생산성 향상도 대체로 특정의 토지에서만 도움이 되거나 토지에 따라 정도 차이가 심하게 나타난다.

이제 풀, 꽃, 나무, 시내 등 모든 조건이 동일한 토지가 무한히 펼쳐져 있는 광대한 평원을 상상하고 여기에 최초의 이주민 마차가 들어 왔다고 해보자. 모든 토지가 다 좋기 때문에 이 사람은 어느 곳에 정착할지 마음을 정하기 어려울 것이다. 숲이나 물이나 비옥도나 환경이나 아무런 차이가 없어 그 풍요로움에 오히려 당황하게 된다. 보다 좋은 장소를 찾아 헤매다 지쳐서 결국은 어디에선가 멈추고 가정을 꾸미게 된다. 토양은 처녀지로서 풍요롭고 사냥감도 많으며 강에는 최상급의 송어가 번쩍인다. 자연은 그야말로 최적의 조건을 갖추고 있다. 이 사람은 인구가 많은 고장에서라면 부자로 지낼 수 있는 조건을 갖추고 있다. 그러나 이 사람은 가난하다. 다른 사람에 대한 심리적인 그리움은 그만 두고라도 — 이런 환경에서라면 반갑지 않은 손님이 없을 것이다 — 혼자라는 데에서 생기는 물질적인 불리함 속에서 일하지 않으면 안 된다. 많은 사람이 힘을 합쳐서 해야 하는 일이 있어도 자기 가족을 빼면 아무런 도움을 얻을 수 없다. 가축이 있다고 해도 신선한 고기를 즐길 수 없다. 비프스테이크를 먹으려면 소 한 마리를 다 잡아야 하기 때문이다. 이 사람은 스스로 대장장이도 되어야 하고, 마차도 수리해야 하고, 목수일도 해야 하고, 구두도 수선해야 한다. 말하자면 뭐든지 하지만 제대로 하는 것은 하나도 없는 상태가 된다. 자녀를 학교에 보낼 수도 없다. 그렇게 하려면 독선생을 모실 경제력이 있어야 하기 때문이다. 이 사람 혼자서 생산할 수 없는 물자는 한꺼번에 많이 사다가 두고두고 쓰거나 아니면 없는 채로 지내는 수밖에 없다. 다른 일을 제쳐 놓고 마을까지 먼 길을 자주 왕래할 형편이 못 되기 때문이다. 약을 구한다거나 송곳을 산다거나 해서 꼭 마을에 가야 할 사정이 생기면 며칠간 자신과 말이 일을 못하게 된다. 이러한 상황에서는 자연이 아무리 풍요롭다고 해도 가난하게 사는 수밖에 없다. 먹을 것은 쉽게 구할 수 있겠지만 혼자의 노동으로는 아주 원시적인 생활의 단순한 욕구나 충족시키는 정도밖에 할 수 없다.

이제 또 다른 사람이 이주해 온다고 하자. 광대한 평원의 어느 곳이나 조건이 동일하지만 이 사람은 정착지를 정하는 데 고심하지 않는다. 모든 토지가 동일하지만 이 사람에게 유리한 위치는 한 군데이다. 그곳은 바로 먼저 이주한 사람이 정착한 곳, 즉 이웃을 둘 수 있는 곳이다. 그래서 이 사람은 최초의 이주자 옆에 자리를 잡는데, 이로 인해 먼저 이주한 사람의 상황은 대폭 개선되며, 지금까지 불가능했던 여러 일들이 이제는 가능하게 된다. 두 사람이 서로 도우면 혼자서는 할 수 없었던 일을 해낼 수 있기 때문이다.

또 다른 사람이 이주해 오면 이 사람도 같은 이유로 먼저 온 두 사람이 살고 있는 위치에 정착할 것이다. 이주자가 계속 들어오면 첫 이주자의 주변에 작은 마을이 형성된다. 이제 노동은 혼자서는 얻을 수 없었던 능률을 갖는다. 힘든 일을 같이 할 수 있는 사람이 생겼기 때문에, 혼자서는 몇 해가 걸릴 일도 단 하루에 끝낸다. 한 사람이 소를 잡으면 다른 사람이 나누어 먹고, 다음에 자기 소를 잡아 갚기 때문에 언제나 신선한 고기를 먹을 수 있다. 공동으로 교사를 들여 자녀를 교육시키면 첫 이주자가 독선생을 모실 때보다 훨씬 적은 비용이 든다. 마을 사람 중 누군가는 다른 마을에 가는 경우가 많을 것이므로 다른 마을에 일을 보기도 쉬워진다. 그러나 다른 마을에 가야 할 일도 적어질 것이다. 대장간이나 마차 수리점이 곧 들어설 것이고, 연장을 수리하는 데에도 종전보다 훨씬 수고를 덜 하게 된다. 상점이 생겨 원하는 것을 구할 수 있고, 우체국이 생겨 외부와 통신도 할 수 있다. 구두 수선공, 목수, 마구(馬具) 기술자, 의사도 있을 것이고 소규모 교회도 생긴다. 혼자 살 때는 불가능했던 여러 가지 만족감을 이제는 얻을 수 있다. 인간이 동물보다 더 우월한 부분도 — 즉, 사회적·지적 충족감도 — 느낄 수 있다. 일체감, 동료의식, 경쟁심 등으로 인해 생활은 넓고 다양하게 전개된다. 기쁠 때도 같이 기뻐해 주는 사람이 있고 슬플 때도 같이 슬퍼해 주는 사람이 있다. 모두 모여 옥수수도 까고 사과 껍질도 벗기며 누비이불도 만든다. 장식도 없는 무도회장에 반주는 바이올린 뿐이라고 해도 그 선율 속에는 마술사가 있고, 무도회에는 큐피드가 춤을 춘다. 결혼식에는 축하하고 기뻐해 주는 하객이 있고, 장례식에는 빈소를 지켜주는 조문객이 있다. 하관식에도 사람들이 참석하여 진심으로 상주를 위로해 준다. 때로는 이곳저곳 다니는 연사가 와서 과학과 문학과 예술의 세계에 대한 소식을 전한다. 선거철이 되어 후보자들이 유세를 하고 국가의 흥망을 둘러싼 논쟁을 하면서 지지와 한 표를 호소할 때에는 이곳 주민들이 자신의 존엄성과 힘을 느끼게 된다. 몇 달 동안 온다온다 하던 서커스단이 드디어 나타나서는 들판밖에 모르던 어린이들에게 모든 상상의 세계를 열어 보여 준다. 동화 속의 왕자와 공주, 갑옷을 입은 십자군과 터번을 두른 무어인, 신데렐라의 요술마차, 이야기 속의 거인의 세계를 보여 준다. 또 사자가 다니엘 앞에 엎드리거나 로마의 원형경기장에서 하나님의 성자를 갈기갈기 찢는다. 타조가 모래로 뒤덮인 사막을 회상하며, 낙타 옆에서 못된 형제들이 요셉을 우물에서 건져 노예로 팔아 치운다. 코끼리와 함께 한니발 (Hannibal, 기원 전 247~183) 장군이 알프스 산을 넘고, 마카베 형제 (Maccabee, 기원 전 2세기 경)의 칼이 번득인다. 햇빛 찬란한 쿠빌라이 칸(Kublai Khan, 1216?~1294)의 궁전처럼 장엄한 음악이 울려 마음을 설레게 한다.

이제 이주민에게 가서 이렇게 말해 보라. "선생은 과수도 많이 심었고 울타리도 튼튼하게 쳐두었고 우물도 팠고 창고와 주택도 지었습니다. 선생의 노동으로 인해 이 농장에 많은 가치가 생긴 것입니다. 그러나 선생의 토지는 전만큼 비옥하지 않습니다. 오랫동안 농사를 지었으니 이제 거름도 주어야 합니다. 모든 개량물 가치를 충분히 드릴 테니까 모두 나에게 팔고 가족을 데리고 다시 새로운 지역으로 이주하시는 것이 어떻겠습니까?" 그러면 그 사람은 웃고 말 것이다. 그의 토지에서 수확되는 밀이나 옥수수나 감자의 양은 전만 못하겠지만 이 토지로 인해 생기는 생활필수품과 편리품은 훨씬 많다. 그 토지에 노동을 투입해서 더 많은 수확을 얻는 것도 아니고 더 가치 있는 곡물을 얻는 것도 아니지만, 노동의 목적인 온갖 다른 물자는 훨씬 더 많이 얻을 수 있다. 인근 주민이 존재한다는 사실, 즉 인구가 증가했다는 사실로 인해 이런 물자를 얻기 위한 노동의 생산성이 높아졌고, 그 때문에 토질이 동일하더라도 주민이 없는 땅보다 우등한 토지가 되었다. 첫 이주민이 차지한 땅처럼 다른 마을에서 멀리 떨어진 곳 외에는 토지가 남아 있지 않게 되면 토지 가치, 즉 지대는 증가된 토지의 능력 전부에 해당될 것이다. 그러나 앞에서 든 예처럼, 동질의 토지가 끝없이 존재하여 인구가 퍼져나가는 상황이라고 해도 새로 온 사람은 첫 이주민처럼 사람들이 살지 않는 곳에 정착할 이유가 없다. 다른 사람이 이미 차지한 위치 바로 이웃에 자리를 잡아 근접성이라는 유리함을 누리려고 할 것이다. 이때 새 정착지의 토지가치, 즉 지대는 먼 변방의 토지에 비해 인구 중심지로부터 더 얻을 수 있는 이익에 따라 정해진다. 변두리에서는 생산성이 전과 다름없지만 마을의 정착지에서는 생산성이 증가한다.

인구 증가가 계속되고 그로 인해 경제성이 높아지면 토지의 생산성도 높아진다. 첫 이주자의 토지는 이제 인구의 중심지가 되어 상점, 대장간, 마차 수리점 등이 이 토지 또는 그 주변에 들어서며, 곧 이어 마을 규모로, 또 소도시 규모로 성장하여 전체 지역 주민의 교환 중심지가 된다. 이 토지는 농업 생산성에 있어서는 처음보다 못하지만 그보다 높은 종류의 생산성이 발전하기 시작한다. 옥수수, 밀, 감자를 재배하는 노동에서는 처음보다 많은 생산이 생기지 않는다. 그러나 다른 생산자와의 근접성이 필요한 생산에 투입되는 노동에서는, 특히 생산

과정의 최종 단계인 유통에 투입되는 노동에서는, 훨씬 많은 대가가 발생한다. 밀을 재배하는 사람은 변두리로 이주하더라도 전과 같은 양의 밀을 생산하여 비슷한 부를 유지할 수 있다. 그러나 기술자, 공장 주인, 상점 주인, 전문직 종사자는 교환의 중심이 되는 곳에 노동을 투입하면 변두리에서 일하는 것보다 더 많은 수입을 올릴 것이다. 이러한 경우에 생기는 생산성의 초과분에 대해서는 토지소유자가 대가를 요구할 수 있다. 따라서 이 토지를 소유하는 첫 이주자가 자기 토지의 일부를 떼어 택지로 팔면 비옥도가 몇 배 높은 토지에서 밀을 재배하는 경우에도 받을 수 없는 비싼 가격을 받을 수 있다. 이렇게 해서 그는 고급 주택을 짓고 고급 가구를 들여 놓을 수 있다. 이런 거래 내용을 달리 표현해 본다면, 토지 사용자는 인구 증가로 인해 토지가 갖게 된 높은 생산성을 이용하는 대가로 토지소유자를 위해 고급 주택과 고급 가구를 마련해 주는 셈이 된다.

인구가 자꾸 증가하면 토지의 효용이 엄청나게 커지고 토지소유자의 부도 크게 불어난다. 마을이 커져서 센트루이스, 시카고, 샌프란시스코와 같은 대도시가 되고 또 계속해서 성장할 것이다. 이곳에서의 생산은 최고의 기계와 최선의 설비를 통해 대규모로 이루어진다. 노동의 분업도 극히 미세하게 이루어져 능률이 몇 배로 증가한다. 상품 교환의 마찰이나 손실이 극소화되어 그 양과 속도가 엄청나게 증가한다. 이곳은 최초의 한 가족으로부터 출발하여 이제는 거대한 사회 기구의 심장이자 두뇌가 되었다. 여기는 인간 세계의 거대한 중심의 하나가 되었다. 모든 도로, 모든 흐름이 모든 주변 지역에서 이곳으로 들어온다. 물건을 팔고 싶으면 이곳에서 팔 수 있고, 물건을 사고 싶어도 이곳에서 마음껏 골라 살 수 있다. 이곳은 지적 활동의 초점이며 정신의 교섭에서 나오는 지적 자극이 생기는 곳이다. 여기에는 거대한 도서관, 지식의 창고, 학식이 깊은 교수, 유명한 전문가가 있다. 박물관, 미술관이 여기에 있으며, 모든 희귀하고 소중한 물건, 최고급 물건도 있다. 세계 각처에서 모여든 위대한 연기자, 웅변가, 성악가도 이곳에 있다. 간단히 말해서 이곳은 모든 방면에서 인간 생활의 중심이 된다.

이 토지가 노동에 제공하는 이익이 너무나 크기 때문에, 한 사람이 말을 몰고 밭을 가는 정도가 아니라 지상으로부터 여러 층을 올린 건물에서, 그리고 지하에서는 수천 마력을 내는 기관이 가동되는 가운데, 수천 명의 노동자가 일하는 곳도 여러 군데 생긴다.

이 토지에 결부되는 모든 유리함은 이 토지가 아닌 곳에서는 누릴 수 없다. 이곳이 인구의 중심이고, 교환의 초점이고, 고급 산업이 입지한 곳이기 때문이다. 인구 밀집으로 인해 이 토지에 결부된 생산력은 토지의 비옥도가 수백 배, 수천 배 증가한 것과 맞먹는다. 그리고 이 토지의 지대는 이 토지와 사용 토지 중 최열등지 간의 생산성 차이가 되므로 당연히 상승한다. 이 토지의 첫 정착자 또는 그에게서 권리를 승계한 사람은 이제 거부가 되어 있다. 이 사람이 립 밴 윙클(Rip Van Winkle)처럼 일을 하지 않고 잠만 잔다고 하더라도 자는 동안에 인구가 증가하기 때문에 역시 부자가 된다. 이러한 토지를 한 조각만 소유하여도 기계기술자보다 더 많은 소득이 생긴다. 어떤 땅은 금화로 포장해도 좋을 만큼의 값으로 거래된다. 중심가에 선 높은 빌딩은 화강암, 대리석, 철, 판유리 등의 건축 자재를 쓰고 호화스런 마감재, 각종 편의시설로 가득 차 있다. 그러나 이런 건물도 바닥의 토지 가치에는 미치지 못한다. 그런데 이 토지는 최초의 이주자가 정착했을 때, 즉 아무런 토지 가치를 갖지 않았을 때와 달라진 것이 없는 동일한 토지이다.

인구 증가가 지대를 상승시키는 이런 모습은 진보하는 지역에서라면 누구나 직접 목격할 수 있다. 그 과정이 바로 눈앞에서 전개되고 있기 때문이다. 사용되는 여러 토지 간의 생산성 차이가 커지면 지대

상승폭도 커진다. 이러한 결과는, 인구 증가로 인해 필연적으로 열등한 토지를 추가 사용함으로써 생긴다기보다는 인구 증가가 기존에 사용하던 토지에 더 높은 생산성을 부여하기 때문에 생긴다. 지구에서 가장 비싼 토지, 지대가 제일 높은 토지는 자연적 비옥도가 특히 높은 토지가 아니라 인구 증가로 인해 생긴 효용이 특히 높은 토지이다.

지금까지 강조해 왔듯이, 인구 증가로 인해 특정 토지에서 생기는 생산성 내지 효용의 증가는 단순히 마을의 확장에서 생긴 것이다. 인구의 중심지가 되어 있는 토지가 비싼 것은 지표(地表)의 능력을 반영할 뿐이며, 필라델피아처럼 비옥한 충적토이든, 뉴올리언스처럼 풍요로운 충적지이든, 세인트피터즈버그처럼 늪을 매립한 땅이든, 샌프란시스코의 상당 부분처럼 모래땅이든 아무 상관이 없다.

수심이 깊고 배가 정박하기에 적당하다든지, 석탄과 철의 매장량이 풍부하다든지, 목재용 숲이 울창하다든지 등의 우수한 자연 능력으로 인해 가치가 오르는 곳도 인구가 있음으로 해서 그 우수성이 발현되고 구체화되는 것임을 알 수 있다. 펜실베이니아의 석탄과 철은 오늘날 굉장한 가치를 갖지만 50년 전에는 가치가 없었다. 그 진정한 원인은 무엇인가? 단지 인구의 차이일 뿐이다. 와이오밍과 몬태나의 탄광과 철광이 지금은 가치가 없지만 50년 후에는 수백만 달러의 가치가 생길 것인데, 그 이유는 단지 그동안 인구가 대폭 증가한다는 것뿐이다.

우리를 태우고 우주를 항해하는 이 지구는 풍성하게 물자를 실은 배와 같다. 갑판 위의 빵과 고기가 부족해 보일 경우에는 갑판 뚜껑을 들어올리기만 하면 꿈에도 몰랐던 보급품이 나온다. 특정인에게 이런 보급품의 소유를 허용한다면 결국 다른 사람들이 제공한 서비스를 차지할 수 있는 엄청난 권리를 그 사람에게 주는 셈이다.

이상을 요약해 보자. 인구 증가가 부의 분배에 미치는 효과는 두 가지 방식을 통해 지대를 상승시키고 그 결과 총생산 중 자본과 노동의 대가로 귀속되는 비율을 감소시킨다. 첫째는 경작의 한계를 낮추는 방식. 둘째는 잠재해 있던 특별한 능력을 토지에 발현시키고 이 특별한 능력을 특정 토지에 결부시키는 과정.

위의 둘째 과정은 지금까지 정치경제학에서 별다른 주목을 받지 못했지만 나는 이것이 진정으로 더 중요하다고 생각한다. 그러나 이 점은 우리의 탐구에서 핵심적인 문제는 아니다.

제3장
기술 개선이 부의 분배에 미치는 효과

　　지금까지는 기술 개선을 무시하고 인구 증가가 부의 분배에 미치는 효과에 대해 보았다. 이제는 인구 증가를 무시하고 생산 기술의 개선이 분배에 미치는 효과에 대해서 살펴보자.

　　앞에서 인구 증가는 노동생산성을 하락시키는 것이 아니라 향상시킴으로써 지대를 상승시킨다는 사실을 보았다. 이제 인구 증가와 관계없이 생산과 교환의 방법이 개선될 때 지대가 상승한다는 사실을 입증한다면 맬서스 이론 및 여기에서 도출된 각종 학설에 대한 반대 증명이 최종적이고 완벽하게 된다고 할 수 있겠다. 물질적 진보가 임금을 낮추고 최하 계층의 생활에 압박을 가하는 경향을, 생존물자에 대한 압력이 증가한다는 이론을 원용하지 않고서 설명할 수 있기 때문이다.

　　나는 조금만 생각하면 이 점이 사실임을 알 수 있을 것으로 본다.

　　생산 기술에 관한 발명과 개선은 노동을 절약하는 효과를 갖는다. 즉, 적은 노동에 의해서도 같은 결과가 생기며, 같은 노동을 투입하면 더 큰 결과가 생긴다.

　　사회의 물질적 욕구가 현재의 노동력으로 완전히 충족되고 앞으로 새로운 욕구도 생기지 않는다고 한다면, 노동 절약적 개선의 효과는 단순히 노동력 투입량의 감소로 나타날 것이다. 그러나 이런 사회는 존재하지 않을 것으로 믿으며, 설혹 존재한다고 하더라도 인간이 동물이나 다름없는 곳에서만 존재할 것이다. 우리가 탐구 대상으로 삼고 있는 소위 문명사회에서는 이와 반대의 현상이 나타난다. 수요는 고정되어 있는 것이 아니며, 인구가 증가하면 수요도 증가한다. 각 개인에 있어서도 자신의 물자 취득 능력이 커지면 수요도 커진다. 인간은 소가 아니다. 소는 먹을 만큼 먹으면 주저앉아 반추(反芻)나 하지만, 인간은 욕심쟁이의 딸(the daughter of the horseleech)인 듯 끊임없이 더 많은 것을 원한다. 에라스무스(Desiderius Erasmus, 1466?~1536)는 "돈이 좀 생기면 그리스 고전을 몇 권 산 후 옷도 좀 사겠다"고 하였다. 부의 생산력이 부에 대한 욕구를 완전히 충족시켜 주는 경우는 없으며, 더구나 부에 대한 욕구는 충족이 될수록 더 커진다.

그렇다면 노동 절약적 개선의 효과는 부의 생산 증대로 나타난다고 할 수 있다. 부의 생산을 위해서는 두 가지, 즉 노동과 토지가 필요하다. 그러므로 노동 절약적 개선은 토지에 대한 수요를 증대시키며, 사용 토지의 질이 한계에 다다른 곳에서는 자연의 생산성이 더 못한 토지가 새로 경작된다. 이렇게 해서 노동 절약적 개선의 일차적 효과는 노동의 힘의 증대이지만, 이차적인 효과는 경작의 확장이고, 이로 인해 경작의 한계가 낮아지면 지대가 상승한다. 영국처럼 토지가 완전히 사유화된 곳에서, 또는 미국처럼 사용할 필요성이 생기는 토지가 급속히 사유화되거나 사유화될 수 있는 곳에서는, 노동 절약적 기계 내지 개선은 임금이나 이자는 올리지 않고 지대를 상승시킨다.

이 점을 완전히 이해하는 것은 중요하다. 이것은 현재의 여러 이론이 인구 증가에 원인을 돌리고 있는 현상이 실제로는 발명의 진전에 원인이 있음을 보여주며, 도처에서 노동 절약적 기계가 노동자에게 혜택을 주지 못하고 있는 이상한 현상을 설명해 주기 때문이다.

그러나 진실을 분명히 이해하려면 몇 차례 지적했던 점, 즉 부의 교환 가능성을 기억해 두어야 한다. 이것을 다시 지적하는 이유는, 학자들이 이 점을 잊거나 무시하고서 농업 생산은 일반적인 생산과 다른 것처럼 다루며, 식품 내지 생존물자는 부라는 용어에 포함되지 않는 것처럼 다루기 때문이다.

　　이미 충분히 설명하였듯이, 한 가지 형태의 부를 소유 또는 생산하는 것은 이와 교환할 수 있는 다른 형태의 부를 소유 또는 생산하는 것과 사실상 같다는 사실을 기억해 주기 바란다. 그래야만 토지에 직접 투입되는 노동을 절약하는 개선만이 아니라, 어떤 노동이건 절약하는 모든 개선이 지대를 올리는 경향을 가진다는 점을 명확히 알 수 있기 때문이다. 개인의 입장에서 볼 때, 노동의 목적은 한 가지 형태만의 부를 얻는 데 있는 것이 아니라 자신의 욕구에 맞는 모든 형태의 부를 얻는 데 있다. 그러므로 그 중 어느 한 가지를 생산하는 데 드는 노동을 절약할 수 있는 개선은 다른 부의 생산력을 증대시키는 것과 같은 효과를 갖는다. 예를 들어 어느 사람이 자기 노동의 반을 식품을 구하는 데 쓰고 나머지를 의·주 문제를 해결하는 데 쓴다고 할 때, 식품 생산력을 증대시키는 개선은 의·주 문제를 해결하는 능력도 향상시킨다. 이 사람의 식생활 개선 욕구와 의·주생활 개선 욕구가 같은 정도라면, 한 쪽의 개선은 다른 쪽의 유사한 개선과 완전히 같은 결과를 낳는다. 가령 개선의 내용이 이 사람의 노동 능력을 식품 생산에서 두 배로 올려주는 것이라면, 이 사람은 식품 생산 노동을 3분의 1 줄이고 의·주를 마련하는 노동을 3분의 1 늘리게 될 것이다. 또 개선의 내용이 의·주를 마련하는 능력을 두 배로 올려 주는 것이라면, 의·주 생산 노동을 3분의 1 줄이고 식품 생산 노동을 3분의 1 늘리게 될 것이다. 어느 경우에나 그 결과는 같다. 즉, 이 사람은 같은 노동으로 자신의 욕구에 맞는 부를 양이나 질 면에서 3분의 1 더 많이 획득하게 된다는 것이다.

　그리하여 생산이 개인 간의 분업에 의해 이루어지는 경우에도 전체 생산 중 한 가지 부의 생산력이 증가하면 다른 부를 획득하는 능력도 증가한다. 이때 다른 부의 생산력이 증가하는 정도는 절약되는 노동이 투입된 노동 전체에서 차지하는 비율에 의해, 그리고 욕구의 상대적 강도에 의해 정해진다. 어떤 부를 생산하는 데 필요한 노동이 절약되면 다른 부에 대한 수요도 증가한다고 보아야 한다. 영구차와 관은 수요가 증가하지 않는 물자의 예로 꼽혀 왔지만 이것도 양적인 측면에서만 타당할 것이다. 큰 비용을 들여 장례식을 치름으로써 망자에 대한 존경심을 보이려는 욕구가 얼마나 강한지를 아는 사람이라면, 공급 능력의 증가가 더 비싼 영구차와 관에 대한 수요로 이어진다는 점에 대해 의심하지 않을 것이다.

　식품에 대한 수요 역시 제한적이 아닌데도 경제학에서는 흔히 잘못 생각하고 있다. 생존물자의 양은 고정적이라는 말을 자주 하지만 그 최저한이 있다는 의미에서만 고정적일 뿐이다. 더 이상 줄면 인간의 생존이 불가능해지는 양이 있고, 생존은 되더라도 건강한 생활이 불가능한 양도 있다. 그러나 이런 최저한의 위쪽으로는 인간이 사용할 수 있는 생존물자는 거의 무한정 증가할 수 있다. 아담 스미스(Adam Smith, 1723~1790)는 식품에 대한 욕구는 위장의 용량이 작기 때문에 모든 사람에 있어 한도가 있다고 하였고, 리카도도 이 말이 옳다고 하였다. 그러나 이 말은 위장이 가득 차면 시장기가 사라진다고 하는 의미로서만 타당하다. 식품에 대한 인간의 수요에는 이러한 한도가 없다. 루이 14세, 15세, 16세(Louis XIV, 1638~1715; Louis XV, 1710~ 1774; Louis XVI, 1754~1793)의 위장은 비슷한 체구의 프랑스 농군이 먹고 소화시키는 정도를 넘을 수 없다. 그러나 농군의 생존물자인 흑빵과 채소를 공급하는 데는 몇 평 안 되는 땅이면 족했지만, 왕의 수요에 맞추어 공급하려면 수십만 에이커가 필요했다. 왕 자신이 최고급 음식을 낭비했을 뿐만 아니라 시종이나 말, 개 등에도 먹일 물자가 많이 필요했다. 일상생활의 평범한 사실을 통해서나 각자 가지고 있는 무한한 잠재욕구를 통해, 우리는 모든 형태의 부의 생산력이 커지면 반드시 토지와 토지의 직접 생산물에 대한 수요가 늘어난다는 사실을 알 수 있다. 지금은 거친 음식을 먹고 작은 집에서 사는 사람도 소득이 높아지면 고급 음식을 먹고 큰 집에서 살게 되는 것이 보통이다. 더 부자가 되면 말, 시종, 정원, 잔디를 마련할 것이고 토지 사용 수요는 부와 더불어 늘어날 것이다. 내가 이 책을 집필하고 있는 지금 이 도시의 어느 사람은 — 이런 사람은 어디에서나 볼 수 있다 — 과거에는 혼자서 콩도 삶고 베이컨도 구웠으나 이제 부자가 되자 한 블록 전체를 차지하는 집을 갖고 있다. 이 집은 일급 호텔과 맞먹고, 넓은 토지에 말 사육 시설과 개인 승마장까지 갖춘 시골집 두세 채에 해당된다. 가난하던 때에 비하면 이 사람의 수요를 충족시키는 데 천 배 내지 수천 배 면적의 토지가 소요된다.

그래서 더 많은 부를 생산할 수 있는 힘을 노동에 부여하는 모든 개선과 발명은, 종류를 불문하고, 토지와 그 직접 생산물에 대한 수요를 증가시키고, 그로 인해 인구 증가에 의해 생기는 수요처럼 경작의 한계를 끌어내리는 경향이 있다. 사실이 이러하므로 모든 노동 절약적 발명은 — 농기이건, 전신이건, 향상된 제련 공정이건, 완벽해지는 인쇄기이건, 재봉틀이건, — 지대를 상승시키는 경향이 있다.

이 진리를 간결하게 표현하면 다음과 같다.

모든 형태의 부는 토지에 투입된 노동의 생산물이거나 토지의 생산물이다. 부에 대한 수요는 끝이 없으므로, 노동의 힘의 증가는 더 많은 부를 마련하는 데 활용될 것이고 그리하여 토지에 대한 수요를 증가시킨다.

노동 절약적 기계와 개선의 효과를 더 분명하게 이해하기 위해, 현재 문명세계의 모든 나라처럼 일부 국민이 전국의 토지를 소유하는 경우를 예로 들어 보자. 이때 헤롯(Herod, 기원 전 73?~4) 왕처럼 법 집행을 가혹하게 하거나 애니 베전트(Annie Besant, 1847~1933)의 글이 널리 영향을 미쳐 생활 방식이나 도덕이 바뀌거나 하여, 인구 증가를 막는 확고한 장벽이 설치되었다고 가정한다. 경작의 한계 내지 생산의 한계가 현재 20이라고 하자. 이 경우 노동과 자본의 투입에 의해 20의 대가가 나오는 토지에서는 보통의 임금과 이자가 생기며 지대는 전혀 생기지 않는다. 그리고 같은 양의 노동과 자본을 투입하여 20 이상의 수확이 나오는 토지에서는 그 초과액만큼의 지대가 생긴다. 인구가 고정되어 있는 상태에서, 발명과 개선으로 인해 같은 양의 부를 생산하는 데 필요한 노동과 자본의 양이 10분의 1 절약된다고 해 보자. 그러면 노동과 자본이 10분의 1이 자유로워지면서 생산량은 종전과 같거나 노동과 자본이 종전과 같은 양이 투입되면서 생산이 그만큼 증가할 것이다. 그러나 모든 문명국가의 산업 조직을 보면 노동과 자본, 특히 그중에서 노동은 낮은 대가를 받고서도 고용되기를 바라고 있다. 즉, 단순노동자는 새로운 상황에 맞는 정당한 몫을 요구할 처지가 못 되며, 생산에 투입하는 노동이 감소할 경우 적어도 초기에는 각 노동자가 일을 적게 하면서 종전과 같은 양의 생산물을 받는 것이 아니라 일부 노동자가 일자리를 잃고 생산물을 전혀 받지 못하도록 산업이 조직되어 있다는 것이다. 새로운 개선에 의해 노동 능률이 높아진 다음에는 자연의 생산성이 18인 점에서 종전에 20인 점과 같은 생산이 이루어질 수 있다. 이렇게 해서 부에 대한 무한한 욕구와 노동·자본의 투입 경쟁으로 인해 생산의 한계가 18인 점으로 확장될 것이 거의 확실하다. 이때 지대는 18과 20의 차이만큼 오르게 되고, 반면에 임금과 이자는 양적으로는 종전과 같으나 총생산에 대한 비율 면에서는 줄어들게 된다. 부의 생산은 증가하지만 토지소유자가 그 혜택을 모두 차지한다. 이 점에 대해 좀 더 생각해 보자.

발명과 개선이 더 진행되면 노동의 능률성이 더 높아질 것이고, 같은 결과를 생산하는 데 필요한 노동과 자본의 양은 더 줄어들게 된다. 그러면 위에서와 같은 원인에 의해 새로이 증가된 생산력이 활용되어 더 많은 부가 생산될 것이며, 경작의 한계는 다시 확장되고, 지대는 비율에서나 양에서나 증가하고, 임금과 이자는 증가하지 않는다. 그리하여 발명과 개선이 진행되면 인구가 일정하더라도 노동 능률은 계속 향상되고 생산의 한계는 더 낮은 곳으로 밀려 나가고 지대는 계속 늘어난다.

생산 한계의 저하가 생산력 향상에 언제나 정확하게 상응하는 것은 아니며, 그 과정이 분명하게 정해진 단계를 거쳐 이루어지는 것도 아니다. 특정한 경우 생산 한계의 저하가 생산력 향상에 미달할 것인지 초과할 것인지는, 경작이 저생산점으로 밀려나기 전에 활용할 수 있는 '생산성 영역(area of productiveness)'이 어느 정도 있느냐에 달려 있다. 예를 들어 경작의 한계가 20일 때 개선이 이루어져 자본과 노동을 10분의 1 적게 들이고도 같은 양의 생산물을 얻을 수 있다고 하자. 이 경우 생산성 19인 토지가 많이 존재하여 우등 토지에서 내려오는 노동과 자본을 모두 수용할 수 있다면 한계가 18까지 이동하지 않을 것이다. 이 경우 경작의 한계는 19에 머물 것이고, 지대는 19와 20의 차이만큼 늘어나고 임금과 이자는 18과 19의 차이만큼 증가한다. 그러나 생산력이 동일하게 향상되더라도 20과 18 사이의 '생산성 영역'이 우등 토지에서 내려오는 노동과 자본을 모두 수용할 만큼 충분하지 못할 경우에는 종전과 같은 양의 노동과 자본을 투입하려면 경작의 한계는 18이하로 내려갈 수밖에 없다. 이러한 경우 지대는 생산물의 증가보다 더 늘어나고 임금과 이자는 개선으로 인한 생산력 향상 전보다 더 못하게 될 것이다.

또 개선에 의해 자유로워진 노동이 반드시 더 많은 부를 생산하기 위해 일자리를 구한다는 말도 완전히 맞는 것은 아니다. 새로운 개선에 의해 사회의 어느 부분에서 욕구를 충족시키는 힘이 증가하면 이 힘이 부의 추구 외에도 여가와 서비스의 추구에도 활용된다. 그러므로 노는 노동자도 생길 것이고, 생산 노동자에서 비생산 노동자로 전환하기도 할 것인데, 그 비율은 사회의 진보에 따라 더 커지는 것으로 보인다.

그러나 지금까지 언급하지 않았으나 앞으로 곧 설명하게 될 다른 어떤 원인이 있어 경작의 한계를 자꾸 낮추고 지대를 계속 상승시키면서 실질적 경작의 한계에 의해 정해지는 정도 이상으로 지대를 밀어 올리지만, 경작 한계의 하향 이동과 지대의 상향 이동에 관한 한 굳이 이 교란 요인까지 거론할 필요는 없다. 내가 분명하게 하고 싶은 점은 단지 인구가 전혀 증가하지 않더라도 발명이 진전되면 생산물 중 더 큰 비율이 토지 소유자에게로 가며 노동과 자본에게는 점점 더 작은 비율이 돌아가는 경향이 있다는 점이다.

그리고 발명의 진전에 한도를 둘 수 없듯이 지대 인상도 생산물 총액 범위 내라면 그 한도를 둘 수 없다. 만일 노동 절약적 발명이 완벽한 경지에 도달하여 부의 생산에서 노동의 필요성이 완전히 사라진다면 지구에서 생산할 수 있는 모든 것을 노동 없이 획득할 수 있고 경작의 한계는 0에까지 이르게 될 것이다. 이때 임금은 0이고 이자도 0이며 지대가 모든 것을 차지하게 된다. 토지 소유자의 입장에서 보면 자연에서 나오는 모든 부를 노동 없이 가질 수 있어 노동도 자본도 소용없게 되므로, 생산된 부 중에서 노동이나 자본이 차지할 몫은 없다. 인구가 아무리 적어도 토지소유자 이외에는 토지소유자의 변덕과 자비에 의해서만 생존을 영위할 수 있게 된다. 이들은 토지소유자에게 즐거움을 제공하면서 살아가거나 적선이나 얻어 비참하게 살게 될 것이다.

　노동 절약적 발명이 절대적으로 완벽하게 이룩되는 것이 불가능하지는 않다고 해도 매우 먼 훗날의 일로 생각될 것이다. 그러나 발명의 행진은 매일 더 빠른 속도로 이루어지고 있다. 영국의 농업지역에서 인구가 줄어들고 소규모 농장이 대규모로 전환되고 있으며, 캘리포니아 또는 다코다에는 말을 타고 달리고 또 달려도 사람의 자취는 없고 곡식만 자라는 광대한 들판에서 기계로 농사를 짓고 있는데, 전체 문명사회가 급속히 다가가고 있는 최종 목표의 일단을 이런 곳에서 엿볼 수 있다. 증기 동력으로 움직이는 쟁기와 수확기가 등장하면서 고대 이탈리아에서 외국 전쟁을 통해 노예가 들어옴으로써 성립된 것과 같은 종류의 대토지(latifundia)를 현대 세계에 조성하고 있다. 마치 로마의 농민이 대도시의 빈민으로 밀려나거나 군대에 지원하여 피로써 빵을 구했던 것처럼, 정든 고향에서 밀려나서 방황하는 사람들은 노동 절약적 발명 자체를 저주라고 생각할 것이다. 또 오늘날 파김치가 되도록 일하는 것이 그 자체로 소망스러운 것처럼 말하는 소리도 많이 들린다.

　지금까지 발명과 개선이 널리 확산된다는 가정 하에서 논의를 전개하였다. 그러나 일부의 사람들만이 발명과 개선을 활용하고 그로 인해 특수한 이익을 취한다면 일반적인 부의 분배에 영향을 주지는 못할 것임이 분명하다. 특허법에 의해서 제한적인 독점이 허용되는 경우 또는 철도나 전신에 유사한 독점이 허용되는 경우가 이런 예에 속한다. 이러한 특수 이익을 자본에서 나오는 이윤이라고 일반적으로 오해하기도 하지만 이것은 독점의 대가일 뿐이며, 개선에 의한 부의 증가가 이러한 특수 이익으로 돌아가는 한, 그것은 일반적인 분배에 핵심적인 영향을 주지는 않는다. 예를 들어 철도나 기타 수송비를 절감할 수 있는 개선의 경우, 철도 요금이 투하 자본에 대한 통상적인 이자의 수준으로 하락하면 그 혜택이 확산되었다고 할 것이고, 철도 요금이 통상적인 이자 이상으로 유지된다거나 철도 건설사나 감독 당국의 도둑질을 벌충할 수 있는 정도가 되면 독점되었다고 할 수 있다. 그리고 잘 알려져 있듯이, 지대 즉 토지가치는 철도 요금의 인하에 따라 상승한다.

앞서도 지적한 바와 같이 지대를 올리는 개선에는 생산력을 직접 향상시키는 개선 외에 정부, 예절, 도덕의 개선 등 생산력을 간접적으로 높이는 것도 포함된다. 물질적인 측면에서 볼 때 이 모든 것의 효과는 생산력을 향상시키며, 그 혜택은 생산 기술의 개선과 마찬가지로 궁극적으로 토지소유자에 의해 독점되고 만다. 이에 관한 뚜렷한 예로 영국의 보호무역 철폐를 들 수 있다. 자유무역은 영국의 부를 대단히 증가시켰으나 빈곤은 줄이지 못하고 지대만 증가시켰을 뿐이다. 우리 미국의 부패한 정부들이 청렴과 절약의 모범이 된다고 해도 그 효과는 단지 토지가치를 증가시킬 뿐이며, 임금이나 이자는 올리지 않는다.

제4장
물질적 진보에 의해 생기는 기대의 효과

지금까지, 인구 증가는 지대를 상승시키는 경향이 있고 진보하는 사회에서 노동 생산력을 향상시키는 모든 원인은 지대를 상승시킬 뿐 임금과 이자는 증가시키지 않는 경향이 있다는 점을 보았다. 부의 생산 증가는 궁극적으로 지대 상승을 통해 토지소유자에게 돌아간다. 개선이 계속되면 그 혜택이 토지소유자 이외의 일부 개인에게 귀속되어 생산물 증가의 상당 부분이 이들의 수중에 집중될 수도 있겠지만, 노동이나 자본에 대한 일반적인 대가를 증가시키는 경향은 어떤 개선에도 존재하지 않는다.

그러나 물질적 진보가 부의 분배에 미치는 영향을 충분히 설명하기 위해서는 지금까지 언급하지 않은 또 하나의 요인을 고려해야 한다.

그 요인이란 미래의 토지가치 상승에 대한 확실한 기대이다. 이러한 기대는 모든 진보하는 지역에서 지대가 꾸준히 상승하기 때문에 생기는 것으로서 토지투기, 즉 정상적으로 형성될 가격보다 더 높은 가격을 바라면서 토지를 보유하는 행위를 야기한다. 지금까지 우리는, 지대이론을 설명할 때 일반적으로 가정하듯이, 실질적 경작의 한계는 필요적 경작의 한계와 일치한다고 가정하였다. 달리 표현하면, 경작이 저생산점으로 확장되는 이유는 더 높은 생산점에서의 자연의 기회가 모두 활용되었기 때문이라고 가정하였다.

정체된 사회 또는 진보가 매우 느린 사회에서는 이 가정이 타당할 것이다. 그러나 진보의 속도가 빠른 사회에서는 지대가 급속히 또 지속적으로 상승하기 때문에 지대가 더 상승할 것이라고 예상하게 되는데 이런 경우에는 위의 가정이 맞지 않는다. 이런 사회에서는, 정도의 차이는 있겠지만, 가격 상승에 대한 확실한 기대로 인해 토지소유자끼리 일종의 담합이 이루어지고 이들은 가격이 더 오르기를 기대하면서 토지를 유휴화하게 되며, 이에 따라 경작의 한계는 생산적 필요성보다 더 낮아진다.

이런 현상은 진보하는 모든 사회에 다소간 존재한다. 다만 영국처럼 소작제도가 보편화된 나라에서는 농업의 경작의 한계나 실제 지대보다는 토지 매매가격에서 이런 요인이 더 잘 나타날 것이다. 그러나 미국과 같이 토지 사용자가 가능한 한 토지를 소유하려 하고 또 도처에 빈 땅이 많은 사회에서는 이 요인이 굉장한 힘으로 작용한다.

미국의 인구가 넓은 지역에 흩어져 있다는 사실이 이 점을 입증한다. 지대를 지불할 필요가 없는 경작의 한계를 찾아 동부 해안지역을 출발하는 사람은, 마치 물 한 모금 먹기 위해 강을 헤엄쳐 건너는 것처럼, 반밖에 경작하지 않는 농지를 통과하여 원거리를 여행하고, 사람이 손도 대지 않은 광대한 처녀지를 지나야만 무상 정착지(homestead entry) 또는 연고권 인정 토지(pre-emption) 등 지대 없는 토지에 도달할 수 있다. 이 사람은, 미래의 가치 상승에 대한 기대 때문에 토지를 묶히는 투기로 인해, 투기가 없을 때보다 더 멀리 이동하여야 하며, 따라서 경작의 한계도 더 멀리 밀려나게 된다. 그리고 이 사람도 정착할 때, 역시 머지않아 가치가 오를 것으로 믿고, 사용할 수 있는 정도보다 더 넓은 토지를 차지하려고 한다. 그 뒤에 오는 사람도 역시 생산적 필요성보다 더 멀리 이동하여야 하고 경작의 한계도 더 먼 곳, 더 생산성이 낮은 곳으로 이동한다.

이와 같은 현상은 급성장하는 어느 도시에서나 볼 수 있다. 만일 좋은 위치의 토지가 그보다 못한 토지보다 언제나 먼저 활용된다고 하면 성장하는 도시의 내부에 유휴지가 남아 있다거나 고급 건물 가운데 판잣집이 그대로 있을 까닭이 없다. 이러한 토지가 — 그 중에는 굉장히 비싼 토지도 있다 — 전혀 사용되지 않거나 또는 충분히 사용되지 않는 것은, 개발할 능력이 없거나 개발을 원하지 않는 토지소유자가 토지가치 상승에 대한 기대에서, 현재 토지를 개발하려고 하는 사람에게서 받을 수 있는 대가보다 더 높은 대가를 받기 위해서, 토지 개발을 보류하는 데 원인이 있다. 이러한 토지가 제대로 사용되지 않으면 도시의 한계는 그만큼 중심으로부터 더 멀리 밀려나게 된다.

그러나 성장하는 도시에서는 그 경계에 — 이 경계는 건축의 한계로서 농업에서의 경작의 한계에 해당된다 — 있는 토지를, 지대가 현재의 적합한 용도에 의해 결정된다고 할 때 형성될 가치, 즉 농지로서 갖게 될 가치로는 구입할 수 없다. 또 도시의 경계에서 멀리 떨어진 토지도 앞으로 도시용으로 사용될 것이라는 믿음 때문에 투기적 가치를 갖게 된다. 도시용 지대와 무관하게 형성되는 가격으로 토지를 구입하려면 실제 도시적 토지 사용이 이루어지고 있는 경계로부터 멀리 멀리 더 나가야 한다.

또 종류는 다르지만 어느 지방에서나 볼 수 있는 예를 하나 들어 보자. 샌프란시스코에 가까운 매린 카운티(Marin County)에는 목재로 적당한 적송이 울창한 지대가 있다. 샌프란시스코의 시장 수요를 충족시키려면 멀리 있는 다른 지역의 목재보다는 이곳의 목재를 이용하는 것이 자연스러울 것이다. 그러나 이 지역의 산림은 그대로 있고 이보다 몇 마일이나 더 먼 곳의 목재가 매일 기차에 실려 이 지역을 지나고 있다. 그 이유는 토지소유자가 앞으로 가격이 더 오를 것으로 보고 벌목하지 않으려 하기 때문이다. 이 지역의 목재를 활용하지 않고 놓아 둠으로써 적송 생산의 한계는 태평양 연안 산악지대(Coast Ranee)의 위 아래로 멀리 밀려 나간다. 광산도 사유화되면, 그보다 못한 광산이 채 굴되는데도 개발이 유보되는 경우가 많다는 사실은 잘 알려져 있다. 또 새로 개척된 주에는 소위 '땅 거지(land poor)'라는 사람이 있다. 자 신이 쓰지도 못할 땅을 많이 보유하면서 다른 사람이 토지를 사용하려 면 이윤을 남길 수 없을 정도로 높은 가격을 부르지만 자신은 거지처 럼 굶다시피 생활하는 사람을 말한다.

앞 장에서 사용했던 예를 다시 생각해 보자. 경작의 한계가 20의 위치에 있고 생산력이 향상되어 노동을 10분의 1 덜 들여 동일한 산출 을 얻는다는 예이다. 이 예에서는 앞에서 설명한 이유로 인해 생산의 한계가 반드시 내려가는데, 생산의 한계가 18의 위치에 머물더라도 노 동과 자본에 대한 대가는 경작의 한계가 20에 있을 때와 같아진다. 경 작의 한계가 18에 머물 것인지 그 이하로 내려갈 것인지는 내가 앞에 서 '생산성 영역'이라고 했던 토지가 20과 18 사이에 얼마나 존재하느 냐에 달려 있다. 그러나 지대 상승에 대한 확실한 기대로 인해 토지소 유자가 위치 20의 토지에 지대 3을 요구하고 19에 2, 18에 1을 요구하 면서 이런 조건으로 계약할 사람이 나올 때까지 토지를 유보한다면 '생산성 영역'이 축소되어 경작의 한계는 17 또는 그 이하로 떨어질 수 있다. 이렇게 해서, 노동 능률이 향상된 결과 노동자는 전보다 적게 차 지하고 이자도 비례적으로 감소하며 지대만 생산력의 향상에 비해 더 큰 비율로 증가한다.

이것을 생산의 한계가 확장되었다고 하건 지대선이 생산의 한계 너머까지 이동했다고 하건, 토지투기의 영향으로 지대가 상승하는 현 상은 진보하는 지역에서의 부의 분배 이론을 완성하는 데 무시해서는 안 된다. 물질적 진보와 연관된 이 힘 때문에, 진보가 생산을 증가시키는 정도보다 더 큰 비율로 지대가 계속 상승한다. 따라서 물질적 진보에 따라 임금이, 상대적으로만이 아니라 절대적으로, 감소하는 경향이 생긴다. 또 이와 같은 확장하는 힘 때문에, 기성 지역에 나타나는 사회적 병폐가 시기를 앞당겨 신생 지역에서도 나타나며, 처녀지에도 부랑자가 생기고 경지를 제대로 활용하지 않는 지역에도 거지가 출현한다.

간단히 말해서, 진보하는 사회에서는 토지 가치가 일반적이고 지속적으로 상승한다는 사실로 인해 추가적인 상승이 발생한다는 것이다. 이런 현상은 상품 가격이 일반적·계속적으로 상승할 때에도 나타난다. 미국 남북전쟁 말기에 남부에서 그랬듯이, 화폐가치가 급속히 하락하는 시기에는 구입한 물건을 다음 날에 더 비싸게 팔 수 있다는 사실 때문에 화폐가치 하락보다 더 빠른 속도로 상품가격이 오른다. 이처럼 물질적 진보로 인해 토지가치가 지속적으로 상승하면 그로 인해 상승이 더욱 가속화된다. 신생 지역의 성장에는 토지투기 열풍이 하나의 특색으로 나타나는데 그 속에서 위와 같은 이차적인 원인이 최대로 작용하는 모습을 볼 수 있다. 그러나 이런 것은 비정상적이고 일시적인 현상이기는 하지만, 강도의 차이가 있을망정 이 요인이 모든 진보하는 사회에서 작용한다는 사실을 부인할 수 없다.

상품의 경우에는 가격 상승이 추가 공급을 이끌어 냄으로써 투기를 억제할 수 있으나 토지는 그 존재량이 고정되어 있어 인간이 늘리지도 줄이지도 못하기 때문에 토지가치의 투기적 상승을 제한하는 요인은 존재하지 않는다. 그렇지만 노동과 자본의 투입 대가에 최저한도가 있기 때문에 토지가격에도 어떤 한도가 존재한다. 임금을 0에 이르기까지 계속해서 줄일 수 있다면 지대를 모든 생산물을 흡수할 때까지 올릴 수 있을 것이다. 그러나 노동자가 일과 재생산을 위해 동의할 수 있는 금액 이하로 임금이 계속 내려갈 수는 없고 자본이 생산에 투입될 수 있는 수준 이하로 이자가 내려갈 수 없기 때문에 지대의 투기적 상승에도 한도가 존재한다. 그러므로 임금과 이자가 이미 최저선에 있는 지역에서는 그렇지 않은 지역에 비해 투기로 인한 지대 상승이 낮을 수밖에 없다. 그러나 모든 진보하는 지역에서 지대의 투기적 상승은 생산 중단을 야기하는 정도에까지 이르는 경향이 있는바, 이 사실은 산업이 마비되는 기간이 주기적으로 나타나는 현상에 의해 입증된다고 생각한다. 이 점에 대해서는 다음 권에서 더 자세히 검토하려고 한다.

PROGRESS
and
POVERTY

제 5 권
문제의 해결

어느 시대에나 토지를 소유하는 자에게 토지의 열매가 귀속된
다.
하얀 일산(日傘)과 거드름 피우는 코끼리는 토지 소유의 꽃이다.

— 타나(Tanna)에서 발견된 인도의 토지 기록에서.

과부가 자식들의 저녁거리로 나물을 캐고 있다. 몸에 향수를 뿌
린 영주는 화려한 방 안을 우아하게 거닐면서 마법을 부린다.
과부가 캐는 나물의 3분의 1을 지대라는 이름으로 뽑아가는 것
이다.

— 칼라일(Carlyle)

제 1 장
반복적으로 발작하는 산업불황의 근본 원인

우리의 기나긴 탐구가 끝났다. 이제 그 결과를 다듬을 때가 되었다.

먼저 산업불황에서 시작하자. 산업불황에 관해서는 상호 모순된 이론, 자가당착적인 이론이 많다.

토지가치의 투기적 상승으로 인해 노동과 자본의 소득이 깎이고 생산이 제약되는 현상에 대해 고찰하면, 토지투기가 반복적 산업불황의 주원인이라는 결론에 도달하지 않을 수 없다고 생각한다. 산업불황은 모든 문명국가의 문제이며, 또 모든 문명국가에서 동시적으로 발생하는 경향이 점점 두드러지고 있다.

그 밖의 관련 원인이 없다는 말은 아니다. 생산 장치의 복잡성과 상호 의존성이 높아져서 한 군데서 발생한 충격 내지 생산 중단이 산업 연결망을 타고 널리 번져나가는 것도 원인이 된다. 화폐는 가장 필요할 때 줄어드는 본질적인 결함을 가지고 있다는 점, 어떤 형태의 화폐보다 교환의 매개 내지 유동성 수단으로서의 비중이 큰 단순한 형태의 상업신용이 양적 변화가 심하다는 점도 원인이 된다. 생산력을 상호 활용하는 데 인공적인 장애가 되는 보호관세도 원인들이 된다. 그

밖에도 소위 불경기를 발생, 지속시키는 데 중요한 역할을 하는 원인이 있다. 그러나 원리 면에서나 현상의 관찰을 통해서나 경제불황을 야기하는 커다란 원인은 토지가치의 투기적 상승임이 분명하다.

앞의 장에서 설명하였듯이, 토지가치의 투기적 상승이 경작 내지 생산의 한계를 그 정상적인 위치 밖으로 밀어내는 경향이 있는데, 이때 노동과 자본은 더 적은 대가로 만족하거나 생산을 중단 ― 생산 중단은 그에 대한 유일한 저항 방법이다 ― 할 수밖에 없다. 토지가치의 상승으로 임금과 이자가 하락하는 데 대해 노동과 자본이 저항하는 것은 자연스럽다. 뿐만 아니라 노동이 생존하고 자본이 유지되기 위해서는 일정 수준의 대가가 필요하기 때문에, 생산 중단은 자기방어를 위해서도 불가피하다. 그러므로 우리는 반복적인 산업불황의 각종 증상이 토지투기에서 나온다고 추론하게 된다.

인구가 증가하고 개선이 꼬리를 무는 사회에서 토지가치는 계속해서 상승한다. 이러한 상황에서는 토지가치 상승이 미래에도 계속될 것으로 기대되기 때문에 자연히 토지투기가 발생한다. 이때 토지가치는 현재의 생산조건 하에서 노동과 자본에 대한 통상의 대가를 지불할 수 없을 정도로 상승한다. 그로 인해 생산 중단이 시작된다. 생산의 절대액이 꼭 줄어드는 것은 아니며 오히려 줄지 않는 경우가 더 많을 것이다. 그러나 진보하는 사회에서 추가되는 노동과 자본에 통상의 대가를 지불하지 못하여 생산이 진보에 비례해서 증가하지 않는다면, 이는 정체된 사회에서의 생산 감소에 해당된다고 할 수 있다.

일부에서 발생한 생산 중단은 산업 구조 속의 다른 생산 부문에 대한 수요 중단으로 나타나고, 다시 또 다른 부문의 생산이 제약된다. 이와 같은 마비 현상은 공업과 상업의 연결망을 따라 확산되어 모든 곳에서 생산과 교환이 부분적으로 조화를 잃게 되며, 보는 입장에 따라서는 과잉생산 같기도 하고 과잉소비 같기도 한 현상이 나타난다.

이렇게 해서 나타나는 불황기는 다음과 같은 시기까지 계속된다. (1) 지대의 투기적 상승이 가라앉는 시기, (2) 인구가 증가하고 각종 개선이 이루어져 노동의 능률이 높아짐으로써 정상적인 지대선이 투기적 지대선을 따라잡는 시기, (3) 노동과 자본이 불리한 대가를 받고도 생산에 참여하기로 타협하는 시기.

아마도 이 세 가지가 같이 작용하여 새로운 균형을 이루고 그에 따라 모든 생산요소가 다시 생산에 참여하여 경제 활동이 한동안 계속될 가능성이 가장 높을 것이다. 그런 후에 지대의 상승이 다시 발생하고 생산이 다시 제약되는 같은 과정이 되풀이된다.

현대문명은 생산 체제가 정교하고 복잡한 것이 특징이다. 더구나 외따로 독립되어 있는 산업 사회는 존재하지 않으며, 지리적·정치적으로 분리된 사회도 여러 방식과 다양한 수단을 통해 산업조직을 서로 혼합시키고 연결시킨다. 그러므로 현대사회의 인과관계는, 산업발전 단계가 단순한 경우나 산업조직이 완전히 분리된 경우에 나타날 수 있는 정도의 명확성이나 확실성을 갖고 나타나지는 않는다. 그러나 활황기와 불황기가 교대로 나타나는 현상은 지대의 투기적 상승에 의해 나타난다고 앞에서 지적했던 현상과 연계되어 있다.

지금까지 연역법을 통해 원리로부터 실제 현상을 도출해보았다. 이러한 순서를 뒤바꾸어 귀납적으로 현상을 추적하더라도 쉽게 원리에 도달할 수 있다.

불황기 앞에는 언제나 활황과 투기가 발생하는데, 이러한 선후관계는 누구나 인정하는 사실이다. 밤에 무리하면 아침에 두통이 나듯이, 불황은 투기에서 생긴다는 것이다. 그러나 투기가 불황을 초래하는 과정에 대해서는 두 갈래의 다른 견해가 존재하는데, 이는 현재의 산업 불황을 설명하기 위해 대서양 양안에서 제시되는 각종 이론에 나타나 있다.

한 학파의 견해는 투기가 과잉생산을 야기함으로써 불황을 조성한다고 주장하면서 정당한 가격으로 판매될 수 없는 상품으로 가득한 창고, 전부 또는 일부의 조업이 중단된 공장, 폐쇄된 광산과 부두에 정박해 있는 기선, 은행 금고 속에 놀고 있는 돈, 일자리가 없어 곤란을 겪는 노동자 등을 가리킨다. 이러한 예를 보면 생산이 소비수요를 앞질렀음을 알 수 있다고 하면서, 전쟁 기간에 ─ 남북전쟁 당시의 미국과 나폴레옹 전쟁 당시의 영국처럼 ─ 정부의 소비가 늘어나면 산업이 활기를 띤다는 사실을 지적하기도 한다.

다른 학파의 견해는, 투기가 과잉소비를 야기함으로써 불황을 조성한다고 주장하면서 유효수요 중단의 증거로서 폐쇄된 공장, 실업 상태의 노동자 등을 가리킨다. 사람들이 호황이라는 환상에 사로잡혀서 소득을 초과하는 지나친 소비를 하다 보면 마침내 부의 소비를 줄이는 쪽으로 후퇴하지 않을 수 없기 때문에 이러한 현상이 생긴다고 한다. 그 외에도 전쟁, 필요 이상의 철도 건설, 도산에 이를 정도의 정부의 재정 차입 등에 의한 부의 지나친 소비를 예시하면서, 이와 같은 무리한 소비는, 재산을 낭비하는 사람이 자기 재산이 탕진되는 줄 잘 모르듯이, 그 당시에는 잘 감지되지 않지만 나중에 소비 감소로 나타난다고 한다.

두 이론은 일반적 진실의 한 면을 표현하고 있기는 하지만 그 전체를 포괄하지는 못한다. 현상에 대한 설명으로서 두 이론은 모두 실격이다.

수많은 사람이 실제로 자신이 획득하는 것보다 더 많은 부를 원하는데 어떻게 과잉생산이 있을 수 있을까? 그리고 생산 설비가 놀고 생산자가 일거리가 없어 빈둥거리는데 어떻게 과잉소비가 있을 수 있을까?

더 많이 소비하려는 욕구가 있고 동시에 더 많이 생산하려는 능력과 의욕이 있는데도 공업과 상업의 마비 현상이 일어난다면 이를 과잉생산이나 과잉소비의 탓으로 돌릴 수는 없다. 분명히 생산과 소비가 서로 조화되지 않는 데에 문제가 있다고 보아야 한다.

이런 부조화는 어떻게 해서 생기는가? 이것이 투기의 결과라는 사실은 분명하며 많은 사람이 동의한다. 문제는 무엇에 대한 투기인가 하는 것이다.

노동 생산물에 — 농업, 광업, 공업 등의 생산물에 — 대한 투기는 여기에 해당되지 않는다. 왜냐하면, 노동 생산물에 대한 투기는 단지 공급과 수요를 일치시키고 또 마치 기계의 플라이휠처럼 생산과 소비의 상호 작용을 안정시키는 효과를 갖기 때문이다.

그러므로 투기가 경제불황의 원인이 된다고 하면 그것은 노동 생산물에 대한 투기일 수는 없고 노동의 생산 활동에 필요는 하지만 그 양이 고정된 것, 즉 토지에 대한 투기일 수밖에 없다.

토지투기가 산업불황의 진정한 원인이라는 사실은 미국에서는 너무나 분명하다. 산업 활황기마다 토지가치가 꾸준히 상승함으로써 결국 토지투기가 생기고 그로 인해 토지가치가 도약하였다. 그 후에는 예외 없이 일부 생산 중단 및 그와 관련된 유효수요 중단 내지 거래 부진이 뒤따랐고, 여기에 대체로 상업의 파탄이 동반하였다. 그 이후에는 상대적 정체기가 지속되면서 서서히 균형이 형성되었다가 다시 같은 현상이 반복되었다. 이러한 관계는 문명세계 전체에서 관찰된다. 산업 활황기가 절정기에 이르면 토지가치의 투기적 상승이 나타나서 생산 제약으로 이어진다. 이런 증상은 토지가치가 가장 극심하게 상승하는 신생 지역의 수요 중단에서 제일 먼저 나타난다.

이것이 불황기에 대한 핵심적인 설명이 된다는 점을 사실의 분석을 통해 살펴보려고 한다.

앞서도 지적했듯이 모든 거래는 상품과 상품의 교환이다. 따라서 어떤 상품에 대한 수요 중단은 — 이것이 상업불황의 특징이다 — 실제로 다른 상품의 공급 중단이다. 상인은 팔려고 하고 제조업자는 만들려고 하는 상품이 있고 이런 상품이 필요한 사람이 많은데도 상인의 매상고가 줄고 제조업자의 수주액이 줄어든다면, 결국 이 상품과 교환될 다른 상품의 공급이 줄었음을 의미한다. 흔히 "구매자가 돈이 없다"라든지 "돈이 귀해졌다"고 하지만, 이는 돈이 교환의 매개물에 불과하다는 사실을 잊고서 하는 말이다. 잠재적인 구매자에게 정말로 없는 것은 돈이 아니라 돈으로 바꿀 수 있는 상품이며, 정말로 희소해진 것은 어떤 생산물이다. 그러므로 소비자의 유효수요 감소는 생산 감소의 결과에 불과하다.

이 관계를 잘 이해하기 위해 공장이 문을 닫고 직공이 실직한 어느 공업도시의 가게 주인을 예로 들어 보자. 생산이 중단되면 직공이 물자에 대한 구매력을 잃고 그에 따라 수요가 줄어들기 때문에 가게에는 상대적으로 재고가 많이 쌓인다. 가게 주인은 점원을 해고하거나 자신의 수요를 줄이지 않을 수 없게 된다. 그리고 수요가 중단되면 — 여기에서는 물론 일반적인 경우를 말하고, 유행의 변화와 같은 원인에 의한 상대적 수요가 달라지는 경우는 해당되지 않는다 — 생산자의 재고가 많이 쌓이고 종업원을 해고하지 않을 수 없게 되므로 같은 현상이 또 발생한다. 어디에선가 — 지구의 반대편 끝에서라도 — 생산이 제약되면 소비에 대한 수요도 제약되기 마련이다. 필요 물자가 제대로 충족되지 않는데도 수요가 감소한다면 어디에선가 생산이 제약되었다는 것을 의미한다.

사람들은 제조업자가 만드는 물자가 종전과 다름없이 필요하며, 직공들도 가게에서 판매하는 상품이 종전과 다름없이 필요하다. 그러나 이들은 필요한 물건을 종전처럼 구입할 능력이 없다. 생산이 어디에선가 제약됨에 따라 그 상품의 공급이 감소하면 다른 상품에 대한 수요가 감소하고, 이러한 제약 효과는 산업과 교환의 전체 구조를 통해 확산된다. 산업 피라미드는 토지를 저변으로 해서 형성된다. 다른 업종에 대한 수요를 창조하는 일차적이고 기본적인 업종은 자연으로부터 부를 뽑아내는 업종이다. 그러므로 교환 단계 내지 업종을 하나씩 추적해 보면 생산 제약 및 그로 인한 구매력 감소의 원인이 궁극적으로 토지에 노동이 투입되는 것을 제약하는 어떤 장애와 연결되어 있음을 알 수 있다. 그 장애는 지대 또는 토지가치의 투기적 상승임이 분명하다. 이것은 토지소유자가 노동과 자본을 배척하는 것과 같은 효과를 낸다. 생산 제약은 산업구조의 저변에서 시작하여 교환 단계를 따라 확산되며, 공급 중단은 수요 중단을 낳아서 마침내, 기계의 톱니바퀴가 전부 빠져버리듯이 도처에서 노동자가 물자 부족을 겪으면서도 노동력이 유휴화되는 참상이 발생한다.

일하려고 하는 많은 사람들이 일자리를 갖지 못하는 이상하고도 부자연스러운 광경을 보면, 생각이 있는 사람이라면 진정한 원인이 무엇인지 짐작할 수 있게 된다. 너무 익숙해지다 보니 우리의 감각이 무디어졌지만, 필요한 물자를 얻기 위해서 노동하려고 하는 사람이 노동 기회를 찾지 못한다는 것은 참으로 이상하고 부자연스러운 일이다. 노동은 부를 생산하므로, 자신의 노동과 식품, 의류, 기타 형태의 부를 교환하려는 사람은 주화나 밀을 주고 밀가루를 구하려는 사람과 같다. 흔히 노동의 공급과 노동에 대한 수요라는 말을 사용하는데, 이 두 용어는 상대적인 의미를 가질 뿐이다. 노동의 공급은 어느 곳에서나 동일하다. 입이 하나 태어나면 손이 두 개 같이 생기며, 남아 21명에 여아 20명이 출생한다. 그리고 노동만으로도 생산할 수 있는 물자가 인간에게 필요한 한 노동에 대한 수요는 항상 존재한다고 보아야 한다. 또 흔히 "일자리가 부족하다"는 말도 하는데, 인간이 물자를 필요로 하는 한 일자리의 부족이란 있을 수 없다. 노동 생산물이 부족한데도 노동의 공급이 너무 많거나 노동에 대한 수요가 너무 적은 경우는 분명히 있을 수 없다. 문제의 원인은 수요에 맞는 공급이 어디에선가 제약된다는 데 있으며, 또 필요한 물자를 노동이 생산하는 것을 막는 장애가 어디엔가 존재한다는 데 있다.

수많은 실업자들 중에서 아무나 예로 들어 보자. 맬서스(Thomas R. Malthus. 1766~1834)가 누구인지 전혀 모르는 사람이라도 세상에는 인구가 너무 많다고 생각할 것이다. 자신이나 근심에 잠긴 부인이나 제대로 양육받지 못하고 굶주림과 추위에 떠는 자식에게는 필요한 물자가 많다. 그러므로 노동에 대한 수요는 충분하다. 이것은 하늘도 안다. 일하려는 손이 있으므로 공급도 있다. 무인도에 이 사람을 데려다 놓으면, 문명사회의 협동과 분업과 기계의 혜택이 없이도 두 손으로 자신에게 딸려 있는 식구의 입을 채워 주고 등을 따스하게 해 줄 수 있다. 그러나 생산력이 최고도로 발달한 곳에서는 그렇게 하지 못한다. 왜 그런가? 무인도에서는 자연의 원료와 힘을 이용할 수 있고 다른 곳에서는 그 이용을 거부당하기 때문이 아닌가?

스스로의 노동에 의해 부족한 물자를 조달하려는 사람이 일자리가 없어 놀지 않을 수 없는 상황이 왜 생기는지를 단독으로 설명해 줄 수 있는 사실은 바로 노동이 자연으로부터 배제되고 있다는 사실이 아닌가? 한 쪽 사람들이 강제로 실업상태에 놓이는 직접적인 원인은 그 생산물에 대한 다른 쪽 사람들의 수요가 중단되었다는 데 있다. 그러나 각 교환 단계 내지 업종을 따라서 원인을 추적해 가면 어느 분야의 강제 휴업은 다른 분야의 강제 휴업에 기인함을 알게 될 것이다. 또 모든 분야에 불경기를 야기하는 마비 현상이 노동 공급의 과잉이나 노동 수요의 과소에서 나오는 것이 아니라, 부족함을 채워주는 물자이자 노동의 목적이 되는 물자의 생산을 통해 공급이 수요를 맞추는 데 실패했다는 사실에서 나옴을 알 수 있다.

노동이 이런 물자를 생산하기 위해서 필요한 것은 토지다. 노동이 부를 창조한다는 말은 비유일 뿐이다. 인간은 아무 것도 창조할 수 없다. 전 인류가 끝없이 노동한다고 해도 햇살 속에 떠다니는 작은 티끌 하나도 창조할 수 없다. 인간은 우주 속에 항해하는 이 지구를 한 푼도 더 무겁게나 가볍게 할 수 없다. 부의 생산이란 이미 존재하는 물질을 노동을 통해 필요한 형태로 바꾸는 데 지나지 않기 때문에 부를 생산하려면 반드시 이 물질, 즉 토지를 사용해야 한다. 토지는 모든 부의 원천이다. 토지는 노동이 가공할 광물을 캐내는 광산이며, 노동이 형태를 부여할 원료이다. 그러므로 노동이 필요한 물자를 얻지 못한다면 노동의 토지 사용이 거부되고 있다는 데에서 그 원인을 찾아야 하지 않을까?

모든 업종에서 일자리가 부족하고 모든 지역에서 노동이 놀고 있는 가운데 욕구가 충족되지 못하는 상황이 벌어지고 있는데, 그렇다면 노동이 필요한 부를 생산하는 것을 막는 장애가 산업 구조의 기반에 깔려 있다고 보아야 하지 않을까? 이 기반은 바로 토지이다. 새 정착지를 개척한 사람은 모자업자, 안경업자, 귀금속업자가 아니다. 캘리포니아나 호주의 광산에 사람이 몰려든 것은 구두업자, 양복업자, 기계기술자, 인쇄업자가 있었기 때문이 아니다. 이런 업종은 광부가 들어온 이후에야 생겨났다. 현재 이들 업종이 블랙힐(Black Hill)의 금광 노동자나 남아프리카 다이아몬드 광산의 노동자를 뒤따라가서 생기는 것이 좋은 예가 된다. 상인이 있음으로써 농민이 발생한 것이 아니라 농민이 상인을 부른다. 도시가 먼저 생긴 후에 농촌이 발전하는 것이 아니라 농촌이 발전함으로써 도시가 생겨난다. 그러므로 모든 분야에 걸쳐 일할 의사가 있는 사람이 일할 기회를 찾지 못한다면 다른 분야 모두에 대한 수요를 창출하는 어떤 분야에 문제가 있음이 분명하다. 즉, 노동이 토지로부터 배제되었기 때문임이 분명하다.

리즈(Leeds)나 로웰(Lowell)에서, 필라델피아나 맨체스터에서, 런던이나 뉴욕에서 나타나는 현상은 제일원리를 모르면 이해하기 힘들 수도 있다. 그러나 산업 발전이 정교하지 못하고 유통망도 제대로 형성되지 못한 곳에서는 드러난 사실만 관찰해도 알 수 있다. 30년도 안 된 샌프란시스코는 인구에서나 상업적 중요성에서나 세계적인 대도시로서, 미국에서 뉴욕 다음의 대도시로 꼽힌다. 30년도 안 된 이 도시에서 지난 수년간 실업자가 증가하였다. 이 도시에 수많은 실업자가 존재하는 것은 분명히 농촌에서 일자리를 찾을 수 없기 때문이다. 이들이 추수기가 되면 몰려나갔다가 끝나면 몰려 들어오는 것을 보면 알 수 있다. 실업 상태에 있는 사람이 토지에서 부를 생산할 수 있게 된다면 이 사람만 일자리를 얻는 정도에 그치지 않는다. 도시의 기계공에게 일거리가 생기고, 가게주인에게 고객이 생기고, 상인에게 거래처가 생기고, 극장에 관객이 생기고, 신문에 구독자와 광고주가 생긴다. 이렇게 해서 창출되는 유효수요는 뉴잉글랜드, 영국, 기타 세계 어느 곳이든 이들이 지불 능력을 갖고 소비하는 물자가 나오는 곳에서 감지할 수 있게 된다.

그렇다면 실업자가 토지에서 자가노동을 할 수 없는 이유는 무엇일까? 토지가 모두 사용되고 있기 때문은 아니다. 기성 지역의 인구 과잉 증상이 샌프란시스코에도 나타나고는 있지만, 프랑스보다 천연자원은 더 풍부한데도 인구가 백만 명도 안 되는 곳에서 인구 과잉 운운하는 것은 맞지 않는다. 샌프란시스코 주변 수 마일 이내의 유휴토지만으로도 원하는 모든 사람에게 일자리를 줄 수 있다. 일자리가 없는 사람이 토지를 가진다고 해서 누구나 스스로 농사를 짓거나 집을 지을 수 있다는 말은 아니다. 그러나 적어도 다른 사람에게 그런 일거리를 줄 수는 있게 된다. 그렇다면 이 토지에서 자가노동을 하는 것을 막는 원인은 무엇인가? 그 원인은 토지가 독점되어 있으며, 또 토지의 현재 가치가 아니라 앞으로 인구 증가에 따라 상승하게 될 가치에 근거를 두고 형성되는 투기가격에 의해 토지가 묶여 있다는 데 있다.

관심을 가진 사람이라면 샌프란시스코에서 볼 수 있는 이런 현상을 다른 곳에서도 분명하게 볼 수 있다.

현재의 상공업 불황의 원인은 — 이 불황은 미국에 1872년에 처음 나타나서 강도의 차이는 있지만 문명세계 전체로 번져나갔다 — 대부분 무리한 철도 건설에 있으며 그 관련성을 입증할 수 있는 사례도 많다. 적절한 시기 전에 철도를 건설하면 자본과 노동을 생산성이 높은 부문에서 생산성이 낮은 부문으로 이동시킴으로써 사회를 부유하게 하는 것이 아니라 오히려 가난하게 만든다. 나는 철도 열풍이 최고조에 달했을 때 쓴 한 정치 논문에서 이 점을 캘리포니아 주민에게 지적한 바 있다.[1] 그러나 이와 같은 자본 낭비가 광범위한 산업 정체의 원인이라고 한다면, 썰물 수위가 보통 때보다 낮다고 할 때 그 이유를 바닷물 몇 동이를 퍼냈기 때문이라고 설명하는 것과 다름없다. 남북전쟁 당시의 자본과 노동의 낭비는 불필요한 철도를 건설하는 것보다 훨씬 심했으면서도 이런 결과가 초래되지 않았다. 또 자본과 노동이 너무 남아도는 현상이 이번 불황의 특징이라는 점을 생각하면 철도에 자본과 노동을 낭비하였기 때문에 불황이 발생하였다는 견해도 수긍하기 어렵다.

그러나 토지가치 상승의 의미를 이해하고 철도 건설이 토지투기에 미치는 영향을 인식하는 사람이라면 급속한 철도 건설과 산업불황 간에는 관련성이 있다는 점을 쉽게 알 수 있다. 철도가 건설되거나 계획되는 곳에서는 토지가치가 투기의 영향으로 크게 뛰었고, 자본과 노동이 부를 생산하기 위해 토지를 사용하는 대가로서 — 일시불로 또는

---

1) 「보조금 문제와 민주당(The Subsidy Question and the Democratic Party)」, 1871.

분납으로 ─ 지불해야 하는 명목적인 금액에 수십억 달러가 더 추가되었다. 그 필연적인 결과는 생산의 제약이었으며, 생산 제약은 수요 중단으로 파급되고, 그로 인해 다시 생산을 제약하게 된다. 이러한 생산 제약은 교환망을 따라 멀리까지 파급되며, 특히 상업을 통해 문명사회를 연결하는 중추 기능을 담당하는 거대한 산업국가의 중심에서는 굉장한 힘으로 작용하게 된다.

이러한 현상은 다른 지역에 비해 고립성과 한정성을 가진 캘리포니아에서 가장 잘 추적해 볼 수 있다.

1860년대 끝 무렵까지만 해도, 교환을 저해하고 산업 질서를 무너뜨린 전쟁이 있었고 남부지역의 항구가 폐쇄되었던 점을 감안한다면, 캘리포니아는 북부지역과 ─ 실은 모든 문명 세계와 ─ 마찬가지로 활황이었다고 볼 수 있다. 동부지역에서는 이 활황이 화폐 인플레이션이나 정부의 방만한 지출에서 생긴 것이라고 하지만, 캘리포니아에서는 그렇게 보기 어렵다. 지폐발행법이 제정되었음에도 태평양 연안 지역에서는 주화를 고수하고 있었으며, 연방정부가 징수하여 가져가는 금액이 연방정부의 지출로 이 지역에 돌아오는 금액보다 더 많았기 때문이다. 따라서 원인은 어떤 정상적인 사정에 있다고 보아야 한다. 노천 금광이 줄어들고 있었지만 네바다 은광이 개발되었고, 수출 품목 중에서 금이 줄어들고 있었지만 밀과 양모가 이를 보충하기 시작했으며, 인구 증가와 생산·교환 방법의 개선으로 노동 능률이 꾸준히 향상되고 있었기 때문이다.

이와 같은 물질적 진보와 더불어 ─ 또는 그 결과로 ─ 토지가치는 꾸준히 상승하였다. 이러한 꾸준한 상승은 투기적 상승을 야기하였고, 그러자 철도 건설과 맞물려 토지가치는 모든 지방에서 줄달음쳐 올라갔다. 그 멀고 비용도 많이 들고 열병이 들끓는 파나마 운하가 대서양 연안 지방에서 캘리포니아까지 오는 주된 통로였던 시대에도 캘리포니아의 인구는 꾸준히 증가했다. 그러므로 뉴욕에서 샌프란시스코까지 7일만 여행하면 쉽게 닿을 수 있는 길이 열린다면 인구가 엄청나게 증가할 것이라고 예상했고, 기차가 역마차와 짐마차를 대신하는 시대에는 더 말할 것이 없다고 예상했다. 그리하여 앞으로 발생할 것으로 기대되는 토지가치 상승분이 미리 반영되었다. 샌프란시스코 외곽에 있는 필지는 수백, 수천 퍼센트 상승하였고, 이민자가 몰릴 것으로 예상되는 지역에는 가격 상승에 대한 기대로 농지까지 취득·보유하였다.

그러나 예상했던 대량 이민이 일어나지 않아서 노동과 자본은 토지가격에 상응하는 대가를 얻을 수 없었다. 생산도, 절대적으로는 아니더라도 최소한 상대적으로는, 제약되었다. 대륙 횡단 철도가 완성 단계에 접어들자 활황이 고조되기는커녕 불황의 신호가 나타나기 시작했다. 철도가 완성되었을 때에는 활황이 끝나고 불황이 뒤따랐다. 이 불황은 아직도 회복되지 않고 있으며 그동안 임금과 이자는 계속 하락하였다. 이런 과정을 통해 실질적 지대선 내지 경작의 한계는 — 개선과 인구 증가가, 불황이 아니었을 때보다는 속도가 느리지만, 계속되고 있다는 점도 작용하여 — 투기적 지대선에 접근하였다. 그러나 개발 지역에서 토지가격의 투기적 상승이 끈질기게 이루어진다는 사실은 잘 알려져 있다.[2]

캘리포니아에서 진행된 이런 현상은 미국 내의 모든 진보하는 지역에서도 진행되었다. 철도가 건설되거나 계획되는 곳에서는 토지가

---

2) 급속한 개발이 기대되는 신생 지역에서는 투기적 토지가격이 놀랄 만큼 높게 유지된다. "부동산 시장이 형성되지 않는다. 어떤 가격에도 매각이 안 된다"는 말도 많이 들리지만, 그러나 막상 부동산을 매입하려고 하면 꼭 매각해야 할 사정을 가진 사람이 없는 한 투기가 한창일 때의 가격을 지불하지 않을 수 없다. 소유자는 토지가치가 결국에는 상승할 것이라고 믿고, 가능한 한 토지를 오래 가지고 있으려고 하기 때문이다.

독점되었고, 개선의 혜택에 대한 기대가 미리 반영되어 토지가치를 상승시켰다. 지대의 투기적 상승이 이렇게 정상적인 상승을 앞지름으로써 생산이 제약되고 수요가 감소하였다. 노동과 자본은 토지와 직접 관련된 직종에서 거부되고, 토지가치가 비교적 덜 중요한 요소가 되는 직종으로 몰렸다. 철도의 급속한 확대가 그 후의 불황으로 연결되는 사정은 바로 이런 것이다.

미국에서 나타난 현상은 정도의 차이는 있지만 세계의 모든 진보하는 국가에도 나타났다. 어느 곳에서든 토지가치가 물질적 진보와 더불어 꾸준히 상승했고 그로 인해 투기적 상승을 초래하였다. 이와 같은 근본 원인의 영향은 미국의 신생 지역에서 기성 지역으로 그리고 미국에서 유럽으로 번져 나갔다. 근본 원인은 어느 곳에서나 동일하였다. 그리하여 세계적인 물질적 진보에 의해 세계적인 상공업 불황이 초래되었다.

그런데 산업불황을 야기하는 중요하고도 근본적인 원인이 지대 내지 토지가치의 상승에 있다고 설명하는 가운데 언급하지 않은 것이 하나 있다고 생각할지 모르겠다. 근본 원인은 일회적으로 작용하는 것이 아니라 지속적으로 — 속도는 빠를 수 있지만 — 작용한다. 비유하자면 한 방 갈기는 것이 아니라 꾹 누른다는 것이다. 그러나 이러한 산업불황은 갑작스레 오는 것으로 보인다. 처음에는 발작처럼 일어났다가 후에는 탈진한 것처럼 상대적인 무기력 상태에 빠진다. 모든 면에서 이상 없이 잘 움직이고 상공업이 활기를 띄면서 확장되다가 청천벽력처럼 갑자기 충격이 와서 은행이 붕괴되고 큰 제조업과 상업이 실패한다. 전 산업조직에 큰 충격을 가한 것처럼 실패에 실패가 거듭되며 모든 분야의 취업자가 일자리를 잃고 자본은 수익 없는 증권처럼 전락하고 만다.

이렇게 되는 이유에 대해 설명해 보자. 그 설명을 위해서는 교환이 이루어지는 방식을 고려해야 한다. 교환은 각종 산업을 상호 관련성과 의존성을 가진 하나의 조직으로 연결하는 역할을 담당하기 때문이다. 공간적·시간적으로 멀리 떨어진 생산자 간에 교환이 이루어지려면 상당량의 재고가 상점에 있거나 수송되고 있어야 한다. 앞에서 설명한 바와 같이, 이것은 도구와 종자를 공급하는 기능 이외에 자본이 가진 큰 기능에 속한다. 이러한 교환은 대체로 외상으로 이루어지며 또 그럴 수밖에 없다. 한 쪽에서 상품을 선도(先渡)하고 추후에 상대방이 그 대가를 지불하게 된다는 것이다.

그 원인이 무엇이건, 상품의 선도는 일반적으로 조직화가 많이 되고 가장 최근에 발전한 산업에서부터 하급의 산업으로 이루진다는 사실이 분명하다. 예를 들어 아프리카 서해안에서는 야자의 기름이나 열매를 옥양목이나 버밍엄 우상(Birmingham idol) 따위와 바꾸는 사람들은 대가를 즉시 받는다. 그러나 영국의 상인은 상품을 보내고 한참 후에야 대가를 받는다. 농민은 수확물을 추수한 직후에 팔아 현찰을 받을 수 있다. 반면 큰 제조업자는 많은 재고를 유지해야 하고 멀리 있는 대리점에 수송해서 시기에 맞추어 매각해야 한다. 이처럼 상품의 선도와 외상은 이차인 산업에서부터 일차 산업으로 이루어지므로 후자에서 생산이 제약되더라도 그 영향이 전자에 즉각 명백하게 미치지 않는다. 선도와 외상이라는 제도는, 비유하자면 끊어지기 전까지는 상당히 버티지만 어느 때에 이르면 약간의 자극만으로도 끊어지고 마는 탄력성 있는 연결 장치와 같다.

또 다른 식으로 설명해 보자. 거대한 기제(Gizeh) 피라미드는 여러 층으로 된 석조물인데 그 바닥층이 모든 위층을 떠받치고 있다. 어떤 방법으로든 바닥층의 크기를 수축시킨다고 할 때, 피라미드 윗부분은 한동안은 그 형태를 유지할 것이다. 그러나 물체의 결합력 이상으로 중력이 작용하면, 피라미드의 형태가 점진적으로 일정하게 줄어드는 것이 아니라 어느 날 갑자기 무너져서 조각나고 만다. 산업조직도 이런 피라미드에 비유할 수 있다. 사회 발전 단계에 따라 여러 가지 산업이 상호 연관을 맺는 비율을 정확히 알기는 어렵고 어쩌면 불가능할 수도 있다. 그러나 인쇄 활자 간에 어떤 비율이 존재하듯이 산업 간에도 비율이 존재하는 것은 분명하다. 각 형태의 산업은 기존의 다른 산업에서 노동의 분업에 의해 발전하여 파생되어 나오며, 모든 산업은 궁극적으로 토지에 기반을 둔다. 토지가 없는 노동은 공간이 없는 인간처럼 무력하기 때문이다. 진보하는 사회 상황과 유사한 설명을 하기 위해, 여러 층으로 구성된 피라미드가 전체적으로 성장하고 확대되는 경우를 상상하여 보자. 이때 피라미드 바닥층만 성장이 제약되고 나머지 층은 계속 커진다고 하면 바닥층에서 거부당한 성장력이 위층에서 자리를 찾으려 할 것이므로 당분간은 성장 속도가 더 빠를 것이다. 그러나 결국에는 균형이 결정적으로 무너져서 피라미드는 갑작스럽게 붕괴하고 만다.

산업불황이라는 반복적 발작의 — 이 현상은 현대 사회생활의 특징이 되고 있다 — 근본 원인과 일반적인 전개 과정은 이상에서 명백하게 설명되었다고 본다. 여기에서 독자들에게 지적해 둘 것은, 우리의 연구 대상은 — 실제로 어느 정도의 정확한 결과를 얻을 수 있는 연구 대상은 — 경제불황의 '주된' 원인과 '일반적인' 과정에 국한된다는 점이다. 정치경제학은 일반적인 경향 이외에는 다룰 수도 없고 또 다룰 필요도 없다. 그 외에 파생되는 현상은 너무나 각양각색으로 나타나기 때문에 이에 대한 정확한 예측은 불가능하다. 나무를 자르면 넘어진다는 사실은 알지만 정확히 어느 방향으로 넘어질 것인지는 나무 둥치의 경사, 가지가 뻗은 모양, 충격의 정도, 바람의 방향과 속도, 심지어는 가지에 앉은 새의 무게, 다람쥐가 뛰는 힘의 영향까지 세세히 알아야만 예측할 수 있다. 또 모욕을 당하면 가슴에서 화가 치밀어 오른다는 사실은 알고 있지만 치미는 화가 어느 정도 어떤 모습으로 나타날 것인지를 예측하려면 과거와 현재의 그 사람의 모든 인간성과 모든 환경을 다 알아야만 한다.

내가 지금까지 추적한 원인은 산업불황의 중요한 부분을 충분히 설명하고 있다. 그러나 부의 분배에 관한 현재의 이론에 근거를 둔 갖가지 설명은 상호 모순되고 또 내재적으로도 모순되어 있어 매우 대조적이다. 지대 또는 토지가치의 투기적 상승이 예외 없이 모든 산업불황에 선행했다는 사실은 어느 곳에서든 분명하다. 이들이 서로 인과관계를 갖는다는 사실도, 토지와 노동 간의 필연적인 관계를 고려한다면, 명백하다.

현재의 불황이 제 길을 따라 진행 중이며 또 앞에서 지적한 대로 새로운 균형이 형성되고 있다는 사실은 — 그리하여 추후에 새로운 상대적 활황이 나타나게 될 것이다 — 이미 미국에서 나타나고 있다. 정상적인 지대선과 투기적 지대선이 다음과 같이 접근하고 있다.

(1) 투기성 토지가치의 하락에 의해. 이 점은 주요 도시에서 지대가 감소하고 부동산 가치가 하락하는 점을 볼 때 명백하다.

(2) 노동 능률의 향상에 의해. 이것은 인구 증가와 새로운 발명·발견의 활용으로 생기며 이러한 개선 중 어떤 것은 머지않아 증기기관처럼 긴요하게 활용될 것으로 보인다.

(3) 관습적인 이자와 임금의 하락에 의해. 이자에 관해서는 정부대출 이자가 4%로 낙착된 것을 예로 들 수 있다. 임금에 관한 예는 너무 흔해서 예를 들 필요조차 없다.

이렇게 해서 균형이 다시 형성되면 새로운 활황기가 시작되고 그 전성기에 토지가치의 투기적 상승이 이루어질 것이다.[3] 그러나 종전의

---

3) 이 부분은 1년 전에 집필되었다. 현재는 (1879년 7월) 예측한 대로 새로운 활황이 개시되었음이 분명하며 뉴욕과 시카고에서는 부동산 가격이 벌써 회복되기

수준에서 하락한 임금과 이자는 회복되지 못할 것이다. 이러한 모든 부침현상 내지 파상운동은 임금과 이자를 점차 최저액 쪽으로 끌어 내린다. 이와 같이 일시적인 불황이자 반복성을 가진 불황은 이 책의 첫 장에서 지적한 바와 같이 물질적 진보에 수반하는 일반적인 움직임이 강화된 상태일 뿐이다.

시작했다.

제 2 장
부의 증가 속에 영속되는 빈곤

커다란 문제는 — 반복적인 산업불황은 이 문제의 한 특수한 표현 형태에 불과하다 — 이제 완전히 해명되었다고 생각한다. 모든 문명 세계의 박애주의자들을 놀라게 하고 정치인들을 당황스럽게 하며, 가장 발달한 종(種)의 미래에 먹구름을 드리우며, 소위 진보라고 하는 것의 실체와 방향에 의문을 가지게 하는 사회현상은 이렇게 설명된다.

생산력의 향상에도 불구하고 임금이 겨우 생존할 수 있을 정도의 최저액에 머무는 이유는, 생산력 향상과 더불어 지대가 더 큰 비율로 상승함으로써 임금이 낮게 유지되기 때문이다.

문명 발달의 직접적인 결과는 욕구 충족을 위한 인간 노동의 힘을 모든 면에서 증대시키는 것으로 나타난다. 즉, 빈곤을 타파하고 궁핍과 궁핍에 대한 두려움을 추방한다. 진보의 내용과 진보하는 사회가 추구하는 상태의 직접적이고 자연적인 결과는, 영향권 내에 있는 모든 사람들의 물질적 상태를 — 그에 따라 지적·도덕적 상태도 — 개선하는 것이다. 인구의 성장, 교환의 양과 범위의 확대, 과학적 발견, 줄 이은 발명, 교육의 확산, 정부의 개선, 예절의 순화 등을 물질적 힘으로 볼 수 있다면, 이들은 모두 노동의 생산력을 향상시키는 직접적인 효과를 가진다. 그리하여 일부의 노동만이 아니라 모든 노동의 생산력이 향상되며, 일부 분야의 산업만이 아니라 모든 분야에서 산업의 생산력이 향상된다. 사회에서 부의 생산법칙은 "부분은 전체를 위해, 전체는 부분을 위해(each for all, and all for each)"이기 때문이다.

그러나 노동은 문명 발달이 가져오는 혜택을 누리지 못한다. 누군가 이를 가로채기 때문이다. 노동에 필요한 토지가 사유재산으로 전락하여, 노동생산성이 증가하면 모두 지대 — 노동이 자신의 힘을 적용하는 기회의 사용 대가로 지불하는 가격 — 상승으로 흡수된다. 이리하여 계속되는 진보에 의해 생기는 모든 이익이 토지소유자에게 돌아가고 임금은 증가하지 않는다. 임금이 증가할 수 없는 이유는, 생산을 위해서 필수적으로 활용해야 하는 기회에 대해 지불하는 가격이 노동생산의 증가에 동반하여 같이 높아지기 때문이다. 그리하여 일반적인 생산력 향상이 이루어져도 단순노동자에게는 이익이 되지 않는다. 이는 마치 설탕 가격이 올라도 쿠바의 노예에게 이익이 되지 않는 것과 같다. 설탕 가격이 오르면 주인이 일을 더 많이 시켜서 노예생활이 더 고달파질 수 있듯이, 자유노동자의 생활도 자기 노동의 생산력이 증가하면 절대적·상대적으로 더 악화될 수 있다. 지대가 지속적으로 상승하면 투기 경향이 발생하는데, 투기는 지대를 더욱 상승시킴으로써 앞으로 이룩될 개선의 효과를 반감시켜 버린다. 또 투기 없는 통상적인 상황과는 달리, 임금을 노동자가 겨우 살아갈 수 있을 정도의 노예 수준으로까지 끌어내린다.

이와 같이 노동은 생산력 향상의 모든 혜택을 박탈당하고 문명 발달의 부작용에 희생된다. 노동은 문명 발달에 자연스럽게 수반하는 이익도 얻지 못하고 자유노동은 노예처럼 무기력하고 비천한 상태로 전락한다.

문명이 발달하여 생산력을 향상시키는 개선이 이루어지고 그로 인해 노동은 불가피하게 분업되어 구성원의 독립성이 상실된다. 그러나 노동자 전체로서의 능률은 향상된다. 아주 평범한 물자를 공급할 경우에도 여러 과정을 거치게 되는데 개별 노동자는 그 중 아주 작은 한 부분에 대한 지식과 기술을 습득한다. 미개 부족의 경우, 노동 생산물 총량은 얼마 되지 않지만 각자 독립적 생활을 해나갈 능력이 있다. 각자 자신의 거처를 지을 수 있고, 나무나 가죽으로 카누를 만들 수 있고, 옷을 만들 수 있고, 무기나 덫이나 도구나 장식품을 제조할 수 있다. 누구나 자기 부족이 알고 있는 자연에 대한 모든 지식을 안다. 예를 들면, 식용이 되는 식물은 무엇이며 어디에 가면 캘 수 있는지를 안다. 짐승, 새, 물고기, 곤충이 서식하는 방식과 장소를 안다. 해와 별 또는 꽃의 방향과 나무에 붙은 이끼를 보고 길을 찾아갈 수 있다. 즉, 모든 필요한 물자를 스스로 조달할 수 있다. 자기 부족에서 떨어져서도 살아나갈 수 있다. 그리하여 자신이 속한 공통체에 대한 관계에서 자유로운 계약 당사자가 될 수 있다.

이 미개인과 문명사회의 최저층 노동자와 비교해 보라. 사회의 부 가운데에는 인간의 아주 기본적인 욕구를 만족시키는 데 필요한 물자도 많다. 그런데 노동자는 이 가운데 한 가지 물자 내지 그 물자의 아주 작은 한 부분을 생산하면서 산다. 노동자는 자기가 일하는 데 필요한 도구조차 만들 수 없으며, 자신이 소유하지도 않고 또 소유할 능력도 없는 도구로 일을 한다. 노동자는 미개인보다 더 장시간 더 힘들게 일을 하지만 미개인이 얻는 단순한 생활필수품 이상을 얻지 못한다. 그러면서도 미개인이 누리는 독립성을 잃고 산다. 자신의 힘으로 욕구를 직접 충족시키지도 못하고, 다른 사람이 동시에 일해 주지 않으면 간접적으로 충족시키지도 못한다. 이 노동자는 생산자와 소비자로 구성된 거대한 체인의 한 연결 부분에 불과하기 때문에 자신을 분리할 수 없다. 다른 사람이 움직이지 않으면 혼자서 움직일 수도 없다. 사회 속의 지위가 낮을수록 사회에 더 의존적이 되고, 무엇이든 혼자 힘으로 처리할 수 있는 능력이 극히 줄어든다. 자신의 욕구 충족을 위해 노동을 행하는 힘조차 자신의 통제 밖에 놓인다. 다른 사람의 행동에 의해서 또는 자신이 영향력을 미칠 수 없는 — 마치 태양계에 영향력을 미칠 수 없듯이 — 어떤 일반적인 원인에 의해서 이 힘이 박탈되기도 하고 회복되기도 한다. 그런데 이와 같은 원초적 저주를 은혜처럼 생각하는 시대가 되었다. 사람들은 단순한 육체노동이 그 자체로 악이 아니라 선인 듯이, 그리고 수단이 아니라 목적인 듯이 생각하고, 말하고, 주장하고, 법제화한다. 이러한 상황에서 노동자는 인간성의 본질적인 요소, 즉 신처럼 환경을 변화시키고 통제하는 능력을 잃고 만다. 노동자는 노예나 기계나 상품이 되어 버리고, 어떤 점에서는 동물보다도 못한 존재가 되고 만다.

나는 미개 상태를 감상적으로 동경하는 사람이 아니다. 루소(Jean J. Rousseau, 1712~1778), 샤토브리앙(François R. Chateaubriand, 1768~1848), 쿠퍼(Thomas Cooper, 1759~1840)의 자연사상을 순진한 어린아이처럼 추종하는 것도 아니다. 나는 자연 상태가 정신적·물질적으로 빈곤하며 그 생활이 저급하고 협소하다는 것을 안다. 문명은 인간의 자연스러운 운명이며, 문명은 인간의 모든 힘이 해방되고 고양되고 세련된 것이라고 믿는다. 문명의 혜택을 자유롭게 이용할 수 있는 처지에서는 미개 상태를 그리면서 아쉬워하는 수도 있겠지만, 이는 인간이 반추동물을 선망하는 수가 있는 것과 같다고 하겠다. 그러나 현실을 직시하는 사람이라면 우리 문명의 핵심에는 극도의 미개인이라도 자신과 처지를 바꾸고 싶지 않을 계층이 널리 존재한다고 결론 내리지 않을 수 없을 것이다. 테라델푸에고(Terra del Fuego) 사람, 호주의 흑인, 북극의 에스키모, 고도로 문명화된 영국의 최하층 중 하나를 골라

삶을 산다면 앞의 세 미개인의 운명 중에 하나를 선택하는 것이 훨씬 나을 것이라고 나는 생각한다. 부의 한 가운데서 빈곤에 처한 계층은 미개인이 누리는 인간적 자유도 없이 빈곤하기만 하기 때문이다. 생활의 협소함과 왜소함에서는 미개인보다 더 하면서 천부의 능력을 성장시킬 기회조차 없기 때문이다. 미개인보다 가능성이 더 많은 세상에 산다고 하지만, 이는 누리지 못할 축복에 불과하기 때문이다.

이런 설명을 과장이라고 생각하는 사람이 있다면 현대 문명의 쇠발굽이 전력을 다해 짓누르는 계층의 진정한 상황을 이해할 만큼 고통을 겪지 못한 사람이다. 드 토크빌(Alexis de Tocqueville, 1805~1859)은 스웨친(Anne Swetchine, 1782~1857) 부인에게 보낸 편지에서 "우리는 가난이라는 생각에 금방 익숙해집니다. 시간이 갈수록 당하는 사람에게 점점 더 심한 고통을 주는 해악이 있다고 해도 제3자는 해악이 계속되기 때문에 오히려 그런 사실에 둔감해진다는 사실을 우리는 잘 깨닫지 못합니다."라고 하였다.

이 관찰이 옳다는 점을 가장 잘 입증하는 사실을 예로 들어 보자. 빈민층과 범죄층이 존재하고, 어린 소녀들이 추위에 떨면서 삯바느질을 하고, 헐벗은 아이들이 맨발로 거리에서 지내는 도시에서 이방인에게 선교사를 보내기 위해 모금을 한다. 이방인에게 선교사를 보내다니! 우습고도 슬픈 일이 아닌가? 바알(Baal)도 이제는 음흉한 팔을 비스듬히 뻗치지 않는다. 그런데 기독교 국가의 어머니들은 장례비 몇 푼을 얻기 위해 어린 자식을 살해하고 있다! 미개 생활에 대한 어떠한 권위 있는 저술의 내용을 보더라도 고도 문명사회의 공식 문서에 — 예를 들면 위생위원회의 보고서나 극빈 노동층의 생활상에 대한 조사보고서 등에 — 나오는 비참한 생활에 대한 기록보다 못하지 않을 것이라고 확신한다.

내가 제시한 단순한 이론은 — 실은 아주 뻔한 관계를 인식한 데 지나지 않기 때문에 이론이라고 할 것도 없지만 — 빈곤과 부, 저임금과 고생산력, 개명 속의 타락, 정치적 자유 속의 실질적 노예 상황에 대해 설명해 준다.

이 이론은 준엄한 일반법칙에서 나온 결과로서, 이해되지 않는 여러 사실들을 조화시키며, 이질적이고 상호 모순된 것처럼 보이는 여러 현상의 질서와 상호관계를 보여준다.

이 이론은 신생 지역에서 부의 평균적인 생산과 총생산은 더 적지만 이자와 임금은 기성 지역보다 더 높은 이유를 설명해 준다.

개선으로 인해 노동과 자본의 생산력이 향상되더라도 그 대가는 증가하지 않는 이유를 설명해 준다.

노동과 자본 간의 소위 갈등관계에 대해 설명하고 양자의 진정한 이해관계가 일치함을 보여 준다.

보호무역이라는 오류의 근거가 되는 엉터리 이론을 송두리째 잘라 버리는 동시에 자유무역이 노동계층에 궁극적인 혜택을 주지 못하는 이유를 설명해 준다.

풍요와 더불어 부족함이 더해가는 이유와 부가 점점 집중되는 이유에 대해서 설명해 준다.

반복적으로 재발하는 산업불황에 대해, '과잉생산' 또는 '과잉소비'와 같은 이상한 개념을 쓰지 않으면서 설명해 준다.

수많은 잠재적 생산자가 강제로 실업 상태에 놓여 선진사회의 생산력을 낭비하는 이유에 대해, 일자리가 너무 적다거나 일할 사람이 너무 많다거나 하는 이상한 가정에 의하지 않으면서 설명해 준다.

기계의 도입에 따라 흔히 나타나는 나쁜 효과에 대해, 기계의 활용이 주는 자연스러운 이익을 부정하지 않으면서 설명해 준다.

밀집한 인구 속에 나타나는 죄악과 비참에 대해서도, 근시안적이고 이기적인 인간이 만든 법에만 나타날 수 있는 결함이 전지전능자의 법칙에도 존재한다고 하지 않으면서 설명해 준다.

이와 같은 설명은 모든 사실들과 일치한다.

오늘날의 세계를 보라. 각국은 정부, 산업, 관세, 통화 등 여러 면에서 서로 다름에도 불구하고 노동자층의 고난은 공통적이다. 그러나 풍요 속에 고난과 궁핍이 존재하는 모든 곳에는 반드시 토지가 독점되어 있고, 토지가 전체 국민의 공동재산이 아니라 개인의 사유재산처럼 취급되며, 노동이 토지를 사용할 때 고액의 사용료를 소득에서 징수당하고 있다. 세계 여러 나라를 비교해 보면 임금의 고저는 자본의 양이나 노동의 생산성이 아니라 토지 독점 계층이 노동의 소득 중에서 지대로 가져가는 정도에 의해 결정됨을 알 수 있다. 부의 총량이 적고 토지가격이 싼 신생 지역은, 부유하지만 토지가 비싼 지역에 비해, 노동자에게 더 유리하다는 것은 무식한 사람도 잘 아는 사실 아닌가? 토지가 싼 신개척지에서는 거지도 없고 생활의 불평등도 거의 없다. 토지가 비싼 대도시에서는 극단적인 빈곤과 사치가 병존한다. 사회의 두 극단적 상황의 격차는 언제나 토지가격으로 측정될 수 있다. 뉴욕의 땅은 샌프란시스코보다 더 비싸다. 샌프란시스코 사람이 뉴욕에 가면 그 불결과 비참함에 넋이 빠질 것이다. 런던의 땅이 뉴욕보다 더 비싸지만 불결과 궁핍의 정도는 뉴욕보다 더 열악하다.

같은 나라를 시대별로 비교해 보더라도 이러한 관계는 분명히 나타난다. 홀럼(Henry Hallam, 1777~1859)은 많은 조사 끝에 육체노동의 임금은 중세가 지금보다 더 높았다고 확신하였다. 대단히 높지는 않았다고 하더라도 적어도 아주 낮지는 않았음이 분명하다. 노동 능률이 농업에서도 700% 내지 800% 향상되었고 다른 여러 산업 분야에서는 이루 계산할 수 없을 정도로 향상되었으나, 그로 인해 지대만 상승하였을 뿐이다. 로저스(James Rogers, 1823~1890) 교수에 의하면, 현재 영국 농지의 지대는 500년 전에 비해 화폐로 계산하면 120배가 되었고, 밀로 계산하면 14배가 되었다고 한다. 대지와 광산의 지대는 엄청나게 상승하였다. 포셋(Henry Fawcett, 1833~1884) 교수의 추산에 의하면, 영국의 토지 임대가치의 자본화 금액은 현재 45억 파운드 또는 218억 7천만 달러에 달한다고 하는데, 이것은 수천 명의 영국 국민이 나머지 국민의 노동에 대해 질권(質權)을 가지고 있는 것과 같으며, 질권의 자본화 가치는 영국의 전 국민이 노예라고 가정할 때의 총가격의 두 배를 상회한다. 이때 노예가격으로는 1860년 미국 남부 흑인의 평균가격을 사용하였다.

벨기에와 플랑드르, 프랑스와 독일에서 농지의 지대와 매매가격은 지난 30년간 두 배로 올랐다.[4] 간단히 말해서 모든 곳에서 향상된 생산력이 토지가치를 올렸으나 어느 곳에서도 노동의 가치를 올리지는 않았다. 일부 지역에서 실질임금이 다소 오른 예도 있지만 그 원인은 분명히 다른 데 있다. 여타 많은 지역에서는 실질임금이 — 노동자층의 생존을 위해 필요한 최저액이 있다는 점을 감안하면, 실질임금 하락이 가능하려면 임금이 하락할 수 있는 여유가 있었던 지역이어야 한다 — 하락하였다. 그리고 모든 지역에서 총생산물 중 임금의 비율은 하락하였다.

14세기에 흑사병(Black Death)이 창궐할 당시 영국에서 지주들이 법으로 임금을 규제하려고 했는데, 이를 통해 그때 임금이 크게 올랐음을 짐작할 수 있다. 틀림없이 인구가 무섭게 줄고 유효 노동력이 상당히 감소하였을 것이다. 그로 인해 토지에 대한 경쟁이 감소하여 지대가 하락하고 임금은 너무 많이 상승하였으며, 임금을 낮추기 위해

---

4) 콥든 클럽(Cobden Club), 『토지소유제도(*Systems of Land Tenure*)』.

무력과 형법이 동원되었다. 헨리 8세(Henry Ⅷ, 1509~1547) 재임시 영
국에서 공동토지를 사유화하기 위해 둘러막고 교회 토지를 기생(寄生)
계층이 나누어 가지면서 ─ 이것이 귀족 가문 형성의 기초가 되었다
─ 토지가 독점되자 그 반대의 효과가 나타났다. 이런 결과는 토지가
치의 투기적 상승의 결과와 같다. 맬서스에 의하면 ─『정치경제학 원
리(*Principles Politicat Economy*)』에서 이 사실을 언급하였지만 토지 제
도와 연결시키지는 않았다 ─ 헨리 7세(Henry Ⅶ, 1457~1509) 재임시 밀
2분의 1부셸로는 겨우 하루 정도의 단순노동을 구매할 수 있었으나 엘
리자베스 여왕(Elizabeth, 1533~1603) 재임시에는 밀 2분의 1부셸로 사
흘 치의 단순노동을 구매할 수 있었다고 한다. 나는 임금이 이처럼 극
심하게 감소되었다는 사실을 믿을 수가 없다. 그러나 난민(sturdy
vagrants)이 사회문제가 되어 이들을 억누르기 위해 법이 제정되었다는
사실을 보면 통상의 임금이 감소했고 노동계층이 매우 곤궁했음은 분
명하다. 토지가 빠른 속도로 독점되고 투기적 지대선이 정상적인 지대
선을 초과함으로써 부랑자와 빈민을 낳은 것이다. 이런 인과관계는 최
근 미국에서도 명백해지고 있다.

휴 라티머(Hugh Latimer, 1485?~1555)는 이렇게 적었다. "과거에는
연간 지대가 20 내지 40파운드였으나 이제 50 내지 100파운드가 되었
다. 우리 아버지는 요맨(yeoman)이었고 소유 농지는 전혀 없었다. 기껏
연간 3 내지 4파운드로 임차한 농장에서 농사를 지어 여섯 식구를 먹여
살렸다. 아버지는 양 100마리를 받아 길렀고 어머니는 암소 30마리의
우유를 짰다. 아버지는 유능했고 왕이 행차하면 자신의 말과 마구를 가
지고 모실 정도가 되었으니 왕이 주는 임금을 받을 만했다. 나는 아버
지가 블랙히스 들판(Blackheath Field)에 가셨을 때 마구를 채운 기억이
난다. 아버지는 나를 학교에 보냈다. 각 5파운드씩 들여 누이들을 결혼
시켰고 신앙 속에서 하나님을 두려워하도록 자녀를 길렀다. 아버지는

이웃을 잘 대접했고 가난한 사람에게 약간의 적선도 하였다. 같은 농장에서 계속 이렇게 살았으나, 농장 임차료가 연간 16파운드 이상으로 오르자 왕이나 자신이나 자녀를 위해 아무 것도 할 수 없었고 가난한 사람을 위해 물 한 잔도 줄 형편이 못 되었다."

토마스 모어(Thomas More, 1478~1535)는 소농이 쫓겨나고 지대가 상승한 사실에 대해 이렇게 적었다. "이렇게 해서 가난한 백성들, 남자와 여자, 남편, 고아, 과부, 자녀 없는 부모, 가진 것은 없고 식구만 많은 가장들은 정처없이 고향을 등졌다."

라티머와 모어와 같은 인품은 ― 옥스포드 화형대의 불꽃 속에서도 "리들리 선생이시여, 장부답게 죽읍시다(Play the man, Master Ridley!)"라고 외칠 수 있는 꿋꿋한 정신, 부귀공명으로도 훼손하지 못했고 처형의 도끼로도 꺾지 못했던 강인함과 감미로움의 조화는 ― 사라지고 도둑떼와 부랑자가 생겨나고 범죄와 빈궁에 빠진 집단이 생겨났다. 이 영향이 아직도 남아 영국 장미의 꽃잎을 시들게 하고 뿌리를 갉아 먹는 벌레가 되고 있다.

그러나 중력의 원리와 관련된 역사를 살펴보면 시사하는 바가 있을 것이다. 우리가 발견한 원리도 중력의 원리처럼 보편적이고 확실한 원리이다. 지대가 임금을 감소시킬 수밖에 없다는 사실은 큰 수를 뺄수록 나머지가 작아지는 뺄셈처럼 명백하다. 지대가 임금을 감소시킨다는 사실은 누구든 어디에서나 주위를 둘러보기만 하면 알 수 있다.

1849년 캘리포니아와 1852년 호주에서 임금이 갑작스럽게 대폭 상승하였는데 이것은 절대로 미스테리가 아니다. 지대를 지불할 필요가 없는 주인 없는 토지에서 노천광이 발견되자 샌프란시스코의 요리사 임금이 월 500달러로 치솟고, 다른 곳에서는 상상할 수 없는 높은 임금을 선원에게 지불하지 않는 한 선박이 항구에 묶여 있게 되었다.

노천광이 발견된 토지가 개인의 소유였거나 발견 즉시 독점되어 임대료가 상승할 수 있었다면 치솟은 것은 임금이 아니라 토지가치였을 것이다. 컴스탁 로드(Comstock Lode)의 은광맥은 노천광보다 더 풍부했으나 이곳은 곧 독점되어 버렸다. 이곳의 광부들이 푹푹 찌는 지하 2천 피트, 숨 쉬는 공기도 펌프로 내려 보내야 하는 곳에서 일하면서 그나마 일당 4달러라도 받을 수 있었던 것은 이들이 조직한 광부 노동조합의 강력함과 노동조합이 광산을 손상시킬지 모른다는 두려움 덕이다. 컴스탁 로드의 부는 지대를 상승시켰다. 광산 가격은 수억 달러에 달했고 광산주의 월 소득은 — 수백만 달러까지는 안 될지 몰라도 — 수십만 달러 단위로 추산되었다. 또 캘리포니아에서 임금이 초기의 최고액에서부터 점차 줄어 미국 동부의 평균 임금수준에 가까워진 것도 역시 미스테리가 아니다. 앞에서 설명했듯이, 노동의 생산성은 떨어지지 않았고 오히려 늘었다. 그러나 노동은 생산물 중에서 지대를 지불해야 했다. 노천광의 매장량이 고갈되자 광부는 지하 광산이나 농지에서 일을 해야 했는데, 이런 토지가 독점되어 있었기 때문에 사람들은 보수의 고저를 불문하고 일거리를 찾아 샌프란시스코 거리를 헤매게 되었다. 노동이 자연의 기회, 즉 토지를 자유롭게 사용할 수 없었기 때문이다.

진리는 자명하다. 어느 정도의 사고력을 갖춘 사람에게 다음과 같이 질문해 보자.

"영국해협이나 영국 북해(German Ocean)에 주인 없는 섬이 솟아올랐다고 하고, 이 섬에서는 단순노동을 무한정 투입할 수 있으며 그 소득은 하루에 10실링이라고 가정해 보자. 또 이 섬은 사유화되지 않아 — 과거 영국의 많은 부분을 차지했던 공동토지처럼 — 자유롭게 접근할 수 있다고 가정하자. 그러면 영국의 임금에 어떤 효과가 생길까?"

이 사람은, 영국 전역의 단순노동의 임금이 곧 하루에 10실링으로 상승한다고 대답할 것이다.

또 "영국의 지대에는 어떤 변화가 생길까?"라고 질문하면 이 사람은 잠시 생각하다가 지대는 필연적으로 하락한다고 대답할 것이다. 이 사람이 조금 더 생각한다면, 이러한 변화는 영국의 노동자가 새 섬으로 대량 이동하지 않더라도 생기고, 영국 산업의 형태나 방향에 큰 변화가 없이도 생기며, 임금과 지대를 다 합해도 새 섬의 노동소득에 미치지 못하는 종류의 산업은 사라질 것이라고 말할 것이다. 임금이 대폭 상승하는 것은 지대가 줄기 때문이다.

또 같은 사람에게든 다른 사람에게든, 이론과는 거리가 멀고 돈벌이에만 밝은 어느 무식한 사업가에게 이렇게 말해 보자. "어느 작은 마을이 있다. 이 마을이 10년 후에는 큰 도시로 성장하여 마차 대신 기차가 다니고 기계류와 기술이 많이 발달하여 노동력의 효과가 대폭 상승한다고 하자. 그러면 10년 후에 이자율이 높아질 것으로 보는가?"

그는 대답할 것이다. "아니다!"

"그러면 단순노동의 임금이 오르겠는가? 노동 이외에는 가진 것이 없는 사람들이 독립적인 생활을 하기가 쉬워지겠는가?"

그는 대답할 것이다. "아니다. 단순노동의 임금은 오르지 않는다. 오히려 더 내릴 가능성이 많다고 본다. 순전히 노동만 하는 사람은 독립적 생활을 하기가 쉬워지지 않고 오히려 더 어려워질 가능성이 높다고 본다."

"그렇다면 오르는 것은 무엇인가?"

"지대, 즉 토지가치이다. 당신도 토지를 구입해서 보유하도록 하라."

이러한 상황에서 이 사람의 조언에 따른다면 더 이상 일할 필요가 없어진다. 그저 가만히 앉아서 담배나 피우고 있으면 된다. 나폴리나 멕시코의 거지처럼 누워 있어도 좋다. 풍선을 타고 하늘로 올라가든지 땅을 파고 지하로 들어가도 된다. 아무 일도 하지 않고 또 사회의 부에 아무런 보탬을 주지 않더라도 10년 후에는 부자가 되어 있을 것이고 새로운 도시의 호화주택에서 살고 있을 것이다. 그러나 이 도시의 공공건물에는 빈민구호소가 설치되어 있을 것이다.

지금까지의 기나긴 논의를 통해 우리는 다음과 같은 단순한 진리에 도달하였다. 노동을 투입해서 부를 생산하려면 토지가 필요하기 때문에 노동에 필요한 토지를 장악하면 노동의 열매 중에서 노동자의 생존에 소요되는 부분을 제외한 나머지를 전부 장악하게 된다. 지금까지 우리는 적진 속을 행군하듯이, 걸음마다 확인하고 위치마다 경계를 강화하고 길목마다 수색하였다. 사회적 또는 정치적 문제와 관련해서 이 진리를 인식하지 못하는 사람들이 많기 때문이다. 사람들은 문명세계를 압박하고 위협하는 악을 해명하기 위해 갖가지 측면을 다 검토하면서도, 이 진리가 너무 단순하기 때문에, 또 사고의 오류와 잘못된 사고 습관 때문에, 단 한 가지, 즉 정답만을 빠뜨린다. 이와 같은 오류와 잘못된 이론의 배경에는 어떤 강력한 힘이 도사리고 있다. 이 힘은 정치체제에 관계없이 모든 나라의 법을 제정하고 사상을 형성하는 힘이자 거대하고 지배적인 물질적 이해관계의 힘이다.

그러나 이 진리는 너무나 단순·명료하기 때문에 한번 이해하고 나면 다시는 헷갈리지 않는다. 아무리 보고 또 봐도 여러 개의 선이나 또는 당초무늬로 그려진 복잡한 미궁도(迷宮圖) 같던 그림이, 처음에는 풍경이나 나무 또는 그와 비슷한 것들로 보이던 그림이, 주의해서 살펴보면 실은 사람의 얼굴을 그린 것이라는 사실을 알고 나면, 그 다음부터는 절대로 혼동하지 않는다. 이 진리도 이와 같다. 이 진리에 비추어 보면 모든 사회 현상이 질서정연한 관계를 갖게 되며, 갖가지 다양한 현상도 실은 하나의 원리에서 나온 것임이 드러난다.

인류 문명 발달의 불평등을 설명해 주는 원리는 자본과 노동의 관계에 관한 원리가 아니며, 인구가 생존물자에 압력을 가한다는 원리도 아니다. 부의 분배가 불평등한 큰 원인은 토지소유의 불평등에 있다. 토지소유는 인간의 사회적·정치적 상황, 그리고 그 결과로 나타나는 지적·도덕적 상황을 궁극적으로 결정하는 커다란 기본 요인이다. 이점은 틀림이 없다. 토지는 인간의 삶터이고, 인간이 필요한 물자를 꺼내 쓰는 창고이며, 욕구를 충족시킬 물자를 공급하기 위해 노동을 투입하는 대상이 되는 원료이다. 토지 또는 토지 생산물이 없다면 해산물도 취할 수 없고, 태양열도 이용할 수 없고, 그 밖의 어떠한 자연력도 이용할 수 없다. 우리는 토지에서 태어나 토지로부터 물자를 얻어 살다가 토지로 돌아간다. 인간은 들의 풀이나 꽃과 마찬가지로 흙의 자녀이다. 사람에게서 토지에 속하는 모든 것을 빼앗아 버리면 사람은 육체 없는 영혼에 불과할 것이다. 물질적 진보는 인간의 토지에 대한 의존성을 없애 주지 않는다. 물질적 진보는 토지에서 부를 생산하는 힘을 보태줄 뿐이다. 따라서 토지가 독점되면 물질적 진보가 고도로 이루어지더라도 임금이 오르지 않으며, 노동밖에 가진 것이 없는 계층의 생활은 나아지지 않는다. 물질적 진보는 토지가치를 올리고 토지소유의 힘을 강하게 해 줄 뿐이다. 어느 시대, 어느 나라, 어느 민족을 막론하고 토지소유는 귀족층의 근거이자 거대한 재산의 기초이고 권력의 원천이다.

인도의 최상 계층인 브라민이 오래 전에 이렇게 말했다.

"어느 시대건 토지를 소유하는 자에게 토지의 열매가 귀속된다. 하얀 일산(日傘)과 거드름 피우는 코끼리는 토지 소유의 꽃이다."

PROGRESS
and
POVERTY

제 6 권
해결책

이 세상의 물자와 권리를 새롭고 공정하게 배분하는 것이
인간사를 다스리는 사람의 주된 목표가 되어야 한다.

— 토크빌(Tocqueville)

영구적으로 국민의 상태를 개선하는 것이 목적일 경우 작
은 수단은 작은 효과를 내는 것이 아니라 전혀 효과를 내
지 못한다.

— 존 스튜어트 밀(John Stuart Mill)

PROGRESS
and
POVERTY

제 1 장
현재 옹호되는 해결책의 불충분성

부의 진전 속에서 빈곤을 심화시키는 원인의 근원을 추적하는 과정에서 우리는 이미 그 해결책을 발견하였다. 그러나 그 주제로 넘어가기 전에 현재 사람들이 기대를 걸고 있거나 옹호하고 있는 방향 내지 해결책에 대해 검토해 보는 것이 좋겠다. 우리가 내린 결론으로부터 도출되는 해결책은 근본적이고 단순한 것이다. 이 해결책은 너무나 근본적이기 때문에 보다 온건한 방법에 대한 믿음이 약간이라도 남아 있는 사람은 진지하게 생각하지 않으려고 할 것이다. 또 이 해결책은 너무나 단순하기 때문에 각종 정교한 방법을 충분히 연구한 후에야 그 진정한 효험과 종합성에 관심을 가질 것이다.

현재의 문헌 등에서 대중의 빈곤과 고난을 해소시켜 줄 것으로 기대를 걸고 있거나 옹호하고 있는 방향과 조치는 여섯 가지로 나눌 수 있다. 각각에 대해 별도의 정당이나 학파가 있다는 말은 아니고, 갖가지 지배적인 의견과 제시된 조치를 우리의 탐구 목적에 비추어 그렇게 분류하여 검토할 수 있다는 뜻이다. 각각의 해결책을 편의상 별도로 고찰하겠지만, 사실 사상적으로 서로 연결되는 경우가 많다.

아직도 많은 사람들은 물질적 진보가 결국에는 빈곤을 없애줄 것이라는 안이한 믿음을 가지고 있으며, 또 금욕적 절제를 통해 인구 중

가를 억제하는 것이 가장 효과적인 방법이라고 생각하고 있다. 그러나 이러한 견해가 잘못된 것임은 앞에서 충분히 설명한 바와 같다. 그 밖에 흔히 거론되는 다음과 같은 해결책에 대해 검토해보자.

① 정부의 절약.
② 노동자 계층의 교육 향상과 근면·절약하는 습관.
③ 임금 인상을 위한 노동자의 단결.
④ 노동과 자본의 협동조합 방식.
⑤ 정부의 지시와 간섭.
⑥ 토지 분배의 확산.

사회의 고난을 해소하기 위한 희망과 제안들이 많지만 그 핵심은 위의 여섯 가지에 모두 포함되어 있다고 할 수 있다. 그러나 어느 것도 앞으로 내가 제안하려고 하는 단순하지만 광범위한 영향을 미치는 조치에는 미치지 못한다.

① 정부의 절약

불과 수 년 전만 해도 구(舊)세계의 짓밟힌 대중의 빈곤은 귀족제도나 군주제도 탓이라고 하는 것이 미국인의 믿음이자 유럽 자유주의자들의 신념이었다. 이런 믿음은 공화제도를 택하고 있는 미국에서도 유럽에 번져 있는 것과 같은 종류의 사회문제가 — 문제의 심각성에는 차이가 있겠지만 — 발생함으로써 급속히 사라졌다. 그러나 아직도 사회문제의 원인으로 정부가 부과하는 지나친 부담을 드는 경우는 많다. 부담의 예로는 방대한 부채, 육·해군 군비, 방만한 행정 — 공화국이든 군주국이든 지도자의 공통적 특징이자 특히 대도시 행정의 특징이다

— 등이 있다. 미국의 경우에는 여기에 보호관세라는 명목의 강탈행위도 추가되어야 한다. 보호관세 1달러 수입 중 실제 국고에 들어가는 금액은 25센트에 불과하며, 그로 인해 소비자는 4달러 내지 5달러를 지출할 경우도 생긴다. 정부가 국민에게 지우는 방대한 부담액은 하층민의 궁핍과 분명히 어떤 관련이 있는 것으로 보인다. 쓸데없이 부과하는 엄청난 부담을 줄이면 극빈층의 생활이 나아질 것이라는 생각은 표면상 당연하게 보인다. 그러나 지금까지 우리가 추적해서 밝힌 경제원리에 비추어 검토하면, 이러한 생각은 잘못된 것임을 알게 된다. 사회의 총생산 중 조세로 징수하는 액수를 줄이는 것은 사회의 순생산력이 늘어나는 것과 같다. 이것은 인구밀도의 증가나 기술의 개선처럼 노동의 생산력을 높여 주는 효과를 갖는다. 어느 경우든 이익은 지대상승을 통해 토지소유자에게 귀속될 뿐이다.

영국에서는 방대한 정부 부채, 영국 국교, 막대한 왕실 비용, 많은 수의 할 일 없는 목사, 대규모 육·해군 등이 노동과 자본의 생산물로 유지되고 있다. 만일 부채 상환을 거부하고, 국교를 포기하고, 왕실 가족을 해체하여 각자 스스로 생활하도록 하고, 할 일 없는 목사를 감원하고, 육군을 해산하고, 해군의 장교와 사병을 제대시키고, 군함을 매각한다고 해보자. 그러면 조세의 대폭 감축이 가능해질 것이고 생산 당사자에게 분배될 수 있는 순생산물 잔여량은 크게 증가할 것이다. 그러나 그 증가량은 과거 장기간의 기술 개선이 이룬 정도는 되겠지만 지난 이삼십 년 동안 증기기관과 각종 기계가 이룩한 정도에는 미치지 못할 것이다. 그런데 기술 개선에 의한 증가로 인해 빈곤이 경감되지 못하고 지대만 상승하였듯이, 이들 조치도 마찬가지일 것이다. 즉, 영국의 지주들이 모든 혜택을 가져간다는 것이다. 이런 모든 조치가 일거에 일어나면서도 혁명에 부수하는 파괴와 희생을 치르지 않는다면, 최저층의 생활이 일시적으로 개선될 수 있다는 점을 부인하지 않는다.

그러나 이러한 갑작스럽고도 평화적인 개혁은 분명 불가능하다. 또 설혹 가능하다고 해도 일시적 개선은, 지금 우리가 미국에서 겪고 있는 과정처럼, 궁극적으로 토지가치의 상승에 흡수되고 말 것이다.

그리하여 미국에서 최대한으로 정부 지출을 감축하고 내국세(revenue taxation)로 이를 충당한다고 해도 그 혜택은 철도가 가져다 준 혜택에 못 미친다. 철도로 인해 국민의 수중에 부가 더 많이 생겼듯이, 전체적으로 보아 국민의 부가 전보다 더 늘어날 것이다. 그러나 그 분배에 있어서는 예외 없이 동일한 법칙이 작용하여 자신의 노동으로 살아가는 사람들의 생활 상태는 개선되지 않는다.

이러한 사실에 대한 인식은 대중 사이에 얼마간 퍼져 있으며 — 아니 현재 퍼지고 있으며 — 심각한 정치문제가 되어 미국 국민에게 다가오고 있다. 노동력밖에 없는 계층, 특히 대도시에서 커지고 있는 무산계급은 과도한 정부지출에 신경을 거의 쓰지 않으며, 정부지출이 많으면 고용이 늘어난다거나 자금 회전이 잘 된다고 하여 좋게 생각하는 수도 많다. 부패한 정치인 트위드(William M. Tweed, 1823~1878)는, 게릴라 두목이 점령 도시에 공물을 부담시키듯이 뉴욕을 유린하였다. (실은 이 사람도 미국의 모든 도시정부를 장악하고 있는 신종 산적 떼의 한 사람으로 볼 수 있다.) 트위드는 악명 높은 도둑으로서 부정한 돈으로 큰 다이아몬드를 취득했으며, 공금을 개인적으로 물 쓰듯 썼지만 분명히 다수 유권자의 지지를 받았다. 트위드가 기소된 후에도 의기양양하게 상원의원에 당선되었고, 탈주하다가 잡혔을 때도 법정에서 감옥으로 가는 도중에 여러 차례 사람들의 환호를 받았다. 트위드가 수백만 달러의 공금을 횡령하였지만 무산계급은 트위드가 자신들을 약탈하지는 않았다고 생각했다. 이에 대한 정치경제학의 판결도 무산계급이 내린 판결과 다름없다.

여기서 오해를 막기 위해 한 가지 지적해 두고 싶다. 나는 정부의 절약이 나쁘다고 말하는 것이 아니라 단지 토지가 독점되어 있는 한 정부 경비의 감축이 빈곤을 없애고 임금을 올리는 데 직접적인 효과를 내지는 못한다는 점을 이야기하는 것이다.

비록 직접적인 효과는 없지만, 저소득층의 이익을 위해서라도 불필요한 재정 지출을 줄이는 노력은 아끼지 말아야 한다. 정부가 복잡·거대하게 될수록 정부 권력은 점점 국민으로부터 유리되고 국민의 의사에 따라 정책을 결정하기가 더 어려워진다. 미국의 선거를 보라. 선거 결과를 결정하는 요인이 무엇인가? 너무나 중대한 문제가 우리 앞에 놓여 있지만 정치에 관련된 돈의 규모가 엄청나고 개인적인 이해관계가 커서, 중요한 정책 문제는 거의 고려되지 않고 있다. 미국의 평균적인 유권자는 편견도 있지만 정당 지향도 있고 보편적인 인식도 있다. 그러나 이들은 정부의 근본 문제에는 관심을 별로 두지 않는다. 마차를 끄는 말이 마차업의 이윤에 신경 쓰지 않는 것과 다름없다. 그렇지 않다면 수많은 고질적인 정부의 낭비 행위가 지금껏 남아 있지 못했을 것이고, 또 새로운 낭비 행위가 생겨나지도 않을 것이다. 정부를 좀 더 단순하게 그리고 규모를 작게 하면 정부를 국민의 통제 하에 둘 수 있고 정말로 중요한 문제를 국민 앞에 부각시킬 수 있다. 그러나 정부의 경비를 줄인다고 해서 그 자체로 부의 불평등한 분배에서 생기는 악을 치유하거나 완화시킬 수 있는 것은 아니다.

② 교육의 확산 및 근면 · 절약의 습관

비교적 살기가 괜찮은 사람들은 대중의 빈곤과 고통이 근면, 검약, 지적 능력 등에서 열등하기 때문에 생긴다고 믿는 경우가 많다. 이러한 믿음은 바로 자신의 사회적 책임감도 완화시켜 주고 우월감도 맛보게 해 준다. 이런 믿음은 미국과 같이 만인이 정치적으로 평등한 동시에 역사가 오래지 않아 계층 분화가 가문 단위가 아니라 개인 단위로 이루어진 국가에서 널리 퍼져 있고, 역사가 길어 계층을 구분하는 경계가 길고 뚜렷한 국가에서보다 정도가 심하다. 또 자신의 유족한 생활이 고도의 근면과 검약을 기초로 시작하여 고도의 지적 능력에 의해 여러 가지 기회를 잘 이용한 결과로 이룩된 것이라고 생각하는 사람들에게는[1] 가난한 사람은 이런 자질을 갖추지 못했기 때문이라는 생각은 자연스럽기도 하다.

그러나 앞에서 우리가 밝힌 부의 분배법칙을 이해하는 사람이라면 이러한 생각이 잘못된 것임을 알 것이다. 이 오류는 여러 명이 경주를 할 때 모든 사람이 우승할 수 있다고 하는 주장과 비슷하다. 누군가는 분명히 우승하지만 모든 사람이 우승하는 것은 불가능하다.

앞에서도 보았듯이, 토지가 가치를 가지면 임금은 노동의 총생산에 의해서가 아니라 총생산에서 지대를 공제하고 남은 부분에 의해 결정된다. 그리고 토지가 — 몇몇 신생지역을 제외한 모든 지역처럼 — 완전히 독점되면 지대로 인해 임금은 최하층이 겨우 생존하고 재생산하는 정도의 수준으로 떨어지기 마련이다. 이렇게 해서 임금은 생활수준에 따라 정해지는 최소한으로 밀려 내려간다. 이때 최소한이란, 관습상 노동자 계층의 유지를 위해 요구되는 최소한의 필수품과 편리품의 금액을 말한다. 사정이 이러하므로 근면, 기술, 검약, 지적 능력과 같은 것은 보통 사람보다 특별히 더 많이 갖춘 사람들에게나 도움이 될 뿐이다. 이것은 마치 달리기 시합에서 스피드가 중요하다고 하지만, 다른 사람보다 더 빠른 스피드라야 도움이 되는 것과 같다. 어느 사람이 다른 사람보다 일을 더 열심히 하거나 기술 또는 지적 능력이 우수하다면 앞서 갈 수 있을 것이다. 그러나 평균적인 근면, 기술, 지적 능력이

---

1) 극도의 양심불량에 대해서는 언급하지 않기로 한다. 양심불량은 정상적으로는 가난하게 되었을 사람을 백만장자로 변신시키는 결정적 자질이 되기도 한다.

향상된다면 그러한 발전에도 불구하고 사람들은 결국 종전의 임금밖에 받지 못하게 되며, 따라서 앞서 가려는 사람은 일을 더욱 열심히 하는 수밖에 없다.

프랭클린(Benjamin Franklin, 1706~1790)이 도제 시절과 직인 시절 초기에 채식을 실천했을 때처럼 산다면 누구든 임금을 저축할 수 있을 것이다. 또 프랭클린은 키머(Keimer)라는 고용주가 소박한 음식을 먹는다는 조건 하에, 키머의 종교를 반대하는 자와 대리 논쟁을 해 준 적이 있는데, 가난한 가족도 이 정도의 식사로 견디는 법을 배운다면 생활이 덜 쪼들릴지 모른다.[2] 그러나 모든 노동자 계층이 이렇게 산다면 결국 임금이 그만큼 하락할 것이고 스스로 절약을 실천하여 남보다 앞서려고 하거나 남에게 절약을 가르쳐서 빈곤을 덜어 주려고 하는 사람은 더 적은 생활비로 심신을 함께 유지해 내는 방법을 계속 찾아 내지 않을 수 없다. 만일 현재와 같은 조건 하에서 미국 기계공의 생활수준이 중국인의 생활수준으로 떨어진다면, 임금도 궁극적으로 중국의 임금수준으로 내려갈 것이다. 또 영국의 노동자가 벵골 사람처럼 쌀과 남루한 옷으로 만족하게 된다면 영국의 임금도 벵골의 임금수준으로 떨어질 것이다. 아일랜드에 감자가 보급되었을 때 임금과 생활비 간의 차이가 커짐으로써 빈민층의 생활이 개선될 것이라고 기대하였다. 그러나 결과는 지대의 상승과 임금의 하락으로 나타났으며, 감자돌림병이 돌자 이미 최저한의 생활을 하고 있던 많은 사람들이 비참한 기근에 빠지고 말았다.

그래서 어느 한 사람이 평균보다 일을 더 많이 한다면 임금을 더 받을 수 있지만 모든 사람의 임금이 그런 식으로 오를 수는 없다. 작업

---

2) 키머는 여성 친구 두 사람을 식사 초대하고 돼지고기를 굽도록 하였는데, 손님이 도착하기 전에 요리가 먼저 나오자 키머가 참지 못하고 모두 먹어 치웠다. 프랭클린은 키머가 이렇게 자신의 결심을 깨뜨렸다는 이야기를 재미있게 전해 준다.

시간이 긴 업종이라고 해서 임금이 타 업종보다 높지 않으며, 오히려 그 반대임은 잘 알려져 있다. 작업시간이 길면 노동자는 더 무력해지기 때문이다. 이런 노동자는 주위를 돌아보고 현재의 작업 이외의 다른 힘을 기를 시간이 없다. 직업을 바꾼다든지 주변 상황을 이용할 수 있는 능력이 더 적어진다. 집안 식구의 도움을 받는 노동자는 소득을 더 올릴 수 있다. 그러나 식구의 도움이 관습화된 직종에서는 전 가족이 일해서 버는 임금이, 가장이 혼자서 노동을 하는 것이 보통인 직종의 단독 임금보다 높지 않다는 점은 잘 알려져 있다. 스위스의 시계 제조업 가족의 노동 임금은 미국의 기계 제조업과 비슷하게 낮다. 뉴욕의 보헤미아 담배 제조업의 경우에도 남자, 여자, 어린이 할 것 없이 셋집 방구석에서 일하지만 샌프란시스코의 중국인보다 보수가 적다.

이와 같은 보편적 사실은 널리 알려져 있다. 표준적인 정치경제학 저서에서도 이 사실은 인정하고 있으나, 인구가 생존물자의 한계까지 증가한다는 맬서스 이론에 입각하여 이를 설명하고 있다. 진정한 설명은 이미 충분히 입증하였듯이 지대가 임금을 감소시키는 데서 찾을 수 있다.

교육의 효과에 대해서는 특별히 몇 마디 언급하는 것이 좋겠다. 교육에는 무언가 마술적인 힘이 있는 것처럼 생각하는 경향이 있기 때문이다. 여기에서의 교육은 인간이 자신의 자연력을 좀 더 효과적으로 사용하도록 해 주는 교육만을 의미한다. 현재의 소위 '교육'은 이러한 교육이 되지 못하고 있다. 내가 아는 어느 여학생은 학교에서 지리도 배우고 천문학도 배웠지만 집 뒤뜰의 땅이 실제로 지구의 표면이라는 점을 알고는 아주 놀랐었다. 대학 졸업자와 대화해 보면 그들이 가진 지식의 상당 부분이 이 여학생의 지식과 비슷함을 알게 될 것이다. 그들은 대학에 다니지 않은 사람보다 더 나은 생각을 하지 못하며 때로는 더 못하기도 하다.

호주에 수년간 지내면서 원주민의 관습을 세밀하게 연구한 사람이 있다(블리즈데일 목사, Rev. Dr. Bleesdale). 그는, 무기를 사용하고, 바람과 날씨를 예견하고, 경계심 많은 새를 잡는 데 있어 원주민의 기술이 탁월하다는 점을 예시하고는 나에게 이렇게 말했다. "이 흑인이 무식하다고 생각하면 큰 오해입니다. 그들이 가진 지식이 우리 것과 다르지만 그 범위 내에서는 교육이 잘 된 사람들입니다. 걸음마를 시작할 무렵이면 작은 부메랑 등의 무기를 사용하는 법, 관찰하고 판단하는 법을 배우며, 스스로 자신을 돌볼 나이가 되면 이런 지식을 완전히 습득하게 됩니다. 그들에게 필요한 지식의 성격을 고려한다면, 이런 사람은 교육을 잘 받은 신사라고 할 수 있습니다. 이들은, 최상의 환경을 누리면서도 어른이 되어 자신을 위해서나 남을 위해서나 아무 일도 제대로 하지 못하는 많은 우리 젊은이들보다 낫다고 하겠습니다."

　　그렇더라도 지적 능력은 현재도 교육의 목표이고 또 교육의 목표가 될 수밖에 없는데, 지적 능력이 부의 불평등한 분배의 원인을 발견하고 제거하도록 대중을 인도하는 데 활용되지 않는 한, 지적 능력은 노동의 효율성을 향상시킬 경우에만 임금에 영향을 미칠 수 있다. 지적 능력은 기술이나 근면의 증가와 동일한 효과를 낸다. 지적 능력은 그로 인해 다른 사람보다 더 우월하게 될 경우에 한하여 임금을 높일 수 있다. 글을 아는 사람이 드물었을 때 사무원은 존경도 받았고 임금도 높았다. 그러나 이러한 능력이 보편화된 이즈음에 와서는 글을 아는 것이 아무런 도움이 되지 못한다. 중국인은 대개 글을 아는 것으로 보이지만 중국의 임금은 최저선을 기록하고 있다. 지적 능력의 확산은, 생산에 기여하는 사람은 뼈 빠지게 일만 하고 생산에 기여하지 않는 사람은 사치 속에서 빈둥거리는 데 대해 불만을 갖게 될 정도로 확산되지 않는 한, 상부구조가 아무리 높게 이룩되더라도 임금의 일반 수준을 높이지 못하며, 어차피 밑바닥에 놓일 수밖에 없는 최하층의 —

미국 남부 출신의 어느 상원의원은 이들을 사회의 "머드실(mudsills)"이라고 불렀다 — 생활 상태는 무슨 방법으로도 개선하지 못한다. 노동의 실질 능력이 증가하여도 지대가 모든 이득을 흡수하는 한 일반 임금은 증가하지 않는다. 이것은 단순히 원리에서 연역한 결론이 아니다. 이것은 사실이며 경험에 의해 입증된 것이다. 지식의 발달과 발명의 진전이 노동의 실질능력을 끝없이 향상시켰지만 임금 증가를 가져오지 못했다. 영국에는 백만 명 이상의 빈민이 있다. 미국에서는 빈민 구호소가 늘어나고 임금은 줄어들고 있다.

높은 수준의 근면과 기술, 절제, 지적 능력은 원칙적으로 노동자 계층의 물질적 생활의 개선과 관련성이 있다. 그러나 이런 요소들은 원인이 아니라 결과라는 점은 여러 사실로 나타난다. 노동자 계층의 물질적 생활이 개선된 곳에서는 반드시 인간적 품성도 향상되었고, 물질적 생활이 악화된 곳에서는 반드시 인간적 품성도 타락하는 결과를 빚었다. 그러나 힘들게 벌어야 겨우 최저생활을 하는 계층의 근면, 기술, 절제, 지적 능력이 늘어났다고 해서 이들의 물질적 생활이 개선된 곳은 어디에도 없다. 그러나 이러한 품성이 일단 형성되면 — 혹은 그와 병행하는 생활 상태의 개선이 일단 이루어지면 — 그 자체로 물질적 생활의 악화를 저지하는 강력하고 충분한 힘이 된다.

사실, 인간이 가진 동물 이상의 품성도 동물이 가지고 있는 품성을 바탕으로 하고 있으며 인간이 지적·도덕적 품성을 배양하려면 동물적 욕구에서 벗어날 수 있어야 한다. 사람이 동물적 생존에 소요되는 필수품을 얻기 위해 뼈 빠지게 일해야 한다면, 사람들은 기술 개선의 자극제라고 할 수 있는 근면의 의욕을 잃고, 의무적인 일만 하려고 할 것이다. 인간이 더 이상 크게 나빠질 수 없는 최악의 상태에서 자신의 능력으로는 그 상태를 크게 개선할 희망이 없다고 하면 앞날에 대한 기대를 가질 수 없을 것이다. 인간에게 여가를 주지 않는다면 — 이때의 여가는 일자리가 없다는 뜻이 아니라 마음에 들지 않는 일을 억지로 하지 않아도 된다는 뜻이다 — 어린이를 학교에 보내 공부를 시키고 어른에게 신문을 공급해 주더라도 지적 능력을 갖추게 할 수 없다.

어느 국민 또는 어느 계층의 물질적 생활이 개선된다고 해서 지적·도덕적 개선이 당장 이루어지는 것은 아니다. 임금이 상승하면 처음에는 나태하고 낭비하는 버릇이 어느 기간 지속될 수 있다. 그러나 결국에는 근면, 기술, 지적 능력, 절약이 나타난다. 서로 다른 국가, 같은 국가의 다른 계층, 같은 민족의 다른 시대, 같은 민족의 이민 전후의 상태를 비교해 보아도 언제나 일관성 있는 결과를 보여 준다. 즉, 물질적 생활이 개선되면 위와 같은 인간적 품성이 나타나고, 물질적 생활이 악화되면 그러한 인간적 품성이 사라진다. 빈곤은 존 번연(John Bunyan, 1628~1688)이 꿈에서 본 '절망의 수렁(Slough of Despond)'이었고, 이 수렁에는 아무리 좋은 책을 전해 주어도 소용이 없다. 인간의 근면, 절제, 기술, 지적 능력이 향상되려면 궁핍에서 벗어나야 한다. 노예에게서 자유인의 덕목을 기대하려면 우선 노예를 자유롭게 해 주어야 한다.

③ 노동자의 단결

앞에서 밝혀낸 분배법칙에 따르면, 노동자의 단결이 임금을 올릴 수도 있다는 사실은 분명하다. 또 이렇게 임금이 오른다고 해도 흔히 이야기하는 것처럼 다른 노동자를 희생시키거나 자본을 희생시키지 않으며 궁극적으로 지대를 줄일 뿐이라는 점도 분명하다. 단결에 의해서는 임금을 전반적으로 상승시킬 수 없다는 생각이나, 특정 분야의 임금 상승이 이루어지면 다른 분야의 임금이나 자본 이윤이 줄어들 수밖에 없다는 생각은, 임금이 자본에서 나온다는 오류에서 비롯된다. 이런 생각의 오류는, 앞에서 밝힌 분배법칙뿐만 아니라 지금까지의 경험에 의해서도 입증된다. 일부 업종에서 노동자의 단결에 의해 임금이 오르는 경우는 많았지만 어느 경우에도 다른 업종의 임금을 낮추거나 이윤율을 내리는 효과가 나타나지 않았다. 임금의 하락 또는 상승이 고정자본이나 현재 진행 중인 작업에 영향을 미치지 않는다면, 고용주에게 이로운 결과를 낸다거나 또는 해로운 결과를 낸다거나 하는 것은 다른 고용주와 비교한 상대적인 유불리의 문제일 뿐이다. 자기 밑에서 일하는 사람의 임금을 남보다 먼저 인하할 수 있는 고용주는 다른 경쟁자와 비교해서 유리하게 될 것이고, 남보다 먼저 인상할 수밖에 없는 고용주는 불리하게 될 것이며, 모든 고용주가 같은 사정이 되면 유불리는 사라진다. 그러나 임금의 변화로 인해 현재의 계약이나 재고에 영향을 줄 경우에는 고용주에게 실질적인 이득 또는 손실이 될 수 있지만, 이러한 이득과 손실은 순전히 상대적일 뿐 사회 전체를 놓고 보면 사라지고 만다. 임금의 변화가 상대적인 수요를 변화시킨다면 기계·건물 등의 형태로 고정된 자본의 이윤율에 영향을 줄 수 있다. 그러나 이 경우에도 새로운 균형에 곧 도달한다. 고정자본의 유동성은, 특히 진보하는 사회에서, 회전자본보다 약간 적을 뿐이기 때문이다. 어떤 형태의 자본이 부족하면 그 형태의 자본이 증가하여 적정량에 이르게 되고 너무 많으면 증가가 정지되어 적정 수준을 회복한다.

그러나 임금률이 일부 업종에서 변할 경우에 노동에 대한 상대적 수요를 변화시키기는 하지만 총수요를 변화시키지는 못한다. 예를 들어 어느 제조업의 경우 갑 나라에서는 노동자가 단결하여 임금을 올리고 을 나라에서는 고용주가 단결하여 임금을 내렸다고 가정해 보자. 그 변화 폭이 크면 갑에서는 수요의 전부 또는 일부가 을로부터의 수입에 의해 공급될 것이다. 그러나 어느 품목의 수입 증가는 어쩔 수 없이 다른 품목의 수입 감소 또는 수출 증대로 연결될 것이다. 한 나라가 다른 나라의 생산물을 교환을 통해 수요하고 획득하려면 자신의 노동과 자본에 의한 생산물이 있어야 하기 때문이다. 한 나라의 무역이 임금 하락으로 증가한다든가 임금 상승으로 감소한다는 생각은 아무 근거가 없다. 마치 수입관세를 올리면 나라가 번영하고 무역에 대한 제재를 줄이면 나라가 쇠퇴할 수 있다고 하는 생각과 같다. 어느 한 나라의 모든 임금이 두 배가 되더라도 수출과 수입의 품목과 비율은 변함이 없을 것이다. 교환은 절대생산비가 아니라 상대생산비에 의해 정해지기 때문이다. 그러나 일부 생산 분야의 임금만 두 배가 되고 나머지는 그대로거나 그만큼 오르지 않는다면, 각종 수입 품목 간의 비율이 달라질 것이다. 그러나 수출과 수입 간의 비율은 달라지지 않는다.

임금 상승을 위해 노동자가 단결하는 데 대한 반대론은 대부분 이처럼 근거가 없고, 단결에 의해 임금이 상승하더라도 다른 임금을 감소시키거나 자본의 이윤을 줄이지 않고 국가의 번영에 해로운 영향을 주지도 않는다. 그러나 노동자가 실효성 있게 단결하기가 쉽지 않고 단결을 통해 구현할 수 있는 효과는 매우 제한적이며, 또한 그 과정에 몇 가지 문제가 내재하고 있다.

노동자가 단결을 통해 달성하려고 하는 목표는 언제나 산업별 또는 업종별 임금인상인데, 이 목표를 달성하기가 점점 더 어려워지고 있다. 일부 임금이 통상의 수준보다 올라가면 이를 도로 끌어내리려는 경향도 강하게 나타나기 때문이다. 인쇄 노동조합의 파업을 통해서 식자공 임금이 다른 임금의 평균보다 10% 높게 책정된다면 상대적 수요와 공급이 당장 바꿔다. 한편으로는 식자 주문량이 줄어들 것이고, 다른 한편으로는 고임금으로 인해 식자공 수가 많아져서 아무리 강력한 조합도 막을 수 없게 된다. 만일 임금이 20% 높게 책정된다면 이런 경향이 더 강해질 것이고 50%라면 그보다 더 강해질 것이다. 미국보다 업종 간의 구분이 더 뚜렷하고 업종 전환이 더 어려운 영국과 같은 나라의 업종별 노동조합도, 노동조합 간의 상호 협력이 이루어진다고 해도, 임금 인상에 관해 할 수 있는 일이 비교적 적으며, 그나마 자기 업종에 국한되는 것이 보통이다. 또 조직화되지 않은 하층 노동자의 생활 향상이 가장 절실하고 또 이들의 임금이 궁극적으로 그 상층의 모든 임금을 결정하는데도, 노동조합은 이들의 생활에 별다른 영향을 미치지 못한다. 노동조합에 의해 임금을 어느 정도라도 지속성 있게 인상해 가려면 국제노동자동맹(Internationals)이 의도한 것처럼 모든 분야의 노동자가 총단결하는 수밖에 없다. 그러나 총단결은 실제로 거의 불가능하다. 대부분의 고임금 직종이나 소규모 업종에서는 노동자의 단결이 어려우며, 또 하위 산업으로 내려갈수록 단결이 더 어려워지기 때문이다.

노동자는 일정 임금 이하로는 일하지 않겠다고 버티는 것이 임금 인상을 실현할 수 있는 유일한 방법인데, 이때 투쟁의 진정한 당사자가 누구인지를 잊어서는 안 된다. 그 당사자는 노동과 자본이 아니다. 한 쪽 당사자는 노동이지만 다른 쪽은 토지소유자이다. 투쟁이 노동과 자본 간에 이루어진다면 두 당사자의 투쟁 조건은 어느 정도 대등하다고 할 수 있다. 자본이 버티는 힘은 노동보다 약간 더 강할 뿐이기 때문이다. 사용되지 않는 자본은 대가가 생기지 않는 정도가 아니라 그 가치가 자꾸 줄어든다. 거의 모든 형태의 자본은 재생산이 계속되어야만 유지되기 때문이다. 그러나 토지의 경우는 노동처럼 굶는 일도 없고 자본처럼 가치가 줄어드는 일도 없다. 토지소유자는 얼마든지 기다릴 수 있다. 물론 토지소유자도 불편을 겪기는 하겠지만 그들이 불편할 정도이면 자본은 파괴되고 노동자는 굶주리는 정도에 이른다.

영국 어느 지방의 농업 노동자는 형편없이 낮은 임금을 올려보려고 현재 단결을 추진하고 있다. 이들의 실질 생산물과 낮은 임금 간의 커다란 차이가 자본의 이익으로 돌아간다면 실효성 있는 단결만으로 성공할 수 있을 것이다. 농업 노동자가 임금을 거부하고 버틸 경우만큼은 아니더라도 이들의 직접 고용주인 농민 역시 노동자 없이 지내기는 매우 힘들기 때문이다. 그러나 농지 소유자로서의 농민은 지대가 하락하지 않는 한 양보할 수 없다. 이처럼 진정한 투쟁은 토지소유자와 노동자 사이에 벌어진다. 단결이 철저해서 모든 농업 노동자를 망라하고 농업 노동자의 일자리를 대치할 사람도 완전히 차단하는 경우를 생각해 보자. 노동자가 상당한 임금 인상이 없으면 작업을 거부하기로 하더라도 농민은 지대가 상당히 하락해야 그 요구를 들어줄 수 있다. 농민도 농업 노동자처럼 생산 거부 이외에는 자신의 요구를 뒷받침할 방법이 없다. 이렇게 해서 농사가 마비되면 토지소유자는 지대를 손해 볼 뿐이며, 반면 그동안 농지를 묵히면 토질이 향상된다. 그러나 노동자는 굶주리게 된다. 모든 영국 노동자가 단결하여 하나의 거대한 연맹을 결성해서 임금을 올린다 하더라도 진정한 대결 당사자는 마찬가지이며 그 상황도 마찬가지이다. 임금은 지대 하락 없이는 상승할 수 없기 때문이다. 전반적인 생산 마비가 발생할 경우에 토지소유자는 살아 나갈 수 있지만 노동자는 굶주리거나 이민 가는 수밖에 없다. 영국의 토지소유자는 그 소유권의 힘에 의해 영국의 지배층이 되었다. "어느 시대건 토지를 소유하는 자에게 토지의 열매가 귀속된다"는 말이 옳다. 토지의 독점과 더불어 하얀 일산(日傘)과 거드름 피우는 코끼리가 생겼다. 토지 독점이 해소될 때까지는 국민 일반은 자신의 힘을 되찾지 못한다. 이 점은 영국에서만이 아니라 전 세계적으로 진실이다.

이러한 생산 마비는 절대로 일어날 수 없다고 하는 사람도 있다. 일리가 있는 말이다. 생산을 마비시킬 정도로 노동이 완벽하게 단결해야만 가능하기 때문이다. 그러나 토지의 고정성·한정성으로 인해 토지소유자는 노동자나 자본가보다 더 용이하고 능률적으로 단결할 수 있다. 그 단결의 용이성과 능률성을 보여 주는 역사적 사례는 많다. 그리고 토지 사용은 불가피하다는 점, 모든 진보하는 국가에서 토지가치가 증가한다는 점 등으로 인해 토지소유자는 공식적으로 단결하지 않더라도 노동자나 자본가가 가장 철저하게 단결할 때 낼 수 있는 모든 효과를 낸다. 노동자에게서 일할 기회를 박탈하면 얼마 안 되어 무슨 조건에도 일을 하려고 애를 쓰게 된다. 그러나 성장하는 나라에 살아본 사람이라면, 투기 물결이 퇴조하여 명목적인 토지가치가 분명히 실제 가치보다 높은 경우에도, 토지소유자는 좀처럼 양보하지 않는다는 사실을 안다.

버티기에 의해 임금 인상 압력을 가하는 방법에는 이러한 현실적인 어려움 이외에 노동자가 무시해서는 안 되는 다른 내재적인 단점이 있다. 나는 과거에 노동조합에 가입하여 열성적으로 지지했으며 지금도 명예 조합원이므로 노동조합에 대한 편견 없이 말한다. 그러나 보라. 노동조합이 단독으로 행동할 수 있는 방법은 파괴적이며, 노동조합의 조직은 전제적이 될 수밖에 없다. 노동조합이 요구를 관철하기 위해 쓸 수 있는 유일한 수단이라고 할 수 있는 파업은 파괴적인 겨루기이다. 일찍이 샌프란시스코에는 '돈 임금(The Money King)'이라고 하는 괴상한 인물이 있었는데, 자기를 천박하다고 조롱한 어떤 사람에게 부두에 나가 교대로 20달러씩 바다에 던져 넣다가 포기하는 사람이 지는 시합을 하자고 제의했다는 이야기가 있다. 파업은 이런 시합이나 마찬가지다. 파업에 의한 버티기 투쟁은 흔히 전쟁에 비유된다. 모든 전쟁과 마찬가지로 파업도 사회의 부를 줄인다. 또 전쟁을 위한 조직, 즉 군대와 마찬가지로 파업 조직도 전제적이다. 자유를 위해 전쟁에 참여하는 사람도 일단 군대에 입대하고 나면 개인적 자유를 포기하고 거대한 기구의 일부가 되는 것처럼, 파업을 위한 조직에 참여하는 노동자도 개인적 자유를 포기해야 한다. 따라서 노동자의 이러한 단결은 그들이 투쟁을 통해 얻으려고 하는 것, 즉 부와 자유를 반드시 희생시키고 만다.

고대 힌두 풍습에 빚을 갚도록 강요하는 한 방법이 있었다. 이 방법은 메인(Henry Maine, 1822~1888)이 아일랜드의 브레혼(Brehon) 법에서 발견한 것과 비슷하다. 빌려준 사람이 빌린 사람의 집 문전에 앉아서 빚을 받을 때까지 식음을 전폐하는 방법으로서, 이를 다르나(dharna)라고 하였다.

노동의 단결도 이 방법과 같다. 파업은 노동조합의 다르나이다. 그러나 힌두 풍습과는 달리, 미신의 힘이 뒷받침해주지 않는다.

④ 협동조합

최근에는 협동조합이 노동자 계층의 고충에 대한 근본적인 해결책이라는 주장이 유행처럼 되어 있다. 그러나 협동조합은 사회악에 대한 해결책으로서의 효능에 의문이 있다. 앞에서 본 바와 같이, 사회악은 노동과 자본 간의 갈등관계에서 생기는 것이 아니기 때문이다. 협동조합이 보편화된다고 해도 임금을 올리거나 빈곤을 경감하지 못한다. 이 사실은 쉽게 이해할 수 있다.

협동조합이 협동하는 방법은 공급협동과 생산협동의 두 가지가 있다. 공급협동은 중간상인을 배제하는 방법이며 결국 교환의 비용을 절약할 뿐이다. 공급협동은 단지 노동을 절약하고 위험부담을 없애는 방법이다. 그 분배에 미치는 효과는, 개선과 발명을 통해 교환이 놀랍도록 저렴하고 용이하게 된 최근의 변화와 동일한 효과를 낳을 뿐이다. 즉 지대를 올릴 뿐이다. 생산협동이란 오늘날 고래잡이에서 통용되는

레이(lay)와 같은 방식으로 전환하자는 것이다. 즉, 고정급을 비례급으로 대치하는 방법으로서, 거의 모든 직종마다 이런 예가 더러 있다. 또 기업의 경영권이 노동자 측에 있고 순생산물 중 일정 비율을 자본가가 가져가는 방식도 있다. 이 방식은 로마 제국 이래 유럽의 농업에서 널리 채택된 것으로 콜로니얼(colonial) 방식 또는 분익소작(metayer) 방식이라고 불렀다. 생산협동의 장점으로 꼽는 것은 노동자가 더 적극적이고 근면하게 된다는 것, 즉 노동의 능률이 높아진다는 것이다. 따라서 생산협동은 증기기관, 목화 가공기, 수확기 등 물질적 진보의 내용이 되는 모든 것과 같은 방향의 효과를 내며, 그 결과도 마찬가지로 지대를 올릴 뿐이다.

현재의 경제 또는 경제 관련 문헌에서 임금을 올리고 빈곤을 경감하는 방법으로서 협동조합에 비중을 크게 둔다는 사실은 사회문제를 다룸에 있어 제일원리를 무시하고 있다는 증거가 된다. 협동조합이 일반적인 해결책이 되지 못함은 명백하다.

현 상황에서 공급협동조합 또는 생산협동조합을 결성하는 데 관련된 여러 어려움은 무시하더라도, 이 방식이 완전히 보편화되어 협동조합 상점을 통해 최소의 비용으로 생산자와 소비자를 연결시켜 주고 협동조합 기업을 — 예를 들면 협동조합 작업소, 협동조합 공장, 협동조합 농장, 협동조합 광산 등을 — 통해 노동자에게 고정급을 지불하던 자본가 겸 고용주를 없애고 노동 능률을 대폭 향상시켰다고 가상해 보자. 그러면 그 결과는 무엇이 될까? 그 결과는 단순히 적은 양의 노동으로 종전과 같은 양의 부를 생산할 수 있다는 것이며, 따라서 모든 부의 원천인 토지를 소유하는 사람들은 토지 사용에 대해 더 많은 부를 요구할 수 있게 된다. 이것은 단지 이론상의 문제만이 아니라 경험과 현존하는 사실에 의해 입증된다. 협동조합이 목적하는 바는 생산·교환 방법과 기계 개선의 효과와 같다. 즉, 상품을 소비자에게 공급하는 데 드는 비용을 줄이고 노동의 능률을 높인다는 것이다. 기성 지역이 신개척지보다 유리한 점이 있다면 이러한 면에서이다. 그러나 우리의 경험이 충분하게 증명해 주듯이, 생산·교환 방법의 개선과 기계의 개선은 최저층의 생활을 개선해 주지 못하며, 교환의 비용이 극소화되고 최상의 기계를 사용하여 생산이 이루어질 때 임금은 낮아지고 빈곤의 정도는 심해진다. 개선의 이익은 지대를 올릴 뿐이다.

그러나 생산자와 토지소유자의 협동조합이라면 어떨까? 이것은 생산물로 지대를 지불하는 방식이다. 미국 캘리포니아 주와 남부의 일부 주에서처럼 토지소유자가 수확의 일정 비율을 차지하는 제도와 같은 제도이다. 영국에서 많이 사용하듯이, 고정된 현금 지대를 징수하는 제도와, 계산 방식만 제외하고는, 다름이 없다. 이러한 방식을 협동조합이라고 부를 수는 있겠으나 협동의 조건은 역시 지대 법칙의 지배를 받을 것이며, 토지가 독점되어 있는 곳에서는 생산력이 증가하면 토지소유자가 생산물 중에서 더 많은 비율을 요구할 수 있는 힘을 줄 뿐이다.

협동조합이야말로 소위 '노동문제'에 대한 훌륭한 해결책이라고 사람들이 믿는 이유는 협동조합에 직접 참여하는 사람들의 생활이 눈에 뜨이게 개선된 경우가 많다는 데에 있다. 그러나 이러한 효과는 이 방식이 일부에서만 채택되었기 때문에 나타난 것이다. 근면, 절약, 기술이 남보다 뛰어난 노동자의 생활은 개선될 수 있겠지만 이것이 보편화되면 그 효과가 사라진다. 마찬가지로, 원료 구입에 특별히 유리한 점이 있다거나 일부 노동에 특수한 능률이 부여된다면 특별한 이익이 생길 수 있지만, 이러한 개선이 일반화되어 분배 관계 전반에 파급되면 이익이 사라지고 만다. 교육적인 효과를 고려하지 않는다면, 협동조합은 자유경쟁보다 더 좋은 결과를 낳지 못한다. 가격 할인 상점도 공급협동 단체와 비슷한 효과를 가격에 미치며, 생산에서의 경쟁도 생산협동과 비슷한 정도로 생산력의 배분이나 생산 공정의 분업을 이룩할 수 있다. 생산력의 향상에도 불구하고 노동의 대가가 오르지 않는 것은 자유경쟁 때문이 아니라 그 경쟁이 일방적이기 때문이다. 생산에 필수적인 물자인 토지가 독점되어 있는 상황에서, 토지를 사용하려는 생산자 간의 경쟁은 임금을 최소한으로 하락시켜서 생산력 증가의 모든 이익을 지대 상승과 토지가치 증가의 형태로 토지소유자에게 주고 만다. 이러한 독점을 분쇄해야만 경쟁이 협동조합의 목적을 — 모든 사람에게 정당한 대가를 준다는 목적을 — 달성할 수 있다. 이러한 독점을 분쇄해야만 산업이 대등한 당사자 간의 협동조합이 된다.

⑤ 정부의 지시와 간섭

산업과 축적에 대한 정부의 규제를 통해 빈곤을 완화 내지 타파하려는 목적으로 제시된 각종 방법에 대해서는 — 그 중에서 가장 철저한 경우가 사회주의적인 방법이다 — 이 책의 성격상 자세히 검토하지 않겠다. 또 이들 방법에는 공통된 결함이 있기 때문에 자세한 검토가 필요 없기도 하다. 공통된 결함이란 개인의 활동을 정부의 지시로 대치한다는 점, 그리고 자유를 통해 더 잘 달성할 수 있는 것을 제약을 통해 달성하려고 한다는 점이다. 사회주의적 이상에 들어 있는 진실에 대해서는 다음에 언급할 기회가 있겠지만, 규제와 제약이란 그 자체로 바람직하지 못한 것이며, 다른 방법으로도 목적을 달성할 수 있는 일에 대해서는 적용하지 말아야 할 방법이다. 그 중에서 가장 단순하고 온건한 방법이라고 할 수 있는 누진소득세를 예로 들어 보자. 누진소득세의 목적, 즉 부의 과도한 집중을 줄이거나 막는다는 것은 좋다. 그러나 누진소득세를 실시하려면 세무조사권을 가진 많은 공무원이 필요하다. 또 뇌물 제공, 허위 신고, 기타 여러 가지 조세 포탈의 유혹이 사회의 도덕성을 위협하며, 부정직한 자에게는 이익을 주고 양심적인 자에게는 세금을 매기는 결과가 된다. 마지막으로 이 조세가 효과를 낼수록 부의 축적에 대한 유인이 — 이 유인은 산업 발전의 큰 힘이다 — 작아진다. 한편, 모든 물자 규제와 인력 배치에 관한 정부의 장치가 정교하게 되면, 우리 사회는 고대의 페루와 같은 모습의 사회가 되거나 예수회(Jesuits)가 파라과이에서 창설하여 오래 유지했던 — 이 업적은 예수회가 길이 자랑할 만한 것이다 — 모습의 사회가 된다.

이와 같은 모습의 사회가 우리 사회의 미래상보다 낮지 않다고 말하지는 않겠다. 고대 페루에서는 철과 가축이 없어 생산 여건이 매우 불리했지만 빈곤이 없었고 사람들은 노래를 부르면서 일터로 나갔다. 그러나 이 점에 대해 논의할 필요는 없다. 현대 사회에서는 이와 비슷한 모습의 사회주의를 건설할 수 없다. 이를 가능하게 하는 유일한 힘인 강력하고 확고한 종교적 신념은 오늘날 결핍되어 있고 점점 줄고 있기 때문이다. 우리는 부족국가 시대의 사회주의 단계를 이미 거쳤고, 무정부 상태나 야만 상태에 빠지지 않는다면 그런 단계로 되돌아 갈 수 없다. 이미 분명하게 드러나고 있듯이, 그런 시도를 한다면 우리 정부는 붕괴하고 말 것이다. 의무의 이행과 생산 활동에 대한 합리적인 보상이 이루어지는 대신에, 시칠리아에서 생산되는 곡물을 로마에서 분배하고 선동가가 황제로 등장하게 된다.

사회주의의 이상은 위대하고 숭고하다. 또 실현 가능성도 있다고 생각한다. 그러나 이런 사회는 인위적으로 되는 것이 아니라 자연스럽게 성장하여야 한다. 사회는 유기체이지 기계가 아니다. 사회는 사회를 구성하는 개인의 삶에 의해서만 지속된다. 각 개인의 자유롭고 자연스러운 발전 속에서 전체의 조화가 이루어진다. 사회가 새롭게 태어나는 데 필요한 것은 니힐리스트라고도 하는 러시아 애국자들이 내세웠던 모토 속에 다 들어 있다. 그 모토는 "토지와 자유"이다.

⑥ 토지 분배의 확산

　　토지소유제도가 진보하는 국가에서 나타나고 있는 사회문제와 어떤 식으로건 관련이 있다는 생각이 급속히 늘어나고 있지만, 이러한 생각은 대체로 토지의 분배를 좀 더 확산하자는 정도의 주장에 머물고 있다. 영국의 경우에는 토지 거래 자유화, 소작권 보호, 상속 토지의 균등 분배 등이 주장되며, 미국의 경우에는 개인 토지 소유 면적의 제한 등이 주장된다. 또 영국에서는 국가가 지주의 토지를 매수하자는 주장이 있고, 미국에서는 공공토지에 정착할 수 있도록 보조금을 지원하자는 주장이 있다. 매수 방식에 대해서는 다음에 살펴보기로 하지만, 보조금 방식은 앞에서 살펴본 각종 조치와 같은 범주에 포함된다. 또 정부가 유상·무상의 지원을 하는 과정에서 오용과 부도덕이 발생한다는 점에 대해서는 두말할 필요도 없다.

　　영국 저술가들이 말하는 '토지 거래 자유화'가 ─ 토지의 이전에 관련된 세금이나 제한을 철폐하는 것이 ─ 어떻게 해서 농지 소유의 분산을 촉진하는지 알 수 없다. 다만, 도시 토지에 대해서는 얼마간 효력이 있을지 모르겠다. 매매에 대한 제한을 없애면, 토지소유 형태에 어떤 경향이 있을 때, 그 경향의 실현을 앞당길 뿐이다. 토지 이전 비용이 많이 드는 영국에서도 토지 소유가 과거나 현재나 꾸준히 집중된다는 점, 또 미국에서도 동일한 집중 과정이 진행된다는 점을 보면, 토지 소유 집중은 일반적인 경향임을 알 수 있다. 때때로 미국의 통계표를 인용하여 다른 견해를 펴는 사람도 있지만, 나는 미국에서도 집중 현상이 있음을 자신 있게 주장할 수 있다. 미국 같은 나라에서, 센서스 표에는 평균 토지 소유 면적이 다소 줄어드는 것으로 나타나지만 실제로는 토지 소유가 집중된다는 사실을 쉽게 증명할 수 있다. 토지가 개척되고 또 인구 증가에 따라 토지의 용도가 고(高)용도 내지 집약적 용도로 이행하면, 소유 면적은 줄어드는 경향이 있다. 목장을 하기에는 좁은 땅이라고 해도 농장으로는 넓다. 농장으로는 좁은 땅이 과수원, 포도밭, 양어장, 채소밭으로는 넓다. 또 과수원 등으로는 좁은 땅도 도시 토지로는 매우 넓다. 이렇게 해서 인구가 증가하면 토지가 고용도 내지 집약적 용도로 이행하면서 자연스럽게 소유 면적이 줄어든다. 이런 현상은 신생 지역에서 많이 볼 수 있다. 통계표에서는 평균 토지 소유 면적이 줄면서도 토지 소유 집중 경향이 나타날 수 있는 이유가 여기에 있다. 도시의 평균 소유 면적 1에이커는 신개척 마을의 평균 소유 면적 640에이커보다 더 집중된 것일 수 있다. 미국에서는 통계표를 제시하면서 토지 독점이라는 악이 저절로 치유되고 있다고 주장하는 경우가 많지만 이것은 오류이다. 그 반대로 전체 인구 중에서 토지 소유자의 비율은 계속 감소하고 있다.

미국에서도 영국에서와 같이 농지의 소유집중 경향은 분명히 나타난다. 영국이나 아일랜드에서 소규모 농장이 병합하여 대규모 농장으로 바뀌듯이, 매사추세츠 주 노동통계국의 보고서에 의하면, 뉴잉글랜드 지방에서도 농장 면적이 커지고 있다. 이러한 경향은 신생 주 또는 새로 편입된 지역에서 더 분명히 드러난다. 몇 년 전만 해도 320에이커 농장이면 미국 북부 농업체계의 일반 기준으로 볼 때 큰 편이었고, 한 사람이 적절히 경작할 수 있는 최대한이라고 할 수 있었다. 캘리포니아에서는 현재 5천, 1만, 2만, 4만, 6만 에이커 짜리 농장이 (가축 사육용 목장이 아님) 있고, 다코다(Dakoda)에는 표준 농장 규모가 10만 에이커이다. 그 이유는 분명하다. 농기계가 도입되고 생산 규모가 확대되었기 때문이다. 개별적으로 수직기를 사용하던 직물업자 대신에 수많은 기능공을 둔 공장이 들어선 것과 같은 경향이 농업에서도 나타나고 있다.

이 경향으로부터 두 가지를 알 수 있다. 첫째는 토지의 소규모 분할을 허용 내지 촉진하는 대책은 별 효과가 없다는 점이다. 둘째는 토지의 소규모 분할을 강제하는 조치는 생산을 억제하게 된다는 점이다. 소규모 토지로 나누는 것보다 대규모로 토지를 경작하는 것이 더 싸게 먹힌다면, 토지 소유를 적은 면적으로 제한하는 것은 부의 총생산을 줄이며, 이렇게 부과되는 제한의 효력만큼 노동과 자본의 일반적 생산성도 떨어지게 된다.

그러므로 소유 면적 제한을 통해 부의 공정한 분배를 확보하려는 노력에는 분배의 총량을 감소시킨다는 단점이 있다. 이런 수단은, 이야기에 나오듯이, 원숭이가 고양이들에게 치즈를 나누어 주면서 크기를 똑같이 하기 위해 큰 조각을 자신이 베어 먹는 것과 같다.

토지 소유를 제한하는 조치의 단점은 — 이 단점은 제한 조치가 능률적으로 집행될수록 더 강하게 나타난다 — 이 정도에 그치지 않는다. 이보다 더 심각한 문제는 토지 소유 면적을 제한하더라도 생산물의 공정한 분배라는 목적을 달성할 수 없다는 점이다. 이 조치는 지대를 낮추는 효과가 없으며 따라서 임금을 높이는 효과도 없다. 이 조치가 중산층을 확대시킬 수는 있겠지만 최하층의 생활조건을 개선하지는 못한다.

또 소작권의 경우, 얼스터 소작권(Ulster tenant right)을 전 영국에 확대한다고 해도 지주의 재산 일부를 떼어 소작인에게 주는 것과 같은 효과밖에 없고 노동자의 생활 상태는 조금도 개선되지 않는다. 지주가 지대를 올리지 못하도록 하고 또 고정 지대를 내는 한 소작인을 갈아치울 수 없도록 하더라도 생산자 전체로 보면 얻는 것이 없다. 경제지대는 계속해서 오를 것이고 따라서 노동과 자본으로 분배되는 생산물의 비율은 계속 줄어들기 때문이다. 이러한 제도를 실시하여 달라지는 점이 있다면 그것은 대지주 대신 새로 지주가 되는 종전의 소작인이 지대 상승의 이익을 챙긴다는 점이다.

　개인의 토지 소유에 한도를 두거나 토지의 유증, 상속 등을 규제하거나 누진세를 적용하는 등의 수단으로, 영국의 토지소유자의 수가 가령 수천 명에서 2, 3백만 명으로 늘어난다고 해도 이 2, 3백만 명만 덕을 볼 뿐이다. 다른 사람들은 아무 것도 얻지 못한다. 종전에 토지소유자가 얻던 이익 중에서 다른 사람들에게 새로 돌아갈 것이 없다. 그리고 설사 모든 국민에게 공정하게 토지를 분배하여 — 이는 물론 불가능한 일이지만 — 각 국민에게 균등한 토지를 주고 각자 일정 규모 이상의 토지를 소유하지 못하도록 법률을 제정하여 집중을 막더라도 인구가 증가하면 이런 제도가 어떻게 될까?

　토지 세분(細分)을 통해 무엇을 달성할 수 있는지는 소규모 토지로 나누어져 있는 프랑스나 벨기에를 보면 된다. 영국에 비한다면 이러한 토지 세분이 전체적으로 보아 훨씬 더 우수하고 국가의 기초를 더 안정시킨다는 점에 대해서는 의문이 없다. 그러나 그로 인해 임금이 올라가지도 않고 가진 것이라고는 노동밖에 없는 계층의 생활이 나아지지 않는다는 점도 역시 확실하다. 프랑스와 벨기에의 농민은 영어 사용권에서는 이해할 수 없을 정도로 빈곤하게 산다. 이 나라에서는 최하층이 겪는 충격적인 빈곤과 궁핍의 모습이 영국에서처럼 확연하게 드러나지 않는데, 그 이유는 토지가 세분되어 있다는 점과 아울러 물질적 진보가 별로 급속하게 이루어지지 않았다는 점을 — 이때문에 토지의 미세한 분할이 지속된다고 볼 수 있다 — 들 수 있다.

　인구도 영국만큼 급속하게 성장하지 않고 오히려 거의 일정했으며, 생산방식도 영국만큼 개선되지 않았다. 드 라블레이(Emil de Laveleye, 1822~1892)는 토지의 소규모 분할을 강력히 주장하는 사람으로, 이 주제에 대해서는 영국 학자보다 더 믿을 만하다. 영국 학자는 아무래도 영국 제도를 옹호할 가능성이 있기 때문이다. 그런 드 라블레이도 콥든 클럽(Cobden Club) 발행의 논문 「벨기에와 네덜란드의 토지제도」에서 다음과 같이 서술하였다. 토지를 미세하게 분할하는 나라의 노동자 생활은 영국보다 못하다. 이 나라에는 토지가 극히 세분되어 있는데도 소작제도가 지배적이며, 소작인은 영국보다, 심지어는 아일랜드보다 더 가혹한 지대를 문다. 투표권은 "소작인의 사회적 지위를 전혀 높여주지 못하며 수치와 굴욕의 원천이 될 뿐이다. 소작인들은 자기 자신의 성향과 신념에 따라서가 아니라 지주가 시키는 대로 투표하지 않을 수 없기 때문이다."

토지의 분할은 토지 독점이라는 악을 치유하지 못하고 임금을 올려주지도 못하므로 최하층의 생활조건을 개선해 주지도 못한다. 오히려 근본적인 개혁의 도입이나 개혁 촉구 운동을 방해하고, 정의롭지 못한 기존 체제가 유지되기를 바라는 사람의 수를 늘림으로써 이를 굳혀주는 작용을 하는 경향이 있다. 드 라블레이는 위에서 인용한 논문의 결론에서 과격한 개혁 조치를 막아 대지주를 보호할 수 있는 가장 확실한 방법이 토지의 세분이라고 주장한다. 드 라블레이는, 토지가 아주 미세하게 분할되어 있는 지역에서는 노동자의 생활이 유럽에서 가장 열악하고 지주의 횡포로 인해 그 나라 소작인은 아일랜드 소작인보다도 더 못 살지만, "사회질서에 대한 적대감이 저절로 형성되지는 않는다"고 하면서 그 이유를 다음과 같이 들고 있다.

"소작인은 지대가 계속 인상되어 형편없이 못 살기는 하지만 자신과 비슷한 수준의 소농들과 더불어 살고 있다. 대지주가 소작인을 두듯이 자신도 소작인을 둔다. 아버지나 형제나 자신이나 그저 1에이커 정도의 땅을 가지고 있으면서 받을 수 있는 한 높은 지대를 받고 소작을 준다. 선술집에 가보면 이들은 돼지나 감자를 비싸게 팔았을 때처럼 농지 지대를 많이 받았다고 자랑한다. 이처럼 농지 지대를 높게 받는 것이 당연한 일처럼 인식될 뿐, 지주 계층이나 토지사유제에 대해서 전혀 불만이 없다. 지주가 특수한 지배 계층이라든가 '피에 굶주린 전제자'라든가 '아무 일도 하지 않으면서 곤궁한 소작인의 땀으로 살이 찐다'고 생각하지 않는다. 지대를 많이 받으려고 악착같이 애쓰는 사람은 대지주가 아니라 소작인 자신들이기 때문이다. 이와 같이, 소규모 토지를 농민에게 분배하는 것은 대토지 소유자를 지켜주는 성벽이자 안전장치이며, 소농이 소유하는 토지는 폭력적 파국으로 치달을 수 있는 사회적 위기를 막는 피뢰침이라고 해도 과장이 아니다."

"토지가 소수의 가문에 집중되면 평준화 입법을 촉발한다. 영국의 상황은 여러 면에서 부럽기는 하지만 이런 면에서 본다면 미래의 위험을 안고 있다고 본다."

그러나 나는 드 라블레이가 말한 것과 꼭 같은 이유에서 영국의 상황은 희망을 안고 있다고 본다.

토지 독점이라는 악은 토지 소유를 제한하는 방식으로 제거하려고 해서는 안 된다. 토지의 균등한 분배는 불가능하고 그보다 못한 모든 수단은 치유책이 아니라 완화책이며 치유를 방해하는 완화책일 뿐이다. 사회 발전의 자연스러운 방향과 일치하지 않는 — 말하자면 시대의 조류와 같은 방향으로 헤엄치지 않는 — 해결책은 고려할 가치가 없다. 집중이 발전의 순리임에는 의심의 여지가 없다. 대도시에 사람이 집중하고, 수공업이 큰 공장에 집중하고, 수송이 철도와 증기선에 집중하고, 농업도 대규모 농지로 집중한다. 가장 미미한 사업인 심부름업이나 여행가방 운반업도 회사 형태로 운영되고 있다. 이 시대의 조류는 집중으로 나아간다. 이 흐름을 제대로 억제하려면 인간이 이용하고 있는 증기를 막고 전기를 방전시켜야 할 판이다.

제 2 장
진정한 해결책

현대 문명을 저주하고 위협하는 부의 불평등한 분배의 원인이 토지사유제에 있다는 점을 보았다. 이 제도가 존재하는 한 생산력이 향상되더라도 대중에게 지속적인 혜택을 주지는 못하고 오히려 대중의 생활을 악화시킨다는 점을 보았다. 또 빈곤을 구제하고 부의 분배를 개선하기 위해 현재 추진되고 있거나 제시되는 해결책을, 토지사유제 철폐만 제외하고, 모두 검토하였지만 효과가 없거나 실제적이지 못하다는 점을 보았다.

악을 제거하는 방법은 단 하나, 그 원인을 제거하는 것뿐이다. 부가 증가하는데도 빈곤이 심화되고, 생산력이 커지는데도 임금이 억제되는 이유는 모든 부의 근원이자 모든 노동의 터전인 토지가 독점되어 있기 때문이다. 그러므로 빈곤을 타파하고 임금이 정의가 요구하는 수준, 즉 노동자가 벌어들이는 전부가 되도록 하려면 토지의 사적 소유를 공동소유로 바꾸어야 한다. 그 밖의 어떠한 방법도 악의 원인에 도움을 줄 뿐이며 다른 어떤 방법에도 희망이 없다.

그렇다면 현대 문명에서 명백히 나타나고 있는 부정의하고 불평등한 부의 분배, 그리고 그로 인해 빚어지는 온갖 악에 대한 해결책은 바로 이것이다.

토지를 공동소유로 해야 한다.

우리는 모든 단계마다 증명과 확인을 거쳐서 이 결론에 도달하였다. 추론 과정의 어느 한 단계도 부족하거나 허약하지 않다. 우리는 연역법으로나 귀납법으로나 동일한 진리를 발견하였다. 불평등한 토지소유는 반드시 부의 불평등한 분배를 초래한다는 진리이다. 그리고 불평등한 토지 소유는 성질상 토지에 대한 사적인 토지소유권 인정과 불가분의 관계에 있으므로, 부의 불평등한 분배에 대한 유일한 해결책은 토지를 공동소유로 하는 데 있다는 결론이 필연적으로 도출된다.

그러나 이 진리는 현 사회에서 격렬한 반대에 부딪칠 것이고, 투쟁을 해야만 조금씩이라도 전진할 수 있다. 따라서 이것이 진리임을 어쩔 수 없이 인정하면서도 현실 적용이 불가능하다고 주장하는 사람들의 반대에 대비할 필요가 있다.

이런 과정에서 지금까지의 추론을 결정적인 새 방법으로 검증하게 될 것이다. 덧셈의 검산을 뺄셈으로 하고 곱셈의 검산을 나눗셈으로 하듯이, 이 해결책의 충분성을 검증하면 악의 원인에 대해 내린 결론이 정당하다는 것을 증명할 수 있을 것이다.

우주의 법칙은 조화를 이루는 것이다. 우리가 도달한 해결책이 진정 올바른 해결책이라면, 정의의 원리에 합치해야 하는 동시에 현실 적용성도 있어야 하며, 또 사회 발전의 추세와 일치해야 하는 동시에 다른 개혁과도 조화를 이루어야 한다.

나는 이 모든 점을 입증하려고 한다. 나는 현실적으로 제기될 수 있는 모든 반대 의견을 검토하여, 이 해결책이 적용이 쉬울 뿐만 아니라 사회 발전에 따라 부의 분배가 더욱 불평등해짐으로써 생기는 모든 사회악에 대한 충분한 해결책이 된다는 점을 보이려고 한다. 이 해결책이 불평등 대신 평등을, 궁핍 대신 풍요를, 부정의 대신 정의를, 사회의 약점 대신 강점을 실현시키며 보다 위대하고 수준 높은 문명으로 가는 길을 열어 준다는 점을 보이려고 한다.

그리하여 나는 우주의 법칙은 인간 가슴의 자연스러운 열망을 거부하지 않는다는 사실과, 사회 진보가 지속성을 가지려면 반드시 평등으로 나아가야 한다는 사실, 그리고 경제의 조화는 금욕주의자 로마 황제(Stoic Emperor)가 인식하였던 아래의 진리를 증명한다는 사실을 보이려고 한다.

"우리는 협동하도록 만들어진 존재이다. 마치 두 발처럼, 두 손처럼, 두 눈꺼풀처럼, 위아래의 치열처럼."

PROGRESS
and
POVERTY

제 7 권
해결책의 정의성

정의는 두 사물 사이에 내재하는 조화로운 관계이다.
이 관계는 신이든, 천사든, 인간이든 어떤 존재가 보더라도
동일하다.

― 몽테스키외(Montesquieu)

제 1 장
토지사유제의 부정의성

토지사유제를 철폐하라는 주장과 관련하여 맨 먼저 제기될 의문은 정의의 문제이다. 정의감은, 관습이나 미신이나 이기심에 의해 왜곡되기도 하지만, 인간 심리의 근본을 이룬다. 그리고 인간의 열정을 불러일으키는 논쟁은 "현명한 것인가?" 보다는 "옳은 것인가?"라는 문제를 둘러싸고 일어난다.

많은 사람의 관심을 끄는 논쟁이 흔히 이와 같이 윤리적인 모습을 취하는 데에는 이유가 있다. 이는 인간 심리의 법칙에서 유래되며, 우리가 이해할 수 있는 진리 중 가장 심오한 진리에 대한 막연한 본능적 인식에 바탕을 두고 있다. 그 진리란 정의로운 것만이 현명한 것이며 옳은 것만이 지속될 수 있다는 것이다. 이 진리는 개인의 행동이나 개인의 삶이라는 좁은 범위 내에서는 잘 나타나지 않는 수도 있지만 국민 전체의 생활이라는 넓은 분야에서는 어느 곳에서나 뚜렷하게 드러난다.

나는 이 판단 기준을 존중하여 검증해 보려고 한다. 저임금과 빈궁이 물질적 진보에 수반하는 현상에 대한 우리의 탐구가 옳은 것이라면 정치경제학 용어를 윤리학 용어로 바꾸더라도 이상이 없을 것이고 사회악의 원천이 되는 하나의 잘못을 보여줄 것이다. 이 검증을 통과하지 못한다면 우리의 탐구는 부정된다. 그러나 이 검증을 통과한다면 최종적으로 입증된다. 토지사유제가 정의로운 것이라면 내가 제시하는 해결책은 틀린 것이 되고, 반대로 토지사유제가 정의롭지 못하다면 나의 해결책은 옳은 것이 된다.

소유권의 올바른 근거는 무엇인가? 사람이 정당하게 '내 것' 이라고 말할 수 있는 근거는 무엇인가? 자기 자신이 배타적인 권리를 가진다고 인식하는 감정은 어디에서 나오는 것일까? 개인의 소유를 정당화하는 근거는 일차적으로 인간의 자기 자신에 대한, 자기 힘의 사용에 대한, 그리고 자기 노력의 결실을 향유할 수 있는 권리가 아니겠는가? 이러한 근거는 각 인간이 독립된 유기체라는 자연적인 사실에서 발생하고, 또 이 사실에 의해 인정되는 개인적 권리가 아니겠는가? 독립된 유기체라는 의미는 인간이 각자 특정한 두 손과 특정한 두뇌와 특정한 위장을 가지며, 그리고 한정성, 일체성, 독립성을 가진 전체라는 것을 말한다. 사람은 각자 자기 자신의 것이기 때문에 구체적인 대상에 투입되는 노동도 자기 자신의 것이다.

또 같은 이유로 해서 어느 사람이 만들거나 생산한 것은 어느 누구에게도 자기의 것이라고 주장할 수 있고, 이것을 향유하고 파괴하고 사용하고 교환하고 증여할 수 있다. 그 밖의 누구도 이것에 대해 권리를 주장할 수 없으며, 이 사람이 갖는 권리의 배타성은 다른 사람에게 아무런 해가 되지 않는다. 이리하여 인간의 노력에 의해 생산된 것에 대해서는 배타적으로 보유하고 향유할 수 있는 명백하고 다툼의 여지가 없는 권원(權原, title)이 발생한다. 내가 쓰고 있는 이 펜은 정당하게 내 것이다. 나 이외의 어느 누구도 이 펜에 대해 권리를 주장할 수 없다. 이 펜을 만든 생산자의 권원을 내가 가지고 있기 때문이다. 그 권원은 문방구점 주인에게서 내게로 이전되었고, 그 전에 수입상에게서 문방구점 주인에게로 이전되었고, 수입상은 생산자로부터 배타적인 권리를 획득하였고, 생산자는 땅에서 취득한 원료로 펜을 만든 사람의 권리를 똑같은 구매 과정을 통해 획득하였기 때문에, 이 펜은 내 것이다. 이처럼 펜에 대한 나의 배타적 소유권은 각자 자신의 능력을 사용할 수 있는 자연권으로부터 나온 것이다.

이것이 배타적 소유를 설명할 수 있는 근본적인 원천이다. 이 사실은 배타적 소유의 정당성이 문제될 때 사람들이 갖게 되는 자연스러운 심리적 경향으로 보나, 사회적 관계가 발전하는 방식으로 보나, 명백하다. 뿐만 아니라 이것은 배타적 소유를 설명할 수 있는 유일한 근거이다. 소유에 대한 모든 정당한 권원은 모두 생산자의 권원과 인간의 자기 자신에 대한 자연권에서 도출된다. 그 밖에는 정당한 권원의 근거가 있을 수 없다. 그 이유는 첫째 다른 정당한 권원을 도출할 수 있는 자연권이 존재하지 않기 때문이며, 둘째 만일 다른 권원이 존재한다면 두 권원이 상호 모순되어 이 근거가 붕괴되기 때문이다.

첫째 이유에 대해.

인간의 자기 자신에 대한 권리를 제외하면 배타적 소유권이 어디에서 도출될 수 있겠는가? 자기 자신의 능력을 행사하는 힘이 없다면 인간이 그 무엇으로 자연에서 옷을 구할 수 있겠는가? 그 밖의 어떤 방법으로 인간이 자연물이나 다른 사람에게 영향을 줄 수 있겠는가? 운동신경이 마비된다면 인간은 나무나 돌과 마찬가지로 외부에 영향을 줄 수 없다. 그렇다면 인간이 사물을 보유하고 통제하는 권리가 그 밖의 무엇으로부터 생길 것인가? 이 권리가 인간 자신으로부터 나오지 않는다면 어디에서 나온다는 말인가? 자연은 노력의 결과 이외에는 인간에게 어떠한 소유나 통제력도 인정하지 않는다. 인간의 노력이 없으면 자연의 보물을 채취할 수 없고, 자연의 힘을 다스리고 활용하고 통제할 수 없다. 자연은 사람을 차별하지 않으며 누구에게나 공평하다. 자연은 주인과 노예를 구분하지 않으며, 왕과 신하를 구분하지 않으며, 성자와 죄인을 구분하지 않는다. 자연에 대해서는 모든 사람이 동등한 자격이 있고 동등한 권리를 갖는다. 자연은 노동의 결과 외에는 인정하지 않으며, 노동의 결과라면 사람을 가리지 않고 인정한다. 해적의 배에도 바람은 불어 주고, 평화로운 상인이나 선교사의 배에도 바람은 불어 준다. 왕과 백성이 같이 바다에 빠져도 헤엄을 치지 않으면 아무도 물 밖으로 머리를 내놓을 수 없다. 새는 밀렵꾼의 총보다 토지소유자의 총에 먼저 맞아주지 않는다. 물고기도 주일학교에 다니는 착한 소년의 낚시나 못된 결석쟁이 소년의 낚시를 구별하지 않고 문다(또는 안 문다). 곡식도 밭을 갈고 씨를 뿌려야 자란다. 광석이 광산에서 채취되는 것도 노동이 있기 때문이다. 정의로운 사람에게나 그렇지 않은 사람에게나 해는 골고루 비치고 비도 골고루 온다. 자연의 법칙은 창조주의 뜻이다. 자연법은 노동의 권리 외에 어떠한 권리도 인정하지 않는다. 자연법에는 모든 인간이 자연을 사용하고 향유할 권리, 노력을 자연에 투입할 권리, 자연으로부터의 대가를 수취하여 소유할 권리의 평등성이 폭넓게 그리고 명백히 규정되어 있다. 자연은 노동에게만 주므로 노동을 생산에 투입하는 것이 배타적 보유의 유일한 권원이다.

둘째 이유에 대해.

노동에 근거하는 소유권은 다른 종류의 소유권의 가능성을 배제한다. 사람이 자기 노동의 생산물에 대해 정당한 소유권을 갖는다면, 어느 누구도 자기 노동의 생산물이 아닌 것 또는 타인 노동의 생산물로서 자기에게 정당하게 이전되지 않은 것에 대해서는 정당한 소유권을 가질 수 없다. 생산자가 생산으로 인해 배타적 보유와 향유의 권리를 갖는다면, 노동의 생산물이 아닌 것의 배타적 보유와 향유는 정당하지 않으며, 따라서 토지의 사적 소유는 옳지 않다. 자연이 제공하는 기회를 자유롭게 사용할 수 있는 권리가 없다면 노동 생산물에 대한 권리를 향유할 수 없고, 그 기회의 사적 소유를 인정한다면 노동 생산물에 대한 권리를 부인하는 결과가 되기 때문이다. 생산자가 창출한 부의 일부를 비생산자가 지대로 취할 수 있다고 하면 노동의 결과에 대한 생산자의 권리는 그만큼 부정된다.

이 점에 대해서는 다른 견해가 있을 수 없다. 어느 사람이 물질에 가한 자신의 노동에 대한 배타적 소유를 주장하는 것이 정당하다면, 이는 사람이 토지에 대해 배타적 소유를 정당하게 주장할 수 있다는 견해를 부정하는 것과 같다. 토지사유제의 정당성을 인정한다면 자연이 보장하지 않는 권리를 — 인간 유기체와 물질적 우주의 법칙에 근거를 둔 권리에 반하는 권리를 — 인정하는 것과 같다.

토지사유제가 정의에 어긋난다는 사실을 이해하는 데 가장 큰 장애로서 관습적인 재산 분류 방식을 들 수 있다. 소유의 대상이 되는 모든 물건을 재산이라는 하나의 범주에 넣기도 하고, 또 이를 구분하더라도 철학적인 근거도 없이 법률적으로 동산(personal property)과 부동산(real estate)으로 구분한다는 것이다. 진정 자연스러운 물건의 구분은 노동의 생산물과 자연의 부존물로 가르는 것이다. 이를 정치경제학의 용어로 표현한다면 부와 토지이다.

이 두 종류는 본질에 있어, 그리고 상호 관계에 있어, 대단히 다른데 이를 다 같이 재산이라고 분류한다면 재산권의 정의성과 부정의성, 또는 옳고 그름을 논할 때 사고의 혼란이 생긴다.

주택과 대지는 다 같이 소유의 대상으로서 재산이고 또 법적으로 다 같은 부동산에 속한다. 그러나 이 두 가지는 성질이나 상호관계에 있어 대단히 다르다. 주택은 인간의 노동에 의해 생산되며 정치경제학상 부의 범주에 속하지만, 대지는 자연의 일부이며 정치경제학상 토지의 범주에 속한다.

부의 본질적 성격은 노동의 구체적 결과라는 점, 인간의 노력에 의해 생긴다는 점, 그리고 그 존재와 부존재 및 증가와 감소는 인간에 의존한다는 점이다. 토지의 본질적 성격은 노동의 결과가 아니라는 점, 그리고 인간의 노력과는 무관하게, 그리고 인간 자체와도 무관하게 존재한다는 점이다. 토지는 인간이 존재하는 터전이자 환경이고, 필요한 물자를 공급받는 창고이며, 노동에 필수 불가결한 원료이자 힘이다.

이러한 구분이 이해되면 다음과 같은 사실도 따라서 이해된다. 자연적 정의는 부의 사유를 인정하고 토지의 사유를 부인한다. 노동 생산물에 대한 사유의 정당성이 인정된다면 곧 토지 사유는 부인된다. 부의 소유를 인정하면 노동에 대한 적절한 대가를 보장함으로써 모든 사람에게 평등한 조건을 부여하지만, 토지의 사유를 인정하면 노동하는 자에 대한 자연의 대가를 노동하지 않는 자가 취할 수 있게 함으로써 인간의 평등권을 부정한다.

토지사유제에 대해서 무슨 말을 하건 정의의 기준으로는 분명히 이 제도를 옹호할 수 없다.

모든 인간의 토지 사용에 대한 권리의 평등성은 공기를 호흡하는 권리의 평등성처럼 명백하며 인간의 존재 그 자체에 의해 인정된다.

인간이 창조주의 평등한 허락을 받아 이 땅에 존재한다고 하면, 우리 모두는 창조주의 하사품을 평등하게 향유할 수 있는 권리를 갖고 있으며, 또 자연이 공평하게 제공하는 모든 것을 평등하게 사용할 수 있는 권리를 갖고 있다.[1] 이것은 자연적인 권리이며 양도할 수 없는

---

[1] 토지사유제를 정당화하려면 궁극적으로 어떤 사람은 다른 사람보다 우월한 생존권을 가진다는 이론에 바탕을 둘 수밖에 없으며, 기존 체제를 지지하는 사람들은 이런 인식을 가지고 있다고 나는 생각한다. 맬서스가 지배계층의 인기를 끌고 그의 비논리적인 저서가 신종 묵시록처럼 받아들여지고, 각국의 왕이 맬서스

권리이다. 이것은 또 모든 인간이 세상에 태어나면서 취득하는 권리이며, 생존하는 동안에는 다른 사람의 동등한 권리에 의해서만 제약될 수 있는 권리이다. 자연은 상속무제한 토지소유권(fee simple)이라는 것을 인정하지 않는다. 토지의 배타적 소유를 정당하다고 인정할 수 있는 권한은 어디에도 없다. 현재 살고 있는 모든 인류가 합의하여 토지에 대한 자기들의 평등한 권리를 포기한다고 하더라도 후세대의 권리까지 포기할 수는 없다. 인간은 지구에 임시로 세 들어 사는 자에 불과하지 않은가? 후세대가 세 들어 살 권리를 우리가 대신 결정하다니, 도대체 우리가 지구를 만들기라도 했단 말인가? 인간을 위해 지구를, 그리고 지구를 위해 인간을 창조한 전능자는 만물의 헌법에 명시된 섭리에 의해 — 인간의 행동으로 저지할 수 없고 실정법으로도 좌우할 수 없는 섭리에 의해 — 지구를 인간의 모든 후손에게 베풀었다. 확실한 토지 문서가 아무리 많고 토지를 아무리 오래 보유해 왔더라도 자연적 정의는 다른 사람의 동등한 권리를 부정하는 개인의 토지 보유 및 향유의 권리를 인정하지 않는다. 웨스트민스터(Westminster) 공작의 토지 권원이 여러 세대에 걸쳐 묵인돼 왔지만, 런던에서 태어난 어느 가난한 어린이도 그 토지에 대해 공작의 장남과 동등한 권리를 갖고 있다.[2] 뉴욕 주의 주권을 가진 주민이 애스터(Astor) 일가의 토지 보유에

에게 찬사를 보내고, 영국의 어느 천한 부자가 그의 생활비를 대겠다고 나선 이유는, 어떤 사람은 다른 사람보다 더 우월한 생존권을 가진다는 가정에 상당한 근거를 주기 때문이다. 이 가정은 토지사유제의 정당화에도 필요하며, 맬서스 이론에도 필요하다. 맬서스는, 자연이 먹여 살리기를 거부하는 인간이 세상에 계속해서 태어나는 경향이 있으며, 따라서 이 사람들은 "기존의 생활필수품을 나누어 가질 하등의 권리가 없고", 자연은 이들을 사라져야 할 훼방꾼으로 생각하며, "자연은 자신의 명령에 복종하도록 힘으로 강제하기를 주저하지 않고", 이를 위해 "기아와 질병, 전쟁과 범죄, 어린 생명의 사망과 방치, 매음과 매독"과 같은 방법을 사용한다고 하였다. 오늘날 이러한 맬서스의 학설은 토지사유제를 옹호하는 사람들이 의지하는 궁극적 방어 근거이다. 그 외에는 어떤 방식으로도 토지사유제를 논리적으로 방어할 수 없다.

동의했다고 하더라도, 누추한 셋집의 초라한 방에서 첫 울음을 울면서 세상에 태어난 미약한 아기도 그 순간 애스터 일가의 누구와도 동등한 권리를 취득한다. 이 권리의 거부는 강도 행위와 같다.

앞서 우리가 내린 결론은 그 자체로도 필연적이었지만 이제 최고·최종의 검증을 통과하였다. 정치경제학 용어를 윤리학 용어로 바꾸더라도 물질적 진보와 더불어 증가하는 악의 원천이 되는 하나의 악이 있음을 보여준다.

풍요 속에서 궁핍하게 지내는 수많은 사람, 정치적 자유라는 옷을 입고 있으나 노예와 같은 저임금에 허덕이는 사람, 노동 절약적 발명에 의해 아무런 혜택도 받지 못하고 오히려 어떤 특권이 박탈되는 것처럼 보이는 사람은 본능적으로 "무언가 잘못되었다"고 느끼게 된다. 이 느낌은 옳다.

어느 곳에서나 진보하는 문명 속에서 사람을 압박하는 광범위한 사회악은 하나의 커다란 근본 원인에서 생긴다. 모든 사람의 생존과 생활의 터전인 토지를 일부가 배타적 재산으로 전유(專有, appropriate)하는 데서 생긴다는 것이다. 이와 같은 근본적인 부정의로 인해 현대의 발전이 왜곡·위협되고, 부의 생산자가 빈곤에 빠지는 반면, 비생산자가 사치 속에 호강을 누리고, 화려한 궁전과 누추한 셋집이 같이 존재하고, 교회의 뒤편에 매음굴이 들어서고, 새 학교를 개교하면서 감옥

---

2) 토지를 평등하게 사용하고 향유하는 자연적이고 양도할 수 없는 권리는 너무나 분명하기 때문에, 어떤 압력이나 관습으로 인해 처음의 인식이 흐려지지 않는다면, 누구나 이를 인정하게 된다. 예를 하나만 들어 보자. 뉴질랜드에 이주한 백인은 원주민 마오리 족(Maori)에게서 완전한 토지소유권을 취득할 수 없었다. 모든 부족민이 토지매각에 동의했더라도, 자신의 권리를 양도했을 뿐 출생하지 않은 후손의 권리를 매각하지는 않았다는 이유로, 새로 아이가 태어나면 대가를 추가로 요구하였기 때문이다. 정부는 부득이 이 문제에 관여하여, 부족에게 매년 대가를 지불하고, 새로 태어나는 아이는 이 대가에서 자기 몫을 가져가는 방법으로 해결하였다.

도 같이 지을 수밖에 없게 되는 모든 부정의가 파생된다.

현재 세계를 당황하게 하는 현상 중에 이상하거나 이해하지 못할 것은 하나도 없다. 물질적 진보 자체가 나쁜 것은 아니다. 자연이 먹여 살리지 못할 아이를 탄생시키는 것도 아니다. 물질적 진보가 쓰디쓴 열매를 낳는 것이 창조주가 인간의 마음으로도 승복할 수 없는 부정의 한 오점을 자연법에 남겼기 때문이 아니다. 우리의 고도 문명 속에서 결핍으로 인해 인간이 쓰러지고 죽어가는 것은 자연의 인색함이 아니라 인간의 부정의에 기인한 것이다. 죄악과 비참, 빈곤과 궁핍은 인구 증가와 산업 발전의 당연한 결과가 아니다. 이런 결과가 인구 증가와 산업 발전에 뒤따르는 이유는 토지가 사유재산으로 인정되기 때문이다. 자연이 모든 인간을 위해 제공한 것을 일부 인간이 배타적으로 보유함으로써 최고의 정의의 법칙을 위반하기 때문에 생기는 결과라는 말이다.

토지의 개인 소유를 인정하면 다른 개인의 자연권을 부정하게 된다. 이 잘못은 반드시 불균형한 부의 분배로 나타난다. 노동은 토지를 사용하지 않고는 생산할 수 없으므로, 평등한 토지 사용권을 부정한다면 필연적으로 노동이 자신의 생산물에 대해 가지는 권리를 부정하는 결과가 된다. 여러 사람이 노동해야 하는 토지를 어느 한 사람이 지배한다면 이 한 사람은 타인에게 노동을 허락하는 대가로 타인의 노동 생산물을 취득할 수 있게 된다. 이것은, 자연은 인간의 노력에 따라 향유된다고 하는 자연의 근본 법칙에 위배된다. 어떤 사람은 생산 없이 이익을 얻고 어떤 사람은 이익 없이 생산만 한다. 어떤 사람은 부당하게 부자가 되고 어떤 사람은 자기 몫을 강탈당한다. 현대 사회를 극빈 층과 극부층으로 갈라놓는 부의 부당한 분배는 이와 같은 잘못에 기인한다. 지대가 ─ 노동이 토지 사용의 대가로 지불하지 않을 수 없는 가격이 ─ 계속해서 상승하면 많은 사람이 정당한 부를 박탈당하고 그

부는 생산과 무관한 소수의 수중에 쌓인다.

사람들은 왜 이러한 부정의를 당하면서 이를 쓸어버리지 않고 잠시라도 멈칫거리는가? 지주는 도대체 누구이기에 씨 뿌리지 않은 곳에서 거둘 수 있는가?

지구를 배타적으로 보유할 수 있는 권리를 갑에게서 을로 엄숙하게 이전할 수 있도록 하는 권원, 모든 다른 사람을 배제하고 지구를 절대적으로 지배할 수 있는 권원은 얼마나 얼토당토않은 것인지 잠시 생각해 보자. 캘리포니아 주에서는 토지의 권원이 멕시코 최고정부에서 비롯되었다. 멕시코 최고정부는 스페인 왕으로부터 토지를 취득했고, 스페인 왕은 교황으로부터 취득하였다. 교황은 이전에 펜을 한 번 놀려 당시에는 발견되지도 않은 토지를 스페인과 포르투갈 사이에 분배하였다. 다른 표현을 원한다면, 권원은 정복에서 비롯되었다고 해도 좋다. 미국 동부의 주에서는 권원이 인디언과의 협약과 영국 왕의 하사에서 비롯되었다. 루이지애나 주에서는 프랑스 정부에서 비롯되었다. 플로리다 주에서는 스페인 정부에서 비롯되었다. 영국에서는 노르만 정복에서 비롯되었다. 즉, 어느 곳에서나 정당한 권리가 아니라 강제력에서 비롯되었다는 것이다. 권원이 힘에 근거를 둘 경우, 힘으로 이 권원을 무효로 하더라도 불만이 있을 수 없다. 권력을 가진 사람들이 이런 권원을 무효로 하더라도 정의의 이름으로 항의할 수는 없다. 지구 표면의 일부를 배타적으로 보유할 수 있는 권력을 가졌던 사람은 있었지만, 그러한 권리를 가졌던 사람은 언제 어디에 있었던가?

사람이 생산한 것에 대해서는 배타적 소유권이 당연히 인정된다. 아무리 여러 단계를 거쳐 소유자가 바뀌더라도 사람의 생산물에는 그 최초 단계에 누군가의 노동이 있었다. 이 사람은 물자를 자신의 노력으로 조달하거나 생산했기 때문에 그 물자에 관해 다른 어느 사람에 대해서도 자신의 명백한 권원이 있었으며, 이를 근거로 하여 판매 또는 증여의 방법으로 그 물자를 다른 사람에게 정당하게 이전시킬 수 있었다. 그러나 물질적 우주에 대해서는 어떤 경로를 통해 이전되었든, 그 최초 단계에서 이와 같은 권원이 있었을까? 반면, 토지개량물에 대해서는 이러한 원초적인 권원이 존재한다. 그러나 이것은 토지개량물에 대한 권원일 뿐 토지 자체에 대한 권원은 아니다. 숲을 개간하고 늪의 물을 빼고 습지를 매립한다고 할 때 정당하게 주장할 수 있는 것은 노력에 의해 생긴 가치일 뿐이다. 노력을 했다고 해서 토지 자체에 대한 권리가 생기는 것은 아니며, 사회의 성장에 의해 불어난 토지가치에 대해서는 사회의 다른 구성원과 동일한 지분만을 주장할 수 있을 뿐이다.

그러나 토지개량물은 시간이 지남에 따라 토지 자체와 구분되지 않는 경우도 있다고 반론을 제기하는 사람도 있을 것이다. 옳은 말이다. 그러나 이때 토지개량물에 대한 권원은 토지에 대한 권원에 혼입된다. 즉 개인의 권리는 사회의 권리 속으로 사라진다는 것이다. 대(大)는 소(小)를 취하지만 소(小)는 대(大)를 취하지 못하는 것이 원칙이다. 자연은 인간으로부터 생기지 않지만 인간은 자연으로부터 생기므로, 인간과 인간 활동의 결과는 자연의 품으로 다시 돌아간다.

인간은 누구나 자연을 사용하고 향유할 권리를 가지므로 각자 자기 노동의 혜택을 완전하게 얻으려면 토지 사용자에게 배타적 토지 사용권이 허용되어야 한다고 반론을 제기하는 사람도 있을 것이다. 그러나 개인의 권리와 사회의 권리를 구분 짓는 것은 어려운 일이 아니다. 정교하고 정확한 검증이 가치를 통해 이루어질 수 있다. 인구가 아무리 밀집해 살더라도 가치를 이용하면 각 개인의 정확한 권리와 모두의 평등한 권리를 구분하고 보장하는 데 어려움이 없다. 앞에서 지적한 바와 같이, 토지가치는 독점의 가격이다. 토지가치를 결정하는 요인은 토지의 절대적 능력이 아니라 상대적 능력이다. 토지 자체의 질이 어떻든 간에 무상으로 사용할 수 있는 다른 토지보다 우수하지 않은 토지에는 가치가 생기지 않는다. 그리고 어느 토지의 가치는 무상으로 사용할 수 있는 다른 최선의 토지와 그 토지와의 차이를 나타낸다. 이와 같이 토지가치는 개인이 보유하는 토지에 대한 사회의 권리를 정확하고 구체적인 형태로 표시해 준다. 그리고 지대는 사회의 모든 구성원이 가진 권리의 평등성을 충족시키기 위해 개인이 사회에 지불해야 하는 금액을 정확하게 표시해 준다. 그리하여 토지를 선점한 사람에게 배타적 토지 사용을 인정하면서 지대를 환수하여 사회 전체의 이익을 위해 사용하면, 토지 개량을 위해 필요한 확실한 토지 사용권을 보장하면서 토지 사용에 대한 모든 사람의 평등권도 완전하게 인정하게 된다.

토지에 대한 개인의 완전하고 배타적인 권리가 토지의 선점에서 생긴다는 주장도 있지만, 토지사유제를 방어하는 근거로서는 가장 불합리하다. 자연의 질서 속에서 수많은 세대가 잇달아 등장하는 지구에서 그 표면에 대한 배타적이고 영속적인 권원이 선점에 의해 생기다니! 그러면 지난 세대가 이 세상에 대해 지금의 우리보다 더 우월한 권리를 갖고 있었다는 말인가? 백 년 전, 천 년 전의 사람은? 혹은 흙집이나 동굴에서 살던 세대, 마스토돈이나 세 발가락 말이 살던 시기의 세대, 아니면 그보다 더 옛날 우리가 지질학적 시간으로만 생각할 수 있는 시기에 살던 세대는?

잔치에 가장 먼저 도착했다고 해서 연회석의 의자를 돌려놓고서 자기와 계약을 하지 않으면 아무도 음식을 먹을 수 없다고 할 권리가 있는가? 극장에 제일 먼저 표를 내고 입장했다고 해서 극장 문을 닫아걸고 자기 혼자서만 공연을 관람할 권리가 있는가? 기차에 먼저 승차했다고 해서 자기 짐을 온 좌석에 흩어 놓고 뒤에 타는 승객을 세워둘 권리가 있는가?

이런 사례는 적절한 비유가 된다. 우리는 도착했다가는 떠난다. 잔치의 손님도 계속해서 흩어진다. 우리는 모두를 수용할 수 있는 공연장의 관객이자 출연자이다. 우리는 우주를 질주하는 궤도의 한 역에서 다른 역으로 이동하는 승객이다. 그러므로 우리가 취득하고 보유하는 권리는 결코 배타적인 것이 될 수가 없다. 이러한 권리는 어느 곳에서나 다른 사람의 동등한 권리에 의해 제약된다. 기차의 첫 승객이 다른 사람의 승차 전에는 자기 짐을 여러 좌석에 흩어 놓을 수 있듯이, 토지의 첫 정착자는 토지를 마음대로 취득하고 사용할 수 있지만, 다른 사람이 그 토지를 원하면 — 이 사실은 토지가치의 발생에 의해 표시된다 — 다른 사람의 동등한 권리에 의해 첫 정착자의 권리는 제한된다. 토지를 먼저 차지했다고 해서 다른 사람의 동등한 권리를 박탈할 수 있는 권리가 발생하는 것은 아니다. 그렇지 않다면 160에이커, 640에이커, 나아가서는 마을 전체의 토지, 국가 전체의 토지, 대륙 전체의 토지도 어느 한 사람이 선점 순위에 의해 취득하고 마음대로 이전해 줄 수 있게 된다.

토지에 대한 개인의 권리를 인정하면 이러한 명백한 모순에 도달한다. 극단적인 예로, 어느 한 사람이 어느 나라의 토지에 대한 권리를 자신에게 집중시킬 수 있다면 다른 모든 주민을 추방할 수 있게 된다. 나아가서는 지구의 모든 표면에 대한 권리를 자신에게 집중시킬 수 있다면, 지구의 수많은 사람 중에서 자기 혼자만이 생존할 권리를 가질 수 있게 된다.

상상 속에서만 일어날 수 있는 이런 일들이 규모는 작지만 현실로 나타나고 있다. 영국으로부터 식민지 토지를 하사받아 "하얀 일산과 거드름 피우는 코끼리"를 거느리는 토지 귀족들은 넓은 지역에서 원주민을 쫓아내고 또 쫓아냈다. 원주민은 아득한 조상 대대로 그 토지에서 살아 왔으나 다른 지방으로 쫓겨 가서 가난뱅이가 되거나 굶주렸다.

신생 주인 캘리포니아에는 농사를 짓지 않는 토지 위에, 전에 살던 이주민이 자연권을 무시한 법의 힘에 의해 쫓겨난 채 비어 있는 집의 검은 굴뚝을 볼 수 있다. 또 많은 인구가 살 수 있는 넓은 지역이 황폐하게 방치되어 있는 것도 볼 수 있다. 배타적 소유권을 인정함으로써 타인의 사용을 금할 수 있는 힘을 한 사람에게 부여했기 때문이다. 영국 여러 섬의 표면을 소유하는 비교적 소수의 지주가 수백만 영국민을 조국에서 몰아낸다고 하더라도 지주는 단지 법이 부여해 준 권한을 사용하는 것일 뿐이며, 상당수의 지주는 이미 소규모로나마 이런 짓을 저지르고 있다. 이런 식으로 수십만의 지주가 마음대로 삼천만 동포를 조국에서 추방한다는 것은 물론 자연법에 크게 어긋난다. 이보다 정도가 덜할지는 모르지만, 대다수 영국 국민이 토지에서 살고 토지를 사용하도록 허락받는 대신에, 비율적으로 얼마 안 되는 지주에게 엄청난 금액을 지불하지 않을 수 없는 현실도 자연법에 심히 어긋나기는 마찬가지다. 그런데도 영국 국민들은 이런 나라를 자기 땅이라고 부르면서 달콤하고 영광스러운 추억으로 아로새긴다. 더구나 유사시에는 피를 흘리고 생명을 바쳐가면서 지켜야 할 의무까지 지고 있다.

내가 영국만을 예로 드는 이유는, 토지 소유가 다른 나라보다 더 집중되어 있고 토지사유제의 폐단이 더 잘 드러나고 있기 때문이다. "어느 시대건 토지를 소유하는 자에게 토지의 열매가 귀속된다"는 말은 진리이며, 인구가 밀집되고 발명과 개선이 생산력을 증가시킬수록 더 분명해진다. 영국에서든 신생 미국에서든 인더스 강 유역에서든, 모든 곳에서 이 점은 진리이다.

제 2 장
토지사유제의 궁극적 결과는 노동자의 노예화

　노예사유제가 정의롭지 못하다면 토지사유제 역시 정의롭지 못하다.
　어떤 상황에서든 토지를 소유하면 언제나 인간을 소유하게 되며 그 정도는 토지 사용의 필요성이, 실질적 필요성이건 인위적 필요성이건, 어느 정도인가에 따라 정해진다. 이것은 지대법칙을 다른 식으로 표현한 것에 지나지 않는다.

　그 필요성이 절대적일 때에는 — 예를 들어 토지를 사용하지 않으면 굶게 된다든가 — 토지 소유에 따른 인간의 소유는 절대적이다.

　100명이 사는 어느 섬이 있고 이 섬에는 출구가 없다고 가정해 보자. 이때 어느 사람이 다른 99명에 대한 절대적 소유자가 되거나 그 섬의 땅에 대한 절대적 소유자가 되거나 결과에는 아무런 차이가 없다.

　어느 경우에나 그 사람은 99명에 대한 절대적 지배자가 되고 생사를 결정하는 힘까지 갖게 된다. 다른 사람들이 섬에 사는 것을 허락하지 않는다면 바다로 쫓아내는 것과 다름없기 때문이다.

　사회의 규모가 커지고 관계가 복잡해지더라도 같은 원인이 같은 방식을 통해 같은 결과를 내며 그 궁극적 결과는 노동자의 노예화이다. 이 점은 노동자가 다른 사람의 배타적 사유재산이 되어 있는 토지에서 생존하고 생활하도록 하는 압력이 커질수록 더욱 분명하게 된다. 토지가 한 사람이 아니라 소수의 소유자에게 분할되어 있으며, 현대의 생산이 그렇듯이 자본가가 노동자로부터 특화되어 있고, 공업과 상업도 모든 직종에서 농업으로부터 분리되어 있는 나라가 있다고 하자. 이 나라에서 토지소유자와 노동자의 관계는 섬의 예처럼 직접적이고 분명하지는 않더라도, 인구가 증가하고 기술이 발달함에 따라 토지소유자는 역시 절대적 지배를 하게 되고, 노동자는 역시 비참하고 무기력하게 된다. 지대는 상승하고 임금은 하락한다. 총생산물 중 토지소유자의 몫은 계속 증가하고 노동자의 몫은 계속 감소한다. 값싼 땅으로 이동하는 것이 곤란 내지 불가능해지고 있는 상황에서는, 노동자가 무엇을 생산하건 생활수준은 최하로 떨어지고, 토지가 독점된 곳에서는 노동자가 명목상의 자유를 가지고 있다고 해도 자신들 간의 경쟁으로 인해 생활수준은 사실상 노예와 다름없게 된다.

금세기에서 보듯이 생산력이 엄청나게 향상되고 있는 가운데 산업의 저변을 형성하는 노동자의 임금이 어느 곳에서나 노예의 임금수준으로 — 즉, 노동자가 겨우 일할 수 있는 정도의 수준으로 — 내려간다는 사실은 하등 이상한 일이 아니다. 인간이 생존하고 생활해야 하는 토지의 소유는 사실상 인간 자체를 소유하는 것이고, 일부가 토지를 배타적으로 사용하고 향유할 수 있는 권리를 갖는다면 다른 사람을 자기 사유재산으로 만든 것과 조금도 다르지 않다.

주로 노동을 땅에 직접 투입하여 생산이 이루어지던 과거의 단순한 사회에서 모든 사람이 생존물자를 취하는 대상인 땅에 대해 배타적 권리를 인정한 필연적 결과는 노예제도이며, 과거의 농노제도(helotism, villeinage, serfdom)가 그 사례라고 하는 사람도 있다.

노예사유제는 전쟁 포로에서 발생하였고, 이 제도가 지구 곳곳에 다소간 존재하기는 했지만, 토지 사유에서 발생하는 형태의 노예제도에 비하면 그 지역이 넓지 않았고 그 영향도 미미했다. 어느 민족도 집단으로 동족에게 노예로서 사유된 예가 없고, 정복을 당해서 집단적인 노예로 전락한 민족도 없다. 사회 발전이 어느 단계에 도달했을 때늘 나타나는 것처럼, 일반 대중이 소수에 복속하는 형태는 토지가 사유재산으로 전유된 데에서 비롯하였다. 땅이 사유화됨으로써 그 위에서 사는 인간이 사유화된 것이다. 이집트의 피라미드 등 거대 기념물은 이런 종류의 노예제를 증거하고 있으며, 성서에서 나오듯이 이집트왕(Pharaoh)이 백성의 토지를 사들일 당시에 기근이 심했다고 하는 이야기에서도, 분명하지는 않지만, 이런 종류의 노예제 전통이 있었음을 짐작할 수 있다.

역사의 여명기에 그리스를 침공한 민족이 그리스 반도의 원주민을 농노(helot)로 만들어 지대를 납부토록 하였는데, 이것도 이런 종류의 노예제이다. 고대 이탈리아 민족이 근면한 농민이었던 덕으로 세계를 정복하기도 하였으나 그 후에 비굴한 농노로 전락한 것은 라티푼디움(latifundium), 즉 거대 사유토지가 성장했기 때문이다. 자유롭고 평등했던 골 족(Gall), 튜턴 족(Teuton), 훈 족(Hun)의 전사들이 콜로니(coloni) 또는 빌린(villeins) 등의 소작인으로 변하고, 슬라브족 마을의 독립적인 주민이 러시아의 소작농(boor)이나 폴란드의 농노(serf)로 전락한 것도 그 민족의 지배층이 토지를 절대적 사유재산으로 전유해 버렸기 때문이다.

중국과 일본이 유럽처럼 봉건제도를 성립시킨 것, 폴리네시아 부족장이 부족민에 대한 절대적 지배자가 된 것 또한 마찬가지이다. 비교언어학에서 알 수 있듯이, 아리안 족의 유목민과 전사들이 인도-게르만 족의 공통 발상지에서부터 인도의 저지대로 이동하여 초라하고 비굴한 힌두 족이 된 경위도, 앞서 인용한 바 있는 산스크리트 격언이 시사하는 바가 많다. 인도 왕(rajah)의 하얀 일산과 거드름 피우는 코끼리는 토지 소유의 꽃이다. 오랜 세월 땅 속에 묻혀 있는 유카탄

(Yucatan) 지역이나 과테말라의 거대한 유적 속에서 문명의 기록을 접할 수 있다면, 이 기록에는 지배층이 오만했고 대중은 대가 없는 노역에 시달렸으며, 그리하여 상식으로 추측해 볼 때, 토지가 소수의 재산으로 전유됨으로써 수많은 국민이 노예상태에 빠졌다는 내용이 들어 있을 것이다. 이것은 토지를 가진 자가 그 땅에 사는 사람들을 지배한다는 보편적인 믿음에 대한 또 하나의 예가 될 것이다.

노동과 토지는 불가분의 관계가 있으며 사람이 살면서 반드시 사용해야 하는 토지를 소유하면 그 사람에 대해 절대 권력을 갖게 된다는 사실이, 다른 식으로는 설명할 길이 없는 현상을 — 자유와 평등이라는 자연스러운 감정에 심히 어긋나는 제도, 관습, 관념이 성장하고 지속되는 현상을 — 설명해 준다.

사람이 생산한 것에 정당하게 그리고 자연스럽게 결부되는 사적 소유라는 관념이 토지에까지 확대되어 버리면 그 결과는 뻔하다. 힘세고 교활한 자는, 생산을 통해서가 아니라 가로챔을 통해서만 소유할 수 있는 종류의 재산을 쉽게 차지할 수 있으며, 일단 토지의 주인이 되면 필연적으로 다른 사람의 주인이 된다.

토지 소유는 귀족제의 근거가 된다. 귀족 신분이 토지를 만드는 것이 아니라 토지가 귀족 신분을 만들어 준다. 중세 유럽 귀족의 엄청난 특권은 땅의 소유자라는 지위에서 나왔다. 땅의 소유를 허용하는 단순한 제도가 한 편에서는 상전을 낳고 다른 한 편으로는 부하를 낳는다. 한 쪽은 권리가 있고 다른 쪽은 권리가 없다. 상전이 땅에 대해 가지는 권리가 인정되고 유지되면 그 땅 위의 사람들은 상전이 내거는 조건을 따라야만 살 수 있었다. 이 조건은 시대의 상황에 따라서 봉사 내지 노역이 되기도 하고 현품 또는 현금으로 납부하는 지대가 되기도 했지만, 그렇게 하도록 한 핵심은 토지 소유이다. 이 힘은 토지 소유가 존재하는 한 존재하며, 토지를 사용하려는 경쟁이 치열한 곳에서는 더 커져서 지주가 마음대로 조건을 내걸 수 있다.

오늘날 영국의 지주는 토지에 대한 배타적 권리를 인정하는 법에 의해, 과거 봉건 귀족이 가지고 있던 모든 힘을 가진다. 지주는 지대로 봉사나 노역을 요구하기도 한다. 지주는 소작인에게 특별한 옷을 입도록, 특정 종교를 믿도록, 자녀를 특정 학교에 취학시키도록, 소작인의 개인적 사정을 지주의 결정에 맞추도록, 이야기를 할 때에는 무릎을 꿇도록, 하인 복장을 하고 지주의 주위를 따르도록, 여성의 명예를 지주에게 희생하도록 하는 등, 지주의 땅에서 쫓겨나는 것보다는 낫다고 소작인이 생각하는 모든 행동을 강제할 수 있다. 간단히 말해, 지주는 소작인이 그 땅에서 살기 위해 감수하는 범위 내라면 어떤 조건도 요구할 수 있으며, 자유계약 내지 자발적인 행위의 외양을 갖추기 때문에 지주의 소유권이 특별히 제약되어 있지 않는 한 법으로 막을 수도 없다.

영국의 지주는 그 시대의 방식에 따라 원하는 대로 힘을 행사한다. 지주는 국방에 대한 의무를 벗어 버렸으므로 소작인을 군대에 보낼 필요도 없게 되었다. 이 시대에는 부와 힘의 소유를 수많은 시종을 거느리는 방식이 아닌 다른 방식으로 나타내므로 지주가 몸시중을 원하지 않지만, 흔히 소작인의 투표를 통제하는 등 여러 가지 방식으로 지시를 한다. "하나님의 의로운 사제(right reverend father of God)"라는 플렁켓(Plunkett) 주교는 자녀를 개신교 주일학교에 보내지 않는다는 이유로 가난한 아일랜드 소작인을 여럿 추방하였다. 레이트림(Leitrim) 백작은 — 훗날 복수의 여신이 암살의 총탄을 쏘아 보냈지만 — 훨씬 심한 죄를 저질렀다. 탐욕이 냉혹하게 발동하여 소작인의 오두막을 온통 철거해 버리고 그 가족을 길거리로 내몰았다. 이런 일을 빚은 원리는 과거 단순하고 소박했던 시대에 수많은 보통 사람을 노예화하고 귀족과 농민 간에 극심한 격차를 조성한 그 원리와 동일하다.

농민이 출생지 밖으로 이주할 수 없도록 통제한 지역에서 농노가 발생하였다. 이는 앞에서 본 섬과 같은 상황을 인공적으로 조성한 것과 같다. 인구가 많지 않은 지방에서는 절대적인 노예제도를 만들 필요가 있었지만, 인구가 많은 지방에서는 이와 본질적으로 같은 상황이 경쟁에 의해 발생한다. 가혹한 지대를 물던 아일랜드 농민과 러시아의 농노를 비교하면 러시아 농노 쪽이 여러 면에서 나았을 정도이다. 농노는 최소한 굶지는 않았기 때문이다.

지금까지 확실하게 증명하였듯이, 모든 시대에 근로 대중의 생활을 악화시키고 이들을 노예화한 원인은 오늘날 문명 세계에도 공통되어 있다. 어느 나라에서나 이동의 자유 등 개인적 자유는 인정되어 있다. 미국에서 정치적·법적 불평등은 전혀 없으며 문명국 중 가장 후진적인 국가에서도 그런 불평등은 많지 않다. 그러나 불평등의 큰 원인은 그대로 존재하여 부의 불평등한 분배로 나타나고 있다. 노예제도의 핵심은 노동자의 동물적 생존에 필요한 것만 남겨 두고 모든 생산물을 주인이 가져간다는 것인데, 현 상황에서는 자유노동의 임금이 분명히 그러한 최저액으로 내려가고 있다. 생산력이 아무리 향상되어도 지대가 꾸준히 상승하여 그 향상분 또는 향상분 이상을 삼켜 버린다.

그리하여 모든 문명국가에서 대중의 생활은 자유라는 형식 하에 사실상의 노예상태가 되고 있다. 이것은 노예제도 중에서 아마도 가장 잔인하고 무자비한 유형일 것이다. 현대 노동자는 노동 생산물을 강탈당하면서 단순 생존을 위해 억지로 일하지만, 누가 그렇게 시키는 것이 아니라 누구도 어떻게 할 수 없는 상황이 그렇게 시키기 때문이다. 노동자의 노동을 제공받고 임금을 지급하는 사람도 역시 같은 상황으로 몰리는 수가 많다. 즉, 노동자와 노동의 궁극적 수혜자는 서로 단절되어 인간적 접촉이 존재하지 않는다는 것이다. 노예에 대해서는 주인이 직접 책임을 지며, 이런 책임은 대다수의 경우 상호 관계를 완화하는 작용을 한다. 그러나 현대 노동자의 경우는 그렇지 않다. 보수도 제대로 안 주면서 노동자를 끊임없이 혹사하는 자는 어느 한 사람이 아니라 "불가피한 수요·공급의 법칙"이며, 이에 대해서는 어느 특정인이 책임을 지지 않는다. 노예에게 시킬 수 있는 일을 다 시킨 후에는 내쫓아 죽게 내버려 둔다고 하는 카토(Marcus Porcius Cato, Cato the Censor, 기원 전 234~149)의 격언이 — 노예제도가 보편적이었던 잔인한 시대에도 질색을 했던 격언이 — 지금은 평범한 원칙이 되어 있다. 주인이 자기 이익을 위해서라도 노예를 돌보아야 할 텐데 이 정도조차 이루어지지 않고 있다. 노동은 상품이 되었고 노동자는 기계가 되었다. 주인과 노예가 없고 소유자와 피소유자도 없이 단지 구매자와 판매자가 있을 뿐이다. 시장의 흥정이 다른 모든 인정적인 요소를 대치하고 있다.

미국 남부의 노예 소유자가 가장 선진화된 문명국의 가난한 자유 노동자를 보고는, 노예제도가 신성하다고 생각하는 것도 무리가 아니다. 남부에서 밭일을 하는 노예들의 의식주 상태가 평균적으로 보아 더 낫기 때문이다. 영국의 농업 노동자에 비해 이들이 걱정도 적고 즐거움도 더 많다는 점은 의심할 여지가 없다. 미국 북부를 방문하는 노예 소유자는 남부의 소위 '노동 조직'에서는 불가능한 일을 보고 들을 것이다. 남부 여러 주에서 노예제도를 취하고 있었을 때, 노예 소유자가 자기 흑인 노예를 자유국가의 백인 노동자처럼 일하면서 살게 했다면 나쁜 평판을 얻었을 것이고, 여론이 제지하지 않았더라도 사유 노예의 건강과 노동력을 유지하려는 이기심 때문에도 그렇게 하지 않았을 것이다. 그러나 짐승을 공공장소에서 학대해도 체포 내지 처벌을 하고 노예 해방을 위해 돈과 피를 제공하는 사람들이 사는 런던, 뉴욕, 보스턴에서는 어린이들이 겨울에도 맨발에 누더기를 걸치고 거리를 뛰어 다니며, 여성들이 적절한 난방과 음식도 마련할 수 없는 임금을 벌기 위해 누추한 구석방에서 생명을 소모하는 모습을 볼 수 있다. 노예제도의 철폐 요구에 대해 남부의 노예 소유자가 위선이라고 생각하는 것이 무엇이 이상하겠는가?

노예제도가 철폐된 지금 남부의 농장주들은 아무 손실도 입지 않은 것으로 나타난다. 노예에서 해방된 사람들이 살아야 하는 토지를 소유하고 있으면 전과 다름없이 노동을 지배할 수 있는 동시에 노동에 대한 책임은 — 때로는 대단히 비용이 많이 드는 책임은 — 면제되었기 때문이다. 흑인들은 다른 지방으로 이주하려면 할 수도 있고 또 대량 이주가 시작될 기미도 있다. 그러나 인구가 증가하고 토지가 귀해지면 농장주는 노동자가 벌어들이는 것 중에서 노예사유제 하에서보다 더 많은 몫을 차지하게 될 것이고 노동자의 몫은 더 적어질 것이다. 노예사유제 하의 흑인들은 언제나 최소한 육체적인 건강을 유지하기에 충분한 만큼은 얻었는데, 영국과 같은 국가에서는 그만큼도 얻지 못하는 큰 계층이 존재한다.[3]

주인과 노예 사이에 인간적 관계가 형성된 곳에서는 어떤 영향력이 노예사유제에 작용해서 주인이 노예를 심하게 학대하지 못하게 된다. 이런 영향력 — 유럽의 발전 초기의 특징이었던 소박한 형태의 농노제에도 나타난 바 있다 — 외에 종교의 힘도 작용하고, 또 노예사유제에서 보듯이 다소 계몽적이면서도 이기적인 소유주의 이해관계도 가미되었다. 이런 것이 관습으로 굳어지고 일반화됨으로써 토지소유자가 농노에게서 우려낼 수 있는 한도가 설정되었다. 그리하여 별다른 생존 수단이 없는 사람들이 생존수단을 얻기 위해 서로 치열하게 경쟁

---

3) 어느 노예철폐론자(J. A. Collins 대령)는 영국을 방문했을 때 스코틀랜드의 한 공업도시에서 많은 청중에게 연설하였다. 미국에서 하던 대로 미국 일부 주에서 노예의 생계를 위해 공급해야 하는 일인당 법정 최저량을 소개하자 청중 다수가 연설에 흥미를 잃고 말았다고 한다.

하여도 상실과 추락의 극한에 다다르지는 않았다. 유럽의 농노 내지 농민은 — 그리스의 헬로트(helot), 이탈리아의 분익소작인(metayer), 러시아와 폴란드의 서프(serf), 봉건 유럽의 페전트(peasant)는 — 지주에게 생산물 또는 노동의 일정 비율을 바쳤을 뿐 그 이상으로 착취당하지는 않았다. 영국에서는 아직도 지주와 그 가족은 병약자에게 약과 함께 위로를 보내고 농민의 생계를 돌보는 것을 의무로 여기고 있으며, 미국 남부에서도 농장주가 흑인을 돌보는 것이 관행화되어 있었다. 그러나 현대의 복잡한 생산 과정에서 정교하고 드러나지 않는 형태의 예속 관계가 형성되면서, 토지소유자의 착취를 완화했던 이런 영향력이 사라졌다. 노동을 제공하는 사람과 노동을 사용하는 사람이 서로 떨어져 있고 그 사이에 여러 중간 단계가 존재하여 두 계층에 속한 개인 간의 관계는 직접적·특정적이 아니라 간접적·일반적으로 달라졌다. 현대 사회에서는 자유 경쟁을 통해 노동자에게서 최대한 짜낸다. 부와 산업의 중심지에 사는 최하층의 상태를 보면 그 강도를 알 수 있다. 그러나 아직 이러한 최하층의 상태가 보편화되지는 않았다. 지금까지는 미대륙에 비옥한 토지가 많이 개방되어 있어서, 미국의 기성 지역의 증가 인구에 대한 탈출구가 되었으며 또한 유럽에서의 압력도 상당히 덜어 주었기 때문이다. 아일랜드 한 나라만 예로 들더라도, 이민의 규모가 커서 인구가 감소하기까지 하였다. 그러나 이러한 해소 수단이 영구히 지속될 수는 없다. 이 수단은 이미 급속히 소멸되고 있으며 그에 따라 압력은 더욱 거세질 것이다.

인도의 라마야나(Ramayana)에 나오는 부샨다(Bushanda)라는 이름의 "우주의 모든 곳에서 살았고 태초부터 일어난 모든 일을 알고 있는" 까마귀는, 지상(至上)의 행복을 누리려면 세속적인 이익을 무시해야 하지만 극심한 빈곤은 가장 혹독한 고통을 낳는다고 하였다. 발전하는 문명 속에서 다수의 대중이 겪고 있는 빈곤은, 현인이 추구하고 철인이 찬양했던, 혼란과 유혹으로부터의 자유가 아니다. 그것은 인간을 타락시키고 짐승 같은 노예로 만들며, 고상한 천성을 마비시키고 미묘한 정서를 둔하게 하며, 짐승도 마다할 짓을 고통 때문에 하게 한다. 빈곤은 남자다움을 분쇄하고 여자다움을 파괴하며 어린이에게서조차 순진함과 즐거움을 앗아가고, 저항할 수 없는 무자비한 기계와 같은 힘으로 노동 계층을 몰아간다. 보스턴에 시간당 2센트를 주고 여자아이들을 고용하는 공장이 있다. 주인은 아이들의 처지에 동정하겠지만 아이들이나 공장주나 경쟁의 법칙에 지배되어 임금을 더 주고는 운영이 안 된다. 교환은 감정으로 이루어지는 것이 아니기 때문이다. 그리하여 아무런 기여도 없이 노동 생산물을 지대로 가져가는 계층에 이르기까지 모든 계층에 대해 냉혹한 수요·공급의 법칙이 작용함으로써 하층민을 궁핍의 노예로 압박한다. 개인은 그 힘에 대해 마치 바람이나 조수(潮水)의 힘에 대해서처럼 아무런 저항도 항변도 할 수 없다.

그러나 진정한 원인은 과거에도 노예제도를 초래했고 또 언제나 초래할 수밖에 없는 그 원인이다. 즉, 자연이 모든 사람에게 베풀어준 것을 일부가 독점한다는 사실이다.

토지사유제를 인정하는 한 우리가 자랑하는 자유는 필연적으로 노예제도로 연결된다. 토지사유제가 철폐되기 전에는 미국의 독립선언서도 노예해방법도 아무 소용이 없다. 한 사람이 다른 사람들의 생활 터전인 토지를 배타적으로 소유하면 노예 상태가 조성될 것이고, 물질적 진보가 진행될수록 그 정도가 반드시 심해진다.

이 현상은 — 그 전개 과정에 대해서는 앞의 여러 장에서 단계적으로 검토한 바 있다 — 오늘날 문명 세계에서 진행되고 있다. 토지사유제는 맷돌의 아랫돌이다. 물질적 진보는 맷돌의 윗돌이다. 노동 계층은 증가하는 압력을 받으면서 맷돌 가운데에서 갈리고 있다.

제 3 장
토지소유자의 보상 요구

　땅을 배타적으로 보유할 수 있는 정당한 권원이란 존재하지도 않고 존재할 수도 없다는 점, 그리고 토지사유제는 노예사유제와 마찬가지로 분명하고도 엄청난 잘못이라는 점은 진실이며 동시에 이 진실에는 예외가 있을 수 없다.

　문명사회에 사는 대다수는 이 진실을 인식하지 못하고 있는데, 그 이유는 단지 대다수가 생각을 하지 않는다는 데 있다. 잘못을 되풀이해서 지적하지 않는 한 이 사람들은 존재하는 것은 옳은 것이라고 여기며, 잘못이라고 처음 지적하는 사람이 있다면 그를 십자가에 못 박을 준비가 되어 있다.

　그러나 누구든 정치경제학을 현재 가르치는 내용대로라도 공부하거나 부의 생산과 분배에 대해 조금이라도 생각해 보면, 토지 재산권은 인간이 생산한 물자에 대한 재산권과 본질적으로 다르며, 정의의 본질에 비추어 볼 때 근거가 없다는 사실을 알 수 있다.

　이 사실은 정치경제학에 관한 모든 표준적인 저술에서 명시적 또는 묵시적으로 인정되고 있지만 대개는 그 설명이 모호하거나 생략되어 있는 경우가 많다. 이런 저술에서는 진리를 직시하기 어렵도록 해 놓고 있는데, 노예제도를 인정하는 사회에서 도덕철학자가 강연할 경우 인간의 자연권과 관련된 사항에 대해서는 되도록 언급을 피하는 것과 마찬가지라고 하겠다. 또 이런 저술에서는 특별한 언급 없이 토지사유제를 기정사실로 전제하거나, 토지의 적절한 사용을 위해서나 문명국가의 존립을 위해서는 토지사유제가 필요한 것으로 가정한다.

지금까지 우리가 검토한 내용에 의하면, 토지사유제는 효용이라는 근거로도 정당화될 수 없다는 점이 입증되었다. 오히려 토지사유제는 빈곤, 비참, 타락의 원인이 되며 사회적 병리와 정치적 취약성을 야기하여 문명의 진보를 위협한다는 점이 입증되었다. 그러므로 우리가 토지사유제를 철폐하라고 주장하는 데에는 정의 이외에 효율이라는 이유도 있다.

우리는 효율과 정의의 근거에서 토지사유제의 철폐를 요구하고 있으며, 이런 요구는 시정부의 평범한 규제보다 오히려 근거가 더 확실한데 무엇 때문에 주저하는가?

토지를 공동재산이라고 분명하게 인식하는 쪽에서조차 주저하는 이유는 오래 존속해 온 토지사유제를 철폐하면 이 제도가 계속될 것이라고 믿고 경제활동을 해온 사람들에게 손실을 준다는 생각, 즉 토지를 정당한 재산으로 인정해 왔기 때문에 토지에 대한 공동의 권리를 회복시킨다면 정당성에 의문이 없는 다른 재산을 지불하고 토지를 구입한 사람에게 불공평하다는 생각 때문인 듯하다. 따라서 이들은 토지사유제를 철폐하면 현재의 토지소유자에게 완전한 보상을 해주어야 한다고 생각한다. 영국 정부는 장교 임용 자격의 매매를 금지했을 때, 그 자격을 다시 팔 수 있다는 생각에서 매입한 사람들에게 보상해야 한다고 생각하였다. 또 영국령 서인도제도의 노예제도를 철폐할 때에도 이런 생각에서 노예 소유자에게 1억 달러를 보상해 준 적이 있다.

『사회 정학(社會 靜學, Social Statics)』에서 토지의 배타적 보유의 근거가 되고 있는 모든 권원이 정당하지 못하다는 점을 명백하게 밝힌 허버트 스펜서(Herbert Spencer, 1820~1903)마저도, "자신의 노력이나 그 조상의 노력에 의해 정직하게 벌어들인 부를 지불하고 부동산을 취득한" 현 지주의 요구를 정당하게 평가하고 해소시켜 주는 것이 "사회가 언젠가 해결해야 할 복잡한 문제 중의 하나"라고 지적했을 정도이다.

정부가 전국 토지의 개별 소유권을 시장가격으로 매수해야 한다고 하는 주장도 — 영국에 이런 주장을 하는 사람들이 있다 — 이런 생각에서 나온 것이다. 존 스튜어트 밀(John Stuart Mill, 1806~1873)은 토지사유제의 본질적 부당성을 분명히 인식하면서도 이런 생각에서 토지의 완전 환수가 아니라 미래에 추가로 발생하는 이익만을 환수하자고 주장했다. 영국의 모든 토지에 대해 시장가격을 공정하게 내지 후하게 평가를 하고 그 이후에 소유자의 개량에 의하지 않고 증가하는 가치를 국가가 환수해야 한다고 하였다.

이러한 번거로운 방안은 정부의 업무가 늘어나고 부패의 우려가 있는 등 실무적인 어려움이 있다. 그러나 무엇보다도 이 방안은 옳은 것과 옳지 않은 것 간의 근본적인 차이를 뒤섞어 접목시키려고 한다는 점에서 내재적이고 본질적인 결함이 있다. 토지소유자의 이익이 보존되면 일반 국민의 이익과 권리는 그만큼 무시되며, 토지소유자가 특권을 잃지 않으면 일반 국민은 얻는 것이 없게 된다. 개인의 재산권을 매수하는 방법은 현재 토지소유자가 토지 소유를 통해 얻고 있는 이익을 다른 형태로 주는 결과를 낳는다. 이것은 노동과 자본이 생산한 것 중 토지소유자가 현재 차지하는 지대만큼을 조세로 걷어 그들에게 주는 것과 같기 때문이다. 토지소유자의 부당한 이익은 그대로 유지되며 토지를 소유하지 않는 사람이 입는 부당한 불이익도 그대로 계속된다. 만일 현재와 같은 제도 하에서 토지소유자가 취득할 지대가 토지 매수가격에 대한 이자보다 더 높은 금액이 된다면, 국민 전체가 혜택을 볼수도 있다. 그러나 이러한 혜택은 미래에나 발생할 뿐이다. 그동안에는 일반 국민의 부담이 줄지 않을 뿐 아니라 현재의 토지소유자를 위한 노동과 자본의 부담은 오히려 더 늘어날 것이다. 토지의 현재 시장가격 중에는 미래의 가치 상승에 대한 기대라는 요소가 들어 있으며, 토지를 시장가격으로 매수하고 매수 비용에 이자를 지불하는 방식을 취하면 생산자는 현 사용가치로서의 지대뿐만 아니라 투기적 지대까지도 부담하기 때문이다. 달리 설명하면 이렇다. 미래에 가치가 상승할 것으로 예상되는 토지의 시장가격은 같은 수익을 내는 다른 상품 가격에 비해 높게 평가되기 때문에 토지 매수가격을 정할 때는 보통의 이자율보다 더 낮은 할인율이 적용되는 셈인 반면에 매수비용에 대해서는 보통의 이자율을 적용해서 상환해야 하기 때문이다. 따라서 토지소유자는 토지에서 현재 발생하는 소득을 기준으로 해서 보상을 받는 것이 아니라 이보다 더 큰 보상을 받게 된다. 실제로 정부는 토지소유자가 현재 받는 지대 수준에 비해 훨씬 높은 수준의 전세금을 미리 내고 토지를 영구적으로 임차하는 셈이다. 정부가 토지를 매수한 후 당분간은, 토지소유자의 대리인이 되어 지대를 거둔 다음, 그보다 더 많은 금액을 토지소유자에게 지불하는 꼴이 된다.

모든 토지의 현 시장가격을 확정한 후에 미래에 발생하는 "토지가치의 불로소득성 증가액"을 국유화하자는 밀의 방안은 부의 분배의 부정의성을 지금보다 악화시키지는 않지만 해소시켜 주지도 못한다. 이 방안을 실시하면 지대의 투기적 상승은 중단될 것이다. 또 일반 국민은 미래의 실제 지대 상승액과 현재의 시장가격에 — 이 가격에는 물론 미래의 예상 지대가 반영되어 있다 — 반영된 예상 지대 상승액 간의 차액만큼 앞으로 혜택을 보게 된다. 그러나 이 방안은 어느 한 계층이 다른 계층에 비해 현재 누리고 있는 엄청난 이익을 앞으로도 계속해서 방치하게 된다. 이 방안의 장점이라고 한다면 그저 아무 것도 안하는 것보다는 낫다는 정도이다.

이와 같이 비능률적이고 비현실적인 방안도 다른 효과적인 방안이 제시되지 않는 상황에서는 논의할 수 있으며 또 논의 그 자체에 희망이 없지도 않다. 희미하나마 진실의 일면이 그 속에 들어있기 때문이다. 해묵은 잘못에 대한 비판이 처음 시작될 무렵 정의의 여신은 비굴할 정도로 겸손하다. 영어 사용국에 속하는 우리는 아직도 색슨 시대의 노예의 질곡을 벗어나지 못하고 있으며, 고대 이집트 사람들이 악어를 숭상한 미신 같은 존경심을 가지고 지주의 '기득권'을 존중하도록 교육받았다. 그러나 관념은, 처음에는 대단치 않아 보이더라도, 때가 무르익으면 자라기 마련이다. 한때, 왕이 모자를 쓸 때 평민(Third Estate)은 머리를 가려야 했다. 그 얼마 후 성 루이(St. Louis)의 자손이라는 왕의 머리는 단두대에서 굴러 떨어졌다. 미국의 노예제도 철폐운동은 노예 소유자에 대한 보상에 관한 논의에서 시작되었다. 그러나 4백만 명의 노예가 해방되자 노예 소유자는 보상을 받지 못했고 보상을 대놓고 요구하지도 못했다. 영국이나 미국과 같은 나라의 국민이 토지의 사적 소유의 부정의성과 단점을 충분히 인식하여 토지의 국유화를 시도할 무렵이 되면, 토지의 매수보다는 더 직접적이고 용이한 방식으로 국유화하는 방안을 추구하게 될 것이다. 이때가 되면 토지소유자에게 보상하는 문제에 신경을 쓰지 않게 될 것이다.

또 토지소유자의 이익을 조금이라도 봐준다면 정당한 개혁이 될 수 없다. 존 스튜어트 밀이 미래의 지대 증가액만을 환수하자고 한 것으로 볼 때 그도 토지소유자에 대한 보상이 중요하다고 본 것으로 해석할 수 있겠는데, 이는 그가 임금은 자본으로부터 나온다든가, 인구는 생존물자에 압박을 가한다든가 하는 현재의 학설을 받아들였기 때문이라고밖에 설명할 수 없다. 밀은 이러한 원리에 사로잡혀 지대의 사적 귀속이 낳는 효과를 완전히 이해하지 못했던 것이다. 밀은 "토지보유자의 권리는 전적으로 국가의 일반 정책에 달려 있다"는 점을 알고 있었고, "토지사유제는 효율적이지 않으며 정의롭지도 않다"고 하였다.[4] 그럼에도 맬서스 학설에 현혹되어, 같은 문단에서, 자기 주변에 보이는 결핍과 고통은 "인간적 부정의가 아니라 자연의 인색함"에 기인한다고 분명히 기술하였다. 그러므로 밀은 토지의 국유화는 비교적 사소한 일이고 빈곤의 근절과 궁핍의 추방이라는 목표에 별 다른 기여를 할 수 없을 것이라고 생각하였으며, 이런 목표는 자연적 본능을 억제할 수 있는 사람이 아니면 달성할 수 없다고 보았다. 밀은 위대하고 순수하며 더운 가슴과 고결한 심성을 가진 인물이지만 경제 법칙의 진정한 조화를 보지 못했고, 궁핍과 비참, 죄악과 수치의 근원이 되는 이 본질적인 잘못을 이해하지 못했다. 그렇지 않다면 그가 다음과 같은 구절을 썼을 리가 없다. "아일랜드의 토지 및 모든 나라의 토지는 그 나라 국민의 것이다. 도덕과 정의에 의하면, 토지소유자라는 개인은 지대 또는 시장가격에 대한 보상액 이외에는 아무 권리도 갖지 못한다."

참으로 답답한지고! 어느 나라의 토지가 그 국민의 것이라면 토지소유자라는 개인이 지대에 관한 권리를 갖는 것이 어째서 도덕적이고 정의롭다는 말인가? 토지가 국민의 것이라면 왜 국민이 도덕과 정의의 이름으로 자기 물건의 시장가격을 남에게 지불해야 한다는 말인가?

허버트 스펜서는 말했다.[5] "인류의 공동 유산을 처음 도둑질한 자

---

4) 『정치경제학 원리(*Principles of Political Economy*)』, 제1권 제2장 제6절.
5) 『사회 정학(*Social Statics*)』, 142면.
　　[이번에 발간한 『진보와 빈곤』의 신판(1897)에서 밝혀둘 것이 있다. 허버트 스펜서의 『사회 정학』에 대한 우리 책의 언급은 뉴욕의 애플턴 사(D.Appleton & Co.)가 1864년부터 1892년 사이에 발간한 판에서 저자의 승낙을 받아 이루어

를 처리해야 할 경우라면 단숨에 해 치우게 될 것이다." 그렇다면 단숨에 해 치우자. 토지의 절도는 말(馬)이나 돈의 절도와는 달리 행위 그 자체로 끝나는 것이 아니기 때문이다. 이것은 매일 매시 계속되는 반복적인 절도에 해당된다. 지대는 과거의 생산물에서 나오는 것이 아니라 현재의 생산물에서 나온다. 지대는 지속적으로 노동에 부과되는 부담이다. 해머를 칠 때마다 곡괭이를 휘두를 때마다 직기가 움직일 때마다 증기기관이 고동칠 때마다 지대에 공물을 바친다. 지대는 깊은 지하에서 생명을 걸고 일하는 사람에게도, 배를 타고 세찬 파도를 무릅쓰며 일하는 사람에게도 부과된다. 이런 절도는 자본가의 정당한 보수와 발명가의 인내 어린 노력의 열매를 가져간다. 어린이에게서 놀이와 학교를 빼앗으며, 뼈가 단단해지고 근육이 튼튼해지기도 전에 어린이를 일터로 몰아낸다. 추위에 떠는 사람에게서 온기를, 배고픈 사람에게서 음식을, 병자에게서 약품을, 불안한 사람에게서 평온을 빼앗는다. 사람을 타락시키고 포악하게 하며 비참하게 만든다. 열 식구가 지저분한 단칸방에서 살도록 한다. 농촌의 소년 소녀들을 돼지처럼 자라게 한다. 가정에서 위안을 찾을 수 없는 사람들로 술집이 붐비도록 한다. 유망한 젊은이를 감옥이나 보호감호소에 갈 후보자로 만든다. 순수한 모성을 누려야 할 소녀들로 매음굴을 채운다. 매서운 겨울이 이리를

진 것이다. 당시는 『사회 정학』이 부정되고 대신 신판이 『사회 정학, 축약개정판』이라는 제목으로 이미 나왔었다. 『사회 정학』 구판에서 토지사유제를 부정하였던 모든 내용이 신판에서는 삭제되었으므로 우리 책에 언급된 내용은 물론 신판에 존재하지 않는다. 영국의 단일세 지지자들이 스펜서가 『사회 정학』 구판에서 제기했던 의문에 대해 끈질기게 질문 공세를 편 결과 스펜서는 『토지문제에 대한 스펜서의 입장(*Mr. Herbert Spencer on the Land Question*)』이라는 작은 책자를 발간하였다. 이 책자에는 『사회 정학』 구판의 제9장이 나란히 실려 있다. 스펜서는 1891년에 발간한 책 『정의(*Justice*)』에 나와 있듯이, 이 책자로 충분한 대답이 되었다고 생각하였다. 이 책자도 애플턴 사가 발간하였는데, 내가 보기로는 철학자를 자처하는 사람이 자문자답한 것 중 가장 웃기는 내용이다.]

마을로 내몰듯이 탐욕과 죄악을 사회에 퍼뜨린다. 인간의 영혼에 대한 믿음을 흐리게 하며, 힘들고 어둡고 잔인한 운명이라는 베일로 정의롭고 자비로운 창조주의 영상을 가린다.

이는 과거에 발생했던 절도일 뿐만 아니라 현재도 진행되는 절도이며, 이 세상에 태어나는 어린이에게서 천부적인 권리를 빼앗는 행위이다. 왜 우리는 이러한 제도를 단숨에 해치우지 않고 머뭇거리려야 하는가? 어제, 그제, 엊그제 도둑맞았다고 해서 이것이 오늘 그리고 내일 도둑맞아도 좋다는 이유가 될 수 있는가? 이러한 도둑은 도둑질할 기득권을 가지고 있다고 결론지을 이유가 있는가?

토지가 국민의 것이라면 무슨 이유로 토지소유자가 지대를 취득하도록 계속 허용하거나 지대의 손실에 대해 어떤 방식으로든 보상해 주려고 하는가? 지대가 무엇인가를 생각해 보라. 지대는 토지에서 자연히 생기는 것도 아니고 토지소유자의 행위에 의해 생기는 것도 아니다. 지대는 사회 전체에 의해 창출된 가치를 대표한다. 사회에 다른 사람이 없다면 토지소유자로 하여금 토지 보유로 인해 생기는 모든 것을 갖게 해도 좋다. 그러나 사회 전체가 창출한 지대는 반드시 사회 전체의 것이 되어야 한다.

사람의 권리 관계를 판단하는 보통법(common law)의 원리에 의해 토지 소유의 정당성 여부를 판단하는 소송을 가정해 보자. 보통법은 이성의 극치라고들 하며, 또 보통법은 토지소유자에 의해 그리고 토지소유자를 위해 형성된 것이므로 그 결정에 대해 그들이 불평할 수 없을 것이다. 어느 선의(善意)의 토지소유자가 돈을 지불하고 토지를 매입했지만 이 토지가 다른 사람이 정당하게 소유하는 토지라는 판결이 난다면 법은 이 선의의 토지소유자에게 무엇을 허용하는가? 아무 것도 허용하지 않는다. 선의로 매입했다고 해도 아무런 권리가 없다. 법은 선의의 매입자와 관련해서 "보상이라는 복잡한 문제"에 신경 쓰지 않는다. 존 스튜어트 밀은 "토지는 갑의 것이다. 그러므로 자기가 소유자라고 생각했던 을은 지대 또는 매매가격에 대한 보상액 이외에는 아무권리가 없다"고 했지만 법은 이와 다르다. 노예 탈출 사건을 다룬 유명한 재판에서 미국 법원이 법은 북부에 주고 검둥이는 남부에 주었다는 말이 있는데 밀의 논리는 이것과 다름없다. 법은 단순히 "토지는 갑의 것이다. 집행관은 토지를 갑에게 돌려주라!"고 판결한다. 법은 부당한 권원을 가졌던 선의의 매입자에게 아무런 권리도 주지 않으며 아무런 보상도 허용하지 않는다. 뿐만 아니라 그가 선의로 토지를 개량했다고 하더라도 법은 개량물마저 박탈한다. 토지를 매입할 때 고액을 지불하고 권리에 하자가 있는지 모든 확인을 다 했다고 하자. 또 여러 해 동안 아무도 이의를 제기하지 않고 평온하게 점유하였다고 하자. 또 애써서 토질을 높이거나, 토지보다 더 값나가는 비싼 건물을 세우거나, 무화과나무를 심고 갖가지 넝쿨도 다듬어 여생을 보낼 수 있는 아담한 가정을 꾸몄다고 하자. 그렇더라도 어느 변호사가 토지 계약의 어떤 기술적인 하자를 찾아낸다든지, 자기에게 상속권이 있으리라고는 꿈에도 생각하지 않던 어떤 상속인을 찾아내는 경우에는 토지는 물론 토지 개량물까지도 모두 넘겨주어야 한다. 그뿐이 아니다. 보통법에 의하면 토지를 넘겨주고 토지개량물을 포기한 뒤에도 토지를 보유하는 동안 토지에서 얻은 이익이 있는지를 밝히기 위해 소환될 수도 있다.

일반 국민이 원고가 되고 토지소유자가 피고가 되는 소송이 있다고 해 보자. 이 사건에 정의의 원리를 — 지주 계층이 법으로 구체화시켰고 또 영국과 미국에서 당사자 간의 분쟁을 해결하기 위해 매일 적용되고 있는 원리를 — 적용한다면, 토지소유자에게 토지 보상을 해 주지 않는 정도가 아니라 토지개량물 기타 모든 것을 원고에게 넘겨주라는 판결이 나올 것이다.

그러나 나는 이렇게까지 요구하지는 않으며 아마 다른 사람도 이렇게까지 요구하지는 않을 것으로 본다. 일반 국민은 지대에 대한 소유권을 되찾는 것으로 족하다. 토지개량물과 동산(動産)은 토지소유자가 안전하게 소유하도록 해주자.

어떤 계층도 이와 같은 정의의 조치로 인해 압박받지 않으며 손해를 보지 않을 것이다. 현재와 같은 부의 불평등한 분배, 그리고 이로 인한 고통과 타락과 낭비가 사라질 것이다. 토지소유자도 이러한 일반적 혜택을 같이 누릴 수 있다. 대토지 소유자가 얻는 이익도 상당한 것이 되며 소토지 소유자의 이익은 엄청난 것이 된다. 정의를 받아들이면 사랑의 손길도 받아들이게 되기 때문이다. 정의의 행렬 속에는 평화와 풍요가 따라오며 그 혜택이 일부에게만이 아니라 모든 사람에게 베풀어진다.

이것이 진실이라는 점에 대해서 앞으로 검토하게 된다.

이 장에서는 정의와 효율이 별개인 것처럼 설명하기도 했지만 이는 어디까지나 그런 식으로 이야기하는 반대자들의 취향에 맞춘 것이다. 최고·최선의 효율은 정의 속에 있다.

제 4 장
토지사유제의 역사적 고찰

　토지사유제의 본질적 부정의성에 대한 인식을 가로막고 토지사유제 철폐 주장에 대한 편견 없는 판단을 방해하는 가장 큰 이유는, 오래된 것은 자연스럽고 필요한 것이라고 보는 사고 습관이다.

　우리는 토지를 사유재산으로 취급하는 데 익숙해져 있고, 이 제도는 우리의 법률, 태도, 관습에 깊이 뿌리박고 있기 때문에, 대다수의 사람들은 여기에 의문을 품지 않으며 토지 사용을 위해 필요하다고까지 생각한다. 사람들은 토지를 사적으로 소유하지 않고도 사회가 존재할 수 있다고는 생각조차 하지 못한다. 토지를 경작하고 개량하는 첫 단계는 특정 소유자를 지정하는 것이고, 개인의 땅은 완전하고 정당하게 그 사람의 것으로서 집이나 가축이나 상품이나 가구처럼 팔고 임대하고 증여하고 상속할 수 있다고 생각한다. '사유재산의 신성함'이 늘 효과적으로, 특히 볼테르(François Voltaire, 1694~1778)가 표현했듯이 '고대의 야만성을 보존하는 자'인 법률가에 의해 강조됨으로써, 대부분의 사람들은 토지의 사적 소유를 문명의 기초라고 간주하며, 토지를 공동재산으로 되돌리자는 주장에 대해서는 터무니없는 공상이고 과거에 실시된 적도 없고 또 실시될 수도 없는 것일 뿐만 아니라 사회를 근저에서부터 뒤집어 야만시대로 회귀하려는 주장이라고 생각한다.

설혹 토지가 항상 사유재산으로 취급되어 왔다고 하더라도 그것으로 토지사유제를 계속할 정당성이나 필요성이 입증되는 것은 아니다. 마치 노예제도가 널리 존재해 왔고 한때는 완전히 공인되기도 했지만 그 사실이 인간의 육신을 재산으로 삼는 제도의 정당성과 필요성을 입증하지 못하는 것과 같다.

얼마 전까지만 해도 군주제는 보편적인 제도라고 생각되었고 왕은 물론이고 국민의 과반수도 왕이 없으면 나라가 되지 않는다고 생각했다. 그러나 미국은 말할 것도 없고 프랑스도 왕 없이 잘 지내고 있다. 영국 여왕 겸 인도 여황도 배의 진로 결정에 관해 배 앞머리의 나무 장식이 하는 정도의 상징적 역할을 수행할 뿐이다. 유럽의 다른 군주도 비유하자면 니트로글리셀린[다이너마이트의 원료 — 역자] 통 위에 앉아 있는 것이나 다름없다.

백여 년 전 버틀러(Joseph Butler, 1692~1752) 주교는 유명한 저서 『종교의 비유(*The Analogy of Religion*)』에서 "종교의 뒷받침이 없는 시민 정부는 유례가 없는 기이한 발상"이라고 하였다. 유례가 없다는 점에서는 이 말이 옳다. 당시에는 어떤 식으로건 종교와 연결되지 않는 정부는 없었고 또 그 전에도 없었을 것이다. 그러나 그 후 한 세기 동안 미국에서 국교가 없는 시민 정부가 존재할 수 있다는 점이 증명되었다.

과거에 토지가 언제 어디서나 사유재산으로 취급되었음이 사실이라고 해도, 앞으로도 언제나 그렇게 취급해야 하는 것은 아닐 뿐더러, 실은 그것이 사실도 아니다. 오히려 어디에서나 기본적으로 인정되었던 것은 토지에 대한 공동의 권리였으며 토지를 부당하게 탈취한 곳이 아니면 토지사유제가 성장하지 않았다. 인류가 갖고 있는 기본적·지속적 개념은 모든 인간은 토지에 대해 평등한 권리를 가진다는 것이다. 토지사유제가 사회에 필요하다는 생각은 현재와 같은 모습의 사회밖에 모르는 데서 나왔다. 이는 비교적 근래에 나온 생각이고 왕권이 신성하다는 생각처럼 인위적이고, 근거가 없다.

여행자의 기록을 보거나 사람들이 망각한 기록을 재구성하는 최근의 비판적 역사가의 연구를 보거나 헨리 메인(Henry Maine, 1822~1888), 에밀 드 라블레이(Emile de Laveleye, 1822~1892), 본(Bonn)의 어윈 나세(Erwin Nasse, 1829~1890) 교수 등이 제도의 변천에 대해 연구한 결과를 보면 인간 사회의 형성기에는 토지 사용에 대한 공동의 권리가 인정되었고, 무제한적인 개인 소유가 자유롭게 채택된 곳은 없었음이 입증된다. 역사적으로나 윤리적으로나 토지사유제는 강탈에 의해 생겼다. 토지사유제가 계약에 의해 생긴 경우는 없고 정의와 효율을 고려하여 생긴 경우도 없다. 어느 곳에서나 전쟁과 정복 또는 교활한 자들이 미신과 법률이라는 수단을 이기적으로 사용함으로써 생겼다.

아시아, 유럽, 아프리카, 아메리카, 폴리네시아 등 어느 사회든 초기의 역사를 추적해 보면 토지는 공동재산으로 취급되었으며 — 인간의 삶이 토지와 맺는 불가피한 관계로 인해 그렇게 될 수밖에 없다 — 모든 사람의 권리는 평등하였음을 알게 된다. 즉, 사회의 모든 구성원은 그 사회의 토지를 사용하고 향유할 수 있는 평등한 권리를 갖고 있었다. 토지에 대한 공동의 권리를 인정했다고 해서 노동의 결과에 대한 개별적·배타적 권리가 부정되지는 않았다. 또 농업이 발달함에 따라 경작에 투입된 노동의 결과에 대한 배타적 향유를 보장하기 위해 토지의 배타적 점유가 필요하게 된 단계에 와서도 그 공동의 권리는 그대로 유지되었다. 가족, 가족 연합, 개인과 같은 생산단위별 토지 분할은 그 목적에 맞는 정도로만 이루어졌다. 초지나 숲은 공동 토지로 유지되었고, 농지에 관해서는 게르만 족에서처럼 주기적으로 재분배하거나 모세의 율법처럼 양도를 금지하는 방식으로 평등성이 보장되었다.

이러한 초기 제도는 정도 차이는 있지만 여러 군데 남아 있다. 인도, 러시아, 그 밖에 터키의 지배하에 있거나 최근까지 있었던 슬라브 국가에도 남아 있다. 스위스 산간 지역의 주에도 남아 있다. 아프리카 북부의 카바일 족(Kabyle)이나 남부의 카피르 족(Kaffir)에도 남아 있다. 자바의 토착민과 뉴질랜드의 원주민에도 남아 있다. 즉, 원시적인 사회조직의 형태가 외부의 영향으로부터 온존된 지역에는 모두 남아 있다. 토지공유제가 모든 곳에서 존재해 왔다는 사실은 근년에 이르러 많은 독자적인 연구자 내지 관찰자에 의해 충분히 입증되었으며, 그 결과는 내가 아는 한 콥든 클럽(Cobden Club)이 발행한 『각국의 토지제도(*System of Land Tenure in Various Countries*)』와 드 라블레이가 지은 『원시 재산권(*Primitive Property*)』에 제일 잘 요약되어 있다. 자세한 진실을 알려고 하는 독자께 권해 드린다.

드 라블레이는 세계 각지를 조사하여 이렇게 결론을 내렸다. "모든 원시사회에서 토지는 부족의 공동재산이었고, 주기적으로 여러 가족 간에 배분되었으며, 누구나 자연의 혜택을 입어 노동으로 먹고 살았다. 그러므로 각자 얼마나 편한 생활을 하느냐는 자신의 힘과 머리에 비례하였다. 어느 누구도 생존 수단이 박탈되지 않았고, 대를 거듭하면서 불평등이 누적되는 경우도 없었다."

드 라블레이의 이러한 결론이 옳고 또 이 점에 대해 의심이 없다면, 도대체 어떻게 해서 토지가 사유제로 전락하는 현상이 일반화되었는지 묻지 않을 수 없다.

토지 사용에 관한 권리가 초기에는 이처럼 평등했다가 후에 배타적이고 불평등하게 바뀌었는데, 어느 곳에서든 그 원인을 불분명하게나마 추적해 볼 수 있을 것이다. 평등한 인간적 권리가 부인되고 특권층이 형성된 원인은 어디에서나 같다.

그 원인은 다음과 같이 요약할 수 있다.

첫째, 소수 권력자 내지 군부로의 권력 집중. 이들은 전쟁을 통해 권력을 획득하고 공동의 토지를 독점할 수 있었다.

둘째, 정복의 결과. 피정복민은 농노 상태로 전락하였고 토지는 정복자들끼리 — 권력자는 특히 더 많이 — 나누어 가졌다.

셋째, 성직자 계층 및 전문 법률가 계층의 형성과 영향력. 이들은 토지에 대한 공동의 권리 대신 배타적 권리를 확립함으로써 이익을 취했다.[6] 한번 불평등이 형성되면 인력의 법칙에 의해 더 큰 불평등으로 나아가게 마련이다.

그리스와 로마에 내부 갈등이 일어난 원인은 토지에 대한 평등권이라는 이념과 토지를 개인 소유로 독점하려는 경향 간의 투쟁이라고 할 수 있다. 스파르타의 리쿠르고스(Lycurgus, 기원 전 9세기 경)와 아테네의 솔론(Solon, 기원 전 638?~588?)이 그리스에 확립했던 제도와 리시니우스 법(Licinian Law)으로 로마에 실시되었던 제도가 독점적 경향을 억제한 덕에 두 나라가 힘과 영화를 누릴 수 있었으나, 종국에는 독점적 경향이 승리함으로써 두 나라가 멸망하였다. 대토지 소유로 그리스가 멸망하였고, 후에는 "라티푼디움이 이탈리아를 멸망시켰다 (Latifundia perdidere Italiam. - Pliny)." 여러 위대한 법률가와 정치가의 경고에도 불구하고 토지가 소수의 소유로 넘겨지고 말았으며, 이로 인해 인구가 줄고, 예술이 침체되고, 지식도 고갈되어 마침내 인류 문화의 찬란한 발전을 이룩하였던 민족이 사람들의 웃음거리로 전락하고 말았다.

현대 문명국이 로마법을 본받아 채택하고 있는 토지의 절대적 개별 소유권은 로마시대에 완전한 발달을 보았다. 후일 세계를 지배한

---

6) 유럽에서는 대륙이건 영국이건 고대 토지제도의 자취를 파괴하고 배타적 소유라는 로마법적 개념을 도입하는 데 법률가들이 큰 역할을 하였다.

로마의 형성 초기에는, 각 시민은 양도할 수 없는 소규모의 자기 토지를 가지고 있었다. "공공의 권리에 속하는 전답(cornland of public rights)"인 그 밖의 토지는 공동으로 사용하였으며, 게르만의 마르크(Teutonic mark) 제도나 스위스의 알멘트(allmend) 제도에도 나타나듯이 법이나 관습을 통해 평등이 보장되었다. 공동토지는 정복에 의해 확대되었으나 귀족 가문들이 큰 규모의 사유지로 전환하고 말았다. 때때로 법적인 제한을 받기도 했고 여러 차례 분할되기도 했지만, 대(大)는 소(小)를 흡수한다는 힘의 논리에 따라 대토지는 결국 소규모 토지소유자를 모두 몰아내고 말았다. 소규모 토지는 엄청난 부자들의 라티푼디움에 병합되고, 그 소유자들은 노예가 되거나 지대를 내는 소작인(rent-paying coloni)이 되기도 했고, 어쩔 수 없이 최근에 정복한 변방에 가서 정복군에게 나누어 주는 토지를 얻기도 했으며, 더러는 도시로 가서 투표권 외에는 아무 팔 것이 없는 무산계급이 되기도 했다.

이러한 변화가 낳은 불가피한 정치적 결과가 로마의 황제제도였는데, 이 제도는 곧이어 동양식의 견제 없는 전제정치로 변했다. 로마 제국은 전 세계를 장악했던 경우에도 실제로는 껍데기에 불과하였다. 로마는 변방의 건전한 제도에 의해 겨우 몰락을 면하고 있었다. 변방에서는 현지 정착 군인이 토지를 분배받기도 했고, 이전의 토지 사용 방식이 오래 계속 되기도 했다. 그러나 라티푼디움은 이탈리아의 활력을 삼켜버린 후 계속 그 영역을 넓혀 갔으며 결국 시실리, 아프리카, 스페인, 갈리아마저도 거대 토지로 분할되어 노예와 소작인이 경작을 담당하게 되었다. 이에 따라 개인의 독립이 보장되는 사회의 건실성이 사라져 버렸다. 각처에서 소모적 농업이 영위됨으로써 토질은 떨어지고 사람 대신 짐승이 번성하고 마침내 평등 속에서 힘을 기른 야만족의 침입을 받았다. 이로써 로마는 멸망하고 한때 그토록 자랑스러웠던 문명은 폐허로 변하고 말았다.

로마의 멸망이라는 놀라운 일은 로마가 영화를 누리던 시절에는 불가능하다고 생각되었다. 오늘날 코만치 족(Comanche)이나 플랫헤드 족(Flathead)이 미국 땅을 정복하거나 라플란드 족(Laplander)이 유럽을 멸망시키는 것과 같이 불가능한 일로 생각되었다. 로마 멸망의 근본 원인은 토지제도에서 찾을 수 있다. 로마는 토지에 대한 공동의 권리를 부정하였기 때문에 쇠퇴한 반면, 정복 민족은 평등을 통해 힘을 가졌다.

드 라블레이는 이렇게 기술하였다(『원시 재산권』, 116면). "게르만 족의 마을에는 핵심적인 권리로서 자유가 보장되었고, 그 결과 부족 내 모든 가족의 가장이 공동토지를 사용할 수 있는 평등한 권리를 공유하고 있었다. 절대적 평등이 보장된 이런 체제는 각 개인에게 뚜렷한 영향을 미쳤으며, 소수의 야만족이 어떻게 뛰어난 행정, 완벽한 통치, 글로 된 이성이라고 불리는 시민법을 갖춘 로마 제국을 정복할 수 있었는지를 설명해 준다."

또 한편에서 로마 제국의 심장이 잠식되고 있었다. 실리(John R. Seeley, 1834~1895) 교수는 "로마는 사람 농사를 잘못 지은 탓으로 멸망하였다"고 하였다.

기조(François P. G. Guizot. 1787~1874)는 유럽 문명사, 특히 프랑스 문명사 강의에서 로마 제국의 멸망 이후에 유럽에 나타난 혼란을 생생하게 묘사한 바 있다. 혼란은 "모든 것을 가슴에 끌어안았고", 거기서부터 근대 사회의 구조가 서서히 형성되었다. 이는 몇 줄로 줄여서 표현할 수 없는 장면이지만, 세련되지는 않아도 활기에 넘치는 생활이 로마식의 사회에 밀어닥친 결과 게르만식 구조와 로마식 구조가 해체되고 토지에 대한 공동권 개념과 배타적 재산권 개념이 섞여서 동로마 제국의 상당한 지역에 나타났다고 말할 수 있다. 동로마 제국은 나중에 터키에 의해 멸망되었다. 그 후 봉건제도가 바로 성립되어 널리 보급되었는데, 이는 두 제도가 혼합된 결과였다. 그러나 봉건제도의 밑바닥에, 또는 봉건제도와 병행하여, 경작자의 공동 권리에 기반을 둔 원시 체제가 뿌리를 내리거나 재생되었으며, 유럽 전역에 그 자취를 남겼다. 원시 체제란 경작지를 평등하게 분배하고, 비경작지를 공동으로 사용하는 방식으로서 고대 이탈리아와 색슨 시대의 영국에 존재하였으며, 절대왕정 하에서 농노제도를 실시하는 러시아에서도, 회교도의 압박을 받아온 세르비아에서도 잔존하고 있다. 인도에서는 여러 차례의 정복과 수 세기의 압제를 거치면서 사라지기는 했지만 완전히 파괴되지는 않았다.

봉건제도는 유럽에 고유한 제도라기보다 평등성과 개인성을 강하게 보존하고 있는 민족이 정착된 국가를 정복했을 때 자연스럽게 나타날 수 있는 제도라고 볼 수 있다. 이 제도에서는, 적어도 이론상으로는, 토지가 개인이 아니라 사회 전체에 속한다. 권리가 힘에 의해 가장 잘 보호되었던 — 권리의 개념은 인간의 마음에서 지워버릴 수 없으며, 해적이나 도적떼 사이에도 어떤 형태로건 자리를 잡고 있다 — 시대의 결과라고 할 수 있는 봉건제도는 어느 누구에게도 통제되지 않는 배타적인 토지권을 인정하지 않았다. 봉토는 본질적으로 신탁이었고 봉토의 향유는 의무와 연계되어 있었다. 군주는 이론상 모든 국민의 집합적 권력을 대표하였으며, 봉건적 관점에서는 유일한 절대적 토지소유자였다. 개인에게 토지 보유가 허용되었지만 보유에는 의무가 부수하였고, 그 수입을 얻는 자는 공동의 권리를 할애받아 생기는 혜택에 상응하는 대가를 치르도록 되어 있었다.

봉건제도 하에서 군주의 토지로부터는 오늘날 국민 일반이 부담하는 공공경비를 조달하였고, 교회의 토지로부터는 신도의 예배와 교화에 드는 비용, 병약자를 돌보는 비용, 성직자처럼 사회적 선을 위해 일생을 바치는 계층을 지원하는 비용 등을 조달하였다. 한편, 군대 토지로부터는 국방 비용을 조달하였다. 군대 토지를 경작하는 자는 유사 시에 전쟁에 필요한 인력과 물자를 제공할 의무, 왕의 장남이 기사의 작위를 받거나 공주가 결혼을 하거나 군주가 포로가 될 때 지원할 의무가 있었다. 이것으로 볼 때, 토지가 개인의 재산이 아니라 공동의 재산이라는 사실에 ─ 모든 사람의 자연스러운 인식과 합치하는 명백한 사실에 ─ 대한 인식이, 정교하게 제도화된 것은 아니더라도, 분명히 존재하였음을 알 수 있다.

또 토지 점유자의 권리가 사망 후에까지 연장되는 경우도 없었다. 권력이 집중된 사회가 늘 그렇듯이, 점유자를 새로 선정하던 방식은 얼마 안 가서 상속 방식으로 바뀌었다. 그러나 봉건법상 봉토를 대표하는 사람은 토지와 연계하여 누리는 혜택에 상응하는 의무를 가지고 있었으며, 이런 사람을 선정할 때도 개인의 자의에 의하는 것이 아니고 선정 원칙이 사전에 엄격하게 정해져 있었다. 그 밖에 후견제도 기타 법적인 관계도 이와 같았다. 장자상속제(長子相續制, primogeniture)나 그로부터 생겨난 한사상속제(限嗣相續制, entail)도 나중에는 불합리하게 되고 말았지만 제도의 시작 무렵에는 그렇지 않았다.

봉건제의 기초는 토지의 절대적 소유권이었는데, 이것은 로마를 정복한 야만족이 피정복민의 제도를 받아들인 것이다. 그러나 봉건제는 절대소유권을 능가하는 상위 권리를 설정하였으며, 봉건제 확립 과정에서 개별 소유권이 사회 내지 국가를 대표하는 상위 소유권에 예속되도록 하였다. 봉건제의 단위는 토지소유자였는데, 이들은 소유권을 통해 자신의 토지에서 절대적 지주가 되었으나 동시에 그 토지를 보호하는 임무도 부담하였다. 여기에 대해서는 텐느(Hippolyte Taine, 1828~1893)가 『구제도(Ancient Régime)』의 첫 머리에서, 약간의 과장은 있으나, 생생하게 묘사한 바 있다. 봉건제는 토지소유자라는 단위를 국가로 묶고, 개별 지주들의 힘과 권리를 영주나 왕이 대표하는 집합적 사회의 힘과 권리에 복속시켰다.

이렇게 하여 봉건제가 성립·발전하는 과정에서 토지에 대한 공동권 개념이 승리하였다. 토지의 절대적 소유제도는 조건적 소유제도로 변모되었고, 봉신은 지대 수취권을 갖는 대신 일정한 의무도 부담하였다. 이 시기에 토지소유자의 힘은 아래로부터도 줄어들었다. 토지 경작자의 소작 조건이 지주가 임의적으로 정할 수 있는 방식에서부터 점차로 관습에 의해 확립되는 쪽으로 변해갔으며, 지주가 농민에게서 징수할 수 있는 지대도 정액으로 고정되어갔다.

봉건제도 속에서 토지 경작자의 집단이 형성되었고, 이들은 일정한 봉납의 의무를 지는 한편 토지를 공동재산으로서 경작하였다. 그리고 지주의 세력이 강했을 때에는 지주가 상당한 부담을 요구하기도 했지만 기본적으로 공동권의 관념이 강해서 이 관념이 관습적으로 많은 지역에서 실현되고 있었다. 봉건시대에는 유럽 국가 토지의 상당 부분이 공동토지였다. 드 라블레이에 의하면, 프랑스의 공동토지는 — 귀족층이 이런 토지를 전유했다가 때때로 왕의 칙령에 의해 견제되고 취소되는 사례가 프랑스 대혁명 전 수 세기 동안 계속되었고 대혁명 당시와 제1제국 시대에 대규모 토지 분배 내지 불하가 이루어졌지만 — 4백만 헥타르(9,884,400에이커)에 달했다. 봉건시대 영국의 공동토지의 규모는 다음과 같은 통계에서 추측할 수 있다. 토지귀족 계층이 헨리 7세(Henry Ⅶ, 1457~1509, 재위 1485~1509) 치하에 공유지를 울타리로 둘러쳐서 사유지로 만드는 운동, 즉 종획(縱劃: enclosure)을 시작하였으며, 1710년에서 1843년 사이에 제정된 법률에 의해 종획된 공동토지만 해도 최소한 7,660,413에이커에 이르고, 그 중 600,000에이커는 1845년 이후에 종획되었다. 그렇게 하고도 현재 2,000,000에이커의 공동토지가 — 물론 별로 쓸모없는 토지이지만 — 남아있는 것으로 추정된다.

이러한 공동토지 외에도 프랑스에서는 대혁명 전까지, 스페인 일부 지방에선 최근까지, 법적인 효력을 가진 관습이 남아 있었다. 농경지는 추수가 끝나면 다음 해 농사가 시작되기 전까지 공동토지가 되어 방목도 하고 지나다닐 수도 있는 관습이다. 또 어떤 곳에서는 지주가 경작하지 않는 토지라면 누구든지 안전하게 파종하고 수확할 권리를 갖는 관습도 있다. 그리고 첫 해 농사에서 거름을 주면 이듬 해 새로 토지를 임차하지 않더라도 농사를 지을 수 있는 권리를 취득하였다.

이러한 사례는 스위스의 알멘트(allmend), 디트마쉬(Ditmarsh) 지방의 마르크(mark), 세르비아와 러시아의 마을 공동체(village community)를 비롯하여 많이 있다. 현재는 배타적인 사유재산이 되어 있는 영국의 넓은 전답도 과거에는 삼륜작(三輪作)을 하고 매년 마을 사람들에게 공평하게 경지를 배정하였던 적이 있었다. 학자들이 근년에 옛 기록에서 신중하게 밝혀낸 문서상의 증거가 있다. 뿐만 아니라 현대 문명 발달의 바탕이 되는 제도에도 토지 사용에 대한 공동의 권리를 보편적으로 또 장기간 인정하였다는 증거가 있다.

우리의 법률제도 속에는 이제는 의미를 상실한 과거의 흔적이 있는데, 영국의 옛 공동토지의 흔적도 그 예가 된다. 모하메드 법에도 있었던 토지 수용(收用)의 원칙은 이론상 국가의 주권자를 토지의 유일한 절대 소유자로 보는 원칙으로서, 군주가 국민의 집합적인 권리의 대표라고 인정하는 데에서 나온다. 장자상속제와 한사상속제는 지금도 영국에 남아 있고, 미국에서는 일부 주에 백 년 전까지 남아 있었는데, 이 역시 왜곡된 형태이기는 하지만 토지를 공동재산으로 보던 관념에서 비롯된 것이다. 또 재산을 부동산(real property)과 동산(personal property)으로 나누는 법률용어도 원래 공동재산과 개인의 고유한 재산을 구분하던 과거 제도의 자취라고 할 수 있다. 토지소유권 이전에 수반하는 특별한 주의(注意) 또는 의식(儀式)도, 현재는 무의미하고 별 소용이 없지만, 토지 권리가 특정 개인의 것이 아니고 가족 또는 부족 전체의 것이었던 시대에 권리 이전에 대해 전체 주민이 어떤 의식을 통해 동의하였던 제도의 흔적이다.

봉건시대 이후 근대문명은 토지의 공동소유라는 자연적이고 근본적인 관념을 뒤집는 방향으로 전개되었다. 역설적이지만, 봉건적 굴레로부터의 해방과 더불어 생긴 새로운 토지소유제도에 의해 노동계층이 예속되는 경향이 발생하였다. 이 제도가 문명세계 전체를 쇠로 만든 멍에처럼 얽어매고 있음을 점점 분명하게 감지할 수 있다. 정치적인 힘이나 개인적 자유의 신장에 의해서는 이 멍에를 벗어날 수 없다. 정치경제학자들은 이 멍에를 자연법칙의 압력이라고 오해하고 있고, 노동자층은 이를 자본의 압박이라고 오해하고 있다.

전체적으로 볼 때 토지에 대한 영국 국민의 권리는 봉건시대보다 분명히 못해졌다. 토지소유자의 비율은 줄고 소유권은 더 절대적인 성격을 갖게 되었다. 한때는 하층민에게 독립성을 부여해 주었던 방대한 면적의 공동토지는 별 가치 없는 땅에서나 겨우 흔적으로 남아 있을 뿐이고 대부분의 토지는 사유화되고 말았다. 본질적으로 공공목적을 위한 공동재산이라고 할 수 있었던 교회 토지도 개인의 소유로 바뀌고 말았다. 군대 토지에서 나오던 수입도 없어지고, 군대를 유지하는 비용과 전쟁에 의해 생긴 거대한 부채에 대한 이자는 국민 전체의 부담이 되어 생활필수품 내지 편리품에 대한 조세로 충당되고 있다. 군주의 토지도 대부분 사유지로 바뀌었다. 왕실과 그 인척을 유지하기 위해서 영국 노동자는 맥주 한 잔, 담배 한 대에도 세금을 문다. 한때 크레시(Crécy), 푸아티에(Poitiers), 아쟁쿠르(Agincourt) 지역을 전취한 용맹한 계층이었던 영국의 자작농(yeoman)은 마스토돈처럼 자취를 감추었다. 스코틀랜드의 부족민은 자기 마을의 토지에 대해 부족장과 동등하게 보장된 권리를 가지고 있었으나, 이제는 쫓겨나서 부족장의 후손이 소유하는 양 목장이나 사슴 방목지에서 겨우 살아가고 있다. 아일랜드 사람들은 임의소작제(tenancy-at-will)의 소작인이 되고 말았다. 영국에서는 3만 명이 국토의 6분의 5에서 국민을 쫓아낼 수 있는 법적인 권리를 갖고 있으며, 영국인 대다수는 자신의 향토에 대해서 길을 걷는 것 이외에는 하등의 권리도 갖지 못한다. 로마의 한 호민관이 로마 시민에게 한 말이 영국 국민에게 적절할 것이다. 그라쿠스(Tiberius Sempronius Gracchus, 기원전 162~133)는 이렇게 말했다.

"로마 사람들이여, 그대들은 세계의 주인이라고 불리지만 한 평의 땅에 대한 권리도 없다. 짐승도 자기 보금자리는 있는데 이탈리아의 군인에게는 물과 공기밖에 없다."

영국에서 더 뚜렷한 결과로 나타났지만, 이런 경향은 어느 나라에서나 볼 수 있다. 영국에서는 속도가 더 빠르게 진행될 만한 사정이 있었을 뿐이다.

생각건대, 개인적 자유의 신장과 더불어 토지사유제의 관념이 확대된 이유는 이렇다. 과거에는 토지소유제도가 최고의 중요성을 가지고 있었음이 외관상으로도 확실히 드러났지만, 문명의 발달과 더불어 그 외관이 사라지거나 다소 불분명하게 되었다. 토지 소유의 문제는 전보다 악화되었지만 잠재화됨으로 인하여 사람들은 주목하지 못하고 토지소유자는 용이하게 토지 재산권을 다른 재산권과 같이 취급할 수 있게 되었다.

군주제를 취하든 의회제를 취하든, 국가의 권한이 커지면서 대지주의 힘과 영향력, 관할권과 주민에 대한 권력을 박탈하였다. 로마 제국이 커지면서 노예에 대한 지나친 가혹행위를 억제하였듯이, 대지주의 지나친 권한 남용도 억제하였다. 거대한 봉건토지의 해체는, 생산의 대규모화라는 현대의 추세가 뚜렷이 나타나기 전까지는, 토지소유자의 수를 늘리는 쪽으로 작용하였고, 인구가 적은 시대에 토지소유자가 노동자를 자기 장원에 붙잡아 둘 수 있었던 각종 제한도 철폐되었다. 그로 인해 토지사유제에 내재해 있는 본질적 부정의에 대한 관심도 줄어들었다. 동시에 근대 법학의 거대한 광산이자 보고인 로마법에서 계수(繼受)한 법적 개념이 꾸준히 확립됨으로써 토지 재산권과 다른 재산권 사이의 자연적 구분이 점차 사라지게 되었다. 이리하여 개인의 자유가 신장되는 것과 동시에 토지사유권도 확대되었다.

더구나 토지사유제의 부정의를 분명하게 느낄 수 있었던 계층의 봉기가 있었지만 귀족층의 정치적 세력을 분쇄하지 못했다. 이러한 봉기는 수차례 일어났으나 잔학한 방법으로 진압되곤 했다. 귀족층의 세력이 붕괴된 것은 기술자층과 상인층의 성장에 의해서이다. 그런데 이들의 경우 임금과 지대의 관계는 노동자층의 경우만큼 명백하지 못했다. 이 상공업자 계층은 폐쇄적인 길드와 단체를 결성하여 성장했으며, 앞에서 업종의 결합과 독점의 문제를 설명할 때 언급하였듯이, 이러한 체제를 통해 임금의 일반법칙의 작용으로부터 자신을 방어할 수 있었다. 교통이 발달하고, 초등교육이 확대되고, 뉴스가 잘 전파되어 인구 이동이 많아진 요즘에 비해, 당시에는 이런 체제가 아주 용이하게 유지될 수 있었다. 이 계층은 산업적, 사회적, 정치적 생활의 조건을 궁극적으로 결정하는 근본요인이 토지제도라는 점을 몰랐고, 아직도 모르고 있다. 그 때문에 토지 재산권은 인간이 생산한 다른 물자에 대한 재산권과 다름없다고 생각하는 경향이 생겨났고, 이러한 퇴보를 오히려 발전이라고 찬양하기까지 했다. 1789년에 성립된 프랑스 국민의회는 토지소유자가 부담하던 교구세(敎區稅)를 폐지하고 성직자에 관련된 비용을 일반 조세로 충당하도록 개혁하면서 전제정치의 유습을 일소한다고 생각하였다. 당시 시에예스(Emmanuel Joshep Sieyès, 1748~1836) 수도원장 혼자서, 토지 소유의 조건이었던 이 조세를 폐지하면 토지소유자의 부담이 면제되고 국민의 노동에 그 부담이 전가되는 결과를 낳는다고 지적하면서 개혁에 반대하였으나 아무런 호응을 얻지 못했다. 시에예스 수도원장이 인간의 권리를 변호했음에도 불구하고 자신이 성직자였기 때문에 성직자 계층의 이익을 변호하는 것으로 오해받았다. 교구세 제도를 잘 운영했더라면 프랑스 국민은 방대한 정부 수입을 이로써 충당할 수 있었을 것이고, 노동 임금과 자본 이자에서는 한 푼의 세금도 내지 않았을 것이다.

또 이와 비슷한 예로 영국의 장기의회(Long Parliament)가 의결하고 찰스 2세(Charles Ⅱ, 1630~1685, 재위 1660~1685)가 즉위한 후 집행한 군대토지 제도의 철폐를 들 수 있다. 이 조치는 국가의 공동토지를 보유하는 조건으로 일정한 부담을 지던 토지소유자에게서 그 부담을 면제하는 대신 모든 소비자에게 조세를 부과함으로써 일반 국민에게 부담을 이전한 것에 불과하다. 이 조치는 오랫동안 자유 정신의 승리라고 인정해 왔으며 아직도 법률 서적에는 그렇게 소개하고 있다. 그러나 영국의 대규모 부채와 중과세의 기원이 여기에 있다. 만일 봉건적 부담 방식이 시대의 변천에 맞추어 개선되었다면, 영국은 수차례의 전쟁에도 불구하고 부채를 지지 않았을 것이고, 영국의 노동과 자본도 군대의 유지를 위해 한 푼의 조세도 부담할 필요가 없었을 것이다. 모든 비용을 지대로 충당할 수 있었는데, 그 다음부터는 토지소유자가 지대를 가져가고 있다. 지대는 토지소유자가 노동과 자본의 소득에 부과하는 조세와 같다. 영국의 토지소유자는 토지를 얻는 대신 인구가 희박했던 노르만(Norman) 시대에 6만 명에 달하는 완전군장한 기병을 유사시에 조달하는 의무를 지고 있었으며[7], 그 외에도 지대의 상당 부

---

7) 비셋(Andrew Bisset)은 『국가의 힘(The Strength of Nations, 런던, 1859)』에서 토지소유자가 이 수단을 통해 국가에 대한 지대 납부를 회피하였다고 지적했다. 또 기사(騎士)의 역무가 연간 40일에 불과했다는 블랙스톤(William Blackstone, 1723~1780)의 견해에 이의를 제기하면서 역무 기간은 필요한 전체 기간에 해당하였다고 하였다.

분에 해당하는 각종 부담금을 납부해야 했다. 이러한 역무(役務)와 부담금을 금전으로 평가하면 지대의 반을 넘지 않을까 생각한다. 이러한 계약조건이 유지되는 가운데 그 후 종획(縱劃) 시에도 유사한 조건이 부과되었다면, 현재에는 잉글랜드 지방의 토지에서 나오는 수입만으로도 영연방 전체의 공공수입보다 수백만 파운드 더 많을 것이고, 오늘날 영국은 완전한 자유무역을 누릴 수 있을 것이다. 관세, 물품세, 면허세, 소득세 등이 없어도 현재의 모든 경비를 충당할 수 있을 것이고, 그렇게 하고도 남아서 여러 좋은 목적에 사용함으로써 전체 국민의 편안과 복지를 증진시킬 수 있을 것이다.

어느 곳이든 과거사를 되돌아볼 수 있다면, 최초에는 모든 사람이 토지공유제를 인정하였고 토지사유제는 강탈의 결과이고 힘과 속임수의 산물이라는 것을 알 수 있다.

드 스텔(Anne Louise de Stael, 1766~1817) 부인이 말했듯이, "자유는 예로부터 존재하였다(Liberty is ancient)." 정의 역시, 우리가 고대의 기록을 찾을 수 있다면, 언제나 문제 해결의 근본(title of prescription)이었음이 나타날 것이다.

제5장
미국의 토지사유제

문명의 초기 단계에서는 어느 곳에서나 토지는 공동소유로 인식되었다. 아득한 과거로부터 우리 시대에 이르기까지 인간의 자연스러운 인식은 동일하다. 인간은 교육과 관습에 의해 오도되지 않는 경우에는 자연의 하사물에 대한 평등한 권리를 본능적으로 인식한다.

캘리포니아에서 금이 발견되자 토지를 정당한 개인 재산으로 보는 제도에 익숙했던 사람들이 몰려들었다. 이들 중에 토지 재산과 기타 재산은 다르다고 꿈에서라도 생각해 본 사람은 천 명 중 한 명꼴도 안 될 것이다. 그런 사람들이 앵글로색슨족의 역사상 처음으로, 물로 씻어내는 단순한 방법에 의해 금을 획득할 수 있는 토지와 접촉하게 되었다.

사람들이 몰려든 이 토지가 비옥한 농지나 목초지나 산림지였다면, 이 토지가 상업용으로 위치가 좋거나 토지 내의 수력이 풍부하거나 하여 특별한 가치가 있었다면, 또는 관련된 광물이 석탄, 철, 납이었다면, 이 토지에는 사람들에게 익숙한 제도가 시행되었을 것이고, 토지는 사유화되어 큰 필지로 분할되었을 것이다. 샌프란시스코의 푸에블로 지역은 캘리포니아 주에서 정말로 매우 귀중한 땅이었고, 미래에 이 도시에 거주할 사람들을 위해 스페인 법으로 특별히 보존되어 왔는데도, 이 땅이 이렇다 할 반대도 없이 사유화되고 만 선례도 있다. 그러나 이 지역은 특이한 경우였기 때문에 관습적 관념이 깨어지고 제일 원리로 되돌아 갈 수 있었다. 금을 함유하고 있는 이 토지는 사람들의 동의에 의해 공동재산으로 유지되었고, 아무도 적절하게 사용할 수 있는 이상을 취득할 수 없었으며, 토지를 사용하지 않으면서 계속 보유할 수도 없었다. 연방정부와 법원은 자연적 정의에 부합하는 이 관념을 묵인하였다.

노천금광이 중요성을 가졌던 동안에는 이와 같은 원시적 관념으로 회귀한 제도를 뒤엎으려는 시도도 없었다. 토지 소유의 권원은 정부에 있었고 어느 개인도 점유권 이상의 권리를 가지지 못했다. 각 지구별로 광원 1인당 차지할 수 있는 면적을 정했고, 사용하는 토지로 인정받기 위한 최소 작업량도 정했다. 또 어느 광원의 작업량이 그 최소기준에 미치지 못하면 다른 사람이 그 땅을 새로 배정받을 수 있었다. 이렇게 해서 아무도 천연자원을 매점하여 잠가둘 수 없었다. 토지는 공짜로 받고, 노동은 부의 창조자로 인정되어 노동의 대가가 보장되었다. 대부분 국가에서는 권리의 완전한 평등을 이런 방식으로 보장할 수는 없을 것이다. 그러나 당시 이 지역은 인구가 희소했고 개척되지 않은 지역이 많았으며, 이 직업이 복권 추첨과 같은 성질을 가진 관계로 이 방식으로 충분한 정의를 보장할 수 있었다. 엄청난 횡재를 하는 사람도 있었고 몇 달, 몇 년을 성과 없이 보내는 사람도 있었다. 그러나 모두 기회는 균등했다. 어느 누구도 창조주의 하사물을 가지고 욕심쟁이 노릇을 할 수 없었다.

이러한 규제 방식의 근본 취지는 매점과 독점을 막자는 데 있었다. 멕시코의 광업법도 동일한 원리에 기초를 두고 있다. 호주에서도, 캐나다의 브리티쉬 컬럼비아(British Columbia) 지방에서도, 남아프리카 다이아몬드 광산에서도, 동일한 원리가 채택되었다. 이 원리가 정의에 대한 자연스러운 인식에 부합하기 때문이다.

캘리포니아에서 노천금광이 쇠퇴하자 관습적인 사유재산 관념이 발생하여 광산의 특허를 허용하는 법이 통과되었다. 이 법은 기회를 동결하는 결과만 초래했다. 광산 소유자가 스스로 활용할 생각이 없으면서도 다른 사람의 활용까지 막을 수 있는 힘을 갖게 된 것이다. 가치가 높은 건물 부지나 농지에서처럼, 광산도 사용되지 않은 채 투기 목적으로 방치되는 경우가 많이 생겼다. 그러나 다른 용도의 토지에 적용되는 사유제 원리가 광산에도 확대 적용되었지만 개량물의 안전 보장에는 아무런 효과도 없었다. 광산을 굴착하고 개발하려면 광산 소유자에게 엄청난 금액을, 때로는 수백만 달러에 달하는 금액을 지불하였다.

북아메리카에 처음 이주했던 영국인이 처했던 상황이 토지 소유권 문제에 근본적인 관심을 가질 만한 상황이었다면, 정부 제도에서 제일원리로 돌아갔듯이, 토지 제도에서도 분명히 제일원리로 돌아갔을 것이다. 이들은 귀족정치나 군주정치를 거부했듯이 사적 토지 소유도 거부하였을 것이다. 그러나 이 제도가 구대륙에서 충분히 발현되지 못했고 그 효과도 충분히 감지되지 못했으며, 또 신대륙에는 광대한 토지가 존재하여 사람의 이주를 기다리고 있었기 때문에, 사람들은 토지 사유제라는 제도의 정당성에 의문을 품지 않았다. 새로운 나라에서는 다른 사람의 토지 취득을 배제하지만 않는다면 평등성이 충분히 확보될 것으로 생각되었기 때문이다. 처음에는 토지를 절대 사유재산으로 하여도 별다른 해가 없어 보인다는 것이다. 다른 사람이 원하면 얼마든지 취할 수 있는 토지가 남아 있었고, 사적인 토지 소유가 계속될 경우에는 그 필연적 결과로 노예제도가 나타난다는 사실을 당시에는 감지하지 못했다.

버지니아 주 이남 지대에서는 귀족주의적 토지제도가 형성되었고, 대토지 제도의 자연스러운 결과는 흑인 노예의 형태로 나타났다. 그러나 뉴잉글랜드의 최초 이주민들은, 12세기 전에 그 조상들이 브리튼(Britain)에서 시행했던 방식처럼, 각 가장에게 주거지와 농경지를 배정하고 나머지는 자유로운 공동토지로 두었다. 이주민들은, 영국 왕의 특허장을 받아 대토지를 가지려고 했던 사람들에 대해 그러한 독점이 정의롭지 못하다는 사실을 분명히 인식하였으며, 그 결과로 특허받은 사람도 많은 땅을 차지하지는 못했다. 그러나 당시에는 토지가 풍족하였기 때문에, 토지가 귀해지면 개별 토지 소유 면적이 작더라도 독점이 될 수 있다는 사실에는 주목하지 못했다. 그리하여 현 세계의 거대한 공화국 하나가 새 출발을 하면서, 고대의 공화국을 망쳐 놓았던 제도를 채택하고 말았다. 모든 인간이 생명, 자유, 행복 추구의 양도할 수 없는 권리를 가진다고 선언한 국민이, 땅에 대한 평등하고 양도할 수 없는 권리를 부인함으로써 결국 생명과 자유의 평등한 권리를 부인하는 원리를 의문없이 채택하였다. 피 흘리는 전쟁을 통해 노예사유제를 철폐한 국민이, 더 광범위하고 더 위험한 형태의 노예제도가 뿌리를 내리도록 허용하였다.

대륙은 아주 넓어 보였고 인구가 쏟아져 들어와 살더라도 광활해 보였으므로, 토지사유제라는 관념에 젖어 있는 미국 국민은 그 본질적 부정의성을 깨닫지 못하였다. 미개척 토지가 아직 남아 있다는 생각 때문에 개척된 지 오래된 지역에서조차 사적 전유의 효과를 완전히 감지하지 못했다. 뿐만 아니라 한 사람이 필요 이상의 토지를 차지하면서 다른 사람에게서 사용 대가를 징수하는 제도 역시, 누구나 더 멀리 나가기만 하면 같은 행위를 할 수 있는 상황에서는, 그리 부정의하다고 여기지 않았다. 더구나 토지 전유로 인해 생긴 재산은 실제로 노동 임금에서 짜낸 것인데도 불구하고 마치 노동자에게 돌아가는 상이나 되는 것처럼 생각하고 떠들어 대어 왔다. 미국의 토지 귀족은, 새로 형성된 모든 주에서는 — 오래 된 주의 일부에서도 — 아직 제1세대에 속한다.

토지가치 상승으로 인해 이익을 본 사람들은 대체로 무일푼으로 생활을 시작한 사람들이다. 그 당자는 물론 다른 많은 사람들도 이런 막대한 재산이 — 수백만 불에 달하는 사람도 많다 — 분별, 통찰, 근면, 절약에 대한 대가이며 현 사회 상황의 정의성을 가장 잘 입증한다고 생각하고 있다. 그러나 이런 재산은 독점의 이익이며 필연적으로 노동을 희생시켜 형성된다는 것이 진실이다. 그런데 이렇게 부자가 된 사람들이 처음에는 노동자였다는 사실로 인해 진실이 가려지고 있다. 또 상당수의 가난한 사람들이 이 제도를 통해 부유하게 되었으므로 복권을 가진 사람들이 당첨될 때 받을 막대한 상금을 상상하면서 즐거워하는 것과 같은 감정이 생겨서 가난한 사람들조차 이 제도에 이의를 달지 않는다.

간단히 말해서, 미국 국민은 토지사유제의 악영향을 충분히 겪지 않았기 때문에 그 본질적 부정의성을 제대로 알지 못했다는 것이다. 미국의 대서양 연안에 첫 이주자가 정착한 이래, 사유지로 전환되지 않은 광대한 공공토지(public domain)가 있었고, 부지런한 사람이 차지할 수 있는 방대한 공동토지가 있었다는 점이 미국의 국민성을 형성하고 국민의 사고에 영향을 주었다. 미국 국민성 형성의 원인은, 우리가 세습귀족제를 피하고 장자상속제를 철폐하였다는 점이 아니다. 교장에서 대통령까지 선거로 뽑는다는 점도 아니다. 군주의 이름이 아니라 국민의 이름으로 법률이 집행된다는 점도 아니다. 국교를 채택하지 않는다는 점도, 판사가 가발을 쓰지 않는다는 점도 아니다. 독립기념일이면 연사들이 구세계의 낡아빠진 전제주의의 특성이라고 매도하는 나쁜 사회제도를 벗어났다는 점도 아니다. 지식의 보급, 보편화된 안락함, 활발한 발명, 적응과 동화의 힘, 자유롭고 독립적인 정신, 활력과 희망 등 우리 국민이 가진 이런 특징은 사유화되지 않은 토지가 많다는 점이 원인이다. 이런 공공토지는 절약 정신이 없고 포부도 없는 유럽의 농민을 미국 서부의 자립적인 농장주로 바꾸어 놓았다. 공공토지는 대도시에 사는 사람들에게도 자유 의식을 불어 넣었으며 그런 토지를 찾아 나설 생각이 없는 사람들에게도 희망의 원천이 되었다. 유럽에서 태어난 어린이는, 연회의 제일 좋은 좌석은 이미 임자가 있고, 힘으로나 꾀로 좌석을 차지하기란 천의 하나 확률도 없으며, 떨어지는 음식 부스러기라도 얻어먹으려면 동료와 투쟁을 해야 한다는 사실을, 성장하면서 터득하게 된다. 그러나 미국에는 각자가 어떤 상황에 있건, 공공토지가 저 너머에 존재한다는 인식이 항상 있었으며, 이런 인식이 여러 방향으로 우리의 전체 국민 생활에 침투하여 관대함, 독립심, 유연성, 낙관성 등과 같은 특징을 형성하였다. 우리가 미국 국민성으로 자랑스럽게 생각하는 모든 요소, 우리의 생활과 제도를 오래된 국가보다 더 낫게 하는 요소의 근원은, 새로운 땅이 이민자에게 개방되어 있어 미국의 토지가 저렴하였다는 사실에 있다.

그러나 서부 개척이 태평양 연안에 이르러 더 이상 진행되지 못하게 되었고, 증가하는 인구는 기존 토지에서 북이나 남으로 퍼져나가게 되었다. 북으로는 이미 레드 리버(Red River) 지역을 채워나가면서 서스캐처원(Saskatchewan)과 워싱턴 준주(Washington Territory) 지역을 압박하고 있으며, 남으로는 텍사스 주 서부 지역, 뉴멕시코 주와 아리조나 주의 경작 가능 지역으로 몰리고 있다.

미국은 새로운 시대로 접어들어 이제 토지의 독점이 가속적으로 영향을 미칠 것이다. 미국이 가지고 있던 강한 매력은 이제 사라지고 있다. 공공토지는 거의 바닥이 나서 그 영향력이 하락하고 있으며 몇 년 내로는 없어질 것이다. 공공토지가 완전히 바닥날 것이라는 말은 아니다. 앞으로 오랜 세월 동안 수백만 에이커의 토지가 연방 토지부(Land Department)의 대장에 올라 있을 것이다. 그러나 이 대륙에서 최상의 농지는 이미 부족한 상태이고 남아 있는 것은 열등한 농지뿐이다. 남아 있는 부분은 산악지대이거나 불모의 사막지대이거나 목초지로나 쓸 고원지대뿐이다. 또 장부상 누구나 자유롭게 정착할 수 있는 땅도 누군가 점유권 내지 지역권(地役權)을 행사하는 경우가 많아 토지 조사를 해 보아야만 내용을 알 수 있다. 토지부의 대장에 의하면 캘리포니아 주는 미국에서 가장 면적이 넓은 주이며, 약 1억 에이커의 공공토지를 보유하고 있다. 이는 미국 전역 공공토지의 12분의 1에 해당한다. 그러나 상당 부분은 점유권 또는 지역권이 설정된 철도 지역이 되어 있고, 상당 부분은 경작이 불가능한 산악이거나 평지라고 해도 관개 시설이 있어야 사용할 수 있는 곳이며, 또 상당 부분은 물 사용을 위한 지역권에 의해 독점되어 있다. 그리하여 캘리포니아로 이민오는 사람들이 정착해서 가족을 먹여 살릴 수 있는 농장 터를 찾기가 사실상 어렵고, 남자들은 땅 찾기에 지쳐서 결국 토지를 매입하거나 소작지를 임차한다. 실제에 있어 캘리포니아의 토지가 부족하지는 않다. 캘리포니아는 그 자체로 국가와 다름없으며, 앞으로 프랑스와 맞먹는 인구를 부양할 수 있다. 그러나 이주자를 앞질러 토지 전유가 이루어졌고 또 지금도 계속 이루어지고 있다.

12년인가 15년 전에 오하이오 주의 벤자민 웨이드(Benjamin F. Wade, 1800~1878)는 미 상원 연설에서 금세기 말에 가면 보통 농지의 가격이 에이커당 금화 50달러에 달할 것이라고 하였다. 이 말은 이미, 시기의 과장은 있을지언정, 사실로 판명되었다. 인구가 정부 수립 이래 — 남북전쟁 기간 제외 — 유지해 온 증가율로 계속 증가한다면, 지금부터 19세기 말까지의 21년간 현재 인구보다 약 4천5백만 명이 늘어날 것인데, 이 증가 인구는 1870년 센서스에 나타난 미국의 총인구보

다 약 7백만 명이 더 많으며, 영국(Great Britain)의 현 인구의 거의 1.5
배에 해당한다. 미국이 적절한 사회제도 하에서라면 이 정도의 인구
이외에도 수 억 명의 인구를 더 편안하게 부양할 수 있다는 사실에 의
문이 없다. 그러나 이렇게 인구가 증가하면 전유되지 않은 공공토지는
어떻게 되는가? 머지않아 사실상 하나도 남지 않을 것이다. 그런 토지
가 실제로 모두 사용되려면 오랜 세월이 걸리겠지만 인간이 사용할 만
한 토지는 오래지 않아 모두 사유화될 것이다.

그러나 전 국민의 것인 토지를 일부 국민의 배타적 재산으로 삼는
제도의 악영향이 공공토지가 완전히 전유된 후에야 나타나는 것은 아
니다. 그 악영향을 미래에 가서 고려해야 할 필요는 없다. 현재에도 볼
수 있기 때문이다. 악영향은 우리의 성장과 더불어 성장하였고 지금도
커지고 있다.

우리는 새 농지를 개간하고 새 광산을 발굴하며 새 도시를 건설한
다. 인디언을 몰아내고 버팔로를 소탕한다. 철길로 토지를 얽고 전보선
으로 공중을 수놓는다. 지식에 지식을 더하고 발명에 발명을 이룩한다.
학교를 짓고 대학을 세운다. 그러나 국민 대다수는 생계를 유지하기가
더 쉬워지지 않고 오히려 더 어려워진다. 부유한 계층은 더 부유해지
고 가난한 계층은 더 의존적이 된다. 고용주와 피고용자 사이의 격차
는 넓어지고 사회 계층간 대비는 더욱 첨예해진다. 제복을 입은 마부
를 거느리는 사람이 있는가 하면 맨발로 다니는 어린이가 있다. 우리
는 노동자 계층과 재산가 계층의 존재에 너무 익숙해지고 있다. 한때
는 음식을 구걸하는 사람을 박대하는 것은 노상강도에 준하는 범죄라
고 보았으나, 이제는 거지가 너무 흔해서 대문을 잠그고 불독을 풀어
놓았으며, 헨리 8세(Henry Ⅷ, 1491~1547) 시대와 같이 떠돌이를 처벌
하는 법률까지 제정하였다.

우리는 스스로 지구에서 가장 진보한 국민이라고 한다. 그러나 이

와 같은 부작용이 생긴다면 우리 진보의 목표는 무엇이란 말인가?

이것은 토지사유제의 결과이며 이 결과를 발생시키는 원리는 점점 강하게 나타나고 있다. 자본보다 노동자가 더 빨리 증가했기 때문도 아니다. 인구가 생존물자를 압박하기 때문도 아니다. 기계가 작업량을 희소하게 만들었기 때문도 아니다. 노동과 자본 간에 실질적 대립관계가 있기 때문도 아니다. 그것은 단지 토지가 점점 귀해지고, 노동이 생산을 하는 데 불가결한 자연의 기회를 획득하는 조건이 점점 엄해지기 때문이다. 공공토지는 줄고 있다. 토지 소유는 집중되고 있다. 우리 생존의 터전인 토지에 대해 아무런 법적인 권리도 가지지 못하는 국민의 비율이 계속 늘어나고 있다.

뉴욕의 『월드(World)』지(紙)에 이런 기사가 실렸다. "뉴잉글랜드 지방의 대농장 지대는 아일랜드처럼 부재지주가 많은 것이 특징이 되고 있으며, 임대 농장의 명목 가치가 매년 상승하고 있다. 지주가 요구하는 지대도 매년 높아지고 있으며, 임차인의 자질도 계속 하락하고 있다." 또 『네이션(Nation)』지(紙)에도 아마도 같은 지방을 다룬 관련 기사에서 이렇게 적고 있다. "명목 토지가치의 상승, 지대 인상, 부재지주의 증가, 생산량 감소, 저임금, 주민의 지적 수준 하락, 힘든 야외 노동에 종사하는 여성 인구의 증가(이것은 문명 퇴락의 분명한 신호이다), 농업 스타일의 지속적인 퇴보 등 여러 현상이 부인할 수 없는 수많은 증거를 기초로 하여 확인되고 있다.

이와 같은 경향이 새로 생긴 주에서도 나타나는데, 이런 지역에서는 경작이 대규모화하여 마치 고대 이탈리아를 붕괴시킨 라티푼디움을 연상하게 한다. 캘리포니아 주에서는 농지의 대부분이 1년 단위로 임대차되며, 그 대가는 수확량의 4분의 1 이상이며 심지어 2분의 1에 이르기도 한다.

미국에서 경기가 나빠지고 임금이 떨어지고 빈곤이 더 심화된 현상은 우리가 밝혀낸 자연법의 결과이다. 이 법은 인력의 법칙처럼 보편적이며 피할 수 없다. 우리가 각종 권력의 탄압 속에서 양도할 수 없는 인권에 관한 선언을 발표했지만 공화국을 세운 것이 아니다. 우리 중 가장 가난한 어린이에게도 땅에 대한 평등한 권리를 보장함으로써 선언을 실질적으로 시행할 때까지는 공화국을 세웠다고 할 수 없다! 우리가 헌법 수정 제14조(Fourteenth Amendment)를 통과시켰다고 해서 노예제를 철폐한 것이 아니다. 노예제를 철폐하려면 토지사유제를 철폐해야 한다! 우리가 제일원리로 돌아가지 않으면, 우리가 토지에 대한 만인의 평등권을 인정하지 않으면 우리의 자유로운 체제는 헛것이 되고, 의무교육도 소용없으며, 우리의 발견과 발명은 대중을 짓누르는 힘을 더해줄 뿐이다!

제 8 권
해결책의 응용

무엇을 망설이는가? 그대, 수염 기른 장부여.
의지력은 하나님이 주셨고
용기도 마음만 먹으면 낼 수 있는데.
의지력을 제대로 발휘한 적도 없고
용기를 내는 자에게 운명이 눈살을 찌푸린 적도 없다.
이 비통한 모순 앞에서
이 최고의 순간을 맞아
담대히 떨치고 일어서 한 번 휘두르면
수백만이 신음에서 자유로워질 것을.
정의롭고 선하게 한 번 휘두르면
인간의 행복을 가져와
모든 천사가 칭송하리라.

　　　　　　　　　　　　　　　　 - 테일러(E. R. Taylor)

제1장
토지사유제는
토지의 최선 사용에 어긋난다

　　우연과 본질을 혼동하여 생긴 착각이 하나 있다. 법률가가 이 착각을 애써 확대하였고 정치경제학자도 이를 파헤치지 않고 대체로 묵인해 왔다. 그 착각이란, 토지를 적절히 사용하기 위해서는 토지사유제가 필요하며 토지를 공동소유로 하면 문명이 파괴되고 야만상태로 회귀할 것이라는 생각이다.

　　이 착각은 찰스 램(Charles Lamb, 1775~1834)의 이야기와 비슷한 점이 있다. 옛날 어느 중국인의 집에 불이 나서 몽땅 타버렸다. 그런데 불에 그슬린 돼지를 먹어보니 맛이 좋았다. 그때부터 돼지고기를 요리하려면 집에 불을 질러야 한다는 말이 중국에 오랫동안 내려왔다는 이야기이다. 찰스 램의 이야기는 현인이 나서서 집을 불태우지 않고 돼지를 익혀 먹는 방법을 가르치는 것으로 되어 있지만, 토지 개량을 위해 필요한 것은 토지의 절대소유권이 아니라 개량물에 대한 보장이라는 사실은 굳이 현인이 나타나서 가르칠 필요가 없다. 누구든 주위를 돌아보면 이 사실을 알 수 있다. 돼지고기를 요리하기 위해 집을 불태울 필요가 없듯이, 토지를 개량하기 위해 토지의 절대적·배타적 소유자가 될 필요가 없다. 돼지고기를 굽기 위해 집을 불태우는 것이 부적절하고 낭비적이며 불확실한 수단이듯이, 토지사유제는 토지개량물의 보장이라는 목적을 위해서는 부적절하고 낭비적이며 불확실한 수단이다. 그러므로 찰스 램의 이야기에 나오는 중국인이 요리법을 고집할 이유가 없듯이, 우리도 토지사유제를 고집할 이유가 없다. 현자가 나타나서 석쇠를 발명하기 전까지는 — 찰스 램은 고기 굽는 꼬챙이가 달린 오븐보다 석쇠가 먼저 사용되었다고 한다 — 집에 불이 나지 않아도 돼지고기가 익을 수 있다는 사실을 아무도 알지 못했고 들어보지도 못했다고 한다. 그러나 토지가 소유자 아닌 사람에 의해서도 개량될 수 있다는 사실은 아주 평범한 사실이다. 영국 토지의 반 이상을 소작인이 경작하고, 런던 건물의 반 이상을 토지 임차인이 건축하며, 미국에서도 정도의 차이는 있을지라도 이런 현상이 일반적이다. 이처럼 토지의 소유와 사용의 분리는 아주 흔하게 나타난다.

지대가 국가나 시정부에 귀속되어도, 지대가 개인에게 귀속되는 지금과 다름없이 토지가 경작되고 개량될 것인가? 토지의 사적 소유를 인정하지 않고 국가나 시정부가 모든 토지를 소유하면서 점유자 또는 사용자에게 지대를 징수하더라도 토지의 사용과 개량은 지금과 다름없이 이루어질 것인가? 그 대답은 오직 하나, '물론 그렇다'. 토지를 공유로 하더라도 토지의 적절한 사용과 개량에는 아무 지장을 주지 않을 것이다.

토지 사용에 필요한 것은 토지의 사적 소유가 아니라 개량물에 대한 보장이다. 토지의 경작과 개량을 유도하기 위해서 "이 땅은 당신의 것"이라고 할 필요가 없다. 단지 "이 땅에서 당신이 노동과 자본을 들여 생산한 것은 당신의 것"이라고 하면 족하다. 수확을 보장해 주면 씨를 뿌릴 것이고, 주택을 소유할 수 있도록 보장해 주면 집을 지을 것이다. 수확이나 주택은 노동에 대한 자연스러운 보상이다. 사람이 씨를 뿌리는 것은 수확하기 위해서이고, 집을 짓는 것은 주택을 소유하기 위해서이다. 토지의 소유 여부는 이와 아무 관계가 없다.

봉건시대 초기에 많은 소규모 토지소유자들이 자신의 토지를 군대 사령관에게 넘기면서 봉토 내지 위탁토지로(in fief or trust) 그 사용권을 되돌려 받았으며, 모자를 벗고 두 손을 모아 영주 앞에 무릎을 꿇으면서 생명, 신체 및 일체의 명예를 걸고 충성할 것을 맹세하였는데, 그 이유는 바로 이러한 보장을 얻기 위해서였다. 토지 사용을 보장받기 위해 토지 소유를 포기한 예는 터키에도 있다. 터키에서는 바쿠프(vakouf)라고 하는 사원(寺院) 토지에 대해서는 조세와 징발이 면제되었기 때문에 토지소유자가 명목적인 대가만을 받고 자신의 토지를 사원에 매각하고 자신이 일정액의 지대를 납부하는 소작인이 되는 사례가 많았다.

아서 영(Arthur Young, 1741~1820)이 지적하였듯이, 플랑드르의 모래땅이 비옥한 농지로 변한 것은 소유권의 마술이 아니다. 그것은 노동의 결과를 보장한 데서 생긴 마술이다. 돼지를 익히는 데 필요한 열이 집을 불태워야만 나오는 것이 아니듯이, 토지 개량도 토지를 사유재산으로 해야만 얻을 수 있는 것이 아니다. 아일랜드에서는 토지소유자가 20년 동안 수확을 보장하고 지대를 받지 않겠다고 약속한 결과 농민들이 황무지였던 산을 옥토로 바꾸어 놓은 일이 있다. 일정 기간 지대를 올리지 않는다는 보장에 의해 런던과 뉴욕의 대부분의 고급 건물이 임차된 대지 위에 건축되었다. 토지 개량자에게 이러한 보장만 해준다면 토지사유제를 철폐해도 아무런 문제가 없다.

토지에 대한 사회의 공동권을 완전히 인정하더라도 토지의 개량물과 생산물에 대한 개인의 권리를 인정하는 데 조금도 지장이 없다. 선박을 반으로 쪼개지 않더라도 두 사람이 한 척을 소유할 수 있다. 철도가 수십만의 소유 지분으로 나뉘어 있더라도 한 사람이 소유하는 것과 마찬가지로 기차는 체계적이고 정확하게 운행된다. 런던에서는 토지를 보유하고 관리하기 위해 주식회사가 설립된 경우도 있다. 지대를 징수하여 공동의 이익을 위해 사용하면 토지에 대한 공동의 권리가 완전하게 존중될 뿐 모든 것이 현재와 같다. 샌프란시스코 중심가에는 아직 법적으로 주민이 공동의 권리를 가지고 있는 땅이 있는데, 미세한 필지로 분할되지도 않고 용도 없이 방치되지도 않는다. 이 땅에는 개인의 사유재산으로 완전한 보장을 받는 고급 빌딩이 있다. 이 땅과 주변의 다른 땅과의 차이가 있다면, 이 땅의 지대는 학교용 공동기금으로 들어가는데, 다른 땅의 지대는 개인 주머니로 들어간다는 점뿐이다. 전국의 토지가 이런 식으로 모든 국민의 소유가 되는 것을 막는 원인은 무엇일까?

미국의 어느 곳을 보더라도 성 베드로 섬과 성 바울 섬만큼 토지 사유화의 필요성이 큰 곳을 찾기 어렵다. 이 두 섬은 러시아에서 미국이 사들인 알래스카의 알류샨 열도에 있는 작은 섬으로서 모피용 물개의 서식지이다. 물개는 아주 겁이 많고 조심스러운 짐승이어서 조금이라도 놀라게 하면 살던 곳을 떠난 후 돌아오지 않는다. 이 섬은 물개잡이 외에는 사람에게 아무 소용이 안 되는 곳으로서, 그나마 이 섬의 용도를 완전히 파괴하지 않으려면 암놈과 새끼를 잡지 않는 정도가 아니라 총 소리나 개 짖는 소리도 피해야 한다. 물개를 사냥하는 사람은 서둘러서는 안 되고 우선 바위 해안에 줄지어 있는 물개 근처를 조용히 걸어 다녀야 한다. 바다에서는 날렵하지만 육지에서는 둔한 이 겁 많은 동물도 결국에는 두려움을 느끼지 않고 이리저리 돌아다니게 된다. 그러면 미래의 물개 마릿수를 줄이지 않을 만한 사냥감을 조심스럽게 분리하여 육지 쪽으로 몰아가다가 다른 무리가 보지도 듣지도 못하는 지점에 이르면 곤봉으로 해치운다. 만일 이러한 사냥터를 모든 사람에게 개방한다면, 미래야 어떻게 되든 잡을 수 있는 만큼 한꺼번에 다 잡으려는 사람들이 눈독을 들일 것이고, 그러면 몇 년 안 가서 사냥터는 완전히 없어지고 말 것이다. 이런 불상사가 다른 지역에 더러 있었다. 그러나 그렇다고 해도 이 섬을 사유지로 할 필요는 없다. 미국의 공공토지가 별로 합당치 않은 이유로 급속히 민간에게 불하되는 가운데도, 이 섬만은 연간 317,500달러로 임대되어 있다.[1] 이 금액은 알래스카를 구입할 당시라면 섬을 매입할 수 있었던 금액이다. 임대로 인한 국고수입이 이미 2백5십만 달러를 넘었고, 알래스카 모피회사의 세심한 관리에 힘입어 물개의 수는 오히려 증가하였으며, 토지는 개량되지 않은 상태에서 높은 가치를 유지하고 있고, 아직도 미국 국민의 공동소유로 되어 있다.

토지사유제를 인정해야 토지를 적절하게 사용할 수 있는 것이 아니라 실은 그 반대이다. 토지를 사유재산으로 하면 적절한 사용에 오히려 방해가 된다. 토지를 공공재산으로 하면 필요가 있을 때 즉시 사용 내지 개량할 수 있다. 그러나 토지를 사유재산으로 하면 토지소유자 스스로 사용 내지 개량할 능력이나 의사가 없는 경우에도 타인의 사용 내지 개량을 못하게 할 수 있는 권리를 토지소유자가 갖는다. 소유권에 관한 다툼이 있을 때에는 값비싼 토지가 몇 년간 놀게 된다. 영국의 도처에서 토지 개량자에 대한 보장이 없어서 개량이 중지되어 있다. 토지가 공공재산이었다면 빌딩과 작물로 뒤덮일 수 있는 넓은 땅이 소유자의 변덕 때문에 놀고 있다. 미국의 경우에 이미 정착이 많이 이루어진 지역에도 지금보다 서너 배의 인구를 수용할 수 있는 땅이 있지만 소유자가 가격이 오르기를 기다리면서 사용하지 않기 때문에 이민 온 사람들이 이런 땅을 지나 노동생산성이 훨씬 떨어지는 곳으로 가서 정착할 수밖에 없다. 귀중한 땅이 이런 이유로 유휴화되어

---

1) 알래스카 모피회사에 연간 55,000달러로 임대되어 있고 모피 한 장당 2.625달러를 징수한다. 따라서 연간 허용한도인 모피 10만 장을 생산한다고 보면 그 금액이 262,500달러이고 총계는 317,500달러가 된다.

있는 모습은 모든 도시에서 볼 수 있다. 토지사유제는 다른 기준으로도 그렇지만, 토지의 최선 사용이라는 기준으로 보더라도 불합격이다. 토지사유제는 적절한 토지 사용의 확보라는 면에서는, 돼지고기를 익히기 위해 집을 불태우는 것처럼 낭비적이고 불확실한 방법이다.

제 2 장
토지에 대한 평등한 권리를
확립하고 보장하는 방법

도처에서 노동자 계층이 겪는 빈곤과 고통, 불황이라는 반복적인 마비 현상, 일자리 부족, 자본 불경기, 기아선상의 임금 등의 현상이 물질적 진보가 진행될수록 더 뚜렷이 나타나는데, 그 원인은 우리 모두의 생존과 생활의 터전인 토지가 일부 사람의 배타적인 사유재산이 되어 버렸다는 사실에 있음을 지금까지 밝혀내었다.

또 이러한 악을 물리치기 위해서는 그 원인을 제거하는 수밖에 없다는 사실도 알게 되었다. 토지사유제는 정의롭지 못하며 자연권을 부정하는 악한 제도이고 자연법에 반하는 제도로서, 사회 발전에 따라 수많은 사람을 고되고 미천한 노예로 전락시킨다는 사실도 알게 되었다.

각종 반대 의견도 검토하였지만, 형평성 기준으로나 효율성 기준으로나 토지를 공유화하는 것을 막을 아무런 근거가 없다는 점을 보았다.

그러나 방법의 문제는 아직도 남아 있다. 어떤 방법으로 공유화할 것인가?

일거에 토지의 사적 소유권을 철폐하고 토지의 공유를 선언한 후

토지개량물에 대한 사적 권리를 완전히 보호한다는 조건으로 각 필지마다 최고가격 청약자에게 임대한다면, 정의의 법칙도 만족시키고 경제성도 충족시킬 수 있다.

아주 단순한 사회에서 토지를 균등하게 분배할 때와 같은 권리의 평등성을 복잡한 현대사회에서도 구현할 수 있고, 토지를 가장 잘 이용할 수 있는 사람에게 사용권을 주어 최대의 생산을 확보할 수 있다.

이런 방법은 허황하고 현실성 없는 공상이 아니다. 허버트 스펜서 (Herbert Spencer, 1820~1903)와 같은 뛰어난 사상가도 이를 지지하여 — 다만 스펜서는 현 토지소유자에게 보상을 해주어야 한다고 했지만 다시 생각해 보면 분명히 틀린 양보임을 알 것이다 — 다음과 같이 기술하고 있다(『사회 정학(Social Statics)』, 제9장 제8절).

"이것은 최고의 문명 상태와 합치하며 경제에 별다른 영향을 미치지도 않고 현 사회체제에 혁명을 일으키지도 않는다. 필요한 변화는 단지 지주를 바꾸는 것뿐이다. 개별 소유권이 주식회사와 같은 국민의 공동소유권으로 통합된다. 국토는 개인의 소유가 되는 것이 아니라 사회라는 통합체의 소유가 된다. 농민은 토지를 개별 지주에게서 빌리는 것이 아니라 국가로부터 빌린다. 지대는 귀족 지주의 집사에게 지불하는 것이 아니라 공동체의 담당자에게 납부한다. 감독자는 개인이 아니라 공무원이 되며, 토지에 관해서는 임대차 관계만 존재하게 된다. 이러한 질서는 도덕법칙과 완전히 조화된다. 이 제도 하에서는 모든 사람이 동등한 지주인 동시에 자유로운 토지 임차인이다. … 그러므로 이러한 체제에서는 모든 토지가 평등한 자유의 법칙에 완벽하게 부응하여 구획되고 점유되고 경작된다."

그러나 이 방법은, 실현은 가능하지만, 최선의 방법이라고 생각되지는 않는다. 모든 토지를 몰수하여 최고액 청약자에게 임대하는 형식적인 방법보다는 좀 더 단순하고 쉽고 조용한 방식으로 같은 목적을 달성할 수 있다고 본다.

이 방법을 실시하면 현재의 관습이나 사고방식에 필요 이상의 충격을 주게 되는데, 이것은 피하는 것이 좋다.

이 방법을 실시하면 정부 기구가 쓸데없이 확대되는데, 이것도 피하는 것이 좋다.

커다란 개혁은 과거의 형식을 통해서 가장 잘 이루어질 수 있다는 것은 국가 통치에 있어서 하나의 공리이다. 이 공리는 독재체제를 구축한 자들이 잘 알고 이용했으며, 인간을 자유롭게 하려는 우리도 역시 따르지 않을 수 없는 진리이다. 또 이것은 자연의 방법이다. 자연이 고등생물을 창조하려고 하면 하등생물에서 발전시킨다. 이것은 사회 발전의 경우에도 역시 적용되는 법칙이다. 이러한 원리에 충실하게 따라 보자. 물결을 타면 빨리, 멀리 미끄러져 갈 수 있지만, 물결을 거스르면 힘도 많이 들고 속도도 더딘 법이다.

내가 주장하는 것은 사유 토지의 매수도 몰수도 아니다. 매수는 정의롭지 못한 방법이고 몰수는 지나친 방법이다. 현재 토지를 보유하고 있는 사람은 그대로 토지를 가지게 한다. 각자 보유하는 토지를 지금처럼 '내 땅'이라고 불러도 좋다. 토지 매매도 허용하고 유증, 상속도 하도록 한다. 속알만 얻으면 껍질은 지주에게 주어도 좋다. 토지를 몰수할 필요는 없고 단지 지대만 환수하면 된다.

이 제도는 지대를 징수하여 공공경비에 충당하면 그만이므로 정부가 토지 임대 문제에 신경을 쓸 필요가 없다. 이와 관련된 특혜, 결탁, 부패의 위험성도 없다. 또 이 제도를 위해 새로운 정부 기구를 만들 필요가 없으며 기존의 기구만으로도 충분하다. 기존의 기구를 확장할 필요도 없으며 오히려 이를 단순화하고 감축해야 할 것이다. 토지 소유자에게 지대의 적은 부분만 남겨 두고 — 이 금액은 정부 기관이 토지를 임대하는 데 드는 비용과 손실보다 훨씬 적을 것이다 — 기존의 기구를 활용해서 지대를 징수하여 공공경비에 충당한다면 잡음이나 충격도 없이 토지에 관한 공동의 권리를 확립할 수 있다.

이미 우리는 지대의 일부를 조세로 걷고 있다. 그러므로 단지 조세의 방법만 약간 바꾸어 지대 전체를 걷으면 된다.

그러므로 나는 지대를 모두 조세로 징수하자고 제안한다. 이것은 단순하지만 최상의 해결책이다. 임금을 올려주고 자본 소득도 높여 준다. 빈민층을 해소하고 빈곤도 추방한다. 원하는 사람에게는 높은 보수의 일자리를 주고 인간의 힘을 자유스럽게 발휘할 수 있도록 해준다. 범죄를 줄이고 도덕과 취향과 지성을 고양시키며, 정부를 깨끗하게 하고 문명을 보다 높은 차원으로 승화시킨다.

이 방법을 통해 국가는 스스로 지주라고 부르지도 않고 일이 늘어나지도 않는 가운데 국토의 지주가 된다. 형식상 토지소유권은 지금처럼 개인의 수중에 그대로 있다. 아무도 토지소유권을 박탈당하지 않으며 토지 소유량에 대한 제한도 없다. 그러나 국가가 지대를 조세로 걷기 때문에 토지 소유가 누구의 명의로 되어 있건 토지 소유량이 얼마가 되건 간에 토지는 실질적으로 공동재산이 되며, 사회의 모든 구성원이 토지 소유의 이익을 공유할 수 있다.

다른 조세를 철폐하는 만큼 지대 또는 토지가치의 과세액이 반드시 증가할 것이므로, 이 제안을 다음과 같은 실천적 형태로 표현할 수도 있다.

토지가치 이외의 대상에 부과하는 모든 조세를 철폐하자.
(To abolish all taxation save that upon land values.)

앞에서 보았듯이, 사회가 처음 형성될 때의 토지가치는 0이지만 인구 증가와 기술 향상에 의해 사회가 발전함에 따라 토지가치는 점점 커진다. 모든 문명국가는, 역사가 가장 짧은 국가라 할지라도, 토지가치 총액이 정부의 총경비를 감당하기에 충분하다. 발전이 더 이루어진 국가에서는 충분하고도 남는다. 따라서 단순히 모든 조세를 토지가치에서 조달하는 정도에 그쳐서는 안 된다. 지대액이 현재의 정부 수입을 초과하는 국가에서는 거기에 맞추어 조세액도 늘려야 하고, 사회가 발전하고 지대가 상승하면 조세액을 계속 증가시켜 나가야 한다. 그러나 이 점은 너무 자연스럽고도 당연하기 때문에 모든 조세를 토지가치에 부과하자는 제안 속에 포함되어 있거나 적어도 그렇게 이해된다고 볼 수 있다. 조세를 토지가치에서 충당하는 것은 실질적 투쟁의 첫 걸음이다. 토끼를 사냥하고 나면 당연히 요리하는 일이 뒤따른다. 토지에 대한 공동권이 충분히 인식되어 지대 이외에 부과되는 모든 조세를 철폐하게 되면, 개별 지주가 차지해 온 지대를 모두 징수하는 제도를 도입하더라도 별 문제가 생기지 않을 것이다.

내가 수년간 이 제안을 널리 이해시키려고 노력한 경험에 의하면, 모든 조세를 토지가치에 집중시켜야 한다는 견해를 진지하게 고려할 수 있는 바탕이 일단 마련된 곳에서는 예외 없이 상당한 진전이 이루어진다. 그러나 이 제도에 의해 혜택을 많이 보게 될 계층도 이 제도의 중요성과 효과를, 처음에는 물론이고 상당한 기간이 지나서까지, 제대로 이해하지 못하는 경우가 많다. 노동자 계층은 자본과 노동이 상호 대립적인 관계라는 생각을 넘어서기 어렵다. 소농과 자가(自家) 소유자 계층도 모든 조세를 토지가치에 매기면 부당한 세금을 내게 되지 않을까 하는 생각을 극복하기 어렵다. 또 두 계층 모두, 자본에 대한 조세를 없애면 부익부 빈익빈의 결과를 낳을 것이라는 생각을 극복하기 어렵다. 이러한 생각들은 사고의 혼란에서 나온다. 그러나 무지와 편견의 뒤에는 지금까지 저술, 교육, 여론을 지배해 온 강력한 이해관계가 숨어 있다. 거대한 악은 쉽게 사라지지 않는다. 모든 문명국가에서 수많은 사람들을 빈곤과 궁핍으로 몰아넣고 있는 거대한 악은 처절한 투쟁 없이는 사라지지 않을 것이다.

　여기까지 책을 읽어온 독자도 내가 말하는 내용을 선뜻 받아들일 것으로 생각하지 않는다. 그러나 많은 사람들이 관심을 갖는 주제에 관한 토론은 추상적인 내용보다는 구체적인 내용을 다루어야 하므로, 널리 인정되는 조세의 원칙에 비추어 내가 제시한 해결책을 검토하려고 하니 독자들께서는 좀 더 읽어 주시기 바란다. 그렇게 하는 과정에서 여러 가지 부수적인 사항도 알 수 있게 될 것이다.

제3장
조세의 원칙에 의한 검토

정부 수입을 조달하기 위해 징수하는 조세 중에서 최선의 조세는 다음과 같은 여러 가지 조건에 가장 근접하는 조세이다.

1. 조세가 생산에 주는 부담이 가능한 한 적을 것.

이 조건은 조세의 원천이자 사회 유지 비용의 원천이 되는 일반 기금의 증가에 대한 방해를 최소한으로 하기 위한 것이다.

2. 조세의 징수가 쉽고 징수 비용이 저렴하며 조세가 가능한 한 궁극적인 납세자에게 직접적으로 부과될 것.

이 조건은 정부에 들어가는 금액 이외에 국민이 부담하는 금액을 최소한으로 하기 위한 것이다.

3. 조세가 확실성을 가질 것.

이 조건은 공무원 쪽에서는 횡포와 부패의 기회를 최소로 하고, 납세자 쪽에서는 위법과 탈세의 유혹을 최소로 하기 위한 것이다.

4. 조세 부담이 공평할 것.

이 조건은 어느 국민도 다른 사람에 비해 특별히 이익을 받거나 불이익을 받는 일이 없도록 하기 위한 것이다.

이제부터 어떤 과세 방식이 이들 조건에 가장 잘 맞는지를 검토해 보자. 이렇게 해서 결론이 나오면 그것이 정부 수입을 조달하기 위한 최선의 방식이 된다고 하겠다.

① 조세가 생산에 미치는 영향

모든 조세는 분명히 토지와 노동의 생산물에서 납부된다. 자연의 물질과 힘에 인간의 노동을 가하는 것 외에 부의 근원이 될 것이 없기 때문이다. 그러나 동일한 금액의 조세도 부과되는 방식에 따라 부의 생산에 미치는 영향이 대단히 다르다. 생산자의 보수를 줄이는 조세는 반드시 생산 의욕을 줄인다. 생산 행위에 대한 조세, 생산의 3요소를 사용하는 데 대한 조세는 반드시 생산을 위축시킨다. 따라서 노동자의 소득을 줄이는 조세와 자본가에 대한 대가를 줄이는 조세는 노동자의 근면성과 지적 능력을 줄이며, 자본가의 저축 의욕과 투자 의욕을 줄인다. 생산 과정에 부과되는 조세는 부의 창출에 인위적인 장애가 된다. 노동의 투입, 부의 자본적 사용, 토지의 경작에 부과되는 조세는, 실제로 노동을 하는지 여부와는 관계없이, 모든 노동자에게 부과되는 조세나 생산적인 용도로 사용되는지 여부와는 관계없이, 모든 자본에 부과되는 조세나 경작 여부와는 관계없이, 모든 토지에 부과되는 조세에 비해 같은 액수라 하더라도 생산을 분명히 더 심하게 위축시킨다.

진실로 과세 방식은 금액에 못지않게 중요하다. 무거운 짐도 잘 실으면 말이 거뜬하게 운반할 수 있지만, 가벼운 짐도 잘못 실으면 말에게 큰 고통을 줄 수 있다. 적절한 방식으로 부과하면 별 어려움 없이 부담할 수 있는 조세도 잘못 부과하면 국민을 궁핍하게 하고 부의 생산력을 파괴할 수 있다. 이집트 왕 모하메드 알리(Mohammed Ali, 1769~1849)가 야자수에 조세를 물리자 농민들이 자기의 야자수를 베어 버리는 사태가 생겼으나, 그 두 배의 세금을 토지에 부과했을 때에는 이런 결과가 생기지 않았다. 네덜란드의 알바(Alva, 1508~1582) 공작이 모든 판매에 대해 세율 10%의 조세를 매긴 적이 있었는데, 이 세제가 계속되었더라면 교환이 거의 중단되고 세수입은 거의 못 올렸을 것이다.

그러나 이와 같은 예는 외국에만 있는 것이 아니다. 미국에서도 부의 생산은 생산 과정에 매기는 조세 때문에 줄어들고 있다. 조세로 인해 생산성이 낮은 부문으로 산업이 전환됨에 따라 과거에 미국이 앞섰던 조선업이 국제무역 분야에서는 거의 망했고, 그 밖의 여러 생산과 교환도 심각할 정도로 침체되었다.

현대 정부가 수입을 얻기 위해 부과하는 대부분의 조세는 정도의 차이는 있을지라도 이러한 생산 억제 효과가 있다. 공업, 상업, 자본, 토지개량물에 부과하는 모든 조세는 이런 유형에 속한다. 이들 조세는, 그 영향이 눈에 덜 드러나지만, 결국 야자수에 대한 모하메드 알리의 조세와 같은 결과를 낳는다.

이러한 조세는 부의 생산을 줄이는 경향이 있으므로, 생산을 제약하지 않는 조세로 수입을 얻을 수 있다면, 절대로 부과해서는 안 된다. 사회가 발전하고 부가 축적되면 생산을 제약하지 않는 조세도 나타날 수 있다. 사치품에 조세를 매기면 과시를 위해 헛되게 지출될 돈이 국고로 들어갈 것이다. 부유층의 유산에 과세하더라도 재산 축적의 의욕을 억제하지는 않을 것이다. 이러한 의욕은 일단 사람을 휘어잡으면 맹목적인 욕심으로 변한다. 그러나 생산을 저해하지 않고 정부 수입을 올릴 수 있는 조세로서 가장 중요한 것은 독점에 대한 조세이다. 독점으로 얻는 이윤은 그 자체로 생산에 대한 조세와 같은데, 여기에 과세하면 어쨌든 생산이 치르게 되어 있는 금액이 국고로 방향을 전환할 뿐이기 때문이다.

우리 사회에는 여러 종류의 독점이 있다. 예를 들면 특허권이나 저작권에 의해 성립하는 일시적인 독점이 있다. 여기에 세금을 매기는 것은 매우 부당하고 비효율적이다. 이러한 권리는 무형의 생산에 대한 노동의 권리이며 발명과 저작에 대한 보상이기 때문이다.[2] 반면 제3권 제4장에서 언급하였듯이, 부담스러운 독점(onerous monopoly)도 있다. 이것은 독점의 특성이 그렇듯이 기업의 자본집중에 의해 생긴다. 일반 법률을 통해 이러한 독점의 대가에만 조세를 부과하고 생산이나 교환에는 지장이 없도록 하는 것은, 불가능하지는 않더라도, 매우 어렵다. 그러므로 차라리 이러한 독점은 폐지하는 것이 훨씬 낫다. 이런 독점은 거의 법률에 의해 생긴다. 예를 들면 뉴욕에서 샌프란시스코까지

---

2) 특허에 의해 생기는 배타적 권리와 무형의 생산물에 대한 노동의 권리인 저작권에 의해 생기는 배타적 권리를 혼동하는 관행 때문에 나도 실수를 하였다. 이 점을 인정하여 『스탠더드(*Standard*)』 1883년 6월 23일자에서 견해를 수정한 바 있다. 두 가지 권리 간에는 본질적인 차이가 있다. 저작권은 소유에 관한 자연법에 의해 누구나 자유롭게 사용할 수 있는 사실, 관념, 또는 사실과 관념의 결합을 배타적으로 사용하는 권리가 아니라 물건 그 자체에 투입된 노동에 대한 권리일 뿐이다. 저작권은 다른 사람이 독력으로 사실, 지식, 법칙 또는 이들의 결합으로 만든 유사한 생산물을 사용하는 것을 막지 않으며, 특정 저서 기타 생산물과 동일한 형태의 — 실제로 이것은 생산에 투입된 노동과 같다 — 사용을 막을 뿐이다. 저작권은 자신의 노력으로 생산한 것을 취하는 자연적이고 도덕적인 권리에 근거를 두는 권리로서 다른 사람의 동종의 권리를 침해하지 않는다.

반면에 특허권은 다른 사람이 유사한 행위를 하는 것을 금지하며, 소유권의 기초가 되는 평등한 자유를, 보통 한정된 기간 동안, 방해한다. 그러므로 저작권은 도덕법칙에 합치한다. 저작권은, 특정의 책을 쓰거나 특정의 그림을 그리는 데 필요한 무형의 노동을 투입한 사람을 보호하여 남이 꼭 같은 것을 복제하지 못하도록 해준다. 그러나 특허권은 이러한 자연권과는 다르다. 특허권은 과거에 해오던 일도 못하게 한다. 누구든 내가 생각하는 것, 인식하는 것, 행하는 것을 생각하고 인식하고 행할 도덕적인 권리를 가지고 있으며 힌트를 나에게서 얻었거나 아니거나 상관없다. 발견은 소유권의 대상이 될 수 없다. 발견이란 이미 존재하는 것을 찾아냈을 뿐이기 때문이다. 수레나 책이나 그림을 제작한 사람은 특정의 수레, 책, 그림에 대한 도덕적 권리를 갖지만, 다른 사람이 그 비슷한 것을 만들지 못하도록 할 권리는 없다. 특허권은 발견과 발명을 자극하려는 목적으로 부여되지만, 장기적으로 보면 발견과 발명을 제약하게 된다.

파나마 운하를 거쳐 직접 수송하는 비용이 뉴욕에서 영국의 리버풀 (Liverpool)이나 사우스햄턴(Southampton)을 거쳐 샌프란시스코로 수송하는 비용보다 더 많이 드는데, 그 이유는 소위 '보호적' 법률 때문에 미국의 기선 건조 비용이 매우 비싼데다가, 외국 기선은 미국 내 항구 간 수송을 담당할 수 없게 되어 있기 때문이다. 또 미국 동부에서 수송되는 상품에 대해 네바다 주의 주민은 그 상품이 샌프란시스코에 갔다가 다시 네바다 주로 가는 만큼의 수송비를 부담한다. 이것은 당국이 역마차의 횡포는 규제하면서 철도회사의 횡포는 규제하지 않기 때문이다. 일반적으로 말하자면, 자연 독점의 성격을 가진 사업은 정부의 기능에 속하며 정부가 맡아서 운영하여야 한다. 정부가 체신사업을 하듯이 전신사업도 맡아야 하며, 일반 도로처럼 철도도 맡아야 하는 이유가 바로 이런 데 있다.

그러나 토지 독점에 비하면 다른 독점은 아무 것도 아니다. 그리고 토지가치는 순전히 독점의 반영이므로 어느 모로 보나 과세 대상으로 적합하다. 철도나 전신망의 가치, 가스나 특허 의약품의 가격 등은 독점가격의 반영이기도 하지만 동시에 노동과 자본의 대가가 되기도 한다. 그러나 토지가치, 즉 경제지대는 앞에서 본 바와 같이 토지를 배타적으로 사용하는 데 따른 이익을 나타낼 뿐이다. 토지가치에 부과되는 조세는, 그 금액이 지대, 즉 연간 토지가치를 초과하지 않는 한, 생산을 전혀 제약하지 않는다. 상품, 교환, 자본 내지 생산 수단, 생산 과정 등에 부과되는 조세와는 달리 토지가치에 부과되는 조세는 생산에 부담이 되지 않기 때문이다. 토지가치는 곡물, 가축, 건물 등 개인의 재산 또는 토지개량물의 가치와 달라서, 생산에 대한 대가를 나타내는 것이 아니다. 토지가치는 독점의 교환가치를 나타낼 뿐이다. 토지가치는 어떠한 경우에도 토지소유자 개인에 의해서가 아니라 사회의 성장에 의해서 창출된다. 그러므로 토지가치를 전부 징수하더라도 토지 개량의 유인이 절대로 줄지 않으며 부의 생산이 조금도 감소되지 않는다. 토지가치에 대한 조세는, 세액이 지대보다 많지 않은 한, 노동 임금이나 자본의 대가를 조금도 줄이지 않고, 단 하나의 상품 가격도 인상시키지 않으며, 생산을 어렵게 만드는 경우도 결코 생기지 않는다.

그러나 이 조세의 장점은 이 정도가 아니다. 토지가치에 대한 조세는 다른 조세와는 달리 생산을 억제하지 않음은 물론이고, 투기성 지대를 무너뜨림으로써 생산을 오히려 증대시키는 경향이 있다. 투기성 지대가 생산을 억제하는 예는 값비싼 토지가 방치되어 있는 경우에도 나타나지만 주기적인 경제불황의 경우에 더 뚜렷하게 나타난다. 경제불황은 토지가치의 투기적 상승에서 시작하여 문명세계 전체로 확대되면서 곳곳에서 산업을 마비시킨다. 이는 전면전쟁보다 더 낭비적이고 고통스럽다. 지대를 징수하여 공공목적에 사용하는 조세제도는 이 모두를 방지한다. 토지세액이 실제 임대가치에 근접하는 경우에는, 누구든 사용하지 않을 토지를 보유하기 어려울 것이고, 따라서 그러한 토지는 실제로 사용할 사람에게 개방될 것이다. 정착지 간의 거리는 가까워질 것이고, 그에 따라 노동과 자본도 같은 노력으로 더 많은 생산을 할 수 있게 될 것이다. 특히 미국에서처럼 생산력을 심히 소모시키고 있는 심술쟁이들도 사라질 것이다.

그러나 지대를 조세로 징수하여 공공목적에 사용하는 제도는 분배에 영향을 미침으로써 부의 생산을 촉진한다는 점이 더 중요하다. 이에 대한 설명은 뒤로 미루겠다. 생산 측면에서 볼 때, 토지가치에 대한 조세가 최선의 조세라는 사실은 너무나 명백하다. 공업에 과세하면 공업을 억제하는 효과가 생기고, 토지개량물에 과세하면 토지 개량을 줄이는 효과가 생기며, 상업에 과세하면 교환을 막는 효과가 생기고, 자본에 과세하면 자본 투입을 방해하는 효과가 생긴다. 그러나 토지가치는 전액을 징수할 수 있으며, 그 효과는 산업을 진흥하고 자본에 새로운 기회를 열어주며 부의 생산을 증대시키는 것으로 나타난다.

② 징세의 용이성과 저렴성

일부 면허세 또는 인지세와 같이, 그 자체로 저절로 징수되는 몇 가지 예외적인 조세를 빼면 — 그 액수는 전체 정부 수입에 비해 얼마 되지 않는다 — 모든 조세 중에서 토지가치에 대한 조세는 징수가 가장 쉽고 비용이 가장 적게 드는 조세이다. 토지는 감추거나 어디로 가져갈 수 없으며, 가치 평가가 쉽고, 일단 세액이 평가되고 나면 세액을 수납하는 인력만 있으면 족하기 때문이다.

어느 재정제도 하에서나 정부 수입의 일부는 토지에 대한 조세로 조달하고 있고, 그 업무를 담당하는 기관도 이미 존재하므로 일부를 징수하나 전부를 징수하나 다를 바 없다. 따라서 토지가치에 대한 조세 이외의 모든 다른 조세를 없앤다면 다른 조세를 징수하던 비용은 모두 절약할 수 있다. 현재 세무 공무원의 숫자를 감안하면 절약액은 막대할 것이다.

이런 절약액만으로도 현재 국민의 납세액과 정부의 실수입 간에 생기는 격차가 상당히 줄어든다. 그러나 토지가치에 대한 조세 이외의 다른 모든 조세를 없앤다면 격차는 더 줄어든다.

토지가치에 대한 조세는 물가를 올리지 않으며 부과되는 사람이 직접 조세를 부담한다. 반면에 양이 고정되어 있지 않은 물자에 대한 조세는 그 물자의 가격을 올리며, 교환 과정에서 판매자로부터 매입자에게로 세액이 전가되면서 세부담이 늘어난다. 또 금전대차에 조세를 부과하면 대주(貸主)는 세액을 차주(借主)에게 떠넘기려 할 것이고, 차주는 세액을 부담하지 않으면 돈을 못 빌리게 된다. 차주가 빌린 자금을 사업에 투자할 경우 소비자에게서 세액을 보상받지 않을 수 없다.

그렇게 하지 않으면 사업에 이윤이 생기지 않기 때문이다. 건물에 조세를 부과하면 궁극적으로 건물의 사용자가 조세를 부담하게 된다. 건물임대료가 정상이윤과 세액을 합한 액수에 미치지 못하면 건물의 건축이 중지될 것이기 때문이다. 공산품이나 수입품에 조세를 부과하면 생산자나 수입상은 가격을 올리게 되고, 그 세액은 도매상과 소매상을 통해 결국 소비자에게 전가된다. 이때 궁극적으로 조세를 부담하는 소비자는 세액뿐만 아니라 이 세액에 대한 이윤까지 부담하게 된다. 업자는 상품 구입을 위해 선불한 자본 이외에 조세로 납부한 자본에 대해서도 이윤을 취하려 하기 때문이다. 마닐라산 담배를 샌프란시스코 수입상에게서 사면 1천 개에 70불이다. 이 중 14불은 수입가격이고 56불은 관세이다. 그러나 이 담배를 사서 되파는 사람은 실제 담배가격인 14불에 대해서가 아니라 담배가격과 관세액을 포함한 금액에 대해서 이윤을 남겨야 한다. 이와 같이 상품가격을 올리는 모든 조세는 유통 단계에 따라 전가되면서 그 액수가 커지므로 결국 소비자는 실제로 정부에 들어가는 세액보다도 더 많은 세금을 부담하는 결과가 된다. 이제 조세는 생산비를 올리고 공급을 억제함으로써 가격을 상승시킨다는 사실을 알게 되었다. 그러나 토지는 인간의 생산 대상이 아니며 지대에 매기는 조세는 토지 공급을 억제하지 않는다. 그러므로 이 조세로 인해 토지소유자의 세액이 늘어나더라도 토지소유자가 토지 사용대가를 올릴 힘이 없다. 투기 목적으로 토지를 보유하는 사람은 토지를 시가대로 매각 또는 임대하지 않을 수 없기 때문에 이 조세는 토지소유자 간의 경쟁을 촉진하고 따라서 오히려 지가를 하락시키는 효과를 갖는다.

이런 모든 점을 고려할 때, 토지가치세는 가장 저렴한 비용으로 큰 정부 수입을 올릴 수 있는 조세이며, 국민에게서 징수하는 금액에 대비한 정부의 순수입액의 비율이 가장 높은 조세이다.

③ 조세의 확실성

확실성은 조세의 중요한 요소이다. 왜냐하면 징세의 성과는 세무 당국의 근면과 성실, 납세자의 공공심과 정직성에 달려 있는 만큼, 세무당국에게는 횡포와 부패의 가능성이 있고 납세자에게는 탈세와 사기의 가능성이 있기 때문이다.

다른 기준은 차치하고 확실성 기준에서만 보더라도 현재 정부 수입의 대부분을 조달하는 방식은 졸렬하다. 미국의 주세(酒稅)와 담배세에 관련된 부정부패는 유명하다. 세관의 평가가 엉터리라든지, 소득세 신고액이 터무니없다든지, 각종 동산은 절대로 정확하게 평가할 수 없다는 사실도 널리 알려져 있다. 그로 인해 생기는 물질적 손실, 즉 불확실성으로 인해 국민이 부담하면서도 정부의 수입이 되지 않는 금액은 엄청나다. 영국에서 보호무역 체제를 취했을 때 막대한 인원이 밀수를 막기 위해 영국 해안에 배치되었고, 또 역시 막대한 인원이 이를 피하는 일에 열심이었다. 두 집단의 유지에 들어가는 비용은 분명히 노동과 자본의 생산물에서 나온다. 밀수꾼의 비용과 이윤, 그리고 세관 공무원에 대한 봉급과 뇌물 등은 정부의 실제 수입 이외에 그 나라의 산업에 대해 추가로 매기는 조세와 같다. 세액 평가인에게 주는 팁, 세관 공무원에 바치는 뇌물, 만만한 관리를 뽑고 탈세가 가능하도록 법령을 만드는 데 드는 돈, 상품의 수입이나 제조 방식을 관세와 물품세를 피할 수 있도록 꾸미는 데 드는 비용, 탐정이나 정보원을 유지하는 데 드는 경비, 세무 소송과 처벌 등으로 인해 정부와 납세자가 부담하는 비용 등은 막대한 액수에 달하며, 이 금액은 사회의 부를 소모시키지만 정부의 수입에는 보탬이 되지 않는다.

그러나 이 정도는 가장 작은 폐단에 속한다. 확실성이 결여된 조세는 사회의 도덕성을 심각하게 저해한다. 정부 수입과 관련된 각종 법률은 한마디로 "공무원 부패를 촉진하며, 정직성을 억제하고, 탈세를 조장하며, 허위 신고에 이익을 주며, 법과 정의를 분리시키는 법률"이라고 할 수 있을 정도이다. 정부 수입 관련 법률의 진짜 목적은 바로 이런 데 있으며 그 목적은 잘 달성되고 있다. 세관의 맹세는 그저 입에 발린 말에 지나지 않는다. 평가 담당자도 완전하고 진정한 금전 가치를 평가하겠다고 정기적으로 맹세하지만, 그렇게 하지 않는 것이 보통이다. 개인적으로나 영업상으로나 정직함을 자랑으로 삼는 사람도 공무원을 매수하여 허위신고를 한다. 법정에서도 하루는 살인범을 재판하는가 하면, 다음 날에는 납세필증을 붙이지 않은 성냥을 팔았다고 하여 재판하는 한심한 광경이 전개된다.

이러한 과세 방법은 너무 불확실한데다 부도덕을 부추기는 방법이어서 웰스(David A. Wells), 닷지(Edwin Dodge), 커일러(George W. Cuyler)로 구성된 뉴욕위원회(New York Commission)에서는 현재 부과하는 조세 중 부동산에 대한 조세를 제외한 대부분의 조세를 폐지하고 각자가 점유하는 부동산의 임대가치를 기준으로 하는 대체 조세를 부과하는 방안을 제시하기도 하였다.

그러나 어떠한 대체 조세도 필요 없다. 토지가치에 대한 조세는 재량의 여지가 가장 적고, 최상의 확실성을 갖는 조세이다. 토지는 이동시킬 수도 없고 감출 수도 없는 만큼 토지에 대한 조세의 평가와 징수도 확정적이다. 토지세는 최후의 1센트까지 징수가 가능하다. 현재 토지평가가 불공평한 경우도 있지만 동산에 대한 평가는 훨씬 더 불공평하다. 또 토지평가의 불공평성은 주로, 토지와 토지개량물을 함께 과세한다는 점, 그리고 위에서 언급한 원인에 의한 부도덕성이 세제 전체에 영향을 준다는 점에 기인한다. 토지개량물을 제외한 순수토지의 가치에만 조세를 부과한다면, 조세체계가 단순하고 명확하게 될 뿐만 아니라 이 조세에 국민의 관심이 집중될 것이므로 당국의 과세액 평가도 일반 부동산 중개인이 거래가격을 매기는 것과 같은 정도의 확실성을 갖게 될 것이다.

④ 조세의 공평성

아담 스미스는 조세의 원칙에 관해 "국익은 정부를 유지하는 데 드는 비용을 가능한 한 각자의 능력에 비례해서 — 즉, 각자가 정부의 보호 아래 향유하는 수입에 비례해서 — 부담하여야 한다"고 하였다. 또 지대, 임금, 이자 어느 하나에만 부과하는 조세는 불공평하기 마련이라고 하였다. 모든 대상에 과세하는 우리 조세제도의 공통적 관념은 — 모든 사람은 수입에 비례해서 또는 소득에 비례해서 세금을 내어야 한다는 관념은 — 이러한 잘못된 생각을 실천하려는 데서 나온다.

그런데 이 방법은 모든 사람의 수입을 기준으로 과세하는 데 따른 굉장한 실무상의 어려움은 차치하고, 무엇보다 정의를 실현할 수 없다는 큰 단점이 있다.

예를 들어 같은 수입 내지 소득을 얻는 두 사람이 있는데, 갑은 부양가족이 많고 을은 독신이라고 하자. 이럴 때 간접세는 매우 불공평하다. 갑은 자기 가족에 필요한 식품, 옷 등에 대한 세금을 부담하는 반면 을은 자기 혼자 소비하는 물자에 대한 세금만 물면 되기 때문이다. 한편 두 사람에게 동일한 세액을 부담시키는 직접세의 경우를 생각해 보아도 역시 불공평하다. 갑의 소득은 여러 가족의 생활비로 사용되는 반면 을의 소득은 한 사람의 생활비로만 사용되기 때문이다. 맬서스 학설을 연장하여 어린 국민을 키우는 것이 사회에 해가 된다고 보지 않는 한, 이런 조세는 정의에 크게 어긋난다.

그러나 혹자는 이것은 어쩔 수 없는 문제라고 한다. 또 인간은 무능력하게 세상에 나와 부모의 양육을 받고, 부모는 자식을 키우는 보상으로 커다란 기쁨을 누리는 것이 자연의 원리라고 말하는 사람도 있다. 좋다. 그렇다면 자연으로 대상을 돌려 자연법에 들어 있는 정의의 원리를 알아보자.

자연은 노동에게 베풀며 그리고 노동에게만 베푼다. 에덴동산에서도 사람이 일을 하지 않는다면 굶는 수밖에 없다. 동일한 소득을 가진 두 사람이 있는데, 그 중 한 사람의 소득은 노동소득이고 다른 사람의 소득은 지대소득이라고 하자. 이 두 사람이 국가의 경비를 똑같이 부담하는 것이 정의로운가? 분명히 그렇지 않다. 한 사람의 소득은 그 스스로 창출한 부이자 사회적 부의 총량을 증가시킨 부이다. 그러나 다른 사람의 소득은 단지 이미 생산된 물자 중에서 취하는 것일 뿐이며, 그 대가로 아무런 기여도 하지 않는다. 노동자가 소득을 향유하는 권리는 노동의 대가로 부를 준다고 하는 자연의 보장에 근거를 둔 권리이다. 그러나 지대소득자가 소득을 향유하는 권리는 허구적인 권리이고, 인간의 제도가 만든 권리일 뿐이며, 자연은 이러한 권리를 인정하지 않는다. 자녀를 둔 어느 아버지가, 자신의 노동소득으로 자녀를 양육해야 한다는 말을 들으면 틀림없이 수긍할 것이다. 그것은 자연의 원리이기 때문이다. 그러나 자연이 모든 사람에게 공평하게 제공하였고 그의 자녀도 동등한 권리를 선천적으로 가지고 있는 자연의 기회를 독점함으로써 획득한 돈이 한 푼이라도 있는 한, 자신의 노동소득에서는 단 한 푼의 세금도 낼 수 없다고 주장할 것이다.

아담 스미스는 소득은 "정부의 보호 아래 향유"된다고 하였다. 재산은 국가의 동등한 보호를 받기 때문에 모든 재산은 동등하게 과세되어야 한다는 주장이 흔히 나오는 것은 여기에 연유한다. 이러한 생각의 기초는 국가가 있음으로 해서 재산의 향유가 가능하다는 데 있다.

즉, 사회에 의해 창출되고 유지되는 가치가 있으므로 이를 징수하여 사회 경비에 충당하는 것이 정당하다는 것이다. 그렇다면 어떠한 가치가 여기에 해당될까? 그런 가치는 토지가치뿐이다. 토지가치는 사회가 형성되기 전에는 생기지 않으며 다른 가치와는 달리 사회의 성장과 더불어 성장한다. 또 토지가치는 사회가 존속하는 한에서만 존속한다. 아무리 큰 사회도 그 인구가 흩어진다면, 현재는 가치가 매우 높은 토지에서도, 가치가 발생하지 않는다. 인구가 증가하면 토지가치가 오르고, 인구가 감소하면 토지가치가 하락한다. 이러한 사정은 토지 소유처럼 그 성질상 독점인 경우가 아니면 해당되지 않는다.

토지가치에 부과하는 조세는 사회로부터 특별한 혜택을 받는 사람에게만 부담을 지우며, 또 그 혜택에 비례해서 부담을 지운다. 이 조세는 사회가 창출한 가치를 사회가 거두고 또 사회를 위해 사용하는 조세이다. 이 조세는 공동재산의 공동사용이라는 원리를 구현한다. 모든 지대가 과세되어 사회의 필요경비에 충당되면, 자연이 예정하는 평등이 성취된다. 각 국민은 개인적인 근면, 기술, 지적 능력에 의한 이익 이외에는 다른 사람보다 더 이익을 받는 일이 없다. 모든 사람은 자신이 정당하게 번 것을 갖게 된다. 그 때가 되면, 그리고 그 때가 되어야, 노동은 정당한 보수를 받고 자본은 자연적인 대가를 받는다.

제4장
여러 가지 지지와 반대

　　토지가치 또는 지대에 부과하는 조세가 정부 수입을 올리는 최선의 방책이라고 하는 우리 결론의 근거는 지대의 성격과 지대 결정 법칙에 관한 이론이 확립된 이래 모든 저명한 경제학자에 의해 명시적·묵시적으로 인정되어 왔다.

　　리카도(David Ricardo, 1772~1823)는 다음과 같이 지적한다(『정치경제학과 조세의 원리』, 제10장).

　　　"지대에 부과하는 조세는 … 전부 토지소유자에게 귀착되며 어떤 계층의 소비자에게도 전가되지 않는다 … 경작되고 있는 토지 중 가장 생산성이 낮은 토지의 생산량과 다른 토지의 생산량과의 차이는 변함이 없기 때문이다 … 지대에 부과하는 조세는 신규 토지의 경작을 저해하지 않는다. 이러한 토지에는 지대도 없고 조세도 부과되지 않을 것이기 때문이다."

　　매컬로크(John R. McCulloch, 1789~1864)는 다음과 같이 선언한다 (『국부론에 대한 주석』, XXIV). "실제적인 관점에서 볼 때 지대에 대한 조세는 가장 부정의하고 졸렬한 조세에 속한다." 그러나 이 반대 견해의 유일한 근거는, 토지 사용의 대가와 토지에 투입된 자본 사용의 대가를 구분하기가 실무적으로 불가능하다는 가정에 있다. 그러나 이 구분이 가능하다면 토양의 자연력을 사용하는 대가로 토지소유자에게 지불되는 금액을 조세로 완전히 거두어도 토지소유자는 이 부담을 다른 사람에게 전가시킬 수 있는 힘이 없고, 또 생산물의 가격에도 영향을 주지 않는다는 점을 인정한다.

존 스튜어트 밀(John Stuart Mill, 1806~1873) 역시 이 모든 점을 인정했으며 나아가서 지대에 부과하는 조세는 효율성과 정의성을 갖춘 조세라고 분명히 선언하였다. 밀은 지주가 아무런 노력도 모험도 절약도 하지 않으면서 무슨 권리로 일반적인 사회 진보에서 생기는 부를 차지하는가 하고 물었다. 또 현재의 토지가치에 대한 지주의 권리에 간섭하는 데에는 명백히 반대하였지만, 미래의 가치 증가분은 징수하여 자연권에 의해 사회에 귀속되도록 하자고 제안하였다.

포셋(Millicent G. Fawcett, 1847~1929)은 남편(Henry Fawcett, 1833~1884)이 쓴 『초보자를 위한 정치경제학(*Political Economy for Beginners*)』의 부록에서 이렇게 서술하였다. "토지세는 금액에 관계없이 토지소유자가 국가에 지불하는 지대의 성격을 갖는다. 인도의 많은 지역의 토지는 정부 소유이고 따라서 토지세는 국가에 직접 납부하는 지대이다. 이러한 토지제도가 경제적으로 완전하다는 점을 쉽게 알 수 있다."

사실 과세의 효율성과 정의성의 견지에서 지대가 매우 적절한 과세대상이라는 점은 공인된 지대의 원리 속에 들어 있으며, 리카도의 지대의 법칙을 인정하는 모든 경제학자의 저작에 그 싹이 있다. 그런데도 이 원리에서부터 내가 도출한 것과 같은 필연적인 결론을 학자들이 도출하지 않은 것은, 토지의 사적 소유에 관련된 거대한 이해관계를 위협 또는 침해하지 않으려는 태도 및 임금과 빈곤의 원인에 관해 경제학계를 지배해 온 이론의 오류에 기인한다.

그러나 사회의 공동재산인 토지로부터의 수입으로 공동 서비스 비용에 충당해야 한다는 사실을 — 이 사실은 관습적인 편견에 얽매이지 않는 사람이라면 누구나 자연스럽게 인식할 수 있다 — 당연하게 인식한 경제학파가 있었다.

케네(François Quesnay, 1694~1774)와 튀르고(Anne Robert Jacques Turgot, 1717~1781)를 필두로 하는 18세기 프랑스의 중농학파는 나처럼 모든 조세를 철폐하고 토지가치에만 과세하자고 제안하였다. 나는 케네 등 중농학파의 학설을 영국 학자들의 저술을 통해 간접적으로 알게 되었기 때문에, 농업이 유일한 생산적 산업이라고 하는 등 그들의 독특한 견해가 이론적 오류인지 아니면 단지 용어를 특수하게 사용한 것인지 확실히 말할 처지가 못 된다. 그러나 나는 케네 이론의 정수라고 할 수 있는 그 제안을 통해, 케네는 토지와 노동 간의 근본적인 관계를 이해했으며 — 그러나 후대에 제대로 계승되지 못했다 —, 추론 과정에 문제가 있기는 하지만, 실제적인 진리에 도달하였다고 확신한다. 토지소유자의 수중에 "순생산(produce net)"이 남는 원인에 대한 중농학파의 설명은, 자연은 진공을 싫어한다는 가정을 통해 펌프의 원리를 설명하는 수준을 넘어서지 못했다. 그러나 중농학파는 사회경제에 대한 실제적인 관계 속에서 그 사실을 인식하였으며, 노동의 투입을 저해하고 왜곡하는 조세를 지대에 부과하는 조세로 대치할 때 산업과 교역에 완전한 자유가 보장되고 그에 따라 갖가지 이익이 발생한다는 점에 대해서도 나처럼 분명히 인식하였다. 프랑스 대혁명에 대해 심히 유감스러운 점의 하나는, 그로 인해 중농학파의 사상이 사라져 버렸다는 점이다. 당시 중농학파는 사상계의 지지를 얻고 있던 중이었고 재정 관계 입법에도 영향을 줄 수 있는 단계에 분명히 와 있었다.

나는 케네의 학설에 대해 전혀 몰랐지만, 완전한 논리를 거쳐 동일한 실천적 결론에 도달하였으며, 이 결론을 공인된 정치경제학에 비추어 의문의 여지가 없는 기초 위에 올려놓았다.

지대 또는 토지가치에 부과하는 조세에 관해 정치경제학의 수준급 저술에 나와 있는 유일한 반대론도 이 조세의 장점을 인정하고 있다. 즉, 토지와 개량물을 구분하기 어렵기 때문에 지대에 과세하다 보면 지대 아닌 다른 것에도 과세할 수 있다는 것이 반대론의 근거이기 때문이다. 예를 들어 매컬로크는, 토양의 자연적이고 내재적인 능력에서 생기는 가치와 토지의 개발과 개량에서 생기는 가치를 분명하게 구분할 수 없기 때문에 지대에 대한 조세는 졸렬하고 불공평하며 따라서 이런 조세를 사용하지 않는 것이 좋겠다고 하였다.

머콜리(Thomas B. Macaulay, 1800~1859)는 중력이론을 인정하는 것이 금전적 이익에 지장을 준다면 중력을 부정하는 근거가 수없이 나올 것이라고 어디에선가 말했는데, 위와 같은 토지세 반대론도 그런 예가 된다. 토지와 개량물의 가치를 확실히 구분하기가 불가능하다고 하더라도, '일부' 개량물에 대한 과세가 불가피하다고 해서 '모든' 개량물에 계속 과세해야 할까? 노동과 자본이 토지와 밀접하게 결합된 가치에 대해 부과하는 조세가 생산을 저해한다고 하면, 노동과 자본이 창출한 것으로서 토지와는 명백히 구분되는 가치에 부과하는 조세는 생산을 얼마나 저해할 것인가?

그러나 실제로는 토지와 개량물의 가치는 언제나 쉽게 구분할 수 있다. 예를 들어 미국에는 개량되지 않은 채로 남아 있는 값비싼 토지가 많이 있으며, 여러 주에서 관례적으로 토지가치와 개량물의 가치를 별도로 평가한 다음 부동산이라는 항목으로 합산한다. 토지가 사유화된 지 오래라고 하더라도 나대지의 가치를 평가하는 데 아무 어려움이 없다. 토지와 건물의 소유자가 다른 사람인 경우도 흔히 있으며, 화재로 인해 개량물이 소실되어도 토지의 가치는 그대로 남아 있기 때문이다. 또 세계에서 가장 역사가 오랜 국가라 하더라도, 과거 적당한 기간 내에 조성되어 명백히 구분할 수 있는 토지개량물의 가치와, 이러한 토지개량물이 파괴되었다고 할 때의 토지가치를 구분하는 정도는 아무런 어려움이 없다. 정의의 측면에서나 정책의 측면에서나 이 정도의 구분이면 충분하다. 어느 제도에서든 완벽한 정확성을 기하기는 어려울 뿐만 아니라 자연이 태초에 부여한 것과 인류가 이룩한 것을 완전히 구분한다는 것은 현실성도 없고 또 어리석은 일이다. 로마시대에 매립한 늪지나 계단식 농지로 조성한 구릉은 이제는 지진이나 빙하가 남긴 흔적과 다름이 없다. 영구적 개량물이 상당한 시간이 지난 후에 토지의 일부가 된 것으로 간주하여 이를 과세 대상으로 삼는다고 해도 토지 개량이 저해되지 않는다. 토지 개량은 몇 년만 임대차하는 토지에도 흔히 이루어지기 때문이다. 사실 각 세대는 자기 세대를 위해 건축을 하거나 토지를 개량하지 먼 미래를 위해 개량하는 것은 아니다. 그리고 각 세대는 지구의 자연력뿐만 아니라 지난 세대가 이룩한 모든 것도 물려받는다.

그 밖에 다른 반대론도 있을 수 있다. 정치 권력이 분산된 곳에서는 조세가 어느 한 계층에만, 예를 들어 지주 계층에만, 부과되는 것보다 모든 계층에 부과되는 것이 좋다는 의견도 있을 수 있다. 그래야 정치 권력을 행사하는 모든 계층이 경제적으로 정부에 관심을 가질 수 있다는 것이다. 조세와 대표성은 분리되어서 안 된다는 것이다.

공적 부담에 대한 의식과 정치 권력이 결합하는 것이 좋다고 하더라도 현재의 조세 체계로는 그런 효과를 내지 못한다. 간접세는 세금을 내는지 안 내는지 거의 의식하지 못하는 사람들이 주로 부담한다. 미국에서는 조세에도 관심이 없고 좋은 정부를 만드는 데도 신경을 쓰지 않는 계층이 급속히 커지고 있다. 우리 대도시의 선거는 대중이 오직 빵과 서커스에만 관심을 두었던 로마의 선거처럼 되고 있으며 공익에 대한 고려는 뒷전이다.

현재의 수많은 조세를 토지가치에 부과하는 단일세로 대체할 경우 투기 목적으로 보유하는 토지가 분할되어 토지 소유자의 수가 대폭 늘어날 것이므로 납세를 의식하는 국민의 수는 거의 줄지 않을 것이다. 그러나 단일세는 부의 분배를 평등하게 하므로, 가장 가난한 계층의 경우에도 공익에 관심을 가질 수 없을 정도의 극심한 빈곤 상태는 벗어나게 된다. 또 동시에 정부에 아랑곳하지 않는 대재산가의 거대한 재산도 줄어든다. 정치적으로 위험한 계층은 극부층과 극빈층이다. 국민으로 하여금 나라를 생각하고 정부에 관심을 갖게 하는 것은, 세금을 낸다는 의식이 아니라, 자신이 사회의 일부이며 사회가 잘되면 자신도 잘되고 사회의 불명예는 자신의 부끄러움이라고 느끼는 의식이다. 국민이 이렇게 느끼도록 해주면 된다. 안락한 가정에서 생길 수 있고 또 그런 가정에 충만해 있는 감화력으로 국민이 둘러싸이도록 해주면 된다. 이런 단계가 되면 사회는 국민을 완전히 믿어도 좋다. 국민은 납세하기 때문에 애국적으로 투표하거나 애국적으로 적군과 싸우는 것이 아니다. 국민으로 하여금 물질적인 안락함과 독립성을 갖게 해 주면 공공정신이 함양되며, 정부의 권력도 지성과 도덕성을 더 갖추게 된다.

그러나 이러한 의문이 생길 수 있을 것이다. 만일 토지가치에 대한 조세가 정부 수입의 수단으로 그토록 장점이 많다고 하면, 어째서 모든 정부가 수많은 다른 조세를 부과하는가?

그 대답은 명백하다. 토지가치에 대한 조세는 비중 있는 조세 중에서 남에게 떠넘길 수 없는 유일한 조세이기 때문이다. 토지가치에 대한 조세는 토지소유자에게 귀착되며 이 부담을 다른 사람에게 전가시킬 방법이 없다. 그러므로 토지소유자라고 하는 거대하고 강력한 계층은 토지가치에 대한 조세를 낮게 유지하면서 다른 조세를 수입의 수단으로 삼는다면 직접적인 이익을 얻게 된다. 예를 들어 17세기 영국의 토지소유자들은 자신들이 부담하던 봉건제 하에서의 토지세 대신 모든 소비자가 부담하는 물품세를 확립시킨 바 있다.

이와 같이 토지가치에 과세하는 것을 반대하는 쪽에는 확실하고 강력한 이익집단이 존재하지만, 현대 정부가 널리 사용하고 있는 다른 조세에 대해서는 특별한 반대 세력이 없다. 머리 좋은 정치인들은 교묘한 조세제도를 고안하여, 흡혈박쥐가 살아 있는 생명체의 피를 빨아 먹듯이 노동 임금과 자본 이자를 뽑아내었다. 이러한 조세는 거의 모두 궁극적으로 불특정 다수의 소비자가 부담한다. 소비자는 납세한다는 사실을 특별히 의식하지 않는 가운데 납세를 한다. 조세를 조금씩 잘 드러나지 않는 방식으로 징수하기 때문에 소비자는 세금을 내는 줄도 잘 모르게 되고 이런 조세를 굳이 막으려 하지도 않게 된다. 세금을 직접 당국에 납부하는 사람도 남에게 쉽게 전가시킬 수 있는 조세에 대해서는 반대하려고 하지 않으며, 더구나 이런 조세는 상품가격을 인상시킴으로써 자신이 이득을 볼 수도 있기 때문에 오히려 이런 조세가 생기고 또 계속되기를 바라는 경우도 대단히 많다.

현재 미국 국민이 부담하는 다양한 조세는 거의 모두 정부 수입보다는 개인적 이익의 관점에서 부과되고 있다. 조세를 단순화하는 데 가장 큰 장애는 이러한 사익(私益)이다. 조세 감면 법안이 제안되면 사익의 대표자들은 자신에게 유리한 조세가 감면되지 않도록 로비를 한다. 미국에서 보호관세를 강화하는 것도, 국가의 이익을 보호한다는 엉터리 이론을 믿어서가 아니라 이런 영향력 때문이다. 남북전쟁 때문에 거액의 정부 수입이 필요하게 되었을 때가 이런 특수 이익의 황금 기회였다. 조세는 매길 수 있는 모든 곳에 부과되었는데, 이는 정부 수입을 올리기 위해서라기보다 특수 계층이 조세를 거두고 가로채는 과정에서 이익을 얻기 위해서라고 할 수 있다. 남북전쟁 이래 이런 이해관계 집단이 조세 감면에 큰 장애가 되었다. 이런 이유로 국민의 희생이 큰 조세보다 희생이 작은 조세를 철폐하기가 더 쉬웠다. 국민에 의한 정부는 원리상 최대 다수의 최대 이익을 추구하도록 되어 있지만, 실제로는 다수에게 해를 끼치는 가운데 소수에게 떳떳하지 못한 이익을 보장하는 것이 가장 중요한 기능이 되어 버렸다.

면허세는 다른 사람의 업종 참여를 억제해 주기 때문에 면허 소지자들이 일반적으로 지지한다. 공업에 대한 과세도 이와 비슷한 이유로 업자들에게 고마운 조세가 되는 수가 많다. 양조업자들이 위스키세 인하에 반대하는 것이 예가 된다. 수입관세도 특정 생산자들에게 특수 이익을 줄 뿐만 아니라 재고를 많이 가지고 있는 수입상 내지 국내 판매업자에게도 혜택을 준다. 이런 모든 조세의 경우에는 과세를 지지하기 위해 잽싸게 조직화하여 공동으로 대응할 수 있는 구체적인 이익집단이 있다. 그러나 토지가치에 대한 조세에 대해서는 끈질기고 격렬하게 반대하는 강력하고 민감한 이익집단이 있을 뿐이다.

그러나 내가 밝히려고 하는 진실을 대중이 일단 이해하기만 하면 이것을 실천에 옮길 수 있는 강한 정치 세력을 형성하는 것이 그리 어렵지만은 않을 것이다.

PROGRESS
and
POVERTY

제 9 권
해결책의 효과

현악기를 타며 노래할 줄은 몰라도 이야기로 해 줄 수는 있다.
작은 마을이 어떻게 해서 호화스러운 대도시가 되는지를.

- 테미스토클레스(Themistocles)

잣나무는 가시나무를 대신하여 나며, 화석류는 찔레를 대신하
여 날 것이라.
그들이 가옥을 건축하여 그 안에 살겠고, 포도나무를 심고 열매
를 먹을 것이며, 그들이 건축한 데에 타인이 살지 아니할 것이
며, 그들이 심은 것을 타인이 먹지 아니하리니.

- 이사야, 55장 13절, 65장 21, 22절

제 1 장
부의 생산에 미치는 효과

미라보(Victor R. Mirabeau, 1715~1789)는 지대에만 부과하는 단일세로 모든 조세를 대체하자는 케네(François Quesnay, 1694~1774)의 제안을 글자의 발명 또는 물물교환을 대신한 화폐의 사용과 대등한 효용을 가진 발견이라고 하였다.

이 말이 터무니없게 들릴지 모르지만, 잘 생각해 보면 통찰력의 증거임을 알게 된다. 현재 정부 수입에 충당하기 위해 부과하는 수많은 조세 대신에 토지가치에만 부과하는 단일세를 채택할 때 생길 이익은 세밀하게 검토할수록 더 크게 부각된다. 이 조세는 작은 마을을 대도시로 변모시켜 줄 수 있는 비결이다. 현재 산업을 압박하고 교환을 저해하는 모든 부담을 제거하면 부의 생산이 지금은 꿈도 꾸지 못하는 속도로 증가할 것이다. 그렇게 되면 토지가치도 상승할 것이다. 이 상승분은 사회가 징수하여 일반 목적에 사용할 수 있는 새로운 잉여이다. 정부 수입의 조달 방식 때문에 부패가 생기고 법령이 특수 이익의 도구로 전락하는 문제가 해소되면, 사회생활이 복잡해지면서 더욱 절실해지는 기능을 정부가 수행할 수 있게 된다. 그러나 현 체제 하에서는 정치적 부도덕성 때문에 사려 깊은 인물이 이런 기능을 맡기를 꺼리고 있다.

이 조세가 부의 생산에 미치는 효과를 검토해 보자.

　　모든 단계의 교환을 저해하고 모든 형태의 산업을 압박하는 현재의 각종 조세를 철폐하면 마치 성능이 좋은 용수철에 실린 무거운 짐을 내려놓는 것과 같은 효과가 생긴다. 참신한 힘이 주입되므로 생산은 새로운 모습으로 활기를 띨 것이고, 교환도 새로운 자극을 받아 그 효과가 멀리까지 파급될 것이다. 현재의 과세 방식은 인공의 사막과 산처럼 교환을 저해한다. 상품이 세관을 통과할 때 부과되는 관세는 전 세계를 둘러오는 수송비보다 더 무겁다. 현재 부과되는 조세는 인간의 노력, 근면, 기술, 절약에 벌금을 물리는 것과 같은 효과를 낸다. 갑은 오두막에 살고 을은 갑보다 더 열심히 일하여 좋은 집을 짓고 산다고 하면 을이 갑보다 세금을 더 물게 되는데, 이는 을이 자기의 노력과 근면에 대해 벌금을 무는 것과 같다. 갑이 낭비할 때 을은 저축을 한다면 갑은 벌금이 면제되고 을이 벌금을 물게 된다. 누군가 배를 만들면 나라에 손해라도 끼친 것처럼 그 사람의 노력에 세금을 매긴다. 철도가 개설되면 철도가 공해라도 되는 듯이 세금을 받으러 온다. 공장이 건설되면 세금을 매기는데, 이런 세금을 내고도 이윤을 확보하려면 여러 가지 부작용이 꼬리를 물게 된다. 우리는 자본이 필요하다고 하면서도 누군가 자본을 축적하거나 형성하면 그에게 특혜라도 준 것처럼 세금을 부과한다. 황무지를 옥토로 바꾸어 놓는 사람을 조세로 처벌하며, 기계를 도입하고 늪을 농지로 바꾸는 사람에게 벌금을 물린다. 이러한 조세가 생산에 얼마나 무거운 부담이 되는지에 대해서는 우리의 조세 체계가 유통 단계에 미치는 모든 파급효과를 추적해 본 사람이라야 알 수 있다. 앞에서도 지적하였듯이, 조세의 상당 부분이 상품가격의 상승으로 나타나기 때문이다. 그러나 본질에 있어서는 현재의 각종 조세는 이집트에서 야자수에 매긴 세금과 다를 바가 없다.

현재의 조세는 야자수를 베어낼 정도까지 이르지는 않는다 하더라도, 적어도 새로 심는 것은 억제한다.

이러한 조세를 철폐하면 생산적 산업이 부담하는 엄청난 조세를 완전히 덜어 주는 효과가 난다. 손바느질에서 거대한 공장까지, 말에서 기관차까지, 낚싯배에서 증기선까지, 농부의 쟁기에서 상인의 재고품까지 다 같이 면세된다. 모든 사람은 조세라는 벌금을 물지 않고 또 세무당국의 간섭도 받지 않으면서 자유롭게 생산하고 저축하며, 상품을 매입하고 매각한다. 현재는 정부가 생산자에게 "당신이 사회의 부를 증가시키면 그만큼 더 많은 세금을 물리겠소"라고 하는 셈인데, 이러한 조세를 철폐하면 "마음대로 일하고 절약하고 또 사업을 하시오. 버는 것은 모두 당신의 것이요. 일모작 하던 땅에서 이모작을 하더라도 벌금을 안 물릴 것이고, 사회의 부를 증가시키는 데 대해서는 과세하지 않겠소"라고 하는 셈이 된다.

황금알을 낳는 거위를 죽이지 않으면, 농사를 거들어 주는 황소의 여물을 빼앗지 않으면, 근면과 절약과 기술에 대한 자연스러운 보상이 완전히 그리고 공제 없이 이루어지도록 한다면 사회 전체에 이익이 되지 않겠는가? 자연스러운 보상이 사회 전체에 대해서도 이루어질 것이기 때문이다. 개인은 전체를 위하고 전체는 개인을 위하는(each for all, all for each) 것이 사회의 법칙이다. 개인이 좋은 일이나 나쁜 일을 하면 자기 혼자서만 영향을 받는 것이 아니다. 생산적인 기업은 그 기업인에게도 대가를 주지만 다른 사람에게도 부수적인 이익을 준다. 어떤 사람이 과일나무를 심으면 이 사람은 과일을 적기에 수확하여 이익을 본다. 그러나 사회 전체도 덕을 본다. 소유자가 아닌 다른 사람도 과일의 공급이 많아져 덕을 본다. 새들도 나무에 둥지를 틀고 멀리 그리고 널리 날아다닐 수 있다. 나무가 강우를 돕지만 비가 자기 과수원에만 내리는 것은 아니다. 멀리서 나무를 바라보는 사람도 아름다움을 느낄 수 있다. 다른 것도 마찬가지다. 주택, 공장, 선박, 철도를 건설하면 그 혜택은 직접 이윤을 취하는 사람 이외에까지 미친다. 자연은 구두쇠를 비웃는다. 그는 밤을 묻고 다시 파내지 않는 다람쥐와 같다. 묻은 밤은 싹이 트고 자라서 나무가 될 것이다. 미라를 고급 광목과 비싼 향료로 치장하여 안치하기도 한다. 그러나 수천 년의 세월이 지난 후 베두윈 족(Bedouin)이 미라의 관으로 불을 피워 요리를 해먹을 수도 있고, 미라가 김을 내뿜어 나그네의 걸음을 재촉할 수도 있고, 미라가 먼 나라에 이송되어 다른 민족의 호기심을 충족시킬 수도 있다. 벌이 나무 구멍에 꿀을 저장하지만 곰이나 사람이 나타나 먹을 수도 있다.

그러나 사회는 개별 생산자의 노력의 동기가 되는 모든 것을 그 사람이 갖도록 해 주는 것이 좋다. 즉, 노동자는 노동에 대한 완전한 대가를 취할 수 있도록 해 주는 것이 좋고, 자본가는 자본에 대한 완전한 보상을 취할 수 있도록 해주는 것이 좋다. 노동과 자본이 생산을 많이 할수록 모든 사람이 공유할 수 있는 공동의 부도 더 많아지기 때문이다. 이와 같은 일반적인 이득은 토지가치 내지 지대에 의해 확실하고 구체적인 형태로 표시된다. 이렇게 해서, 국가가 노동과 자본에 완전한 대가를 주면서도 충분한 수입을 얻을 수 있는 기금이 생긴다. 생산 활동이 증가하면 기금도 같이 증가한다.

조세의 부담이 생산과 교환에서부터 토지가치 내지 지대로 이전되면 부의 생산에 대한 새로운 자극 이상의 효과가 있다. 새로운 기회를 노동에게 개방하는 효과도 생긴다. 이러한 조세제도에서는, 사용하지 않을 토지를 보유하려는 사람이 없어지고, 어느 곳에서든지 사용하지 않는 토지는 개량하고자 하는 사람에게 개방될 것이기 때문이다.

토지의 매매가격은 떨어지고, 토지투기는 치명타를 맞게 되며, 토지 독점에서는 이익이 생기지 않는다. 현재는 땅값이 비싸서 이주민들이 접근할 수 없는 수백만 에이커의 토지에 대해, 지주는 소유권을 포기할 것이고, 이주민이 낮은 금액으로 불하받을 수 있게 된다. 이런 현상은 개척지에서만 생기는 것이 아니라 정착이 많이 이루어진 지역에서도 생긴다. 샌프란시스코에서 100마일 이내의 토지가 이런 식으로 개방된다면 현재와 같은 경작 방식으로도, 오레곤 주 접경지대에서 멕시코까지 약 800마일에 이르는 지대의 농업 인구에 맞먹는 인구를 감당할 수 있다. 서부 지역의 대부분이 이와 같을 뿐만 아니라 역사가 더 오랜 동부 지역도 유사할 것이다. 뉴욕 주나 펜실베이니아 주조차도 토지의 수용 능력에 비하면 인구가 부족하기 때문이다. 인구밀도가 높은 영국이라고 해도 이런 정책을 쓰면 현재 사유화 되어 있는 공원, 사슴 보존지역, 사냥터 등으로 유지되고 있는 수백, 수천 에이커가 경작지로 전환될 것이다.

모든 조세를 토지가치에 부과하는 이런 간단한 방법은 국가에 최고액의 지대를 납부하려는 사람에게 토지를 경매하는 효과를 낸다. 토지에 대한 수요가 토지가치를 결정하므로, 세액이 토지가치와 거의 유사하다면 토지를 보유하면서 사용하지 않는 사람도 토지 사용을 원하는 사람이 내려고 하는 금액을 납부해야 한다.

이러한 현상은 농지만이 아니라 모든 토지에서 나타난다. 광산도 농지와 마찬가지로 실제로 사용할 사람에게 개방된다. 도심지의 토지도 이를 최선의 용도로 사용하지 않으면서 보유할 사람은 없게 될 것이고, 도시 외곽의 토지도 당시의 적합한 용도에 필요한 면적 이상을 수요할 사람이 없게 된다. 토지가 가치를 가지는 곳에 조세를 부과한다면, 조세는 현재처럼 개량 행위에 매기는 벌금이 아니라 오히려 개량의 추진력으로 작용할 것이다. 과수원에 나무를 심고, 밭에 씨를 뿌리고, 주택을 짓고, 공장을 세우는 등 어떠한 값나가는 개량을 토지에 가하더라도 이 토지를 그냥 놀릴 경우보다 더 많은 세금을 낼 필요가 없다. 농지를 쓸데없이 독점하는 사람도 농지가 농가, 헛간, 곡물, 가축 등으로 덮여있는 경우와 꼭 같이 과세된다. 도시에 유휴지를 소유하는 사람은 토지를 타인이 사용하는 것을 막는 특권을 누린다는 이유로, 인근 토지에 고급주택을 짓고 사는 사람과 똑같은 금액의 세금을 낸다. 비싼 땅에 다 쓰러져가는 오두막이 있더라도 이 땅에 호화로운 호텔이 있거나 또는 고급품으로 가득찬 거대한 창고가 있을 때와 세금액은 마찬가지이다.

이렇게 해서, 가장 생산적인 곳에서 노동하기 위해 현재 지불하는 가외의 부담은 사라진다. 농부가 수확의 절반을 지대로 바치는 일도 없어지고, 경작할 땅을 얻기 위해 몇 년간 노동을 무상으로 제공하는 일도 없어진다. 도시에 주택을 짓는 사람이 건축비만한 금액을 대지 매입에 지출하는 일도 없어진다. 공장을 지으려는 회사가 부지 매입을 위해 거액의 자본을 지출하는 일도 없어진다. 그리고 매년 정부에 납부하는 세금은 토지개량물, 기계, 상품 재고 등에서 면제될 세금으로 내면 된다.

이러한 변화가 노동시장에 미칠 효과를 생각해 보자. 현재와 같은 일방적인 경쟁은 사라진다. 노동자가 일자리를 얻기 위해 경쟁을 벌여 임금이 최저 생존수준으로 하락하는 대신에, 어디서든지 고용주가 노동자를 구하기 위해 경쟁을 벌이고, 임금은 정당한 수준으로 올라간다. 왜냐하면, 노동 수요에 있어 최대의 경쟁자라고 할 수 있는 자가노동 수요가 노동시장에 등장하기 때문이다. 이 경쟁자는 인간의 욕구가 완전히 충족되기 전에는 절대로 노동 수요를 멈추는 일이 없다. 이때 고용주는 교역 확대와 이윤 증대라는 자극을 감지하는 다른 고용주와도 경쟁을 해야 하며, 또 토지 독점을 막는 조세제도로 인해 활짝 개방된 자연의 기회를 이용하여 자가노동을 하려는 사람과도 경쟁을 해야 한다.

자연의 기회가 노동에 개방되고, 자본과 토지개량물에 대한 조세가 면제되고, 교환이 제약을 벗음으로써, 일하려 하는데도 자신의 노동으로 필요한 물자를 구하지 못하는 비참한 광경은 볼 수 없게 된다. 산업을 마비시키는 주기적 공황이 사라진다. 모든 부문의 생산이 활기를 띤다. 수요는 공급과 보조를 맞추고 공급은 수요와 보조를 맞춘다. 모든 방향에서 거래가 증가하며 모든 사람의 부가 늘어난다.

제2장
분배에 미치는 효과 및 이를 통해
생산에 미치는 효과

공적 부담을 토지가치로 이전시키는 제도가 일으키는 위와 같은
변화만 해도 굉장한 것이지만, 이 제도의 장점을 충분히 이해하려면
부의 분배에 미치는 효과를 검토해야 한다.

지금까지 모든 문명국가에서 부가 불평등하게 분배되는 원인과
물질적 진보가 계속됨에 따라 불평등이 더욱 커지는 경향의 원인을 밝
혔다. 그 과정에서 우리는 현재 사인(私人)의 수중에 있는 토지소유권이
노동과 자본에 의해 생산된 부를 전유할 수 있는 힘이 문명 발달에 따
라 더욱 더 커진다는 사실에 그 원인이 있음을 알게 되었다.

그러므로 노동과 자본을 직접세든 간접세든 모든 조세로부터 자
유롭게 하고 그 부담을 지대에 지우면 그 변화만큼 불평등 경향을 저
지할 수 있고, 변화가 지대 전체를 징수하는 정도에 이른다면 불평등
의 원인을 완전히 괴멸시킬 것이다. 이때 지대는 지금처럼 불평등을
야기하는 것이 아니라 오히려 평등을 촉진할 것이다. 노동과 자본은
전체 생산물 중에서 토지가치세로 국가가 징수하는 부분을 제외한 나
머지를 취하며 징수분은 공공목적에 투입되어 공공혜택의 형태로 평
등하게 분배될 것이다.

다른 식으로 말하자면, 어느 사회에서든 생산된 부는 두 부분으로 나누어진다는 것이다. 한 부분은 각 생산자가 생산 과정에 참여한 정도에 따라 임금과 이자로 분배되며, 다른 한 부분은 사회 전체에 돌아가서 모든 구성원에게 공공혜택의 형태로 분배된다. 이런 공공혜택은 약자와 강자, 어린이와 노약자, 장애인과 건장한 사람이 다 같이 평등하게 나눈다. 한 부분은 생산에서 개인적 노력의 결과를 나타내며, 다른 한 부분은 사회 전체가 개인을 지원하는 힘이 증가한 것을 나타내기 때문이다.

그리하여, 물질적 진보가 지대를 상승시키는 만큼 사회가 지대를 취하여 공동의 목적을 위해 쓰인다면, 현재 물질적 진보에 따라 불평등을 야기하는 그 동일한 원인이 이제는 평등을 확대하는 결과를 낳게 된다. 이 효과를 완전히 이해하기 위해 앞서 논의한 원리로 돌아가 보자.

앞에서 우리는, 임금과 이자는 어디에서나 지대선 내지 경작의 한계에 의해 정해진다는 점을 보았다. 즉, 노동과 자본이 지대 없는 토지에서 얻을 수 있는 대가에 의해 정해진다는 것이다. 그리고 생산에 투입된 노동과 자본 전체가 받을 수 있는 부의 총량은 생산된 부의 총액에서 — 조세를 감안한다면 세후 총액에서 — 지대를 공제한 나머지이다.

앞에서 우리는, 현재 진행되고 있는 것과 같은 물질적 진보와 더불어 지대가 증가하는 데는 두 가지의 경향이 있다는 점을 보았다. 둘 다 생산된 부 중에서 지대로 귀속되는 비율이 높아지고 임금과 이자로 귀속되는 비율이 낮아진다는 점에서 공통된다. 그러나 하나는 사회 발전의 법칙에 따른 자연적인 경향으로서, 양(量)으로서의 지대가 증가하지만, 양으로서의 임금과 이자 역시 줄지 않으며 오히려 증가할 수도 있다. 다른 하나는 자연에 반하는 토지 사유화에서 생기는 결과로서,

양으로서의 임금과 이자의 감소를 통해 양으로서의 지대가 증가하는 경향이다.

지대를 징수하여 공공목적에 사용한다면 실질적으로 토지사유제를 철폐하는 것이 되며, 토지의 투기적 독점과 지대의 투기적 상승을 봉쇄하여 임금과 이자의 절대액이 줄어드는 경향을 봉쇄한다. 독점되어 있는 자연의 기회를 개방하고 지가를 하락시킴으로써 임금과 이자를 크게 상승시킨다. 노동과 자본은 세금을 안 내는 이익을 얻을 뿐만 아니라 투기적 토지가치가 사라져 지대가 상당히 하락함으로써 이익을 얻는다. 평균적인 임금률과 이자율이 지금보다 훨씬 높아지는 새로운 균형이 형성된다.

새로운 균형이 형성되면 생산력이 더 향상되고 이러한 방향의 변화가 가속적으로 일어날 것이다. 그러면 지대는 계속 상승하지만 임금과 이자의 희생 위에 상승하는 것이 아니라 새로운 생산 증가에 의해 상승한다. 사회가 지대를 징수하여 공공의 용도로 사용하면 지대 상승분은 사회의 모든 구성원의 이익으로 돌아간다. 이렇게 하면, 물질적 진보가 진행됨에 따라 대중의 생활은 계속해서 개선될 것이다. 하나의 계층만이 더 부유하게 되는 것이 아니라 모든 계층이 더 부유하게 된다. 하나의 계층만이 생활의 필수품, 편의품, 고급품을 얻는 것이 아니라 모든 계층이 얻게 된다. 인구 증가, 새로운 생산 기술의 발견, 노동 절약적인 발명, 원활한 교환의 확대 등과 더불어 나타나는 생산력 증대의 이익을 아무도 독점하지 못한다. 그 중 노동과 자본의 대가를 직접 증가시키지 않는 부분은 국가, 즉 사회 전체로 돌아간다. 인구 밀집에 의해 생기는 이와 같은 엄청난 물질적·정신적 이익과 더불어 인구가 희소한 신개척 지역에서만 나타날 수 있는 자유와 평등이 결합하게 된다.

그러면, 부의 평등한 분배로 인해 생산에 미칠 효과를 생각해보라.

모든 곳에서 낭비가 방지되고, 모든 곳에서 힘이 증가할 것이다.

많은 계층을 빈곤과 악에 빠뜨리는 나쁜 사회제도로 인해 사회가 입는 손실을 금전으로 나타낼 수 있다면 가공할 금액이 될 것이다. 영국에는 공적인 구호 대상에 백만 명 이상이 등록되어 있다. 뉴욕 시 하나만 해도 비슷한 목적으로 연간 칠백만 달러 이상을 지출하고 있다. 그러나 공공자금의 지출액과 자선 목적의 단체 또는 개인의 지출액은 총 손실의 첫 항목이자 극히 작은 항목에 불과하다. 그 외에 현재의 부정의하고 불평등한 부의 분배로 인해 사회가 현 생산수단으로도 얻을 수 있는 생산량조차 다 얻지 못하는 예를 들어 보자. 자선사업으로 인해 노동의 잠재소득이 소멸되고, 또 무기력하고 준비성도 없고 게으른 습관이 생김으로써 입는 손실. 빈곤 계층의 사망률 특히 유아 사망률 통계에서 알 수 있듯이, 조기 사망으로 인한 엄청난 금전적 손실, 빈곤이 심화되면 더욱 늘어나는 유흥주점으로 인한 낭비. 도둑, 창녀, 거지, 부랑자 등 빈곤과 절망에서 생기는 사회의 기생충 같은 존재로 인한 손실. 이들로부터 사회를 방어하는 데 드는 비용. 이밖에도 손실의 예는 수없이 들 수 있다. 부의 불평등한 분배로 인해 생기는 무지와 악, 무기력과 부도덕은 정부의 무능과 부패를 초래하고 공공수입을 낭비하며, 무식하고 부패한 공무원에 의해 정부 권한과 기능이 오용되어 더 큰 낭비를 초래한다.

그러나 임금의 상승 및 지대를 걷어 공공목적에 씀으로써 생기는 새로운 고용 기회의 창출은, 낭비를 막고 엄청난 사회적 손실을 없애주는 정도에 그치지 않는다. 새로운 힘이 노동에 더해질 것이다. 임금이 가장 높은 곳의 노동이 가장 생산적이라는 것은 자명한 이치이다. 세계 어느 곳에서든 대가를 제대로 받지 못하는 노동은 비능률적인 노동이다.

이것은 보편적인 진실이며 다음과 같은 예를 보아도 알 수 있다.

영국에서 임금률이 상이한 여러 농촌에서 나타나는 현상. 브래시 백작(Earl Brassey, 1836~1918)의 연구에 있듯이, 보수가 높은 영국 인부와 보수가 낮은 대륙의 노동자 간의 작업 성과의 차이. 미국에서 노예노동과 자유노동 간의 명백한 차이. 인도나 중국에서 무슨 일을 하려면 기술자든 하인이든 그 숫자가 엄청나게 필요하다는 사실 등. 노동의 능률은 언제나 일반적인 임금과 같이 상승한다. 임금이 오르면 자존심, 지적 능력, 희망, 활력도 증가하기 때문이다. 인간은 기계도 아니고 동물도 아니다. 기계나 동물은 정해진 능력이 있으며 그 이상은 할 수 없다. 생산의 큰 원동력은 근육이 아니라 마음이다. 인간의 신체가 낼 수 있는 힘은 보잘 것 없다. 그러나 인간의 지적 능력에는 거스를 수 없는 자연의 물결이 흐르고 인간의 의지 앞에 물질은 찰흙처럼 유연하게 된다. 대중의 안락과 여가와 독립을 증대시키면 지적 능력도 증대된다. 그리하여 두뇌가 손을 도우며, 극미한 생물을 측정하고, 별의 궤도를 추적할 수 있는 자질이 평범한 일상사에서도 발휘된다.

　　부의 생산자에게 정당한 대가가 돌아가도록 하는 사회제도는 부를 생산하는 노동의 능력을 무한정 끌어올릴 수 있을지 모른다. 현재와 같은 생산 과정에서도 그 이익은 계산할 수 없을 정도가 될 것이다. 그러나 임금이 높아지면 그만큼 생산 과정의 개선이나 기계류의 발명과 활용도 빠르고 쉽게 진행된다. 러시아 남부에서 아직도 낫으로 밀을 베어 도리깨로 탈곡을 하는 것은 그곳의 임금이 낮기 때문이다. 미국에서 노동 절약적인 생산 과정과 기계류가 발명되고 선호되는 것은 미국의 임금이 상대적으로 높기 때문이다. 미국의 생산자가 이집트나 중국의 노동자처럼 낮은 보수에 허덕였다면 손으로 물을 끌어 오고 어깨로 짐을 나르고 있을 것이다. 노동과 자본의 대가가 증가하면 발명을 촉진하고 개선된 생산 과정을 서둘러 채택하게 되는데, 이는 외양으로든 실제로든 좋은 현상이다. 노동 절약적 기계가 노동 계층에 악

영향을 미치는 사례가 현재 도처에서 명백하게 나타나고 있고, 그리하여 많은 사람들이 기계를 축복이 아니라 악이라고 생각하는데, 이런 생각도 사라질 것이다. 사람에게 도움을 주는 일에 노동력이 더 투입되어 모든 사람의 생활 상태가 개선될 것이다. 생활 상태 개선으로 일반 지성과 정신 활동이 활발해지면 그로 인해 지금까지 꿈꾸지 못했던 새로운 힘이 피어날 것이다.

그러나 내가 제안한 단순한 조세제도를 통해 낭비가 방지되고, 노동의 능률이 올라가고, 부의 평등한 분배가 이룩되면 부를 추구하는 강도가 약해진다는 점을 부인하지 않으며 이를 간과하고 싶지도 않다. 아무도 빈곤을 두려워 할 필요가 없는 사회에서는 아무도 큰 부를 갈망하지 않을 것으로 생각한다. 적어도 지금처럼 큰 부를 얻기 위해 분투하고 긴장하지는 않을 것이다. 여생이 몇 년 남지 않은 사람이 부유한 상태로 죽기 위해 노예처럼 일하면서 시간을 흘려보낸다면 그 자체로 부자연스럽고 어리석은 짓이다. 궁핍에 대한 두려움이 사라지면 현재 수많은 사람들이 대부호에게서 느끼는 부러움이 소멸될 것이고, 사용할 것 이상을 얻기 위해 고생하는 사람이 있다면 마치 모자를 여러 개 쓰고 다니는 사람이나 뜨거운 햇빛 아래 외투를 입고 다니는 사람처럼 보일 것이다. 모든 사람이 충분히 가질 수 있으면 아무도 일벌레가 되려고 하지 않는다.

생산을 촉진하는 이러한 유인이 사라진다고 해도 나쁠 것이 없지 않을까? 이런 유인은 발전의 초기 단계에는 필요했겠지만 이제는 필요 없다. 우리의 문명을 위협하는 위험은 생산의 용수철이 약한 데서 오는 것이 아니다. 문명에 고통을 주는 원인이자 문명이 사망하는 원인은 불평등한 분배이다!

생산이라는 관점에서만 보더라도 이 유인이 소멸된다고 해서 반드시 손실만 있는 것은 아니다. 부자가 되려는 탐욕으로 인해 총생산

이 크게 감소하는 현상은 현대 사회에서 매우 분명하게 나타나기 때문
이다. 어떤 대가를 치르더라도 부자가 되려는 비정상적인 욕망이 줄어
든다면, 재물을 긁어모으는 데 바치고 있는 정신 활동이 유용성의 면
에서 훨씬 높은 차원으로 전환될 수 있을 것이다.

제3장
개인과 계층에 미치는 효과

모든 조세를 토지가치에만 부과하여 지대를 환수하자는 안이 처음 제시되면 모든 지주들이 경계할 것이고, 힘들여 마련한 재산을 빼앗는 안이라는 말이 나돌아 소규모 농장주나 자가 소유자도 불안해하는 경우가 많이 있을 것이다. 그러나 잠시만 생각해 보면, 토지소유자로서의 이해관계가 노동자 내지 자본가로서의 이해관계보다 아주 크지 않은 사람에게는 이 개혁안이 더 유리함을 알게 된다. 조금 더 검토해 보면 대토지 소유자도, 상대적으로는 잃는 쪽이라고 할 수 있지만, 절대적으로는 이익이 됨을 알 수 있다. 생산력이 대폭 증가함에 따라 노동과 자본은 토지사유제에서 입을 손실보다 훨씬 더 많은 이익을 얻을 것이고, 이러한 이익 외에도 사회가 건강해짐으로써 생기는 더 큰 이익을 토지소유자 자신을 포함한 모든 사회가 같이 누리게 된다.

앞에서(제7권 제3장) 현 토지소유자에 대한 적절한 보상 문제를 검토하면서 토지소유자가 보상을 청구할 근거가 없다는 점을 입증하였다. 그러나 보상 청구를 기각할 수 있는 또 하나의 이유가 있다. 토지소유자도 실질적인 손해를 보지 않는다는 이유이다.

물론 내가 제안한 변화가 임금으로 사는 모든 사람들에게 — 단순 노무자, 공장 노동자, 기술공, 사무원, 전문직 종사자 등 육체 노동자와 정신 노동자를 모두 포괄한다 — 큰 혜택을 준다는 것이 명백하다. 또 일부는 임금, 일부는 자본 소득으로 사는 모든 사람들에게도 — 가게 주인, 상인, 제조업자, 기타 모든 형태의 생산과 교환에 직접 종사하거나 타인을 고용하여 사업을 하는 사람들, 예를 들면 행상이나 짐마차꾼에서부터 철도나 증기선 소유자까지 — 혜택을 준다는 것이 명백하다. 또 자신의 소득이 자본 소득에서부터 나오는 사람과 토지 이외의 대상에 대한 투자에서 나오는 사람의 소득도 증가할 것이 명백하다. 다만 정부 공채 소유자 또는 이자율이 고정된 증권을 가진 사람들은, 이자 수입은 일정하지만 일반 이자율이 상승함에 따라 그 매매가격이 하락한다는 점에서 예외가 될 수 있다.

이제 자가 소유자의 예를 보자. 기계 기술자, 가게 주인, 전문 직업인 등이 주택과 대지를 마련하여 살고 있으며, 자기가 죽고 난 후에도 가족이 쫓겨나지 않고 살 수 있는 곳이라고 만족스럽게 생각하는 경우를 보자. 이런 사람도 손해는 없고 오히려 이익이 있다. 대지의 매각가치는 하락 — 이론상으로는 완전히 소멸 — 한다. 그러나 자신이 얻는 효용은 사라지지 않는다. 대지의 목적은 전과 다름없이 달성된다. 다른 대지의 매각가치도 같은 비율로 하락하거나 사라지므로 이 사람은 종전과 다름없이 언제나 안전하게 대지를 확보할 수 있다. 만일 이런 사람이 손해라고 한다면, 구두를 산 후 구두 가격이 내렸을 때의 손해와 같다고 하겠다. 구두의 효용은 여전하며 다음에 구두를 살 때는 전보다 싸게 살 수 있다. 자가 소유자의 경우에도 대지의 효용은 여전하며, 장차 좀 더 큰 대지를 취득하거나 자녀가 자라서 주택이 필요하게 되면, 대지의 측면에서도 이익이 된다. 또 현재로서도 다른 면을 고려한다면 역시 이익이 된다. 이 사람은 토지에 대한 세금은 더 내겠지만 자기 주택이나 개량물, 가구와 같은 개인 재산, 가족이 먹고 마시고 입는 모든 것에 대해서 세금을 내지 않게 되며 임금 상승, 고용 안정, 활기 있는 거래 등으로 인해 수입이 많아진다. 손실이 있다면 자기 토지를 매각하고 다른 토지를 취득하지 않는 경우인데, 이 정도는 큰 이익에 비할 때 사소한 손실에 불과하다.

농장주의 경우도 마찬가지이다. 여기에서 농장주라고 하면 남북 전쟁 전 남부의 부유한 농장주와 같이 쟁기에 손 한 번 안 대고 수천 에이커를 경작하면서 고소득을 올리는 사람을 말하는 것이 아니다. 미국의 대다수가 그렇듯이 작은 농토를 소유하면서 자기 자식들의 도움을 받거나 몇몇 사람을 고용해서 직접 농사를 짓는 자영 농장주, 유럽에서라면 자작농민(peasant proprietor)이라고 부를 사람을 말한다. 내 제안의 완전한 의미를 이해하기 전에는 역설같이 들릴지 모르지만, 모든 세금을 토지가치에 매기면 단순 노무자 이상의 모든 계층 중에서 이 사람들이 가장 큰 덕을 본다.

이들은 힘들여 일하는 데 상응하는 편한 생활을 하지 못한다는 것을 느끼고 있으나 그 원인을 제대로 모른다. 사실 그 원인은 현재의 조세가 이들에게 가혹하게 부과된다는 데 있다. 농장의 모든 개량물, 예를 들면 가옥, 광, 울타리, 곡물, 가축 등에 조세가 부과된다. 농장주가 소유하는, 토지 이외의 동산은 도시에 집중되어 있는 다른 값나가는 품목과 달리 좀처럼 은폐되거나 저평가되지 않는다. 농장주는 동산과 개량물에 대해 세금을 물며 — 토지를 사용하지 않는 소유자는 이런 세금을 물지 않는다 — 게다가 토지가 단지 개량되었다는 이유로 투기성 토지보다 더 높은 세율로 과세된다. 뿐만 아니라 상품에 부과하는 모든 조세, 특히 보호관세처럼 상품 가격을 올릴 의도로 부과하는 조세는 고스란히 이들에게 귀착된다. 미국과 같이 농산품을 수출하는 나라의 농장주는 보호관세의 혜택을 받을 수 없기 때문이다. 보호관세의 덕을 보는 다른 사람이 있는지 모르지만 농장주는 손해를 본다. 몇 년 전 뉴욕의 자유무역연맹에서는 각종 필수품에 관세를 매기는 것을 꼬집은 책자를 만들었는데 그 속에 이런 내용이 있었다. "농민은 아침에 일어나서 40% 세금이 붙은 바지를 입고, 30% 세금이 붙은 구두를 신으며, 200% 세금이 붙은 성냥을 긋는다." 이런 식으로 하루를 살고 평생을 살다가 결국 세금에 의해 살해된 후 45% 세금이 붙은 밧줄로 무덤에 하관된다. 이것은 조세가 궁극적으로 어떻게 귀착되는가를 보여주는 희화적인 예시에 불과하다. 토지가치세는 토지가치가 비교적 낮은 농업지역이 아니라 토지가치가 높은 도시지역에 가장 무겁게 매겨지기 때문에 토지가치에만 과세하는 단일세를 도입하면 농장주가 큰 이익을 얻게 된다. 그러나 동산이나 개량물에 부과하는 조세는 도시나 농촌이나 다 같이 무겁게 매겨진다. 인구가 희소한 지역에서는 농장주가 납부할 조세가 거의 없어진다. 조세가 순수한 토지의 가치에만 부과될 뿐 토지가 개량되었거나 안 되었거나 꼭 같이 매겨지기 때문이다. 개량과 경작에 의해 건물, 울타리, 과수원, 곡물, 가축이 있는 토지도 사용되지 않는 같은 등급의 토지와 세액이 같다. 그 결과 투기적 가치는 사라지고 잘 가꾸고 개량한 농장도 그 주변 지역에 인구가 몰려들기 전까지는 아무런 세금을 내지 않게 된다. 처음에는 역설처럼 들리겠지만, 모든 조세를 토지가치에만 부과하면 힘들게 일하는 농장주를 모든 세금에서 해방시켜 준다.

그러나 자영 농장주의 진짜 큰 이익은 인구 분포에 대한 효과를 감안해야 제대로 알 수 있다. 투기적 토지가치가 소멸하면, 너무 조밀한 곳에서는 인구가 분산되고 너무 희소한 곳에는 인구가 모인다. 밀도 높은 셋집 대신 정원 딸린 주택이 들어서고, 사람들이 이웃도 없는 곳으로 멀리 가서 토지를 구할 필요 없이 농업지역에서 마을을 형성해 살 수 있다. 이렇게 해서 도시 사람들은 농촌의 맑은 공기와 햇빛을 더 누릴 수 있고, 농촌 사람들은 도시적인 경제성과 사회생활을 누릴 수 있다. 농기계를 사용하여 농지 규모가 커지는 것은 필연적인 추세인데, 이때 농업 인구는 원초적인 모습처럼 마을에 모여 살게 된다. 현재 농민의 생활은 필요 이상으로 괴롭다. 새벽부터 밤까지 일해야 하고, 인구가 희소하여 편의시설, 위락시설, 교육시설 기타 사람들 간의 긴밀한 접촉을 통해 생기는 사회적·지적 기회와는 절연되어 있다. 농촌의 모든 사람이 꼭 필요한 토지 이상을 갖지 않게 된다면 이 모든 면에서 농민 생활은 대폭 개선될 것이고 생산성도 대폭 향상될 것이다.[1] 농민의 자녀는 성장한 후 도시 생활의 재미를 찾아 떠나지도 않을 것이고 자기 농토를 얻기 위해 멀리 떠나야 할 일도 없을 것이다. 자녀들은 자신의 생계를 고향에서 자기 손으로 해결할 수 있다.

요약하자면, 스스로 일하는 농민은 노동자이자 자본가인 동시에 토지소유자이며, 노동과 자본에 의해 생활을 영위하고 있다. 농민의 손실은 명목적일 뿐이며 이익은 실질적이고 크다.

이런 사정은 정도의 차이는 있겠지만 모든 토지소유자에게 공통된다. 상당수의 토지소유자는 어떤 형태이건 노동을 하는 사람이다. 노동자도 자본가도 아닌 토지소유자는 드물다. 대체로 보아 대지주일수록 대자본가이다. 이런 사정 때문에 흔히 이 계층의 성격을 혼동하고

---

1) 인구 분포가 개선되면 노동의 생산력이 엄청나게 향상되기도 하지만 토지의 생산력에서도 이와 비슷한 경제성이 나타난다. 도시에 집중하는 인구의 식량을 조달하기 위해 인구가 희박한 넓은 지역에서 소모적으로 농사를 짓는다면 농지를 비옥하게 하는 성분이 문자 그대로 물에 씻겨 바다로 빠져 나간다. 이런 유실이 얼마나 심한지는 도시의 하수도 관련 통계를 통해 알 수 있으며, 그로 인한 구체적인 결과는 많은 토지에서 농업 생산성이 감소하는 것을 보면 알 수 있다. 우리는 미국의 많은 지역에서 토지를 계속해서 소모시키고 있다.

있다. 그러므로 토지가치에 모든 조세를 부과한다면 거대한 재산이 줄어들기는 하지만 부자를 무일푼으로 만들지는 않는다. 웨스트민스터 (Westminster) 공작은 런던 토지의 상당 부분을 차지하고 있으며, 아마도 세계에서 가장 부유한 토지소유자일 것이다. 지대를 모두 조세로 징수하면 그의 거대한 소득은 줄겠지만 건물은 그대로이며, 건물과 기타 여러 형태의 동산에서 생기는 수입은 그대로이다. 공작은 누릴 수 있는 모든 복을 그대로 누릴 것이고, 더구나 전보다 훨씬 좋아진 사회에서 그 복을 누릴 것이다.

뉴욕의 애스터(Astor) 일가도 여전히 부유하게 살 것이다. 그래서 나는 사회 전체에 나타날 결과를 이렇게 전망한다. 이 조치는 재산이 줄어도 별 타격을 입지 않을 계층을 제외하고는 아무도 지금보다 더 빈곤하게 만들지 않는다. 거대한 재산을 줄일 뿐 누구도 빈곤에 빠뜨리지 않는다.

부의 총량이 엄청나게 증가할 뿐만 아니라 평등하게 분배된다. 물론 모든 사람이 동일한 양의 부를 가진다는 뜻은 아니다. 이는 각자의 힘과 욕구가 서로 다른 경우에 평등한 분배라고 할 수 없을 것이다. 부가 각자 근면, 기술, 지식, 절제를 통해 공동의 부에 기여한 정도에 따라 분배된다는 뜻이다. 생산하는 사람에게서 생산하지 않는 소수의 수중으로 부를 집중시키는 큰 원인이 사라질 것이다. 불평등이 계속 존재한다면 그것은 자연스러운 불평등일 뿐, 자연법을 부정함으로써 생기는 불평등은 아니다. 비생산자가 사치 속에서 빈둥거리고 생산자가 동물적인 생존에 필요한 물자만을 겨우 얻는 일이 없어질 것이다.

토지 독점이 사라지면 엄청난 부자가 생길 염려도 없다. 부자의 재산은 문자 그대로 노동 생산물인 부로 구성될 것이고, 부는 계속해서 소모되는 경향이 있기 때문이다. 또 토지사유제를 철폐하면 국가 부채의 원인이 사라지므로 국가 부채도 오래지 않아 소멸할 것이다.

각자 자기 노력으로 정당하게 번 것을 가지는 동시에 그 이상은 가질 수 없다면 거대한 재산이 형성될까 염려할 필요는 전혀 없다고 해도 좋을 것이다. 도대체 백만 달러를 자기 노력으로 정당하게 버는 사람이 얼마나 될까?

제 4 장
사회조직과 사회생활에 나타날 변화

우리는 일반 원칙만을 다룬다. 일반 원칙을 적용할 때 발생할 세부적인 문제, 예를 들면 정부 수입을 중앙정부와 지방정부 간에 배분하는 문제 등도 있겠지만 여기에서 다룰 필요는 없다. 원칙이 확정되면 세부 사항은 쉽게 조정될 것이다.

또 사회의 기초를 재조정하는 개혁에 의해 초래될 모든 변화를 검토하는 것은 불가능하기도 하다. 여기에서 중요한 몇 가지만 다루기로 한다.

그 중에 정부가 대폭 간소화된다는 점이 두드러진다. 징세를 하고, 탈세를 방지 또는 처벌하고, 각종의 세원에서 나오는 세금을 점검하고 확인하는 일은 오늘날 질서 유지, 군비 확보, 사법부 운영을 제외한 정부 업무의 4분의 3은 족히 될 것이고 8분의 7까지 차지할 가능성도 있다. 개혁을 실시하면 이와 같이 방대하고 복잡한 정부 기구가 불필요하게 된다.

사법부 업무도 한결 줄어든다. 법원 민사업무의 대부분은 토지소유권에 관한 분쟁에서 생긴다. 국가가 실제로 유일한 토지소유자로 인정되고 점유자는 사실상 지대를 내는 임차인이 된다면 이런 분쟁은 소멸될 것이다. 빈곤이 사라짐에 따라 도덕성이 향상된다면 법원의 다른 민사 업무도 그만큼 감소할 것이다. 부채 변제나 개인 간 계약이행을 위한 모든 법률을 폐기하자고 한 벤담(Jeremy Bentham, 1748~1833)의 상식적인 제안을 채택한다면 민사업무는 더욱 감소할 것이다. 임금이 상승하고 자연의 기회가 모든 사람에게 개방되어 사람들이 쉽게 생활해 나갈 수 있게 되므로 사회에서는 도둑, 사기꾼. 기타 부의 불평등한 분배에 기인한 범죄자가 없어진다. 이렇게 해서 형법의 운영과 그와 관련된 경찰, 수사관, 교도소, 보호감호소 등도 민사법의 운영처럼 사회의 활력과 관심을 축내지 않게 된다. 생산자의 비용으로 운영되는 판사, 정리, 법원서기, 교도소 간수, 그 밖에 수많은 변호사들도 불필요하게 된다. 법률 문제를 따지는 데 소모되는 재능은 고차원의 대상을 추구하는 데 활용될 수 있다.

정부의 입법·사법·행정 기능도 이런 식으로 대폭 간소화된다. 국가의 토지에 대해 국민이 공동의 권리를 가진다는 과거의 개념으로 돌아간다면, 봉건적 토지제도에서 절대소유적 토지제도(allodial tenure)로 이행하면서 생겨난 정부 부채와 상비군 제도도 오래 지속되지 않을 것이다. 정부 부채는 노동 임금을 감소시키지도 않고 생산을 억제하지도 않는 조세로 갚을 수 있을 것이고, 상비군은 대중의 지성과 자립정신이 높아지고 각종의 발명으로 국방 기술이 높아지면 곧 사라질 것이다.

이렇게 하여 사회는 정부를 철폐하는 방향으로 다가갈 수 있다. 이는 제퍼슨(Thomas Jefferson. 1743~1826) 식 민주주의의 이상이며, 스펜서(Herbert Spencer. 1820~1903)가 말하는 약속의 땅이다. 그러나 철폐 대상은 명령하고 억압하는 권력으로서의 정부에 국한된다. 사회주의의 꿈을 실현하는 것도, 동시에 그리고 같은 정도로, 가능하다. 현재의 정부 기능을 간소화하고 축소하면 정부가 다른 기능을 더 맡을 수 있다. 필요성이 점점 더 커지고 있는 전신이나 우편, 철도의 건설과 운영, 도로의 개설과 유지 등의 업무를 더 맡을 수 있다. 현재의 정부 기능이 간소화되고 축소되면 정부가 이러한 기능을 위험성이나 어려움 없이 맡아서 현재와는 달리 세심하게 업무를 처리할 수 있을 것이다. 물질적 진보가 가속적으로 이루어져서 지대가 꾸준히 상승할 것이므로 토지세 수입은 점점 많아진다. 공동재산에서 나오는 수입은 스파르타에서처럼 공동의 이익을 위해 쓸 수 있다. 공공의 식당을 운영할 필요는 없겠지만 공공의 화장실, 박물관, 도서관, 정원, 강연회장, 음악무용회관, 극장, 대학교, 기술학교, 실내사격장, 운동장, 체육관 등은 설립할 수 있다. 난방, 전기, 동력 등도 공공의 비용으로 도로를 따라 공급할 수 있다. 도로에는 과일나무를 가로수로 심을 수 있다. 발명과 발견에 보상을 하고 과학적 연구를 지원할 수 있다. 공공이익을 위한 노력을 장려하기 위해 갖가지 방법으로 공공수입을 사용할 수 있다. 사회주의자의 이상은 이렇게 달성할 수 있을 뿐 정부의 압제를 통해서는 달성할 수 없다. 정부의 성격도 변화하여 사회라는 거대한 협동조합의 관리를 맡는 기관이 된다. 정부는 단지 공동의 재산을 공동의 이익을 위해 관리하는 주체가 된다.

이것이 현실성이 없어 보이는가? 노동자에게 완전한 대가를 보장하여 궁핍과 궁핍에 대한 두려움을 추방하고, 자연의 참 모습에 따라 자유가 피어나도록 하는 변화가 사회생활에 가져올 커다란 변화를 잠시 검토해 보자.

사회제도를 설계할 경우, 인간의 가장 강력한 동기는 욕심이라고 전제하는 경우가 많다. 그래서 인간은 처벌에 대한 두려움이 있어야 정직해지며, 언제나 사익을 공익에 앞세운다고 가정해야만 안전한 사회 관리체제를 수립할 수 있다고 생각하는 경우가 많다. 그러나 이것은 진실과 거리가 멀다.

이익을 추구하는 탐욕은 어디에서 생기는가? 탐욕으로 인해 인간은 모든 순수하고 고상한 것을 짓밟고, 인생의 모든 고차적인 가능성을 희생하고, 예절과 애국심과 신앙을 허식과 위선으로 바꾸고, 문명사회를 교활과 사기라는 무기로 싸우는 전쟁 상태로 몰아넣는다.

탐욕은 궁핍이 존재하기 때문에 생기는 것이 아닐까? 칼라일(Thomas Carlyle, 1795~1881)은 빈곤은 현대 영국인들이 가장 무서워하는 지옥이라고 하였다. 옳은 말이다. 빈곤은 입을 벌리고 있는 냉혹한 지옥이며, 문명사회의 밑바닥에서 하품을 하고 있다. 빈곤은 진정 지옥이다. 현명한 까마귀 부산다(Bushanda)가 비슈누(Vishinu)의 부하 독수리에게 가장 심한 고통은 빈곤 속에 있다고 했는데, 베다(Veda)에 이보다 더 진실한 말은 없다. 빈곤은 단순한 박탈 상태가 아니다. 빈곤은 수치이며 타락이다. 도덕적·정신적 성품의 가장 섬세한 부분에 달군 쇠로 낙인을 찍는다. 강렬한 본능, 달콤한 애정을 거부한다. 예민한 신경을 쥐어짠다. 누구나 아내를 사랑하고 자식을 사랑하지만, 처자식이 고도 문명사회의 많은 계층처럼 빈곤에 빠져 허덕이는 것을 보느니 차라리 죽는 것을 보는 것이 더 수월하지 않을까? 가장 강렬한 동물적 본능은 생존본능인데도 문명사회에서 사람들이 빈곤이 두려워서 입에 독약을 털어 넣거나 권총을 머리에 갖다 대는 일이 매일 일어난다. 이런 사람이 하나라면, 자살하려고 하다가도 본능적 제약에 의해 혹은 종교적 이유로 혹은 가족 때문에 포기하는 사람은 백 명은 될 것이다.

빈곤이라는 지옥에서 탈출하려고 백방으로 노력하는 것은 자연스러운 일이다. 고귀한 감정이 자기 보존 및 욕구 충족의 본능과 결합하고 사랑과 두려움이 더해져서 생존 투쟁의 힘이 된다. 어머니와 아내와 자식을 궁핍 또는 궁핍에 대한 두려움에서 벗어나도록 하기 위해 수많은 사람이 비열하고 부정직한 짓을 하며 욕심스럽고 부당한 짓을 한다.

인간 행동의 강력한 — 많은 사람들의 경우 가장 강력한 — 원천은 무엇인가를 획득하고 유지하기 위해 투쟁하도록 하는 힘이라고 생각하는 여론은 이러한 상황에서부터 형성된다. 인정받고 싶은 욕구, 타인의 존경과 찬탄과 공감을 얻고 싶어하는 욕구는 본능적이고 보편적이다. 이 욕구는 때로는 매우 비정상적으로 왜곡되기도 하지만 모든 곳에서 인식할 수 있다. 이 욕구는 특별히 교양이 없는 사람에게도 있고 가장 세련된 사회의 가장 교양이 높은 사람에게도 있다. 이 욕구는 사람이 처음 지각이 들 때부터 마지막 숨을 거둘 때까지 계속된다. 이 욕구로 인해 편안함을 버리고 고통을 감내하고 죽음의 공포를 이겨낸다. 이 욕구는 아주 작은 일에서 큰일까지 모든 행동의 힘이 된다.

　　걸음마와 말을 겨우 시작한 아기도 재롱으로 관심과 웃음을 얻기 위해 새로운 노력을 하려고 한다. 임종을 앞둔 세계의 지배자는 죽어서도 왕처럼 보이려고 왕의 의상을 몸에 두른다. 중국의 어머니는 딸의 발을 가죽신으로 죄어 기형으로 만들며, 유럽의 여자는 유행을 따르기 위해 자신이나 자기 가족의 안락을 희생한다. 폴리네시아에서는 아름다운 문신으로 칭찬을 받기 위해 상어 이빨로 살을 찢기면서도 꼼짝하지 않고 참는다. 북아메리카 인디언은 용사로서 존경과 찬사를 받기 위해 말뚝에 묶인 채 신음을 내지 않고 모진 고문을 견디며 고문하는 사람에게 더 심하게 하라고 나무란다. 이때문에 기약도 없는 노력을 하고, 이때문에 창백한 학생이 등불의 심지를 다듬는다. 이때문에 사람들은 애를 태우고 고된 노력을 하고 죽는다. 이때문에 피라미드를 건설하였고, 에페소 신전(Ephesian dome)에 불을 질렀다.

　　사람들은 얻고 싶은 것을 동경한다. 폭풍에 시달리는 사람에게는 안전한 항구가, 배고픈 사람에게는 음식이, 목마른 사람에게는 음료수가, 추위에 떠는 사람에게는 온기가, 영혼의 지적 열망이 내면에 있는 사람에게는 지식이 무척 달콤하게 보인다. 이렇게 해서 궁핍의 아픔과 궁핍에 대한 두려움으로 인해 사람들은 부의 소유를 무엇보다도 동경하게 되고, 부자가 되면 존경을 받고 동경의 대상이 되고 영향력을 갖게 된다. 돈을 벌어라. 정직하게 벌면 좋지만 아무튼 돈을 벌어라! 이것은 사회가 매일 매시 사람들의 귀에 대고 외치는 교훈이다. 인간은 본능적으로 도덕과 진리를 동경하지만, 궁핍의 아픔과 궁핍에 대한 두려움 때문에 부자를 더욱 동경하고 재산가를 따른다. 정직하고 정의로운 것은 좋은 것이고 사람들은 이를 칭찬한다. 그러나 사기와 부정으로라도 백만 달러를 버는 사람은 이를 거부하는 사람보다 존경과 동경과 영향력을 더 얻으며, 마음에서 우러나온 것은 아니라도 선망과 칭송을 듣는다. 정직하고 정의로운 사람은 미래에 보상을 받을 수도 있다. 자신의 이름이 위인전에 새겨지리라고 예상할 수도 있으며, 이것으로서 유혹을 이긴 자신에게 충분한 영광이 된다고 생각할 수도 있다. 그러나 사기와 부정으로 부자가 된 사람은 당장의 보상을 받는다. 그의 이름이 사회 저명인사 명단에 올라가며, 남자들은 그를 모시고 여자들은 그에게 아양을 떤다. 교회에서도 상석을 차지하고 기품 있는 성직자가 개인적 관심을 보이면서 그리스도의 이름으로 부자의 복음(Gospel of Dives)을 설교하고, 낙타와 바늘구멍의 비유를 무의미한 장식적 동방 설화로 격하시킨다. 예술 후원자, 문학 애호가가 되기도 하고, 지성인과 대화를 하여 무엇인가 얻을 수도 있고, 교양 있는 사람과의 교유를 통해 세련될 수도 있다. 기부금을 내서 가난한 자를 먹이고, 고통받는 자를 돕고, 그늘진 곳에 햇빛을 날라다 주기도 한다. 사후에는 고상한 공공기관에서 그의 이름과 명예를 기념한다. 사탄이 어린이 같은 인간을 유혹할 때에는 뿔과 꼬리가 달린 끔찍한 괴물의 모습이 아니라 빛나는 천사의 모습으로 위장한다. 그는 현세의 왕국만이 아니라 정신적·도덕적 왕국과 권세도 약속한다. 그도 짐승이 아니기 때문에 동물적 욕심뿐만 아니라 인간의 내면에서 약동하는 열망에 호소하기도 한다.

　"거름갈퀴를 든 사람(men with muckrakes)"을 예로 들어 보자. 이런 사람은, 번연(John Bunyan, 1628~1688)이 상상으로 창조하였듯이, 부를 충분히 축적하여 모든 욕망을 다 충족시킨 후에도 부에 부를 더하기 위해 끊임없이 일하고, 계획을 꾸미고, 애를 태우는 인간형으로서 모든 사회에서 흔히 볼 수 있다. 그 동기는 표 나는 사람이 되고 싶다는 것이다. 아니, 돈벌이를 시작할 때의 동기는 고상하고 관대한 일을 하고 싶어서인 경우가 더 많다. 생활의 필요가 모두 충족된 후에도 돈벌이를 하는 이유, 끝없이 만족하지 않고 계속 탐욕을 갖는 이유는, 단순히 강박적인 버릇에서 비롯되었다고 할 수는 없다. 부의 소유가 주는 미묘한 기분, 즉 힘과 영향력을 가지고 있다는 느낌, 남이 우러러보고 존경해 준다는 느낌, 부가 그저 궁핍을 면하게 해 주는 정도가 아니라 자신을 사회의 저명인사로 만들어 준다는 느낌 때문이다. 부자가 돈을 아까워하고 더 많이 가지려고 애를 쓰는 것도 이 때문이다.

　우리의 천성에 내재하는 이와 같은 강렬한 충동에 비하면, 법의 제재나 종교의 계율은 무력하고, 사람이 사익을 추구한다는 사실도 이상한 것이 아니라 오히려 더 강하게 추구하지 않는다는 것이 이상하다. 현재와 같은 상황에서 인간이 더 탐욕스럽지 않고, 더 불성실하지 않고, 더 이기적이지 않다는 점이 바로 인간의 천성에 선과 진실이 있으며, 도덕적 자질을 기르는 샘물이 끊임없이 흐르고 있음을 나타낸다. 모든 인간에게는 어머니가 있고 대부분의 인간은 자녀를 가지듯이, 성실과 순수와 이타심은 사회 구조가 아무리 험하더라도 세계에서 사라지지 않을 것이다.

악을 위한 강한 힘이 있다면 이 힘은 선을 위해서도 강하게 작용할 수 있다. 내가 제안한 개혁은 인간의 선한 본성을 왜곡하는 조건을 제거할 것이고, 현재 사회를 분열시키고 있는 힘을 오히려 화합시키고 정화시키는 힘으로 바꿀 것이다.

노동에게 자유로운 일터와 완전한 대가를 주고, 사회의 성장으로 인해 생긴 기금을 사회 전체의 이익을 위해 징수하면 여러 가지 변화가 나타난다. 궁핍 내지 궁핍에 대한 두려움이 사라지게 된다. 생산이라는 용수철은 자유롭게 튀어 오르고 부가 엄청나게 증가하여 최하층도 안락한 생활을 할 수 있게 된다. 숨 쉴 공기에 대해 염려하지 않듯이 일자리에 대해서도 염려하지 않게 된다. 들에 핀 백합처럼 먹고 살 걱정을 할 필요가 없게 된다. 과학이 발전하고, 발명이 계속되고, 지식이 보급되어 모든 사람이 혜택을 보게 된다.

궁핍 내지 궁핍에 대한 두려움이 없어지면 부에 대한 동경도 수그러들고, 부의 획득과 과시가 아닌 다른 방법으로 타인의 존경과 인정을 얻으려고 할 것이다. 이렇게 해서 공적인 문제의 처리나 공적인 자금의 관리에 있어서도 사익을 추구할 때처럼 신경을 써서 기술을 발휘하고 정성을 들이게 된다. 철도나 가스 등을 공영화하더라도 지금의 주식회사 방식보다 오히려 더 경제적·능률적으로 운영할 수 있으며, 소유자가 혼자인 경우처럼 경제적·능률적으로 운영될 것이다. 고대 그리스 올림픽 게임에서 우승하려면 끈질긴 노력이 필요하지만 그 상은 그저 야생 올리브 가지로 만든 머리띠에 불과했다. 사람들은 이런 머리띠를 얻기 위해 돈으로는 도저히 살 수 없는 노력을 하고 또 하였다.

인간 행동의 근본 동기를 이기심이라고 보는 철학은 단견이다. 이러한 철학은 이 세상에 가득 찬 많은 사실들을 외면한다. 이 철학은 현재도 모르고 과거의 역사도 읽어 보지 않은 사람의 견해이다. 사람을 움직이려면 무엇에 호소하는가? 돈에 호소하는 것이 아니라 애국심에 호소한다. 이기심에 호소하는 것이 아니라 이해심에 호소한다. 이기심은 강력하며 매우 큰 결과를 낳을 수 있기는 하지만, 비유하자면 기계적인 힘이라고 할 수 있다. 그러나 인간의 본성에는 화학적인 힘과 같이 녹이고 융합하고 감싸면서 모든 것을 가능하게 하는 무엇이 있다. "인간은 목숨을 위해서는 모든 것을 바친다"고 할 때의 모든 것은 사익(私益)을 말한다. 그러나 인간은 차원 높은 동기에 충실하기 위해서 목숨까지 바칠 수 있다.

　모든 민족의 역사에 많은 영웅과 성자가 출현하는 것은 이기심 때문이 아니다. 세계사의 페이지마다 고결한 행동과 자비로운 생활이 빛나는 것도 이기심에 의해서가 아니다. 석가가 왕궁을 떠나고, 오를레앙의 처녀(Maid of Orleans)가 제단의 검을 빼어 들고, 테르모필레(Thermopylae)의 3백 용사가 용기를 잃지 않고, 빙켈리트(Winkelried)가 가슴에 창 다발을 끌어안고, 뱅상 드 폴(Vincent de Paul)이 쇠사슬에 묶여 노를 젓고, 인도에 기근이 들었을 때 어떤 어린이가 자신도 굶주리면서도 더 굶주린 아이를 안고 구호소로 찾아든 것은, 어느 하나 이기심에서 나온 게 아니다. 종교, 애국심, 이해심, 인간성에 대한 열정, 하나님의 사랑 또는 그 밖의 무슨 이름으로 부르든, 여기에는 이기심을 극복하고 몰아내는 어떤 힘이 작용한다. 이것은 도덕 세계의 전기(電氣)라고 할 수 있는, 무엇보다도 강력한 힘이다. 이것은 인간이 살았던 모든 사회에 존재했던 힘이고, 오늘의 사회도 여전히 이 힘으로 가득 차 있다. 주변을 둘러보라! 평범한 사람들 속에, 일상생활의 근심과 경쟁 속에, 소란스러운 거리 속에, 궁핍에 전 빈민가 속에 — 이 모든 어둠 속에도 반드시 이를 비추어 주는 조용한 불빛이 있다. 이것을 보지 못하는 사람은 눈을 감고 길을 걷는 사람이다. 보려고 하는 자는 플루타르크(Plutarch, 46?~120?)가 한 다음과 같은 말을 이해할 수 있다. "인간에게는 자비의 원리가 있다. 인간에게는 인식하고, 생각하고, 기억하는 본성과 함께 사랑하는 본성도 있다."

우리에게 의욕만 있으면 이러한 진정한 힘은, 현재는 아무 쓸모가 없거나 잘못된 형태로 나타나고 있지만, 사회를 강하게 하고, 사회를 건설해 나가고, 사회를 고결하게 만드는 데 사용할 수 있다. 마치 한때는 파괴력만 가지고 있다고 생각했던 자연력을 지금은 유용하게 쓰고 있는 것과 같다. 우리는 단지 이 힘에 자유와 기회를 부여하기만 하면 된다. 불평등을 낳고, 풍요 속에서 사람들로 하여금 궁핍으로 고통을 받거나 궁핍에 대한 두려움으로 시달리게 하고, 인간의 신체 발육을 억제하고, 사람들을 도덕적으로 타락시키는 잘못은 그 자체로 사회의 조화로운 발전을 저해한다. 왜냐하면 "하나님으로부터 나온 모든 것은 섭리로 충만해 있으며, 인간은 두 발처럼, 두 손처럼, 위아래의 눈꺼풀처럼, 윗니와 아랫니처럼 서로 협동하도록 창조되었기 때문이다."

지금보다 더 나은 사회의 가능성을 조금도 생각하지 못하는 사람이 있다. 사회에서 탐욕이 사라지고, 감옥이 텅 비고, 사익이 공익에 종속되고, 아무도 이웃을 강탈하거나 핍박하지 않는다는 생각은 현실성 없는 몽상가의 꿈일 뿐이라고 여긴다. 현실적이고 평면적으로 사고하는 이런 사람들은 자기들이 사실을 있는 그대로 본다는 자부심을 가지고 있다. 그러나 이런 사람은 ― 저술을 하기도 하고, 대학에서 중요한 직책을 맡기도 하고, 설교단에 서기도 하지만 ― 올바른 사고를 못하는 사람들이다.

만일 나이프와 포크가 끈으로 식탁에 묶여 있는 식당에서 식사하는 데 습관이 되면, 인간은 식사 후 나이프와 포크를 가져가는 성질이 있고, 이 성질은 자연적이어서 고칠 수 없는 것이라고 생각할 사람들이다.

교양 있는 사람들이 같이 식사하는 경우를 생각해 보자. 이들은 음식 때문에 다투지도 않고, 다른 사람보다 더 먹으려고 하지도 않는다. 또 과식을 하거나 음식을 따로 가져가려고 하지도 않는다. 오히려 자기 몫을 먹기 전에 음식을 다른 사람에게 권하며, 맛있는 부분은 자기가 먹지 않고 다른 사람에게 양보할 것이다. 만일 그 중의 누구라도 다른 사람보다 먼저 자기 입맛을 채우려 하거나 욕심을 부리는 기미를 보이면 사람들의 멸시를 받고 끝내 그 사회에서 배제될 것이다. 이것으로 볼 때, 나쁜 버릇은 여론에 의해 배척될 수 있음을 알 수 있다.

　　이와 같은 예는 매우 흔하기 때문에 특별히 설명할 필요도 없이 아주 자연스럽다. 사람이 음식에 욕심을 부리지 않는 것이 자연스럽다면 부에도 욕심을 부리지 않는 것이 자연스럽다. 사람이 음식에 욕심을 부리는 경우는 음식의 분배가 공정하지 않아서 모두에게 충분한 양이 돌아오지 않을 것이라고 걱정할 때이다. 그러나 공정한 분배와 충분한 음식이 보장되면 아무도 음식에 욕심을 내지 않게 된다. 현재의 사회에서는 분배 상태가 매우 불공정해서 각자에게 충분한 부가 돌아가지 못하고 많은 사람이 궁핍하게 될 것이 확실하기 때문에 사람들이 부에 욕심을 부린다. 현 사회제도는 "꽁무니에 있으면 귀신에게 잡힌다"는 속담이 들어맞는 제도이므로 사람들은 부를 향해 질주하고 다투면서 정의, 자비, 종교, 인정을 짓밟아 버리고 자기의 영혼을 망각하며 죽어서 가져갈 수도 없는 부를 위해 죽을 때까지 싸움을 벌인다. 그러나 부를 공정하게 분배하면 모든 사람이 궁핍에 대한 두려움에서 풀려나므로, 품위 있는 상류사회에서 음식을 탐하지 않는 것처럼 부에 대해 욕심을 부리지 않을 것이다.

　　이러한 인간 본성의 원리를 보여 주는 예로, 초기 캘리포니아 주에서 운항하던 증기 여객선의 특실과 보통실 간에 예절 면에서 현격한 차이가 있었던 사실을 들 수 있다. 여객선은 붐볐지만 특실이나 보통실이나 음식은 충분했다. 그러나 보통실에는 능률적인 서비스를 위한 규칙이 없었기 때문에 식사 때는 혼란스러웠다. 그러나 특실에는 각자 지정석이 있었고, 음식을 못 먹을 염려가 없었으므로, 보통실과 같은 혼란과 낭비가 나타나지 않았다. 이러한 차이는 사람의 성품에서가 아니라 제도에서 생긴다. 특실 승객을 보통실에 옮긴다면 탐욕 경쟁에 휩쓸릴 것이고, 보통실 승객을 특실에 옮긴다면 즉시 질서와 예절을 지킬 것이다. 사회에서 현재와 같은 부정의한 분배 대신 정의로운 분배가 실현되면 같은 차이가 발생할 것이다.

교양 있고 세련된 사회에서 인간의 조잡한 욕망이 힘이나 법에 의해서가 아니라 여론과 서로 상대방을 즐겁게 해 주려는 생각에 의해 억제된다는 사실을 생각해 보라. 이것이 사회의 일부에서 가능하다면 사회 전체에서도 가능하다. 모든 사람이 무장을 하고 다니고 신체와 재산을 무력으로 방어할 준비 태세를 갖추어야 하는 사회도 있었다. 그러나 우리가 이런 사회에서 이미 벗어났다면 그 이상으로 진보할 수도 있다.

궁핍 내지 궁핍에 대한 두려움을 추방하면 인간의 노력에 대한 자극이 없어지며, 모든 사람이 안락하고 만족스러운 사회가 되면 사람들은 게을러져서 더 이상의 진보가 없을 것이라고 보는 견해도 있다. 이는 채찍으로 몰아쳐야만 사람이 일을 하게 된다고 생각하는 과거의 노예 소유자의 견해와 같다. 그러나 이것은 사실과 너무나 다르다.

궁핍이 사라진다고 해도 인간의 욕구는 사라지지 않는다. 인간은 만족할 줄 모르는 동물이다. 인간은 우주에 대한 탐색을 겨우 시작한 정도에 불과하다. 인간이 한 걸음 내디딜 때마다 새로운 전망이 열리고 새로운 욕구가 생긴다. 인간은 건설적인 동물이다. 인간은 끊임없이 건설하고, 개량하고, 발명하고, 조립하며, 무엇인가를 이룰 때마다 더 큰 것을 성취하려고 한다. 인간은 동물 이상의 존재이다. 인간은 하나님의 형상에 따라 창조하는 능력을 부여받은 존재이다. 엔진의 힘으로 바다를 항해하는 증기선은 정도의 차이는 있지만 물 속에서 헤엄치는 고래와 같은 종류의 창조물이다. 망원경과 현미경은 인간 스스로 눈의 보조물로서 발명한 것이 아니고 무엇인가? 여인들이 차려 입는 아름다운 색상의 부드러운 옷은 자연이 새에게 준 깃털과 같은 성질이 아닌가? 인간은 내부에 창조적인 본성이 있기 때문에 끊임없이 무언가를 하려고 하며, 그렇지 않으면 적어도 그러한 상상이라도 하게 마련이다. 햇볕이나 쬐며 빈둥거리는 사람은 정상인이 아니라 비정상적인 사람이다.

어린 아이가 제대로 움직일 수 있는 나이가 되면 진흙으로 과자를 만들고 인형에 옷을 입힌다. 아이의 놀이는 어른의 일을 흉내 내는 것이다. 아이가 물건을 부수는 것도 무언가를 하고 싶은 마음에서 비롯된다. 쾌락 자체를 위해 쾌락을 추구하는 경우는 없다. 우리의 오락도 무엇인가 배우고 무엇인가 하는 일 그 자체이거나 그것을 본뜬 경우에만 즐겁다. 우리의 탐구하려는 힘 또는 건설하려는 힘을 유발하지 못하면 오락이 되지 못한다. 스토리가 어떻게 끝날지 미리 알면 소설을 읽는 재미가 사라진다. 카드놀이로 시간을 보낼 수 있는 것도 우연과 기술이 섞여 있기 때문이다. 베르사유 궁전이 온갖 사치로 장식될 수 있었던 것도, 왕은 자신이 나라를 다스린다고 생각했고 신하들은 영예와 보수를 더 얻고 싶었기 때문이다. 유행과 쾌락의 생활을 즐기는 것도 무언가 기대하는 것이 있기 때문이며 그렇지 않다면 권태로 죽을 지경일 것이다. 그들이 이런 생활을 계속하는 이유는 더 높은 지위를 얻는다든지, 친구를 사귄다든지, 자녀의 출세 기회가 많아진다는 등의 기대가 있기 때문이다. 사람을 가두고 일자리를 주지 않으면 죽거나 미치고 만다.

사람이 싫어하는 것은 노동 그 자체가 아니며 인간에게 저주스러운 것은 노력을 해야 한다는 사실이 아니다. 대가가 생기지 않는 노동과 결과가 나오지 않는 노력을 혐오할 뿐이다. 매일 매일 힘들여 일해서 겨우 연명한다면 이는 정말로 고된 노동이다. 이것은 빠져 죽지 않기 위해 펌프질을 계속하거나, 깔려 죽지 않기 위해 바퀴를 계속 밟는 지옥 같은 형벌이다. 그러나 이러한 무의미한 일에서 해방된다면 인간은 본성적으로 더 열심히, 더 훌륭히 일하게 되며, 그럴 때 자신을 위해 또는 타인을 위해 무언가 일다운 일을 하게 된다. 훔볼트(Alexander von Humboldt, 1769~1859)의 생애가 나태했는가? 프랭클린(Benjamin Franklin, 1706~1790)이 돈을 벌어 인쇄업에서 은퇴하였을 때 아무 일도 않고 지냈는가? 허버트 스펜서가 게으름뱅이인가? 미켈란젤로(Michael Angelo, 1475~1564)가 생계 때문에 그림을 그렸는가?

인류의 생활을 개선하는 일, 예를 들면 지식을 확대하고 힘을 증가시키고 문예를 풍부하게 하고 사상을 고양시키는 일은 생계를 위해 하는 일이 아니다. 이런 일은 채찍질이나 동물적 욕구에 의해 강제되는 노예가 할 수 있는 일이 아니다. 그 자체를 목적으로 할 뿐, 더 많이 먹고 마시고 입고 과시하기 위해 하는 일이 아니다. 사회에서 궁핍이 사라지면 이러한 종류의 일이 대폭 증가할 것이다.

내가 제안한 방식대로 지대를 모두 징수하면, 대규모 자본이 투입되는 기업에서는 노동조직이 협동조합 방식을 취하게 되지 않을까 추측된다. 부가 더 평등하게 분산되면 같은 사람이 자본가 겸 노동자가 될 것이기 때문이다. 그러나 이런 변화가 생기느냐 않느냐는 중요한 문제가 아니다. 고된 단순노동은 사라진다. 임금이 높고 노동의 기회가 많아 각자 자기의 능력을 최대한 발휘할 수 있게 되며, 어느 직업에서나 두뇌가 손을 지원하게 된다. 이런 시대의 노동은 고되다고 해봤자 지금의 기준으로는 아주 가벼운 노동에 해당될 것이다. 현대적 생산은 세밀하게 분업하는 경향이 있지만, 그렇다고 해서 일이 단조롭게 되거나 작업자의 능력이 줄어드는 경우는 없을 것이다. 왜냐하면 근무시간이 단축되거나, 근무에 변화를 주거나, 정신적 작업과 육체적 작업을 번갈아 가면서 하는 등의 방법으로 해결될 것이기 때문이다. 현재 방치되고 있는 생산력이 활용될 것이고, 현재 매우 불완전하게 응용되고 있는 지식이 충분히 이용될 것이고, 노동의 활력과 정신적 활동이 새롭게 생겨나서 지금은 상상할 수 없을 정도로 생산 방법이 발달할 것이다.

현재와 같은 구성을 가진 사회의 가장 엄청난 낭비는 정신력의 낭비이다. 문명의 발전에 실제로 기여하는 정신력은 발휘되지 않는 잠재적 정신력에 비하면 극히 미미하다. 일반 사람들에 비해 사상가, 발견가, 발명가, 관리자는 매우 적다. 그러나 이러한 능력을 갖고 태어나는 사람은 수없이 많다. 이런 사람들 중에서 극히 일부만이 능력을 발휘하는 것은 사회 환경 탓이다. 사람의 취향과 성향은 극히 다양하다. 백만 명 중에서 신체 구조가 꼭 같은 사람이 없는 것과 같다. 그러나 관찰과 성찰을 통해 볼 때, 천부적 능력의 차이는 신체의 차이나, 육체적 힘의 차이보다 더 크지 않다고 나는 생각한다. 위인들의 생애도 자칫 평범한 인물로 끝날 수 있었다는 점에 주목해 보라. 시저가 가난한 집 안에서 태어났다면, 나폴레옹이 몇 년 일찍 태어났더라면, 콜럼버스가 항해를 하지 않고 성직자가 되었다면, 셰익스피어가 구두 가게에서나 굴뚝 청소부 밑에서 일을 배웠다면, 뉴턴이 교육을 못 받고 농부가 되었다면, 아담 스미스가 탄광에서 태어났다면, 허버트 스펜서가 공장 기사로 일할 수밖에 없었다면, 이 사람들의 재능이 무슨 소용이 있었을까? 그러나 그들 이외의 다른 시저, 나폴레옹, 콜럼버스, 셰익스피어, 뉴턴, 스미스, 스펜서가 있었을 것이라는 말도 할 수 있다. 옳은 말이다. 이 말은 인간의 천성이 얼마나 풍요로운가를 보여준다. 평범한 일벌이 필요에 따라 여왕벌로 변신하듯이, 환경이 도우면 평범한 인물로 그칠 수 있는 사람도 영웅이나 지도자가 되고, 학자와 교사가 되고, 현자와 성자가 된다. 씨는 너무나 넓게 뿌려져 있고, 그 싹을 틔우고 꽃을 피우는 힘은 너무나 강하다. 그러나 슬프게도 땅에는 돌투성이고, 새가 쪼아 먹고 가라지도 무성하구나! 능력을 발휘하는 사람이 하나라면 제대로 성장하지 못하고 기형이 되는 사람은 수도 없이 많다.

우리 내면의 의지는 의식의 궁극적 실체이다. 그러나 우리의 지식, 지위, 심지어는 성격 가운데 최상의 것 중에는 우리 자신의 노력보다는 사회환경에 의해 형성된 부분이 훨씬 더 많다. 현명하고 학식 있고 사려 깊고 강한 인품을 가진 사람도 자기가 성장한 내면적 과정을 돌이켜 보면, 이런 저런 기회에 우연히 모범적인 인물이 주위에 나타나 주었다든지, 고결한 사상과 접하게 되었다든지, 좋은 기회가 찾아 왔다든지 하는 사실을 알 수 있을 것이고, 이에 대해 금욕주의자 로마 황제(Stoic Emperor)처럼 하나님께 감사드리지 않을 수 없을 것이다. 인생을 충분히 살아 통찰력을 가진 사람이라면 사형수가 사형대로 끌려가는 것을 본 어느 사람이 한 다음과 같은 말에 공감하게 될 것이다. "하나님의 은총이 없었다면 나도 저렇게 되었을 것이다(But for the grace of God. there go I)". 사회환경에 비해 유전에 의해 영향을 받는 정도는 미미하다. 서구에서는 천 년 동안 문명이 진보했고, 중국에는 천 년 동안 문명이 정체되었다고 하자. 그러나 서구인의 아기를 중국에서 기르면 눈과 머리카락 등 신체적인 특징을 제외하고는 중국 아이들과 같은 언어, 같은 사고, 같은 입맛을 갖게 된다. 베르 드 베르(Vere de Vere)가 요람에서 자랄 무렵 빈민가의 어린이와 바뀔 경우, 수백 년 귀족 집안의 핏줄을 이어받았다고 해서 세련되고 교양 있는 여인이 될 수 있을까?

궁핍 내지 궁핍에 대한 두려움을 제거하고 모든 계층에게 여가,

편안함, 독립, 점잖고 세련된 생활, 정신적·도덕적 발전의 기회를 주면 사막에 물을 대는 것과 같은 효과가 나타날 것이다. 불모의 황무지에 신록이 덮이고, 생명이 없는 몹쓸 땅에 오래지 않아 수목이 그림자를 드리우며 새의 노랫소리가 들릴 것이다. 지금은 감추어진 자질, 있을 것 같지 않은 능력이 나타나서 인간의 생활을 풍요롭고 충실하고 행복하고 고상하게 해 줄 것이다. 세모난 자리에 밀려들어가는 둥근 사람이나 둥근 자리에 쑤셔 넣어진 세모난 사람, 부자가 되려는 경쟁에 힘을 낭비하는 사람, 공장에서 기계와 다름없이 일하면서 연명하기 위해 일에 묶인 사람, 악하고 무지한 빈민가에서 자라는 어린이 등, 그 누구에게나 높은 수준의 힘과 빛나는 재능이 있기 때문이다. 이러한 힘과 재능은 기회만 주어지면 발휘될 수 있다.

모든 사람에게 기회를 주는 사회를 생각해 보라. 상상력을 동원하여 그런 사회의 모습을 그려 보자. 이 그림은 말로 다할 수 없을 정도의 밝은 색으로 채색될 것이다. 도덕이 향상되고, 지적 활동이 활발해지고, 사회생활이 개선될 것이다. 모든 사회의 주민은 상호 긴밀한 연결 속에서 살게 될 것이다. 그런데 지금의 사회에서는 사회계층의 정상에 위치하는 사람들마저, 자신들은 인식하지 못하더라도, 사회에 존재하는 궁핍과 무지와 타락에 의해 고통을 받고 있다. 이 점을 감안한다면, 내가 제안하는 개혁이 실현되면 모든 사람이, 심지어 최대의 토지소유자조차도 혜택을 입지 않는다고 말할 수 있을까? 최대의 토지소유자라고 하더라도 자녀에게 현재와 같은 사회에서 큰 재산을 물려주기보다는 그 재산이 없더라도 개혁된 사회에서 살게 해 주는 것이 자녀의 미래를 위해 더 안전하지 않을까? 만일 이런 사회가 존재한다면 이 사람이 자기 재산을 다 주고 이 사회에 들어간다고 해도 오히려 싸게 들어가는 것이 아닐까?

지금까지 사회의 단점과 질병의 근원을 추적해 보았다. 그 대책도 제시하였다. 모든 논점과 모든 반대에 대해 검토하였다. 그러나 지금까지 살펴본 문제도 큰 것이지만 보다 더 큰 문제가 있다. 인간의 마음이 씨름해야 할 거대한 문제이다. 지금까지 이 책을 읽어온 독자께 계속해서 읽기를 권유하고 싶다. 이제 더 높은 차원의 주제를 다루려고 하기 때문이다. 그러나 이 책이 다룰 수 있는 분량의 한계 때문에 모든 문제를 다 다룰 수는 없고, 보다 완전한 사상으로 가는 힌트가 될 몇 가지 생각을 제시하는 데 그칠 것이다.

PROGRESS
and
POVERTY

제10권
인간 진보의 법칙

내 속의 어둠을 비추고
낮은 것을 높이고 받들라.
이 거대한 논쟁의 끝까지 나는
영원한 섭리의 존재를 주장할 수 있고
인간에 대한 신의 배려를 증거할 수 있다.

－ 밀턴(Milton)

제 1 장
인간 진보에 관한 현재의 이론
- 그 불충분성

우리가 도달한 결론이 옳다면 더 큰 일반법칙에 부합할 것이다. 그러므로 더 높은 관점의 새로운 탐구를 통해 더 넓은 영역을 검토해 보자.

인간 진보의 법칙은 무엇인가?

지금까지 탐구한 내용만 아니라면 이 책의 한정된 분량 내에서 이런 질문을 다루기를 주저했을 것이다. 이 질문은 인간이 마음속에 품고 있는 가장 고차원의 문제와 직접·간접으로 연관되기 때문이다. 그러나 이것은 자연스럽게 떠오르는 질문이다. 지금까지 우리가 도출한 결론은 인간의 진보에 관한 큰 법칙과 일관성이 있는가 없는가?

그 법칙이란 무엇인가? 우리 질문에 대한 답은 우리가 찾아야 한다. 현재의 철학은 이런 법칙의 존재를 시인하면서도, 현재의 정치경제학이 부의 진보 속에 빈곤이 상존하는 현상에 대해 설명하는 정도 이상의 만족스러운 설명을 못해 주고 있기 때문이다.

가능한 한 확고한 사실에 근거를 두기로 하자. 인류가 동물에서부터 점차로 발전했느냐 아니냐는 따질 필요가 없다. 현재 우리가 알고 있는 대로의 인류에 관한 질문과 인류의 발생에 관한 질문이 서로 밀접하게 연관되어 있다고 해도 앞의 질문에 대답해야 뒤의 질문에도 대답할 수 있을 것이다. 모르는 것에서 아는 것으로 추론이 진행될 수는 없다. 우리가 인지하고 있는 사실을 통해서만 인지하기 이전의 사실에 대해 추론할 수 있다.

인류의 기원이 무엇이건 간에, 우리가 알고 있는 한 과거의 인간도 현재와 같은 모습의 인간이다. 현재 존재하는 미개인보다 더 수준이 낮은 인류가 있었는지에 대해서는 기록이나 자취가 없다. 현재 인간과 짐승 사이에 놓인 큰 간격을 인류가 어떻게 건너왔는지를 알 수 있는 무슨 단서도 없다. 그러나 지구상의 최저 수준의 미개인과 최고 수준의 짐승 사이에는 근본적인 차이가 있다. 이는 단순히 정도의 차이가 아니라 질적인 차이이다. 인간이 가지고 있는 특징, 행동, 감정의 상당 부분은 다른 동물에서도 나타난다. 그러나 아무리 수준이 낮은 인간이라도 반드시 갖추고 있으나 다른 동물에서는 전혀 보이지 않는 요소가 하나 있다. 이 요소는 분명하게 인식되기는 하지만 확실하게 정의하기는 어려우며, 인간에게 개량하는 힘을 주는 그 무엇이다. 그로 인해 인간은 진보하는 동물이 되었다.

비버는 댐을 만들고, 새는 둥지를 틀고, 벌도 집을 짓지만 동물의 집은 언제나 같은 방법, 같은 모양이다. 그러나 인간의 집은 나뭇잎과 나뭇가지로 지은 집에서부터 현대적 시설을 갖춘 대저택으로까지 변화되어 왔다. 개는 사물의 인과관계를 어느 정도 이해하고 몇 가지 재주도 익힐 수 있지만 개선할 줄 아는 인간과 더불어 생활해오면서도 이런 능력이 조금도 나아지지 않았다. 또 문명인과 같이 사는 개라고 해서 떠돌이 미개인과 같이 사는 개보다 더 수준이 높거나 지식이 더 많지도 않다. 동물 중에는 옷을 입거나 요리를 하거나 도구와 무기를 만들거나 다른 짐승을 사육해서 잡아먹거나 분명한 언어를 사용하는 동물이 없다. 그러나 이러한 행위를 하지 않는 인간은 우화 속이 아니고는 보지도 듣지도 못했다. 말하자면 인간은 자연으로부터 받은 것에다 스스로의 행위를 통해서 보태는 힘을 갖추고 있다는 것이다. 사실 인간에게 부여된 육체의 능력은 동물에 비해 워낙 뒤떨어지기 때문에, 이러한 자질이 없다면 태평양의 일부 작은 섬을 제외하고는 지구 어느 곳에서도 사람이 살아나갈 수 없을 것이다.

인간은 어느 시대 어느 장소에서나 이러한 자질을 갖추고 있다. 우리가 알고 있는 어느 지역, 어느 시대에도 인간은 이 본성을 활용하였다. 그러나 이 본성을 이용하는 정도는 매우 달랐다. 통나무배와 증기선, 부메랑과 자동소총, 조잡한 목각품과 살아 숨 쉬는 듯한 그리스의 대리석 예술품, 미개한 지식과 현대 과학, 야성의 인디언과 백인 이주민, 호텐토트 족(Hotentot) 여인과 세련된 사교계의 미녀, 이들 간에는 엄청난 차이가 존재한다.

자질의 사용 정도가 달리 나타나는 원인은 선천적 능력의 차이가 아니다. 현재 가장 발전한 민족도 과거에는 미개인이었고 같은 인종에 속하는 민족 간에도 큰 차이가 있다. 또 이러한 차이의 원인이 전적으로 자연환경에 있다고도 할 수 없다. 과거에는 학문과 예술의 요람이었던 지역에 현재는 미개인이 사는 경우가 많다. 야생 부족의 사냥터에서 몇 년 안 되어 거대한 도시가 솟아오르기도 한다. 이러한 차이는 분명히 사회 발전과 관계가 있다. 인간은 다른 인간과 같이 삶으로써만 원시적인 단계를 넘어 개선을 이룩할 수 있었다. 인간의 힘과 상태의 개선 일체를 우리는 간단히 문명이라는 말로 표현한다. 인간의 문명화는 곧 사회 속에서 협동하는 법을 배우는 것이고 이를 통해 개선이 이루어진다.

이러한 개선의 법칙은 무엇인가? 각 사회가 도달한 문명의 단계가 서로 다른 이유를 해명할 수 있는 원리는 무엇인가? 각종 사회제도 중에 어떤 것은 문명의 진보를 촉진하고 어떤 것은 그 진보에 도움이 되지 않는 이유는 무엇인가? 또 같은 제도가 어떤 때에는 진보를, 어떤 때에는 퇴보를 촉진하는 현상을 어떻게 설명할 수 있는가?

요즘에는 문명의 진보를 발전 내지 진화로 보는 견해가 지배적이다. 생물의 종의 기원을 설명할 때 적용되는 적자생존 또는 획득 형질의 유전 등과 같은 원인이 작용하여 인간의 능력이 증가하고 자질이 개선된다는 것이다.

문명이 진화라는 사실, 허버트 스펜서(Herbert Spencer, 1820~1903)의 표현에 의하자면, 불확실하고 비체계적인 동질성에서부터 확실하고 체계적인 다양성으로 변화하는 진보라는 사실에는 의문이 없다. 그러나 이것으로는 문명을 촉진시키거나 퇴보시키는 원인이 무엇인지를 설명하지 못한다. 스펜서는 물질과 힘이라는 용어로 모든 현상을 설명하려고 하는데, 그러한 대담한 일반화가 모든 원인을 어느 정도 포괄할 수 있는지 알 수 없다. 그러나 스펜서의 발전철학을 과학적으로 검토해 본다면, 스펜서는 위의 질문에 확실하게 대답하지 못한 것으로 보이며, 최소한 사실에 부합하지 않는 견해를 창안했거나 기존의 그러한 견해를 지지한 것으로 보인다.

진보에 대한 통속적인 설명은 돈벌이 잘하는 사람이 부의 불평등한 분배에 대해 갖는 견해와 비슷하다고 나는 생각한다. 이런 사람이 만일 이론을 만든다면, 돈은 세상에 많고 의지와 능력만 있으면 벌 수 있으며, 부자와 가난뱅이의 차이는 무식과 나태와 낭비에서 생긴다는 내용일 것이다. 문명의 차이나 능력의 차이에 대해서도 이렇게 설명하는 것이 보통이다. 문명화된 종족은 우월한 종족이고, 문명의 진보는 이런 우월성에 기인한다는 것이다. 영국인의 상식으로는, 영국의 승리는 개구리를 먹는 프랑스인에 비해 영국인이 가진 타고난 우월성 덕이다. 또 미국인의 상식으로는, 미국의 민선 정부, 활발한 발명, 평균적으로 보다 안락한 생활은 "양키 국민의 명석함" 덕이다.

진보는 종족이 점차 개선되는 현상이라고 설명하는 것은 문명의 차이를 종족의 차이로 설명하는 대중적인 견해와 일치한다. 이는 마치, 이 책의 앞부분에서 오류를 증명한 바 있는 정치경제 관련 학설이, 임금이 자본가에 의해 지불되고 또 경쟁을 통해 하락하는 모습을 보는 사람의 상식적인 견해와 일치하는 것과 같다. 또 맬서스 이론이 부자와 빈자가 공통적으로 가지고 있는 기존의 편견과 일치하는 것과 같다. 이런 설명은 기존의 지배적인 견해를 굳혀주며 여기에 과학의 모습을 부여한다. 다윈(Charles R. Darwin, 1809~1882)이 『종의 기원 (*Origin Species*)』을 출간하여 세상을 놀라게 한 이래 이런 견해가 널리 확산되었다. 다윈의 이론이 세상을 정복하였다기보다는 오히려 그 이론이 기존의 견해에 동조하였다는 표현이 더 적절할 것이다.

현재 사상계를 지배하고 있는 견해는 이렇다. "생존경쟁이 치열해질수록 인간은 새로운 노력과 발명을 하게 된다. 이러한 개선 및 개선 능력은 유전에 의해 결정되며, 또 가장 잘 적용했거나 가장 많이 개량된 사람이 많은 사람들 중에서 살아남아 자손을 퍼뜨리는 경향과, 가장 잘 적용했거나 가장 많이 개량된 부족, 민족, 인종이 사회집단 간 투쟁에서 살아남는 경향에 의해 확대된다."

인간과 동물의 차이 그리고 인간 진보의 상대적 차이는 얼마 전까지만 해도 특별창조론 내지 섭리론으로 설명하였으나, 이제는 위의 이론에 의한 설명이 그 정도의 신뢰를 얻고 있으며 거의 유사한 정도로 일반화되고 있다.

이 이론의 현실적인 결과는 일종의 낙관적인 숙명론이라고 할 수 있으며, 오늘날 이런 부류의 문헌이 많다.[1] 이런 견해에 의하면, 진보

는 인간의 수준을 높이기 위해 서서히, 꾸준히, 냉정하게 작용하는 힘
의 결과이다. 현대문명을 괴롭히는 전쟁, 노예제도, 전제정치, 미신, 기
근, 페스트, 궁핍과 비참 등의 강력한 원인에 의해 열등한 유형이 배제
되고 우등한 유형이 확대됨으로써 인간이 전진한다. 이러한 전진의 결
과를 정착시키고 지난 세대의 전진을 새로운 세대의 전진을 위한 바탕
으로 삼는 힘은 유전이다. 각 개인은 과거의 수많은 개인을 거쳐 오면
서 형성되고 영속화된 변화의 결과이며, 사회조직의 형태는 사회를 구
성하는 개인의 형태에 의해 결정된다. 이 이론은 인간의 본성이 변한
다고 보는 점에서, 스펜서의 표현을 빌리자면, "현재의 어떤 급진주의
적 사상보다 급진적이다."[2] 이 이론은 또 인간의 본성을 서서히 변화
시키는 것 외의 다른 변화는 실효가 없다고 보는 점에서 "현재의 어떤
보수주의적 생각보다 보수적이다." 그래도 철학자들은, 신학자들이 예
정설을 가르치면서도 모든 사람은 구원을 위해 노력할 의무가 있다고
하듯이, 부조리를 개혁하기 위해 노력할 의무가 이 이론으로 인해 줄
어들지 않는다고 가르칠 것이다. 그러나 보통 생각하듯이 그 결과는
숙명론이다. "우리가 무슨 행위를 하든지, 우리가 돕건 방해하건, 신의
맷돌은 돌아간다." 내가 이런 말을 하는 것은 현재 급속하게 확산되면
서 일반인의 사고에 침투하고 있는 견해를 설명하기 위해서일 뿐, 진

---

1) 준과학적 내지 대중적 형태로는, 직선적인 생생함과 힘을 지닌 작가인 리드
(Winwood Reade)의 『인간의 순교(*The Martyrdom of Man*)』가 그 솔직함으로 인해
가장 좋은 예가 될 것이다. 이 책은 실제로 진보의 역사이고 특히 진보의 원인과
방법에 관한 내용인데, 저자의 철학적 일반화 능력에 대해서는 어떻게 생각하
든, 그 생생한 묘사로 인해 일독을 할 만하다. 이 책의 주제와 제목의 관련성은
다음과 같은 결론에서 드러난다. "이 보편적인 역사에 『인간의 순교』라는, 기이
하지만 진실을 나타내는 제목을 붙이려고 한다. 인간이라는 종은 세대마다 고문
을 당하듯이 살아 왔고, 자신의 고통이 자식에게 이익으로 돌아가기를 바라 왔
다. 우리 세대의 번영은 과거 세대의 고뇌에 기초를 두고 있다. 그렇다면 미래
세대의 이익을 위해 우리가 고통을 겪는 것이 부당한가?"
2) 『사회학 연구(*The Study of Sociology*)』, 결론 부분.

리가 낳을 결과를 고려하여 진리 추구에서 편향된 생각을 해도 좋다는 뜻이 아니다. 그러나 문명에 관한 현재의 견해는 이런 식으로 편향되어 있는 것으로 생각한다. 이 견해에 의하면, 문명은 어떤 힘이 정해진 방식대로 작용한 결과이며, 이 힘은 서서히 인간의 특징을 개조하고 인간의 힘을 개선하고 고양한다. 문명인과 야만인의 차이는 장기에 걸친 종족 교육의 결과로서, 이 결과는 정신의 구조에 영구적으로 각인되어 있다. 이러한 개선을 통해 문명은 계속해서 더 높은 수준으로 나아간다. 이런 견해에 영향을 받아, 진보는 매우 자연스러운 것이고 미래의 인류는 더욱 커다란 결과를 성취할 것이라고 확신하는 정도에 우리가 와 있다. 어떤 사람은 과학의 진보를 통해 인간의 영생불멸이 이룩될 것이고 혹성은 물론 항성까지도 직접 여행하게 될 것이며, 마침내 태양이나 태양계도 인간의 힘으로 만들 수 있을 것으로까지 믿는다.[3]

계속해서 진보하고 있는 문명 속에 사는 우리에게는 이 이론이 매우 자연스럽게 생각되지만, 별까지 올라갈 필요 없이 우리 주변만 둘러보아도 이론에 맞지 않는 엄청난 사실에 — 정체되고 화석화된 문명에 — 부닥친다. 오늘날 대부분의 인류는 진보했다고 생각하지 않는다. 오늘날 대부분의 인류는, 몇 세대 전까지 우리 선조들이 그랬듯이, 과거를 인간이 완전했던 시대라고 생각한다. 야만인과 문명인의 차이에 관해서, 야만인이란 아직 발전이 불완전하여 진보가 눈에 띄지 않는 사람이라고 이론상 설명할 수도 있겠다. 그러나 인간의 진보가 일반적·지속적인 어떤 원인의 결과라고 하는 이론으로, 문명이 고도로 진보한 후에 정지해 버리는 현상을 어떻게 설명할 수 있겠는가? 현재의 서구문명이 앞선 이유가 교육을 더 오래 했기 때문이라거나, 서구인은

---

3) 리드, 『인간의 순교(*The Martyrdom of Man*)』.

인간 본성이 다 성장한 사람이고 비서구인은 어린이라고 할 수 있다고 한다면, 야만족에게라면 몰라도 인도인이나 중국인에 대해서는 맞지 않는다. 서구인이 미개인이었을 때 인도인과 중국인은 문명인이었다. 인도와 중국에 거대한 도시, 고도로 조직화된 강력한 정부, 수준 높은 학술과 사상, 세련된 예절, 상당한 정도의 분업, 대규모 교역, 정교한 기술이 있었던 시기에 서구인의 선조는 미국 인디언보다 더 나은 것이 없는 상태에서 오두막이나 가죽 천막에서 살았다. 그런데 서구는 이런 야만 상태에서 벗어나 19세기 문명으로 진보했지만 그들은 정지했다. 진보가 불가피하고 영원한 어떤 확정적인 법칙의 결과로서 인간에게 작용한다면 이런 현상을 어떻게 설명할 수 있을까?

발전철학을 확립한 유명한 철학자 중에 『물리학과 정치학(*Physics and Politics*)』을 저술한 월터 배젓(Walter Bagehot, 1826~1877)이 있다. 이 사람은 이와 같은 반론에 이유 있다고 보고 다음과 같이 설명하였다. 인간을 문명화하기 위해서는 우선 인간을 길들여야 한다. 법을 지키면서 다른 사람과 어울려 살도록 해야 한다. 그리하여 법과 관습이 자라나고, 부족이나 민족이 자연의 선택을 통해 강화되고 확대되는 가운데 서로 결속함으로써 그렇지 못한 집단보다 유리하게 된다. 그러나 마침내 법과 관습이 너무 두텁고 단단해지면 더 이상의 진보가 불가능하게 된다. 진보는 토론이 가능한 상황, 따라서 개선에 필요한 자유와 유동성을 허용하는 상황에서만 계속될 수 있다.

배젓이 제시한 이러한 설명은 불분명한 점도 있고 일반이론이 되기도 어렵다고 본다. 여기에 대한 자세한 언급은 피하려고 한다. 이 이론이 사실을 제대로 설명해 주지 못하기 때문이다.

배젓이 지적한 경직화 경향은 아주 초기의 발전 단계에서도 나타날 수 있으며, 그가 들고 있는 예도 거의 대부분 야만 내지 준야만적인 생활에 관한 것이다. 반면에 정체된 문명이란 상당한 발전을 이룬 후에 정지한 문명을 말한다. 정체된 문명은 야만상태와 비교할 수 없을 정도로 앞섰던 때가 있었으며 유연하고 자유롭고 진취적이었다. 정체된 문명은 그 정지한 시점에는 16세기 내지 적어도 15세기의 유럽 문명에 비해 조금도 열등하지 않았고 많은 점에서 오히려 우월하였다. 분명히 그 시기까지는 토론도 있었고 새로운 것을 환영하는 분위기였고 각종 지적 활동도 있었다. 기술혁신과 개선을 통해 상당한 경지에 이른 건축가가 건축예술을 구현하기도 했다. 조선 기술자는 기술혁신을 거듭하여 헨리 8세의 전함처럼 훌륭한 배를 만들기도 했다. 발명가도 현재의 중요 발명품과 거의 유사한 단계까지 간 경우도 있었으며, 아직도 배울 점이 있을 정도이다. 거대한 관개시설이나 운하를 건설한 사람도 있었다. 철학에도 여러 학파가 있었고, 갖가지 종교적 관념도 발달하였다. 여러 면에서 기독교와 비슷한 하나의 위대한 종교가 인도에서 발생하여 낡은 종교를 대치하였고 중국으로 들어가 전국을 휩쓸었다. 그러다가 병폐가 발생하여, 기독교가 그랬듯이 개혁되기도 했다. 인간이 더불어 살기를 배운 지 오랜 시간이 지나면서 생활은 활발했고, 기술혁신은 개선을 낳았다. 뿐만 아니라 인도와 중국 모두, 침입해 온 종족에게서 색다른 관습과 사고방식과 함께 새로운 활력을 섭취했다.

우리가 아는 범위 내에서 정체 내지 화석화의 정도가 가장 심한 문명은 이집트 문명이다. 이집트에서는 마침내 미술마저도 상투적이고 경직된 형식으로 떨어지고 말았다. 그러나 과거에는 현재의 서구문명처럼 신선하게 발전하고 확대되는 문명으로서 생명과 힘이 넘쳤으며 예술과 과학이 극히 높은 수준에 올랐음을 우리는 안다. 최근의 발굴로 이집트 땅 속에서 초기 이집트가 빛을 보았는데, 출토된 인물상이나 조각은 딱딱하고 형식적인 것이 아니라 생명과 표현력으로 빛난다.

이를 통해 당시의 예술이 정열적이고 치열하고 자연스럽고 자유로웠다는 점, 그리고 당시의 생활상이 활동적이고 확장적인 모습이었다는 점을 알 수 있다. 현재의 정체되어 있는 여러 문명이 과거 한때는 다 이랬을 것이다.

그러나 현재의 발전이론이 제대로 설명하지 못하는 것은 문명의 정체 현상에 대해서만이 아니다. 인간이 진보의 도정을 따라 높은 수준에 이르렀다가 중단해 버린 정도가 아니라 오히려 퇴보해버린 현상에 대해서는 더욱 설명하지 못한다. 발전이론에 맞지 않는 현상이 하나의 특별한 사례에서만 나타나는 것이 아니다. 이는 보편적 현상이다. 지금까지 지구상에 있었던 모든 문명에는 활기찬 성장기 이후에 정체기가 있었고 다음에는 쇠퇴기가 있었다. 성장과 번영을 거친 문명 중에서 현재 남아 있는 문명은 정체된 몇 개의 문명과 서구문명이 있을 뿐이다. 서구문명은 아브라함이 바라보았을 당시의 피라미드만큼도 오래되지 않았다. 당시의 피라미드는 그 이전에 이미 20세기에 걸친 기록된 역사가 있었다.

서구문명이 과거의 어느 문명보다 기반이 넓고 보다 선진적이며 빨리 움직이고 높이 솟아오르는 것은 의심 없는 사실이다. 그러나 서구문명이 이런 측면에서 그리스·로마 문명보다 앞서 있다고 할 수 없고, 또 그리스·로마 문명 역시 아시아 문명보다 더 앞섰다고도 볼 수 없다. 또 설혹 서구문명이 더 앞선다고 하더라도, 이전에 문명의 몰락을 초래한 원인이 서구문명에 존재하지 않는다는 증거가 없는 한, 서구문명의 영속성이나 미래의 발전을 증명해 주지 못한다. 현재의 이론은 이 점을 해명하지 못한다.

문명을 자연의 선택이라는 원리가 작용하여 인간의 힘을 개선하고 고양한 결과로 보는 진화론적 견해는 세계사에 나타나는 이런 사실을 도저히 설명해 주지 못한다. 문명이 여러 시대, 여러 장소에서 저마다 다른 속도로 발달했다는 사실은 진화론적 견해와 배치되지 않는다. 추진력과 제어력의 배합이 동일하지 않으면 그런 결과가 나타날 수 있기 때문이다. 그러나 진보하던 모든 문명이 — 어떤 저급한 부족도 다소간의 진보를 이루었다는 사실은 인정된다 — 지속되지 않고 반드시 정체 내지 퇴보하고 말았다는 사실은 진화론적 견해와 완전히 배치된다. 진보가 있으면 인간의 본성이 개선되고 개선된 본성은 다시 진보를 초래한다는 진화론적 견해가 맞다면, 부분적인 예외는 있을 수 있겠지만 일반원칙으로는, 진보는 계속되며 발전은 또 다른 발전을 낳아 문명이 계속 높은 수준으로 올라갈 것이다.

　그러나 이와 반대 현상이 일반원칙 정도가 아니라 보편원칙으로 나타나고 있다. 지구는 죽은 자의 무덤이자 멸망한 제국의 무덤이다. 진보가 인간을 개조하여 더 큰 진보를 낳은 것이 아니라, 한때는 현재의 서구문명처럼 활기차고 번성했던 모든 문명이 저절로 종말을 고하고 말았다. 되풀이해서 예술이 쇠퇴하고, 학문이 가라앉고, 힘이 쇠퇴하고, 인구가 줄어들었다. 한때 거대한 사원과 장대한 도시를 건설하고, 강줄기를 돌리고 산을 뚫으며, 대지를 정원처럼 가꾸고, 사소한 부분에까지 극도의 세련미를 발휘하던 위대한 민족도 지금은 미개인이 되어 선조가 이룩했던 위업을 기억하지도 못하고, 과거의 영화로운 유적을 노아의 대홍수 전의 어느 천재나 강성했던 민족의 업적이라고 여길 지경이 되는 현상이 반복되었다. 이것은 진실이다. 과거를 회고해 보면, 팔다리에 생명력이 넘치는 청년이라고 해도 모든 인간의 공통 운명인 죽음에서 면제되기를 바랄 수 없듯이, 이것도 면제를 바랄 수 없는 준엄한 법칙인 것으로 보인다. 스키피오(Scipio, 기원 전 185~129)가 카르타고를 멸망시킨 후 "로마여, 언젠가는 그대의 운명도 이와 같을 것이다!"라고 슬퍼하였다는 고사가 있다. 머콜리(Thomas B. Macauley, 1800~1859)는 언젠가 뉴질랜드 사람이 런던 브리지의 아치가 무너진 것을 보면서 감회에 젖을 날이 있을 것이라고 했는데, 황무지에 건설되는 도시를 목격하는 사람이나 새로운 제국의 기초를 다지는 사람도 이러한 상상을 할 수 있을 것이다. 그래서 현대문명이 파괴되고 우리 세대가 망각될 시대에 대비하여, 공공건물을 지을 때 주춧돌에 구멍을 내고 그 속에 현 시대의 특징이 될 만한 물건을 넣고 봉하는 경우도 있다.

문명의 상승과 하강 및 진보 뒤의 퇴보가 전반적인 상승 추세 속의 부침 현상인지 여부는 — 나는 이 의문을 검토하지 않겠지만, 이를 입증하는 것은 부정하는 것보다 훨씬 더 어려울 것이다 — 문제되지 않는다. 현재의 이론은 어느 경우에도 부정되기 때문이다. 문명은 죽어서 아무 흔적도 남기지 않았고, 힘들게 이룩한 진보도 영원히 사라졌다. 그러나 진보의 파동 각각이 다른 고차적인 파동을 가능하게 했고, 각 문명은 더 큰 문명으로 횃불을 넘겨주었다는 주장도 있지만, 이를 인정한다고 해도 인간의 본성에 변화를 일으켜 진보가 계속된다는 진화론은 사실과 맞지 않는다. 새로운 문명을 일으키는 민족은 과거에 문명을 일으킨 후 교육을 통해 이를 전수받거나 유전적으로 물려받은 민족이 아니라 그보다 저급한 단계에 있던 다른 민족이기 때문이다. 한 시대의 미개인이 다음 시대에 문명인이 되었다가 새로운 미개인의 등장에 의해 대체된다. 언제나 문명권 내의 모든 인간은 처음에는 개선을 이루다가 나중에는 몰락하였기 때문이다. 오늘날의 문명인은 비문명인에 비해 매우 높은 수준에 있다. 그러나 지금은 죽어버린 문명도 그 전성기에는 이와 같았다. 어느 정도를 넘어서면 죄악, 부패, 문명 쇠퇴와 같은 현상이 반드시 나타났다. 미개인에게 압도당한 모든 문명은 진실로 그 내부적 타락에 의해 멸망하였다.

이 보편적인 사실을 일단 인정하고 나면 진보가 유전적인 전수에 의해 생긴다고 하는 이론을 받아들일 수 없다. 세계사를 두루 살펴보아도, 위대한 발전의 계통이 유전적인 계통과 일치한 시기는 한 번도 없었다. 어떤 유전 계통을 보아도 발전이 있으면 퇴보가 뒤따랐던 것으로 보인다.

그렇다면 개인에게 생명이 있듯이 국가 내지 종족에게도 전체로서의 생명이 있다고 할 것인가? 또 이러한 사회집단이 개인처럼 일정량의 에너지를 소비하면 소멸한다고 볼 것인가? 이러한 견해는 예로부터 광범위하게 존재했었고 지금도 많은 사람이 이렇게 생각하고 있다. 발전철학 연구자들의 저술에서도 이런 어울리지 않는 견해가 계속해서 튀어나오는 것을 볼 수 있다. 물질과 운동이라는 용어를 사용하면 진화론을 일반화할 수 있을 텐데 왜 그렇게 하지 않는지 모르겠다. 사회의 구성원을 원자로 본다면 사회의 성장이란 "물질의 통합과 그에 수반하는 운동의 소멸 현상이다. 그 과정에서 물질은 불확실하고 비체계적인 동질성에서부터 확실하고 체계적인 다양성으로 변화하며, 남아 있는 운동도 이와 유사한 변환을 겪는다"[4]고 할 수 있기 때문이다. 그리하여 사회의 모습과 성운설에 입각한 태양계의 모습 간에 유추가 성립한다. 태양의 열과 빛은 운동하는 원자의 결합에 의해 발생하고, 원자가 균형 내지 휴식 상태에 이르면 끝난다. 그 후에는 정지상태가 이어지다가 외부적 힘의 충격이 있을 때 이 상태가 깨어진다. 그러면 진화의 과정을 역으로 받게 되어 운동은 통합되고 물질은 가스의 형태로 스러지다가 다시 농축되어 운동을 낳는다. 사회의 경우에도 개인의 통합에 의해 힘이 발생하고 이로써 문명이라는 빛과 열이 생긴다. 그러나 이 과정이 정지되고 개별 구성요소가 균형 상태에 도달하여 위치가 고정되면서 화석화 현상이 뒤따른다. 그러다가 야만족의 침입에 의해 사회가 붕괴되고 흩어짐으로써 그 과정이 다시 시작되고 새로운 문명이 성장한다.

---

4) 진화에 대한 허버트 스펜서의 정의임. 『제일원리(*First Principles*)』, 396면.

그러나 유추는 매우 위험한 사고(思考) 양식이다. 유추는 유사한 것끼리 연결을 지어주지만 진실을 위장 내지 은폐할 수 있다. 또 이런 종류의 유추는 모두 피상적이다. 사회의 구성원은 참신한 활력을 가진 어린이로 태어났다가 어른이 되어 에너지를 소모하면서 늙어가지만 사회는 그렇지 않다고 본다. 사회 전체의 힘은 개별 구성원의 힘의 합계인 만큼 구성원의 활력이 줄지 않으면 사회의 활력도 줄지 않는다.

그러나 국민의 생애를 개인의 생애에 견주는 흔한 유추나 내가 제시한 유추 속에도 한 가지 분명한 진리는 있다. 즉, 사회의 진보를 중단시키는 장애는 진보의 과정 속에서 생기며, 과거의 모든 문명을 파괴한 원인도 문명의 성장 그 자체에 의해 조성되었다는 점이다.

이 진실은 현재의 철학에서는 무시되고 있지만 가장 의미 있는 진실이다. 인간 진보에 관한 이론은 반드시 이 진실을 설명할 수 있어야 한다.

제2장
문명의 차이와 그 원인

인간 진보의 법칙을 발견하기 위한 첫 단계로, 문명 간의 차이가 있다고 할 때 그 차이의 본질적 성격이 무엇인지를 알아야 한다.

현재의 철학이 사회 진보가 인간 본성 속의 어떤 변화에 기인한다고 하지만, 이것이 사실과 다르다는 점은 이미 보았다. 상이한 문명단계에 있는 여러 사회의 차이가 각 사회를 구성하는 개인의 내재적 차이때문이 아니라는 점도 조금만 생각해 보면 알 수 있다. 자연적 차이가 있다는 말도 옳고, 유전에 의해 특성이 전수된다는 말도 틀림없다. 그러나 여러 상태의 사회 속에 사는 인간들 사이의 커다란 차이는 이런 식으로 설명되지 않는다.

요즘 유전의 영향을 아주 크게 평가하는 것이 유행처럼 되어 있지만, 인간이 세상에 태어난 이후에 받는 영향에 비하면 별것 아니다. 사람의 습관 중에서 언어보다 — 언어는 단순한 근육의 기교에서 나온다기보다 사고의 매개가 된다 — 더 깊숙하게 물드는 것이 있을까? 언어보다 더 오래 지속되는 것, 언어보다 국적을 더 빨리 알 수 있게 해주는 것이 있을까? 그렇지만 인간은 특정 언어에 대한 편향을 가지고 태어나는 것은 아니다. 모국어는 어릴 때 배우기 때문에 모국어가 될 뿐이다. 조상이 오랜 세월 동안 하나의 언어로 말하고 사고해 왔더라도 어느 아기가 날 때부터 다른 언어만을 듣고 자란다면 그 언어를 아무런 어려움 없이 배우게 된다. 다른 국민적·지방적·계층적 특성도 마찬가지이다. 이런 것은 유전이 아니라 교육과 습관에 달려 있는 것으로 생각된다. 어릴 때 인디언에게 잡혀 인디언 마을에서 자라난 백인 어린이들을 보면 이 사실이 입증된다. 이 어린이들은 완전한 인디언이 되어 있다. 집시 족이 기른 백인 어린이들도 이와 같다고 믿는다.

인디언 또는 어떤 특정 종족의 어린이를 백인이 길렀을 때 이와 다른 결과가 나온다는 말도 있지만, 이는 백인 어린이와 똑같이 취급하지 않았기 때문일 것이다. 유색인종 학교에서 가르쳤던 사람의 말을 들으면, 유색인종 어린이는 열 살이나 열두 살까지는 백인 어린이보다 똑똑하고 빨리 배우는데 그 이후에는 둔해지고 주의력도 떨어진다고 한다. 이 사람은 이것이 인종의 천성적 열등성의 증거라고 생각했고 처음에는 나도 그렇게 생각했다. 그러나 후에 어느 고도의 지성을 갖춘 흑인(Hillery 주교)이 하는 다음과 같은 말을 듣고는 충분한 설명이 된다고 생각했다. "흑인 어린이들이 어릴 때에는 백인 어린이나 다름없이 총명하고 배우기도 잘 합니다. 그러나 자신의 처지가 어떤지를 알게 되고, 흑인은 열등한 종족이라는 인식 때문에 요리사, 웨이터나 이와 유사한 수준 이상이 될 수 없다는 사실을 깨닫는 나이가 되면 희망을 잃고 포기해 버립니다." 그 밖에 가난하고 교양 없고 희망을 포기한 부모와 가정 분위기도 악영향을 미쳤다고 덧붙일 수 있을 것이다. 초등교육 시기에는 무식한 부모를 둔 어린이나 유식한 부모를 둔 어린이나 이해도에 있어서 별반 차이가 없지만, 시간이 지날수록 일반적으로 보아, 유식한 부모를 둔 어린이가 앞서 나가서 가장 유식한 층에 속하게 되는 것은 흔히 관찰되는 일이라고 생각한다. 그 이유는 간단하다. 학교에서만 배우는 초보적인 내용에 대해서는 양 쪽이 다 같은 처지에 있다. 그러나 공부의 수준이 점점 높아지면 가정에서 모범적인 영어를 접하고 유식한 대화를 듣고, 주위에서 책도 쉽게 구할 수 있고, 의문이 있으면 금방 해결할 수 있는 등의 유리함이 있는 어린이가 우위에 서게 된다.

　같은 현상이 나이가 들어도 나타날 수 있다. 일반 노동자에서 시작하여 입신출세한 사람이 있다고 할 때, 이 사람도 교양 있고 저명한 인사들을 접하면서 유식하고 세련된 사람이 되어갈 것이다. 또 가난한 부모 밑에서 같은 집에서 같은 방식으로 자란 두 형제가 있는데, 그중 한 사람은 힘든 직업에 종사하여 매일 열심히 일해서 겨우 입에 풀칠이나 하는데, 다른 사람은 사환으로 시작하였으나 방향을 바꾸어 드디어 성공한 변호사나 사업가나 정치인이 되었다고 해보자. 40세 내지 50세가 되면 두 사람은 극심한 대조를 보일 것인데, 인간을 발전시키는 자연적 능력의 차이로 인해 그런 결과가 생겼다고 한다면 지각이 없는 사람일 것이다. 또 두 자매가 있는데, 한 사람은 가난한 남편과 결혼하여 보살핌도 받지 못하고 기회도 주어지지 않았으나, 다른 사람은 결혼한 남편의 지위가 높아져서 교양 있는 사회에 발을 들여 놓고, 취향을 세련시키고, 지식을 넓힐 기회가 있었다면, 둘 사이에는 역시 극심한 대조가 나타났을 것이다. 타락의 경우도 이와 같다. "사람을 잘못 사귀면 예절을 망친다"는 말은 인간의 성격이 상황이나 여건에 의해 깊은 영향을 받는다는 일반 법칙의 표현이다.
　브라질의 어느 항구에서, 첨단 유행의 의상을 입었으나 양말도 신발도 신지 않은 흑인을 본 적이 있다. 나와 같이 있던 선원 중 노예무역을 하던 한 사람은, 흑인은 인간이 아니고 원숭이의 일종이라는 지론을 가진 사람이었는데, 이 모습을 가리켜 그 증거라고 하면서, 흑인은 신발을 신는 것이 자연스럽지 않고 야생 상태에서는 옷도 입지 않을 것이라고 하였다. 후에 안 일이지만, 브라질에서는 노예가 신발을 신는 것은 격에 어울리지 않는 일로 생각하고 있었다. 마치 영국에서 집사가 완전무결하게 정장을 해도 보석은 패용하지 않게 되어 있는 것과 같다. 그러나 이 문제에 관해서라면, 나는 백인들도 브라질의 노예처럼 격에 어울리지 않게 마음대로 옷을 입는 것을 보아 왔다. 다윈주의자들이 유전적인 전수의 증거라고들 하는 사실들 중의 많은 것이 이 정도 이상의 의미를 지니지 못하고 있다.

예를 들어 뉴욕의 범죄자나 정부 구호 대상자의 상당수가 서너 세대 동안 계속 빈곤층이었던 부모의 자손이라는 점이 유전의 증거로 많이 인용된다. 그러나 이것은 사실을 설명해 줄 뿐 유전의 증거가 될 수는 없다. 빈곤층은 자기 자식이 아니라고 해도 빈곤하게 기를 수밖에 없다. 마치 점잖은 부모의 자식이라도 범죄인과 자주 접촉하면 범죄인이 되기 쉬운 것과 같다. 자선에 기대다 보면, 심한 생존경쟁 속에서 자립하기 위해 필요한 자존심과 독립심이 사라진다. 이러한 사정으로 인해 자선은 자선에 대한 수요를 증대시키는 결과를 낳는다는 점은 잘 알려져 있으며, 그래서 정부의 구호와 민간의 부조는 장점보다 단점이 더 많지 않은가 하는 의문도 있다. 자녀가 부모와 같은 정서, 취향, 편견, 재능을 갖는 경향이 있는 것도 마찬가지로 설명할 수 있다. 자녀가 늘 만나는 친구들에게서 영향을 받듯이 부모에게서도 영향을 받는다는 것이다. 자녀가 자신의 처지를 혐오하여 빈곤을 탈출하는 수도 있지만, 이런 예외 역시 환경의 영향을 받는다는 원칙을 증명해 준다.

그 밖에, 성격이 유전하는 것처럼 보이는 현상을 설명해 줄 수 있는 보다 미묘한 어떤 영향력이 — 어린이들이 단순한 이야기책을 읽고는 해적이 되고 싶다고 생각하게 되는 그런 영향력이 — 있다고 나는 생각한다. 인디언 추장의 혈통을 가진 어떤 신사가 있었다. 이 사람은 자기 할아버지에게서 배운 전통 — 예를 들면 인디언식 사고 습관, 피에 굶주린 듯한 집요한 추적, 불굴의 인내심 등 백인들은 이해하기 어려운 특성에 대해 내게 이야기해주곤 했다. 이 사람이 이런 특성을 중시하는 태도로 볼 때, 이 사람은 교육을 많이 받은 문명인이지만 어떤 상황에서는 인디언 혈통에서 비롯되었다고 생각되는 이런 특성을 보여 줄 것이라고 나는 확신한다. 그러나 이것은 사실상 조상의 행적에 대해 상상을 많이 함으로써 생긴 것이라고 설명해도 충분할 것이다.5)

규모가 큰 사회에서는 계층 내지 집단 간에 지식, 신념, 관습, 취향, 언어 등 문화적 차이가 있으며, 심하게는 같은 나라에 사는 각 민족 간에도 문명사회와 미개사회 간의 차이에 해당될 만큼 큰 차이가 나는 수도 있다. 석기시대 이래의 여러 사회발전 단계가 현재 지구 위에 동시에 존재하고 있으며, 같은 나라 같은 도시 내에서도 집단 간에 비슷한 정도의 이질성이 존재하기도 한다. 영국, 독일 등에서는, 인종이 같고 같은 지역에서 출생하여 어린 시절을 보낸 어린이가 성장한 후에는 서로 다른 언어, 신념 체계, 관습, 취향을 갖는 경우가 있으며, 미국 같은 나라에서도 그만큼은 아니더라도 집단 간에 상당한 차이가 나는 경우를 볼 수 있다.

그러나 이러한 차이는 분명히 선천적인 것이 아니다. 감리교 신자냐 가톨릭 신자냐, 또는 에이치(h) 발음을 하느냐 않느냐를 정해서 태

---

5) 워즈워스(William Wordsworth. 1770~1850)는 "브루엄 성의 축제의 노래(Song at the Feast of Brougham Castle)"에서 이런 종류의 영향력에 대해 매우 시적으로 묘사한 바 있다.

> 방 안의 무기는 녹슬어 가면
> 클리포드의 피를 부른다.
> "스코틀랜드를 무찔러라" 창이 외친다.
> "나를 데리고 프랑스의 심장으로 가라"
> 방패가 절규한다.

어나는 아기는 없다. 집단 간에 생기는 모든 차이는 집단 속의 어울림에서 비롯된다.

재니서리(Janissaries)는 어릴 때 기독교 가정에서 데려다 기른 청년으로 구성되었지만 열렬한 회교도였고 터키의 특징을 고스란히 지녔다. 예수회(Jesuits) 등의 신도들은 뚜렷한 특징을 가지고 있지만 그런 특징이 유전에 의해 계속 전해지지는 않는다. 학교나 군대와 같이 구성원이 단기간 머물다가 바뀌는 경우에도 집단의 특징이 유지되는데, 이것도 정신적인 영향이 사람의 어울림에 의해 이어지기 때문이다.

어느 사회에서나 전통, 신념, 관습, 법률, 습관, 제도 등이 생겨 개인을 둘러싸는데, 허버트 스펜서의 표현에 따르면 이러한 "초유기체적 환경(super-organic environment)"이 국민성을 결정하는 중요한 요인이 되는 것으로 나는 생각한다. 영국인이 프랑스인과 다르고, 독일인이 이탈리아인과 다르고, 미국인이 중국인과 다르고, 문명인이 야만인과 다른 것도 유전적인 요인보다는 이러한 요인에 의해서이다. 한 국민의 특징은 이런 방식으로 유지되고 확대되고 변화한다.

일정한 한도 안에서 — 또는 한도가 없다고 해도 좋다 — 유전은 자질을 발전 내지 변화시킬 수 있다. 그러나 이것은 정신보다는 육체에 더 해당되며, 육체 중에서도 인간적 부분보다 동물적 부분에 더 해당된다. 비둘기나 가축의 품종 개량 사례를 인간에게 적용하면 맞지 않는다. 그 이유는 명백하다. 인간의 생활은 가장 원시적인 상태라고 해도 동물보다 무한히 더 복잡하다. 인간은 무한히 더 많은 영향을 받는데 그 중에서 유전의 영향은 상대적으로 적어지고 있다. 만일 인류가 정신 활동 면에서 동물보다 나을 것이 없이 그저 먹고 마시고 잠자고 번식하는 정도에 그친다면 양육 여하에 따라서는 가축처럼 다양한 신체적인 특징을 가진 여러 인종이 생길지도 모른다. 그러나 그런 인간이란 존재하지 않는다. 본래 인간에게는 정신의 영향력이 있어서, 마음을 통해 신체에 작용함으로써 그 과정을 방해할 것이다. 마음에 걱정이 있는 사람은 돼지처럼 가두어 먹이더라도 살찌게 할 수 없다. 인간은 많은 동물 종(種)보다 지구에 오래 존속해 왔다. 또 기후 조건이 상이한 여러 지역에 분리되어 살아 왔다. 이렇게 분리되어 사는 동물은 매우 다른 특징을 나타낸다. 그러나 인간의 경우에는 흰 말과 검은 말 간의 차이 이상은 없다. 인간은 분명히 개의 품종 내에서의 차이, 예를 들면 테리어나 스파니엘 내에서의 다양성만큼도 분화되지 않았다. 인종 간에 존재하는 신체적인 차이라고 해도 인간이 동물에 가까운 저급한 단계에 있을 때, 즉 인간에게 정신적인 요소가 적었을 때 생긴 차이라는 점은 자연의 선택과 유전에 의해 그 차이를 설명하는 진화론자도 인정하는 사실이다.

인간의 신체적 측면에 대한 이러한 설명이 옳다면 정신적 측면에 있어서는 더욱 옳지 않을까? 우리는 태어날 때부터 신체의 모든 부분을 갖고 태어나지만 정신은 그 후에 발달한다.

모든 유기체는 처한 환경에 의하지 않고는 장차 어류가 될지 파충류가 될지, 원숭이가 될지 인간이 될지 판별할 수 없는 단계가 있다. 새로 태어난 아기도 이와 같다. 아직 의식과 힘을 갖지 못한 단계에 있는 아기가 자라서 문명인의 정신을 갖게 될지 야만인의 정신을 갖게 될지, 영국식이 될지 독일식이 될지, 미국식이 될지 중국식이 될지는 전적으로 아기가 처한 사회 환경에 의해 결정된다.

고도로 개명한 부모에게서 난 아기들을 사람이 살지 않는 지역에 옮겨 놓았다고 가정해 보자. 이 아기들이 제 앞가림을 할 만한 나이가 될 때까지 기적적으로 살아남았다고 할 때 이들의 상태는 어떨까? 현재 우리가 알고 있는 어느 미개인보다 더 보잘 것 없는 상태일 것이다. 이들은 불도, 연장이나 무기도, 언어도 스스로 찾고 만들어야 한다. 이들은 현재의 가장 미개한 종족이 가지고 있는 단순한 지식도 걸음마를 배우듯이 스스로 힘들여 찾아야 한다. 이들이 시간의 경과에 따라 이러한 지식을 갖추게 될 것이라는 점에 대해서는 의심의 여지가 없다. 인간의 육체에 걸을 수 있는 능력이 잠재되어 있듯이, 인간의 정신에도 그와 같은 능력이 잠재되어 있기 때문이다. 그리고 옮긴 아기들이 문명사회의 부모에게서 태어났건 미개사회의 부모에게서 태어났건 이런 환경에서 배우는 내용이나 속도에 차이가 없을 것임은 분명하다. 특출한 개인에게서나 볼 수 있는 고도의 정신적인 능력이 모든 인류에게 부여된다고 하더라도, 한 세대가 그 이전의 세대와 완전히 단절된다면 어떻게 될까? 이러한 단절 이후의 인류는, 현재의 미개인이 오히려 개명되었다고 할 정도로 형편없는 상태가 될 것이다.

그리고 이와 반대로 미개인의 아기들을 문명인의 아기들과 바꾸어 놓으면 — 공정한 실험을 위해 어머니도 모르게 바꾼다고 하자 — 성장하면서 차이가 생길까? 여러 민족 내지 여러 계층과 많이 접촉해 본 사람이라면 차이가 생긴다고 보지 않을 것이다. 여기서 얻을 수 있는 위대한 교훈은 "인간의 본성은 전 세계에 걸쳐 동일하다"는 것이다. 이러한 교훈은 도서관의 문헌에서도 얻을 수 있다. 여행기는 제외하자. 문명인이 미개인에 대해 쓴 여행기는 미개인이 문명사회를 얼른 구경한 다음 쓰는 여행기처럼 별로 믿을 것이 못 되기 때문이다. 다른 시대, 다른 민족의 생활과 사상을 다룬 대표적인 문헌으로서 현대의 우리 언어로 번역된 것을 보면, 어느 민족이나 우리의 생활과 사상을 보는 듯하다. 여기에서 받는 느낌은, 인간은 본질적으로 같다는 것이다. 에마뉴엘 도이취(Emmanuel Deutsch, 1829~1873)도 이렇게 말했다. "역사와 예술의 탐구 끝에 내리는 결론은 이렇다. 옛 사람도 우리와 다르지 않다."

유전에 의해 전수되는 특징과 어울림에 의해 전수되는 특징을 잘 보여주는 민족은 세계 도처에 있다. 유태인은 유럽의 어떤 인종보다 훨씬 오랜 기간 동안 혈통의 순수성을 잘 유지했던 민족이다. 그러나 주의 깊게 관찰해본 사람이라면 알겠지만, 전수되는 특징은 외모뿐이며, 그것마저 실은 흔히 생각하는 만큼은 아니라고 생각한다. 유태인은 계속해서 동족 내에서 결혼을 했지만 어디에서나 주변의 민족에게서 영향을 받았다. 영국, 러시아, 폴란드, 독일, 동방의 유태인은 같은 유태인이지만 민족 간의 차이만큼 유태인 간에도 차이가 있다. 그럼에도 유태인은 큰 공통점이 있고 어느 곳에서나 특징을 유지해 왔다. 그 이유는 분명하다. 어느 곳에서나 유태인의 독특함을 보존해 온 것은 유태교 덕이다. 종교는 분명히 유전에 의해서가 아니라 어울림에 의해 전수된다. 종교는 어린이가 신체적 특징을 이어받는 것과는 달리 교육과 어울림에 의해 이어받는다. 유태교는 가르침의 내용도 배타적인데다가 주위의 의심과 혐오를 불러 일으켜서 압박을 받음으로써, 유태인 마을이 각 사회마다 별도로 형성되었다. 이런 식으로 특수한 환경이 조성되고 유지되어 독자적인 특성을 가지게 되었다. 유태인이 동족 내에서 결혼하는 풍습은 이런 현상의 결과이지 원인이 아니다. 유태인 어린이를 부모로부터 떼어 이런 특수한 환경에서 격리시켜 기르지 않는 한, 어떠한 박해도 이를 막을 수 없을 것이다. 그러나 유태인의 종교적 믿음이 약해진다면 결과가 달라질 수도 있는데, 이 점은 유태인과 비유태인 간의 차이가 급속히 사라지고 있는 미국에서 이미 입증되고 있다.

흔히 종족 간의 차이라고 생각하는 것도 — 예를 들면 문명 정도가 낮은 종족이 고수준의 문명을 잘 수용하지 못한다든지, 고수준의 문명 앞에 융해되어 버린다든지 하는 것도 — 이러한 사회적 그물 내지 환경의 영향으로 설명할 수 있을 것으로 본다. 사회 환경이란 쉽게 사라지지 않기 때문에, 하나의 사회 환경에 속한 사람들은 다른 환경을 수용하기가 어렵거나 불가능하게 된다.

다른 민족에 특성이 있다면 중국인도 특성이 있다. 그러나 캘리포니아 주의 중국인은 미국식의 일이나 상업이나 기계 사용법 등을 잘 습득하여 융통성이나 선천적 능력에 있어 아무런 결함이 없음을 입증하고 있다. 중국인들이 다른 면에서는 잘 변화하지 않는데, 그 이유는 사는 지역의 환경 때문이다. 이들은 중국에서 이주할 때부터 귀국할 작정을 하고 있었으며, 소중국을 형성하여 자기네끼리 살았다. 이것은 영국인이 인도에 갔을 때 소영국을 유지하였던 것과 같다. 인간은 자연히 자기와 비슷한 사람과 같이 어울리려고 하여, 개인이 완전 격리된 곳이 아니라면, 자신의 언어, 종교, 관습이 지속된다. 뿐만 아니라 이러한 차이는 외부의 압력을 야기하여 자기네끼리의 어울림을 더욱 촉진한다.

이와 같은 명백한 원리는 하나의 문화가 다른 단계 내지 다른 형태의 문화와 접촉할 때 나타나는 현상을 완전히 설명해 준다. 여기에는 인종 간에 어떤 차이가 내재한다는 이론이 필요 없다. 예를 들면, 비교언어학상 힌두족은 그들을 정복한 영국인과 같은 종족이다. 힌두족을 완전한 영국적 환경에 둘 경우 — 가령 힌두 어린이를 영국 가정에 데려다 놓고 아무도 그 차이를 알 수 없는 가운데 기를 경우 — 한 세대만 지나면 완전한 유럽 문명을 심을 수 있음을 보여주는 개별 사례는 많이 있다. 그러나 인도 내에서는 영국적 관념과 관습이 아주 느리게 전파되는데, 그 이유는 수많은 인구가 일상생활을 하는 가운데 확립되고 짜인 관념과 관습의 그물이 존재하기 때문이다.

배젓은 야만족이 고대와는 달리 현대의 서구문명 앞에서 스러지고 있는 이유를 설명하기 위해 문명의 진보를 통해 신체가 강건해졌다는 가정을 하였다. 그는 또, 고전시대의 작가 중에 야만족을 애도한 사람이 없었다는 점, 야만족은 도처에서 로마인과의 접촉을 이겨내었고 로마인은 야만족과 동맹을 맺었다는 점을 언급한 후 이렇게 기술하였다(『물리학과 정치학』, 47~48면).

"기원 후 1년의 야만족은 1800년의 야만족과 비슷하다. 그런데 야만족이 고대에는 당시의 문명인과의 접촉을 이겨냈으면서 현대에는 우리와의 접촉을 이겨내지 못한다면 우리가 고대 문명인보다 더 강건하다는 결론을 도출할 수 있겠다. 우리는 고대 문명인보다 더 심한 질병의 씨를 보유할 수밖에 없고 또 보유하고 있기 때문이다. 변하지 않은 야만인을 통해 이들이 접촉하는 상대방의 신체적 힘을 측정할 수 있다."

배젓은 1800년 전의 문명과 야만 상태 간의 격차가 현재의 우리 문명과 야만 상태 간의 격차와 어떻게 달랐는지에 대해 설명하지 않았다. 그러나 이런 이야기는 할 필요가 없고, 또 인간의 신체가 조금이라도 개선되었다는 증거가 없다는 말도 할 필요가 없다. 우리의 문명이 열등한 종족과 접했을 때 어떤 영향을 주었는지 살펴본 사람이라면 답을 — 기분 좋은 답은 아니지만 — 훨씬 쉽게 얻을 수 있다.

우리에게는 별반 해가 없는 질병이 야만인에게는 치명적인 것은 우리의 신체가 선천적으로 야만족보다 강건하기 때문이 아니다. 우리는 그런 질병에 대해 알고 대처 방법도 갖고 있으나 야만족은 지식도 대처방법도 없기 때문이다. 전진하는 문명 속에서 부산물로 생긴 질병에 야만인이 감염되더라도 야만인은 무지로 인해 이를 방치해 두기 때문에 큰 피해를 입는다. 문명인이라고 해도 야만인처럼 무지하여 병을 방치한다면 역시 큰 피해를 입을 것이다. 실제로 우리가 대처 방법을 발견하기 전에는 큰 피해를 입었다. 뿐만 아니라 야만 상태에서 문명을 접하면 미개인은 힘이 약화될 뿐이며 문명인처럼 힘을 얻는 상황으로 올라서지 못한다. 미개인의 습관과 관습이 쉽게 사라지지 않는 가운데 미개인이 처한 상황만 억지로 바뀐다고 해보자. 미개인은 사냥꾼이지만 사냥감이 없다. 미개인은 전사이지만 무기도 없고, 분쟁은 싸움 대신 까다로운 법률로 해결해야 한다. 미개인은 단순히 이질적인 문화 사이에 놓인다기보다, 배젓이 인도의 유럽 혼혈인에 대해 말했듯이, 이질적인 도덕 사이에 놓인다고 할 수 있으며, 양 쪽 문명의 장점은 빼놓고 나쁜 점만 배운다. 결국 미개인은 자신에게 익숙한 생존 유지의 수단을 상실하고, 자긍심과 도덕심도 상실하며, 결국 타락하고 죽어간다. 개척지 마을이나 철도역 주변을 배회하면서 구걸하고 훔치고 더러운 영업을 하는 가련한 인디언이 있지만, 백인이 인디언 사냥터에 침입하기 전의 인디언은 그렇지 않았다. 인디언은 지난 시절의 힘과 덕성을 잃고 높은 문명의 힘과 덕성은 얻지 못했다. 사실, 우리 문명은 인디언을 몰아내면서 덕성을 베풀지 못했다. 개척지의 앵글로색슨 족의 일반적인 생각으로는, 원주민은 백인 사회에서 인정되는 권리를 가질 수 없는 족속이었다. 원주민은 빼앗기고, 오해받고, 속임을 당하고, 이용당했다. 원주민은 죽어갔다. 우리도 이런 상황에서라면 죽어갔을 것이다. 로마화한 브리튼 족(Britons)이 야만인이었던 색손 족 앞에서 사라진 것처럼 원주민도 사라졌다.

고전시대 작가 중에서 야만족에 대해 애도한 사람이 없고 로마의 문명이 야만 문명을 파괴하지 않고 동화되었던 진정한 이유에 대해 생각해 보자. 고대 문명과 당시의 야만 상태와의 차이가 지금보다 덜했다는 이유도 있다. 그러나 보다 중요한 이유는 고대 문명의 확산 방식이 우리 문명과 달랐다는 점이다. 로마 문명은 식민지의 확대와 함께 번져나간 것이 아니라 정복을 통해 새로운 지방을 복속시켰을 뿐이다. 현지의 사회조직을 — 일반적으로 정치조직도 상당한 정도로 — 변화시키지 않고 그대로 두었으며, 그리하여 파괴와 타락 없이 동화의 과정이 진행되었다. 일본 문명도 이와 비슷한 방법으로 유럽 문명에 동화되고 있다.

미국에서 백인은 인디언을 문명화시킨 것이 아니라 소탕한 것이다. 인디언을 백인 사회에 수용하지도 않았고, 인디언이 강력한 새 이웃에 의해 조성된 새로운 상황에 충분히 적응할 수 있도록 전통적 사고와 관습을 재빨리 변화시킬 수 있는 방식으로 양자 간의 접촉이 이루어지지도 않았기 때문이다. 인디언이 우리 문명을 수용하는 데 선천적인 장애가 있는 것이 아니라는 사실은 여러 개별 사례들로 입증되어 있다. 그 외에도 실험적인 예로서 파라과이의 예수회(Jesuit), 캘리포니아 주의 프란체스코회(Franciscan), 태평양 일부 섬 지역의 개신교 선교사 등도 들 수 있다.

인종이 육체적으로 개선된다고 하는 가정은 우리가 아는 한 어떤 시대에 대해서도 근거가 없으며, 배젓이 고찰했던 시대에 있어서는 완전히 부정된다. 고대의 인물상, 당시 군인들의 군장이나 행군, 달리기 선수의 기록과 체조 선수의 재주 등을 보더라도 2천 년 사이에 사람은 체구나 힘에서 개선되지 않았다. 정신적으로 개선된다고 하는 가정에 대해서는 많은 사람들이 상당한 확신을 가지고 있지만 이 가정은 터무니없다. 시인, 미술가, 건축가, 철학자, 웅변가, 정치가, 군인으로서 고대인보다 더 위대한 정신력을 가진 사람이 현대문명에 있는가? 고대 위인들의 이름을 구태여 제시할 필요는 없을 것이다. 초등학생도 잘 알 테니까. 정신력의 모범이자 화신을 보려면 고대로 돌아가면 된다. 아니면 옛날부터 널리 퍼져 있는 믿음처럼, 또는 레싱(Gotthold E. Lessing. 1729~1781)이 거의 확실하다고 선언했던 — 레싱은 형이상학적 근거 위에서 이를 인정했지만 — 그 믿음처럼, 환생이 가능하다고 잠시 상상하여, 호메로스나 베르길리우스, 데모스테네스나 키케로, 알

렉산더나 한니발이나 카이사르, 플라톤이나 루크레티우스, 유클리드나 아리스토텔레스가 19세기에 환생한다고 해 보자. 이들이 오늘날의 사람들보다 못한 점이 있다고 생각할 수 있겠는가? 또 고전기 이후 어느 시대에서도 — 심한 암흑기도 좋고, 우리가 약간이라도 알고 있는 그 이전의 어느 시대라도 좋다 — 그 시대의 상황과 지식 정도를 감안할 때, 현대인과 같은 수준의 높은 정신적 능력을 가졌던 사람은 언제나 찾을 수 있지 않을까? 또 우리가 관심을 가지고 살핀다면 오늘날의 후진 인종 가운데에도 문명이 보여줄 수 있는 위대한 정신적 자질을 나름의 상황 속에서 갖춘 사람을 언제나 볼 수 있지 않을까? 이 시대의 철도의 발명이 옛날 수레바퀴의 발명보다 더 위대한 발명력의 소산이라고 할 수 있을까? 현대의 서구인은 문명의 발달 면에서 과거에 비해 그리고 현대의 다른 종족에 비해, 더 높은 위치에 있다. 그러나 이것은 서구인이 높은 단상에 올라 서 있기 때문이지 키가 커서 그런 것은 아니다. 수 세기에 걸쳐 서구인은 키를 키운 것이 아니라 올라 설 수 있는 구조물을 축조해 온 것이다.

되풀이해서 말한다. 나는 모든 사람이 신체적으로 똑같지 않듯이 능력이나 정신면에서도 서로 차이가 있다는 점을 부인하지 않는다. 지구에 존재하였던 수많은 사람 중에서 신체나 정신이 똑같은 사람은 없었을 것이다. 인종 간에 신체적인 차이가 있듯이 정신적인 차이가 있다는 점도 부인하지 않는다. 또 신체적 특징이 유전에 의해 전수되듯이 정신적인 특징도 같은 방법으로, 그리고 아마도 같은 정도로 전수된다는 것을 부인하지도 않는다. 그러나 정신이나 신체는 공통된 기준 내지 자연적 평균으로 복귀하려는 경향이 있는 것으로 생각한다. 어떤 종족은 아기의 머리 모양을 납작하게 변형시키기도 했고, 중국인은 딸의 발을 묶어 전족을 만들기도 했다. 그러나 새로 태어나는 아기는 머리가 납작하게 되지도 않았고 발이 작지도 않았던 것처럼, 자연은 정신도 자연적인 모습으로 복귀시키는 경향이 있는 것으로 보인다. 자식이 아버지의 유리 눈이나 의족을 물려받지 않듯이 아버지의 지식도 물려받지 않는다. 지극히 무식한 부모에게서 태어난 자식도 과학의 기수가 되거나 사상의 선도자가 될 수 있다.

그러나 우리가 관심을 두고 있는 위대한 사실은 다음과 같다. 시간과 장소가 다른 여러 사회에 사는 사람들의 차이, 즉 문명의 차이는 개인에 내재하는 차이가 아니라 사회에 내재하는 차이이다. 이 차이는 허버트 스펜서의 견해와는 달리 개인이 가진 차이가 아니라 개인이 처한 사회적 환경 조건에서 발생하는 차이이다. 간략히 말해서, 나는 사회의 차이를 다음과 같이 설명한다. 크고 작은 여러 사회는 각기 지식, 신념, 관습, 언어, 취향, 제도, 법률 등으로 하나의 그물을 짠다. 개인은 자기가 속한 사회가 짠 그물에 출생 때부터 편입되어 죽을 때까지 머문다. 이 그물은 인간의 정신이 싹트고 발전하는 바탕이 된다. 관습, 종교, 편견, 취향, 언어 등이 이 그물에서 자라고 지속된다. 또 그물을 통해 기술이 전해지고 지식이 축적되며, 한 세대의 발견이 다음 세대의 공동 자산이자 디딤돌이 된다. 이 그물은 때에 따라서는 진보에 대한 심각한 장애 요인이 되기도 하지만, 이 그물이 있기 때문에 진보가 가능해지기도 한다. 이 그물을 통해 오늘날의 초등학생이 우주에 대해 프톨레마이오스(Ptolemaeus, 또는 Claudius Ptolemy)보다 더 나은 지식을 몇 시간 안에 배울 수 있으며, 오늘날의 평범한 과학자가 아리스토텔레스 같은 위인보다 더 앞선 지식을 얻을 수 있다. 이 그물은 종족 전체에 대해 개인의 기억력과 같은 역할을 한다. 우리 시대의 기술, 과학, 발명이 굉장한 정도로 이루어지는 것도 이러한 그물을 통해서 가능하다.

한 세대가 이룩한 발전이 이런 방식으로 다음 세대의 공동재산으로 보존되고 새로운 발전의 출발점이 됨으로써 인류의 진보가 계속된다.

제3장
인간 진보의 법칙

그렇다면 인간 진보의 법칙은 — 문명의 전진을 지배하는 법칙은 — 무엇인가?

이 법칙은, 모든 인간이 비슷한 능력을 가지고 비슷한 시기에 시작했을 텐데도 불구하고 이제는 사회 발전에 커다란 차이가 존재하는 이유를 분명하고 확실하게 설명해야 하며, 막연한 일반화나 피상적인 유추에 그쳐서는 안 된다. 이 법칙은 정체된 문명과 쇠퇴하고 파괴된 문명을 설명해야 하고, 문명의 발흥에 관한 일반적인 사실이나 모든 문명을 화석화 내지 무력화시켰던 힘에 대해서도 설명해야 한다. 이 법칙은 전진과 후퇴, 아시아문명과 유럽문명의 일반적인 성격 차이, 고전문명과 현대문명의 차이, 진보의 속도에서의 차이를 설명해야 하고, 중요성은 덜할지 모르지만 진보의 분출, 시작, 정지 등도 설명해야 한다. 그리하여 진보의 본질적인 조건이 무엇인지, 문명을 전진시키거나 지체시키는 사회제도는 어떤 것인지를 보여주어야 한다.

이러한 법칙을 발견하는 것은 어려운 일이 아니다. 보려고 하면 법칙이 보일 것이다. 나는 이 법칙에 과학적인 정밀성을 부여하지는 않고 단지 이를 제시하는 정도에 그치려고 한다.

진보를 자극하는 것은 인간의 본성에 내재하는 의욕이다. 인간의 동물적 본성의 욕구, 지적 본성의 욕구, 정서적 본성의 욕구를 충족시키려는 의욕이다. 이는 생존하고, 알고, 행동하려는 의욕으로서 결코 충족시킬 수 없는 의욕이며, 충족할수록 더 커지는 의욕이다.

정신은 인간이 전진하는 수단이다. 모든 전진은 정신을 통해 이룩되고 또 새로운 전진을 위한 유리한 기초가 된다. 인간은 생각을 통해 체구를 키울 수는 없지만, 생각을 통해 우주에 대한 지식과 힘을 무한정 확대할 수 있다. 짧은 일생 동안 개인이 나아갈 수 있는 거리는 얼마 되지 않는다. 각 세대는 조금밖에 이루지 못하지만 앞 세대의 업적을 계승함으로써 인류의 수준을 점차 높일 수 있다. 마치 산호가 해저에서 다른 세대의 층 위에 자기 세대의 층을 형성하면서 높아지는 것과 같다.

그러므로 정신력은 진보의 동력이며, 인간은 진보에 투입하는 정신력에 — 지식의 확대, 방법의 개량, 사회 상태의 개선에 투입하는 정신력에 — 비례하여 전진한다.

정신력의 양은 일정하다. 즉, 사람의 신체가 할 수 있는 일에 한계가 있듯이, 정신이 할 수 있는 일에도 한계가 있다. 진보에 기여할 수 있는 정신력은 진보와 무관한 목적에 소비되는 부분을 제외한 나머지 정신력이다.

정신력을 소비하지만 진보와는 무관한 목적은 유지와 갈등의 두 범주로 분류할 수 있다. 유지에는 생존의 확보뿐만 아니라 사회의 지속 및 기존 발전 성과의 보존도 포함된다. 갈등에는 전쟁과 전쟁 준비 외에도 타인을 희생시켜 만족을 얻거나 이를 막는 데 드는 모든 정신력 소모가 포함된다.

사회를 배에 비유한다면 다음과 같다. 선원의 행위와 노력에는 배를 전진시키는 것과 그렇지 않은 것이 있다. 배에 들어온 물을 퍼낸다든지, 선원들이 싸운다든지, 다른 방향으로 배를 끌어당긴다든지 하는 행위에 힘을 소비하면 배의 전진이 더디게 된다.

사람이 따로 떨어져 살면 개인의 모든 힘이 생존 유지에 다 소요된다. 정신력은 사람들이 사회 속에서 서로 어울릴 때에만 자유롭게 되어 고차적인 목적에 사용될 수 있다. 어울림으로 인해 분업이 가능해지고 다수인의 협력에 의해 생기는 경제성이 나타난다. 그러므로 어울림은(association) 진보의 첫째 요소이다. 개선은 사람들이 평화롭게 어울릴 때 이루어지며, 어울림이 넓고 긴밀할수록 개선의 가능성이 더 커진다. 그리고 인간에게 평등한 권리를 부여하는 도덕법칙이 무시되느냐 존중되느냐에 따라 정신력이 대립 속에 낭비되느냐 아니냐가 결정되므로, 평등 또는 정의(equality of justice)는 진보의 둘째 요소이다.

이렇듯 평등 속의 어울림(association in equality)이 진보의 법칙이다. 어울림은 정신력을 자유롭게 하여 개선에 바칠 수 있도록 해주며 평등, 정의, 자유는 — 이 세 용어는 도덕법칙을 존중한다는 의미에서 동일하다 — 정신력이 쓸데없는 싸움에 소모되는 것을 막아 준다.

이제 모든 다양성, 모든 전진, 모든 정체, 모든 퇴보를 설명할 수 있는 진보의 법칙이 나왔다. 인간은 같이 모임으로써 진보하며, 서로 협조함으로써 개선에 바칠 수 있는 정신력을 증대시키는 성향이 있다. 그러나 갈등이 발생하거나 어울림이 조건과 힘의 불평등을 조장하는 방향으로 나아가면 진보 경향은 약화되고 결국에는 반전된다.

내재된 능력이 동일하다고 가정할 때 사회 발전이 빠르냐 느리냐, 정지하느냐 후퇴하느냐 하는 것은 발전이 부딪치는 저항에 따라 다르다. 일반적으로 개선에 대한 장애는 사회 자체와 관련하여 외부적인 것과 내부적인 것으로 나눌 수 있다. 문명의 초기에는 외부적인 장애가 큰 힘으로 작용하지만 후기에는 내부적인 장애가 더 중요해진다.

인간은 본성적으로 사회성을 갖는다. 인간은 붙잡아서 길들여야 다른 사람과 더불어 살 수 있는 것이 아니다. 인간은 무력한 존재로 태어나서 능력이 성숙하려면 오랜 시간이 걸리므로 가족관계가 필요하다. 가족관계는 문명 국민보다 문명 수준이 낮은 국민일수록 더 넓고 강하다는 사실은 쉽게 관찰할 수 있다. 최초의 사회는 가족이고, 가족은 혈연관계를 유지하면서 성장하면 부족이 되고, 거대국가를 형성한 후에도 단일민족이라고 주장하기도 한다.

이러한 특성을 가진 인간이 다양한 땅과 기후가 있는 지구에 사는 관계로, 평등한 능력으로 평등하게 출발했더라도 사회 발전은 아주 다르게 된다. 어울림에 대한 최초의 장애는 자연조건에서 나온다. 자연조건은 지역에 따라 매우 달라지기 때문에 사회의 진보도 다르게 나타난다. 인간의 지식이 보잘 것 없어서, 자연이 저절로 제공해주는 생존물자에 주로 의존하였던 시대에는 인구의 순증가 속도나 인구 증가에 따른 결속의 정도는 기후나 토양이나 물리적 지형에 의해 크게 좌우되었다. 동물성 식품과 따뜻한 옷이 많이 필요한 곳, 토지가 척박하고 인색한 곳, 울창한 열대 숲이 우거져 야만 상태의 인간이 통제할 수 없는 곳, 산이나 사막이나 바다가 인간을 갈라놓고 고립시키는 곳 등에서는 어울림도, 어울림을 통해 생기는 개선도 별로 진전이 없다. 그러나 따스한 기후와 비옥한 평야가 있어서 보다 작은 힘과 보다 작은 면적으로 인간 생존이 유지될 수 있는 곳에서는 사람이 더 긴밀하게 결속할수 있고, 처음부터 더 많은 정신력을 개선에 투입할 수 있다. 그러므로 문명이 최초에 발생한 곳은 자연히 큰 계곡과 평지이며, 이런 곳에서 초기의 유적이 발견된다.

그러나 자연조건의 다양성이 직접 원인이 되어 다양한 사회 발전이 이룩되기도 하지만, 사회 발전이 다양해지면 인간의 내면에서 개선에 대한 장애가 발생한다. 아니, 강한 반작용이 발생한다. 가족이나 부족이 서로 분리됨에 따라 사회적 일체감이 사라지고 언어, 관습, 전통, 종교 등 크고 작은 각 사회가 형성하는 그물이 서로 달라진다. 이러한 차이와 더불어 편견이 자라고, 증오가 생기고, 접촉에서 분쟁이 쉽게 발생하고, 침략이 침략을 낳고, 남을 해치면 복수가 뒤따른다.[6] 사회 집단이 분리되면 이스마엘(Ishmael)이나 카인(Cain)처럼 적대하는 마음이 싹트고, 전쟁이 만성화하여 전쟁은 자연스러운 사회관계인 것처럼 여겨지고, 인간의 힘은 공격과 방어, 상호 살육과 부의 상호 파괴, 전쟁 준비에 소비된다. 이러한 적대관계가 끈질기게 지속된다는 사실은 오늘날 문명세계가 유지하는 보호관세와 상비군을 보면 알 수 있다. 외국인의 것을 훔치는 것은 절도가 아니라는 생각을 불식시키기가 매우 어렵다는 사실은 국제 저작권법 제정의 어려움을 보면 알 수 있다. 부족이나 씨족 간에 끊임없는 적대행위가 있었다는 사실을 이상하다고 할 수 있는가? 각 사회가 고립되어 서로 영향을 주고받지 않으면서 독자적으로 사회 환경이라는 그물을 짜고 개인은 여기에서 벗어날 방법이 없는 경우, 전쟁이 원칙이고 평화는 예외라는 사실을 이상하다고 할 수 있는가? "옛 사람도 우리와 다르지 않았다."

---

6) 편견에서 어느 정도 벗어난 사람, 그리고 다른 계층과 자주 섞이는 사람이라면, 문명사회에서 무지가 경멸과 혐오로 쉽게 바뀐다는 사실 및 태도나 관습이나 종교 등이 우리와 다른 사람을 열등한 사람으로 생각하기 쉽다는 사실을 잘 안다. 종교의 경우, 아래 찬송가와 같은 요소는 모든 종교에 존재한다.

"침례교인이 되어 빛나는 얼굴을 하리라.
감리교인이 되면 언제나 은혜에서 멀어지니까."

영국의 주교가 "우리 교리는 정통이고 남의 교리는 이단이다"라고 말했듯이, 널리 보급된 종교의 정통과 이단을 제외한 다른 종교는 이교 내지 무신론으로 분류하는 것이 보편적인 경향이다. 종교 이외의 차이에 관해서도 유사한 경향이 많이 나타난다.

전쟁은 어울림에 대한 부정이다. 사람이 여러 부족으로 분리되면 전쟁이 늘어나서 개선이 억제된다. 심한 분리 없이 인구가 상당히 증가할 수 있는 곳에서는, 사회 전체가 국경을 넘어 다른 나라와 전쟁을 하는 경우에도, 내부에서 부족 간 전쟁을 하지 않는 덕에 문명이 발전할 수 있다. 인간의 긴밀한 어울림을 저해하는 자연적 장애가 약한 곳에서는 그 초기에는 전쟁이라는 억제요소도 적을 것이다. 많은 부족이 흩어져 있어 미개했던 시기에도 비옥한 평야지대에서는 문명이 발상하여 높은 수준에 달할 수 있다. 그리하여 소규모 부족으로 분리되어 전쟁이 전진을 가로막는 경우에, 어떤 부족이나 민족이 나타나서 이들을 정복하여 소규모 사회를 크게 만들어 그 내부에서 평화를 유지하면 문명의 첫 걸음이 시작된다. 반면에, 평화로운 어울림을 가능하게 하는 이 힘이 붕괴되면 외침이나 내란에 의해 전진은 중단되고 퇴보가 시작된다.

그러나 어울림을 촉진하고 정신력을 전쟁에서 해방시켜 문명을 촉진한 요소는 정복만이 아니다. 기후와 토양과 지형의 다양성은 처음에는 인류를 분리시키는 작용도 하지만 교환을 촉진하는 작용도 한다. 상업은 ― 그 자체로 어울림 내지 협동의 한 형태이기도 하지만 ― 문명을 촉진하는 작용을 한다. 직접적으로 촉진하기도 하고, 전쟁과는 반대되는 이해관계를 형성하거나, 편견과 증오의 어머니인 무지를 쫓아버리는 간접적 방법으로 촉진하기도 한다.

종교도 이와 같다. 종교가 취하는 형태 또는 종교가 야기하는 증오로 인해 사람들이 편을 가르고 전쟁을 하기도 하지만, 종교가 어울림을 촉진하는 수단이 된 경우도 많다. 그리스의 예에서처럼, 공통된 신앙이 전쟁을 억제하고 화합의 기초를 제공하기도 하였다. 현대문명이 싹튼 것도 기독교가 유럽의 야만족을 이겼기 때문이다. 로마 제국이 분열되었을 때 기독교가 없었다면 유럽은 결속력이 사라졌을 것이다. 그랬다면 북아메리카 인디언 수준을 넘지 않는 상태로 전락했거나 아라비아의 침입을 받아 그 정복의 칼 아래 아시아 문명을 받아들였을 것이다. 아라비아 부족도 종교에 의해 막강한 세력으로 성장하였다. 아라비아 사막에서 생겨난 이 종교는 아득한 옛날부터 분리되어 있던 부족을 통일하였고, 널리 전파되면서 인류의 상당수를 공통의 믿음을 가진 어울림으로 이끌었다.

세계의 역사를 훑어보면, 문명은 어느 곳에서나 인간의 어울림에서 비롯되었고, 어느 곳에서나 어울림이 깨어지면 사라졌음을 알게 된다. 로마문명은 정복을 통해 전 유럽으로 퍼져서 내부적인 평화를 확보했으나, 북유럽 민족의 침입에 의해 사회가 다시 분열됨으로써 시들고 말았다. 현대 서구문명에서 진행되고 있는 진보는, 봉건제도가 변하여 사람들이 다시 큰 단위로 어울리게 되고, 우수한 로마 정신이 과거의 로마 군대처럼 각 단위 간에 공통의 관계를 설정함에 따라 시작되었다. 봉건적 유대가 국가 단위의 규모로 자라고, 기독교가 새로워져서 암흑시대에 기독교가 감추었던 지식이 드러나고, 도처에 세워진 기독교 조직이 평화적인 화합의 끈을 묶으면서 기독교 질서 속에서 어울리도록 가르치자 더 큰 진보가 가능해졌다. 인간이 점점 더 긴밀한 어울림과 협동을 이룩하면서 진보는 점점 더 큰 힘으로 계속되었다.

그러나 문명의 변화와 역사상의 다양한 현상을 이해하려면 한 가지, 내부적 저항 또는 저항 세력이라고 할 수 있는 요소를 더 고려해야 한다. 이 요소는 전진하는 사회의 심장부에서 발생한다. 멋있게 출발한 문명이 스스로 정체되거나 야만족에 의해 파괴되는 현상은 이 요소에 의해서만 설명된다.

정신력은 사회 진보의 원동력으로서 어울림에 의해 — 통합에 의해서라고 하는 것이 더 나을지 모르겠다 — 자유롭게 된다. 이러한 과정에 있는 사회는 점점 복잡해진다. 사회 속의 개인은 점점 더 상호의 존적이 된다. 직업과 기능은 전문화된다. 인구는 떠돌지 않고 정착한다. 각 개인은 필요 물자를 자급자족하려고 하지 않으며, 각종 상공업은 분업화된다. 이 사람은 이 일, 저 사람은 저 일에 대한 기술을 가진다. 지식도 이와 같다. 지식 체계가 한 사람의 학습 범위보다 방대하게 되어 여러 분야로 나누어지므로 각자 분야별로 지식을 습득하고 연구한다. 종교 의식의 진행도 마찬가지로서, 특별히 의식을 전담하는 사람들의 손에 넘어간다. 질서 유지, 재판, 과세 및 포상, 전쟁 수행 등의 임무는 정부라는 조직의 고유 기능이 된다. 진화에 대한 허버트 스펜서의 정의를 사용한다면, 사회의 발전은 그 구성원과 관련하여 볼 때 불확실하고 비체계적인 동질성에서부터 확실하고 체계적인 다양성으로 이행하는 것이다. 발전 단계가 낮은 사회는 장기(臟器)도 팔다리도 없는 하등동물과 비슷하여 신체의 일부를 잘라도 살 수 있다. 발전 단계가 높은 사회는 기능과 힘이 전문화된 고등생물과 같아서 각 부분은 다른 부분에 극히 의존적이다.

이러한 기능과 힘의 통합 및 전문화 과정이 사회에서 진행되면, 인간 본성의 심층 법칙으로 인한 불평등이 발생할 가능성이 항상 존재한다. 불평등이 사회 성장의 필연적 결과라는 뜻은 아니고, 성장에 의해 조성되는 새로운 상황에서 평등을 구현할 수 있도록 사회제도의 변화가 병행되지 않을 경우에는 사회의 성장이 그런 경향을 갖게 된다는 말이다. 비유하자면 사회가 발전하면 각 사회가 짜는 법률, 관습, 정치제도라는 옷이 몸에 안 맞게 된다는 말이다. 또 비유하자면, 인간의 발전은 미궁 속을 헤쳐 나가는 것과 같은데, 그저 앞으로만 나가면 반드시 길을 잃게 되고, 이성과 정의에 의존해야만 빠져나가는 길을 찾을 수 있다는 말이다.

성장에 동반하는 통합은 그 자체로 정신력을 자유롭게 하여 개선을 이룩하기도 하지만, 인구의 증가 및 사회조직의 복잡화와 더불어 그 반대 경향도 생긴다. 통합으로 인해 불평등이 발생하면 정신력이 소모되며, 그 경향이 확대되면 개선이 정지되기에 이른다.

진보와 함께 진화하다가는 결국 진보를 중단시키고 마는 힘에 대한 법칙을 끝까지 추적하면, 물질적 우주의 기원이라는 문제보다 더 심오한 문제, 즉 악의 발생이라는 문제에까지 이르게 될 것이다. 그러므로 이 책에서는 단지 사회가 발전하는 가운데 그 발전을 저지하는 경향이 발생하는 방식에 대해 지적하는 정도로 만족하려고 한다.

인간 본성에는 우선적으로 관심을 가져야 할 두 가지 자질이 있다. 하나는 습관의 힘이다. 같은 방식을 계속하려고 하는 경향이 있다는 것이다. 또 하나는 정신적·도덕적 타락의 가능성이다. 전자가 사회 발전에 미치는 효과는 습관, 관습, 법률, 방법 등이 애초의 유용성을 상실한 뒤에도 오랫동안 지속되도록 한다는 점이다. 후자의 효과는 상식적인 관념을 가진 사람이라면 본능적으로 거부하게 될 방향으로 제도나 사고방식을 변화시킬 수 있다는 점이다.

사회가 성장하고 발전하면 개인마다 다른 사람에 대한 의존성이 더 높아지는 동시에 사회의 영향력에 비해 개인의 영향력이, 자기 자신의 생활에 대해서조차, 줄어든다. 뿐만 아니라 어울림과 통합의 효과로 각 개인의 힘의 합계와는 구분되는 특별한 집단적인 힘이 나타난다. 이 법칙을 직·간접적으로 보여주는 사례는 도처에서 찾을 수 있다. 동물성 유기체의 복잡도가 커지면 각 구성 부분의 생명과 힘을 넘는 통합된 전체로서의 생명과 힘이 생긴다. 무의지적 운동 능력을 넘어서 의지에 의한 운동 능력이 생긴다. 집단적 행위와 충동이, 동일한 상황에서의 개인적 행위와 충동과 다르게 나타나는 사례는 많이 있다. 군대의 전투력이 군인 개개인의 전투력과 매우 다를 수 있다. 그러나 더 이상 사례를 들 필요가 없다. 지대의 성질과 발생에 대해 탐구하는 중에도 이런 사실을 볼 수 있었다. 인구가 희소한 곳의 토지는 가치가 없다. 사람들이 모여들면 토지가치가 생기고 상승하는데, 이것은 개인의 노력에 의해 생기는 가치와는 확실히 다르다. 이 가치는 어울림에 의해 생기며 어울림이 커지면 상승하고 어울림이 깨지면 사라진다. 일반적으로 부(富)라는 용어로 표현하는 것 이외의 형태를 가진 힘도 역시 이와 같다.

사회가 성장하면 종전의 사회제도를 계속 유지하려는 성향이 생기고, 그와 더불어 집단적인 힘이 사회의 일부분에 집중된다. 사회가 전진하면서 부와 힘의 불평등 분배가 발생하면 다시 더 큰 불평등을 야기한다. 일단 타인의 것을 침해하면 그를 바탕으로 하여 더 큰 침해를 할 수 있게 된다. 잘못을 자주 용인하다 보면 정의의 관념이 흐려지기 때문이다.

이렇게 해서 족장제 사회는 쉽게 세습적 군주국가로 성장하여 왕은 지구에 존재하는 신이 되고, 대중은 왕이 내키는 대로 부리는 종이 된다. 아버지가 한 가정의 가장이 되는 것은 자연스럽고, 아버지가 죽으면 맏아들이 가족 공동체에서 가장 경험이 많다는 점에서 가장을 이어받는 것이 당연하다. 그러나 가족 규모가 확대되면서 이런 방식이 유지되면 권력이 특정한 가계에 집중된다. 이렇게 집중된 권력은 사회의 공동재산이 불어나고 사회의 권력이 커짐에 따라 필연적으로 커지게 마련이다. 가장은 세습적인 왕이 되고, 왕 자신이나 국민이나 왕이 우월한 권리를 가진 자라고 생각하게 된다. 집단의 힘이 개인의 힘에 비하여 상대적으로 성장함에 따라 왕의 포상권과 처벌권이 강해지고, 왕에게 아첨하거나 왕을 두려워할 이유도 커진다. 이러한 과정을 그대로 두면 마침내 온 국민이 왕의 발 아래 엎드리게 되고, 여느 사람과 다름없는 한 인간의 무덤을 만들기 위해 10만 명이 50년간 죽도록 일하는 사태가 생긴다.

소규모 미개인 부대의 대장은 그 부족에 속하는 한 사람으로서 단지 그 중 가장 용감하고 주의력이 뛰어난 사람이기 때문에 사람들이 그를 따르게 된다. 그러나 집단이 커지면 직접적인 선택이 어려워지며 맹목적 복종이 필요하고 강제력이 행사될 수도 있다. 그러다가 대규모 전쟁이 일어나면 어쩔 수 없이 절대권력이 발생한다.

기능 전문화의 경우도 마찬가지이다. 사회가 성장하면 모든 생산자가 일을 그만두고 전쟁에 투입되는 것보다는 정규군을 전문화하는 것이 전투력 측면에서 분명히 이익이 될 수 있다. 그러나 이로 인해 불가피하게 군인 계층 내지 군 지휘관의 수중에 권력이 집중된다. 사회 내부의 질서 유지, 재판, 공공시설의 건설과 관리, 특히 종교 의식 등은 모두 비슷한 방식으로 특수 계층의 손에 넘어간다. 그런데 이런 계층은 자신의 기능을 과장하고 힘을 확대하려는 성향이 있다.

그러나 불평등을 유발하는 커다란 원인은 토지의 사유라는 자연 독점에 있다. 처음에는 토지가 공동재산으로 인식된다. 이러한 인식은 매년 토지를 재분배하거나 공동으로 경작하는 등 소박한 방식으로 나타나지만 이는 저수준의 발전 단계에나 맞는 방식이다. 인간이 자기의 생산물에 관해 자연스럽게 가지는 사유 관념이 토지에도 쉽사리 확대되는데, 토지사유제는 인구가 희소한 시기에는 토지의 개량자 내지 사용자에게 노동에 대한 적절한 보상을 해줄 수 있지만, 인구가 조밀해지고 지대가 상승하면 결국에는 생산자에게서 임금을 박탈하는 제도로 변모한다. 뿐만 아니다. 지대를 징수하여 공공목적에 사용하는 방법도 — 이 방법은 고도로 발달한 사회에서 토지를 공동재산으로 유지할 수 있는 유일한 방법이다 — 정치 권력과 종교 권력이 일부 계층의 손에 들어감에 따라 이 계층이 토지 소유를 독점하고 다른 사람은 소작인이 되는 제도로 바뀌고 만다. 전쟁과 정복은 정치 권력의 집중과 노예제도를 낳고, 사회가 성장하여 토지에 가치가 생기는 지역에서는 자연히 토지 독점을 야기한다. 지배계층은 권력을 수중에 집중시키고 머지않아 토지도 집중 소유하게 된다. 정복한 토지의 대부분이 이들에게 돌아갈 것이고, 피정복민은 소작인이 되거나 농노가 될 것이다. 각 나라마다 자연적 사회 성장 과정에서 오랫동안 공공토지 내지 공동토지가 존재하면서 원시적 공동체 문화에서 목초지 등으로 사용되어 왔지만 이 땅마저 사유화되고 만다. 이러한 사례는 근대에 흔히 발견된다. 불평등이 일단 야기되면 발전이 진행되면서 토지 소유는 더욱 집중한다.

불평등이 발생하는 구체적인 경과는 상황에 따라 다르기 때문에 나는 단순히 사회 발전에 따라 불평등이 자리잡는다는 일반적인 사실만을 지적하고 싶다. 그러나 이 핵심적인 사실만으로도 문명의 화석화와 퇴보에 관련된 모든 모습이 명료하게 드러난다. 인간의 사회적 통합에 따라 발생하는 권력과 부가 불평등하게 분배되면, 개선을 이룩하고 사회를 전진시키는 힘이 억제되고 결국에는 무력화된다. 한편에서는 대중이 정신력을 단순한 생존에 소비하는가 하면, 다른 편에서는 불평등한 체제를 유지하고 강화하는 데 소비하거나 과시, 사치, 전쟁 등에 소비한다. 사회가 지배계층과 피지배계층으로, 극부계층과 극빈계층으로 나누어질 때 "거인처럼 건설하고 보석공처럼 마무리할" 수는 있을 것이다. 그러나 그 결과는 무자비하고 쓸모없는 허영의 기념물이 되거나 인간을 고양시키는 임무를 저버리고 인간을 끌어내리는 수단으로 전락한 종교의 증거물이 될 뿐이다. 어느 정도의 발명은 당분간 이루어질 수 있겠지만, 이는 사치를 더하기 위한 발명일 뿐 힘든 일을 덜고 힘을 증가시키는 발명은 되지 못한다. 지식의 연구가 사원이나 궁전의 깊은 곳에서는 이루어질지 몰라도 그 지식은 비밀이 되어 공개되지 않는다. 만일 이런 지식이 새어나와 일반인의 사상을 고양하고 일상생활을 밝혀주면 위험한 혁신 요소라고 하여 탄압을 받게 된다.

이런 사정이 존재하면 개선에 투입되는 정신력이 감소하듯이, 불평등이 존재하면 사람에겐 개선을 기피하는 경향이 생긴다. 단순히 생존하기 위해 온 힘을 바치기 때문에 무지에서 헤어나지 못하는 계층은 옛날 방식을 고수하려는 성향이 강하다는 사실은 잘 알려져 있다. 또한 기존의 사회제도에서 특수 이익을 얻는 계층의 보수주의도 역시 분명하다. 혁신에 저항하는 경향은 종교, 법률, 의술, 학문, 상업 길드 등 모든 특수 조직에서 나타나며, 결합력이 강한 조직일수록 저항의 강도도 높아진다. 결합력이 강한 단체는 혁신이나 혁신을 주장하는 사람을 항상 본능적으로 싫어한다. 이는 변화가 일반인의 진입을 막아주던 장벽을 허물지도 모른다는 두려움, 그리하여 자기 단체의 중요성이나 힘을 앗아갈지도 모른다는 두려움의 표현이다. 이런 단체는 언제나 자신의 특수한 이익이나 기술을 조심스럽게 보호하려는 성향을 가지고 있다.

진보 후에 화석화가 나타나는 것은 바로 이때문이다. 불평등이 심해지면 개선은 반드시 중단되며, 불평등이 해소되지 않거나 쓸데없는 반작용을 촉발하면 현상 유지에 필요한 정신력마저 유출됨으로써 퇴보가 시작된다.

이런 원리를 알면 문명의 역사가 명료해진다.

기후, 토양, 지형이 유리하여 인구가 증가하더라도 흩어지지 않고 같이 살 수 있는 곳, 그로 인해 최초의 문명이 자라난 곳은, 작은 규모의 여러 사회가 지역적으로 분리되어 다양한 모습을 지니다가 나중에 통일되어 긴밀한 어울림을 갖게 된 곳에 비해, 진보에 대한 내부 저항이 규칙적이고 철저하다. 유럽의 후기 문명에 비해 초기 문명이 갖는 일반적인 특성은 이 사실로 설명할 수 있다고 본다. 이와 같은 동질적인 사회는 처음부터 관습, 법, 종교 등이 달라서 생길 수 있는 갈등을 겪지 않고 발전하여 보다 균일한 모습이 된다. 말하자면 집중시키려는 힘과 현상을 유지하려는 힘이 함께 잡아당긴다는 것이다. 경쟁적인 여러 족장이 서로를 견제하는 일도 없고, 다양한 신앙의 성직자들이 서로 영향력이 커지는 것을 견제하는 일도 없다. 정치 권력과 종교 권력, 부와 지식이 하나의 중심지에 집중하게 된다. 세습 군주와 세습 성직자를 낳는 동일한 원인에 의해 공예인이나 노동자도 세습화하며 이로 인해 사회가 여러 신분으로 갈라진다. 어울림을 통해 자유롭게 된, 그리하여 진보를 위해 투입될 수 있었던 힘은 이렇게 소모되며 장벽은 점점 높아져서 미래의 진보를 가로막는다. 대중이 가진 여분의 에너지는 사원, 궁궐, 피라미드 등을 짓거나 지배층의 사치와 허영을 만족시키는 데 낭비된다. 여유 계층 중에 개선을 이루려는 욕구가 싹튼다고 해도 혁신으로 이어질까 두려워서 억제되고 만다. 발전하던 사회는 마침내 정지하여 현상 유지에 급급하게 되고, 더 이상의 진보를 허용하지 않는다.

문명이 완전한 화석 상태에 도달했을 때 그 기간이 얼마나 계속될 것인가는 외부 원인에 달려 있다고 생각한다. 성장하는 사회 환경에 대한 강철 같은 굴레는 개선은 물론 사회 해체력까지도 묶어두기 때문이다. 이러한 사회는 매우 쉽게 정복할 수 있다. 대중은 희망 없는 노동 속에서 수동적으로 순종하는 데 길들여져 있기 때문이다. 정복자가 지배층의 자리를 빼앗기만 하면 ― 예를 들어 힉소스(Hyksos)가 이집트를 정복하듯이, 타타르 족(Tartars)이 중국을 정복하듯이 ― 나머지 모든 일은 전과 다름없이 계속된다. 반면에, 정복자가 약탈하고 파괴한다면 궁전과 사원은 폐허가 되고, 인구는 희소해지고, 지식과 예술은 사라지고 만다.

유럽 문명은 이집트 문명과 유형이 다르다. 유럽 문명은 동질적인 사람들이 처음부터 또는 상당히 오랜 기간 동안 같은 조건 하에서 발전해 온 문명이 아니고 서로 떨어져서 독자적인 사회적 특성을 가지고 있었던 사람들의 어울림에서 생긴 문명이며, 작은 조직 단위로 나누어져 있었기 때문에 한 곳에 권력과 부가 집중될 수 없었다. 그리스 반도는 지형상 초기에 여러 개의 작은 사회로 분리되어 있었다. 소규모 공화국 내지 왕국이 에너지를 전쟁에 소모하다가 전쟁이 그치자 평화로운 상업적 협동관계가 확대되어 문명의 불길이 타올랐다. 그러나 어울림의 원리는 그리스를 내전에서 구할 만큼 강렬하지 못했으며, 내전이 정복에 의해 종식되자 불평등으로 나아가는 경향이 ― 그리스의 여러 현인과 정치인이 막으려고 애를 썼던 경향이 ― 발생하였다. 그리하여 그리스의 용맹, 예술, 문학은 과거지사가 되고 말았다. 로마 문명의 발흥과 확대, 퇴조, 몰락도 이와 같이 어울림과 평등이라는 두 가지 원리의 작용으로 볼 수 있다. 두 원리가 조화되면 진보가 이룩된다.

이탈리아의 독립 농민과 자유 시민의 어울림에서 출발한 로마, 적대하던 여러 민족을 정복을 통해 공통의 관계 속에 불러들여 새로운 활력을 얻은 로마는 힘으로 세계를 평정하여 평화를 구현하였다. 그러나 불평등 경향이 처음부터 실질적 진보를 방해했고 그 경향은 로마 문명의 확대와 더불어 커졌다. 동질적인 문명은 관습과 미신이라는 강력한 굴레 ― 이 굴레는 사람들을 복종시키기도 하고 동시에 보호하기도 했으나 어쨌든 지배자와 피지배자 간의 평화를 유지하였다 ― 를 통해 화석화되어 갔으나, 로마 문명은 달랐다. 로마 문명은 부패를 통해 쇠퇴하고 몰락하였다. 고트 족(Goth)이나 반달 족(Vandal)이 로마 군대의 방어선을 분쇄하기 훨씬 전에, 심지어 로마의 세력권이 팽창하고 있을 때에도, 이미 로마의 심장부는 죽어 있었다. 대토지 제도가 이탈리아를 망쳐 놓았던 것이다. 로마는 불평등으로 인해 힘이 고갈되었고 활기가 죽어버렸다. 정부는 전제주의 체제로 바뀌었고, 황제가 암살되는 일도 있었지만 전제 정부는 견제되지 못했다. 애국심은 노예 근성으로 바뀌고 극도의 죄악이 공공연히 횡행하였다. 문예는 유치해지고 학문은 잊혀져갔다. 전쟁이 없어도 비옥한 땅이 황폐하게 변했다. 모든 곳에서 불평등으로 인해 정치적, 정신적, 도덕적, 물질적 쇠퇴가 나타났다. 로마는 외부의 야만족에게 정복을 당하여 멸망했다기보다 내부에서 생긴 야만성에 의해 멸망한 것이다. 로마의 쇠퇴는, 이탈리아 지역에서는 독립농민 계층을 노예와 농노로 대치하고 다른 지역에서는 원로원의 귀족 가문이 대토지를 형성해 버린 체제가 낳은 필연적 결과였다.

현대문명의 우월성은 어울림의 신장과 더불어 평등이 신장했다는 데 기인한다. 여기에는 두 가지 원인이 작용하였다. 하나는 집중되었던 권력이 유럽 북방 민족이 이동해 들어옴으로써 수많은 소규모 중심으로 분산되었다는 점이고, 다른 하나는 기독교의 영향이다. 민족 이동이 없었다면 동로마 제국은 화석화되고 서서히 쇠락했을 것이다. 동로마 제국에서는 교회와 국가가 긴밀히 결합되어 있어서 외부의 힘이 내부의 전제를 풀어주지도 못했다. 그리고 기독교가 아니었다면 어울림 내지 개선의 원리가 결여되어 야만 상태가 되었을 것이다. 족장이나 절대소유권을 가진 지주들(allodial lords)이 곳곳의 권력을 장악하고 있었지만 서로 견제가 되었다. 이탈리아 도시들은 과거의 자유를 되찾았고, 자유도시가 설립되었고, 마을 공동체가 뿌리를 내렸으며, 농노는 경작하는 토지에 대한 권리를 취득하였다. 게르만 식의 평등 관념이 분산되고 해체된 사회에 효소처럼 작용하였다. 사회가 수많은 부분으로 나누어졌지만 긴밀한 어울림이라는 관념은 여전히 존재하였다. 그런 관념은 세계 제국의 추억 속에 또는 세계 교회의 모습 속에 남아 있었다.

기독교는 부패한 문명을 거치면서 왜곡되고 뒤섞이기도 했다. 이 방의 신을 신전에 모시기도 했고, 이방의 의식이 가미되기도 했고, 이방의 관념이 교리에 침투하기도 했다. 그러나 인간이 평등하다는 기독교의 본질적 관념은 완전히 파괴되지 않았다. 그리고 이 문명의 초기에 두 가지 중요한 제도, 즉 교황제도와 성직자 독신제도가 생겼다. 교황제도는 영적 권력이 세속적 권력과 동일한 집단에 집중되는 것을 방지하였다. 성직자 독신제도는, 모든 권력이 세습되고 있던 시대에 성직자라는 특권계층이 형성되는 것을 방지하였다.

　　교회는 노예제도를 철폐하기 위해 노력하였고, 하나님의 정전명령(Truce of God)을 내릴 수 있고, 금욕적인 규칙을 가지고 있었고, 여러 국가가 참여하는 종교회의를 열었고, 교회의 칙령은 국경을 초월하여 효력을 가졌다. 또 어떤 오만한 사람이라도 미천한 출생의 한 존재(즉, 예수) 앞에 무릎을 꿇었으며, 주교는 서품에 의해 가장 높은 귀족과 같은 지위에 올랐으며, '종 중의 종(Servant of Servants)'이라는 공식 직함을 가진 어느 평범한 어부의 후예가 국가들을 중재하는 역할을 하였고, 각국의 왕은 그의 등불을 들어 주었다. 이와 같이 교회는 갖가지 어려움에도 불구하고 어울림의 촉진자였고, 인간의 자연적 평등의 증인이었다. 기독교회 초기의 어울림과 해방이 거의 완성 단계에 도달했을 때, 즉 교회가 튼튼하게 결속하고 교회의 가르침이 세계에 퍼졌을 때, 쇠사슬을 끊어버리는 — 교회는 이 쇠사슬로 인간의 마음을 속박하려고 했었다 — 정신이 교회 내부에서 배양되었으며, 유럽의 대부분 지역에서 교회가 분열되었다.

　　유럽문명의 발생과 성장은 아주 방대하고 복잡한 주제이기 때문에 몇 문단 정도로 모두 다 설명하기는 어렵다. 그러나 세부적인 내용을 보든 그 줄거리만 보든, 사람이 더 긴밀하게 어울리고 더 평등해짐에 따라 사회의 진보가 이루어진다는 사실을 유럽의 예에서 알 수 있다. 문명은 협동이다. 문명의 핵심 요소는 화합과 자유이다. 도시의 인구 규모나 밀도가 커지는 가운데 어울림이 확대되었고, 또 상업의 성장과 교역의 다양화로 멀리 떨어진 도시가 긴밀히 연결됨으로써 어울림이 확대되었다. 이에 따라 국제법이나 도시법이 발달하였다. 신체와 재산이 더 잘 보호되고, 개인의 자유가 신장되었으며, 정부도 점점 민주화되었다. 요약하자면 생명, 자유, 행복 추구에 대한 평등한 권리가 더 많이 존중되었다는 것이다. 서구문명이 과거의 어느 문명보다 더 위대하고 우수한 이유는 바로 이러한 변화에 있다. 또 사람의 어울림의 확대는 정신력에 자유를 주어 무지의 베일을 걷어 올림으로써 더 많은 지식을 얻을 수 있게 해 준다. 이러한 정신적 능력에 의해 인간은 천체의 궤도를 측정하고 물방울 속의 미생물을 관찰할 수 있다. 이러한 능력은 인간에게 자연의 신비로 통하는 문을 열어 주고, 잊혀진 과거의 비밀을 캘 수 있게 해 주며, 인간의 육체적 힘을 대폭 보완해 주고, 수많은 발명을 통해 생산력을 높여 준다.

숙명론의 영향이라고 지적한 바 있지만, 요즘 문헌에는 전쟁과 노예제도가 인간 진보의 한 방법이 된다고 하는 견해가 흔히 나타난다. 그러나 전쟁은 어울림의 적이다. 전쟁은, 더 큰 전쟁을 예방하거나 또는 반사회적 장벽을 — 이러한 장벽은 그 자체로 하나의 소극적 전쟁이라고 할 수 있다 — 무너뜨리는 경우에만 진보에 도움이 된다.

노예제도가 어떻게 인간을 자유롭게 하는 데 조금이라도 도움이 되었는지 나는 알 수가 없다. 자유는 평등과 동의어이다. 아득한 원시 시대부터 자유는 진보에 대한 자극제였고 진보의 조건이었다. 콩트(Auguste Comte, 1798~1857)는 노예제도로 인해 식인 풍습이 사라졌다고 하지만, 인류가 구운 돼지 맛을 알게 된 경위에 대한 엘리아(Elia, 본명은 Charles Lamb. 1775~1834)의 유머처럼 비현실적인 이야기이다. 이것은, 아주 부자연스러운 상황을 — 예를 들면 절박한 물자 부족 상태나 지극히 잔인한 미신이 있는 상황을[7) — 제외하고는 나타나지 않는 어떤 성향을 인간의 원초적 충동이라고 가정하며, 가장 저급한 상태에서도 모든 동물들 중에서 가장 높은 인간이 짐승에게서도 볼 수 없는 식성을 천성으로서 가지는 것으로 가정한다. 노예제도가 노예 소유자에게 개선에 필요한 여가를 줌으로써 문명이 시작되었다고 하는 생각도 이와 마찬가지이다.

노예제도는 어떤 경우에도 개선에 도움이 되지 않았고 또 도움이 될 수도 없었다. 주인 한 명과 노예 한 명만으로 이루어진 사회이든 주인 천 명과 노예 수백만 명으로 이루어진 사회이든, 노예제도에는 반드시 인간 능력의 낭비가 수반된다. 노예노동은 자유노동보다 생산성이 뒤떨어지며, 주인의 능력도 노예를 관리하고 감시하느라고 낭비되어 진정한 개선과는 다른 방향으로 가고 만다. 노예제도는 인간의 자연적 평등을 부정하는 다른 제도와 마찬가지로 처음부터 끝까지 진보를 방해하고 억제한다. 노예제도가 사회조직 속에서 중요한 역할을 하면 할수록 개선은 그만큼 더디게 된다. 고전시대에 세련된 문학과 미술을 탄생시킨 정신력으로도 현대문명의 특징이라고 할 위대한 발견과 발명을 이루지 못한 이유는 보편화된 노예제도에 있음이 분명하다. 노예 소유 국민이 훌륭한 발명을 이룬 예가 없다. 노예제도를 유지하는 사회의 상류층은 사치스럽고 세련된 생활을 할 수는 있지만 발명의 능력을 갖지는 못한다. 노동자를 무시하고 노동의 결과를 수탈하는 제도는 발명력을 말살하며, 발명과 발견이 있더라도 이를 활용하지 못하게 한다. 땅에서 보물을 캐고 공중에서 힘을 뽑는 재능을 개발하는

---

7) 샌드위치 섬(Sandwich Island)의 원주민은 훌륭한 추장의 육신을 먹음으로써 그에 대한 경의를 표했다. 보잘 것 없거나 전제적인 추장은 절대로 건드리지 않았다. 뉴질랜드 원주민은 적의 육신을 먹으면 적이 가지고 있던 힘과 용기를 얻을 수 있다는 관념이 있었다. 이것이 전쟁 포로를 먹는 일반적인 기원이라고 생각된다.

마술적인 힘은 오직 자유만이 가지고 있다.

　인간 진보의 법칙은 도덕 법칙이 아니고 무엇이겠는가? 정의를 촉진하고, 권리의 평등성을 존중하며, 개인의 자유는 타인의 동등한 자유에 의해서만 제약되도록 하는 사회제도는 문명을 발전시킨다. 사회제도가 이렇지 못하면 문명의 발전은 중단되고 퇴보한다. 1,800여 년 전 십자가에 못 박힌 그 분이 가난한 어부와 유태 농민에게 가르쳤던 단순한 진리 이상의 교훈을 정치경제학과 사회과학이 가르칠 수는 없다. 이 단순한 진리는, 이기심에 의해 변질되고 미신에 의해 왜곡되는 수는 있지만, 인간의 영적인 열망을 담아내기 위해 애를 써온 모든 종교의 밑바닥에 존재한다고 생각한다.

제 4 장
현대문명의 쇠퇴

　　지금 도달한 결론은 앞에서 도출했던 결론과 완전히 조화된다. 위와 같은 인간 진보의 법칙을 보면 우리의 연구 대상인 정치경제의 법칙이 보다 높은 법칙에 부합한다는 사실을 알 수 있다. 뿐만 아니라 내가 제시한 방식에 의해 토지를 공동재산으로 하면 문명에 엄청난 자극이 되는 반면, 그렇게 하지 않으면 반드시 퇴보하고 만다는 사실도 입증된다. 우리 문명과 같은 유형의 문명은 전진하지 않으면 후퇴하며, 정지란 있을 수 없다. 나일 강 계곡의 문명은 동질성이 있어서 인간을 마치 피라미드의 벽돌처럼 환경에 맞게 찍어내어 갖다 맞추었지만, 우리 미국 문명은 그렇지 못하다. 우리 문명은, 역사상 성했다가 쇠해 버린 문명에 ― 우리 문명의 원천이 되는 문명에 ― 훨씬 더 가깝다.

　　요즈음에는 우리가 진보하지 않는 측면도 있다고 하면 웃음거리가 된다. 우리 시대의 정신은 중국 진(秦)나라의 아첨꾼 재상이 시황제에게 고대의 서적을 불태우자고 건의하여 시행한 칙령의 정신과 같다. 이 칙령은 "서경과 시경에 대해 언급하는 자는 사형에 처한다. 과거의 일을 들어 현재 상태를 비판하는 자는 일족을 멸한다"는 내용이다.

　　그러나 진보의 시대가 있었듯이 분명히 쇠퇴의 시대도 있었다. 뿐만 아니라 쇠퇴의 시작이 처음에는 일반적으로 인지되지 못하였던 사실도 분명하다.

아우구스투스가 벽돌의 로마를 대리석의 로마로 바꾸던 무렵에, 부가 늘어나고 장대함이 커가던 무렵에, 군대가 승리를 거듭하여 영토를 확장하던 무렵에, 생활이 세련되고 언어가 다듬어지고 문예가 최고 수준으로 치솟던 무렵에, 로마가 쇠퇴기에 접어들었다고 한다면 지각 없는 사람 취급을 받았을 것이다. 그러나 사실 로마의 쇠퇴는 그 무렵에 시작되었다.

우리 문명도 확실히 과거 어느 때보다 빠른 속도로 진보하고는 있지만, 로마의 진보를 퇴보로 돌려놓았던 그 원인이 지금 작용하고 있다.

과거의 모든 문명을 파괴한 원인은 부와 권력의 불평등한 분배 경향이었다. 이런 경향이 현재의 우리 문명에서 강도를 더하여 나타나고 있다. 임금과 이자는 계속 하락하고 지대가 상승한다. 부자는 더욱 부유하게 되고, 빈자는 힘도 희망도 잃고 있으며, 중산층은 사라지고 있다.

나는 위에서 이 경향의 원인을 찾아내었다. 또 이 원인을 제거할 수 있는 간단한 방안도 제시하였다. 이제는, 이 방안을 실천하지 않을 때 필연적으로 진보가 타락으로 변하고, 과거의 모든 문명처럼 현대문명도 야만 상태로 되돌아갈 과정에 대해 설명하고 싶다. 이런 현상의 발생 과정을 설명하는 것은 중요하다. 많은 사람들이 진보가 퇴보로 바뀌는 과정을 이해하지 못함으로써 그런 현상은 일어날 수 없다고 생각하기 때문이다. 예를 들어 기본(Edward Gibbon, 1737~1794)은, 현대문명을 멸망시킬 수 있는 야만족이 남아있지 않기 때문에 현대문명은 파괴되지 않을 것이라고 생각했다. 또 인쇄술의 발명으로 인해 책을 찍어내기 때문에 다시는 지식이 소실될 가능성도 없다고 상식적으로 생각하고 있다.

앞에서 찾아낸 법칙에서 보듯이, 사회 진보의 조건은 어울림과 평등이다. 서로마 제국이 멸망한 후의 암흑 속에서 문명의 빛줄기를 처음 감지했던 시점 이래 현대의 발전은 정치적·법적 평등이 확대되는 방향으로 발전해 왔다. 예를 들면 노예제도의 철폐, 신분의 폐지, 세습적 특권의 일소, 자의적 정부를 대신하는 의회제도의 도입, 종교 문제에 있어서 개인적 선택권 보장, 지위의 고하와 힘의 강약을 막론한 신체와 재산의 평등한 보장, 거주 이전·직업 선택·언론출판의 자유 확대 등이다. 현대문명의 역사는 이러한 방향으로 진행된 역사였고, 개인적·정치적·종교적 자유를 위한 투쟁과 승리의 역사였다. 그리고 이러한 경향이 뚜렷이 나타나면 문명이 발전하고 이러한 경향이 압박받아 뒤로 밀리면 문명이 억제되었다는 사실로 진보의 일반법칙이 입증된다.

　　이 경향은 미국에서 완전하게 표현되었다. 미국에서는 정치적·법적 권리가 절대적으로 평등하고, 공직 순환 제도로 인해 관료의 권력의 확대도 방지된다. 미국에서는 모든 종교적 내지 비종교적 입장이 동일한 기반 위에 있다. 미국에서는 모든 어린이가 대통령이 될 꿈을 꿀 수 있고, 모든 성인이 공공문제에 있어 동등한 목소리를 낼 수 있으며, 모든 공직자의 자리가 직접 또는 간접으로 국민의 투표에 의해 결정된다. 이러한 경향이 영국에서 구현되려면 보통선거를 확대 실시해야 하고, 군주제와 귀족제와 교회 성직제의 잔재를 일소해야 한다. 독일이나 러시아에서는 법률에 입각한 제도보다 신권(神權)이 더 중시되므로 영국보다 더 많은 변화가 필요하다. 그렇더라도 지배적인 경향은 변함이 없다. 유럽이 완전한 공화정으로 바뀌는 것도 시간문제이고, 계기만 있으면 그렇게 변할 것이다. 그러므로 미국은 이런 면에서 모든 나라들 중에서 선진국이며, 모든 나라가 가고 있는 방향을 앞서 나가고 있다. 우리는 개인적·정치적 자유로 나아가는 경향이 그 자체로 많은 것을 이룩할 수 있음을 미국에서 본다.

정치적 평등 경향이 낳은 첫 효과는 부와 권력의 보다 평등한 분배였다. 인구가 비교적 희소할 때 부의 분배에 관한 불평등은 주로 개인적 권리의 불평등에 기인하며, 토지가 사적 소유로 전락함으로써 생기는 불평등은 물질적 진보가 진행되어야 비로소 강하게 나타나기 때문이다. 그러나 절대적인 정치적 평등 그 자체로는 토지 사유에서 생기는 불평등을 막을 수 없음이 이제 분명해졌다. 또한 부의 불평등한 분배 경향이 심해지는 상황에서 정치적 평등은 궁극적으로 조직화된 독재에 의한 전제체제나 그보다 더 못한 무질서 속의 전제체제를 낳는다는 점도 분명해졌다.

공화체제를 가장 야만적이고 잔인한 전제체제로 바꾸는 데는 헌법을 고치거나 보통선거 제도를 포기할 필요가 없다. 카이사르 이래 수 세기 동안 로마 황제들은 원로원의 권위에 따라 통치권을 행사하는 외양을 갖추었지만, 실제로 원로원은 황제 앞에서 벌벌 떠는 기관이었다.

그러나 형식은 실질이 없으면 아무 것도 아닌데, 국민에 의한 정부는 자유라는 실질이 가장 쉽게 빠져나갈 수 있는 형식이다. 극과 극은 서로 통한다고, 보통선거에 의한 정부와 이론상의 평등은 일정한 조건만 있으면 간단히 전제체제로 변할 수 있다. 전제체제가 국민의 이름으로 그리고 국민의 힘에 의해 진전되기 때문이다. 이러한 힘의 원천이 일단 확보되면 무슨 일이든 가능하다. 소속감이 없는 계층은 설득이 통하지 않으며, 기득권층은 자신의 권리를 추구하느라 국민 전체의 이익을 고려하는 법이 없다. 이렇게 되면 홍수를 막을 방파제도 없고, 홍수를 피할 높은 언덕도 없는 상태가 된다. 대주교의 지도 아래 남작들이 뭉쳐서 대헌장(Magna Charta)을 제정하여 플란타지니트(Plantagenet)를 견제한 예도 있고, 중산층이 스튜어트 왕가(Stuart)의 자존심을 꺾어 놓은 예도 있다. 그러나 재산만으로 성립된 귀족층은, 독재자를 매수할 수 있는 희망이 있는 한, 투쟁하려 하지 않는다.

이러한 불균형 상태가 악화되면 보통선거 제도는 권력 원천의 장악을 용이하게 한다. 정부 업무에 직접적인 관심을 두지 않는 계층의 손에 권력이 더 많이 부여되기 때문이다. 이 사람들은 궁핍으로 고통받고 빈곤으로 잔인해져서 돈을 많이 주는 자에게 투표권을 팔거나 교활한 선동가에 휩쓸리기 쉽다. 이 사람들은 험난한 생활을 해온 탓으로, 로마시대 칼리굴라(Caligula, 12~41) 황제나 네로(Nero, 37~68) 황제가 부유한 귀족 속에서 광란하는 것을 보고 빈민이나 노예들이 느꼈던 만족감을, 방탕하고 전제적인 정부를 볼 때 느낄 가능성도 있다. 공화제도를 취하는 사회에서 한 계층은 너무 부유하여 공공의 일이 어떻게 되든 관계없이 사치스럽게 살고, 다른 계층은 너무나 가난하여 선거일에 몇 달러 받는 것이 어떠한 추상적인 가치보다 커 보일 수도 있다. 또한 이러한 사회에서 소수는 부유한 가운데 빈둥거리고, 다수는 구제책을 알 길 없는 상황에 불만을 품고 부글거린다. 정치꾼들이 권력을 손에 넣고 로마 황제 근위대(Praetorian Guard)처럼 매관매직을 일삼거나, 선동가가 권력을 잡고 한동안 휘두르다가 더 악랄한 선동가에게 넘어갈 뿐이다.

부의 평등한 분배가 이루어진 사회에서는 — 그리하여 전반적으로 애국심, 덕, 지성이 존재하는 사회에서는 — 정부가 민주화될수록 사회도 개선된다. 그러나 부의 분배가 매우 불평등한 사회에서는 정부가 민주화될수록 사회는 오히려 악화된다. 부패한 민주정치는 부패한 독재정치보다 그 자체로 더 나쁘지는 않지만 국민성에는 더 나쁜 영향을 미치기 때문이다. 부랑자, 극빈자 등 노동의 기회가 극히 제한된 계층이나 구걸하지 않으면 훔치거나 굶어야 하는 계층이 선거권을 갖게 되면 파괴적인 결과가 발생한다. 가난으로 고통받고 타락한 계층의 손에 정치 권력을 부여하는 것은 마치 여우 꼬리에 불을 붙여 옥수수 밭에 풀어 놓는 것과 같으며, 삼손의 눈을 빼고 국민 생활이라는 기둥에 팔을 비끄러매는 것과 같다.

권력의 승계가 세습이나 추첨 ― 고대 공화국에는 이런 제도가 있었다 ― 에 의해 이루어지는 경우에도 현명하고 정의로운 권력자가 더러 등장할 가능성이 있다. 그러나 부패한 민주정에서는 언제나 최악의 인물에게 권력이 돌아간다. 정직성이나 애국심은 압박받고 비양심이 성공을 거둔다. 최선의 인물은 바닥에 가라앉고 최악의 인물이 정상에 떠오른다. 악한 자는 더 악한 자에 의해서만 쫓겨날 수 있다. 국민성은 권력을 장악하는 자, 그리하여 결국 존경도 받게 되는 자의 특성을 점차 닮게 마련이어서 국민의 도덕성이 타락한다. 이러한 과정은 기나긴 역사의 파노라마 속에서 수없이 되풀이 되면서 자유롭던 민족이 노예 상태로 전락한다.

지난 세기의 영국처럼 의회가 귀족층과 가까운 한 기관에 불과한 경우에는, 대중과 분명하게 격리된 부패한 과두정은 국민성에 별다른 영향을 주지 않고 존속할 수 있다. 이런 경우에 대중의 마음속에서는 권력과 부패가 연관되어 있지 않기 때문이다. 그러나 권력이 세습되지도 않고 가장 미천한 지위의 인간이 부패를 통해 부와 권력에 올라서는 모습을 늘 보게 되는 곳에서는, 부패를 묵인하다가 급기야 부패를 부러워하게 된다. 부패한 민주정부는 결국 국민을 부패시키며, 국민이 부패한 나라는 되살아날 길이 없다. 생명은 죽고 송장만 남으며, 나라는 운명이라는 이름의 삽에 의해 땅에 묻혀 사라지고 만다.

국민에 의한 정부가 최악·최저질의 전제정부로 변화하는 현상은 부의 불평등 분배에서 필연적으로 나타나는 결과인데, 이는 결코 먼 훗날의 일이 아니다. 이 현상은 이미 미국에서 시작되었으며 우리의 눈앞에서 신속히 진행되고 있다. 입법부의 수준이 급속히 저하되고 있다. 최고의 능력과 성품을 지닌 인물이 정치를 멀리하지 않을 수 없게 되고, 정상배의 기술이 정치가의 명성보다 더 효과를 낸다. 투표권은 분별없이 행사되고 있으며 돈의 위력이 증가하고 있다. 사람들에게 개혁의 필요성을 이해시키기가 어려워졌으며 개혁을 실천하는 것은 더욱 어렵게 되었다. 정치적인 견해차는 이제 원칙에 관한 차이가 아니며, 추상적인 이상은 힘을 잃고 말았다. 정당은, 국가에 비유하자면 과두정 내지 독재정과 같은 방식으로 운영되고 있다. 이런 것이 모두 정치 쇠퇴의 증거이다.

현대적 성장의 대표적 유형은 대도시이다. 대도시에는 최대의 부가 있고 최악의 빈곤도 있다. 국민정부가 가장 타락한 곳도 바로 대도시이다. 미국의 모든 대도시에는 세계에서 가장 귀족적인 국가와 다름없는 분명한 지배계층이 있다. 이들은 돈으로 지지세력을 형성하고 선거의 후보가 되며, 끼리끼리 협상하여 공직을 배분한다. 힘들여 일하지 않고 직기를 돌리지도 않으면서 최고급 의상을 입고 돈을 흥청망청 쓴다. 이들은 권력자이며, 야심을 가진 사람은 이들에게 잘 보여야 하고 미움도 사지 말아야 한다. 이들은 도대체 누구인가? 깨끗한 생활과 빛나는 재능과 성실한 공공심과 정부 문제에 대한 진지한 관심을 통해 동료 시민의 지지를 얻은 현명하고 선하고 유식한 사람인가? 아니다. 이들은 노름꾼이나 술집주인이나 정계의 한량이며, 심지어 투표를 조작하고 공직과 공무를 사고파는 것을 업으로 하는 자들이다. 이들은 로마 황제 근위대가 기울어가는 로마에 가하던 해악을 도시 정부에 가하고 있다. 높은 자리를 원하는 자, 공직을 맡고 싶은 자, 집정관이 되고 싶은 자는 직접 또는 심부름을 시켜 황제 근위대에 돈을 바치고 또 훗날의 약속까지 하였다. 부유한 기업과 강력한 금전적 이해관계를 가진 집단의 앞잡이로 상원과 법조계를 채우는 사람도 바로 이들이다.

학교 교장, 감독관, 조세 평가인, 주 의회 의원, 국회의원이 되는 자도 이들이다. 구체제 하의 프랑스에서도 농촌의 천한 출신이 프랑스 군의 원수가 되었는데, 어인 일인지 오늘날 미국에서는 워싱턴이나 프랭클린이나 제퍼슨 같은 훌륭한 인물이 있다고 해도 주 하원에조차 진출할 수 없는 선거구가 많이 있다. 이들의 특징은 어쩔 수 없는 저질스러움 바로 그것이다.

이론상 우리는 분명한 민주 국민이다. 과거 예루살렘에서 성전에 돼지를 희생으로 바치자고 했다면 굉장한 공포와 분노를 자아내었을 것이다. 오늘날, 특출한 국민에게 특별한 신분을 부여하자고 한다면 이와 비슷한 반응이 나올 것이다. 그러나 실제로는 우리 가운데 귀족의 덕목을 갖추고 있지도 못하면서 모든 권력을 틀어쥐는 계층이 성장하고 있지 않은가? 보통 시민 중에는, 수천 마일이나 되는 철도나, 수백만 에이커의 토지나, 수많은 사람의 생계 수단을 장악하는 사람이 있다. 이 사람들은 주지사도 회사원 임용하듯이 지명하고, 상원의원을 변호사 고용하듯이 선택한다. 이들의 생각은, 프랑스 왕이 사법부를 지배하던 것처럼, 입법부에서 최고의 힘으로 통한다. 이 시대의 근본 흐름은, 우리가 벗어났다고 착각하고 있는 구시대의 상황으로 되돌아가는 것처럼 보인다. 봉건제도가 완전하게 지배하던 과거에 하늘나라도 봉건체제로 조직되어 있다고 생각한다거나, 삼위일체의 3위 중 2위가 영주(suzerain)와 영신(領臣, tenant-in-chief)이라고 생각할 정도의 시대도 있었으나, 기술자 계층과 상인 계층이 대두하면서 봉건제도는 점차로 붕괴되었다. 그러나 토지가 사유화된 현재의 사회조직 속에서 공업과 상업이 발달함에 따라 각 노동자는 다시 상전을 모시지 않을 수 없게 되었다. 이는 마치 로마 제국이 붕괴될 무렵 자유민이 지주에게 예속되었던 것과 같다. 이러한 경향에는 예외가 없는 것으로 보인다. 모든 산업에서 한 사람은 상전이 되고 나머지는 상전을 위해 일하는 경향이 나타나고 있다. 한 사람이 상전이고 나머지는 상전에게 봉사할 때 그한 사람은 다른 사람을 통제하게 되며, 투표와 같은 경우에조차 이러한 통제가 이루어진다. 영국에서는 지주가 소작인의 투표를 대신하고, 뉴잉글랜드에서는 방앗간 주인이 직공의 투표를 대신한다.

철도, 일간신문, 전보 등을 지니고 있는 현대문명이 어떻게 파괴될 수 있을까라는 의문을 갖는 사람이 많지만, 분명히 사회의 기초는 우리 눈앞에서 서서히 와해되고 있다. 각종 문헌은, 과거에도 현재에도 미래에도 우리가 미개 상태에서 멀어지는 방향으로 변화한다는 믿음을 불어 넣고 있다. 그러나 실제로는 우리가 과거의 미개 상태로 되돌아가고 있는 징후가 여기저기에 나타나고 있다. 예를 들어 보자. 야만의 한 가지 특징은 신체와 재산에 관한 권리의 존중도가 낮다는 점이다. 우리 앵글로색슨계 조상의 법에서는 살인죄에 대한 처벌로서 피살자의 계층에 따라 벌금을 다르게 매겼으나, 오늘의 법은 계층에 따른 차별이 없고 피살자 지위의 고하나 재산의 빈부를 막론하고 살인자는 다 같이 사형에 처하고 있다. 이것이 야만과 우리 문명의 차이를 나타내는 증거이다. 또한 과거에 해적, 약탈, 노예 거래, 협박 등이 정당한 직업으로 간주되었다는 사실이 그 당시가 미개한 시대였다는 확실한 증거이다. 우리는 이미 오래 전에 이런 상태에서 벗어났다.

그러나 우리 법이 그렇게 되어 있더라도, 사실상 돈을 많이 가진 어떤 자가 다른 사람을 살해하는 경우, 인구와 사업이 번창한 큰 중심지에 가서 자기의 욕망을 달성하고 자수하면 백중 구십구는 일시적인 구금을 당하는 정도 이상의 큰 처벌을 받지 않을 것이고, 다만 일부는 자기 재산에 비례하여 또 일부는 피살자의 재산과 지위에 비례하여 얼마간의 손실을 입을 뿐이다. 게다가 살인자의 돈은 보호자를 잃은 피살자의 가족이나, 시민을 잃은 국가에 돌아가지 않는다. 소송을 지연하고 증인을 세워 배심원의 판단을 흐리게 하는 방법을 아는 변호사에게 돌아간다.

그리하여 도둑질을 크게 하는 자는, 훔친 것의 일부를 잃는 정도의 처벌밖에 받지 않게 된다고 확신할 것이다. 또 도둑질을 크게 하여 처벌을 받더라도 한 밑천 남길 수 있는 자는, 마치 바이킹이 항해를 성공리에 마쳤을 때처럼 동료들의 환영을 받게 된다. 자기를 믿어준 사람의 재산을 털거나 과부와 고아의 재산을 털더라도 많이만 털면, 많은 사람이 보는 앞에서 자기의 부를 안전하게 자랑할 수 있다.

이런 경향은 점점 뚜렷하게 나타나고 있다. 이런 경향은 부의 분배가 가장 불평등한 곳에서 가장 강하게 나타나며, 불평등이 심할수록 더 뚜렷하게 나타난다. 이것이 야만으로 돌아가는 게 아니고 무엇인가? 이와 같이 정의가 파괴되는 예는 모든 분야에서 사법제도가 무력해지고 있는 현상의 하나에 불과하다. 차라리 법을 폐기하고 제일원리로 돌아가는 것이 낫겠다고 하는 사람도 많이 있다. 그렇게 된다면 사람들은 자기 방어를 위해 치안위원회 같은 기구를 조직하여 스스로 사법제도를 운영할 수 있기 때문이다.

이런 현상은 도처에서 볼 수 있다. 사람들이 공개적으로 지적하기를 피하고 있기는 하지만, 민주제도가 완전히 발달한 사회에서 민주제도에 대한 믿음이 점차 약해지고 있다. 민주주의는 한때 국가적 행복의 근원이라고 신뢰되기도 했으나 이제는 그렇지 않다. 생각 있는 사람들은 민주주의의 위험을 이해하기 시작했지만 아직 극복할 수 있는 방법까지는 알지 못하며, 제퍼슨(Thomas Jefferson, 1743~1826)의 견해를 불신하고 머콜리의 견해를 수용하기 시작했다.8) 국민은 전반적으로 부패의 증가에 익숙해져 있다. 오늘날 미국에서 가장 불길한 징조는, 사람들이 청렴한 공직자가 없다고 생각하고, 또 청렴한 공직자가 있다면 이는 자기의 기회를 이용할 줄 모르는 바보라고 생각한다는 점이다.

---

8) 랜달(Randall)에게 보낸 머콜리의 편지를 보라. 랜달은 제퍼슨 전기 작가.

즉 국민 자신이 부패해 가고 있다는 점이다. 이렇게 해서 오늘날 미국의 공화정부는, 부의 불평등한 분배가 발생하는 상황에서 필연적으로 따르게 될 과정을 밟아 나가고 있다.

생각 있는 사람이라면 이러한 추세의 결과가 무엇이 될지 분명히 알 것이다. 부패가 만성화되고, 공공심이 소멸되고, 명예와 선행과 애국심의 전통이 약해지고, 법이 무시되고, 개혁의 가망이 사라지면, 고통받는 대중 속에서 화산과 같은 힘이 생겨 어떤 우연처럼 보이는 사건을 계기로 사회를 산산조각 내고 만다. 이런 와중에서 강력하고 분별없는 자가 두각을 나타내면서 대중의 맹목적 욕구 또는 대중의 광포한 열기를 이용하여, 이미 활력을 상실한 민주주의라는 형식을 제쳐놓게 된다. 이렇게 되면 칼은 펜보다 강해지고 야만적인 힘과 거친 광기가 교차하면서 문명은 혼미 상태에 빠져 쇠퇴하고 만다.

내가 미국에 대해서만 언급하는 이유는 모든 거대 국가 중에서 미국이 가장 발전한 나라이기 때문이다. 구식의 법률과 관습이라는 댐이 불어나는 물을 막고 있으며, 상비군이 안전밸브를 억지로 지키고 있는 가운데 해마다 밑바닥의 불길이 뜨거워만 가는 유럽은 어떠한가? 유럽은 진정한 공화제가 되기 어려운 상황에서 — 자유의 여신이 고요하고 장엄한 모습을 지니지 못하고 파리 코뮌 당시의 석유방화범(petroleuse)과 단두대와 같은 모습을 지니는 상황에서 — 공화제로 이행하고 있다.

새로운 미개인은 어디에서 나타날 것인가? 지금도 대도시의 빈민가를 지나가면 이러한 미개인을 수없이 볼 수 있다! 학문은 어떻게 사라질 것인가? 사람들은 독서를 중단하고 책을 불쏘시개나 포장지로 쓰게 될 것이다!

우리 문명이 과거의 모든 문명이 몰락하면서 겪었던 고통스러운 과정을 겪는다면 문명의 흔적조차 별로 남지 않을 것을 생각하면 기가 막힌다. 종이는 과거의 양피지만큼 오래 견디지 못할 것이고, 거대한 빌딩이나 기념물도 견고성에 있어 암석으로 깎아 세운 과거 문명의 사원이나 거대한 건축물에 비할 수 없을 것이다.[9] 또 발명을 통해 증기 기관과 인쇄기가 생기기도 했지만 석유, 니트로글리세린, 다이너마이트 등도 생겨났다.

　　그러나 현대문명도 결국 쇠퇴하고 말 것이라고 하는 견해는 지금으로서는 지나친 비관론처럼 보인다. 생각 있는 사람이라면 내가 앞에서 지적한 몇 가지 특수한 추세를 인정할 것이지만, 생각 있는 사람들도 대부분 일반 대중과 마찬가지로 현대문명이 확실하게 진보한다는 깊고 강한 믿음을 — 조금도 의심의 여지가 없는 확실한 믿음을 — 가지고 있다.

　　그러나 이러한 문제에 대해 진지하게 생각하는 사람이라면, 진보에서 서서히 퇴보로 변해가는 상황에서는 늘 이런 현상이 있다는 사실을 알 것이다. 다른 문제에서도 그렇지만 사회 발전에 있어서도 운동은 직선으로 이루어지는 경향이 있고, 따라서 발전이 계속되어온 경우에는 쇠퇴가 본격적으로 시작되더라도 이를 인식하기가 매우 어렵다. 사람들은 지금까지의 사회 변화가 진보였으면 앞으로의 사회 변화도 진보라고 굳게 믿는 경향이 있다. 각 사회는 신념, 관습, 법률, 제도, 사고방식 등으로 이루어진 그물을 짜고 그 그물 속의 개인을 통해 국민성의 차이가 발생하는데, 이러한 그물은 해체되지 않는다. 말하자면 문명이 쇠퇴할 때의 진행 경로는 과거에 사회가 발전해 온 경로의 반대 방향이 아니라는 것이다. 정부를 예로 들어 본다면, 문명이 쇠퇴할 때 공화제에서 입헌군주제로, 다시 봉건제로 되돌아가는 것이 아니라

---

9) 우리가 사라진 문명에 대해 종교적 유적 내지 무덤을 통해 지식을 얻는 것처럼 후세에 우리 문명에 대해서도 이런 식으로 지식을 얻는다면 얼마나 잘못된 내용이 될지를 생각해 보면 느끼는 바가 있을 것이다.

독재와 무정부 상태로 변하고 만다. 종교 면에서도 우리 선조의 신앙으로, 개신교로, 가톨릭으로 순서대로 되돌아가는 것이 아니라 새로운 모습의 미신으로 나아간다. 모르몬교나 다른 이상한 종파가 그 유사한 예가 될 수 있다. 지식 면에서도 베이컨(Francis Bacon, 1561~1626)으로 되돌아가는 것이 아니라 중국의 지식 계층처럼 되어 간다.

문명이 진보의 시기를 거친 후에 나타나는 퇴보는 서서히 진행되기 때문에 당시 사람들은 주목하지 못하며, 심지어 대부분의 사람들은 퇴보를 진보라고 착각하는 경우도 많다. 예를 들어 보자. 고전시대의 그리스 미술과 후대의 미술 사이에는 현격한 변화가 있었다. 그러나 이러한 변화는 사람들의 취향 변화와 병행하여 이루어졌다. 아니 오히려 취향 변화에 의해 유발되었다고 할 수 있다. 당시에는 취향의 변화에 민감하게 따랐던 미술가가 훌륭한 미술가로 인정되었다. 문학의 경우도 같았다. 문학이 활기 없고 미숙하고 딱딱하게 변했는데, 이는 허약한 문학을 강하고 아름답다고 오해한 당시의 취향에 순응한 결과였다. 진정 훌륭한 작가는 독자를 잃을 수밖에 없었다. 훌륭한 작가는 거칠고 건조하고 재미없다고 평가되었기 때문이다. 연극도 쇠퇴하였다. 훌륭한 연극이 없었기 때문이 아니라 교양 없는 계층이 그 시대의 취향을 지배하여 자신들이 좋아하는 연극을 최선의 연극이라고 생각하였기 때문이다. 종교도 역시 마찬가지이다. 미신적인 사람이 미신을 덧붙인 종교를 개선이라고 생각하게 될 것이다. 쇠퇴가 더 진행되어 사회가 야만 상태로 회귀할 경우, 그 자체로는 발전이 아니지만, 시대의 사정에 맞추기 위한 불가피한 진보라고 생각할 것이다.

예를 들어 영국은 최근 형법을 개정하여 일부 범죄에 대해서는 태형을 다시 적용하기로 하였고 미국에서도 이를 옹호하는 여론이 높아지고 있다. 태형이 투옥보다 더 나은 처벌 방법인지에 대해서는 말하지 않겠다. 단지 요즈음에 범죄가 증가하고 죄수를 유지하기가 매우 어려워지는 경향이 뚜렷하여 원시적 형법에서처럼 육체적 고통을 가하는 방식으로 되돌아갈 수도 있다는 점을 지적할 뿐이다. 수사 과정에서의 고문은 로마문명이 쇠락한 이래 꾸준히 증가해 왔는데, 사회가 거칠어지고 범죄가 증가함에 따라 형법 관련 개선안의 하나로서 고문이 필요하다고 할 가능성도 있다.

현재 서구인의 의견과 취향의 변화에 퇴보의 징조가 있는지에 대해서는 검토할 필요가 없다. 그러나 서구문명이 중대한 국면에 처해 있으며 사회적 평등의 방향으로 향하는 새로운 출발이 없으면 19세기를 정점으로 해서 서구문명이 하강할 것이라는 점을 분명히 보여주는 증거는 많이 있다. 기근이나 전쟁처럼 낭비와 고통을 낳는 산업불황이 신체 마비가 일어나기 전의 아픔과 충격처럼 존재한다. 토지가 독점된 사회에서 물질적 진보는 필연적으로 불평등을 낳고, 이러한 경향이 계속 진행되면 문명은 하강의 길로 접어들지 않을 수 없다는 사실이 도처에서 분명히 나타나고 있다. 이 길은 들어서기는 쉽고 빠져 나오기는 힘든 길이다. 생존 투쟁의 강도가 높아지고, 부를 위한 경쟁에서 남에게 짓밟히지 않기 위해서 온 신경을 긴장시키지 않을 수 없게 되면, 사회를 개선하고 이를 유지할 수 있는 힘은 줄어든다. 모든 문명국에서 빈곤, 범죄, 정신병, 자살이 증가하고 있다. 모든 문명국에서 신경을 혹사하고, 영양이 부족하고, 거처가 불결하고, 작업이 불건전하고 단조로우며, 어린이가 이른 나이에 노동을 하고, 부녀자들이 험한 일과 범죄에 물들기 때문에 발생하는 질병이 늘어가고 있다. 모든 고도 문명국에서 여러 세기에 걸쳐 생활에 대한 기대 수준이 상승해 왔으나 19세기의 첫 4반세기를 정점으로 해서 이제는 하강하고 있는 것 같다.[10]

---

10) 뉴욕의 저명한 쿠퍼(Peter Cooper)사가 총판한 로이스(Samuel Royce)의 저서 『타락과 인종 교육(*Deterioration and Race Education*)』에 보면 이러한 사실을 보여주

이러한 모습의 문명은 진보하는 문명이 아니다. 바다나 강의 밀물이 한 순간에 썰물로 바뀌지는 않는다. 썰물이 시작되어도 당분간 물은 계속 밀려들어 온다. 태양이 한낮을 지난 것은 그림자를 보아야 안다. 기온은 아직도 올라가기 때문이다. 그러나 조류가 썰물로 바뀌면 멀지 않아 물이 완전히 빠지게 되고, 한낮이 지나면 머지않아 어둠이 오기 마련이다. 이와 같이, 지금은 지식이 증가하고, 발명이 계속되고, 새로운 국가가 형성되고 도시가 성장한다고 하더라도, 인구에 비해 더 많은 감옥과 빈민구호소와 정신병동을 지을 때 문명의 쇠퇴는 이미 시작된 것이다. 사회는 위에서 아래로 죽어가는 것이 아니라 아래에서 위로 죽어 간다.

그러나 문명이 기울어가는 경향을 어떤 통계치보다 더 확실하게 보여주는 증거가 있다. 현재 사회에는 막연하지만 전반적인 실망의 분위기가 있으며 노동자 계층의 고통이 증가하고 불안 심리가 널리 퍼져 있다. 이러한 가운데에서도 구체적인 대책이 나온다면 희망적이라고 할 수 있겠지만, 아직 그런 대책은 나오지 않고 있다. 학자들이 열심히 연구하고는 있으나 인과관계를 밝혀내는 일반적인 능력은 조금도 나아진 것 같지 않다. 보호무역주의나 그 밖에 이미 드러난 정부의 과오로 되돌아가려는 반동이 이를 입증한다.[11]

철학계의 자유사상가라고 해도 현재 문명세계를 휩쓸고 있는 종교 관념의 대변혁을 보면서, 이 엄청난 사실이 중대한 관계를 — 관계의 내용은 시간이 흘러야 알 수 있다 — 가진다고 생각하지 않을 수

는 통계치가 잘 나와 있다. 그런데 이상하게도 로이스가 제시한 유일한 처방은 유치원을 세우자는 것이다.

11) 국가 건설에 관한 예로 미국 연방헌법을 들 수 있다. 미국 연방헌법은 백 년 전에 채택되었으면서도 근본 원리를 인정하고 목적에 합당한 수단을 강구하고 있다는 점에서 최근에 제정된 주의 헌법 — 예를 들면 가장 최근에 제정된 졸작인 캘리포니아 헌법 — 보다 훨씬 우수하다.

없다. 현재 진행되고 있는 현상은 종교의 형태상의 변화가 아니라 종교의 근원이 되는 관념의 부정이자 파괴이기 때문이다. 기독교는 자체 속의 미신적인 요소를 씻어내고 있는 것이 아니라, 기독교가 세상에 나왔을 때 우상숭배가 죽어갔던 것처럼, 대중의 마음속에서 그 뿌리부터 죽어 가고 있다. 그러면서 이를 대신할 만한 것도 나타나지 않고 있다. 전능한 창조주와 내세에 대한 근본 관념이 일반인의 마음속에서 급속히 약해지고 있다. 이런 현상이 그 자체로 전진이든 아니든 간에, 종교가 세계 역사상 맡았던 역할의 중요성을 감안한다면, 현재 진행 중인 변화의 중요성을 알 수 있다. 세계 역사를 통해 드러난 인류의 뿌리 깊은 특성이 급속하게 변하지 않는다면 어떤 강력한 작용과 반작용이 준비되고 있다고 볼 수 있다. 지금까지 과도기에는 언제나 이러한 단계의 사상이 존재했었다. 규모와 깊이가 덜하지만 프랑스 대혁명 전에도 존재했다. 그러나 우리 문헌의 동향을 파악하는 사람이나 다른 사람과 이런 주제에 대해 대화를 해보는 사람이라면 유물주의적 관념이 단순히 표면만이 아니라 밑바닥까지 뒤집어엎고 있음을 알 것이다. 현재와 같은 정도로 종교적 관념이 파손된 시기는 영화롭던 고대문명이 쇠퇴하기 시작했을 무렵이었다. 앞으로 어떤 변화가 올지는 아무도 모른다. 그러나 생각 있는 사람은 어떤 변화가 반드시 오고야 만다는 것을 분명히 느낀다. 문명세계는 대변혁의 벼랑 끝에서 떨고 있다. 여기에서 약진하여 지금까지 꿈도 꾸지 못했던 새로운 발전의 길을 열지 않으면 벼랑 아래로 떨어져서 야만 상태로 되돌아가고 말 것이다.

제5장
중심적인 진리

우리 탐구의 후반에 해당하는 이 부분에 할애할 수 있는 지면이 많지 않아서 언급하고 싶은 내용을 대폭 생략하였고, 자세히 검토해야 할 부분도 간략히 다루고 말았다.

그렇지만 지금까지 정치경제학적 고찰을 통해 밝힌 진리는 여러 국가의 흥망과 여러 문명의 성쇠를 통해 명백하게 나타나는데, 이 진리는 우리의 마음속에 깊숙이 자리하고 있는 도덕적 인식과도 분명히 일치한다. 이렇게 해서 우리의 결론은 최대의 확인과 최고의 인정을 받았다.

이 진리는 우리에게 위협인 동시에 희망이기도 하다. 부정의하고 불평등한 부의 분배에서 악이 발생하는 현상은 현대문명이 진행되면서 더욱 분명해지고 있다. 이것은 진보의 우연한 결과가 아니라 현대문명을 필연적으로 멈추게 할 하나의 경향이다. 이런 악은 저절로 치유되지 않으며, 원인을 제거하지 않는다면 점점 더 악화되어 과거의 모든 문명이 걸었던 길을 따라 현대문명도 미개 상태로 되돌아가고 말 것이다. 이런 악은 자연법에 의해 부여되는 것이 아니라 자연법을 무시하는 잘못된 사회제도 탓에 생긴다. 그러나 그 원인을 제거한다면 진보에 커다란 자극을 줄 수 있다.

풍요 속에서 인간을 괴롭히고 짐승처럼 만드는 빈곤과 빈곤으로 인해 생기는 여러 가지 악들은 정의를 부정하는 데서 발생한다. 자연이 모든 사람에게 자유로이 베풀어 준 기회를 개인이 독점할 수 있게 함으로써 우리는 근본적인 정의의 법칙을 무시하였다. 우리가 아는 한, 큰 안목으로 볼 때 정의는 우주의 최고법칙이다. 그러나 이러한 부정의를 일소하고 모든 사람에게 자연의 기회에 대한 권리를 보장하면 우리는 정의의 법칙에 순응하게 된다. 그렇게 하면, 부와 권력의 분배에 있어 자연에 반하는 불평등의 큰 원인을 제거하게 된다. 빈곤을 추방하게 된다. 탐욕이라는 무자비한 욕망을 길들이게 된다. 죄악과 비참함의 근원을 고갈시키게 된다. 어둠 속에 지식의 등불을 비추게 된다. 발명에 새로운 활력을 주고 발견에 신선한 자극을 주게 된다. 정치의 취약점을 보강하게 된다. 전제정치와 무정부주의를 방지하게 된다.

내가 제시한 개혁은 정치·사회·도덕의 모든 이상과 합치된다. 이것은 다른 모든 개혁을 용이하게 한다는 점에서 진정한 개혁의 특징을 지니고 있다. 또한 미국 독립선언에 나타난 진리를 표현과 정신 양면에서 충실하게 구현한다. 독립선언의 심장이자 영혼인 그 '자명한' 진리는 이렇게 표현되어 있기 때문이다.

"모든 인간은 평등하게 태어난다. 인간은 남에게 줄 수 없는 몇 가지 권리를 창조주로부터 받는다. 이 권리에는 생명, 자유, 행복 추구가 포함된다!"

토지에 대한 평등권이 부정되면 이들 권리도 부정된다. 토지는 사람이 생활하는 터전이자 유일한 터전이기 때문이다. 자연의 하사물에 대한 평등한 권리를 부정하면서 정치적 권리의 평등을 보장하는 것만으로는 충분하지 않다. 토지에 대한 평등권이 부정되는 사회에서 정치적 자유는, 인구가 증가하고 발명이 계속되면 굶주림을 겨우 면할 정도의 임금을 받는 일자리를 놓고 경쟁하는 자유로 전락하고 만다. 우리는 이 진리를 무시해 왔다. 그리하여 거지가 생겨 거리를 배회한다. 빈곤은 우리가 정치적 주권자라고 떠받드는 인간을 노예로 만든다. 결핍에서 생기는 무지는 학교에서 고칠 수 없다. 국민은 상전이 시키는 대로 투표를 한다. 정치가의 역할을 선동꾼이 차지한다. 정의의 저울에 달린 추의 무게는 돈으로 결정된다. 시민적 덕목을 중시하지 않는 자가, 심지어 위선으로라도 그 덕목을 칭송하지 않는 자가 높은 자리를 차지한다. 튼튼하다고 생각했던 공화국의 기둥은 무거운 하중을 견디지 못해 이미 굽어 있다.

우리는 '자유(Liberty)'를 받든다. 그 여신상도 세워 찬양한다. 그러나 우리는 자유를 충분히 신뢰한 적이 없다. 사회가 커지면 자유의 요구도 커진다. 자유는 어중간하게 끝내지 않는다!

자유! 이는 신비한 힘을 가진 단어이다. 공허하게 귀를 어지럽히는 단어가 아니다. 자유는 정의이고, 정의는 자연법이며, 건강과 조화와 힘과 동지애와 협동의 법이다.

세습적 특권이 타파되고 보통선거가 실시되면 자유가 그 소임을 충분히 완수하였다고 생각하거나, 자유는 인간의 일상생활과 그 이상의 관계가 없는 존재라고 생각하는 사람이 있다면, 그는 자유의 진정한 위대함을 모르는 사람이다. 이 사람에게는 자유를 노래하는 시인이 광인으로 보이고, 자유를 위한 순교자가 바보로 보일 뿐이다. 인간에게 자유는 생명과 빛의 주인인 태양과 같고, 구름을 뚫고 만물을 성장시키며 모든 움직임을 도와 차디찬 무생물에서 극도로 다양한 생명과 아름다움을 이끌어 내는 햇빛과도 같다. 사람들이 자유를 위해 노력하고 죽은 것이, 그리고 각 시대마다 자유의 증인이 일어서고 자유의 순교자가 고통받은 것은 단지 추상적인 개념을 위해서가 아니었다.

때때로 우리는 자유는 자유이고 미덕, 부, 지식, 발명, 국력, 국가의 독립은 별개인 것처럼 이야기한다. 그러나 자유는 이 모든 것의 근원이고 어머니이고 필요조건이다. 자유와 미덕은 빛과 색채의 관계와 같다. 자유와 부는 햇빛과 곡식의 관계와 같다. 자유와 지식은 눈과 보이는 대상의 관계와 같다. 자유는 발명의 천재이고, 국력의 근육이며, 국가 독립의 정신이다. 자유가 신장되면 미덕이 자라고, 부가 증가하고, 지식이 늘어나고, 발명이 인간의 힘을 배가하며, 자유를 누리는 국가는 힘과 정신에서 다른 국가를 능가하게 된다. 반면에 자유가 위축되면 미덕은 사라지고, 부는 감소하고, 지식은 잊혀지고, 발명은 중지되며, 한때 무력이나 기술에서 융성했던 강대국이 자유로운 미개인에게 힘없이 멸망당한다.

자유라는 태양이 아직도 충분히 빛나지 못했지만, 모든 진보는 자유가 이룩한 결과이다.

이집트의 채찍 아래 굽실거리며 노예 생활을 하던 유태인에게 자유가 나타나 속박의 집(House of Bondage)에서 데리고 나왔다. 자유는 이들을 사막에서 단련시켜 정복 민족으로 변화시켰다. 모세의 율법에 나타난 자유 정신에 의해 유태 사상가들은 높은 경지에 도달하여 유일신을 보았으며, 유태 시인들은 영감을 받아 이 사상을 찬양하는 최상급의 시를 남겼다. 자유가 페니키아 해안에 나타나자 페니키아인들은 헤라클레스의 기둥(Pillars of Hercules)을 지나 미지의 바다를 항해하였다. 자유가 그리스에 약간의 빛을 비추자 대리석이 이상적인 아름다움의 형체로 변하고, 언어는 미묘한 사상의 도구가 되었으며, 자유를 누리는 그리스 도시국가의 빈약한 의용군 앞에서 수많은 침략자가 바위 앞의 파도처럼 허물어졌다. 자유가 이탈리아 농부의 조그만 땅에 빛을 내리자 로마는 힘이 생겨 세계를 정복할 수 있었다. 자유의 빛이 게르만 투사의 방패에서 번쩍이자 아우구스투스 황제는 군대를 잃고 눈물을 흘렸다. 자유가 한동안 빛을 내지 않다가 다시 자유도시에 나타나자 과거의 학문이 되살아나고, 현대문명이 시작되고, 새로운 세계가 열렸다. 자유가 신장됨에 따라 예술, 부, 힘, 지식, 문화가 따라서 신장되었다. 모든 나라의 역사에서 우리는 같은 진리를 읽을 수 있다. 영국이 크레시(Crécy)와 아쟁쿠르(Agincourt) 지역을 손에 넣을 수 있었던 것은 대헌장에서 태어난 힘 덕분이다. 엘리자베스 여왕 치세의 영화는 튜더 왕가(Tudor)의 전제로부터 자유가 되살아났기 때문이다. 미국에 힘찬 나무의 씨를 뿌린 것은 전제군주를 끌어내린 정신의 덕이다. 스페인은 고대의 자유의 힘이 뭉치면서 세계 최강국이 되었으나, 전제정치가 자유를 억누르자 가장 허약한 나라로 전락하고 말았다. 프랑스에서도 지성의 활력이 17세기 전제정치 하에서는 죽어갔으나 18세기의 빛나는 자유 속에서 다시 피어났으며, 대혁명 당시 프랑스 농민이 참정권을 갖게 되면서 우리 시대에 필적할 상대가 없는 막강한 힘의 기초가 되었다.

그런데도 자유를 신뢰하지 않을 수 있을까?

과거에도 그랬듯이 현대에도 숨은 세력이 준동하면서 불평등을 낳고 자유를 파괴한다. 멀리 지평선에는 먹구름이 내려오려고 한다. 자유는 다시 우리를 부른다. 우리는 자유를 따라야 하며 완전히 신뢰하여야 한다. 자유는 우리가 완전히 받아들이지 않으면 떠나 버린다. 사람들이 투표권을 갖는다든가 이론상 법 앞에 평등한 것만으로는 충분하지 않다. 사람들이 생활의 기회와 수단을 이용할 수 있어야 하고, 자연의 혜택을 등등하게 누릴 수 있어야 한다. 이렇게 하지 않으면 자유는 빛을 거두어 버린다! 이렇게 하지 않으면 암흑이 찾아오고 진보의 결과로 생긴 힘이 파괴의 힘으로 변질되고 만다. 이것은 보편적인 법칙이다. 이것은 오랜 세월의 교훈이다. 정의에 기초를 두지 않는 사회구조는 지속되지 못한다.

현재 우리 사회의 기본제도는 정의를 부정하고 있다. 모든 사람이 생존하고 생활하는 터전인 토지의 사유를 허용함으로써 사람들이 토지소유자에게 얽매이도록 하였으며, 그 정도는 물질적 진보가 계속됨에 따라 더 심해지고 있다. 이러한 제도는 교묘한 연금술과도 같아서 사람들이 알아차리지 못하는 방법으로 모든 문명국가의 대중에게서 힘들여 노동한 결과를 빼앗는다. 고되고 희망 없는 노예생활을 제도화하며 정치적 자유 속에서 전제정치를 초래한다.

이러한 사회제도로 인해 물질적 진보라는 축복은 저주로 변한다. 누추한 지하실과 더러운 셋집에 사람들이 우글거리고, 감옥과 창녀촌이 붐비고, 남자는 궁핍에 시달리고 탐욕으로 지치며, 여자는 우아함과 아름다움을 상실하고, 어린이는 어린이다운 즐거움과 순수함을 잃게 된다.

이러한 기초 위의 문명은 오래 갈 수 없다. 영원한 우주의 법칙이 이를 금한다. 이는 멸망한 제국의 폐허가 증명하고, 과거의 모든 사람들이 증언하는 사실이다. '자비(Benevolence)'보다 더 위대하고 '자선(Charity)'보다 더 존엄한 '정의(Justice)'는 이 잘못을 시정하라고 명령한다. 저울과 칼을 들고 있는 정의는 부정할 수도 없고 제거할 수도 없다. 우리가 예배나 기도를 드린다고 해서 정의가 내려치는 칼날을 비켜갈 수 있을까? 굶주린 어린이가 신음하고 지친 어머니가 울고 있는데, 교회를 세운다고 해서 저 불변의 법칙이 내리는 명령을 피할 수 있을까?

빈곤에서 생기는 고통과 야만성을 하나님의 불가사의한 섭리로 돌린다거나, 두 손을 모으고 만물의 아버지(All-Father) 앞에 가서는 대도시의 궁핍과 범죄의 책임을 그에게 미룬다면, 형식상으로는 기도일지 모르나 실제로는 신성모독이다. 영원하신 존재(Everlasting)를 펌훼하는 행위이다. 정의로우신 분(Just One)을 욕되게 하는 행위이다. 자비심이 있는 사람이라면 이렇게 하기보다 차라리 세속의 지배자가 되려고 할 것이다. 정의로운 사람이라면 개미의 언덕과 같은 교회를 발로 차버릴 것이다! 우리 문명 속에서 곪고 있는 죄악과 비참함에 대한 책임은 전능자(Almighty)가 아니라 우리에게 있다. 창조주(Creator)는 인간에게 많은 선물을 주셨고 이것으로 충분하고도 남는다. 그러나 돼지가 먹이를 향해 돌진하듯이 우리는 서로 찢고 뜯으면서 선물을 진창 속에 뭉개고 있다!

지금 서구문명의 중심에는 궁핍과 고통이 존재하는데, 이에 대해 눈을 감는 자나 신경이 무딘 자가 아니라면 가슴 아파하지 않을 수 없는 정도에 이르렀다. 우리는 창조주를 향해 해결해 내라고 부탁할 것인가? 설혹 창조주가 이러한 기도를 듣고 우주를 창조했던 그 명령을 내려 태양에 더 큰 힘이 생기고 공기에도 새로운 능력이 생기고, 땅에도 신선한 활력이 넘쳐서 현재 자라고 있는 곡물이 두 배로 증가하고, 씨앗도 현재의 두 배의 결실을 맺는다고 하자! 그렇게 되면 과연 빈곤이 줄고 궁핍이 해결될 수 있을까? 분명히 그렇지 않다! 이로 인해 생기는 이익이 있다면 어디까지나 일시적일 뿐이다. 물질 세계에 흘러들어가는 새로운 힘은 토지를 통해서만 이용할 수 있다. 토지가 사유재산으로 되어 있는 한, 현재 창조주의 하사물을 독점하고 있는 계층이 새로운 하사물마저 독점하게 된다. 지대는 상승하지만 임금은 역시 기아선상으로 내려가고 말 것이다!

이것은 정치경제학적 연역으로만 도출되는 것이 아니라 경험으로도 확인되는 사실이다. 우리가 직접 보았으므로 그 사실을 알고 있다. 만물의 위에, 만물의 안에, 만물을 통해 존재하는 큰 힘, 모든 우주가 그 표현이 아닌 것이 없는 큰 힘, 만물을 만들고 만물의 존재를 가능하게 하는 큰 힘은 우리가 살고 있는 시대에 우리의 눈앞에서, 인간이 향유할 수 있는 물자를 마치 자연의 증식력이 향상된 것처럼 증가시켜 주었다. 어떤 사람은 증기를 잘 이용하면 인간에게 큰 도움을 줄 수 있다는 생각을 하게 되었다. 어떤 사람은 전기를 이용하여 지구 곳곳에 메시지를 전할 수 있는 비결을 내면의 귀로 듣게 되었다. 모든 방면에서 물질의 법칙이 드러났다. 모든 산업에서 무쇠로 된 팔과 강철로된 손가락이 생겨서 자연의 증식력이 증가한 것과 같은 효과가 부의생산에 나타났다. 그 결과는 어떠했는가? 토지소유자가 모든 이익을취했을 뿐이다. 우리 세기의 놀라운 발견과 발명은 임금을 올려 주지도 않았고 힘든 일을 덜어 주지도 않았다. 단지 소수를 부유하게 하였고 다수를 무력하게 만들었을 뿐이다!

창조주의 선물을 이렇게 착복하여도 벌을 받지 않을 것인가? 노동이 대가를 빼앗기는 가운데 탐욕이 부를 말아 먹고, 많은 사람이 궁핍속에서 사는 가운데 소수의 사람은 배가 터지게 먹는 것이 가벼운 일인가? 역사를 보면 페이지마다, 이러한 잘못은 반드시 벌을 받으며, 복수의 여신 네메시스(Nemesis)는 절대로 머뭇거리거나 졸지 않고 불의를 응징한다는 교훈이 있다! 오늘날 주위를 둘러보라. 이러한 상태가계속될 수 있을까? "우리가 죽은 뒤에야 대홍수가 나든 말든(After us the deluge!)" 하고 넘겨버릴 수 있을까? 그렇지 않다. 지금도 국가의 기둥은 흔들리고, 사회의 기초는 동요하며, 그 밑에 갇힌 힘은 불타고 있다. 사회가 소생하느냐 폐허로 주저앉느냐의 투쟁은 이미 시작되었다. 그렇지 않다면 최소한 머지않아 시작된다.

명령은 떨어졌다! 증기와 전기 등 새로운 진보에서 생긴 힘과 더불어 어떤 세력이 세상에 나타났다. 이 세력은 우리를 더 높은 단계로발전시키거나 아니면 과거의 여러 국가와 문명을 삼켰듯이 우리를 집어 삼킬 것이다. 문명세계에 열병처럼 번지는 대중적 불안정을 그저사소한 원인에 의해 생기는 일시적 현상으로 여기는 것은 파멸에 앞서나타나는 착각 때문이다. 민주적 관념과 귀족제도 사이에는 서로 화해할 수 없는 갈등이 존재한다. 미국에서도 유럽처럼 그런 갈등이 일어나고 있다. 한편으로는 사람들에게 선거권을 부여하면서 다른 한편으로는 사람들을 떠돌이로 밀어낼 수는 없다. 한편으로는 초등학교에서 어린이들을 교육해 놓고는 다른 한편으로는 그들에게서 정직하게 생계를 꾸릴 권리를 빼앗아 버릴 수는 없다. 한편으로는 인간의 양도할 수 없는 권리를 말하면서 다른 한편으로는 창조주의 하사물에 대한 양도할 수 없는 권리를 부정할 수는 없다. 지금도 낡은 병에 새로운 술이 익기 시작하고 있으며, 핵심적인 세력이 모여 투쟁을 전개하려고 한다!

그러나 아직 시간 여유가 있는 지금이라도 우리가 정의의 여신에 복종하고 자유를 믿고 따른다면, 현재 사회를 위협하는 위험은 사라지고 사회에 해를 주는 세력은 발전의 주체로 변할 것이다. 오늘날 힘은 낭비되고 있으며, 개척해야 할 지식 분야는 아직 무한하고, 놀라운 발명도 이제 겨우 시작에 불과하다. 빈곤이 타파되면, 탐욕이 고결한 열정으로 변하면, 인간을 반목하게 하는 질투와 두려움 대신에 인류애가 평등으로부터 피어나면, 최하층도 안락과 여가를 누리는 상황이 되어 정신력에 대한 속박이 풀리면, 우리 문명이 얼마나 높이 날아오를지 누가 측정할 수 있겠는가? 언어는 생각을 다 표현하지 못한다! 이는 시인이 노래하고 예언자가 은유로 표현했던 황금시대이다! 이는 언제나 현란한 광선과 함께 다가왔던 그 영광의 비전이다. 이는 요한이 파트모스(Patmos) 섬에서 황홀경에 빠져 감은 눈으로 보았던 바로 그것이다. 이는 기독교 정신의 극치이며, 지상에 실현되는 하나님의 나라로서, 벽옥 담장과 진주 대문을 가진 곳이다! 이는 평화의 왕(Prince of Peace)이 다스리는 나라이다!

결 론

개인의 삶의 문제

한 낮이 되어도 예언했던 햇빛은
어느 나라에도 흔적이 없다.
대포가 설교사를 대신하고
시대는 노동과 황금으로 지쳐 있다.
높은 희망은 시들었고 기억은 사라졌으며
가정과 교회의 불씨는 꺼졌다.
그러나 용감한 믿음은 헛되지 않았다.
이것이 우리 목격자가 말해 준 전부다.

- 프란시스 브라운(Francis Brown)

결론
개인의 삶의 문제

이제 나의 과업은 끝났다.

그러나 생각은 아직도 피어오른다. 지금까지 고찰한 문제는 더 높고 더 깊은 문제로 이어진다. 사회의 삶의 문제 뒤에는 개인의 삶의 문제가 놓여 있다. 나는 둘 중 어느 하나만을 떼어서 생각하기 어려움을 알게 되었다. 이 책을 지금까지 읽으면서 더불어 생각해온 분도 마찬가지일 것이라고 추측한다. 기조(François Guizot, 1787~1874)가 말했듯이 "문명의 역사가 완성될 때 또는 우리의 현 존재에 대해 더 이상 언급할 것이 없을 때 인간은 반드시 모든 노력을 다 했는지, 모든 것의 끝까지 도달했는지 자문하게" 되기 때문이다.

나는 지금 이 문제에 대해 논의할 수는 없다. 그럼에도 이런 말을 하는 이유는 단지, 그런 생각이 이 책을 집필하는 동안 말로 다 할 수 없을 정도로 나를 격려해 주었듯이 이 책을 읽는 일부 독자도 격려해 주었을 것으로 보기 때문이다. 또 이 책의 운명이 어떻게 되든, 독자 중에는 깊은 속마음으로부터 새로운 십자군이 될 각오를 하는 사람도 있을 것이기 때문이다. 이 분들은 내가 아니라도 그런 각오를 하겠지만, 우리는 다른 사람도 같은 별을 본다는 사실을 알 때 더 확신을 가지고 별을 보게 된다.

지금까지 내가 밝히려고 노력한 진리는 쉽사리 수용되지 않을 것이다. 수용이 쉬운 진리였다면 벌써 수용되었을 것이다. 수용이 쉬운 진리였다면 은폐되지도 않았을 것이다. 그러나 이 진리에도 지지자는 반드시 있다. 이 진리를 위해 수고하고 고통받고 심지어는 죽는 사람도 있을 것이다. 바로 이것이 진리의 힘이다.

이 진리가 언젠가는 실현될 수 있을까? 궁극적으로는 그렇다. 그러나 우리가 생존하는 동안 실현될지, 사람들이 우리를 기억할 수 있는 시간 내에 실현될지 누가 알 것인가?

궁핍과 비참, 무지와 야만이 부정의한 사회제도에 의해 생긴다는 사실을 알고 힘이 자라는 데까지 이를 시정하기 위해 노력하는 사람은 곧 실망과 쓰라림을 맛보게 된다. 이러한 현상은 과거에도 있었고 현재에도 있다. 그러나 정말로 쓰라린 것은 노력과 희생을 해보았자 희망도 결과도 없다는 생각이다. 심지어 매우 훌륭하고 용기 있는 인물도 이런 생각을 하는 수가 있다. 사실, 역사상 씨를 뿌린 사람 중에 그 씨가 자라는 것을 본 사람은 드물며, 그 씨가 도대체 자라기나 할 것인지를 확실히 안 사람도 드물다.

사실을 위장하지 말자. 이 세상에서 진리와 정의는 되풀이해서 세워져 왔다. 그러나 진리와 정의는 되풀이해서 무너지고 말았으며 유혈 사태가 발생한 경우도 적지 않았다. 만일 진리에 반대하는 세력이 약하다면 어떻게 오류가 그토록 오랫동안 지배할 수 있을까? 정의의 여신이 고개를 들기만 해도 부정의를 쫓을 수 있다면 압박받는 사람들의 통곡이 그토록 오래 그치지 않을 수 있을까?

그러나 진리를 알고 따르려는 사람이나 정의를 인식하고 이를 위해 일어서려는 사람에게는 성공이 유일한 목적은 아니다. 성공! 성공은 거짓으로 이루기도 하고 부정의로 이루기도 한다. 진리와 정의는 본래의 권리로서 그 자신의 것인 ─ 우연이 아니라 본질에 의해 자신의 것인 ― 그 무엇을 주지 않는가?

진리와 정의의 존귀함을 느껴본 사람이면, 진리와 정의가 지금 이 자리에서도 무언가를 준다는 사실을 안다. 그러나 때로는 암운이 드리우는 수도 있다. 인류를 위해 노력하였던 위인의 전기를 읽으면 때때로 서글퍼진다. 소크라테스는 독약으로 사형당했고, 그라쿠스(Tiberius Sempronius Gracchus, 기원전 162~133 경)는 몽둥이와 돌에 맞아 죽었으며, 가장 위대하고 순결한 그 분은 십자가에 못 박혀 죽었다. 이들은 전형적인 예에 불과하다. 지금도 러시아의 감옥은 가득 차 있고, 편하고 호사스럽게 생활할 수 있는 남녀가 고결한 애국심으로 인해 쇠사슬에 묶여 험난한 시베리아로 줄지어 이송되고 있다. 나라마다 얼마나 많은 사람이 극도의 궁핍과 가난 속에서, 무관심과 경멸 속에서, 위안으로 삼을 수 있는 어떠한 공감도 얻지 못한 채 눈을 감고 있는가? 우리는 이를 알고 있다.

그런데 정말로 우리는 모두 알고 있는가?

집필 도중에 나는 신문 한 장을 집어 들어 보았다. 신문에는 반(半)공식적(semiofficial) 발표를 번역한 것으로 보이는 짤막한 기사가 실려 있는데, 키에프 지역의 무정부주의자 세 명 ― 프러시아인 브란트너(Brandtner), 자칭 안토노프(Antonoff)라는 미확인 인물, 귀족 오신스키(Ossinsky)가 처형되었다고 한다. 교수대 아래에서 이들은 허락을 받고 서로 키스하였다. "집행인은 밧줄을 끊고 의사가 사형수의 사망을 선언하였다. 시체는 처형대 아래 매장되고 이들 무정부주의자는 영원히 망각 속으로 사라졌다." 기사는 이렇게 되어 있다. 나는 이를 믿지 않는다. 망각된 것이 아니다!

지금까지 나는 내 자신의 생각에 따라 탐구를 진행해 왔다. 처음 이 작업을 시작했을 때 어떤 특정 이론을 지지하거나 특정 결론을 증명할 생각이 없었다. 단지, 대도시 속의 비참한 생활을 접했을 때 당혹스럽고 괴로웠으며, 그때부터 그 원인이 무엇인지, 그리고 그 치유 방안은 무엇인지를 생각하느라고 편안하게 지낼 수 없었을 뿐이다.

그러나 예상하지 못했던 무엇이 탐구를 통해 나에게 나타났고, 죽어 있던 어떤 신념이 솟아났다.

내세에 대한 희구는 자연적이고 심층적이다. 이는 지적 성장과 더불어 커지며, 우주가 거대하다는 것, 그리고 지식의 발전에 의해 전개될 시야는 무한하여 영원한 탐구 대상이 된다는 것을 잘 아는 사람일수록 더 강하다. 그러나 대다수 사람들이 종교적 교리에 대한 신념을 상실한 이 시대의 정신적 풍토에서는, 그와 같은 희구는 인간의 이기심에서 나온 공허하고 유치한 희망에 불과하며 근거도 없고 실증적 지식과 모순되는 것으로 비치고 있다.

미래의 삶에 대한 희망을 파괴하는 이런 관념을 잘 검토해 보면 그 근원이 자연과학의 성과에 있는 것이 아니라 각 방면의 사고에 깊숙이 영향을 주어온 정치학이나 사회과학 중의 특정한 가르침에 있음을 알 수 있다. 이들 관념의 뿌리는, 인구는 생존물자보다 더 빨리 증가되는 경향이 있다는 학설, 죄악과 비참은 자연법칙의 결과이자 사회 발전의 수단이라는 학설, 인간의 진보는 인종이 서서히 진화함으로써 이루어진다는 학설이다. 일반적으로 공인된 진리로 인정되어 온 이들 학설은 과학의 해석을 왜곡시킴으로써, 자연과학적 성과의 단순한 연장만으로는 발생시킬 수 없는 결과를 발생시키고 있다. 즉, 이들 이론은 개인을 무의미한 존재로 축소시키며, 인간의 존재에 대한 배려나 소위 도덕성에 대한 존중이 우주 질서 속에 들어 있다는 관념을 파괴한다.

자연이 계속해서 인간의 생존을 궁지에 몰아넣어 인간을 소모시킨다는 생각은 인간의 불멸성에 대한 믿음과 조화되기 어렵다. 많은 사람이 고통받고 타락하는 것이 창조주의 탓이라고 보는 견해는 창조주의 전능과 자비에 대한 믿음과 조화될 수 없다. 또 인간은 정신적, 육체적으로 서서히 변화한 결과가 유전을 통해 영속화된 존재라고 하는 견해는 인간 존재의 목적이 개인으로서의 삶이 아니라 인류라는 종(種)의 삶이라는 결론과 밀접하게 연관된다. 이렇게 해서 생활의 고통과 환난 속에서 강하게 의지하고 깊이 위안을 받을 수 있는 신념이 우리 가운데서 사라졌고 또 지금도 사라지고 있다.

지금까지의 탐구 과정에서 우리는 위와 같은 여러 학설들을 검토한 결과 이들이 오류임을 알게 되었다. 인구가 생존물자보다 더 많이 증가하는 경향은 존재하지 않는다는 사실을 알게 되었다. 인간의 힘이 낭비되고 인간이 커다란 고통을 겪는 원인은 자연법칙에 있지 않고 인간이 무지하고 이기적이어서 자연법칙에 순응하지 않는 데 있음을 알게 되었다. 인간의 진보는 인간 본성의 개조를 통해서 이루어지는 것이 아니라는 사실, 오히려 인간의 본성은 일반적으로 불변이라는 사실을 알게 되었다.

이로써 현대 세계에서 미래의 삶에 대한 믿음을 추방하고 있는 악몽은 격파되었다. 그러나 모든 어려움이 사라진 것은 아니다. 우리가 어느 방향으로 나아가든 이해할 수 없는 곳에 이르기 때문이다. 그러나 너무나 확실해서 극복할 수 없을 것으로 보이던 그런 어려움은 사라졌다고 하겠다. 이제 희망이 솟구친다.

그러나 이것이 전부는 아니다.

정치경제학은 음울한 학문이라고 지칭되어 왔으며, 현재 가르치고 있는 내용은 비관적이고 절망적이다. 그러나 이것은 앞에서 본 바와 같이 정치경제학을 폄하하여 구속하고, 진리의 자리를 제대로 찾아 주지 않고, 그 조화를 무시하고, 분명하게 지적해야 할 사실을 얼버무리고, 악에 항의하는 대신 부정의를 옹호한 데에서 비롯되었을 뿐이다. 내가 노력하였듯이 정치경제학에 자유를 주어 그 본래의 자태를 되찾게 해준다면 정치경제학은 희망으로 빛날 것이다.

왜냐하면 부의 생산과 분배를 지배하는 법칙을 올바르게 이해한다면 현재와 같은 사회의 궁핍과 부정의가 불가피한 것이 아니라는 사실을 알게 되기 때문이다. 오히려 그 반대로 이 법칙은 빈곤이 존재하지 않는 사회, 인간 본성의 훌륭한 자질과 높은 힘이 완전하게 발달할 수 있는 사회가 가능하다는 것을 보여 주기 때문이다.

뿐만 아니라 사회 발전이 우연한 섭리나 냉혹한 운명에 의해 지배되는 것이 아니라 불변의 자비로운 법칙에 의해 지배된다는 것을 알게 될 때, 인간의 의지력이 발전의 중요한 요소이며 인간은 스스로의 조건을 만들어 낼 수 있다는 사실을 알게 될 때, 경제 법칙과 도덕 법칙이 본질적으로 하나이며 지적 능력에 의해 각고 끝에 찾아내는 진리가 도덕 감각에 의해 직관적으로 파악하는 진리와 다르지 않음을 알게 될 때, 개인의 삶의 문제에도 빛이 홍수처럼 쏟아진다. 지구에는 우리와 다름없는 수많은 사람이 과거에도 살았고 현재에도 살고 있다. 기쁨과 슬픔, 수고와 노력, 희망과 두려움, 물리적 감각을 초월한 깊은 인식, 온갖 다양한 교리의 기초를 이루는 공통의 감정을 갖춘 모든 사람의 작은 삶이 무의미한 낭비로 보이지 않을 것이다.

모든 분야의 과학이 보여 주는 위대한 사실은 법칙의 보편성이다. 천문학자는 사과가 떨어지거나 천체가 움직이거나 동일한 법칙이 적용됨을 알며, 이 법칙은 우리가 식별할 수 있는 작은 공간에서나 천문학이 대상으로 삼는 무한한 우주에 있어서나 동일하게 적용됨을 안다.

망원경의 관측 범위 내로 천체 하나가 나타났다가 다시 사라졌다고 하자. 관측된 궤적만으로는 법칙에 맞지 않는다고 할 때 천문학자는 이를 예외적인 현상이라고 생각하고 마는가? 그렇지 않다. 망원경으로 관측한 것은 궤도의 일부이며 망원경의 관측 범위 밖의 운동을 포함시키면 법칙이 성립한다고 할 것이다. 천문학자는 계산을 통해 궤도를 추정하고, 결과는 수 세기 후에 사실로 증명된다.

사회 속의 인간의 삶을 지배하는 법칙을 탐구해 보면 큰 사회에서나 작은 사회에서나 같은 법칙이 적용됨을 알게 된다. 처음에는 예외적인 현상으로 보이는 것도 동일한 원리의 표현이라는 사실을 알게 된다. 또 어느 곳에서든 사회 법칙은 도덕 법칙에 부합하며, 사회생활에서 정의에는 반드시 보상이 있고 부정의에는 반드시 벌이 있다는 사실을 알게 된다. 그러나 개인의 삶에서는 이런 사실을 볼 수 없다. 개인의 삶만을 보면 선과 악, 옳은 것과 그른 것, 정의와 부정의 등이 보편 법칙과 어떤 관계가 있는지 알 수 없다.[1] 그렇다면 사회의 삶에서 분명하게 나타나는 법칙이 개인의 삶에서는 진실이 아니라고 결론지어야 할까? 그런 결론은 과학적이 아니다. 다른 대상에 대해서는 그런 결론을 내리지 않을 것이다. 그렇다면 이는 우리가 개인 삶의 전부를 보지 못한다는 증거라고 해야 하지 않을까?

---

[1] 우리 어린이들을 속이지 말자. 우리가 들려준 경건한 동화를 어린이들이 믿지 않게 된다면, 우리가 진실이라고 말해 주었던 것마저 믿지 않게 될 것이라는 플라톤의 말도 있다. 일반적으로 자신이 쌓은 덕에는 그 보답이 돌아온다. 상인이든 도적이든 침착하고 신중하고 자기 원칙에 충실하면 남보다 더 성공할 수 있다. 그러나 자신이 쌓지 않은 덕에 관해서는
　　"요정의 세계에서 나올 듯한 이야기.
　　자격 있는 자가 대가를 얻기도 하지만
　　(대가를) 얻은 자가 자격이 있기도 하다."

정치경제학이 찾아내는 법칙도, 자연현상에서의 사실 및 상호관계처럼, 정신 발전의 법칙과 조화를 이룬다. 즉, 정신의 발전은 필연적·타율적인 진보가 아니라 인간의 의지가 일차적인 추진력이 되는 진보이다. 그러나 우리가 아는 바와 같이, 인생에 있어서 정신은 쉽사리 발전하지 않는다. 정신은 육체가 쇠퇴하기 시작해야 깨인다. 정신은 육체의 죽음과 더불어 세상을 떠날 무렵이 되어야 자신 앞에 펼쳐진 광대한 영역을 어렴풋이나마 감지하게 되고, 비로소 자신의 힘을 깨닫고 사용하며, 관계를 인식하고, 이해의 폭을 넓히기 시작한다. 만일 죽음 이후에 무엇인가가 없다면 이것으로 중단이자 실패인 것처럼 보인다. 훔볼트(Alexander von Humboldt, 1769~1859)나 허셸(William Herschel, 1738~1822), 피스가(Pisgah)에서 바라보는 모세, 무리를 이끄는 여호수아, 그 밖에 아무리 위대한 인물이 나타나서 자기 나름의 빛나는 인생을 살더라도 이 세상에서 이룩한 정신과 인격이 그것으로 그만이라면, 우리가 알고 있는 우주의 질서와는 맞지 않는 것으로 보인다.

인간 정신의 근본 법칙에 의해 — 정치경제학의 법칙도 실은 여기에서 연역된 것이다 — 우리는 목적 없는 수단이나 목표 없는 노력을 생각할 수 없다. 인간은, 이 세상에서 접하는 모든 자연에 대해서는 지적 능력을 사용하여 목적과 목표를 부여할 수 있다. 그러나 인간이 더 높은 수준으로 올라가지 않거나 더 높은 수준의 무엇을 발휘하지 않는다면 인간의 존재 의의를 이해할 수 없게 된다. 존재 이유를 찾고자 하는 형이상학적 욕구는 아주 강하기 때문에, 개인에게는 이 세상에서의 삶 이상의 것이 없다고 보는 사람은 부득이 완성의 대상이 개인이 아니라 인류라는 종(種)이라고 하게 된다. 그러나 앞에서 언급하였듯이 — 더 자세히 검토하지 못한 것이 유감이지만 — 인류는 본질적으로 그 본성이 개선되는 종이 아니며, 인간의 진보는 인간 본성의 개선이 아니다. 문명의 내용을 이루는 전진은 인간의 구성이 변화하는 것이 아니라 사회의 구성이 변화하는 것이다. 그러므로 사회 발전의 결과는 영구적으로 고정되지 않으며 시간의 흐름에 따라 사라질 수도 있다 — 아니 끊임없이 사라지고 있다. 그뿐만이 아니다. 인간의 생명이 이승을 넘어 계속되지 않는다면 인류도 개인과 같은 문제에 부닥치게 된다! 개인이 반드시 죽는 것처럼 인류도 반드시 멸종된다는 것이다. 인간이 생존할 수 없는 지구의 지질 조건이 과거에 존재했음을 우리는 안다. 그런 시대가 반드시 다시 온다는 것도 안다. 지구가 정상적으로 궤도를 돌고 있는 지금도 북극의 만년빙은 서서히 두터워지고 있으며, 빙하가 다시 움직이고 남극해가 북쪽으로 밀려와서 현재의 문명을, 과거의 영화롭던 문명을 묻어 버렸듯이, 대양의 바닥 밑으로 묻어 버릴 시기가 점점 다가오고 있다. 과학에 의하면, 앞으로 언젠가는 지구가 죽고 태양이 소진되는 시기가 올 것으로 보고 있다. 태양계가 상호 충돌하여 가스체로 분해되어 버린 후 측정할 수 없는 변화가 다시 시작된다는 것이다.

그러면 삶 — 절대적·필연적으로 죽음에 의해 한정되는 삶의 의미는 무엇인가? 이 삶은 다른 삶으로 나아가기 위한 통로요 관문이라고 해야만 그 의미가 이해될 수 있다고 생각된다. 또 그 관련 사실을 설명할 수 있는 이론은 신화나 상징으로밖에 표현할 수 없는 것으로 보인다. 신화와 상징은, 인간이 심층적인 인식을 묘사하기 위해서 언제 어디서나 사용했던 형식이다.

과거 인간이 남긴 경전 — 성경, 젠드 아베스타(Zend Avesta), 베다, 불경, 코란은 물론이고, 또한 고대 철학의 이색적인 견해, 갖가지 별난 종교가 갖는 내면적 의미, 에큐메니칼 교회(Ecumenical Council)의 교리, 퀘이커교 또는 감리교 또는 사보나롤라(Girolamo Savonarola,

1452~1498)의 가르침, 레드 인디언(red Indian)의 전통, 흑인 미개족의 신앙에도 그 핵심에는 하나의 공통성이 있다. 다만 공통적인 근본 진리를 각자의 방식대로 달리 이해했을 뿐이다. 지금까지의 논의를 통해서, 각 종교가 막연하게나마 파악했던 진리의 빛이 어슴푸레 떠오르는 것 같다. 이 희미한 빛은 궁극적인 관계에 관한 빛이며 상징이나 비유가 될 수밖에 없는 것을 표현하려는 노력이다. 선악의 나무가 자라는 정원. 하나님이 역사(役事)하시는 포도밭. 지나온 삶에서 저 너머에 있는 삶으로의 이동. 그 끝을 알 수 없는 심판과 투쟁.

오늘날 세계를 돌아보라.

우리 문명사회에서도 옛 비유가 의미를 가지며 옛 신화가 맞아 떨어진다. 의무의 길은 죽음의 그림자 계곡(Valley of the Shadow of Death)으로 향하고, 크리스챤(Christian)과 페이스풀(Faithful)은 허영의 시장(Vanity Fair)으로 걸어가며, 그레이트하트(Greatheart)의 갑옷이 쨍그렁 소리를 낸다. 아후라마즈다(Ahura Mazda, Ormazd)는 아리만(Ahriman)과 싸운다. 들으려고 하는 사람의 귀에는 전쟁의 나팔 소리가 울린다.

나팔 소리가 울리고 또 울려서 드디어 듣는 사람의 가슴이 끓어오른다. 지금 세계에는 강한 정신과 고결한 노력이 필요하다. 아름다움은 아직도 감옥에 갇혀 있고, 인생에서 피어나는 진선미를 철의 수레바퀴가 깔아뭉개고 있다.

아후라마즈다의 편에서 투쟁하는 사람은 지금은 서로를 잘 모를지라도 언젠가 어디선가 함께 모일 날이 반드시 올 것이다.

진리와 정의가 억압되는 수도 많지만 우리가 전부를 본 것은 아니다. 우리가 어떻게 전부를 볼 수 있겠는가? 바로 이 자리에서 일어나고 있는 현상도 우리는 전부 알지 못한다. 빛과 색을 감각하게 해주는 파동은 어떤 범위를 넘으면 인간이 구분할 수 없다. 인간이 소리를 듣는 것 역시 어떤 범위 내에 한한다. 동물 중에는 우리보다 감각이 뛰어난 것도 있다. 그런데 이 자리의 현상을 다 안다고? 태양계에 비교하면 지구는 잘 보이지 않는 점에 불과하다. 태양계도 우주에 비하면 아무 것도 아니다. 우리 시각을 스치는 현상이 망각 속으로 사라진다고 할 수 있을까? 아니다. 망각되는 것이 아니다. 영원한 법칙은 우리의 시계(視界)를 너머 저 멀리까지 지배한다.

솟아나는 희망은 모든 종교의 핵심이다! 시인도 희망을 노래했고, 예언자도 희망을 전했으며, 인간의 심장 깊은 곳에서도 희망의 진리에 감응하며 맥박이 뛴다. 어느 시대든 순결한 정신과 강력한 통찰력을 가지고 사상의 절정에 올라 그늘진 바다를 바라보면서 희미한 육지를 감지한 사람은 플루타르크(Plutarch, 46?~120?)가 했던 말을 모든 언어로 전했다.

"육신과 감정으로 싸여 있는 인간의 영혼은 하나님과 의사소통을 할 수 없으며, 희미한 꿈과 같은 철학이라는 수단을 통해 관념상으로만 도달할 수 있을 뿐이다. 그러나 육체로부터 자유로워져서 보이지도 바라볼 수도 지나갈 수도 없는 순수한 곳에 이르면, 하나님이 영혼의 지도자이자 왕이 된다. 그곳에서 영혼은 하나님에게 완전히 의지하여, 인간이 도저히 표현할 수 없는 아름다움을 끝없이 바라보면서 지극한 기쁨을 누리게 된다."

PROGRESS
and
POVERTY

부록

헨리 조지 연보

*괄호 속의 연령은 그 해의 생일(9월 2일)에 맞는 연령임.

1839   9월 2일. 미국 필라델피아에서 영국계 부모의 열두 남매 중 둘째로 태어남. 부모는 독실한 복음주의적 신앙인으로서 부친은 교회 관련 영세한 출판업자, 모친은 전직 교사.

1852(13세) 중학교(High school)에 입학하였으나 부친의 사업이 기울어 5개월 만에 자퇴하고 이후 갖가지 직업에 종사.

1855(16세) 선원이 되어 호주까지 항해. 샌프란시스코로 가서 인쇄공 등 닥치는 대로 일함.

1858(19세) 캘리포니아의 프레이저 강(Frazer River)에서 사금을 채취하다가 실패.

1860(21세) 성년이 되자 즉시 인쇄노동조합에 가입.

     호주 태생으로 부모를 여의고 부유한 삼촌 밑에서 자라면서 로스앤젤레스의 수녀원 학교에 다니던 17세의 애니 팍스(Annie Corsina Fox)와 연애. 팍스는 집안에서 결혼에 반대하자 1861년에 집을 나와 결혼식을 올림. 조지는 새크라멘토 신문사 인쇄부서에서 일하다가 3년 후 상사와의 불화로 사직.

1862(22세) 맏아들(Henry George, Jr.) 출생. 후일 하원의원이 됨.
이듬 해 샌프란시스코로 돌아가서 절망적인 가난의 세월을 보냄.

1865(26세) 가난이 극에 달한 시기에 둘째 아들(Richard Fox George) 출생. 후일 저명한 조각가가 됨.
일간지 인쇄부서에 일하면서 간간이 글을 싣기 시작. 링컨 대통령 피살 소식에 격분하여 신문 「알타 캘리포니아(Alta California)」에 기고한 글이 편집인의 인정을 받아 보수를 받는 기자가 됨.

1866(27세) 셋째 아이이자 맏딸(Jane Teresa George) 출생.
샌프란시스코 「타임즈(Times)」의 기자. 1867년 편집국장. 1868년 사직.

1868(29세) 반년 동안 샌프란시스코 「헤럴드(Herald)」의 뉴욕 특파원.
번영하는 뉴욕에서 극도의 사치와 지독한 빈곤이 공존한다는 사실을 보고는 충격을 받아, 진보 속에 빈곤이 존재하는 원인을 찾아 이를 제거하는 일에 신명을 바치기로 결심.

1871(32세) 팜플렛 『우리 토지와 토지정책(Our Land and Land Policy)』 발간. 이 내용은 후일 『진보와 빈곤』으로 발전됨.
샌프란시스코 「이브닝 포스트(Evening Post)」를 창간하여 4년간 편집인. 정치적으로 독자 노선을 취하면서 부정부패를 과감히 고발하여 성공을 거둠.

1877(38세) 『진보와 빈곤』 집필 시작. 막내 딸(Anna Angela George) 출생. 유명한 안무가(Agnes de Mille)의 어머니.

1879(40세) 『진보와 빈곤』을 탈고하고 벅찬 감동에 휩싸여 울었다. 처음에는 출판사의 거부로 자비 출판하였으나 그 후 폭발적인 주목을 받아 4년간 영미 두 나라에서만 수십만 부가 팔

렸으며, 10여개 국의 언어로 번역이 되고, 19세기 말까지는 영어로 쓰인 넌픽션 분야에서 성경 다음으로 많이 보급된 책이 됨.

1881(42세) 샌프란시스코에서 뉴욕으로 이사.

『아일랜드의 토지문제(*The Irish Land Question*)』출간. 이 책은 후에 『토지문제(*The Land Question*)』로 개칭되었음. 뉴욕의 아일랜드계 최대 신문인 「아이리쉬 월드(*Irish World*)」의 특파원으로 아일랜드와 영국에 파견되어 1년 간 강연 등을 통해 수많은 청중을 열광시키고 영향력 있는 지지자도 얻음.

1883(44세) 『사회문제(*Social Problems*)』출간. (번역서 제목은 '사회문제의 경제학')

1884(45세) 영국 토지개혁연맹(Land Reform Union)의 초청으로 영국에 강연 여행. 옥스포드에서 가진 강연회에서 마샬(Alfred Marshall)과 논쟁.

1886(47세) 165개 노동조합 등으로 결성된 연합노동당(United Labor Party)의 추대로 뉴욕시장에 출마. 민주당의 애브럼 휴윗 (Abram S. Hewitt), 공화당의 루즈벨트(Theodore Roosevelt)와 대결하여 휴윗에 이어 2등. 당시 정치의 부패로 인해 "투표에 이기고 개표에 졌다"는 평이 있음.

관세 철폐와 자유무역을 역설한 『보호무역과 자유무역 (*Protection or Free Trade*)』출간. 주간지 「스탠더드(*Standard*)」를 창간하여 1890년까지 일함. 이 잡지는 토지가치 단일세, 완전 자유무역, 호주형 자유선거를 주장.

1889(50세) 유럽 강연 여행. 스코틀랜드의 글래스고에서 유명한 연설 「나라가 임하시오며(Thy Kingdom Come)」를 행함.

1890(51세) 호주와 뉴질랜드에 강연 여행.

1891(52세) 교황의 회칙(回勅) 「노동헌장(Rerum Novarum)」에 반대하여 『노동자의 상태, 교황 레오 13세께 드리는 공개서한(*The Condition of Labor, an Open Letter to Pope Leo XIII*)』 출간. (번역서 제목은 '노동 빈곤과 토지 정의')

1892(53세) 『갈피를 잃은 철학자(*A Perplexed Philosopher*)』 출간. 이 책은 허버트 스펜서(Herbert Spencer)의 『사회정학(*Social Statics*)』 개정판을 비판한 것으로서 스펜서가 처음에는 토지 사유에 반대하였다가 개정판에서 견해를 바꾸자 헨리 조지가 분개하여 이 책을 집필함.

1897(58세) 뉴욕시장에 다시 출마. 출마 전부터 건강이 나빴으나 무리하게 선거운동을 함. 투표일을 4일 앞두고 10월 29일에 사망. 장례식에는 10만여 명이 조문.

1898(사후) 『정치경제학(*The Science of Political Economy*)』 출간.

인 명 해 설

[ㄱ]

고두노프(Boris F. Godoonof, 1552?~1605) 러시아 황제. 농노제도 확립.

고드윈(William Godwin. 1756~1836) 영국 저술가. 맬서스에 반대 입장.
『정치적 정의에 관한 연구(*Inquiry concerning Political Justice*)』.

굴드(Jay Gould, 1836~1892) 미국의 재력가. 철도사업으로 큰돈을 벌었
다.

그라쿠스(Tiberius Gracchus, 기원전 162~133) 로마 정치가. 토지개혁
시도. 반대파에 의해 암살됨.

기본(Edward Gibbon, 1737~1794) 영국 역사학자.

기조(François P. G. Guizot, 1787~1874) 프랑스 역사학자, 정치가.

[ㄴ]

나세(Erwin Nasse, 1829~1890) 독일 경제학자. 초기 사회주의자. 토지제
도사 연구.

나이팅게일(Florence Nightingale, 1820~1921) 영국 간호사. 크리미아 전
쟁에서 인도주의의 상징이 됨.

네로(Nero, 37~68) 로마 황제. 로마를 불태우고 기독교도를 박해한 폭
군.

니콜슨(N. A. Nicholson, 1827~1874) 영국 경제학자. 『교환의 과학(*The*

Science of Exchanges, 1873)』

[ㄷ]

다리우스 1세(Great King Darius I, 기원 전 558?~486?) 페르샤 왕. 그리스
　침공.

다윈(Charles R. Darwin, 1809~1882) 영국 박물학자. 『종의 기원(*On the
　Origin of Species*)』.

도이취(Emmanuel Deutsch, 1829~1873) 독일 동양학자. 대영박물관 도서
　실에서 근무.

드 라블레이(Emil L. V. de Laveleye, 1822~1892) 벨기에 경제학자. 토지
　세분 주장. 『원시 재산권(*Primitive Property*)』

드 스텔(Anne L. G. de Stael, 1766~1817) 프랑스 여성 저술가. 사교계를
　이끔.

드 폴(Vincent de Paul, 1576~1660) 프랑스의 가톨릭 개혁가, 성인. 자선
　수녀회(Sisters of Charity) 창설.

[ㄹ]

라티머(Hugh Latimer, 1485?~1555) 영국 주교. 국교 확립. 리들리(Ridley)
　와 함께 화형 당함.

램(Charles Lamb, 1775~1834) 영국 수필가. 필명 엘리아(Elia).

레싱(Gotthold E. Lessing. 1729~1781) 독일 극작가.

로이스(Samuel Royce. ?~?) 『타락과 인종교육(*Deterioration and Race
　Education*), 1878』.

로저스(James Rogers. 1823~1890) 영국 경제학자. 『영국 농업 및 가격의
　역사(*History of Agriculture and Prices in England*)』.

루소(Jean J. Rousseau, 1712~1778) 프랑스 철학자. 『사회계약론(*Social

Contract)』

루쿨루스(Lucius L. Lucullus, 기원 전 110?~57?) 로마 군인. 호화로운 연
　　회를 즐긴 것으로 유명.

리드(Winwood Reade, 1838~1875) 『인간의 순교(*The Martyrdom of Man*)』.

리들리(Nicholas Ridley, 1500?~1555) 영국 개혁가. 라티머와 함께 화형
　　당함.

리카도(David Ricardo, 1772~1823) 영국 경제학자. 『정치경제학 및 조세
　　의 원리(*Principles of Political Economy*)』

리쿠르고스(Lycurgus, 기원 전 9세기 경) 스파르타 지도자.

[ㅁ]

매시나스(Caius Cilnius Maecenas, 기원 전 73? ~ 8) 로마 문예 애호가.

매컬로크(John R. McCulloch, 1789~1864) 영국 경제학자, 통계학자.
　　『국부론 대한 주석(*Notes on Wealth of Nations*)』.

맬서스(Thomas R. Malthus, 1766~1834) 영국 경제학자. 『인구론(*An
　　Essay on the Principle of Populations*, 1798)』.

머콜리(Thomas B. Macauley, 1800~1859) 영국 역사학자, 정치인.

메인(Henry J. S. Maine, 1822~1888) 영국 법률학자, 역사학자. 『상고제
　　도사(*Early History of Institutions*)』

모어(Thomas More, 1478~1535) 영국 정치인. 헨리 8세 때 카톨릭을 옹
　　호하다가 사형 당함. 『유토피아(*Utopia*)』.

모하메드 알리(Mohammed Ali, 1769~1849) 이집트의 전제 군주. 전국의
　　토지 몰수.

몽테스키외(Charles L. Montesquieu, 1689~1755) 프랑스 철학자, 역사학
　　자.

미라보(Marquis de Mirabeau, 1715~1789) 프랑스 중농주의 경제학자. 케

네의 주장 찬양.

밀(John S. Mill, 1806~1873) 영국 경제학자. 『정치경제학 원리(*Principles of Political Economy*)』

[ㅂ]

바그너(Moritz Wagner, 1813~1887) 독일의 박물학자, 여행가, 박물학자.

바스티아(Frédéric Bastiat, 1801~1850) 프랑스 경제학자.

배젓(Walter Bagehot, 1826~1877) 영국 경제학자. 『물리학과 정치학 (*Physics and Politics*)』

밴더빌트(Cornelius Vanderbilt, 1794~1877) 미국 재력가. 철도사업으로 큰 부자가 됨.

밴크로프트(Hubert H. Bancroft, 1832~1918) 미국 역사학자. 『토착 인증 (*Native Races*)』.

버크(Edmund Burke, 1729~1797) 영국 정치가. 아메리카식민지, 아일랜 드, 인도의 독립을 주장.

버클(Henry T. Buckle, 1821~1862) 영국 역사학자. 『영국 문명사(*History of Civilization in England*)』.

버킹엄(George V. Buckingham, 1592~1628) 영국 최초의 공작. 제임스 1 세의 총신.

버틀러(Joseph Butler, 1692~1752) 영국 주교.

번연(John Bunyan, 1628~1688) 영국 작가. 『천로역정(*Pilgrim's Progress*)』.

베이컨(Francis Bacon, 1561~1626) 영국 철학자, 정치가.

베전트(Annie Besant, 1847~1933) 영국 여성 신지주의자(theosophist). 맬 서스 지지. 인도 독립운동 지원.

벤담(Jeremy Bentham, 1748~1833) 영국 철학자. "최대 다수의 최대행복" 이라는 공리주의 주장.

벰(Ernst Behm, 1830~1884) 독일 지리학자, 통계학자.

볼테르(François Voltaire, 1694~1778) 프랑스 철학자, 저술가.

브래시(Earl Brassey, 1836~1918) 영국 해군장관.

블랙스톤(Williams Blackstone, 1723~1780) 영국 법률가. 『영국법 평석
  (*Commentaries on the Laws of England*)』.

빙켈리트(Arnold von Winkelried, ?~1386) 스위스 애국자. 오스트리아 군
  의 창을 가슴에 끌어안고 전사.

[ㅅ]

사보나롤라(Girolamo Savonarola, 1452~1498) 이탈리아 종교개혁가. 파
  문, 고문, 교수형 당함.

샤토브리앙(François R. Chateaubriand, 1768~1848) 프랑스 작가. 프랑스
  혁명의 반동적인 인물.

손턴(William Thornton, 1813~1880) 영국 경제학자. 『노동론(*On Labor*)』.

솔론(Solon, 기원 전 638?~588?) 고대 아테네 정치가. 아테네 발전의 초
  석을 닦음.

스미스(Adam Smith, 1723~1790) 영국 경제학자. 근대 경제학 창시자.
  『국부론(*Wealth of Nations*)』.

스웨친(Anne S. S. Swetchine, 1782~1857) 러시아 태생 여인. 1815년 이
  후 파리에 정착하여 살롱 경영.

스위프트(Jonathan Swift, 1667~1745) 영국 작가. 『걸리버 여행기(*Gulliver's
  Travel*)』.

스튜어트(Alexander T. Stewart, 1803~1876) 아일랜드 태생의 미국부자.

스튜어트(Dugald Stewart, 1753~1828) 스코틀랜드 윤리학자. 맬서스에 앞
  서 비슷한 견해 제시. 원문에는 James Stewart라고 되어 있음.

스펜서(Herbert Spencer, 1820~1903) 영국 철학자. 『사회 정학(*Social*

Statics)』, 『제일원리(*First Principles)*』.

시라주 다울라(Surajah Dowlah, 1728?~1757) 벵골 지역이 영국 식민지로
　　전락하기 전의 마지막 지배자.

시에예스(Emmauel Joseph Sieyès, 1748~1836) 프랑스 수도원장, 정치가.
　　대혁명 당시의 이론가.

실리(John R. Seeley, 1834~1895) 영국의 저술가, 역사가. 로마 멸망의 원
　　인을 국민성의 타락에서 찾음.

[○]

아우구스투스(Augustus, 기원 전 63~기원 후 14) 로마의 초대 황제, 카이
　　사르의 후계자.

아우렐리우스(Marcus Aurelius, 121~180) 로마 황제, 스토아학파 철학자.

안토니우스(Marcus Antonius, 기원 전 83?~30) 로마 장군. 제2차 3두 정치
　　에 참여.

애거시(Louis J. R. Agassiz, 1807~1873) 스위스 박물학자. 미국에서 가르
　　침.

애스터(John J. Astor, 1763~1848) 독일 태생의 미국인. 모피, 부동산 등
　　으로 큰 부자가 됨.

앤더슨(James Anderson, 1739~1808) 스코틀랜드 경제학자. 리카도보다
　　앞서 지대법칙을 제시.

에라스무스(Desiderius Erasmus, 1466?~1536) 네덜란드 신학자. 『우신예찬』

엘리자베스(Elizabeth Tudor, 1533~1603) 영국 여왕.

영(Arthur Young, 1741~1820) 영국 농업 학자.

워즈워스(William Wordsworth, 1770~1850) 영국 시인.

워커(Amasa Walker, 1799~1875) 미국 경제학자. 『부의 과학(*Science of*
　　Wealth)』

워커(Francis A. Walker. 1840~1897) 미국 군인, 경제학자. A. Walker의
아들. 『임금 문제(*The Wages Question*)』.

월리스(Robert Wallace. 1697~1771) 영국 박물학자, 저술가. 맬서스가 월
리스의 주장을 반박하기 위해 『인구론』을 저술했다고 함.

웨스트(Edward West. 1783~1828) 영국 경제학자.

웨슬리(John Wesley. 1703~1791) 영국 종교인. 감리교 창설.

웨이드(Benjamin F. Wade. 1800~1878) 미국 정치인, 상원의원. 노예제도
에 반대.

웨이랜드(Francis Wayland. 1796~1865) 미국 경제학자. 『정치경제학요론
(*Elements of Political Economy*)』.

[ㅊ]

칭기즈칸(Genghis Khan. 1162~1227) 몽고의 장군. 아시아, 유럽 등 정복.

[ㅋ]

카이사르(Gaius Julius Caesar, 기원 전 100~44) 로마의 정치인, 군인. 큰
업적을 이루었으나 공화정 옹호파에 의해 살해당함.

카토(Marcus Porcius Caro, 기원 전 234~149) 로마의 애국자. 엄격한 생활
태도. 일명 Cato the Censor.

칼라일(Thomas Carlyle, 1795~1881) 영국 철학자, 역사학자.

칼리굴라(Caligula, 12~41) 로마 황제 카이우스 카이사르(Caius Caesar)의
별명. 잔악하고 방탕한 생활.

캐리(Henry C. Carey, 1793~1879) 미국 경제학자. 보호무역 옹호.

케네(François Quesnay, 1694~1774) 프랑스 의사, 경제학자. 중농주의 확
립.

케언즈(John E. Cairnes, 1823~1875) 영국 경제학자. 『정치경제학의 새로

운 주요 원리(*Some Leading Principles of Political Economy Newly Expounded*)』.

코빗(William Cobbett, 1762~1835) 영국 저술가. 맬서스 원리를 부정.

코페르니쿠스(Nicolaus Copernicus, 1473~1543) 폴란드 천문학자. 지동설 주장.

콩트(Auguste Comte, 1798~1857) 프랑스 철학자. 실증주의 창시자.

쿠빌라이 칸(Kublai Khan, 1216?~1294) 원나라 세조. 몽고의 5대 칸. 송 (宋)을 쳐서 중국을 통일하고 일본, 중앙아시아, 유럽을 정복하여 사상 최대의 제국을 건설. 중국 이름은 홀필열(忽必烈)

쿠퍼(Thomas Cooper, 1759~1840) 미국 교육자, 정치철학자.

클라이브(Robert Clive, 1725~1774) 영국 정치가, 장군. 인도에 대한 영국 의 지배권을 확립.

클레오파트라(Cleopatra, 기원 전 69~30) 이집트 여왕.

[ㅌ]

타운센드(Joseph Townsend, 1739~1816) 영국 저술가. 『빈민법론 (*Dissertation on the Poor Laws*)』.

테넌트(William Tennant, ?~?) 인도의 수탈에 대해서 저술. 『인도의 재창 조(*India Recreation*, 1804)』.

테일러(Richard Taylor, ?~?) 『뉴질랜드와 그 원주민(*New Zealand and Its Inhabitants*, 1855)』.

테일러(Edward Rebeson Taylor, 1836~1923) 헨리 조지의 지인. 의사, 변 호사, 시인, 샌프란시스코 시장(1907~1910).

텐느(Hippolyte A. Taine, 1828~1893) 프랑스 비평가, 역사학자. 『구제도 (*Ancient Régime*)』.

토크빌(Alexis de Tocqueville, 1805~1859) 프랑스의 정치가, 저술가. 미국

여행기로 유명.

튀르고(A. R. Jacques Turgot, 1727~1781) 프랑스 정치가. 케네의 제자로서 중농주의자.

트위드(William M. Tweed, 1823~1878) 미국의 부패 정치인.

티투스(Flavius Titus, 40~81) 로마 황제. 예루살렘 주위를 포위하고 성벽이 완성되지 않은 북쪽에서 공격하여 함락시켰다.

[ㅍ]

페리(Arthur L. Perry, 1830~1905) 미국 경제학자. 자유무역론자.『정치경제학 원리(*Principles of Political Economy*, 1891)』는 교과서로 유명.

포셋(Henry Fawcett, 1833~1884) 영국 정치인, 경제학자. 밀의 이론을 추종.

포셋(Millicent G. Fawcett, 1847~1929) Henry Fawcett의 부인.『초보자를 위한 정치경제학(*Political Economy for Beginners*)』.

폭스(George Fox, 1624~1691) 영국 퀘이커교 창시자.

프라이스(Richard Price, 1723~1791) 영국 정치철학자.

프랭클린(Benjamin Franklin, 1706~1790) 미국 독립운동기의 지도자, 학자.

프리스틀리(Joseph Priestley, 1733~1804) 영국의 비국교 목사 겸 화학자. 아메리카 식민지 정책 비판.

프톨레마이오스(Claudius Ptolemaeus, 100?~170?) 천동설 주장. 일명 톨레미(Ptolemy)

플루타르크(Plutarch, 46?~120?) 그리스 전기작가 역사가.『영웅전(*Parallel Lives*)』.

플리니우스(Caius Plinius, 61?~113) 로마 산문작가. 일명 Pliny.

하이더 알리(Hyder Ali, 1722?~1782) 인도의 회교 지도자 겸 장군. 영국 지배하의 인도에서 반란을 일으켜 강력하게 대항하였다.

하인드먼(Henry M. Hyndman, 1842~1921) 영국 사회주의 운동의 핵심 인물.

허셸(William Herschel, 1738~1822) 영국 천문학자. 천왕성 발견.

헤이스팅즈(Warren Hastings, 1732~1818) 영국의 초대 인도 총독.

홀럼(Henry Hallam, 1777~1859) 영국 역사학자.

훔볼트(Alexander von Humboldt, 1769~1859) 독일 박물학자, 여행가.

문구 해설

[ㄱ]

거름갈퀴를 든 사람(men with muckrakes) 번연(John Bunyan)의 『천로역정』
에 나오는 인물. 갈퀴로 거름을 끌어 모으느라고 머리 위의 왕관
을 보지 못한다.

거인처럼 건설하고 보석공처럼 마무리한다(Build like giants and finish like
jewelers.) 16세기에 인도를 정복한 몽고인이 세운 무굴제국의 황
제들이 자기네 건축 솜씨를 자랑하던 말.

공공토지(public domain) 미국 연방정부가 국민 전체 명의로 소유하는
토지. 불하 등의 방법으로 처분할 수 있다.

공동토지(commons) 종획되지 않은 토지. 특히 영국에서 사회 전체에 속
하여 공동 사용의 대상이 되었던 토지.

귀류법(歸謬法, reductio ad absurdum) 명제를 부정하면 오류에 이른다는
사실을 보임으로써 명제를 증명하는 법.

그레이트 이스턴(Great Eastern) 호 1859년에서 1887년에 걸쳐 건조된 당
시 최대의 영국 증기선.

금욕주의자 로마 황제(Stoic Emperor) 스토아학파에 속했던 로마 황제
아우렐리우스(Marcus Aurelius, 121~180).

나사로(Lazarus) ☞ 부자와 나사로 참조.

낙타와 바늘구멍(camel and the needle's eye) 마태복음(19:24)의 "부자가 천국에 들어가기보다 낙타가 바늘구멍에 들어가기가 더 쉽다"는 표현에서 나온 말.

네메시스(Nemesis) 그리스 신화의 복수의 여신.

당나귀의 다리(pons asinorum) '이등변 삼각형의 두 밑각은 같다'고 하는 기하학 정리의 별칭. 이 정리를 이해하지 못하면 기하학을 더 이상 할 수 없다는 점에서, 당나귀가 건너다가 실패하면 강물에 빠지고 마는 다리와 같다고 비유한다.

대헌장(Magna Charta) 정치적·신체적 자유 보장의 초석을 닦은 1215년의 대헌장. 영국 존 왕이 귀족들의 압력에 굴복하여 제정.

라플라타 평원(La Plata pampa) 아르헨티나의 평원. 나무는 없고 풀이 무성하다.

락(lac) 힌두의 화폐 단위. 락은 원래 10만 또는 굉장히 큰 금액을 의미.

로마 황제 근위대(Praetorian Guard) 로마 아우구스투스 황제가 창설한 근위대. 후일 황제를 지명할 수 있을 정도로 큰 권력을 행사하였다.

로힐라 족(Rohilla) 약탈을 일삼던 아프가니스탄의 부족. 18세기 초 힌두 지역을 점령하여 로힐칸드(Rohilkhand)를 건설.

루쿨루스의 식사 루쿨루스(Lucius Licinius Lucullus, 기원 전 110?~57?)는 로마의 부유한 집정관, 장군. 성대한 연회를 즐긴 것으로 유명. 플루타르크에 의하면 손님이 없는 날에도 최상급 요리를 차리도록

하면서 "오늘은 루쿨루스가 루쿨루스와 같이 식사하기 때문"이라
고 하였다고 한다.

"리들리 선생이시여, 장부답게 죽읍시다" 라티머(Hugh Latimer) 주교가
1555년 같이 화형당하는 리들리(Nicholas Ridley)에게 한 말. 원문
은 다음과 같다. "Be of good comfort, Master Ridley, and play the
man; we shall this day light such a candle by God's grace in
England as (I trust) shall never be put out."

리시니우스 법(Licinian Law) 로마 집정관 리시니우스(Licinius Calvus
Stolo) 등이 제안하여 장기간의 우여곡절 끝에 기원전 367년에 통
과된 법. 대토지에서 평민의 착취나 노예의 사용을 규제하고, 누
구나 사용할 수 있는 공동토지를 설정하였다.

[ㅁ]

마르크(mark) 게르만 족의 공동토지(Teutonic mark). 마을 주변의 토지는
주민이 공동으로 사용하였다. 디트마쉬 마르크는 슐레스비히-홀
스타인(Schleswig-Holstein)의 서남부에 위치한 디트마쉬(Ditmarsh)
지방의 공동토지.

마카메 형제(Maccabees) 기원전 2세기 예루살렘을 지배하였던 마타티아
스(Mattathias)의 다섯 아들. 시리아 왕 안티옥(Antiochus Esiphanes)
과 싸워 승리한 후 기원 전 40년 헤롯 왕 이전까지 집권.

머드실(mudsills) 건물을 지을 때 대지 바로 위에 놓는 목재. 건물의 밑
바닥이자 흙과 직접 접촉되는 부분이므로 사회의 최하 계층을 의
미한다.

[ㅂ]

바알(Baal)도 …… 팔을 비스듬히 뻗치지 않는다. 가나안 지방의 일부 바알

교도 사이에 행해졌던 어린이 희생 의식에 관한 표현. 바알 우상
을 불에 붉게 달군 다음에 어린이를 바알 우상의 비스듬한 팔 위
에 얹어놓으면 어린이가 굴러 내리면서 죽었다.

베다(Veda) 바라문교 성전의 하나.

베르 드 베르(Vère de Vère) 테니슨(Tennyson)의 시에 나오는 주인공. 냉
정하고 콧대 높은 귀족 여성의 전형.

벽옥 담장과 진주 대문 하나님의 나라를 의미. 요한계시록(21:18~21)의
표현.

분익소작인(metayer) 분익소작제의 소작인. 분익소작제는 수확의 일정
비율을 지주에게 납입하는 토지제도. 이 제도는 이탈리아와 프랑
스 여러 지방에 광범위하게 존재하였으며 지금도 일반적으로 적
용되고 있다. 그 밖에 미국, 포르투갈, 그리스 기타 다뉴브 강 연
안 국가에도 실시되고 있다.

부자와 나사로(Dives and Lazarus) 누가복음(16:19~31)에 나오는 이야기
의 주인공. 나사로는 가난하였음.

브레혼(Brehon) 고대 아일랜드의 법률가 계층. 브레혼 법(Brehon Law)의
법원(法源)은 선례, 브레혼의 평석, 의회의 입법, 관습 등으로 구성
되며 16세기 말까지 아일랜드의 거의 전체에 효력이 있었다.

블랙히스 들판(Blackheath Field) 영국 런던의 동남쪽에 위치한 들. 사유
화되지 않은 공동토지였고 영국 역사상 군대 집결지로 유명.

비슈누(Vishinu) 힌두교 3대 신의 하나로 보존(保存)을 관장. 다른 두 신
은 브라만과 시바.

빌린(villein) 중세의 농노로서 영주가 농노를 매각할 수 있었으며 소작
지에서 배제할 수도 있었다. 그러나 빌린은 다른 사람에 대해서는
동일한 권리를 가졌던 반(半)자유민.

상속무제한 토지소유권(fee simple) 토지소유자가 아무 제한 없이 상속하
고 양도할 수 있는 토지소유권.

새어대어 가축소작제(saer-and-daer stock tenancy) 고대 아일랜드 법의 두
가지 소작 관계. 새어(saer)는 독립적인 소작인(free tenant)으로서
지주의 가축을 기르더라도 신분상 종속관계가 생기지 않았으며
대어(daer)는 종속적인 소작인(bond tenant)으로서 지주의 가축을
빌려 기름으로써 신분이 하락하였다.

생고타르 터널(St. Gothard tunnel) 알프스 산을 통과하는 길이 9마일의
터널.

석유방화범(Petroleuse) 1871년의 파리 코뮌 기간에 파리의 유명한 건물
에 석유로 불을 지르는 데 가담했던 여인들.

소돔의 사과(apples of Sodom) 겉보기는 아름다우나 나무에서 따면 연기
와 재로 변한다고 하는 옛 과일.

속박의 집(House of Bondage) 출애굽기(20:2)에 나오는 표현. 이스라엘
백성이 노예 생활을 하던 이집트를 의미한다.

수트로 터널(Sutro tunnel) 미국 네바다 주의 버지니아 시티(Virginia City)
와 컴스탁 로드 광산을 연결하는 터널로서 건설을 추진한 수트로
(Adolph Sutro)의 이름을 땄다.

스튜어트 왕가(Stuarts)의 자존심 스튜어트 왕가는 1603년에서 1714년 사
이에 스코틀랜드와 잉글랜드를 통치. 그 치하인 1689년에 명예혁
명이 일어나 권리장전(Bill of Rights)이 제정됨으로써 왕가의 자존
심에 상처를 입었다.

[ㅇ]

아리만(Ahriman) 조로아스터교의 악마. 아후라마즈다의 반대 존재.

"아우구스투스 황제는 군대를 잃고 눈물을 흘렸다(Augustus wept his legions)". 바루스(Varus) 장군이 이끈 로마 군이 게르만 족과의 전투에서 패배하였다는 소식이 전해지자 로마 최초의 황제였던 아우구스투스가 "바루스여 바루스여, 내 군대를 돌려다오(O, Varus! Varus! Give me back my legions!)" 하면서 울부짖었다고 한다.

아쟁쿠르(Agincourt) ☞ 크레시 참조.

아후라마즈다(Ahura Mazda, Ormazd, Ormuzd) 조로아스터교에서 최고의 신적인 위치를 가진 선신(善神). 세상의 창조자, 인류의 수호자. 아리만과 반대 존재.

안타이오스(Antaeus) 그리스 신화의 힘 센 씨름꾼. 몸이 땅에 닿을 때마다 힘을 얻기 때문에 헤라클레스가 공중에 들어 올려 목 졸라 죽였다.

알멘트(allmend) 스위스의 공동 토지. 이 토지의 일부는 정부, 학교, 교회, 복지 비용에 할당하였으며, 마을에 가까운 농지는 필지별로 10년 내지 20년마다 추첨을 통해 사용권을 배분하였다.

애스터 일가 독일에서 1783년에 미국으로 이민한 존 애스터(John Jacob Astor, 1763~1848)의 가문. 애스터는 모피 무역으로 시작한 후 뉴욕의 부동산에 투자하여 그 당시까지 미국에 유례가 없는 큰 재산을 형성하였다.

야곱(Jacob)과 라반(Laban) 야곱은 이삭과 레베카의 아들로서 외삼촌 라반의 딸 라헬과 결혼하기 위해 14년간 라반의 밑에서 일하였다. 창세기(25:9~30).

얼스터 소작권(Ulster tenant right) 아일랜드 얼스터 지방 등에서 소작인의 관습적 권리. 소작 기간이 끝났더라도 지주가 지대를 마음대로 올리지 못하였다.

에페소 신전(Ephesian dome) 에페소의 아르테미스(Artemis) 사원. 기원

전 356년 헤로스트라투스(Herostratus)가 범죄를 통해서라도 영원
한 명성을 얻고 싶은 욕심에서 불을 질렀다.

오를레앙의 처녀(Maid of Orleans) 잔 다르크(Jeanne d'Arc, 1412~1431). 영
국과 프랑스 간의 백년전쟁 당시 오를레앙의 영국군을 격파하여
프랑스를 위기에서 구출하였다.

욕심쟁이의 딸(the daughter of the horseleech) 잠언(30:15)에 나오는 구
절로서 끊임없이 욕심을 내는 사람을 의미.

이스마엘(Ishmael) 아브라함의 아내 사라의 몸종이었던 이집트 여자 하
갈이 낳은 아들. 아버지인 아브라함의 버림을 받고 방랑하였다.
창세기(16:16~).

임의소작제(tenancy-at-will) 지주든 소작인이든 통지만 하면 언제든지 소
작관계를 소멸시킬 수 있는 제도.

[ㅈ]

장자상속제(長子相續制, primogeniture) 사망한 자의 맏아들 또는 친척 중
최연장 남자가 모든 재산을 상속받던 제도.

재니서리(Janissaries) 14세기 오토만 제국에서 주로 기독교 가정 출신의
어린이를 용맹한 청년으로 길러 결성한 특수부대로서 잔학성 때
문에 1826년에 해체되었다.

절대소유적 토지제도(allodial tenure) 토지의 완전한 사유, 상한 없는 소유
제도(unlimited ownership).

젠드 아베스타(Zend Avesta) 고대 페르시아의 조로아스터 교의 경전.

종획(enclosure of commons) 공동토지를 사유지로 전환하는 조치. 영국
에서 1235년 법으로 제정되었으며 헨리 8세와 에드워드 6세 치하
에 종획이 거의 완료되었다.

죽음의 그림자 계곡(Valley of the Shadow of Death) ☞ 크리스찬 참조.

[ㅊ]

친차스 섬(Chinchas)의 구아노(guano) 페루의 친차스 섬에는 새 똥의 화석
으로 이루어진 질 좋은 비료인 구아노가 많다고 한다.

[ㅋ]

카드모스(Cadmus) 그리스 신화에 나오는 테베 건국자. 카드모스가 용을
죽이고 뿌린 이빨들이 무장 군인으로 화하여 서로 싸우다가 다섯
명이 남아 테베의 시조가 되었다.

카인(Cain) 창세기(4:12~24)에 나오는 인물. 아담과 하와의 맏아들로서
아우 아벨을 시기하여 죽였다.

컴스탁(Comstock) 금, 은이 많이 생산되던 미국의 유명한 광산. 1859년
에 발견되었으며 현재 네바다 주 버지니아 시티(Virginia City)의
자리에 있었다.

콜로니(colonii) 농민. 로마 제국 후기에는 농노 내지 소작인이 되어 토
지에 예속되었고 고정액의 지대를 납부하였다.

콥든 클럽(Cobden Club) 영국의 곡물법 철폐를 위해 맨체스터 상인 7인
이 만든 단체. 이를 기반으로 하여 전국 규모의 반곡물법연맹
(Anti-Corn Law League)이 결성되어 영국 자유무역 시대의 기초를
닦았다. 중심 인물은 콥든(Richard Cobden, 1804~1865).

크레시(Crécy), 푸아티에(Poitiers, Poictiers), 아쟁쿠르(Agincourt) 프랑스의
마을로서 병력의 절대적 열세에 있던 영국 군대가 프랑스 군대를
격파한 곳. 크레시는 1346년의 전지. 푸아티에는 1356년 흑태자
(후일의 에드워드 2세)가 절대적 열세를 극복하고 존 왕이 이끈 프
랑스 군대를 격파한 전지. 아쟁쿠르는 1415년 헨리 5세가 프랑스
군을 격파했던 전지.

크리스찬(Christian), 페이스풀(Faithful), 그레이트하트(Greatheart) 번연(John

Bunyan, 1628~1688)의 『천로역정(*Pilgrim's Progress*)』에 나오는 주인공 이름. 크리스찬의 아내와 자식이 성지(Celestial City) 순례를 가는데 그레이트하트가 안내를 맡으며 페이스풀은 허영의 시장(Vanity Fair)에서 죽는다.

[ㅌ]

태머레인(Tamerlane)의 해골 무덤 몽고의 왕 태머레인(1336~1405)이 타크리트(Takrit) 전투에서 살육한 적군의 해골과 티그리스(Tigris) 강의 진흙으로 피라미드와 같은 무덤 둘을 쌓았다. 태머레인은 티무르(Timur)라고도 한다.

테르모필레(Thermopylae) 그리스의 로크리스(Locris)에서 테살리(Thessaly)에 이르는 군사 요충로. 기원 전 480년 스파르타 왕 레오니다스(Leonidas)가 300명의 군사로 페르시아 왕 크세르크세스(Xerxes)의 군대를 막아 낸 것으로 유명하다.

토지부(Land Department) 미국에서 공공토지를 담당하는 연방 기구를 만들자는 움직임이 1870년대에 있었으나 토지부를 만드는 수준까지는 못 갔다. 토지 담당 연방 기구로는 1785년 연방 재무부 산하에 토지청(Land Office)이 설치되어 십억 에이커가 넘는 공공토지의 조사, 분류, 확인 작업을 담당하였다. 1812년에 일반토지청(General Land Office)로 개칭되었고 1849년에는 내무부 산하로 옮겨 지금까지 이르고 있다.

[ㅍ]

파트모스 섬(Patmos) 성 요한이 귀양살이를 하던 섬으로서 이곳에서 요한계시록에 기록된 비전을 보았다. 밧모 섬이라고도 한다.

평강(平康)의 왕(Prince of Peace) 예수를 의미. 이사야(9: 6) 참조.

푸아티에(Poitiers, Poictiers)　☞ 크레시 참조.

플란타지니트(Plantagenet) 플란타지니트 가문 출신인 영국 존 왕의 별칭. 대헌장 항목 참조.

플랫헤드 족(Flatheads) 머리가 자연스럽게 자라도록 했던 미국 인디언 부족. 다른 부족은 머리가 뾰족하게 되도록 머리통에 압박을 가했다.

피스가(Pisgah) 산 사해 북단의 동쪽에 있는 산. 모세가 이 산에서 약속의 땅을 보았다. 비스가 산이라고도 함.

피크위크의 암석(Pickwick's stone) 디킨즈(Charles Dickens)의 작품 "Pickwick Papers"에 나오는 이야기. 피크위크라는 사람이 발견한 암석에 새겨져 있다고 하는 문자를 해독한다고 여러 사람이 법석을 떨다가 결국 아무 것도 아닌 것으로 밝혀졌다는 내용.

핏케언 섬(Pitcairn's Island) 남태평양의 섬. 1790년 바운티(Bounty) 호에서 반란을 일으킨 선원들이 정착하였다.

[ㅎ]

하나님의 은총이 없었다면 나도 저렇게 되었을 것이다(But for the grace of God, there go I.) 브래드포드(John Bradford)의 『저술(Writing)』 제2권에 나오는 말로서 끌려가는 죄수를 보면서 자신의 감회를 표현한 것이다. 원문은 There, but for the grace of God, goes John Bradford.

하나님의 정전 명령(Truce of God) 중세에 교회가 사사로운 전쟁의 피해를 줄이기 위해 내렸던 정전(停戰) 명령.

한사상속제(限嗣相續制, entail) 사망한 자의 토지 상속을 직계 비속에게만 한정하던 제도. 영국에서 토지소유자가 유언으로 토지를 임의로 상속하지 못하도록 하기 위해 이 제도가 널리 사용되었다.

허영의 시장(Vanity Fair) ☞ 크리스찬 참조.

헌법 수정 제14조(Fourteenth Amendment) 1868년에 채택된 미 헌법 수정 제14조. 과거의 노예들에게 평등한 시민권을 부여하는 것이 핵심 내용이다.

헤라클레스의 기둥(Pillars of Hercules) 지브롤터 해협에 있는 바위 이름. 헤라클레스가 게리온(Geryon)을 찾으러 다닐 때 그 위치에 두었다는 말이 있다. 게리온은 그리스 신화에 나오는 괴물로서 머리와 몸통이 셋이고 날개가 있는데, 현재 스페인 카디즈(Cadiz) 지방에 살았으며 헤라클레스가 죽였다고 한다.

헬로트(helot) 고대 스파르타의 노예 신분. 주인에게 수확의 일정 비율을 바치고 나머지는 자신의 몫으로 하였다.

흑사병 창궐(Black Death) 14세기 유럽 전역에서 흑사병이 창궐했다. 영국에서는 이로 인해 저임금 노동력이 극도로 감소하였다.

색 인

(ㄴ)

(ㄷ)

역자 김윤상

　서울대 법대와 환경대학원, 미국 펜실베니아 대학교(도시계획학 박사)를 졸업하였으며 공군 중위로 전역한 1976년부터 2015년까지 경북대 행정학부 교수로 재직하였다. 번역개정판이 나온 2016년 현재는 경북대 명예교수 겸 석좌교수.
　토지정책, 사회정의 전공자로서 토지사유제, 서울중심주의, 학벌주의 등 특권적인 사회제도와 관행을 비판해 왔고, 최근에는 좌파의 이상을 우파의 방법으로 달성할 수 있다는 좌도우기(左道右器)론을 펴고 있다.
　주요 저서로는 『지공주의: 새로운 토지 패러다임』(2009), 『특권 없는 세상: 헨리 조지 사상의 새로운 해석』(2013), 주요 역서로는 헨리 조지의 『진보와 빈곤』, 『노동 빈곤과 토지 정의』 등이 있다.

진보와 빈곤

1997년 1월 10일 초　판　1쇄 발행
2024년 4월 15일 개역판 12쇄 발행

저　자 / 헨리 조지
역　자 / 김윤상
발행인 / 박기봉
발행처 / 비봉출판사
　　　　　서울 금천구 가산디지털2로 98, 2-808(가산동, IT캐슬)
　　　　　TEL. 2082-7444 FAX. 2082-7449
　　　　　bbongbooks@hanmail.net

등록번호 2007-43 (1980년 5월 23일)
ISBN　978-89-376-0447-8 93320

정가 25,000원